suhrkamp taschenbuch
wissenschaft 617

Georg Wilhelm Friedrich Hegel
Werke 17

Georg Wilhelm Friedrich Hegel
Vorlesungen über die Philosophie der Religion II
Vorlesungen über die Beweise vom Dasein Gottes

Suhrkamp

Auf Grundlage der *Werke* von 1832–1845 neu editierte Ausgabe
Redaktion Eva Moldenhauer und Karl Markus Michel

12. Auflage 2023

Erste Auflage 1986
suhrkamp taschenbuch wissenschaft 617

Umschlag nach Entwürfen von
Willy Fleckhaus und Rolf Staudt
Druck und Bindung: C. H. Beck, Nördlingen
Printed in Germany
ISBN 978-3-518-28217-5

www.suhrkamp.de

INHALT

Vorlesungen über die Philosophie der Religion

Vorlesungen über die Beweise vom Dasein Gottes

RELIGIONSPHILOSOPHIE

Zweiter Teil

DIE BESTIMMTE RELIGION

[Fortsetzung]

Zweiter Abschnitt
Die Religion der geistigen Individualität

Die Naturreligion ist am schwersten zu fassen, weil sie unserer Vorstellung am entferntesten liegt und das Rohste, Unvollkommenste ist. Das Natürliche hat so vielerlei Gestaltungen in sich, daß der allgemeine, absolute Inhalt in der Form der Natürlichkeit und Unmittelbarkeit auseinanderfällt.

A
Der Übergang zur Sphäre der geistigen Individualität

Das Höhere ist das Tiefere, wo die unterschiedenen Momente in der Idealität der *subjektiven Einheit* zusammengefaßt werden, das Auseinanderfallen der Unmittelbarkeit aufgehoben, in die subjektive Einheit zurückgebracht ist. Darum ist es notwendig, daß, was in der Bestimmung der Natürlichkeit ist, solche Vielheit von Gestaltungen zeige, die als gleichgültig außereinander, als eigentümliche Selbständige sich darstellen.

Die allgemeine Bestimmung ist die *freie Subjektivität*, die ihren Drang, Trieb befriedigt hat. Die freie Subjektivität ist es, die die Herrschaft erlangt hat über das Endliche überhaupt, über das Natürliche und Endliche des Bewußtseins, ob jenes physisch oder geistig ist, so daß jetzt das Subjekt, der Geist als geistiges Subjekt gewußt wird in seinem Verhältnis zum Natürlichen und Endlichen, daß dieses teils nur dienend ist, teils Gewand des Geistes, in ihm konkret gegenwärtig, als vorstellend den Geist nur die Bestimmung hat der Manifestation und Verherrlichung des Geistes, daß der Geist in dieser Freiheit, Macht, Versöhnung mit sich selbst im Natürlichen, Äußerlichen, Endlichen *für sich*, frei, heraus ist, unterschieden von diesem Endlich-Natürlichen und -Geistigen, von der Stätte des empirischen, veränderlichen Bewußtseins wie des Äußerlichseins. Das ist die allgemeine Grundbestimmung dieser Stufe. Indem der Geist frei ist, das Endliche nur ideelles Moment an ihm, so ist er in sich *konkret* gesetzt, und indem wir ihn und die Freiheit des Geistes als konkret betrachten, so ist dies der *vernünftige Geist*; der Inhalt macht das Vernünftige des Geistes aus.

Diese Bestimmtheit, die wir soeben sahen, nach Verhältnis des Inhalts, ist formell diese: daß das Natürliche, Endliche nur Zeuge des Geistes sei, nur dienend seiner Manifestation. Hier haben wir die Religion, innerhalb welcher der vernünftige Geist der Inhalt ist.

Der weitere Fortgang ist also, daß die freie Form der Subjektivität, das Bewußtsein des Göttlichen in der Bestimmung freier Subjektivität unvermischt für sich hervortritt, soweit dies sein kann in der ersten freigewordenen Geistigkeit. Daß diese aber für sich allein gewußt wird oder das Göttliche für sich als Subjektivität bestimmt ist, diese Reinigung ist schon in dem ausgesprochen, was wir gehabt haben. Das Subjekt ist *ausschließend*, ist das Prinzip der unendlichen Negativität und läßt, weil es seinem Inhalte nach *allgemein* ist, nichts bestehen neben ihm, was geistlos, bloß natürlich ist, ebenso nichts, was nur substantiell, in sich formlos ist. Die Subjektivität ist die *unendliche Form*, und als solche läßt sie, sowenig wie die leere, gediegene, unbestimmte *Substantialität*, sowenig auch die Form, die nicht frei ist, d. h. die *äußere Natürlichkeit* neben sich bestehen. Die Grundbestimmung ist, daß Gott gewußt wird als frei sich in sich bestimmend überhaupt, zwar jetzt noch formell, aber doch schon frei in sich. Erkennen können wir dies Hervortreten der freien Subjektivität in den Religionen und in den Völkern, denen diese Religionen zukommen, vornehmlich daran, ob in den Völkern allgemeine Gesetze, Gesetze der Freiheit, ob Recht und Sittlichkeit die Grundbestimmungen ausmachen und die Oberhand haben. Gott als Subjekt gewußt, ist, daß er sich durch sich selbst bestimmt, d. h. daß seine Selbstbestimmungen die Gesetze der *Freiheit* sind; sie sind die Bestimmungen der Selbstbestimmung, so daß der Inhalt nur der Form des freien Selbstbestimmens angehört, womit denn notwendig verbunden ist, daß die Gesetze die Freiheit zu ihrem Inhalte haben. Wenn wir dies sehen, so tritt die Natürlichkeit, die Unmittelbarkeit zurück, und *in sich allgemeine Zwecke* zeigen sich: in sich allgemein, obgleich sie äußerlich noch so unbedeutend sein können oder ihrem Umfange nach noch nicht allgemein sind, wie der sittliche Mensch in seinem Handeln einen höchst geringen Umfang dem Inhalte überhaupt nach haben und doch in sich sittlich sein kann. Die hellere Sonne des Geistes läßt das natürliche Licht erbleichen. Damit treten wir aus dem Kreise der Naturreligion heraus. Wir treten zu Göttern, die wesentlich Stifter von Staaten, der Ehe, Stifter des friedlichen Lebens, Erzeuger der Kunst sind, die aus ihrem Haupt entspringt, Götter, die Orakel, Staaten regieren, Recht und Sittlichkeit hervorbringen und schützen. Die Völker, deren Selbstbewußtsein dahin gekommen ist, die Subjektivität als Idealität des Natürlichen zu wissen, sind damit überhaupt in den Kreis der *Idealität*, in das Reich der Seele und auf den Boden des Geisterreiches herübergetreten. Das Band der sinnlichen Anschauung, des gedankenlosen Irrsals haben sie von der Stirne gerissen und den Gedanken, die *intellektuelle Sphäre* ergriffen, erschaffen und im Innern den festen Boden gewonnen. Sie haben das Heiligtum gegründet, das jetzt Festigkeit und Halt für sich hat.

Der Fortgang war bisher der: Von der Begierde fingen wir an in der Religion der Zauberei, von der Herrschaft, Macht der Begierde über die Natur nach bloß einzelnem Wollen, das nicht bestimmt ist durch den Gedanken. Das zweite war die theoretische Bestimmung der Selbständigkeit der Objektivität, worin denn alle Momente frei und losgelassen wurden, zur Selbständigkeit kamen. Das dritte war das Theoretische, Selbstbestimmende, das diese losgebundenen Momente wieder in sich bekam, so daß das Praktische theoretisch gemacht wird, – das Gute, die Selbstbestimmung, endlich die Vermischung der Substantialität und Subjektivität.

Wenn wir nun fragen: wie hat sich die Idee Gottes bisher bestimmt? was ist Gott? was haben wir von ihm erkannt?, so besteht dies in Folgendem.

Nach der abstrakten Form des metaphysischen Begriffs haben wir damit angefangen: Gott ist die *Einheit* des Unendlichen und Endlichen, und das Interesse ging allein darauf, zu sehen, wie die *Besonderheit* und *Bestimmtheit*, d. h. das Endliche dem Unendlichen einverleibt sei. Was hat sich nun hierüber bisher ergeben? Gott ist das Unendliche überhaupt, das mit sich Identische, die *substantielle Macht*; wenn wir zunächst dies sagen, so ist damit die Endlichkeit noch nicht darin enthalten gesetzt, und sie ist zuerst ganz *unmittelbar Existenz des Unendlichen*, das Selbstbewußtsein. Daß Gott dies ist, die Unendlichkeit, die substantielle Macht zu sein, das geht daraus hervor – dies Bewußtsein liegt darin –, daß die substantielle Macht allein die Wahrheit der endlichen Dinge ist und daß die Wahrheit derselben allein ist, zurückzugehen in die substantielle Einheit. Gott ist also zuerst diese Macht, eine Bestimmung, die als ganz abstrakt höchst unvollkommen ist. Das zweite ist, daß Gott die substantielle Macht *in sich* ist, schlechthin Fürsichsein, unterschieden von der Mannigfaltigkeit des Endlichen; dies ist die *in sich reflektierte Substantialität*, und von Gott ist dies wesentlich zu fassen. Mit der in sich seienden Substantialität, die sich vom Endlichen unterscheidet, ist ein höherer Boden vorhanden; aber die Bestimmung des Endlichen hat damit doch noch nicht das wahrhafte Verhältnis zu der substantiellen Macht, wodurch diese selbst das Unendliche wäre. Diese in sich seiende Substantialität ist dann *Brahman* und das bestehende Endliche die vielen Götter. Das dritte ist, daß das Endliche identisch gesetzt wird mit der Substantialität, so daß es von gleichem Umfang sei, die *reine allgemeine Form* als Substantialität selbst ist; dies ist dann Gott als das Gute.

Geistige Subjektivität, bei der wir jetzt angelangt sind, ist die ganz *freie Macht der Selbstbestimmung*, so daß diese nichts ist, keinen Inhalt hat als den Begriff; in diesem Selbstbestimmen selbst ist nichts als es selbst enthalten. Dies Selbstbestimmen, dieser Inhalt ist dann ebenso allgemein, unendlich, wie die Macht als solche. Diese allgemeine Macht, die jetzt tätig ist als Selbstbestimmung, können wir *Weisheit* nennen. Insofern wir bei der geistigen Subjektivität sind, so sind wir beim Selbstbestimmen, beim Zweck, und diese sind so *allgemein* wie die Macht; es sind so weise Zwecke. Zweckbestimmung liegt unmittelbar im Begriff der freien Subjektivität. Zweckmäßiges Handeln ist innere Selbstbestimmung, d. h. eine Bestimmung durch die Freiheit, durch das Subjekt, denn innen ist nichts als dies, das Subjekt selber.

Diese Selbstbestimmung *erhält* sich in dem äußeren Dasein; das natürliche Sein gilt nicht mehr in seiner Unmittelbarkeit, es ist der Macht angehörig, für sie durchsichtig, nicht geltend für sich. Insofern sie sich äußert – und sie muß sich äußern, die Subjektivität muß sich Realität geben –, so ist es die freie Selbstbestimmung allein, die sich in der Realisierung erhält, in dem äußeren Dasein, in der Natürlichkeit. Im zweckmäßigen Tun kommt also auch nichts heraus, als was schon da ist. Das unmittelbare Dasein ist dagegen wie Ohnmächtiges, nur Form, nur die Weise, wie der Zweck darin vorhanden, und dieser ist das Innere.

Wir finden uns also hier in der Sphäre des Zwecks, und zweckmäßiges Tun ist weises Tun, indem Weisheit ist, nach allgemein geltenden Zwecken zu handeln; und es ist noch kein anderer Inhalt vorhanden, denn es ist die freie Subjektivität, die sich bestimmt. Der allgemeine Begriff ist hier der der Subjektivität, der Macht, die nach Zwecken handelt, tätig ist. Subjektivität ist Tätigsein überhaupt, und der Zweck soll weise sein, der Zweck soll identisch sein mit dem Bestimmenden, der unbeschränkten Macht.

1. Zu betrachten ist hier zunächst das Verhältnis des Subjekts zu der *Natur*, den natürlichen Dingen, näher zu dem,

was wir früher *Substantialität,* die nur an sich seiende Macht genannt haben. Diese bleibt ein Inneres; aber die Subjektivität ist die für sich seiende Macht und von der an sich seienden Macht und ihrer Realität, der Natur, unterschieden. Diese an sich seiende Macht, die Natur, ist nun jetzt heruntergesetzt zu einem Ohnmächtigen, Unselbständigen für die [für] sich seiende Macht, näher zu einem *Mittel.* Das eigentliche Fürsichbestehen ist den natürlichen Dingen genommen; sie hatten bisher unmittelbare Teilnahme an der Substanz; jetzt in der subjektiven Macht sind sie von der Substantialität geschieden, unterschieden und gesetzt nur als negativ. Die Einheit der subjektiven Macht ist außer ihnen, ist unterschieden von ihnen; sie sind nur Mittel oder Weisen, die nicht mehr sind, als daß sie nur zum Erscheinen dienen. Sie sind der Boden des Erscheinens und dem unterworfen, was an ihnen erscheint; sie sollen sich nicht mehr unmittelbar zeigen, sondern ein Höheres an ihnen, die freie Subjektivität.

2. Welches ist aber die *nähere Bestimmung* in Ansehung der Weisheit? Sie ist zunächst *unbestimmt* nach ihrem Zweck; wir wissen noch nicht, worin sie besteht, was die Zwecke dieser Macht sind, und stehen bei der unbestimmten Rede von der Weisheit Gottes. Gott ist weise; aber welches sind seine Wege, seine Zwecke? Damit gesagt werden könnte, welches sie sind, müßten die Zwecke in ihrer Bestimmtheit schon vorhanden sein, d. h. in ihrer Entwicklung als ein Unterschied von Momenten. Hier haben wir aber nur erst das *Bestimmen nach Zwecken überhaupt.*

3. Weil Gott schlechthin real ist, so kann es in Ansehung seiner nicht bei dieser Unbestimmtheit in der Weisheit bleiben, die Zwecke müssen bestimmt sein. Gott ist erscheinend, handelnd als Subjekt; das ist Hervortreten in das Dasein, in die Wirklichkeit. Früher war die Einheit der Unendlichkeit und Endlichkeit nur als unmittelbare, so war sie das erste beste Endliche – Sonne, Berg, Fluß usf. –, und die Realität war eine unmittelbare. Hier ist es auch notwendig, daß Gott dasei, d. h. daß sein Zweck ein *bestimmter* sei.

In Ansehung der *Realität des Zwecks* ist nun zweierlei zu bemerken. Das erste ist die Frage: was ist der Boden, wo dieser Zweck vorhanden sein kann? Der Zweck als innerer ist bloß subjektiver, ist nur Gedanke, Vorstellung; aber Gott ist als subjektive Macht nicht bloß das Wollen, die Absicht usf., sondern unmittelbar Wirken. Dieser *Boden* der Realisation, der Wirklichkeit des Zwecks, ist das Selbstbewußtsein oder der *endliche Geist.* Zweck ist Bestimmung überhaupt; wir haben hier nur abstrakte Bestimmungen, nicht entwickelte. Der Boden für den göttlichen Zweck ist also der endliche Geist. Das weitere, zweite ist nun: weil wir uns nur erst bei der Bestimmung der Weisheit überhaupt befinden, so haben wir für das, was weise ist, keinen Inhalt, nichts Näheres; der Zweck ist an sich, im Begriff Gottes noch unbestimmt; das weitere ist, daß der Zweck wirklich werden, realisiert werden muß. Es muß also *Bestimmung* in ihm sein; die Bestimmung aber ist noch nicht entwickelt, die Bestimmung als solche, die Entwicklung ist noch nicht im göttlichen Wesen gesetzt, die Bestimmung ist deswegen endlich, *äußerlich,* ein *zufälliger, besonderer Zweck.* Er ist, indem er ist, nicht bestimmt in dem göttlichen Begriff; aber indem er es auch ist, ist er zufällig, ganz beschränkter Zweck, oder der Inhalt ist dem göttlichen Begriff äußerlich, von ihm verschiedener Zweck, nicht der an und für sich göttliche Zweck, d. h. Zweck, der entwickelt für sich wäre und in seiner Besonderheit die Bestimmtheit des göttlichen Begriffs ausdrückte.

Die Betrachtung der Naturreligion hat uns in derselben die Güte so allgemein als die Macht gezeigt; aber sie hat überhaupt noch die Bedeutung der substantiellen, unmittelbaren Identität mit dem göttlichen Wesen, und alle Dinge sind deswegen gut und lichtvoll. Hier bei der Bestimmung der Subjektivität, der für sich seienden Macht, hier ist der Zweck unterschieden von dem Begriff, und die Bestimmtheit des Zwecks ist eben deswegen nur zufällig, weil die Verschiedenheit noch nicht zurückgenommen ist in den göttlichen Begriff, noch nicht demselben gleichgesetzt ist. Hier haben wir also nur Zwecke, die ihrem Inhalte nach endlich und dem göttlichen Begriff noch nicht angemessen sind; das endliche Selbstbewußtsein ist so zunächst der Boden der Realisierung derselben. Dies ist die Grundbestimmung des Standpunkts, auf dem wir uns befinden.

B
Metaphysischer Begriff dieser Sphäre

Dies ist die reine, abstrakte *Denkbestimmung*, die zugrunde liegt. Wir abstrahieren noch von der *Vorstellung*, ebenso von der *Notwendigkeit der Realisierung des Begriffs*, die nicht sosehr der Vorstellung angehört, die vielmehr der Begriff selbst notwendig macht. Wir haben hier den metaphysischen Begriff in Beziehung auf die Form von *Beweisen des Daseins Gottes*. Der metaphysische Begriff bestimmt sich hier so gegen den vorhergehenden, daß bei diesem von der Einheit des Unendlichen und Endlichen angefangen wurde; das Unendliche war die absolute Negativität, die Macht an sich, und der Gedanke und das Wesen der ersten Sphäre beschränkte sich auf diese Bestimmung der Unendlichkeit. *Für uns* war in jener Sphäre der Begriff allerdings *Einheit des Endlichen und Unendlichen*, aber für diese Stufe selbst war das Wesen nur bestimmt als das *Unendliche*; dieses ist die Grundlage, und das Endliche kommt nur zu diesem Unendlichen hinzu. Eben deswegen war die Seite der Bestimmung eine natürliche; daher war es Naturreligion, weil die Form zum Dasein *natürlicher Existenz bedurfte*. Die Naturreligion zeigte zwar auch schon die *Unangemessenheit* des unmittelbar Äußerlichen zum Innerlichen. Im *Maßlosen* tritt sie aus der unmittelbaren Identität des Natürlichen und Absoluten heraus und zwischen das unmittelbare Sein und das Wesen. Zum Maßlosen aufgespreizt birst die Gestalt, verschwindet das natürliche Sein und beginnt das Allgemeine *für sich* zu werden. Aber die Unendlichkeit ist noch nicht immanente Bestimmung, und zu ihrer Darstellung werden noch Naturgestalten äußerlich und unangemessen *gebraucht*. Sosehr das Natürliche im Maßlosen negativ gesetzt ist, sosehr ist es auch *positiv* noch in seinem endlichen Sein *gegen* das Unendliche. Oder das Maßlose, ebenso als alles in ihm verschwebt, ebenso kraftlos ist es auch, – es ist der Widerspruch der Macht und Ohnmacht. Jetzt ist hingegen das *Wesen selbst* als Einheit des Unendlichen und Endlichen bestimmt, als wahrhafte Macht, als in sich konkrete Unendlichkeit, d. h. als die Einheit des Endlichen und Unendlichen. Das ist dann, was wir in der Bestimmung der Weisheit haben; sie ist die Macht, die sich in sich bestimmt, und dies *Bestimmen* ist die *endliche* Seite, und so wird denn das Göttliche gewußt, das *in sich konkret*, in sich unendliche Form ist; diese Form ist die Seite des Endlichen an sich, aber hier in die Seite des Unendlichen gesetzt. In der *konkreten* Idealität des Wesens ist jener Widerspruch des Maßlosen aufgehoben, da das Wesen ein *Scheinen* seiner für sich, nicht abstraktes Fürsichsein ist. Als die Macht gesetzt, ist es die sich unterscheidende absolute Negativität, aber so, daß die Unterschiede aufgehoben, nur ein Schein sind. Mächtig ist das, welches die Seele, die Idee des Anderen hat, das der andere in seiner Unmittelbarkeit nur ist; wer das *denkt*, was die anderen nur *sind*, ist ihre Macht. Das Wesen (nicht *ein* Wesen oder *ein* höheres Wesen), d. h. das Allgemeine als absolute Macht, da alle anderen Bestimmungen in ihm aufgehoben sind, ist in sich befriedigt und die Totalität; es versucht sich nicht, um zu sein, an den Naturgegenständen, sondern es hat seine Bestimmtheit in ihm selbst und ist die Totalität seines Scheines.

Weil so die Bestimmung des reinen Gedankens dem Bestimmen des Wesens selbst angehört, so folgt, daß der Fortgang in der Bestimmung nicht mehr bloß auf die natürliche Seite fällt, sondern *in das Wesen selbst*. Wenn wir also hier drei Stufen finden werden, so sind sie ein *Fortgang im metaphysischen Begriff selbst*; sie sind Momente in dem Wesen, unterschiedene Gestalten des Begriffs für das religiöse Selbstbewußtsein dieses Standpunkts. Früher war der Fortgang nur an der äußeren Gestalt; hier ist es ein Fortgang am Begriff selbst. Jetzt ist das göttliche Wesen für sich selbst Wesen, und die Unterschiede sind die *eigene Reflexion* desselben in sich. Wir erhalten so drei Begriffe. Der erste ist die *Einheit*, der zweite die *Notwendigkeit*, der dritte die *Zweckmäßigkeit*, aber endliche, äußerliche Zweckmäßigkeit.

a) *Die Einheit*, absolute Macht, Negativität, die in sich reflektiert gesetzt ist, als absolut für sich seiend, absolute Subjektivität, so daß hier in diesem Wesen das Sinnliche unmittelbar getilgt ist. Sie ist Macht, die für sich ist, sie verträgt nichts Sinnliches, denn dies ist das Endliche, noch nicht Aufgenommene, im Unendlichen noch nicht Aufgehobene. Hier wird dies aber aufgehoben. Diese für sich seiende Subjektivität ist dann der *Eine.*

b) *Die Notwendigkeit.* Der Eine ist diese absolute Macht; alles ist nur als Negatives gesetzt in ihm, – dies ist der Begriff des Einen. Wenn wir aber so sagen, so ist die Entwicklung nicht gesetzt. Der Eine ist nur die *Form der Einfachheit*; die Notwendigkeit ist nun *der Prozeß der Einheit selbst.* Sie ist die Einheit als Bewegung in sich; es ist nicht mehr der Eine, sondern die *Einheit.* Die Bewegung, die den Begriff ausmacht, ist die Einheit, die absolute Notwendigkeit.

c) *Die Zweckmäßigkeit.* In der absoluten Notwendigkeit ist die Bewegung gesetzt, die der Eine nur an sich ist, der Prozeß, und dies ist der Prozeß der zufälligen Dinge; denn was gesetzt, negiert wird, sind die zufälligen Dinge. Aber in der Notwendigkeit ist nur das *Übergehen*, Kommen und Gehen der Dinge gesetzt. Nun muß auch gesetzt sein, daß sie *seiend* sind und *verschieden erscheinen* von dieser ihrer *Einheit*, diesem ihrem Prozeß der Notwendigkeit; sie müssen wenigstens momentan erscheinen als seiend und zugleich als der Macht angehörend, aus der sie nicht heraustreten. So sind sie *Mittel* überhaupt, und die Einheit ist dies, sich in diesem Prozeß derselben zu erhalten, sich zu produzieren in diesen Mitteln. Das ist die Einheit der Notwendigkeit selbst, aber als *unterschieden* gesetzt von dem sich *Bewegenden*, worin sie sich erhält, so daß sie das Seiende nur als Negatives hat. So ist die Einheit *Zweck* überhaupt.

Diese drei Punkte stellen sich demnach so. Indem das Wesen absolute Negativität ist, so ist es die reine *Identität* mit sich, das Eine; es ist ebenso die *Negativität der Einheit*, welche aber mit der Einheit in *Beziehung* ist und durch dies Durcheinandersein beider sich als *Notwendigkeit* erweist; drittens geht das Eine mit sich selbst zusammen aus der Bezogenheit seiner Unterschiedenheit, welche Einheit jedoch als dies Zusammengesunkensein der Form mit sich einen endlichen Inhalt hat und somit, diese[n] in die Formunterschiede als Totalität entwickelnd, den Begriff der *Zweckmäßigkeit*, aber endlicher Zweckmäßigkeit gibt.

Indem gesagt wird, daß dies die drei metaphysischen Begriffe dreier Religionen sind, muß man sich nicht vorstellen, daß jeder dieser Begriffe nur *einer* Religion angehört; vielmehr *gehört jede dieser Bestimmungen allen dreien an*. Wo Einer das Wesen ist, da ist auch Notwendigkeit, aber nur an sich, nicht in seiner Bestimmung; ebenso bestimmt sich der Eine nach Zwecken, da er weise ist. Die Notwendigkeit ist auch Eine, und auch die Zweckmäßigkeit ist hier vorhanden, nur fällt sie außerhalb der Notwendigkeit. Ist die Zweckmäßigkeit die Grundbestimmung, so ist damit auch die Macht für die Zwecke vorhanden, und der Zweck selbst ist das Fatum. Der Unterschied ist nur, welche von diesen Bestimmungen des Objekts als das *Wesen* gilt, ob dies der Eine oder die Notwendigkeit oder die Macht mit ihren Zwecken ist. Der Unterschied ist nur, welches davon als die Grundbestimmung des Wesens für jede Religion gilt.

Was nun näher zu betrachten ist, ist die Form, in der diese Bestimmungen die Gestalt von Beweisen des Daseins Gottes erhalten haben.

1. Der Begriff des Einen

Es ist hier nicht um den Satz zu tun: Gott ist nur Einer. So ist der Eine nur ein Prädikat von Gott; wir haben das Subjekt Gott und ein Prädikat, außer dem er auch noch andere haben kann. Daß Gott nur Einer sei, dies zu beweisen ist nicht schwer. Das Sein geht über zum Wesen; dieses ist als in sich reflektiert das, was man oft ein *Ens* genannt hat, Individuum. Wenn wir sagen: Gott ist der Eine, so hat dies einen andern Sinn, als wenn früher gesagt wurde: das Absolute, das Sein ist *Eines*, τὸ ἕν. *Parmenides* sagte so: das Sein nur ist, oder nur das Eine ist. Dieses Eine ist aber nur das *abstrakte*, nicht in sich reflektierte Unendliche, und so ist es vielmehr das Maßlose und Ohnmächtige; denn es ist nur *verglichen* mit dem unendlich mannigfachen Dasein das Unendliche und besteht notwendig in dieser Beziehung. Erst die Macht als der Eine aufgefaßt, ist in der Tat das Allgemeine als die Macht gesetzt. Das Eine ist die eine Seite, und ihr gegenüber steht die Mannigfaltigkeit des Weltwesens. Der Eine dagegen ist die Einzelheit, das *Allgemeine*, das *in sich reflektiert* ist, dessen andere Seite selbst alles Sein in sich befaßt, so daß dasselbe in seine Einheit zurückgegangen ist.

Die Reflexion faßt nun die Bestimmung der Einheit Gottes auf und sucht dieselbe zu beweisen. Dies gibt aber nicht die Form eines Beweises vom *Dasein* Gottes. Eines wird unterschieden vom Substrate, und das Interesse ist nur, die Bestimmung des *Eines*-Seins aufzuzeigen. Die Reflexion fällt darauf, weil Eins überhaupt die Reflexion in sich ist.

Diese Bestimmung nun, daß Gott nur Einer ist, geht zunächst nur gegen die *Vielen* überhaupt und insofern auch gegen die andere Form, die wir als die zweite Form auf dieser Stufe betrachten werden. Die Widerlegung der späteren Bestimmung geht also hier voraus. Allerdings ist diese zweite Form in sich, in der Begriffsbestimmung konkreter; aber als die Notwendigkeit ist das *an und für sich Bestimmtsein* nur *Sollen*, und weil es nur Sollen ist, so ist es *Vielheit*, hat es noch nicht die absolute Reflexion in sich und fehlt ihm die Bestimmung, Eines zu sein. Freilich ist auch die Bestimmung des Einen noch einseitig, da sie nur die abstrakte Form für sich ist, nicht die als Inhalt entwickelte Form.

Die Entwicklung der Notwendigkeit dieser Bestimmung des Einen, die Erhebung zu diesem *einen* Subjekte als dem Einen, wird nun so geführt, daß das Einssein als Prädikat gefaßt, Gott *als Subjekt vorausgesetzt* und nun gezeigt wird, daß die Bestimmung der Vielheit der Voraussetzung jenes Subjekts zuwider ist. Das Verhältnis der Vielen kann nun so betrachtet werden, daß sie sich aufeinander beziehen; dann berühren sie einander und treten mit sich in Konflikt. Dieser Konflikt ist aber unmittelbar die *Erscheinung des Widerspruches selbst*; denn die unterschiedenen Götter sollen sich nach ihrer Qualität erhalten, und hier kommt ihre Endlichkeit zum Vorschein. Insofern Gott als das Allgemeine, das Wesen vorausgesetzt wird, so ist jene Endlichkeit, welche in der Vielheit liegt, dieser Voraussetzung nicht angemessen.

Bei endlichen Dingen stellen wir uns zwar vor, daß Substanzen in Konflikt sein können, ohne ihre Selbständigkeit zu verlieren. Es scheint dann, daß sie nur ihre Oberfläche in den Konflikt hinausschicken und sich selbst dahinter erhalten. Es wird demnach zwischen dem *Innern* und den *Beziehungen* des Subjekts, der Substanz auf Andere unterschieden und die Substanz als passiv betrachtet, unbeschadet ihrer sonstigen Aktivität. Diese Unterscheidung ist jedoch unbegründet. Was die Vielen sind an Inhalt und an Macht, sind sie nur im *Gegensatz*, ihr Reflektiertsein in sich ist nur das Inhaltsleere; sind sie daher auch der Form nach selbständig, so sind sie doch dem *Inhalte* nach endlich, und dieser erliegt derselben Dialektik, der das endliche Sein unterliegt. Gegen die Voraussetzung der absoluten Macht, der allgemeinen Negativität alles Seienden verschwindet daher die Vielheit solcher formell Endlichen unmittelbar. In der Voraussetzung des Allgemeinen liegt sogleich dieses, daß Form und Inhalt nicht so getrennt sein können, daß dem einen eine Qualität zukomme, die dem andern fehle. Durch ihre Qualitäten heben also die Götter unmittelbar einander auf.

Die Vielheit wird dann aber auch im Sinne der bloßen *Verschiedenheit* genommen, die sich *nicht berührt*. So spricht man von einer Vielheit der Welten, die nicht in Konflikt und in Widerspruch miteinander kommen. Die Vorstellung hängt hartnäckig daran, in der Meinung, man könne eine solche Voraussetzung nicht widerlegen, weil in ihr kein Widerspruch liege. Es ist aber überhaupt eine der gewöhnlichen schlechten Reflexionsformen, man könne sich etwas vorstellen. Vorstellen freilich kann man sich alles und dasselbe als möglich auffassen; das will aber gar nichts sagen. Fragt man nun, worin die Verschiedenheit bestehe, und wird geantwortet, eines sei so mächtig als das andere, keines soll Qualitäten haben, die nicht das andere auch habe, so ist die Verschiedenheit ein *leerer Ausdruck*. Die Verschiedenheit muß notwendig sogleich zu *bestimmter* Verschiedenheit fortgehen; so mangelt dann für unsere Reflexion dem einen, was dem anderen eigen ist, aber *nur* für unsere Reflexion. Auch der Stein ist für unsere Reflexion nicht so vollkommen als die Pflanze; dem Steine aber für ihn selbst mangelt nichts, er fühlt und weiß von seinem Mangel nichts. Eben jene Verschiedenheit ist nur eine Vorstellung für unsere Reflexion.

So räsoniert also die Reflexion, und ihr Räsonnement ist richtig, allein ebensosehr zugleich unangemessen. Das Allgemeine, das Wesen, wird als Macht vorausgesetzt, und es wird gefragt, ob ihm das *Prädikat* des Einen zukomme. *Die Bestimmung des Einen fällt* jedoch schon *mit der Voraussetzung zusammen,* denn die absolute Macht ist unmittelbar in der Bestimmung der *Einzelheit* oder des Einen. Der Beweis ist also ganz richtig, aber überflüssig, und es ist dabei übersehen, daß die absolute Macht selbst schon in der Bestimmung des Einen ist. *Prädikate* von Gott zu beweisen ist überhaupt nicht Sache des Begriffs; auf diese Weise wird Gott nicht philosophisch erkannt.

Was aber in der Tat der wahre Sinn dieses Begriffs ist, das liegt nicht darin, daß Gott *Einer* ist, sondern daß der Eine *Gott* ist, so daß der Eine dies Wesen erschöpft, nicht ein Prädikat ist. So ist es nicht eine Bestimmung *neben* anderen, sondern eine solche, die das Wesen erfüllt in dem Sinn der absoluten Macht als Subjektivität, als in sich reflektiert. Gott ist so selbst diese *Bewegung* des Subjekts von sich aus auf sich zurück, die Selbstbestimmung seiner als des Einen, so daß Subjekt und Prädikat dasselbe sind, diese Bewegung ineinander, und daß nichts dazwischen liegenbleibt. Zur Form, diesen Begriff als Vermittlung darzustellen, worin der Begriff erschiene als ein Beweis vom Dasein Gottes, dazu ist er nicht geeignet; denn das, wovon wir ausgehen, um zur Bestimmung des Einen zu kommen, ist das Unendliche, die absolute Negativität. Der Eine ist nur die Bestimmung, welche hinzukommt, daß dies die in sich reflektierte Subjektivität ist. Die Bewegung geht sozusagen nur *innerhalb des Ansichseins* am Unendlichen vor; es ist also nicht die Vermittlung die Gestalt, wie wir sie hier zu betrachten haben. Wir können zwar sagen, es ist ein Fortgang vom Unendlichen zur in sich bestimmten Subjektivität; aber der Anfang ist das Unendliche, dies Unendliche aber als die absolute Negativität ist das in sich reflektierte Subjekt, in dem alles Viele aufgehoben ist. Wenn wir die Vermittlung näher betrachten wollten, so gingen wir von einem Gedanken aus, und es wäre, als Gedanke gefaßt, der Begriff an und für sich, von dem wir ausgingen zum Anderen, zum Sein. Aber vom Begriff können wir hier noch nicht anfangen, denn diese Form des Anfangs gibt einen anderen Beweis von dem Dasein Gottes, der der christlichen Religion angehört und nicht dieser Religion. Der Eine ist noch nicht als Begriff gesetzt, noch nicht als Begriff für uns; das Wahrhafte, in sich konkret Gesetzte wie in der christlichen Religion ist hier noch nicht vorhanden.

Indem das Absolute so als der Eine und als die Macht bestimmt ist, so ist das *Selbstbewußtsein* nur Schein desselben;

es ist ein solches wohl, für welches das Absolute sich manifestiert und zu dem es ein positives Verhältnis hat, denn die Reflexion der Macht in sich ist unmittelbar *Abstoßen*, und dies ist das Selbstbewußtsein. Also die Persönlichkeit, das Selbstbewußtsein beginnt hier zu gelten, aber nur noch in abstrakter Bestimmung, so daß das Selbstbewußtsein nach seinem konkreten Gehalte sich nur als *Schein* weiß. Es ist unfrei, ohne Breite in sich, ohne Spielraum; Herz und Geist sind verengt. Sein Gefühl besteht nur darin, den Herrn zu fühlen; sein Dasein und sein Glück hat es nur in dieser engen Befangenheit. Wenn somit auch der Unterschied hervorgebrochen ist, so ist er doch nur *gebunden*, nicht wirklich los, nicht freigelassen; das Selbstbewußtsein konzentriert sich nur in diesen einen Punkt, und es weiß sich zwar als wesentlich (es wird nicht ertötet wie im Brahman), aber zugleich ist es das *Unwesentliche* am Wesen.

2. Die Notwendigkeit

Die Notwendigkeit ist das, was *selbst* als *Vermittlung* gesetzt ist; deswegen ist hier eine Vermittlung für das *Selbstbewußtsein*. Die Notwendigkeit ist Bewegung, Prozeß an sich, daß das Zufällige der Dinge, der Welt bestimmt ist *als zufällig* und dies sich an ihm selbst aufhebt zur Notwendigkeit. Indem in einer Religion das absolute Wesen als Notwendigkeit angeschaut, gewußt, verehrt wird, so ist damit dieser Prozeß vorhanden. Es könnte scheinen, als ob wir diesen Übergang schon beim Fortgang des Endlichen zum Unendlichen gesehen haben: die Wahrheit des Endlichen war das Unendliche, das Aufheben des Endlichen an ihm selbst zum Unendlichen; so geht denn auch das Zufällige zurück in die Notwendigkeit. Ob wir die Bestimmung des Fortgangs des Endlichen zum Unendlichen oder des Zufälligen zur Notwendigkeit haben, – dieser Unterschied scheint in bezug auf den *Fortgang* kein wesentlicher zu sein. In der Tat haben beide dieselbe Grundbestimmung, das ist also einerseits richtig; auf der andern Seite ist aber der *Unterschied konkreter* als der der früheren Form des Prozesses. Wenn wir nämlich vom *Endlichen* anfangen, so heißt das Ding so; aber der erste Anfang ist, daß es *gilt*, daß es ist als *seiend*, oder wir nehmen es zuerst in affirmativer, positiver Form. Sein Ende liegt zwar in ihm, aber es hat zugleich noch unmittelbares Sein. *Zufällig* ist schon konkreter; das Zufällige kann sein oder auch *nicht sein*; zufällig ist das Wirkliche, was ebensogut Möglichkeit ist, dessen Sein den Wert des Nichtseins hat. Am Zufälligen ist so die *Negation seiner selbst* gesetzt; es ist so ein Übergang vom Sein ins Nichts. Es ist wie das Endliche in sich negativ; aber da es auch Nichtsein ist, so ist es der Übergang auch vom Nichtsein in Sein. Die Bestimmung der Zufälligkeit ist also viel reicher, konkreter als die des Endlichen. Die Wahrheit der Zufälligkeit ist die Notwendigkeit; dies ist ein Dasein, vermittelt durch sein Nichtsein mit sich selbst. Wirklichkeit ist solches Dasein, bei dem der Prozeß innerhalb seiner selbst eingeschlossen ist, das durch sich selbst mit sich selbst zusammengeht.

Bei der Notwendigkeit ist aber zu unterscheiden:

a) Die *äußere* Notwendigkeit ist eigentlich zufällige Notwendigkeit. Wenn eine Wirkung abhängig ist von Ursachen, so ist sie notwendig; wenn diese oder jene Umstände konkurrieren, so muß dieses oder jenes herauskommen. Allein Umstände, die dies veranlassen, sind *unmittelbar*, und da auf diesem Standpunkt unmittelbares Sein nur den Wert der Möglichkeit hat, so sind die Umstände solche, die sein können oder auch nicht, so ist die Notwendigkeit *relativ*, verhält sich so zu den Umständen, die den Anfang machen, die so unmittelbar und zufällig sind. Dies ist die äußere Notwendigkeit, die nicht mehr Wert hat als die *Zufälligkeit*. Man kann äußere Notwendigkeit beweisen, so daß dies oder jenes notwendig ist, aber die Umstände sind immer zufällig, können sein oder auch nicht. Ein Ziegel fällt vom Dach und erschlägt einen Menschen; das Herunterfallen, das Zusammenkommen kann sein oder auch nicht, ist zufällig. In dieser äußeren Notwendigkeit ist nur das *Resultat* notwendig, die Umstände sind zufällig. Diese, die *bedingenden Ursachen* und die *Resultate*, sind deshalb *verschieden*. Das eine ist bestimmt als zufällig, das andere als notwendig, – dies ist der Unterschied abstrakt. Aber es ist auch ein konkreter Unterschied: es kommt etwas anderes heraus, als gesetzt war; da die Formen verschieden sind, so ist der *Inhalt* beider Seiten verschieden. Der Ziegel fällt zufällig; der erschlagene Mensch, dies konkrete Subjekt, der Tod desselben und jenes Herunterfallen ist ganz heterogen, vollkommen verschiedenen Inhalts, es kommt etwas ganz anderes heraus als Resultat, als was gesetzt ist. Wenn man so die Lebendigkeit nach den Bedingungen der äußeren Notwendigkeit betrachtet, als Resultat der Erde, Wärme, des Lichts, der Luft, Feuchtigkeit usf., als Erzeugnis dieser Umstände, so ist dies nach dem Verhältnis der äußeren Notwendigkeit gesprochen. Sie ist wohl zu unterscheiden von der wahrhaften, inneren Notwendigkeit.

b) Die *innere* Notwendigkeit ist nämlich dies, daß alles, was als Ursache, Veranlassung, Gelegenheit vorausgesetzt ist und unterschieden wird, und das Resultat *Einem* angehört; die Notwendigkeit macht eine Einheit zusammen aus. Was in dieser Notwendigkeit geschieht, ist so, daß nicht etwas anderes aus Voraussetzungen resultiert, sondern der Prozeß ist nur der, daß das, was vorausgesetzt ist, auch im Resultat hervorkommt, mit sich selbst zusammengeht, sich selbst findet, oder daß die beiden Momente des *unmittelbaren Daseins* und des *Gesetztwerdens* als *ein* Moment gesetzt sind. In der äußeren Notwendigkeit ist Zufälligkeit wesentlich oder unmittelbares Dasein. Das, was ist, ist nicht als Gesetztes; die Bedingungen gehören nicht der Einheit an, sie sind unmittelbar, und das Resultat ist nur Gesetztes, nicht Sein. Die Wirkung ist das Gesetzte, die Ursache das Ursprüngliche. In der wahrhaften Notwendigkeit ist dies eine Einheit; die Umstände sind, *sind* aber nicht nur, sondern sind auch *gesetzte* durch die Einheit, sind in der Tat zufällig, aber an ihnen selbst; daß sie sich aufheben, die Negation ihres Seins, ist die Einheit der Notwendigkeit, so daß ihr Sein ein an sich negiertes ist. Das Resultat ist dann nicht nur Resultat oder nur *Gesetztes*, sondern es kommt ihm ebenso das *Sein* zu. Die Notwendigkeit ist also das Setzen der Bedingungen; sie sind selbst *gesetzt durch die Einheit*. Das Resultat ist auch ein gesetztes, und zwar durch die Reflexion, durch den Prozeß, durch die Reflexion der Einheit in sich selbst; diese Einheit aber ist dann das *Sein des Resultats*. So geht in der Notwendigkeit das, was geschieht, nur mit sich selbst zusammen. Die Einheit wirft sich hinaus, zerstreut sich in Umständen, die zufällig zu sein scheinen; die Einheit wirft ihre Bedingungen selbst hinaus als unverdächtig, als gleichgültige Steine, die unmittelbar erscheinen, keinen Verdacht erregen. Das zweite ist, daß sie gesetzt sind, nicht sich angehören, sondern einem Anderen, ihrem Resultat. So sind sie gebrochen in sich selbst, und die Manifestation ihres Gesetztseins ist ihr Sichaufheben, das Hervorgehen eines Anderen, des Resultats, das aber nur ein Anderes scheint gegen ihre zerstreute Existenz. Der Inhalt aber ist der *eine*; das, was sie an sich sind, ist das Resultat, nur die Art und Weise der Erscheinung ist verändert. Das Resultat ist die Sammlung dessen, was die Umstände enthalten, und Manifestation dessen als Gestalt. Das Leben ist es, was so sich seine Bedingungen, Reizmittel, Regungen hinauswirft; da sehen sie nicht aus wie Leben, sondern das Innere, das Ansich erscheint erst im Resultat. Notwendigkeit ist also der Prozeß, daß das Resultat und die Voraussetzung nur der Form nach unterschieden sind.

Wenn wir nun diese Form betrachten, wie die Notwendigkeit die Gestalt von Beweisen des Daseins Gottes erhalten hat, so sehen wir, daß der Inhalt der wahre Begriff ist. Die Notwendigkeit ist die Wahrheit der zufälligen Welt. Die näheren Entwicklungen gehören der Logik an. Der Begriff Gottes ist die absolute Notwendigkeit. Es ist dies ein notwendiger, wesentlicher Standpunkt, nicht der höchste, wahrhafte, aber ein solcher, aus dem der höhere hervorgeht und der eine Bedingung des höheren Begriffs ist, welcher ihn sich voraussetzt. Also das Absolute ist die Notwendigkeit. Der Begriff der absoluten Notwendigkeit entspricht noch nicht der Idee, die wir von Gott haben müssen, die aber [nicht] als Vorstellung vorauszusetzen ist. Der höhere Begriff hat sich selbst zu begreifen. Dies ist ein Mangel bei diesem Beweise des Daseins Gottes.

Was nun die Form anbetrifft in bezug auf die absolute Notwendigkeit, so ist es der bekannte *kosmologische* Beweis und heißt einfach so: die zufälligen Dinge setzen eine absolut notwendige Ursache voraus; nun gibt es zufällige Dinge – ich und die Welt sind –, also ist eine absolut notwendige Ursache.

Das Mangelhafte in diesem Beweis zeigt sich leicht. Der Obersatz heißt: die zufälligen Dinge setzen eine absolut notwendige Ursache voraus. Dieser Satz ist allgemein ganz richtig und drückt den Zusammenhang von zufällig und notwendig aus, und um sonstige Mäkeleien zu entfernen, braucht man nicht zu sagen: sie setzen eine absolut notwendige *Ursache* voraus, denn dies ist ein Verhältnis endlicher Dinge; man kann sagen: sie setzen das *absolut Notwendige* voraus, so daß dies als *Subjekt* vorgestellt ist. Der Satz enthält dann näher einen Widerspruch gegen die äußere Notwendigkeit. Die zufälligen Dinge haben Ursachen, sind notwendig; das, wodurch sie so sind, kann selber nur zufällig sein; so wird man von der Ursache weitergeschickt zu zufälligen Dingen in unendlicher Progression. Der Satz schneidet dies ab und hat so vollkommen recht. Ein nur zufällig Notwendiges wäre keine Notwendigkeit überhaupt; die reale Notwendigkeit ist diesem Satz entgegengesetzt. Der Zusammenhang ist im allgemeinen auch richtig: die zufälligen Dinge setzen voraus absolute Notwendigkeit. Aber die Art des Zusammenhangs ist unvollständig; die Verbindung ist als *voraussetzend*, *erfordernd* bestimmt. Dies ist ein Zusammenhang der unbefangenen Reflexion; er enthält dies, daß die zufälligen Dinge so auf eine Seite gestellt werden und die Notwendigkeit auf die andere Seite, daß übergegangen wird von einem zum andern, beide Seiten *fest gegeneinander* sind. Durch die Festigkeit dieses Seins werden die zufälligen Dinge *Bedingungen* des Seins der Notwendigkeit. Dies spricht sich im Untersatz noch deutlicher aus: es gibt zufällige Dinge, *folglich* ist eine absolut notwendige Ursache. Indem der Zusammenhang so gemacht wird, daß ein Seiendes das andere bedingt, so liegt darin, als ob die zufälligen Dinge die absolute Notwendigkeit bedingten; eins bedingt das andere, und so erscheint die Notwendigkeit als vorausgesetzt, bedingt von den zufälligen Dingen. Die absolute Notwendigkeit wird dadurch in Abhängigkeit gesetzt, so daß die zufälligen Dinge außerhalb ihrer bleiben.

Der wahrhafte Zusammenhang ist der: die zufälligen Dinge sind; aber ihr Sein hat nur den Wert der Möglichkeit; sie sind und fallen, sind selbst nur *vorausgesetzt* durch den Prozeß der Einheit. Ihr erstes Moment ist das *Gesetztwerden* mit dem *Schein des unmittelbaren Daseins*, das zweite ist, daß sie *negiert* werden, daß sie also wesentlich gefaßt werden als Erscheinung. Im *Prozeß* sind sie wesentliche Momente, und so kann man sagen, daß sie wesentliche Bedingung der absoluten Notwendigkeit sind. In der endlichen Welt fängt man wohl von solchem Unmittelbaren an, in der wahrhaften ist die äußere Notwendigkeit nur diese Erscheinung, und das Unmittelbare ist nur Gesetztes. Dies ist das Mangelhafte an dieser Art der Vermittlungen, die als Beweise des Daseins Gottes gelten. Der Inhalt ist der wahrhafte, daß das Absolute erkannt werden muß als die absolute Notwendigkeit.

c) Endlich die absolute Notwendigkeit ist und enthält an ihr selbst die *Freiheit*: denn eben ist sie das Zusammengehen ihrer mit sich selbst. Sie ist schlechthin für sich, hängt nicht von anderem ab; ihr Wirken ist das freie, nur das Zusammengehen mit sich selbst, ihr Prozeß ist nur der des Sichselbstfindens, – dies ist aber die Freiheit. An sich ist die Notwendigkeit frei, nur der Schein macht den Unterschied aus. Wir sehen dies bei der Strafe. Die Strafe kommt als Übel an den Menschen, als Gewalt, fremde Macht, in der er sich nicht selbst findet, als äußere Notwendigkeit, als ein Äußeres, das sich an ihn macht, und es kommt ein Anderes heraus als das, was er getan hat. Es folgt die Strafe seiner Handlung; aber sie ist ein Anderes, als was er gewollt hat. Erkennt aber der Mensch die Strafe als gerecht, so ist sie die Folge und das Gesetz seines eigenen Willens, welches in seiner Handlung selbst liegt; es ist die Vernünftigkeit seiner Handlung, die an ihn kommt mit dem Schein eines Anderen. Er erleidet keine Gewalt, er trägt seine eigene Tat, fühlt sich frei darin; sein Eigenes kommt an ihn, das Recht, das Vernünftige in seiner Tat. Die Notwendigkeit enthält aber nur *an sich* die Freiheit; dies ist ein wesentlicher Umstand. Sie ist nur formelle Freiheit, subjektive Freiheit; das liegt darin, daß die Notwendigkeit noch keinen Inhalt in sich hat.

Indem die Notwendigkeit das einfache Zusammengehen mit ihr selber ist, so ist sie die Freiheit. Wir verlangen bei ihr *Bewegung*, Umstände usf. Dies ist die Seite der Vermittlung; aber indem wir sagen: dies ist notwendig, so ist dies eine Einheit. Was notwendig ist, das *ist*, – dies ist der einfache Ausdruck, das Resultat, in welches der Prozeß zusammengegangen ist. Es ist die einfache Beziehung auf sich selbst, das Sichselbstfinden. Die Notwendigkeit ist das Freieste, sie ist durch nichts bestimmt, beschränkt; alle Vermittlungen sind wieder darin aufgehoben. Die Notwendigkeit ist die Vermittlung, die sich selbst aufgibt, – sie ist an sich die Freiheit. Die Gesinnung, sich der Notwendigkeit zu unterwerfen, wie sie bei den Griechen war und bei den Mohammedanern noch ist, hält wohl in sich die Freiheit, aber es ist nur die ansichseiende, formelle Freiheit; vor der Notwendigkeit gilt kein Inhalt, kein Vorsatz, keine Bestimmtheit, und darin besteht noch ihr Mangel.

Die Notwendigkeit nach ihrem höheren Begriff, die *reale*

Notwendigkeit ist denn eben die Freiheit als solche, der Begriff als solcher oder, näher bestimmt, der *Zweck*. Die Notwendigkeit ist nämlich inhaltslos, oder es ist der Unterschied nicht gesetzt, der in ihr enthalten ist; sie ist der Prozeß, den wir gesehen haben, nämlich das bloße Werden, was Unterschiedenheiten nur enthalten *soll*, und was also in ihm enthalten ist, ist zwar der Unterschied, der aber noch nicht *gesetzt* ist. Sie ist das mit sich Zusammengehen, zwar nur durch Vermittlung, und damit ist Unterschiedenheit überhaupt gesetzt. Sie ist zunächst noch abstrakte Selbstbestimmung; die Bestimmtheit, Besonderung *soll* überhaupt nur sein. Damit die Bestimmtheit wirklich sei, dazu gehört, daß die Besonderung und der Unterschied im Zusammengehen mit sich als *aushaltend* gegen das Übergehen im Prozeß als sich erhaltend in der Notwendigkeit gesetzt sei. Es ist Bestimmtheit zu setzen; diese ist denn das, was mit sich zusammengeht; es ist der Inhalt, der sich erhält. Dies Zusammengehen so bestimmt als Inhalt, der sich erhält, ist Zweck. Es sind bei dieser Bestimmtheit in dem Prozeß des Zusammengehens die beiden Formen der Bestimmtheit zu bemerken. Die Bestimmtheit ist als sich erhaltender *Inhalt*, der durch den Prozeß geht, ohne sich zu verändern, im Übergehen sich selbst gleich bleibt. Sodann die Bestimmtheit der *Form*; diese hat hier die Gestalt von Subjekt und Objekt. Der Inhalt ist zunächst *Subjektivität*, und der Prozeß ist, daß er sich *realisiert* in der Form der *Objektivität*. Dieser realisierte Zweck ist Zweck; der Inhalt bleibt, was er war, ist subjektiv, aber zugleich auch objektiv.

3. Die Zweckmäßigkeit

Damit sind wir zur *Zweckmäßigkeit* gekommen. Im Zweck beginnt das *Dasein des Begriffs* überhaupt, das Freie existierend als Freies; es ist das bei sich selbst Seiende, das sich Erhaltende, näher das *Subjekt*. Das Subjekt bestimmt sich in sich; diese Bestimmung ist einerseits Inhalt, und das Subjekt ist frei darin, ist bei sich selbst, ist frei von dem Inhalt; es ist *sein* Inhalt, und er gilt nur, insofern es ihn gelten lassen will. Dies ist der Begriff überhaupt.

Das Subjekt realisiert aber auch den Begriff. Die Besonderheit ist zunächst die *einfache*, innerhalb des Begriffs gehaltene in der Form des Beisichseins und des Insichzurückgegangenseins. Diese Subjektivität ist, obwohl Totalität, doch zugleich einseitig nur subjektiv, nur ein Moment der ganzen Form. Dies ist die Bestimmung, daß der Inhalt nur in der Form der Gleichheit des Zusammengehens mit sich selbst gesetzt ist. Diese Form des Mitsichzusammengehens ist einfache Form der Identität mit sich, und das Subjekt ist die *Totalität* des Beisichselbstseins. Für das Subjekt ist aber die Bestimmung, einen Zweck zu haben, der Totalität zuwider, und das Subjekt will daher diese Form aufheben und den Zweck *realisieren*. Aber der realisierte Zweck ist dem Subjekt angehörig bleibend, – es hat zugleich sich selbst darin; sich hat es objektiviert, es hat *sich* aus der Einfachheit entlassen, zugleich aber in der Mannigfaltigkeit erhalten. Dies ist der Begriff der Zweckmäßigkeit.

Es ist nun die Welt als zweckmäßig zu betrachten. Wir haben vorhin die Bestimmung gehabt, daß die Dinge zufällig sind; die höhere Bestimmung ist die *teleologische* Betrachtung der Welt, der Gedanke ihrer Zweckmäßigkeit. Man kann die erstere Bestimmung zugeben, aber doch anstehen, ob man die Dinge als zweckmäßig betrachten soll, einige als Zwecke, gegen welche sich andere Dinge als die Mittel verhalten, und es kann behauptet werden, was als Zweck erscheine, sei nur in äußeren Umständen mechanisch hervorgebracht. Hier fängt nämlich feste Bestimmung an; der Zweck erhält sich im Prozeß, er fängt an und endet; er ist ein Festes, was dem Prozeß entnommen ist, hat seinen Grund im Subjekt. Der Gegensatz ist also der, ob man stehenbleiben soll bei dem Gesichtspunkt des Bestimmtseins der Dinge durch andere, d. h. bei ihrer Zufälligkeit, bei der äußeren Notwendigkeit, oder bei dem Zwecke. Wir bemerkten schon früher, äußere

Notwendigkeit ist dem Zweck gegenüber, ist Gesetztsein durch Anderes; die Konkurrenz der Umstände ist das Erzeugende; es kommt etwas anderes heraus. Der Zweck ist dagegen das Bleibende, Treibende, Tätige, sich Realisierende. Der Begriff der äußeren Notwendigkeit und der Zweckmäßigkeit stehen gegeneinander.

Wir haben gesehen, daß die äußere Notwendigkeit zurückgeht in die absolute Notwendigkeit, die ihre Wahrheit ist; diese ist an sich Freiheit, und was an sich ist, muß gesetzt sein. Diese Bestimmung erscheint als Subjektivität und Objektivität, und so haben wir Zweck. Also muß man sagen, insofern Dinge für uns sind im unmittelbaren Bewußtsein, reflektierten Bewußtsein, so sind sie als zweckmäßig, als Zweck in sich habend zu bestimmen. Die teleologische Betrachtung ist eine wesentliche.

Aber diese Betrachtung hat sogleich einen Unterschied in sich, den von *innerer* und *äußerer* Zweckmäßigkeit, und die innere kann auch selbst wieder ihrem Inhalte nach eine *endliche* Zweckmäßigkeit sein, und so fällt sie dann wieder in das Verhältnis von äußerer Zweckmäßigkeit.

a) Die *äußere* Zweckmäßigkeit. Es ist ein Zweck auf irgendeine Weise gesetzt, und er soll realisiert werden. Insofern nun das Subjekt ein *Endliches* ist mit seinen Zwecken, ein unmittelbares Dasein, so hat es die andere Bestimmung der Realisation *außer* ihm. Es ist einerseits unmittelbar; so ist das Subjekt mit seinen Zwecken unmittelbar, und die Seite der Realisation ist eine äußere, d. h. die Realisation ist als *Material* gesetzt, was von außen her vorgefunden wird und dazu dient, um den Zweck zu realisieren. Es ist zwar nur Mittel gegen den Zweck, – dieser ist das Sicherhaltende, Feste; das Anderssein, die Seite der Realität, das Material ist gegen den festen Zweck ein Nichtselbständiges, Nichtfürsichseiendes, nur ein Mittel, das keine Seele in sich hat; der Zweck ist außer ihm, und er[1] wird ihm erst eingebildet

1 W: »es«

durch die Tätigkeit des Subjekts, das sich in dem Material realisiert. Die äußere Zweckmäßigkeit hat so unselbständige Objektivität außer ihm, gegen die das Subjekt mit seinen Zwecken das Feste ist. Das Material kann nicht Widerstand leisten, ist nur Mittel für den Zweck, der sich darin realisiert; der realisierte Zweck ist ebenso selbst nur *äußerliche Form* an dem Materiellen, denn dies ist ein unmittelbar Vorgefundenes, also unselbständig, aber auch selbständig. In der Verbindung bleiben beide also, Zweck und Mittel, einander äußerlich. Holz und Steine sind Mittel; der realisierte Zweck sind ebenso Holz und Steine, die eine gewisse Form bekommen haben: Das Material ist dem Zweck doch noch ein Äußeres.

b) Die *innere* Zweckmäßigkeit ist die, die ihre Mittel *an ihr selbst* hat. So ist das Lebendige Selbstzweck, macht sich selbst zum Zweck, und was Zweck ist, ist hier auch Mittel. Das Lebendige ist diese einfache Innerlichkeit, die sich selbst realisiert in ihren Gliedern, der gegliederte Organismus. Indem das Subjekt sich in sich hervorbringt, hat es den Zweck, an ihm selbst sein Mittel zu haben. Jedes Glied ist, erhält sich und ist Mittel, die anderen hervorzubringen und zu erhalten; es wird aufgezehrt und zehrt auf. Diese Form, nicht die materiellen Teilchen, bleibt und erhält sich in diesem Prozeß. Das Lebendige ist so Zweck an ihm selber.

Aber es tritt nun ein, daß der *Selbstzweck* zugleich *im Verhältnis äußerer Zweckmäßigkeit ist.* Das organische Leben verhält sich zur unorganischen Natur, findet darin seine Mittel, wodurch es sich erhält, und diese Mittel existieren selbständig gegen dasselbe. So hat die innere Zweckmäßigkeit auch das Verhältnis äußerer. Das Leben kann die Mittel assimilieren; aber sie sind vorgefunden, nicht gesetzt durch dasselbe selbst. Seine eigenen Organe kann das Leben hervorbringen, aber nicht die Mittel. – Hier sind wir im Felde der endlichen Zweckmäßigkeit; die absolute werden wir später haben.

Die teleologische Weltbetrachtung enthält nun die verschiedenen Formen des Zwecks überhaupt. Es sind feste Zwecke und Mittel, und auch der Selbstzweck ist nur endlich, abhängig, bedürftig in Absicht seiner Mittel. Diese Zweckmäßigkeit ist insofern endlich. Die Endlichkeit ist zunächst in diesem Verhältnis der Äußerlichkeit das Mittel, das Material; der Zweck kann nicht bestehen ohne diese Mittel und wiederum nicht, ohne daß sie die ohnmächtigen sind gegen den Zweck.

c) Die nächste Wahrheit dieses Verhältnisses von Zweck und Mittel ist die allgemeine *Macht*, wodurch die Mittel *an sich* vorhanden sind für den Zweck. Auf dem Standpunkt der Zweckmäßigkeit haben die Dinge, die Zwecke sind, die Macht, *sich zu realisieren*, aber nicht die Macht, *die Mittel zu setzen*; der Zweck und das Material, beide erscheinen als gleichgültig gegeneinander, beide als unmittelbar daseiend, die Mittel als vorgefunden für den Zweck. Das Ansich derselben ist nun notwendig die Macht, die den Zweck, den Selbstzweck in *einer* Einheit mit den Mitteln setzt, und um die bisher betrachtete *Endlichkeit* des Verhältnisses aufzuheben, muß nun hinzukommen, daß das *Ganze* des Prozesses an der inneren Zweckmäßigkeit erscheine. Das Lebendige hat Zwecke in ihm selbst, Mittel und Material an seiner Existenz, – es existiert als die Macht der Mittel und seines Materials. Dies ist zunächst nur an dem lebendigen Individuum vorhanden. Es hat an seinen Organen die Mittel, und das Material ist es denn auch selbst. Diese Mittel sind durchdrungen von dem Zweck, nicht selbständig für sich, können nicht existieren ohne die Seele, ohne die lebendige Einheit des Körpers, wozu sie gehören. Dieses ist nun zu setzen als *allgemeines*, d. h. daß die Mittel und Materialien, die als zufällige Existenzen gegen das, was der Zweck an sich ist, erscheinen, daß diese in der Tat seiner Macht unterworfen sind und ihre Seele nur in dem Zweck haben, trotz ihrem scheinbar gleichgültigen Bestehen. Die allgemeine Idee ist darin die Macht, die nach Zwecken mächtig ist, die allgemeine Macht. Insofern Selbstzweck ist und außer ihm unorganische Natur, so ist diese in der Tat der Macht angehörig, die nach Zwecken mächtig ist, so daß die unmittelbar erscheinenden Existenzen nur für den Zweck existieren. Es gibt, kann man sagen, solche, die Zwecke *an sich* sind, und solche, die als *Mittel* erscheinen; aber diese Bestimmung hält nicht aus, – die ersten können wieder *relativ Mittel* sein, die letzten dagegen fest bestehend. Diese zweite Klasse, die der selbständig bestehend Scheinenden, wird nicht *durch die Macht des Zwecks*, sondern durch eine *höhere an sich seiende Macht* an sich gesetzt, welche sie dem Zwecke gemäß macht.

Dies ist der Begriff der Macht, die nach Zwecken tätig ist. Die Wahrheit der Welt ist diese Macht; sie ist die Macht der Weisheit, die absolut allgemeine Macht; indem ihre Manifestation die Welt ist, so ist die Wahrheit derselben das Anundfürsichsein der Manifestation einer weisen Macht.

Näher haben wir nun den hierauf gegründeten Beweis vom Dasein Gottes zu betrachten. Zwei Bestimmungen sind zu bemerken. Nämlich die weise Macht ist der absolute Prozeß in sich selbst; sie ist die Macht zu wirken, tätig zu sein. Sie ist diese weise Macht, eine Welt zu setzen, die Zwecke in sich hat. Sie ist dies, sich zu manifestieren, ins Dasein überzugehen; das Dasein ist überhaupt das Setzen des Unterschieds, der Mannigfaltigkeit des äußeren Daseins. Den *Unterschied* haben wir so in wichtigerer, wesentlicherer Bestimmung. Die Macht bringt hervor als Weisheit, das Hervorgebrachte ist der Unterschied; dies ist, daß das eine ein Zweck an sich und das andere ein Mittel ist für das erste; es ist nur zweckmäßig, zufällig, nicht Zweck in sich. Dies Unterscheiden, daß eins das Mittel des anderen ist, dies ist das *eine*. Das *Andere* der Vermittlung ist nun dies, daß die *Beziehung* dieser beiden Seiten aufeinander die Macht oder eben diese es ist, welche die einen als Zwecke, die anderen als Mittel bestimmt und so die *Erhaltung* der Zwecke ist. Diese Seite des Unterscheidens ist die *Schöpfung*; sie geht aus vom Begriff. Die weise Macht wirkt, unterscheidet, und so ist Schöpfung.

Zu bemerken ist, daß dieser Teil der Vermittlung nicht dem

Beweis vom Dasein Gottes angehört, denn dieser Teil der Vermittlung fängt mit dem *Begriff* der weisen Macht an. Hier sind wir jedoch noch nicht auf der Stelle, wo der Beweis vom Begriff ausgeht, sondern vom *Dasein.*

α) Der eigentliche Begriff der *Schöpfung* hat erst hier seine Stelle; in den vorhergehenden Betrachtungen ist sie nicht enthalten. Wir hatten erst Unendlichkeit, dann Macht als das Wesen Gottes. In dem Unendlichen ist nur das *Negative* des Endlichen; ebenso ist in der Notwendigkeit die endliche Existenz nur zurückgehend, – die Dinge verschwinden darin als *Akzidentelles.* Was ist, ist nur als Resultat. Insofern es *ist,* so gilt von ihm nur, *daß* es ist, nicht *wie* es ist; es kann so sein, könnte aber auch anders sein, recht oder unrecht, glücklich oder unglücklich. Es kommt so in der Notwendigkeit nur zur formellen Affirmation, nicht zum *Inhalt;* da hält nichts aus, ist nichts, was absoluter Zweck wäre. Erst in der Schöpfung liegt das Setzen und Gesetztsein *affirmativer Existenzen,* nicht nur abstrakt, die nur sind, sondern die auch Inhalt haben. Die Schöpfung hat eben deswegen hier erst ihren Platz; sie ist nicht Tun der Macht als Macht, sondern als weiser Macht, denn erst die Macht als Weisheit *bestimmt* sich. Das als endlich Erscheinende ist also schon *in ihr enthalten,* und die Bestimmungen haben hier Affirmation, d. h. die endlichen Existenzen, die Geschöpfe haben wahrhafte Affirmation. Es sind geltende Zwecke, und die Notwendigkeit ist zu einem Moment herabgesetzt gegen die Zwecke. Der Zweck ist das Bestehende in der Macht, gegen sie, durch sie. Die Notwendigkeit ist zum Behuf des Zwecks; ihr Prozeß ist das Erhalten und die Realisation des Zwecks, – er steht *über ihr.* Sie ist damit nur als eine *Seite* gesetzt, so daß nur *ein Teil* des Erschaffenen dieser Macht unterworfen ist und so als zufällig erscheint. Aus dem Begriff der weisen Macht geht das Setzen mit diesem Unterschied hervor.

β) Wir haben zwei Seiten durch den Begriff, einerseits Zwecke, andererseits Zufälliges. Das zweite ist nun *die Ver-*

mittlung zwischen den Zwecken und dem Zufälligen. Sie sind verschieden überhaupt, Leben und Nichtleben, jedes unmittelbar für sich, mit gleichem Rechte, zu sein. Sie sind; das Sein des einen ist nicht mehr berechtigt als das Sein des anderen. Die Zwecke sind lebende, sie sind so Individuen, diese unmittelbar Einzelnen, diese spröden Punkte, gegen welche das andere *für sich* ist und Widerstand leistet. Die Vermittlung zwischen beiden besteht darin, daß beide *nicht auf gleiche Weise* für sich seiend sind. Die einen sind Zwecke, die anderen sind nur materielles Fürsichsein, keine höhere Bedeutung habend, wenn sie auch lebendig sind.

Diese zweite Bestimmung oder Vermittlung ist es, welche in der Gestalt des *physikotheologischen* Beweises vom Dasein Gottes gefaßt ist.

Das Lebendige ist nämlich Macht, aber zunächst nur an ihm selber; in ihren Organen ist die lebendige Seele die Macht, aber noch nicht über das Unorganische, das auch ist und unendlich mannigfaltig. Es sind also einerseits noch die Qualität, dies zunächst unmittelbare Sein, und die Lebendigen gleichgültig zueinander; sie brauchen das Material, das auch in dieser bestimmten Besonderheit ist, die ihnen selbst zukommt, und das andere ist erst, daß die Lebendigen Macht darüber sind. Nach dieser Seite hat nun der Verstand den Beweis konstruiert, der der physikotheologische genannt wird.

Im Dasein sind nämlich zweierlei und gleichgültig gegeneinander; es wird erfordert ein *Drittes*, wodurch der Zweck sich realisiert. Das *unmittelbare Dasein* ist das gleichgültige gegeneinander; es herrscht hier die *Güte*, daß jede Bestimmung *auf sich bezogen, gleichgültig gegen Anderes* ist, daß sie *verschieden* sind; daß sie aber *entgegengesetzte* sind, das ist in der *unmittelbaren Existenz nicht.* Der Begriff der weisen Macht ist dies *Innere*, dies Ansich, und es ist dann das, worauf der Beweis nach seiner Weise schließt. Der teleologische Beweis hat folgende Momente, wie *Kant* sie darstellt – er hat sie besonders vorgenommen und kritisiert und hat sie als abgetan angesehen –: In der Welt finden sich deutliche Spuren, Anzeichen einer weisen Einrichtung nach Zwecken. Die Welt ist voll Leben, geistiges Leben und natürliches Leben; diese Lebenden sind an sich organisiert. Schon in Ansehung dieser Organe kann man die Teile als gleichgültig betrachten; das Leben ist zwar die Harmonie derselben, aber daß sie in der Harmonie existieren, scheint nicht in dem Dasein begründet zu sein. Sodann haben die Lebendigen Verhältnis nach außen, und jedes verhält sich zu seiner eigenen unorganischen Natur. Die Pflanzen bedürfen besonderes Klima, besonderen Boden; die Tiere sind besonderer Art usf., – es sind besondere Naturen. Das Leben ist nur produzierend, aber nicht übergehend ins Andere, womit es prozessiert, sondern es selbst bleibend, immer den Prozeß verwandelnd, – konstruierend. Die *Zusammenstimmung* der Welt, der organischen und unorganischen, die Zweckmäßigkeit der Existenz zum Menschen ist es nun, was den Menschen, der anfängt zu reflektieren, in Verwunderung setzt; denn was er zuerst vor sich hat, sind selbständige Existenzen, ganz für sich existierende Existenzen, die aber zusammenstimmen mit seiner Existenz. Das Wunderbare ist, daß eben die füreinander wesentlich sind, die zuerst erscheinen als vollkommen gleichgültig gegeneinander, – das Wunderbare ist also das Gegenteil gegen diese Gleichgültigkeit, nämlich die Zweckmäßigkeit. Es ist so ein ganz anderes Prinzip vorhanden als das gleichgültige Dasein.

Dies erste Prinzip ist ihnen nur zufällig, die Natur; die Dinge könnten von selbst nicht zusammenstimmen durch so viele Existenzen zu einer Endabsicht, und deshalb wird ein *vernünftiges anordnendes Prinzip* gefordert, welches sie nicht selbst sind.

Daß die Dinge zweckmäßig sind, ist nicht durch die Dinge selbst gesetzt. Das Leben ist wohl so tätig, daß es die unorganische Natur gebraucht, sich durch ihre Assimilation erhält, sie negiert, sich damit identisch setzt, sich aber darin erhält; es ist also wohl Tätigkeit des Subjekts, die sich zum

Mittelpunkt macht und das Andere zum Mittel, – aber die zweite Bestimmung ist außer ihnen. Die Menschen gebrauchen die Dinge wohl, assimilieren sie sich; aber daß es solche Dinge gibt, die sie gebrauchen können, dies ist nicht durch Menschen gesetzt. Daß sie äußerlich gleichgültig nach ihrer Existenz gegeneinander sind, dies und ihre Existenz wird nicht durch den Zweck gesetzt. Diese Gleichgültigkeit der Dinge gegeneinander ist nicht ihr wahrhaftes Verhältnis, sondern nur Schein; die wahrhafte Bestimmung ist die teleologische Bestimmung der Zweckmäßigkeit. Hierin liegt denn die Nichtgleichgültigkeit der Existenzen gegeneinander; diese ist das wesentliche Verhältnis, das Geltende, Wahrhafte. Der Beweis zeigt die Notwendigkeit eines höchsten ordnenden Wesens; denn daß die Ursache *eine* sei, läßt sich aus der Einheit der Welt schließen.

Kant sagt dagegen: dieser Beweis zeigt Gott nur als Baumeister, nicht als Schöpfer bestimmt; er betrifft nur das *Zufällige der Formen, nicht die Substanz.* Was nämlich gefordert werde, sei nur diese Angemessenheit, die *Qualität der Gegenstände gegeneinander*, insofern sie gesetzt ist durch eine Macht. Diese Qualität, sagt Kant, ist nur Form, und die setzende Macht wäre nur Formen wirkend, nicht die Materie schaffend. – Diese Kritik betreffend, so will diese Unterscheidung nichts sagen. Das Setzen der Form durch die Macht kann nicht ohne das Setzen der Materie sein. Wenn man einmal im Begriff steht, so muß man längst über den Unterschied von Form und Materie hinweg sein, man muß wissen, daß *absolute Form* etwas *Reales* ist, daß also Form etwas ist und ohne Materie nichts ist. Wenn hier von Form die Rede ist, so erscheint diese als *besondere* Qualität; die *wesentliche Form* ist aber der Zweck, der *Begriff* selbst, der sich realisiert. Die Form in dem Sinne, der Begriff zu sein, ist das Substantielle selbst, die Seele; was man denn als Materie unterscheiden kann, ist etwas Formelles, ganz Nebensache, oder nur eine Formbestimmung *am Begriffe*.

Ferner sagt Kant, der Schluß gehe aus von der Welt und von

ihrer nur *beobachteten* Ordnung und Zweckmäßigkeit, welches eine bloß zufällige Existenz sei (das ist in der Existenz freilich richtig, das Zufällige wird beobachtet), auf eine proportionierte, zweckmäßige Ursache.
Diese Bemerkung ist ganz richtig. Wir sagen: die zweckmäßige Einrichtung, die wir beobachten, kann nicht so sein; sie erfordert eine nach Zwecken wirkende Macht, sie ist der Inhalt dieser Ursache; indessen können wir von der Weisheit nicht weiter wissen, als wir sie beobachten. Alle Beobachtung gibt nur ein *Verhältnis*; aber niemand kann von Macht auf Allmacht, von Weisheit, Einheit auf Allweisheit und absolute Einheit schließen. Der physikotheologische Beweis gibt daher nur große Macht, große Einheit usf. Der Inhalt, der verlangt wird, ist aber Gott, absolute Macht, Weisheit; dies liegt aber nicht in dem Inhalt der Beobachtung: von »groß« springt man über zu »absolut«. Dies ist ganz gegründet; der Inhalt, von dem man *ausgeht*, ist nicht der Gottes.
Es wird angefangen von der Zweckmäßigkeit; diese Bestimmung wird *empirisch* aufgenommen: es gibt endliche, zufällige Dinge, und sie sind auch zweckmäßig. Von welcher Art ist nun diese Zweckmäßigkeit? Sie ist *endlich* überhaupt. Die Zwecke sind endliche, besondere und daher auch zufällig, und dies ist das *Unangemessene* in diesem physikotheologischen Beweis, was man sogleich ahnt und was gegen diesen Gang Verdacht erregt. Der Mensch braucht Pflanzen, Tiere, Licht, Luft, Wasser usf., ebenso das Tier und die Pflanze; der Zweck ist so ganz beschränkt. Das Tier und die Pflanze ist einmal Zweck und das andere Mal Mittel, verzehrt und wird verzehrt. Diese physikotheologische Betrachtung ist geneigt, zu Kleinlichkeiten, Einzelheiten überzugehen. Die Erbauung kann damit befriedigt werden, das Gemüt kann durch solche Betrachtungen erweicht werden. Ein anderes ist es aber, wenn Gott dadurch erkannt werden soll und wenn von der absoluten Weisheit gesprochen wird. Man hat so eine Bronto-Theologie, Testaceo-Theologie usf. erfunden. Der Inhalt, das Wirken Gottes sind

hier nur solche endliche Zwecke, die in der Existenz aufzuweisen sind. Absolut höhere Zwecke wären Sittlichkeit, Freiheit; das Sittliche, Gute müßte ein Zweck für sich sein, so daß ein solcher absoluter Zweck auch in der Welt erreicht würde. Aber hier sind wir nur bei dem Handeln nach Zwecken überhaupt, und was sich in der Beobachtung präsentiert, sind endliche, beschränkte Zwecke. Die nach Zwecken wirkende Macht ist nur die *Lebendigkeit*, noch nicht der Geist, die Persönlichkeit Gottes. Wenn man sagt: das Gute ist der Zweck, so kann man fragen, was gut ist. Wenn man ferner sagt, daß den Menschen das Glück zuteil werden solle nach dem Maß ihrer Sittlichkeit, daß es der Zweck ist, daß der gute Mensch glücklich, der böse unglücklich wird, so sieht man in der Welt das grausamste Gegenteil und findet ebenso viele Aufforderungen zur Sittlichkeit als Quellen der Verführung. Kurz, nach dieser Seite des Wahrnehmens und Beobachtens erscheint zwar Zweckmäßigkeit, aber ebensogut auch *Unzweckmäßigkeit*, und man müßte am Ende zählen, von welchem mehr vorhanden ist. Solch ein endlicher Inhalt ist es überhaupt, der also hier den Inhalt der Weisheit Gottes ausmacht.

Der Mangel des Beweises liegt darin, daß die Zweckmäßigkeit, Weisheit nur *überhaupt* bestimmt ist und man deshalb an die Betrachtungen, Wahrnehmungen gewiesen ist, wo sich denn solche relative Zwecke zeigen. Wenn auch Gott als eine nach Zwecken tätige Macht gefaßt wird, so ist dies doch noch nicht erreicht, was man will, wenn man von Gott spricht; eine nach Zwecken wirkende Macht ist ebenso die Lebendigkeit der Natur, noch nicht der Geist. Der Begriff der Lebendigkeit ist Zweck für sich selbst, existierender Zweck und Wirksamkeit danach; in jenem Inhalt hat man also nichts vor sich, als was im Begriff der lebendigen Natur liegt.

Was noch die *Form* in Ansehung dieses Beweises anbetrifft, so ist sie die des *verständigen Schlusses* überhaupt. Es sind teleologisch bestimmte Existenzen, d. h. *zweckmäßige Verhältnisse* überhaupt; außerdem ist das Dasein dieser Gegenstände, die sich als *Mittel* bestimmen, *zufällig* für die Zwecke. Aber sie sind zugleich *nicht* zufällig in diesem Verhältnis, sondern es liegt im Begriff des Zwecks, im Begriff der Lebendigkeit, daß nicht nur die Zwecke gesetzt werden, sondern auch die Gegenstände, welche Mittel sind. Dies ist ganz richtig; es ist aber ferner so gestellt: die zweckmäßige Anordnung der Dinge hat zu ihrem Innern, zu ihrem Ansich, eine Macht, die die Beziehung, das Setzen beider ist, daß sie so füreinander passen. Nun, sagt man, *gibt* es solche Dinge; hier ist es wieder das *Sein* dieser Dinge, wovon ausgegangen wird. Aber der Übergang enthält vielmehr das Moment des *Nichtseins*; die Mittel sind nicht, sind nur, insofern sie als negativ gesetzt sind; so, wie sie existieren, sind sie nur zufällig für den Zweck. Was gefordert wird, ist jedoch, daß sie nicht gleichgültige Existenzen für den Zweck sind. Indem man nun sagt: nun *gibt* es solche Dinge, so muß das Moment hinzugesetzt werden, daß ihr Sein nicht ihr *eigenes* Sein ist, sondern das zum Mittel herabgesetzte Sein. Andererseits, indem man sagt: nun *sind* Zwecke, so sind sie zwar; da es aber eine *Macht* ist, die sie so ordnet, so sind die Existenzen der *Zwecke* auch *gesetzt*, gemeinschaftlich mit den Mitteln. Es ist nicht ihr Sein, was als positives Sein die Vermittlung, den Übergang machen kann, sondern gerade in diesem Übergang ist es, daß ihr Sein in Gesetztsein umschlägt. Der Untersatz bleibt aber beim Sein der Dinge stehen, statt auch ihr Nichtsein zu beachten.

Der allgemeine Inhalt dieser Form ist: die Welt ist zweckmäßig. Auf die näheren Zwecke tun wir Verzicht. Zweckmäßigkeit ist der Begriff, nicht allein in endlichen Dingen, sondern *absolute Bestimmung des Begriffs*, d. h. göttlicher Begriff, Bestimmung Gottes; Gott ist Macht, Selbstbestimmung, – darin liegt, sich nach Zwecken zu bestimmen. Der Hauptmangel ist, daß von Wahrnehmung, von Erscheinungen ausgegangen wird; diese geben nur endliche Zweckmäßigkeit. Der reine Zweck ist der allgemein absolute Zweck.

Wir wollen nun übergehen zum Konkreten, zur näheren

Form der Religion, zur *konkreten Bestimmung Gottes.* Der Begriff ist die nach Zwecken wirkende Macht. Im Felde der Religion sind wir auf einem anderen Standpunkt; er ist das Bewußtsein, *Selbstbewußtsein des Geistes.* Wir haben den Begriff hier nicht als bloße Lebendigkeit, sondern wie er sich *im Bewußtsein* bestimmt. Wir haben jetzt die Religion als Bewußtsein des Geistes, der nach Zwecken wirkende allgemeine Macht ist. Im Objekt der Religion ist die Vorstellung des Geistes überhaupt; aber es kommt darauf an, welches Moment des Gedanken, des Geistes wirksam ist. Es ist noch nicht *der Geist an und für sich* der Inhalt; der Gegenstand der Vorstellung drückt noch nicht den Inhalt des Geistes aus; dieser Inhalt ist hier eine Macht, die nach Zwecken wirkt. Indem die Religion als Bewußtsein bestimmt ist, ist sie hier als *Selbstbewußtsein* zu bestimmen; wir haben hier göttliches Selbstbewußtsein überhaupt, sowohl objektiv *als Bestimmung des Gegenstandes* als auch subjektiv *als Bestimmung des endlichen Geistes.*

Das Bewußtsein, der Geist bestimmt sich hier als Selbstbewußtsein, dies liegt im Vorhergehenden; *wie* es darin liegt, ist kurz anzugeben. In der Macht, die Weisheit ist, ist die *Bestimmtheit* als *ideell* gesetzt, so daß sie *dem Begriffe angehörig* ist. Die Bestimmtheit erscheint als Dasein, als Sein für Anderes. Mit dem Bewußtsein ist der *Unterschied* gesetzt, zuerst gegen das Selbst; er ist hier gesetzt als der *eigene Unterschied des Selbst.* Es ist das Verhältnis zu sich selbst, und das Bewußtsein ist so Selbstbewußtsein. Gott ist insofern als Selbstbewußtsein gesetzt, wie das Bewußtsein und die Beziehung desselben zum Objekt wesentlich als Selbstbewußtsein ist. Das Dasein, die Gegenständlichkeit Gottes, das Andere ist ein Ideelles, *Geistiges*; Gott ist so wesentlich *für den Geist*, den Gedanken überhaupt, und dies, daß er als Geist für den Geist ist, ist wenigstens *eine Seite des Verhältnisses.* Es kann das *Ganze* des Verhältnisses ausmachen, daß Gott im Geist und in der Wahrheit verehrt ist; aber wesentlich ist es wenigstens *eine* Bestimmung.

Wir haben ferner eingesehen, daß der Begriff als *Zweck* bestimmt werden muß. Der Zweck soll aber nicht nur diese Form behalten, eingeschlossen zu sein, ein Eigenes zu bleiben, sondern soll realisiert werden. Die Frage ist nun, wenn die Weisheit wirken, der Zweck realisiert werden soll, welches denn der Boden hierzu sei. Dieser kann kein anderer sein als der Geist überhaupt, oder es ist näher der *Mensch*. Er ist Gegenstand der Macht, die sich bestimmt, danach tätig, Weisheit ist. Der Mensch, das endliche Bewußtsein, ist der Geist in der Bestimmung der Endlichkeit; das Realisieren ist ein solches Setzen des Begriffs, welches unterschieden ist von der Weise des absoluten Begriffs; damit ist es Weise der Endlichkeit, die aber geistig zugleich ist. Der Geist ist nur für den Geist; er ist hier als Selbstbewußtsein bestimmt. Das Andere, worin er sich realisiert, ist der endliche Geist; darin ist er zugleich Selbstbewußtsein. Dieser Boden oder die allgemeine Realität ist selbst ein Geistiges; es muß ein Boden sein, worin der Geist zugleich für sich selbst ist. Der Mensch wird damit als wesentlicher Zweck gesetzt, als Boden der göttlichen Macht, Weisheit.

Endlich ist der Mensch damit in einem *affirmativen Verhältnis* zu seinem Gott, denn die Grundbestimmung ist, daß er Selbstbewußtsein ist. Der Mensch, diese Seite der Realität hat also Selbstbewußtsein, ist Bewußtsein vom absoluten Wesen als des seinigen; es ist damit die Freiheit des Bewußtseins in Gott gesetzt, der Mensch ist darin bei sich selbst. Dies Moment des Selbstbewußtseins ist wesentlich; es ist *Grundbestimmung*, aber noch *nicht* die *ganze* Ausfüllung des Verhältnisses. Der Mensch ist damit für sich als Selbstzweck; sein Bewußtsein ist in Gott frei, ist gerechtfertigt in Gott, wesentlich für sich und auf Gott gerichtet. Dies ist das Allgemeine; die näheren Formen sind nun die besonderen Religionen, die der Erhabenheit, der Schönheit und der Zweckmäßigkeit.

C
Einteilung

Wir haben auf der einen Seite Macht an sich und abstrakte Weisheit, auf der anderen zufälligen Endzweck. Beides ist vereinigt: die Weisheit ist unbeschränkt, aber deswegen unbestimmt, und deshalb ist der Zweck als realer zufällig, endlich. Die Vermittlung beider Seiten zur konkreten Einheit, so daß der Begriff der Weisheit selbst der Inhalt ihres Zwecks ist, macht schon den Übergang zu einer höheren Stufe. Die Hauptbestimmung ist hier: was ist die Weisheit, was ist der Zweck? Es ist ein Zweck, der *ungleich* der Macht ist.

I. Die Subjektivität, die in sich Macht ist, ist unsinnlich; das Natürliche, Unmittelbare ist darin negiert, – sie ist nur *für den Geist, den Gedanken*. Diese für sich seiende Macht ist wesentlich *Einer*. Das, was wir Realität geheißen haben, die Natur, ist nur Gesetztes, Negiertes, geht in das Fürsichsein zusammen; da ist kein Vieles, kein Eins und das Andere. So ist der Eine schlechthin *ausschließend*, nicht einen Anderen neben ihm habend, nichts neben sich duldend, was Selbständigkeit hätte. Dieser Eine ist die Weisheit von allem; alles ist durch ihn gesetzt, aber für ihn nur ein Äußerliches, Akzidentelles. Dies ist die *Erhabenheit* des Einen, dieser Macht und weisen Macht. Indem sie sich andererseits Dasein gibt, Selbstbewußtsein, als Sein für Anderes ist, so ist der Zweck auch nur *einer*, aber nichts weniger als erhaben, sondern ein *beschränkter*, der durch die Verschiedenheit noch nicht bestimmt ist und so ein unendlich beschränkter Zweck ist. Beides korrespondiert miteinander: die Unendlichkeit der Macht und die Beschränktheit des wirklichen Zwecks, einerseits Erhabenheit und andererseits das Gegenteil, unendliche Beschränktheit, Befangenheit. Dies ist die erste Form in Ansehung des Zwecks. Der Eine hat Unendliches neben sich, aber mit der Prätention, der Eine zu sein.

In Ansehung des Verhältnisses der Natur und des Geistes ist die Religion der Erhabenheit dies, daß das Sinnliche, Endliche, Natürliche, geistig und physikalisch Natürliche noch *nicht aufgenommen, verklärt* ist in der freien Subjektivität. Die Bestimmung ist, daß die freie Subjektivität erhoben ist in die Reinheit des Gedankens, eine Form, die dem Inhalt angemessener ist als das Sinnliche. Da wird das Natürliche beherrscht von dieser freien Subjektivität, in der das Andere nur Ideelles ist, kein wahrhaftes Bestehen gegen die freie Subjektivität hat. Der Geist ist sich erhebend, erhoben über die Natürlichkeit, Endlichkeit; dies ist *die Religion der Erhabenheit.*

Das Erhabene ist übrigens nicht das *Maßlose*, das, um sich zu bestimmen und zu *gestalten*, sich nur des *unmittelbar Vorhandenen* bedienen kann und der fratzenhaften Verzerrungen desselben, um eine Angemessenheit mit dem Innern herbeizuführen. Die Erhabenheit dagegen ist mit der unmittelbaren Existenz und mit den Weisen derselben *fertig* und fällt nicht mehr in diese Bedürftigkeit herab, daß sie nach ihnen greife, um sich darzustellen, sondern sie spricht dieselben als *Schein* aus.

II. Die andere Bestimmung ist, daß das Natürliche, Endliche verklärt ist im Geiste, in der Freiheit des Geistes; seine Verklärung besteht darin, daß es Zeichen ist des Geistigen, wobei in dieser Verklärung des physisch oder geistig Natürlichen das Natürliche selbst als Endliches gegenübersteht, als andere Seite zu jener Wesentlichkeit, jenem Substantiellen, dem Gott. Dieser ist freie Subjektivität, an der das Endliche nur als Zeichen gesetzt ist, in dem er, der Geist, erscheint. Das ist die Weise der präsenten Individualität, der *Schönheit.* In Betracht der Zweckbestimmung ist diese Weise dies, daß der Zweck nicht nur *einer* sei, daß es *viele Zwecke* werden, der unendlich beschränkte Zweck erhoben werde zu realen. Hier ist der reale Zweck nicht mehr ausschließend, läßt vieles, alles neben sich gelten, und die Heiterkeit der Toleranz ist hier eine Grundbestimmung. Es sind vielerlei Subjekte, die nebeneinander gelten, viele Einheiten, woraus das Dasein sich seine Mittel zieht; damit ist die Freundlichkeit des Daseins gesetzt. Weil es viele besondere Zwecke sind, so verschmäht die Vielheit nicht, sich darzustellen im *unmittelbaren Dasein*. Die Vielheit, die Art hat Allgemeinheit in sich. Der Zweck läßt Arten neben sich gelten, ist mit der Besonderheit befreundet und stellt sich darin dar; als besonderer Zweck läßt er auch das Mittel neben sich gelten, erscheint darin. Hiermit tritt die Bestimmung der Schönheit ein. Schönheit ist Zweck an sich selbst, der sich befreundet mit dem unmittelbaren Dasein, sich so geltend macht. Über dem Schönen und den besonderen Zwecken schwebt das Allgemeine als subjektlose Macht, weisheitslos, unbestimmt in sich; dies ist denn das Fatum, die kalte Notwendigkeit. Die Notwendigkeit ist zwar diejenige Entwicklung des Wesens, welches seinen Schein zur Form selbständiger Realitäten auseinanderschlagen läßt, und die Momente des Scheines zeigen sich als *unterschiedene* Gestalten. Aber *an sich* sind diese Momente *identisch*; es ist daher kein Ernst mit ihnen, und Ernst ist es nur mit dem Schicksal, mit der inneren Identität der Unterschiede.

III. Das dritte ist gleichfalls endlicher, *besonderer* Zweck, der sich in seiner Besonderheit der *Allgemeinheit* einbildet und sich zur Allgemeinheit erweitert, die aber noch zugleich *empirisch äußerlich* ist, nicht die wahrhafte des Begriffs, sondern die die Welt, die Völker erfassend sie zur Allgemeinheit erweitert, die Bestimmtheit zugleich verliert[2], die kalte absolute, abstrakte Macht zum Zwecke hat und an sich zwecklos ist.

In der äußeren Existenz sind diese drei Momente die *jüdische*, *griechische* und *römische* Religion. Die Macht als Subjektivität bestimmt sich als Weisheit nach einem Zweck; dieser ist zuerst noch unbestimmt; es werden besondere Zwecke und endlich ein empirisch allgemeiner Zweck.

---

2 Lasson: »nicht die wahrhafte des Begriffs, die die Welt, die Willkür erfaßt, sondern die Besonderheit, die, zur Allgemeinheit erweitert, zugleich die Bestimmtheit verliert«

Diese Religionen entsprechen in umgekehrter Folge den vorhergehenden. Die *jüdische* Religion entspricht der *persischen*; der Unterschied in beiden ist dieser, daß auf diesem Standpunkte die Bestimmtheit das *Innere des Wesens* ist, welches der Zweck der Selbstbestimmung ist. Früher aber, in den vorhergehenden Religionen, war die Bestimmtheit eine *natürliche* Weise; in der persischen war es das Licht, dies selbst allgemeine, einfache Physikalische. Dies war denn das Letzte beim Ausgang vom Natürlichen, welches in eine dem Gedanken gleiche Einheit zusammengefaßt wurde; hier, in der jüdischen Religion, ist die Besonderheit einfach abstrakter Zweck, Macht, die nur Weisheit überhaupt ist. – Auf dem zweiten Standpunkte, in der *griechischen* Religion, haben wir viele besondere Zwecke und eine Macht über ihnen; in der *indischen* Religion sind so die vielen Naturrealitäten und über diesen Brahman, das Sichselbstdenken. – Auf dem dritten haben wir einen empirisch allgemeinen Zweck, welcher selbst das *selbstlose*, alles zertrümmernde Schicksal ist, nicht wahrhafte Subjektivität; diesem entsprechend haben wir die Macht als *einzelnes empirisches Selbstbewußtsein*. Ebenso hat sich uns im *Chinesischen ein* Individuum als das schlechthin Allgemeine, alles Bestimmende, als der Gott dargestellt. Die erste Weise der Natürlichkeit ist das Selbstbewußtsein, einzeln, natürlich; das Natürliche als einzelnes ist das, was als Selbstbewußtsein vorhanden, bestimmt ist. Es ist also hier eine umgekehrte Ordnung wie in der Naturreligion. Das Erste ist jetzt der in sich konkrete Gedanke, einfache Subjektivität, die dann zur Bestimmung innerhalb ihrer selbst fortgeht; dort in der Naturreligion war das natürliche, unmittelbare Selbstbewußtsein das Erste, das sich zuletzt in der Anschauung des Lichtes vereinigte.

I
Die Religion der Erhabenheit

Das Gemeinsame dieser Religion mit der der Schönheit ist diese Idealität des Natürlichen, daß es dem Geistigen unterworfen ist und Gott gewußt wird als Geist für sich, als Geist, dessen Bestimmungen vernünftig, sittlich sind. Aber der Gott in der Religion der Schönheit hat noch einen besonderen Inhalt, oder er ist nur sittliche Macht in der Erscheinung der Schönheit, in einer Erscheinung also, die noch in einem sinnlichen Material, in dem Boden der sinnlichen Stoffe, der Stoffe der Vorstellung geschieht: der Boden ist noch nicht der Gedanke. Die Notwendigkeit der Erhebung zur Religion der Erhabenheit liegt darin, daß die besonderen geistigen und sittlichen Mächte zusammengefaßt werden aus der Besonderheit in eine geistige *Einheit*. Die Wahrheit des Besonderen ist die allgemeine Einheit, die konkret in sich ist, insofern sie das Besondere in sich hat, aber dieses so in sich hat, daß sie wesentlich als Subjektivität ist.
Für diese Vernünftigkeit, die als Subjektivität ist, und zwar ihrem Inhalt nach als allgemeine, ihrer Form nach frei, – für die reine Subjektivität ist der Boden der reine Gedanke. Diese reine Subjektivität ist dem Natürlichen entnommen, damit dem Sinnlichen, es sei in äußerlicher Sinnlichkeit oder die sinnliche Vorstellung. Es ist die geistige subjektive Einheit, und diese verdient erst für uns den Namen Gottes.
Diese subjektive Einheit ist nicht die Substanz, sondern die *subjektive Einheit*; sie ist absolute Macht, das Natürliche nur ein Gesetztes, Ideelles, nicht selbständig. Erscheinend ist sie nicht in natürlichem Material, sondern im Gedanken; der Gedanke ist die Weise ihres Daseins, Erscheinens. Absolute Macht ist auch im Indischen[3]; aber die Hauptsache ist, daß sie konkret in sich bestimmt sei, – so ist sie die absolute

---

3 Lasson: »Irdischen«

Weisheit. Die vernünftigen Bestimmungen der Freiheit, die sittlichen Bestimmungen vereint in *eine* Bestimmung, *einen* Zweck, – so ist Bestimmung dieser Subjektivität die *Heiligkeit.* Die Sittlichkeit bestimmt sich so als Heiligkeit.
Die höhere Wahrheit der Subjektivität Gottes ist nicht die Bestimmung des Schönen, wo der Gehalt, der absolute Inhalt in Besonderheiten auseinandergelegt ist, sondern die Bestimmung der Heiligkeit und das Verhältnis beider Bestimmungen ist ein Verhältnis wie von Tier zu Mensch: die Tiere haben besonderen Charakter; der Charakter der Allgemeinheit ist der menschliche. Sittliche Vernünftigkeit der Freiheit und die *für sich selbst seiende Einheit* dieser Vernünftigkeit ist die wahrhafte Subjektivität, sich in sich bestimmende Subjektivität. Das ist die Weisheit und Heiligkeit. Der Inhalt der griechischen Götter, die sittlichen Mächte, sind nicht heilig, weil sie besondere, beschränkte sind.

1. Die allgemeine Bestimmung des Begriffs

Das Absolute, Gott, ist bestimmt als die *eine* Subjektivität, reine Subjektivität, eben damit in sich *allgemeine*; oder umgekehrt: diese Subjektivität, die in sich die allgemeine ist, ist schlechthin nur *eine.* Es ist die Einheit Gottes, daß das Bewußtsein von Gott als Einem ist. Es ist nicht darum zu tun, daß *an sich* die Einheit aufgezeigt werde, daß die Einheit zugrunde liege, wie in der indisch-chinesischen Religion; denn da ist Gott nicht als unendliche Subjektivität gesetzt, wenn seine Einheit nur an sich ist, und sie wird nicht gewußt, ist nicht *fürs Bewußtsein* als Subjektivität. Gott ist jetzt vielmehr *gewußt* als Einer, nicht als Eines wie im Pantheismus. Es verschwindet so die unmittelbar natürliche Weise, wie sie noch in der parsischen Religion als Licht gesetzt ist. Die Religion ist als die des Geistes, aber nur in ihrer Grundlage, nur auf ihrem eigentümlichen Boden, dem des Gedankens, gesetzt. Diese Einheit Gottes enthält in sich *eine*, damit *absolute Macht,* und in dieser ist alle Äußerlichkeit, damit die Sinnlichkeit, sinnliche Gestaltung, Bild aufgehoben. Gott ist hier gestaltlos: nicht nach äußerlicher sinnlicher Gestalt; bildlos: er ist nicht für die sinnliche Vorstellung, sondern er ist nur für den *Gedanken*. Die unendliche Subjektivität ist die Subjektivität, die denkend ist, und als denkend ist sie nur für das Denken.

a) Gott ist bestimmt als absolute Macht, die *Weisheit* ist. Die Macht als Weisheit ist zuerst in sich reflektiert als *Subjekt*; diese Reflexion in sich, diese Selbstbestimmung der Macht ist die ganz *abstrakte, allgemeine Selbstbestimmung*, die sich in sich noch nicht besondert; die Bestimmtheit ist nur *Bestimmtheit überhaupt*. Diese in sich ununterschiedene Subjektivität macht, daß Gott bestimmt ist als *Einer*. Alle Besonderung ist darin untergegangen. Darin liegt, daß die natürlichen Dinge, die Bestimmten, als Welt Besonderten nicht mehr für sich gelten in ihrer Unmittelbarkeit. Die Selbständigkeit ist nur Einer; alles andere ist nur *Gesetztes*, ein von dem Einen Abgehaltenes; denn der Eine ist abstrakte Subjektivität, und alles andere ist unselbständig gegen ihn.

b) Das Weitere ist die Bestimmung seines *Zwecks*. Einerseits ist er selbst sich der Zweck; er ist *Weisheit*. Von dieser Bestimmung ist zunächst gefordert, daß sie der Macht gleich sei. Aber er ist sich nur allgemeiner Zweck, oder die Weisheit ist nur abstrakt, heißt nur Weisheit.

c) Aber die Bestimmtheit muß nicht nur im Begriff bleiben, sondern auch *Form der Realität* erhalten; diese Form ist erst die *unmittelbare*. Der Zweck Gottes ist nämlich nur die *erste* Realität und daher ganz *einzelner* Zweck. Das Weitere ist, daß der Zweck, die *Bestimmtheit* an ihrer Seite erhoben wird in die konkrete *Allgemeinheit*. Wir haben wohl hier reine Subjektivität auf einer Seite, aber die Bestimmtheit ist ihr noch *nicht gleich*. Dieser erste Zweck ist also beschränkt, aber es ist der Mensch, das Selbstbewußtsein der Boden. Der Zweck muß als göttlicher Zweck in sich und *an sich allgemein sein*, die Allgemeinheit in sich enthalten. Der Zweck ist so nur menschlich und noch natürlich die *Familie*, die sich zur Nation erweitert. Eine bestimmte Nation wird hier Zweck der Weisheit.

Uns erscheint es geläufig, nicht auffallend und wichtig, daß Gott so als *Einer* bestimmt ist, weil wir an diese Vorstellung gewöhnt sind. Sie ist auch formell, aber unendlich wichtig, und es ist nicht zu verwundern, daß das jüdische Volk sich dies so hoch angerechnet hat; denn daß Gott Einer ist, ist die Wurzel der Subjektivität, der intellektuellen Welt, der Weg zur Wahrheit. Es liegt darin die Bestimmung der absoluten Wahrheit, doch ist es noch nicht die Wahrheit *als Wahrheit*, denn dazu gehört *Entwicklung*; aber es ist der *Anfang* der Wahrheit und das formelle Prinzip der absoluten Übereinstimmung mit sich selbst. Der Eine ist reine Macht; alles Besondere ist darin als negativ gesetzt, als ihm *als solchem* nicht angehörig, als seiner unangemessen, unwürdig. In der Naturreligion haben wir die Seite der Bestimmung gesehen als natürliche Existenz, als Licht usf., dies Selbstbewußtsein in dieser vielfachen Weise. In der unendlichen *Macht* ist dagegen alle diese Äußerlichkeit vernichtet. Es ist also ein gestalt- und bildloses Wesen, für das Andere nicht auf natürliche Weise, sondern nur *für den Gedanken*, den Geist. Diese Bestimmung des Einen ist diese formelle Einheitsbestimmung, die der Grund ist, Gott als *Geist* zu fassen, und für das Selbstbewußtsein ist sie die Wurzel seines konkreten, wahrhaften Inhalts.

Aber zunächst auch nur die Wurzel. Denn nicht darauf kommt es an, wieviel dem Einen geistige Prädikate zugeschrieben werden (wie z. B. Weisheit, Güte, Barmherzigkeit), sondern was er tut und wirklich ist; auf die Seite der *wirklichen Bestimmung* und der Realität kommt es an. Es muß also unterschieden werden, ob das *Tun* die Weise des Geistes ausdrückt. Ist die Tätigkeit noch nicht von der Art, daß sie die *Natur des Geistes* entwickelt, so gilt das Subjekt wohl für die *Vorstellung* als Geist, aber es ist noch nicht *selbst* wahrhaft Geist. Die Grundbestimmung der Tätigkeit ist aber hier erst die *Macht*, welche nicht gestaltend, so daß die Realität ihre *eigene sei*, sondern wesentlich noch negatives Verhalten ist.

2. *Die konkrete Vorstellung*

a. Die Bestimmung der göttlichen Besonderung

Erste Bestimmung. In dem göttlichen Urteil »Gott ist die Weisheit« ist enthalten sein *Sichbestimmen*, sein Urteilen, näher damit sein *Erschaffen.* Der Geist ist schlechthin sich in sich vermittelnd, das Tätige; diese Tätigkeit ist ein von sich Unterscheiden, Ur-Teilen (ursprüngliche Teilung). Die Welt ist das vom Geist Gesetzte, sie ist gemacht aus *ihrem Nichts*; das Negative der Welt aber ist das Affirmative, der Schöpfer; in ihm ist das Nichts das Natürliche. In ihrem Nichts ist also die Welt entstanden aus der absoluten Fülle der Macht des Guten; sie ist aus dem Nichts ihrer selbst geschaffen, welches (ihr Anderes) Gott ist. Die Weisheit ist, daß Zweck in ihr und sie bestimmend ist. Aber diese Subjektivität ist die *erste*; darum ist sie zunächst noch *abstrakt*, darum die Besonderung Gottes noch nicht gesetzt als *in ihm selbst*, sondern das Urteil ist so, daß er setzt, und dies Gesetzte, Bestimmte ist zunächst in Form eines *unmittelbar Anderen.* Das Höhere ist freilich das Schaffen Gottes in sich selbst, daß er in sich Anfang und Ende ist und somit das Moment der Bewegung, die hier noch *außer* ihm fällt, in sich selbst, in seiner Innerlichkeit hat.

Wenn die Weisheit nicht abstrakt, sondern konkret und Gott das Selbstbestimmen seiner so wäre, daß er sich in sich selbst schafft und das Erschaffene in sich erhält, so daß es erzeugt ist und gewußt wird als in ihm selbst enthalten bleibend, als sein Sohn, so würde Gott als konkreter Gott, wahrhaft *als Geist* gewußt.

Da aber die Weisheit noch abstrakt ist, ist das Urteil, das Gesetzte, ein Seiendes; das Urteil hat noch die Form der *Unmittelbarkeit*, aber nur als Form, denn Gott schafft absolut aus Nichts. Nur er ist das Sein, das Positive. Aber er ist zugleich das Setzen seiner Macht. Die Notwendigkeit, daß Gott Setzen seiner Macht sei, ist die Geburtsstätte alles Erschaffenen. Diese *Notwendigkeit* ist das *Material*, woraus Gott schafft; dieses ist *Gott selbst*. Er schafft daher aus nichts Materiellem; denn er ist das Selbst und nicht das Unmittelbare, Materielle. Er ist nicht Einer gegen ein anderes schon Vorhandenes, sondern das Andere ist er selbst als die *Bestimmtheit*, die aber, weil er *nur* Einer ist, außer ihm fällt als seine negative Bewegung. Das Setzen der Natur fällt notwendig in den Begriff des geistigen Lebens, des Selbstes, und ist das Fallen von der Intelligenz in den Schlaf. Indem die Macht als absolute Negativität vorgestellt ist, so ist zuerst das Wesen, d. h. *das mit sich Identische* in seiner Ruhe, ewigen Stille und Verschlossenheit. Aber eben diese Einsamkeit in sich selbst ist nur ein *Moment* der Macht, nicht das Ganze. Die Macht ist zugleich *negative Beziehung auf sich selbst*, Vermittlung in sich, und indem sie sich negativ auf sich bezieht, so ist dies Aufheben der abstrakten Identität das Setzen des Unterschiedes, der Bestimmung, d. h. die Erschaffung der Welt. Das Nichts aber, aus welchem die Welt erschaffen ist, ist die *Unterschiedslosigkeit*, in welcher Bestimmung zuerst die Macht, das Wesen gedacht wurde. Wenn man daher fragt, wo Gott die Materie hergenommen, so ist es eben jene einfache Beziehung auf sich. Die Materie ist das Formlose, das mit sich Identische; dies ist nur ein *Moment* des Wesens, also ein *Anderes* als die absolute Macht, und so ist es das, was Materie genannt wird. Das Erschaffen der Welt heißt also die negative Beziehung der Macht auf sich, insofern sie zunächst als das nur mit sich Identische bestimmt ist.

Das Schaffen Gottes ist sehr unterschieden vom Hervorgehen oder davon, daß die Welt hervorging aus Gott. Alle Völker haben Theogonien oder, was damit zusammenfällt, Kosmogonien: in diesen ist die Grundkategorie immer das *Hervorgehen*, nicht das Geschaffenwerden. Aus Brahma gehen die Götter hervor; in den Kosmogonien der Griechen sind die höchsten geistigen Götter zuletzt hervorgegangen, die letzten. Diese schlechte Kategorie des Hervorgehens verschwindet jetzt, denn das Gute, die absolute Macht, ist Subjekt. Dieses Hervorgehen ist nicht das Verhältnis des Geschaffenen; das Hervorgegangene ist das Existierende, Wirkliche so, daß der *Grund*, aus dem es hervorging, als das *Aufgehobene, Unwesentliche* gesetzt ist, das Hervorgegangene nicht als Geschöpf, sondern als *Selbständiges*, nicht als solches, das nicht in ihm selbständig ist.

Das also ist die Form der göttlichen Selbstbestimmung, die Weise der Besonderung. Sie kann nicht fehlen; Weisheit ist in der Idee notwendig. Aber es ist keine Besonderung Gottes in sich selbst, denn sonst würde Gott als *Geist* gewußt. Die Besonderung fällt, weil Gott Einer ist, auf die andere Seite. Diese Besonderung ist zunächst das göttliche Bestimmen überhaupt und so die *Schöpfung*. Dies Setzen ist nicht transitorisch, sondern das Hervorgegangene behält den Charakter, *Gesetztes* zu sein, *Geschöpf*. Damit ist ihm der Stempel aufgedrückt, nicht selbständig zu sein; dies ist die Grundbestimmung, die ihm bleibt, weil Gott als Subjekt, als unendliche Macht ist. Da ist die Macht nur für Einen und damit das Besondere nur ein Negatives, Gesetztes gegen das Subjekt.

Zweite Bestimmung. Diese ist, daß Gott ein *vorausgesetztes Subjekt* ist. Sonst ist die Schöpfung eine unbestimmte Vorstellung, bei der man leicht an das mechanische, technische Produzieren der Menschen erinnert wird, welche Vorstellung man von sich abhalten muß. Gott ist das Erste; seine Schöpfung ist ewige Schöpfung, worin er nicht das Resultat, sondern das Anfangende ist. Höher, nämlich als Geist, ist er das sich selbst Erschaffende, nicht hervortretend aus sich selbst und wie der Anfang so auch das Resultat; hier ist jedoch Gott noch nicht als Geist gefaßt. Menschlich technisches Produzieren ist äußerlich; das Subjekt, das Erste, wird tätig und tritt an Anderes und erhält damit ein äußeres Verhältnis zu dem Material, was verarbeitet wird, was Widerstand leistet und das zu überwinden ist; beide sind als Gegenstände einer gegen den andern vorhanden. Gott dagegen erschafft absolut *aus nichts*; da ist nichts, was gegen ihn voraus wäre.

Die Produktion also, worin er Subjekt ist, ist *anschauende, unendliche Tätigkeit*. Beim menschlichen Produzieren bin ich *Bewußtsein*, habe einen Zweck und weiß ihn und habe dann auch ein Material, von dem ich weiß; ich bin so in einem *Verhältnis zu einem Anderen*. Hingegen die anschauende Produzierung, die Produzierung der Natur fällt in den Begriff der Lebendigkeit; sie ist ein *inneres Tun*, innere Tätigkeit, die nicht ist gegen ein Vorhandenes; es ist Lebendigkeit, ewiges Erzeugen der Natur, und diese ist überhaupt ein Gesetztes, ein Geschaffenes.

Gott ist gegen die Welt, die Totalität seines Bestimmtseins, seiner Negation, gegen die Totalität des unmittelbaren Seins das Vorausgesetzte, das Subjekt, welches absolut Erstes bleibt. Hier ist die Grundbestimmung Gottes sich auf sich beziehende Subjektivität; als in sich seiende, bleibende Subjektivität ist sie die erste.

Das Hervorgegangensein der griechischen Götter, die das Geistige sind, gehört zu ihrer Endlichkeit. Das ist ihre Bedingtheit, wonach sie *ihre Natur* voraussetzen, wie beim endlichen Geist die Natur vorausgesetzt ist.

Diese Subjektivität aber ist das absolut Erste, Anfangende, die Bedingtheit aufgehoben; aber nur das Anfangende, nicht so, daß diese Subjektivität auch als Resultat bestimmt wäre und als konkreter Geist. Wäre das vom absoluten Subjekt Erschaffene es selbst, so wäre in diesem Unterschied der Unterschied ebenso aufgehoben: das erste Subjekt wäre das letzte, das sich resultierende. Diese Bestimmung haben wir noch nicht, nur diese, daß dieses absolute Subjekt das schlechthin Anfangende, Erste ist.

Dritte Bestimmung Gottes in Beziehung auf die Welt. Dieses ist, was wir *Eigenschaften* Gottes heißen. Diese sind seine Bestimmtheit; d. h. indem wir so die Besonderung Gottes sahen, das Sichbestimmen Gottes und dieses Sichbestimmen

Gottes als Erschaffen der Welt, das Bestimmte als seiende Welt, so ist damit gesetzt eine *Beziehung Gottes auf die Welt*, oder die Eigenschaften sind das *Bestimmte selbst*, aber gewußt im *Begriff Gottes*. Das eine ist das Bestimmte, gewußt als *seiend*, als nicht zurückkehrend in Gott; das andere ist Bestimmtsein Gottes als Bestimmtheit *Gottes*. Das sind, was man Eigenschaften, Beziehungen Gottes auf die Welt heißt, und es ist ein schlechter Ausdruck, wenn man sagt, daß wir nur von dieser Beziehung Gottes auf die Welt, nicht von ihm selbst wissen. Eben das ist seine *eigene Bestimmtheit*, damit seine eigenen Eigenschaften.

Nur nach der äußerlichen, sinnlichen Vorstellung *ist* Etwas und Etwas für sich, so daß davon unterschieden sind seine Beziehung auf Anderes, seine Eigenschaften; aber diese machen eben seine eigentümliche Natur aus. Die Art der Beziehung des Menschen auf die anderen, das ist seine Natur. Die Säure ist nichts als diese Art und Weise ihrer Beziehung auf die Basis; das ist die Natur der Säure selbst. Erkennt man die Beziehung eines Gegenstandes, so erkennt man die Natur des Gegenstandes selbst. Das sind also schlechte Unterschiede, die sogleich zusammenfallen als Produkt eines Verstandes, der sie nicht kennt, nicht weiß, was er hat an diesen Unterschieden.

Diese Bestimmtheit als Äußeres, *Unmittelbares*, als Bestimmtheit Gottes selbst ist seine *absolute Macht*, die Weisheit ist, deren nähere Momente die Güte und Gerechtigkeit sind. Die *Güte* ist, daß die Welt *ist*. Das Sein kommt ihr nicht zu; das Sein ist hier herabgesetzt zu einem Moment und ist nur ein *Gesetztsein*, Erschaffensein. Dieses Ur-Teilen ist die ewige Güte Gottes: das Unterschiedene hat kein Recht *zu sein*, es ist außer dem Einen, ein Mannigfaltiges und dadurch ein Beschränktes, Endliches, dessen Bestimmung ist, nicht zu sein; daß es aber ist, das ist die Güte Gottes; als Gesetztes vergeht es aber auch, ist nur Erscheinung. Das Sein, das wahrhaft Wirkliche ist nur Gott; das Sein außereinander, außer Gott, das hat keine Ansprüche.

Gott kann nur im wahrhaften Sinne Schöpfer sein als unendliche Subjektivität. So ist er frei, so kann seine Bestimmtheit, sein Sichselbstbestimmen frei entlassen werden; nur das Freie kann seine Bestimmungen als Freies sich gegenüber haben, als Freies entlassen. Dieses Auseinandergehen, dessen Totalität die Welt ist, dieses *Sein* ist die Güte.

Das Sein der Welt ist aber nur das *Sein der Macht*, oder die positive Wirklichkeit und Selbständigkeit der Welt ist nicht ihre *eigene* Selbständigkeit, sondern die *Selbständigkeit der Macht*. Die Welt muß daher in Beziehung auf die Macht als ein *in sich Gebrochenes* vorgestellt werden; die eine Seite ist die Mannigfaltigkeit der Unterschiede, der unendliche Reichtum des *Daseins*; die andere Seite ist dann die *Substantialität* der Welt; diese kommt aber nicht der Welt selber zu, sondern ist die *Identität des Wesens mit sich selbst*. Die Welt erhält sich nicht für sich selbst, sondern ihr Fürsichsein ist die Macht, die sich in den Unterschieden erhält, wie es Fürsichsein bleibt und so die Seite des Seins der Welt ist. So ist die Welt in sich geschieden: einerseits ist sie unselbständiger, selbstloser Unterschied, andererseits ihr Sein.

Die Manifestation der Nichtigkeit, Idealität dieses Endlichen, daß das Sein nicht wahrhafte Selbständigkeit ist, diese Manifestation als Macht ist die *Gerechtigkeit*; darin wird den endlichen Dingen ihr Recht angetan. Güte und Gerechtigkeit sind nicht Momente der Substanz; in der Substanz sind diese Bestimmungen als seiend, ebenso unmittelbar als nicht seiend, – als *werdend*. Hier ist das Eine nicht als Substanz, sondern als der Eine, als Subjekt; hier ist Bestimmung des *Zwecks*, eigene Bestimmtheit des Begriffs: die Welt *soll* sein, ebenso *soll* sie sich umwandeln, vergehen. Da ist die Gerechtigkeit als *Bestimmung des Subjekts* in seinem Sichunterscheiden von diesen seinen Bestimmungen, dieser seiner Welt.

Schaffen, Erhalten und Vergehen fallen in der Vorstellung zeitlich auseinander, aber im Begriff sind sie wesentlich nur Momente *eines Prozesses*, nämlich des Prozesses der Macht.

Die Identität der Macht mit sich ist ebenso das *Nichts*, aus dem die Welt geschaffen, wie die *Subsistenz* der Welt und die *Aufhebung ihrer Subsistenz*. Diese Identität der Macht, die sich auch im Sein der Dinge erhält, ist das Sein der Dinge wie ihr Nichtsein. In der Güte ist die Welt nur als *nicht in sich berechtigt*, als zufällig getragen und erhalten, und ist somit zugleich ihre *Negativität* enthalten, die in der Gerechtigkeit gesetzt wird.

Die angegebenen Bestimmungen sind nun wohl *Bestimmungen des Begriffs* selbst, aber das Subjekt, welches sie hat, hat *seine Natur* nicht darin; die Grundbestimmungen sind der Eine und die Macht; der Begriff, die innerste Natur des Subjekts ist noch *unabhängig* gesetzt von den Eigenschaften. Wenn sie ihm in der Tat angehörten, so wären sie selbst *Totalität*, denn der Begriff ist die absolute Güte, er teilt sich selbst seine Bestimmungen mit. Dazu, daß sie dem Begriff angehören, gehört, daß sie selbst der *ganze* Begriff wären, und so wäre er erst wahrhaft real; da wäre der Begriff aber *Idee* und das Subjekt als *Geist* gesetzt, in welchem Güte und Gerechtigkeit Totalitäten wären.

Güte und Gerechtigkeit sind aber, obwohl sie den Unterschied enthalten, nicht als *bleibende Bestimmung* der Macht gefaßt, sondern die Macht ist selbst das *Unbestimmte*, d. h. *gegen diese Unterschiede selbst mächtig*: ihre Güte setzt sich in Gerechtigkeit über und umgekehrt. Jede für sich gesetzt schlösse die andere aus; aber die Macht ist eben dieses, daß sie *die Bestimmtheit nur aufhebt*.

Die Gerechtigkeit ist das Moment der Negation, d. h. daß die Nichtigkeit offenbar werde; diese Gerechtigkeit ist so eine Bestimmung, wie am Schiwa das Entstehen und Vergehen. Es ist nur die Seite des Prozesses überhaupt, die Seite des Zufälligen, dessen Nichtigkeit manifestiert wird. Es ist nicht die Negation als *unendliche Rückkehr in sich* – was Bestimmung des Geistes wäre –, sondern die Negation ist nur Gerechtigkeit.

b. Die Form der Welt

Die Welt ist jetzt prosaisch, wesentlich als eine Sammlung von Dingen vorhanden. Im Orient und besonders im griechischen Leben wird man erfreut durch die Freundlichkeit und Heiterkeit im Verhältnis des Menschen zur Natur, daß, indem der Mensch sich zur Natur verhält, er sich zum Göttlichen verhält; seine Freigebigkeit begeistet das Natürliche, macht es zum Göttlichen, beseelt es.

Diese Einheit des Göttlichen und Natürlichen, Identität des Ideellen und Reellen, ist eine abstrakte Bestimmung und ist leicht zu haben. Die wahre Identität ist die, welche in der unendlichen Subjektivität ist, die gefaßt wird nicht als Neutralisation, gegenseitige Abstumpfung, sondern als unendliche Subjektivität, die sich bestimmt und ihre Bestimmungen als Welt frei entläßt. Dann sind diese frei entlassenen Bestimmungen als Dinge zugleich unselbständige, wie sie wahrhaft sind, nicht Götter, sondern Naturgegenstände.

Diese besonderen sittlichen Mächte, welche die oberen griechischen Götter wesentlich sind, haben Selbständigkeit nur der Form nach, weil der Inhalt unselbständig ist als besonderer. Das ist eine falsche Form. Die unselbständigen Dinge, die unmittelbar sind, ihr Sein wird dagegen auf dem gegenwärtigen Standpunkte nur gewußt als etwas Formelles, ein Unselbständiges, dem so Sein zukommt, – nicht als absolutes, göttliches Sein, sondern als abstraktes Sein, als einseitiges; und indem ihm die Bestimmung des abstrakten Seins zukommt, kommen ihm die Kategorien des *Seins* zu, und als Endlichem die *Verstandeskategorien.* Sie sind prosaische Dinge, wie die Welt für uns ist, äußerliche Dinge im mannigfachen Zusammenhang des Verstandes, von Grund und Folge, Qualität, Quantität, nach allen diesen Kategorien des Verstandes.

Die Natur ist hier *entgöttert*; die natürlichen Dinge sind Unselbständigkeiten in ihnen selbst, und die Göttlichkeit ist nur im Einen. Es kann nun scheinen, als ob es zu bedauern wäre, daß die Natur in einer Religion entgöttert sei, die Bestimmung der Gottlosigkeit erhält; man preist dagegen die Einheit des Ideellen und Reellen, die Einheit der Natur mit Gott, wo die natürlichen Dinge als selbständig, göttlich, frei bestimmt betrachtet werden; man nennt dies Identität der Idealität und Realität. Das ist freilich die *Idee*; aber jene Bestimmung der Identität ist noch sehr formell, sie ist wohlfeil, sie ist allenthalben. Die Hauptsache ist die *weitere Bestimmung dieser Identität*, und die *wahrhafte* ist nur in dem *Geistigen*, in dem sich selbst real bestimmenden Gott, daß die Momente seines Begriffs zugleich selbst sind als Totalität. Die natürlichen Dinge sind nach ihrer Einzelheit in der Tat *an sich*, in ihrem Begriff *äußerlich* gegen den Geist, gegen den Begriff, und ebenso ist der Geist als *endlicher*, als diese Lebendigkeit selbst *äußerlich*. Lebendigkeit ist zwar wesentlich ein Inneres; aber jene Totalität, soweit sie nur Leben ist, ist äußerlich gegen die *absolute Innerlichkeit des Geistes*; das *abstrakte* Selbstbewußtsein ist ebenso *endlich*. Die natürlichen Dinge, der Kreis der endlichen Dinge, selbst abstraktes Sein, ist seiner Natur nach ein an ihm selbst Äußerliches. Diese Bestimmung der Äußerlichkeit erhalten die Dinge hier auf dieser Stufe; sie sind dem Begriff nach gesetzt *in ihrer Wahrheit*. Wenn man diese Stellung der Natur bedauert, so muß man zugeben, daß die schöne Vereinigung von Natur und Gott nur für die Phantasie gilt, nicht für die Vernunft. Denen, die noch so schlecht von der Entgötterung sprechen und jene Identität preisen, wird es doch gewiß sehr schwer oder unmöglich, an einen Ganga, eine Kuh, einen Affen, ein Meer usf. als Gott zu glauben. Hier ist vielmehr der Grund gelegt zu einer verständigen Betrachtung der Dinge und ihres Zusammenhanges.

Doch die theoretische Ausbildung dieses Bewußtseins zur Wissenschaft hat hier noch nicht ihren Platz. Denn dazu gehörte ein *konkretes* Interesse für die Dinge und müßte das Wesen nicht nur als allgemeiner, sondern auch als *bestimmter* Begriff gefaßt sein. Bei der Vorstellung der abstrakten Weisheit und bei dem einen beschränkten Zweck kann die bestimmte theoretische Anschauung noch nicht statthaben.

Das Verhältnis Gottes zur Welt überhaupt bestimmt sich damit als seine *unmittelbare* Erscheinung an derselben auf eine *einzelne*, individuelle Weise für einen *bestimmten* Zweck in einer beschränkten Sphäre, und hiermit tritt die Bestimmung von *Wundern* ein. In früheren Religionen gibt es keine Wunder: in der indischen ist alles schon verrückt von Haus aus. Erst im *Gegensatze* gegen die *Ordnung* der Natur, die Naturgesetze – wenn diese auch nicht erkannt werden, sondern nur das Bewußtsein eines natürlichen Zusammenhanges überhaupt da ist –, erst da hat die Bestimmung des Wunders ihren Platz, was so vorgestellt wird, daß Gott sich an einem *Einzelnen* und zugleich *gegen* die Bestimmung desselben manifestiert.

Das wahrhafte Wunder in der Natur ist die Erscheinung des Geistes, und die wahrhafte Erscheinung des Geistes ist in gründlicher Weise der Geist des Menschen und sein Bewußtsein von der Vernunft der Natur, daß in dieser Zerstreuung und zufälligen Mannigfaltigkeit durchaus Gesetzmäßigkeit und Vernunft ist. In dieser Religion erscheint aber die Welt als Komplex der natürlichen Dinge, die auf natürliche Weise aufeinander wirken, in verständigem Zusammenhange stehen, und das Bedürfnis der Wunder ist so lange vorhanden, als jener Zusammenhang nicht als die *objektive* Natur der Dinge gefaßt, d. h. solange nicht Gottes Erscheinung an ihnen als *ewige, allgemeine Naturgesetze* und seine Wirksamkeit nicht wesentlich als die allgemeine gedacht ist. Der verständige Zusammenhang, der auf dieser Stufe erst gefaßt ist, ist nur der *objektive*, daß das Einzelne als solches in der Endlichkeit *für sich* und damit in einem *äußerlichen Verhältnis* ist. Das Wunder wird noch als *zufällige* Manifestation Gottes gefaßt; das *allgemeine*, absolute Verhältnis Gottes zur natürlichen Welt ist dagegen die *Erhabenheit*.

In sich und in seiner Beziehung auf sich gefaßt kann man

das *unendliche* Subjekt *nicht* erhaben nennen, denn so ist es absolut an und für sich und *heilig*. Die Erhabenheit ist erst die Erscheinung und *Beziehung* dieses Subjekts *auf die Welt*, daß diese als Manifestation desselben gefaßt wird, aber als Manifestation, die nicht affirmativ ist oder die, indem sie affirmativ zwar *ist*, doch den Hauptcharakter hat, daß das Natürliche, Weltliche *als ein Unangemessenes negiert* und als solches gewußt wird.

Die Erhabenheit ist also diejenige Erscheinung und Manifestation Gottes in der Welt, und sie ist so zu bestimmen, daß dieses *Erscheinen* sich zugleich als *erhaben* zeigt *über diese Erscheinung in der Realität*. In der Religion der Schönheit ist Versöhnung der Bedeutung mit dem Material, der sinnlichen Weise und dem Sein für Anderes. Das Geistige erscheint ganz in dieser äußerlichen Weise; diese ist ein Zeichen des Innern, und dieses Innere wird ganz erkannt in seiner Äußerlichkeit. Hingegen die Erhabenheit der Erscheinung vertilgt zugleich die Realität, den Stoff und das Material ihrer selbst. In seiner Erscheinung *unterscheidet* sich Gott zugleich von ihr, so daß sie als unangemessen *ausdrücklich gewußt* wird. Der Eine hat also an der Äußerlichkeit der Erscheinung nicht wie die Götter der Religion der Schönheit sein Fürsichsein und wesentliches Dasein, und die Unangemessenheit der Erscheinung ist nicht bewußtlose, sondern ausdrücklich mit Bewußtsein als solche gesetzt.

Zur Erhabenheit ist es daher nicht genug, daß der Inhalt, der *Begriff* etwas Höheres sei als die *Gestalt* – wenn diese auch übertrieben und über ihr Maß gesetzt wird –, sondern das, was sich manifestiert, muß auch die *Macht* sein über die Gestalt. In der indischen Religion sind die Bilder maßlos, aber nicht erhaben, sondern Verzerrung; oder sie sind nicht verzerrt wie die Kuh und der Affe, die die ganze Naturmacht ausdrücken, aber die Bedeutung und die Gestalt sind sich unangemessen, aber nicht erhaben, sondern die Unangemessenheit ist der größte Mangel. Es muß also zugleich die Macht über die Gestalt gesetzt sein.

Der Mensch im natürlichen Bewußtsein kann natürliche Dinge vor sich haben, aber sein Geist ist solchem Inhalt unangemessen; das Umherschauen ist nichts Erhabenes, sondern der Blick gen Himmel, der das Darüberhinaus ist. Diese Erhabenheit ist besonders der Charakter Gottes in Beziehung auf die natürlichen Dinge. Die Schriften des Alten Testaments werden deshalb gerühmt. »Gott sprach: es werde Licht, und es ward Licht.« Es ist dies eine der erhabensten Stellen. Das Wort ist das Müheloseste; dieser Hauch ist hier zugleich das Licht, die Lichtwelt, die unendliche Ausgießung des Lichts; so wird das Licht herabgesetzt zu einem Worte, zu etwas so Vorübergehendem. Es wird ferner vorgestellt, daß Gott den Wind und den Blitz zu Dienern und Boten gebraucht; die Natur ist so gehorchend. Es wird gesagt: ›Von deinem Atem gehen die Welten hervor, vor deinem Dräuen fliehen sie. Wenn du die Hand auftust, so sind sie gesättigt. Verhüllst du dein Angesicht, so erschrecken sie; hältst du deinen Atem an, so vergehen sie zu Staub. Lässest du ihn aus, so entstehen sie wieder.‹[4] Dies ist die Erhabenheit, daß die Natur so ganz negiert, unterworfen, vorübergehend vorgestellt wird.

c. Der Zweck Gottes mit der Welt

Erste Bestimmung. Die Zweckbestimmung ist hier als die wesentliche, daß Gott weise ist, zunächst weise in der *Natur* überhaupt. Die Natur ist sein Geschöpf, und er gibt darin seine Macht zu erkennen, aber nicht nur seine Macht, sondern auch seine *Weisheit.* Diese gibt sich kund in ihren Produkten durch zweckmäßige Einrichtung. Dieser Zweck ist mehr ein Unbestimmtes, Oberflächliches, mehr äußerliche Zweckmäßigkeit: ›Du gibst dem Vieh sein Futter.‹[5] Der wahrhafte Zweck und die wahrhafte Realisation des Zwecks fällt nicht in die Natur als solche, sondern wesentlich

---

4 vgl. Psalm 104, 28–30
5 vgl. Psalm 147, 9

in das Bewußtsein. Er manifestiert sich in der Natur, aber seine wesentliche Erscheinung ist, im *Bewußtsein zu erscheinen*, seinem Widerschein, so daß es im Selbstbewußtsein widerscheint, daß dies sein Zweck sei, gewußt zu werden vom Bewußtsein, und daß *er* dem Bewußtsein Zweck sei.

Die Erhabenheit ist nur erst die Vorstellung der Macht, noch nicht die eines Zweckes. Der Zweck ist nicht nur das Eine; sondern der Zweck Gottes überhaupt kann nur *er selbst* sein, daß *sein Begriff ihm gegenständlich* werde, er sich selbst in der Realisation habe. Dies ist der allgemeine Zweck überhaupt. Wenn wir nun hier in Rücksicht auf die Welt, die Natur, diese als den Zweck Gottes betrachten wollen, so ist nur seine *Macht* darin manifestiert; nur sie wird ihm darin gegenständlich, und die Weisheit ist noch ganz abstrakt. Wenn wir von einem Zweck sprechen, so muß er nicht bloß Macht sein, muß *Bestimmtheit* überhaupt haben. Der Boden, wo er vorhanden sein kann, ist der *Geist* überhaupt; indem nun Gott im Geist als Bewußtsein, in dem ihm gegenübergesetzten Geist, hier also im endlichen Geist als solchem Zweck ist, so ist darin seine *Vorstellung*, seine *Anerkenntnis* der Zweck. Gott hat [sich] gegenüber hier den endlichen Geist; das Anderssein ist noch nicht gesetzt als absolut zurückgekehrt in sich selbst. Der endliche Geist ist wesentlich Bewußtsein; Gott muß also Gegenstand des *Bewußtseins* als des Wesens sein. Dies ist, daß er anerkannt, gepriesen werde. Die *Ehre Gottes* ist zunächst sein Zweck. Der Reflex Gottes im *Selbstbewußtsein* überhaupt ist noch nicht erkannt; Gott wird nur *anerkannt*. Sollte er auch wirklich *erkannt* werden, so gehörte dazu, daß er als Geist Unterschiede in sich gesetzt hätte; hier hat er noch die gesehenen abstrakten Bestimmungen.

So ist es hier eine wesentliche Bestimmung, daß die *Religion als solche* der Zweck ist, nämlich daß Gott gewußt werde im Selbstbewußtsein, darin *Gegenstand* ist, affirmative Beziehung auf dasselbe hat. Er ist Gott als unendliche Macht und Subjektivität in sich; das zweite ist, daß er erscheint, und zwar wesentlich in einem anderen Geiste, der als endlich ihm gegenüber ist, und so ist das Anerkennen und Preisen Gottes die Bestimmung, die hier eintritt, die Ehre Gottes, die allgemeine Ehre: nicht bloß das jüdische Volk, sondern die ganze Erde, alle Völker, Heiden sollen den Herrn loben. Dieser Zweck, vom Bewußtsein anerkannt, gewußt, verehrt zu werden, kann zunächst der *theoretische* Zweck genannt werden; der bestimmtere ist der *praktische*, der eigentlich reale Zweck, der sich in der Welt, aber immer in der geistigen, realisiert.

Zweite Bestimmung. Dieser wesentliche Zweck ist der *sittliche Zweck*, die Sittlichkeit, daß der Mensch in dem, was er tut, das Gesetzliche, Rechte vor Augen habe; dies Gesetzliche, Rechte ist das Göttliche, und insofern es ein Weltliches, im endlichen Bewußtsein ist, ist es ein *Gesetztes* von Gott. Gott ist das Allgemeine; der Mensch, der sich und seinen Willen nach diesem Allgemeinen bestimmt, ist der freie, damit der *allgemeine Wille*, nicht seine besondere Sittlichkeit; Rechttun ist hier Grundbestimmung, der Wandel vor Gott, das Freisein von selbstsüchtigen Zwecken, die Gerechtigkeit, die vor Gott gilt. Dieses Rechte tut der Mensch in *Beziehung auf Gott*, zur Ehre Gottes; dieses Rechte hat im Willen, im Innern seinen Sitz, und diesem Wollen in Rücksicht auf Gott gegenüber steht die Natürlichkeit des Daseins, des Menschen, des Handelnden.

Wie wir in der Natur dieses *Gebrochensein* sahen, daß Gott für sich ist und die Natur ein Seiendes, aber Beherrschtes, so ist auch im Menschengeiste eben dieser Unterschied: das Rechttun als solches, ferner das natürliche Dasein des Menschen. Dieses ist aber ebenso ein *durch das geistige Verhältnis des Willens Bestimmtes*, als die Natur überhaupt ein Gesetztes ist vom absoluten Geist.

Das natürliche Dasein des Menschen, seine äußerliche, weltliche Existenz ist in *Beziehung gesetzt* auf das Innere. Wenn dieser Wille ein wesentlicher Wille, das Tun Rechttun ist, soll auch die äußerliche Existenz des Menschen diesem

Innerlichen, Rechten entsprechen; es soll dem Menschen gut gehen nur nach seinen Werken, und er soll sich nicht nur sittlich überhaupt benehmen, die Gesetze seines Vaterlandes beobachten, sich dem Vaterland aufopfern – es mag ihm dabei gehen, wie es wolle –, sondern es tritt die *bestimmte Forderung* ein, daß es dem, der Recht tut, auch wohlergehe.

Es ist hier ein Verhältnis, daß die reelle Existenz, das äußerliche Dasein angemessen, unterworfen und bestimmt sei nach dem Innerlichen, Rechten. Dies Verhältnis tritt hier ein infolge und aufgrund des Grundverhältnisses von Gott zur natürlichen, endlichen Welt. Es ist hier ein Zweck, [und] dieser soll vollführt sein, – eine[6] *Unterscheidung*, die zugleich in *Harmonie* sein soll, so daß das natürliche Dasein sich beherrscht zeige vom Wesentlichen, vom Geistigen. Es soll für den Menschen bestimmt sein, beherrscht vom wahrhaften Inneren, vom Rechttun.

Auf diese Weise ist das *Wohlsein* des Menschen *göttlich berechtigt*; aber es hat nur diese Berechtigung, insofern es *dem Göttlichen gemäß* ist, dem sittlichen, göttlichen Gesetz. Das ist das Band der Notwendigkeit, die aber nicht mehr blind ist, wie wir in anderen Religionen sehen werden, nur die leere, begriffslose, unbestimmte Notwendigkeit, so daß außer ihr das Konkrete ist. Die Götter, sittlichen Mächte stehen unter der Notwendigkeit, aber die Notwendigkeit hat nicht das Sittliche, Rechte in ihrer Bestimmung. Hier ist die Notwendigkeit konkret, daß *das an und für sich Seiende Gesetze gibt*, das Rechte will, das Gute, und dieses hat zur Folge ein ihm angemessenes, affirmatives Dasein, eine Existenz, die ein Wohlsein, Wohlgehen ist. Diese Harmonie ist es, die der Mensch weiß in dieser Sphäre.

Darin ist begründet, daß es ihm wohlergehen darf, ja soll; er ist Zweck für Gott, er als Ganzes. Aber er als Ganzes ist selbst ein in ihm *Unterschiedenes*, daß er Willen hat und

---

6 W: »diese«

äußerliches Dasein. Das Subjekt weiß nun, daß Gott *das Band dieser Notwendigkeit* ist, diese Einheit, welche das Wohlsein hervorbringt, angemessen dem Rechttun, daß dieser Zusammenhang ist; denn der göttliche, allgemeine Wille ist zugleich der *in sich bestimmte* Wille und somit die Macht dazu, jenen Zusammenhang hervorzubringen. Daß dieses zusammengeknüpft ist, dieses Bewußtsein ist dieser Glaube, Zuversicht; diese ist im jüdischen Volke eine Grundseite, bewundernswürdige Seite. Von dieser Zuversicht sind die alttestamentlichen Schriften voll, besonders die Psalmen.

Dieser Gang ist es auch, der im Hiob dargestellt ist, das einzige Buch, von dem man den Zusammenhang mit dem Boden des jüdischen Volks nicht genau kennt. Hiob preist seine Unschuld, findet sein Schicksal ungerecht, er ist unzufrieden; d. h. es ist ein Gegensatz in ihm: das Bewußtsein der Gerechtigkeit, die absolut ist, und die Unangemessenheit seines Zustandes mit dieser Gerechtigkeit. Es ist als Zweck Gottes gewußt, daß er es den Guten gut gehen lasse.

Die Wendung ist, daß diese Unzufriedenheit, dieser Mißmut sich der absoluten, reinen Zuversicht unterwerfen soll. Hiob fragt: ›Was gibt mir Gott für Lohn von der Höhe? Sollte nicht der Ungerechte so verstoßen werden?‹ Seine Freunde antworten in demselben Sinne, nur daß sie es umkehren: ›Weil du unglücklich bist, daraus schließen wir, daß du nicht recht bist. Gott tut dies, daß er den Menschen beschirme vor Hoffahrt.‹ Gott spricht endlich selbst: ›Wer ist, der so redet mit Unverstand? Wo warst du, da ich die Erde gründete?‹ Da kommt eine sehr schöne, prächtige Beschreibung von Gottes Macht, und Hiob sagt: ›Ich erkenne es; es ist ein unbesonnener Mensch, der seinen Rat meint zu verbergen.‹[7]

Diese Unterwürfigkeit ist das Letzte; einerseits diese Forderung, daß es dem Gerechten wohlgehe, andererseits soll selbst diese Unzufriedenheit weichen. Dies Verzichtleisten,

---

7 vgl. Hiob 31, 2.3; 33, 12.17; 38, 2.4; 42, 2 f.

Anerkennen der Macht Gottes bringt Hiob wieder zu seinem Vermögen, zu seinem vorigen Glück; auf dieses Anerkennen folgt die Wiederherstellung seines Glücks. Doch soll vom Endlichen zugleich dieses Glück nicht als ein *Recht* gegen die Macht Gottes angesprochen werden. – Diese Zuversicht zu Gott, diese Einheit und das Bewußtsein dieser Harmonie der Macht und zugleich der Weisheit und Gerechtigkeit Gottes ist darin begründet, daß Gott als Zweck in sich bestimmt ist und Zweck hat.

Es ist hierbei noch zu beachten dies *Innerlichwerden des Geistes*, das Bewegen seiner in sich selbst. Der Mensch soll recht tun, das ist das absolute Gebot, und dieses Rechttun hat seinen Sitz in seinem Willen; der Mensch ist dadurch auf sein Innerliches angewiesen, und er muß beschäftigt sein mit dieser Betrachtung seines Inneren, ob es im Rechten, sein Wille gut ist. Diese Untersuchung und Bekümmernis über das Unrecht, das Schreien der Seele nach Gott, dies Hinabsteigen in die Tiefen des Geistes, diese Sehnsucht des Geistes nach dem Rechten, der Angemessenheit zum Willen Gottes ist ein besonders Charakteristisches.

Weiter erscheint dieser Zweck zugleich als ein *beschränkter*: es ist der Zweck, daß die *Menschen* Gott wissen, anerkennen, [daß sie,] was sie tun, zur Ehre Gottes tun sollen, was sie wollen, dem Willen Gottes gemäß, ihr Wille wahrhafter Wille sein soll. Dieser Zweck hat zugleich eine Beschränktheit, und es ist zu betrachten, inwiefern diese Beschränktheit *in der Bestimmung Gottes* liegt, inwiefern der Begriff, die Vorstellung Gottes selbst noch diese Beschränktheit enthält.

Wenn die Vorstellung Gottes beschränkt ist, so sind diese weiteren Realisationen des göttlichen Begriffs im menschlichen Bewußtsein auch beschränkt. Dies ist immer das Wesentliche, aber auch das Schwerste, die Beschränktheit *im Einen* zu erkennen, wie sie noch *Beschränktheit der Idee* ist, so daß sie noch nicht als absolute Idee ist.

Gott, das sich Bestimmende in seiner Freiheit und nach seiner Freiheit, so daß das Geistige das Freie sei – das ist die

Weisheit; aber diese Weisheit, dieser Zweck ist nur erst Zweck und Weisheit im *allgemeinen*. Die Weisheit Gottes, das Sichbestimmen hat noch nicht seine *Entwicklung*; diese Entwicklung in der Idee Gottes ist erst in der Religion, wo die Natur Gottes ganz offenbar ist. Der Mangel dieser Idee ist, daß Gott der Eine ist, aber so in sich selbst auch *nur in der Bestimmtheit dieser Einheit*, nicht das in sich selbst ewig sich Entwickelnde ist. Es ist noch nicht entwickelte Bestimmung; was wir Weisheit nennen, ist insofern auch ein Abstraktes, *abstrakte Allgemeinheit*.

Der *reale Zweck*, den wir haben, ist der *erste*; er ist als Zweck Gottes im wirklichen Geist, – so muß er *in sich Allgemeinheit* haben, muß göttlich wahrhafter Zweck in sich selbst sein, der substantielle Allgemeinheit hat. Substantieller Zweck im Geist ist der, daß die *geistigen* Individuen sich als eins wissen, sich als eins verhalten, einig seien; es ist ein sittlicher Zweck, er hat seinen Boden in der realen Freiheit. Es ist die Seite, worin das Praktische hervortritt, – Zweck im *wirklichen* Bewußtsein. Er ist aber *erster* Zweck, und die Sittlichkeit ist noch *unmittelbar natürliche*; der Zweck ist so die Familie und der Zusammenhang derselben, er ist *diese* eine Familie ausschließend gegen die anderen.

Der reale, unmittelbar erste Zweck der göttlichen Weisheit ist also noch ganz beschränkter, einzelner, weil er erster ist. Gott ist absolute Weisheit, aber noch in dem Sinne der ganz abstrakten Weisheit, oder der Zweck im göttlichen Begriff ist der noch *schlechthin allgemeine* und somit *inhaltslose Zweck*; dieser unbestimmte inhaltslose Zweck schlägt im Dasein um in die *unmittelbare Einzelheit*, in die vollkommenste Beschränktheit. Oder mit anderen Worten: das *Ansich*, in welchem sich die Weisheit noch hält, ist *selbst* die *Unmittelbarkeit*, die *Natürlichkeit*.

Der reale Zweck Gottes ist also die Familie, und zwar *diese* Familie; viele einzelne Familien ist schon die Erweiterung der Einzelheit durch die Reflexion. Es ist der merkwürdige, unendlich harte, härteste Kontrast. Gott ist einerseits der

Gott Himmels und der Erden, absolute Weisheit, allgemeine Macht, und der Zweck dieses Gottes ist zugleich so beschränkt, daß er nur *eine* Familie, nur dies eine Volk ist. Alle Völker *sollen* ihn wohl auch anerkennen, seinen Namen preisen, aber das *reale*, zustandegebrachte wirkliche Werk ist nur dies Volk in seinem Zustande, seinem Dasein, seinem inneren, äußeren, politischen, sittlichen Dasein. Gott ist so nur der Gott Abrahams, Isaaks und Jakobs, der Gott, der uns aus Ägypten geführt hat. Weil Gott nur Einer ist, so ist er auch nur in *einem* allgemeinen Geiste, in *einer* Familie, in *einer* Welt. Die ersten sind die Familien als Familien; die aus Ägypten Geführten sind die Nation, – hier sind es die Häupter der Familien, die das Bestimmte des Zwecks ausmachen. Die Allgemeinheit ist so noch die natürliche. Der Zweck ist so nur menschlich und so die Familie. So ist die Religion die patriarchalische. Die Familie ist es dann, die sich zum Volke erweitert. *Nation* heißt ein Volk, weil es zunächst durch die *Natur* ist; dies ist der beschränkte Zweck und ist ausschließend gegen Anderes der göttliche Zweck.

Die fünf Bücher Mosis fangen von der Weltschöpfung an; gleich nachher finden wir darin den Sündenfall: er betrifft die Natur des Menschen als Menschen. Dieser allgemeine Inhalt der Erschaffung der Welt und dann jener Fall des Menschen, der der Mensch der Gattung nach ist, hat keinen Einfluß auf das gehabt, was in der Folge die jüdische Religion ist. Es ist nur diese Weissagung, deren allgemeiner Inhalt dem israelitischen Volke nicht zur Wahrheit geworden ist. Der Gott ist nur der Gott dieses Volks, nicht der Menschen, und dies Volk ist das Volk Gottes.

In Ansehung des Zusammenhanges von der allgemeinen Weisheit Gottes in sich zu der vollkommenen Beschränktheit des realen Zwecks kann zur Deutlichmachung der Vorstellung noch bemerkt werden, daß der Mensch, wenn er das *allgemeine Gute* will und dies sein Zweck ist, seine *Willkür* zum Prinzip seiner Entschließungen, seines Handelns gemacht hat. Denn dies allgemeine Gute, dieser allgemeine Zweck enthält das Andere, *Besondere* nicht *in sich selbst*. Wenn aber gehandelt werden muß, so fordert dieser reale Zweck eine Bestimmtheit; diese ist *außer* dem Begriff, da er noch keine in sich hat, noch abstrakt ist, und die Besonderung ist deshalb noch nicht geheiligt, weil sie noch nicht in den allgemeinen Zweck des Guten aufgenommen ist. In der Politik, wenn nur die *allgemeinen* Gesetze die Herrschaft haben sollen, so ist das Regierende die Gewalt, die Willkür des Individuums; das Gesetz ist nur real, insofern es *besondert* wird, denn erst dadurch, daß es besondert wird, ist das Allgemeine lebendig.

Aus diesem einzelnen, realen Zweck sind die anderen Völker *ausgeschlossen*. Das Volk hat seine eigene Nationalität. Es besteht aus gewissen Familien und deren Mitgliedern; dies Angehören dem Volke und damit zu Gott in diesem Verhältnis zu stehen beruht auf der *Geburt*. Dies erfordert natürlich eine besondere Verfassung, Gesetze, Zeremonien, Gottesdienst.

Die Einzelheit bildet sich ferner so aus, daß sie den Besitz eines *besonderen Bodens* in sich schließt; dieser muß geteilt werden für die verschiedenen Familien und ist ein *Unveräußerbares*, so daß die Ausschließung diese ganz empirisch äußere Gegenwart gewinnt. Es ist dabei diese Ausschließung zunächst nicht polemisch, sondern die Realität ist der besondere Besitz, einzelne Genuß dieses einzelnen Volkes und das Verhältnis des einzelnen Volks zum allmächtigen, allweisen Herrn; sie ist nicht polemisch, d. h. die anderen Völker *können* auch dazu gebracht werden, zu dieser Verehrung. Sie *sollen* den Herrn preisen; aber daß sie dahin kommen, ist nicht realer Zweck, ist nur ein träges, *nicht praktisches* Sollen. Dieser reale Zweck ist erst im Mohammedanismus aufgetreten, wo der *einzelne* Zweck zum *allgemeinen* erhoben und so *fanatisch* wird. Der Fanatismus findet sich wohl auch bei den Juden, aber er tritt nur ein, insofern ihr Besitz, ihre Religion angegriffen ist; er tritt dann ein, weil nur dieser eine Zweck schlechthin ausschließend ist und keine

Vermittlung, Gemeinschaft, kein Zusammengehen mit etwas anderem erlaubt.

Dritte Bestimmung. In der ganzen Schöpfung ist vor allem der *Mensch* erhaben; er ist das Wissende, Erkennende, *Denkende*; er ist so in einem ganz andern Sinne das *Ebenbild Gottes,* als dies von der Welt gilt. Was empfunden wird in der Religion, ist Gott, der der Gedanke ist; nur im Gedanken wird Gott verehrt.

In der Religion der Parsen haben wir den *Dualismus* gehabt; diesen Gegensatz haben wir auch in der jüdischen Religion, aber er fällt nicht *in Gott,* sondern in den *anderen Geist*: Gott ist Geist, und sein Produkt, die Welt, ist auch Geist; hierein fällt dieses, an ihm selbst das Andere seines Wesens zu sein. Die *Endlichkeit* enthält dies, daß darin der Unterschied als *Zwiespalt* fällt. In der Welt ist Gott bei sich; sie ist gut, denn das Nichts ihrer selbst, aus dem die Welt geschaffen worden, ist das Absolute selbst; als dieses erste Urteil Gottes geht aber die Welt nicht zum absoluten Gegensatz, nur der Geist ist dieses absoluten Gegensatzes fähig, und das ist seine Tiefe. Der Gegensatz fällt in den anderen Geist, der somit der *endliche Geist* ist: dieser ist der Ort des Kampfes des Bösen und des Guten, der Ort, worin auch dieser Kampf ausgekämpft werden muß. Alle diese Bestimmungen ergeben sich aus der Natur des Begriffs.

Dieser Gegensatz ist ein schwieriger Punkt, denn er macht den Widerspruch aus; das Gute ist durch sich selbst nicht widersprechend, sondern erst durch das Böse kommt der Widerspruch herein, er fällt allein ins Böse. Da tritt nun die Frage ein: *Wie ist das Böse in die Welt gekommen?* Diese Frage hat hier Sinn und Interesse. In der Religion der Parsen kann diese Frage keine Schwierigkeit machen, denn da *ist* das Böse, so wie das Gute *ist*; beide sind hervorgegangen aus dem Bestimmungslosen. Hier hingegen, wo Gott die Macht und das eine Subjekt ist, wo alles nur durch ihn gesetzt ist, da ist das Böse widersprechend, denn Gott ist ja nur das absolut Gute. Hierüber ist uns eine alte Vorstellung, der *Sündenfall*, in der Bibel aufbewahrt. Diese bekannte Darstellung, wie das Böse in die Welt gekommen, ist in die Form eines Mythus, einer Parabel gleichsam eingekleidet. Wenn nun das Spekulative, das Wahrhafte so in sinnlicher Gestaltung, in der Weise vom Geschehensein dargestellt wird, so kann es nicht fehlen, daß unpassende Züge darin vorkommen. So geschieht es auch bei Platon, wenn er bildlich von den Ideen spricht, daß ein unangemessenes Verhältnis zum Vorschein kommt. Es wird also erzählt: Nach Erschaffung Adams und Evas im Paradiese habe Gott den ersten Menschen verboten, von einem gewissen Baume zu essen; die Schlange verleitet sie aber dennoch dazu, indem sie sagt: »Ihr werdet Gott gleich werden.« Gott legt ihnen dann eine schwere Strafe auf, sagt aber dennoch: *»Siehe, Adam ist worden wie unsereiner, denn er weiß, was gut und böse ist.«* Von dieser einen Seite ist der Mensch nach Gottes Ausspruch Gott geworden, von der anderen aber, heißt es, habe Gott dem Menschen den Weg abgeschnitten, indem er ihn aus dem Paradiese verjagt habe. – Diese einfache Geschichte kann etwa zunächst auf folgende Weise genommen werden: Gott habe ein Gebot gemacht, und der Mensch, angetrieben von einem unendlichen Hochmut, Gott gleich zu werden (ein Gedanke, der ihm von außen gekommen), habe dieses Gebot übertreten; für seinen erbärmlichen, einfältigen Hochmut sei er dann aber hart bestraft worden. Jenes Gebot habe Gott nur formell gemacht, um ihn in den Fall zu setzen, seinen Gehorsam zu beweisen.

So geht nach dieser Erklärung alles in der gemeinen endlichen Konsequenz zu. Allerdings *verbietet* Gott das Böse: solches Verbot ist ein ganz anderes als das Verbot, von einem bloßen Baume zu essen; was Gott will und nicht will, muß *wahrhafter, ewiger Natur* sein. Solches Verbot soll ferner nur an ein *einzelnes* Individuum ergangen sein: mit Recht empört sich der Mensch dagegen, daß er für fremde Schuld gestraft werde; er will nur für das stehen, was er selbst getan. Es liegt vielmehr im Ganzen ein tief spekulativer

Sinn. Es ist Adam oder der *Mensch überhaupt*, der in dieser Geschichte erscheint; es betrifft, was hier erzählt wird, die *Natur des Menschen selbst*, und es ist nicht ein formelles, kindisches Gebot, das Gott ihm auferlegt, sondern es heißt der Baum, von dem Adam nicht essen soll, der *Baum der Erkenntnis des Guten und des Bösen*, – da fällt die Äußerlichkeit und die Form eines Baumes hinweg. Der Mensch ißt davon, und er kommt zur Erkenntnis des Guten und des Bösen. Das Schwierige ist aber, daß gesagt wird, Gott habe dem Menschen verboten, zu dieser Erkenntnis zu gelangen, denn diese Erkenntnis ist gerade das, was den Charakter des Geistes ausmacht; der Geist ist nur Geist durch das Bewußtsein, und das höchste Bewußtsein liegt gerade in jener Erkenntnis. Wie hat nun dies verboten werden können? Die Erkenntnis, das Wissen ist dieses doppelseitige, gefährliche Geschenk: der Geist ist frei; dieser Freiheit ist das Gute wie das Böse anheimgestellt: es liegt darin ebenso die Willkür, das Böse zu tun; dies ist die negative Seite an jener affirmativen Seite der Freiheit. Der Mensch, heißt es, sei im Zustande *der Unschuld* gewesen: dies ist überhaupt der Zustand des natürlichen Bewußtseins; er muß aufgehoben werden, sobald das Bewußtsein des Geistes überhaupt eintritt. Das ist die ewige Geschichte und die Natur des Menschen. Er ist zuerst natürlich und unschuldig und damit keiner Zurechnung fähig: im Kinde ist keine Freiheit. Und doch ist es die Bestimmung des Menschen, wieder zur Unschuld zu gelangen. Was die letzte Bestimmung ist, wird hier als primitiver Zustand vorgestellt, – die Harmonie des Menschen mit dem Guten. Das ist das Mangelhafte in dieser bildlichen Vorstellung, daß diese Einheit als unmittelbar seiender Zustand dargestellt wird; aus diesem Zustande der ursprünglichen Natürlichkeit muß herausgegangen werden, aber die Trennung, welche dann entsteht, soll auch wieder zur Versöhnung kommen: dieses Versöhntwerden stellt sich hier so vor, daß jener erste Zustand nicht hätte übertreten werden sollen. – In der ganzen bildlichen Darstellung ist das, was innerlich ist, als äußerlich, was notwendig, als zufällig ausgesprochen. Die Schlange sagt, Adam werde Gott gleich werden, und Gott bestätigt, daß es wirklich so sei, daß diese Erkenntnis die Gottähnlichkeit ausmache. Diese tiefe Idee ist in die Erzählung niedergelegt.

Es wird aber dann weiter dem Menschen eine *Strafe* auferlegt, er wird aus dem Paradiese vertrieben, und Gott sagt: »Verflucht sei die Erde um deinetwillen, im Schmerz sollst du, was sie dir bringt, essen; Dornen und Disteln soll sie dir tragen, und das Kraut des Ackers wirst du essen. Im Schweiße deines Angesichts sollst du dein Brot essen, und du sollst wieder zur Erde werden, da du von ihr genommen bist; denn Staub bist du, und zum Staube wirst du zurückkehren.«

Wir haben anzuerkennen, daß dies die *Folgen der Endlichkeit* sind, aber andererseits ist das gerade die *Hoheit* des Menschen, im Schweiße des Angesichts zu essen, durch seine Tätigkeit, Arbeit, Verstand sich seinen Unterhalt zu erwerben. Die Tiere haben dies glückliche Los (wenn man es so nennen will), daß die Natur ihnen, was sie brauchen, darreicht; der Mensch dagegen hebt selbst das, was ihm natürlicherweise notwendig ist, zu einer Sache seiner *Freiheit* empor. Das ist gerade die Anwendung seiner Freiheit, wenn auch nicht das Höchste, welches vielmehr darin besteht, das Gute zu wissen und zu wollen. Daß auch nach der natürlichen Seite der Mensch frei ist, das liegt in seiner Natur, ist nicht *an sich* als Strafe zu betrachten. Die *Trauer der Natürlichkeit* ist allerdings an die Hoheit der Bestimmung des Menschen geknüpft. Dem, der die höhere Bestimmung des Geistes noch nicht kennt, ist es ein trauriger Gedanke, daß der Mensch sterben müsse; diese natürliche Trauer ist gleichsam für ihn das Letzte. Die hohe Bestimmung des Geistes ist aber die, daß er ewig und unsterblich ist; doch diese Hoheit des Menschen, diese Hoheit des Bewußtseins ist in dieser Geschichte noch nicht enthalten. Denn es heißt: Gott sprach: »Nun aber, daß er nicht ausstrecke seine Hand und breche auch von dem Baum des Lebens und esse und lebe ewiglich.« (Genesis 3, 22) Ferner: »Bis daß du wieder zur Erde werdest, davon du genommen bist.« (Vers 19) Das Bewußtsein der Unsterblichkeit des Geistes ist in dieser Religion noch nicht vorhanden.

In der ganzen Geschichte des Sündenfalls sind diese großen Züge vorhanden in scheinbarer Inkonsequenz, wegen der bildlichen Vorstellung des Ganzen. Der Austritt aus der Natürlichkeit, die Notwendigkeit des Eintretens des Bewußtseins über das Gute und Böse ist das Hohe, was Gott hier selbst ausspricht. Das Fehlerhafte ist, daß der Tod so dargestellt wird, als sei für ihn kein Trost vorhanden. Die Grundbestimmung der Darstellung ist, daß der Mensch nicht [ein] natürlicher sein soll: darin liegt, was in der wahrhaften Theologie gesagt ist, daß der Mensch von Natur böse sei; das Böse ist das Stehenbleiben in dieser Natürlichkeit, der Mensch muß heraustreten mit Freiheit, mit seinem Willen. Das Weitere ist dann, daß der Geist wiederum zur absoluten Einheit in sich selbst, zur Versöhnung gelangt, und die Freiheit eben ist es, die diese Umkehrung des Geistes in sich selbst, diese Versöhnung mit sich enthält; aber diese Umkehrung ist hier noch nicht geschehen, der Unterschied noch nicht in Gott aufgenommen, d. h. noch nicht versöhnt. Die Abstraktion des Bösen ist noch nicht verschwunden.

Zu bemerken ist noch, daß diese Geschichte im jüdischen Volke geschlafen und ihre Ausbildung in den Büchern der Hebräer nicht erhalten hat; einige Anspielungen in den späteren apokryphischen Büchern abgerechnet, kommt sie darin überhaupt nicht vor. Lange Zeit ist sie brachgelegen, und erst im Christentum sollte sie zu ihrer wahren Bedeutung gelangen. Doch ist keineswegs der *Kampf des Menschen in sich selbst* in dem jüdischen Volke nicht vorhanden gewesen, vielmehr macht er eine wesentliche Bestimmung des religiösen Geistes unter den Hebräern aus; aber er ist nicht in der spekulativen Bedeutung aufgefaßt worden, daß er aus der *Natur des Menschen* selbst herkomme, sondern nur als *zufällig*, bei *einzelnen* Individuen ist er vorgestellt. Gegen den Sündigen und Kämpfenden ist dann auf der andern Seite das Bild des *Gerechten* entworfen, in welchem das Böse und der Kampf nicht als *wesentliches* Moment vorgestellt ist, sondern die Gerechtigkeit wird darein gesetzt, daß man den Willen Gottes tue und im Dienste Jehovas beharre durch die Beobachtung der sittlichen Gebote sowohl als der rituellen und staatsrechtlichen Vorschriften. Doch erscheint der Kampf des Menschen in sich selbst überall, besonders in den Psalmen Davids; es schreit der Schmerz aus den innersten Tiefen der Seele im Bewußtsein ihrer Sündhaftigkeit, und es folgt die schmerzlichste Bitte um Vergebung und Versöhnung. Diese Tiefe des Schmerzes ist so allerdings vorhanden, aber mehr als dem einzelnen Individuum angehörig, als daß er als ewiges Moment des Geistes gewußt würde.

Dies sind die Hauptmomente der Religion des Einen, soweit sie die Besonderung und die Zweckbestimmung des Einen betreffen. Diese letztere Bestimmung des Zweckes führt uns zum Kultus.

3. Der Kultus

Gott hat wesentlich ein Verhältnis zum *Selbstbewußtsein*, da der Boden, auf dem sein Zweck erscheint, der endliche Geist ist. Wir haben nun zu betrachten die *religiöse Gesinnung* in diesem Selbstbewußtsein. Die Vermittlung, insofern sie Gesinnung ist, ist das *Setzen der Identität*, die an sich gesetzt ist, und so ist sie vermittelnde Bewegung. Die Gesinnung stellt die innersten Momente des Selbstbewußtseins vor.

a) Das Selbstbewußtsein verhält sich zu dem Einen, – so ist es zunächst Anschauen, *reines Denken des reinen Wesens* als der reinen Macht und des absoluten Seins, neben welchem nichts anderes in gleicher Würde ist. Dieses reine Denken nun als *Reflexion in sich*, als Selbstbewußtsein ist *Selbstbewußt-*

sein in der Bestimmung des *unendlichen Fürsichseins* oder der *Freiheit*, – aber der Freiheit *ohne allen konkreten Inhalt*. Dieses Selbstbewußtsein ist also noch unterschieden vom *wirklichen Bewußtsein*; von allen konkreten Bestimmungen des geistigen und natürlichen Lebens, von dem erfüllten Bewußtsein, den Trieben, Neigungen, dem Reichtum der geistigen Verhältnisse – von alledem ist noch nichts in das Bewußtsein der Freiheit aufgenommen. Die Realität des Lebens fällt noch außer dem Bewußtsein der Freiheit, und diese ist noch nicht vernünftig, ist noch abstrakt, und es ist noch kein *erfülltes, göttliches Bewußtsein* vorhanden.

Indem nun aber das Selbstbewußtsein *nur ist als Bewußtsein*, als Gegenstand aber für die *Einfachheit* des Denkens noch kein *entsprechender Gegenstand* vorhanden und die *Bestimmtheit* des Bewußtseins noch nicht aufgenommen ist, so ist Ich sich Gegenstand nur in seinem *abstrakten Einssein mit sich*, als *unmittelbare Einzelheit*. Das Selbstbewußtsein ist somit ohne Ausbreitung und Ausdehnung, ohne alle konkrete Bestimmung; Gott als unendliche Macht ist in sich auch unbestimmt, und es ist kein *Drittes*, kein Dasein, in dem sie sich zusammenfänden. Es ist insofern *unvermittelte Beziehung*, und die Gegensätze – die Beziehung auf den Einen im reinen Denken und Anschauen, und abstrakte Rückkehr in sich, das Fürsichsein – sind *unmittelbar vereinigt*. Da nun das Selbstbewußtsein im *Unterschiede* von seinem Gegenstande, der der reine Gedanke ist und nur im Gedanken gefaßt werden kann, leeres, *formelles Selbstbewußtsein*, nackt und ohne Bestimmung in sich selbst ist, da ferner alle reelle, erfüllte Bestimmung nur *der Macht* angehört, so *verkehrt* sich in diesem absoluten Gegensatze die reine Freiheit des Selbstbewußtseins in *absolute Unfreiheit*, oder *das Selbstbewußtsein ist das des Knechts zum Herrn*. Die *Furcht des Herrn* ist die Grundbestimmung des Verhältnisses.

Furcht überhaupt habe ich durch die Vorstellung einer Macht über mir, welche mich in meinem Gelten – erscheine dasselbe innerlich oder äußerlich als Besitz – negiert. Furchtlos bin ich, wenn ich im Besitz unverletzlicher Selbständigkeit einerseits die Gewalt nicht achte und mich als Macht dagegen weiß, so daß sie nichts über mich vermöge; andererseits bin ich aber auch furchtlos, wenn ich das Interesse, das sie zu vernichten imstande ist, nicht achte und auf diese Weise, auch verletzt, unverletzlich dastehe. Die Furcht nun gewöhnlich hat ein übles Vorurteil gegen sich, als wolle, wer sich fürchtet, sich nicht als Macht darstellen und vermöge es nicht. Aber die Furcht ist hier nicht Furcht vor Endlichem und vor endlicher Gewalt (das Endliche ist *zufällige Macht*, die auch *ohne Furcht* an mich kommen und verletzen kann), sondern die Furcht ist hier *Furcht des Unsichtbaren*, Absoluten, das *Gegenteil des Bewußtseins meiner*, das Bewußtsein des gegen mich, als Endlichen, unendlichen Selbstes. Durch das Bewußtsein dieses Absoluten als der einzigen, der schlechthin negativen Macht verschwindet jede eigene Kraft; alles, was zur irdischen Natur gehört, geht schlechthin zugrunde. Diese Furcht ist als diese absolute Negativität seiner selbst die Erhebung in den reinen Gedanken der absoluten Macht des Einen. Und diese Furcht des Herrn ist der Weisheit Anfang, welcher darin besteht, das Besondere, Endliche für sich nicht als ein Selbständiges gelten zu lassen. Was gilt, kann nur gelten als Moment der Organisation des Einen, und der Eine ist die Aufhebung alles Endlichen. Diese weise Furcht ist das wesentliche eine Moment der Freiheit und besteht in der Befreiung von allem Besonderen, in dem Losreißen von allem zufälligen Interesse, überhaupt darin, daß der Mensch die Negativität von allem Besonderen fühlt. Sie ist daher nicht besondere Furcht vor Besonderem, sondern gerade das Setzen dieser besonderen Furcht als eines Nichtigen, das Sichlossagen von der Furcht. So ist die Furcht nicht Gefühl der Abhängigkeit, sondern das *Abstreifen jeder Abhängigkeit*, das *reine Sichergehen im absoluten Selbst*, gegen welches und in welches das eigene Selbst verdunstet und verschwebt.

Aber so ist das Subjekt nur im unendlichen Einen. Die absolute Negativität aber ist Beziehung auf sich selbst, *Affirma-*

tion; durch die absolute Furcht ist daher das Selbst, in seinem Sichaufgeben, im *absolut Positiven.* Die Furcht kehrt sich auf diese Weise um in *absolute Zuversicht,* unendlichen Glauben. Auf anderen Stufen kann die Zuversicht die Form haben, daß das Individuum *auf sich* beruht. Dies ist die stoische Freiheit in Ketten. Hier aber hat die Freiheit noch nicht diese Form der Subjektivität, sondern das Selbstbewußtsein hat sich hier in den *Einen zu versenken*; dieser aber als das Andere vorgestellt ist wieder das *Prinzip der Abstoßung,* in welcher das Selbstbewußtsein seine *Selbstgewißheit* wiedergewinnt. Dieser Prozeß ist auch in folgender Form zu fassen. Die Knechtschaft ist nämlich Selbstbewußtsein, *Reflexion in sich* und Freiheit, die aber ohne allgemeine Ausdehnung und Vernünftigkeit ist und zu ihrer Bestimmtheit, zu ihrem Inhalte das *unmittelbare, sinnliche Selbstbewußtsein* hat. Ich als *Dieser,* in der unmittelbaren Einzelheit, ist daher Zweck und Inhalt. In der Beziehung auf den Herrn hat der Knecht sein absolutes, wesentliches Selbstbewußtsein, gegen ihn *vernichtet* er alles an sich; aber ebenso wird er absolut für sich wiederhergestellt, und seine Einzelheit, weil sie als die *konkrete Seite* in jene Anschauung aufgenommen ist, wird durch dieses Verhältnis *absolut berechtigt.* Die Furcht, in der der Knecht sich als *Nichts* betrachtet, gibt ihm die *Wiederherstellung* seiner Berechtigung. Weil nun das knechtische Bewußtsein hartnäckig auf seiner Einzelheit beruht, weil seine Einzelheit unmittelbar in die Einheit aufgenommen ist, so ist es *ausschließend,* und Gott ist

b) der *ausschließende Herr und Gott* des jüdischen Volkes. Es kann uns nicht wundernehmen, daß eine orientalische Nation die Religion auf sich beschränkt und daß diese ganz an ihre Nationalität geknüpft erscheint, denn wir sehen dies bei den Morgenländern überhaupt. Erst die Griechen und die Römer haben fremde Gottesdienste aufgenommen, und bei den letzteren dringen alle Religionen ein und gelten nicht als Nationelles; aber bei den Morgenländern ist die

Religion durchaus an die Nationalität geknüpft. Die Chinesen, die Perser haben ihre Staatsreligion, die nur für sie ist; bei den Indern weist die Geburt sogar jedem Individuum seinen Rang und sein Verhältnis zu Brahman an: daher machen diese keineswegs die Forderung an andere, sich zu ihrer Religion zu bekennen. Bei den Indern hat solche Forderung durchaus keinen Sinn: nach ihren Vorstellungen gehören alle Völker der Erde zu ihrer Religion; die fremden Völker werden sämtlich zu einer besonderen Kaste gezählt. Dennoch fällt mit Recht diese Ausschließung bei dem jüdischen Volke mehr auf, denn solches Gebundensein an die Nationalität widerspricht durchaus der Vorstellung, daß Gott nur im allgemeinen Gedanken gefaßt werde und nicht in einer partikularen Bestimmung. Bei den Persern ist Gott das Gute; das ist auch eine *allgemeine* Bestimmung, aber sie ist selbst noch in der *Unmittelbarkeit*; deswegen ist Gott identisch mit dem Lichte, und das ist eine Partikularität. Der jüdische Gott ist nur für den Gedanken; das macht einen Kontrast gegen die Beschränkung auf die Nation. Es erhebt sich zwar auch das Bewußtsein im jüdischen Volke zur Allgemeinheit, wie das an mehreren Stellen ausgesprochen ist. Psalm 117: »Lobet den Herrn, alle Heiden; preiset ihn, alle Völker! Denn seine Gnade und Wahrheit waltet über uns in Ewigkeit.« Die Ehre Gottes soll bei *allen* Völkern offenbar werden; besonders bei den späteren Propheten tritt diese Allgemeinheit als eine höhere Forderung auf. Jesaja läßt sogar Gott sprechen: ›Von den Heiden, welche Verehrer Jehovas werden, will ich Priester und Leviten machen‹[8]; und es gehört dahin auch: Wer Gott fürchtet und Recht tut in allem Volke, der ist ihm angenehm. Alles dies ist aber *später*; nach der *herrschenden Grundidee* ist das jüdische Volk das auserwählte, die Allgemeinheit ist so auf die Partikularität reduziert. Sahen wir aber bereits oben in der Entwicklung des göttlichen Zweckes, wie die Beschränkt-

8 vgl. Jes. 66, 21

heit desselben in der Beschränktheit begründet ist, die in der Bestimmung Gottes noch liegt, so hat sich uns nun diese Beschränktheit aus der *Natur des knechtischen Selbstbewußtseins* erklärt, und wir sehen nun auch, wie diese Partikularität auch von der *subjektiven* Seite herkommt. Ihnen, diesen Dienern, ist dies Verehren und Anerkennen des Jehova eigen, und es ist ihr Bewußtsein, daß es ihnen eigen ist. Das hängt auch mit der Geschichte des Volks zusammen: der jüdische Gott ist der Gott Abrahams, Isaaks und Jakobs, der Gott, der die Juden aus Ägypten führte, und es ist nicht die geringste Reflexion vorhanden, daß Gott auch anderes getan, auch bei anderen Völkern *affirmativ* gehandelt habe. Es tritt also hier von der subjektiven Seite, von der Seite des *Kultus* her die Partikularität ein, und allerdings kann man sagen: Gott ist der Gott derer, die ihn verehren; denn Gott ist dies, im subjektiven Geiste gewußt zu werden und sich selbst darin zu wissen. Dies Moment gehört wesentlich zur Idee Gottes. Das Wissen, Anerkennen gehört wesentlich zu dieser Bestimmung. Es erscheint dies oft auf eine für uns schiefe Weise, wenn nämlich von Gott gesagt wird, er sei mächtiger und stärker als die anderen Götter, gleich als ob noch Götter neben ihm wären: es sind diese den Juden aber die *falschen* Götter.

Es ist *dieses* Volk, das ihn verehrt, und so ist er der Gott dieses Volkes, und zwar der *Herr* desselben. Er ist es, der als Schöpfer Himmels und der Erden gewußt wird; er hat allem Ziel und Maß gesetzt, ihm seine eigentümliche Natur erteilt, – so hat er auch dem Menschen sein Maß, Ziel und Recht gegeben. Das ist die Bestimmung, daß er als Herr seinem Volke *Gesetze* gibt, Gesetze in ihrem ganzen Umfange, sowohl die allgemeinen Gesetze, die *zehn Gebote* – welche allgemeine, sittliche, rechtliche Grundbestimmungen der Gesetzgebung und Moralität sind und die nicht als Vernunftgesetze gelten, sondern als vorgeschrieben von dem Herrn – als auch alle übrigen Staatsgesetze und Einrichtungen. *Moses* wird Gesetzgeber der Juden genannt, aber er ist den Juden nicht gewesen, was den Griechen *Solon* und *Lykurg* (diese gaben als Menschen *ihre* Gesetze); er hat nur die Gesetze Jehovas bekanntgemacht; Jehova selbst hat sie, nach der Erzählung, in den Stein gegraben. Allen noch so geringfügigen Verordnungen, die Einrichtung der Stiftshütte, die Gebräuche beim Opfer und alles sonstige Zeremoniell betreffend, ist in der Bibel die Formel beigesetzt: Jehova spricht. Alles Gesetz ist vom Herrn gegeben, es ist somit durchaus positives Gebot. Es ist darin eine formelle, absolute Autorität. Das Besondere der politischen Verfassung ist überhaupt nicht aus dem allgemeinen Zweck entwickelt, auch ist es nicht dem Menschen zur Bestimmung überlassen – denn die Einheit läßt nicht die menschliche Willkür, die menschliche Vernunft neben sich bestehen, und eine politische Änderung ist jedesmal ein Abfall von Gott genannt –, sondern das Besondere als ein von Gott Gegebenes ist als ewig festgesetzt. Und hier stehen die ewigen Gesetze des Rechts, der Moralität in gleichem Rang, in gleicher positiver Form mit den geringfügigsten Verordnungen. Das bildet einen starken Kontrast mit dem Begriff, den wir von Gott haben. – Der *Kultus* nun ist der Dienst Gottes; der Gute, Gerechte ist es, der diesen Dienst leistet, indem er sowohl die sittlichen Gebote als auch die Zeremonialgesetze hält und beobachtet. Das ist *der Dienst des Herrn.*

Unter der Bedingung der Furcht und des Dienstes ist nun das Volk Gottes ein durch Bund und Vertrag *angenommenes.* Nämlich die selbstbewußte Gemeinde ist nicht mehr eine *ursprüngliche und unmittelbare Einheit mit dem Wesen,* wie dies in der Naturreligion der Fall ist. Die äußerliche Gestalt des Wesens in der Naturreligion ist nur Naturvorstellung, eine Rinde, welche die beiden Seiten des religiösen Verhältnisses *nicht wahrhaft scheidet,* also nur eine *unwesentliche Trennung,* nur ein oberflächlicher Unterschied. Der gegenwärtige Standpunkt dagegen geht von der *absoluten Reflexion-in-sich als abstraktem Fürsichsein* aus; es tritt daher hier die *Vermittlung des Verhältnisses* zwischen dem Selbstbewußtsein und seinem absoluten Wesen ein. Das Selbstbewußtsein ist aber nicht der Mensch als Mensch im Sinne der Allgemeinheit. Das religiöse Verhältnis ist eine *Besonderheit,* die man nach der Seite des Menschen *zufällig* nennen kann, denn *alles Endliche* ist der absoluten Macht äußerlich und enthält in ihm keine *positive Bestimmung.* Diese Besonderheit des religiösen Verhältnisses ist aber nicht eine Besonderheit *neben anderen,* sondern ein *ausgeschiedener, unendlicher Vorzug.* Um dieser Bestimmungen willen stellt sich das Verhältnis so, daß jenes Volk unter der Bedingung des Grundgefühles seiner Abhängigkeit, d. h. seiner Knechtschaft angenommen ist. Dieses Verhältnis zwischen der unendlichen Macht und dem Fürsichseienden ist daher nicht ein solches, das *an sich ursprünglich* oder nur durch die *Liebe Gottes* zu den *Menschen* gesetzt ist; sondern auf äußerliche Weise, im *Vertrage* ist diese Einheit gestiftet. Und zwar ist diese *Annahme* des Volkes ein für allemal geschehen, und sie nimmt die Stelle dessen ein, was in der offenbaren Religion in der vollendeten Form die *Erlösung* und *Versöhnung* ist.

Mit der Vorstellung Gottes als des Herrn hängt es zusammen, daß sich das jüdische Volk dem Dienste desselben ganz hingegeben hat; daraus erklärt sich auch diese bewunderungswürdige Festigkeit, die nicht Fanatismus des Bekehrens war wie der Mohammedanismus, der schon von der *Nationalität* gereinigt ist und nur *Gläubige* anerkennt, sondern *Fanatismus der Hartnäckigkeit*; sie beruht allein auf der Abstraktion des einen Herrn. Ein Schwanken tritt im Geiste nur dann ein, wenn verschiedene Interessen und Gesichtspunkte nebeneinander zu stehen kommen; man kann in solchem Kampfe das eine oder das andere ergreifen; in dieser Konzentration aber des einen Herrn ist der Geist vollkommen festgehalten. Es folgt daraus, daß gegen dieses feste Band *keine Freiheit* vorhanden ist; der Gedanke ist schlechthin gebunden an diese Einheit, die die absolute Autorität ist. Damit hängt weiter noch vieles zusammen. Auch bei den

Griechen haben gewisse Institutionen als göttlich gegolten, aber von Menschen waren sie eingesetzt worden; die Juden aber haben nicht so den Unterschied des Göttlichen und Menschlichen gemacht. Wegen des Mangels der Freiheit haben sie auch nicht an die *Unsterblichkeit* geglaubt; wenn man vielleicht davon auch einige wenige Spuren nachweisen wollte, so bleiben doch solche Stellen immer sehr beim Allgemeinen stehen und haben nicht den geringsten Einfluß auf religiöse und moralische Gesichtspunkte. Die Unsterblichkeit der Seele ist noch nicht anerkannt; es ist daher kein höherer Zweck als der Dienst des Jehova, und für sich hat der Mensch den Zweck, sich und seiner Familie das Leben so lange als möglich zu erhalten. *Zeitlicher Besitz* nämlich erfolgt für den Dienst, nicht *Ewiges,* nicht *ewige Seligkeit.* Die Anschauung und das Bewußtsein von der Einheit der Seele mit dem Absoluten oder von der Aufnahme der Seele in den Schoß des Absoluten ist noch nicht erwacht. Der Mensch hat noch keinen *inneren Raum,* keine innere Ausdehnung oder eine Seele von dem Umfange, die *in sich* befriedigt sein wollte, sondern die Erfüllung und Realität derselben ist das Zeitliche. Nach dem Gesetz erhielt jede Familie ein Grundstück, das nicht veräußert werden dürfe; so sollte für die Familie gesorgt sein. Der Zweck des Lebens war somit hauptsächlich die Erhaltung desselben.

Diese Bestimmung hat die Familie und das dazu gehörige Land, woraus sie ihre Subsistenz hat. *Der Besitz eines Landes* ist das, was dies Selbstbewußtsein von seinem Gott erhält. Jene Zuversicht ist eben damit der absolut beschränkte Inhalt der einzelnen Familienexistenz. Eben weil der Mensch in der absoluten Negativität des Sichaufgebens im *schlechthin Positiven* und somit wieder in der *Unmittelbarkeit* ist, schlägt die Zuversicht als das *aufgegebene endliche Interesse* in das *Aufgeben des Aufgebens* und so in das *realisierte endliche Individuum,* dessen Glück und Besitz um. Dieser Besitz und dies Volk ist identisch, untrennbar. Gottes Volk besitzt Kanaan. Gott hat einen Bund mit Abraham gemacht, dessen eine Seite dieser Besitz ist, die affirmative Seite in dieser Sphäre empirischer Besonderheit. Beides ist untrennbar, der besondere Besitz und die Zuversicht, die Frömmigkeit. Der Besitz erhält damit eine unendliche absolute Berechtigung, eine *göttliche Berechtigung*, die aber zugleich nicht die Gestalt eines juridischen Rechts hat, nicht die eines *Eigentums*; dies vom Besitz unterschiedene ist hier nicht anzuwenden. Das Eigentum hat die *Persönlichkeit*, diese *Freiheit* des einzelnen Individuums zu seiner Quelle. Der Mensch ist wesentlich Eigentümer, insofern er Person ist; aber die empirische Seite des Besitzes ist dabei ganz frei, dem Zufalle preisgegeben. *Was* ich besitze, ist zufällig, gleichgültig; wenn ich als Eigentümer anerkannt bin, bin ich *freie* Subjektivität, – der Besitz ist gleichgültig. Hier hingegen ist *dieser* Besitz als *solcher* identisch mit der Zuversicht, und es ist dieser Besitz, der so die absolute Berechtigung hat. Es tritt nicht die Bestimmung des *Eigentums*, auch nicht Willkür darin ein. Gott, die absolute Idee, dann Eigentum und Besitz sind drei verschiedene Stufen. Hier fällt die *bindende Mitte*, das Eigentum, weg, und es ist *unmittelbar* der Besitz aufgenommen in den göttlichen Willen; dieser empirische einzelne Besitz ist es, der als solcher und als so Berechtigtes gelten soll und der freien Bestimmung des Einzelnen – der ihn nicht verkaufen, sondern nur für einige Zeit, immer bis zum Jubeljahr, verpfänden kann – entzogen ist.

Die andere Seite, nämlich das *negative* Verhältnis, ist der affirmativen Seite entsprechend. Die Anerkennung der Macht muß ebenso als die negative Seite auch empirisch äußerlich *nach Eigentum* bestimmt sein. Das besondere Handeln, reale Benehmen muß ebenso seine negative Seite haben wie die Anerkennung des Herrn; es muß ein Dienst sein, nicht bloß Furcht, sondern ein *Aufgeben im Besonderen*[8a]. Dies ist die andere Seite des Bundes, der einerseits die Wirkung des

---

8a Lasson: »es muß ein Dienst sein, nicht das Aufgeben der Furcht, sondern ein Dienen«

Besitzes hat, andererseits aber auch den Dienst verlangt, daß, wie dies Land gebunden ist an dies Volk, so es selbst gebunden ist unter den Dienst des Gesetzes. Diese Gesetze sind nun einerseits Familiengesetze, beziehen sich auf die Familienverhältnisse, haben einen Inhalt von Sittlichem, aber die Hauptsache ist andererseits, daß das, was sittlich in sich ist, als ein rein Positives gesetzt, beobachtet werde, und daran ist denn natürlich eine Menge äußerlicher, zufälliger Bestimmungen angeknüpft, die schlechthin gehalten werden sollen. Der Vernunftlosigkeit des Besitzes entspricht die Vernunftlosigkeit des Dienens; es ist so ein abstrakter Gehorsam, der keine Innerlichkeit in Ansehung der Bestimmtheit in sich zu haben braucht, da es eine abstrakte Berechtigung ist. Weil Gott absolute Macht ist, so sind die Handlungen an sich unbestimmt und deswegen ganz äußerlich, willkürlich bestimmt. Das Halten der Gebote des Dienstes, der Gehorsam gegen Gott ist die Bedingung der Erhaltung des Zustandes des Volks, – dies ist die andere Seite des Bundes. Die Abweichung von den Gesetzen durch die Willkür der Individuen oder des ganzen Volkes ist möglich; das ist aber nur eine Abweichung von den Geboten und vom Zeremoniendienst, nicht eine Abweichung *vom Ursprünglichen*, denn dieses gilt als solches, wie es sein soll. Demnach ist auch die Strafe, die an den Ungehorsam geknüpft ist, nicht die absolute Strafe, sondern nur ein *äußeres* Unglück, nämlich der Verlust des Besitzes oder die Schmälerung, die Verkürzung desselben. Die Strafen, welche angedroht sind, sind sinnlich-äußerlicher Natur und auf den ungestörten Besitz des Landes sich beziehend. Ebenso wie der Gehorsam nicht geistig-sittlicher Art ist, sondern nur der bestimmte, blinde Gehorsam von nicht sittlich freien Menschen, so sind auch die Strafen äußerlich bestimmte. Die Gesetze, Gebote sollen nur wie von Knechten befolgt, ausgerichtet werden.

Merkwürdig ist es, diese Strafen zu betrachten, die in fürchterlichen Flüchen angedroht werden, wie denn dies Volk eine ordentliche Meisterschaft im Fluchen erlangt hat; diese

Flüche treffen aber nur das Äußerliche, nicht das Innere, Sittliche. Im 3. Buch Mosis im 26. Kapitel heißt es: »So ihr meine Satzungen verachtet und nicht tut alle meine Gebote und meinen Bund werdet brechen, so will ich euch heimsuchen mit Schrecken, Darre und Fieber, daß euch die Angesichter verfallen und der Leib verschmachte. Ihr sollt umsonst euren Samen säen, und eure Feinde sollen ihn essen; ... und die euch hassen, sollen über euch herrschen, und ihr sollt fliehen, da euch niemand jagt. So ihr aber über das noch nicht gehorchet, so will ich's noch siebenmal mehr machen, euch zu strafen um eure Sünden; ... und will euren Himmel wie Eisen und eure Erde wie Erz machen. Und eure Mühe und Arbeit soll verloren sein, daß euer Land sein Gewächs nicht gebe und die Bäume ihre Früchte nicht bringen. Und wo ihr mir entgegen wandelt und mich nicht hören wollt, so will ich's noch siebenmal mehr machen, auf euch zu schlagen um eurer Sünden willen. Und will wilde Tiere unter euch senden, die sollen eure Kinder fressen und euer Vieh zerreißen und eurer weniger machen, und eure Straßen sollen wüste werden. Werdet ihr euch aber damit noch nicht von mir züchtigen lassen und mir entgegen wandeln, so will ich euch noch siebenmal mehr schlagen; und will ein Racheschwert über euch bringen, das meinen Bund rächen soll. Und ob ihr euch in eure Städte versammelt, will ich doch die Pestilenz unter euch senden und will euch in eurer Feinde Hände geben. Dann will ich euch den Vorrat des Brots verderben, daß zehn Weiber sollen euer Brot in *einem* Ofen backen, und euer Brot soll man mit Gewicht auswägen, und wenn ihr esset, sollt ihr nicht satt werden. Werdet ihr aber dadurch mir noch nicht gehorchen und mir entgegen wandeln, so will ich auch euch im Grimm entgegen wandeln und will euch siebenmal mehr strafen, daß ihr sollt eurer Söhne und Töchter Fleisch fressen. Und will eure Höhen vertilgen und eure Bilder ausrotten und will eure Leichname auf eure Götzen werfen, und meine Seele wird an euch Ekel haben. Und will eure Städte wüst machen und eure

Heiligtümer einreißen und will euren süßen Geruch nicht riechen. Also will ich das Land wüst machen, daß eure Feinde, so darin wohnen, sich davor entsetzen werden. Euch aber will ich unter die Heiden streuen und das Schwert ausziehen hinter euch her.«

Wir haben schon gesehen, daß bei den Juden das Böse in den subjektiven Geist fällt, und der Herr ist nicht im Kampf mit dem Bösen, aber er *straft* das Böse; es erscheint somit dasselbe als ein *äußerlicher Zufall*, wie es in der Vorstellung des Sündenfalls von außen herkommt, indem der Mensch von der Schlange verführt wird.

Gott straft das Böse, als welches nicht sein soll; es soll nur das Gute, das der Herr gebietet, sein. Es ist da noch keine Freiheit vorhanden, auch nicht die Freiheit zu untersuchen, was göttliches und ewiges Gesetz sei. Die Bestimmungen des Guten, die allerdings auch Bestimmungen der Vernunft sind, gelten als Festsetzungen des Herrn, und der Herr straft die Übertretung derselben: das ist der Zorn Gottes. In diesem Verhältnis des Herrn ist nur ein *Sollen*: was er gebietet, das soll sein, ist Gesetz. Dem Herrn fällt die strafende Gerechtigkeit anheim; in das Subjekt als Endliches fällt der Kampf des Guten und des Bösen. Es ist so in ihm der Widerspruch vorhanden, und es tritt damit die Zerknirschung, der Schmerz ein, daß das Gute nur Sollen ist.

c) Des Kultus dritte Seite ist die *Versöhnung*; sie kann eigentlich nur *besondere Fehler* einzelner Individuen betreffen und geschieht durch Opfer.

Das *Opfer* hat hier nicht nur den einfachen Sinn, seines Endlichen symbolisch sich abzutun, sich in der Einheit zu erhalten, sondern näher den Sinn der *Anerkennung des Herrn*, der Bezeugung der *Furcht* gegen ihn, und dann die weitere Bedeutung, daß dadurch das übrige *abgekauft* und ausgelöst wird. Der Mensch kann die Natur nicht als ein solches betrachten, dessen er sich nach seiner Willkür bedienen kann; er kann also hier nicht unmittelbar zugreifen, sondern er muß, was er haben will, *durch Vermittlung von*

einem Fremden empfangen. Alles ist des Herrn und muß ihm abgekauft werden, – so wird der Zehnte entrichtet, die Erstgeburt ausgelöst.
Eigentümlich ist nun, wie die Sühne der Sünde geschieht, nämlich unter der Vorstellung, daß die verdiente Strafe, die verdiente Manifestation der Nichtigkeit dessen, der sich in Sündigkeit erhoben hat, daß dies übertragen werden könne auf den Teil, der aufgeopfert wird. Dies ist das Opfer. Das Individuum manifestiert die Nichtigkeit seines Geltens. Dadurch kommt die Anschauung herein, daß die verdiente Manifestation der Nichtigkeit des Sünders auf das Opfer übertragen wird, indem Gott das Opfer anerkennt und somit das Selbst wieder positiv oder in ihm seiend setzt.
Diese Äußerlichkeit des Opfers kommt daher, weil die Entsündigung als Strafe nicht als Reinigung als solche, sondern als *Verletzung des bösen Willens* unter der Bedeutung des *Schadens* gedacht wird. Damit hängt es auch zusammen, daß besonders das Blut geopfert, an den Altar gesprengt wird. Denn soll die *Lebendigkeit* als das *Höchste des Besitzes* aufgegeben werden, so muß *wirklich Lebendiges* hingegeben werden, und das Blut, in dem das Leben des Tieres sei, wird dem Herrn zurückgegeben. Bei den Indern wurde noch das ganze Tier verehrt; hier ist nun diese Verehrung zurückgenommen, aber das Blut ist noch als ein Unantastbares, Göttliches geachtet, respektiert und darf vom Menschen nicht verzehrt werden. Der Mensch hat noch nicht das Gefühl seiner konkreten Freiheit, vor welcher das bloße Leben als Leben etwas Untergeordnetes ist.

Übergang zur folgenden Stufe

Wir befinden uns zwar hier überhaupt in der Sphäre der freien Subjektivität, aber diese Bestimmung ist in der Religion der Erhabenheit noch nicht durch die *Totalität des religiösen Bewußtseins* hindurchgeführt. Gott war als die substantielle Macht für den Gedanken bestimmt und als der Schöpfer; aber als dieser ist er zunächst nur der *Herr* seiner

Geschöpfe. Die Macht ist so die Ursache, die sich teilt, das aber, worin sie sich teilt, nur beherrscht.

Der weitere Fortschritt besteht nun darin, daß dies *Andere* ein *Freies*, Entlassenes ist und Gott der Gott *freier Menschen* wird, die auch in ihrem Gehorsam gegen ihn für sich frei sind. Dieser Standpunkt, wenn wir ihn abstrakt betrachten, enthält folgende Momente in sich: *Gott* ist der freie Geist für sich und manifestiert sich, indem er sein Anderes sich gegenüber setzt. Dies von ihm Gesetzte ist sein Ebenbild, denn das Subjekt schafft nur sich selbst, und dasjenige, zu dem es sich bestimmt, ist wieder nur es selbst; damit es aber wirklich als Geist bestimmt sei, muß es dies Andere negieren und *zu sich selbst zurückkommen*, denn erst, indem es im Anderen sich selbst weiß, ist es frei. Weiß sich aber Gott im Anderen, so ist damit ebenso das Andere für sich und weiß es sich frei.

Es ist dies die Entlassung des Anderen, als eines Freien, Selbständigen; die Freiheit fällt so zunächst in das *Subjekt*, und Gott bleibt in derselben Bestimmung der *Macht*, die für sich ist und das Subjekt entläßt. Der Unterschied oder die weitere Bestimmung, die hinzugekommen ist, scheint demnach nur darin zu bestehen, daß die Geschöpfe nicht mehr bloß dienend sind, sondern im Dienste selbst ihre Freiheit haben.

Dies Moment der Freiheit der Subjekte, für welche Gott ist, das dem betrachteten Standpunkte der Religion der Erhabenheit fehlt, haben wir bereits auf einer niedriger stehenden Stufe in der Sphäre der Naturreligion, nämlich in der *syrischen Religion*, gesehen, und auf der *höheren* Stufe, zu der wir nun übergehen, ist dasjenige, was dort noch in *natürlicher*, unmittelbarer Weise angeschaut wurde, in den *reinen Boden des Geistes* und in dessen innere Vermittlung umzusetzen. Dort, in der Religion des Schmerzes, sahen wir, daß Gott sich selbst verliert, daß er stirbt und nur ist vermittels der *Negation seiner selbst*. Diese Vermittlung ist das Moment, das hier wieder aufzunehmen ist: der Gott stirbt, und aus diesem Tode steht er wieder auf. Das ist die

Negation seiner, die wir einerseits fassen als das *Andere seiner*, als die Welt, und er stirbt *sich*, welches diesen Sinn hat, daß er in diesem Tode zu sich selbst kommt. Dadurch aber ist nun das Andere als frei für sich gesetzt, und die Vermittlung und Auferstehung fällt demnach auf die andere Seite, auf die des Geschaffenen.

So scheint sich nun der Begriff Gottes selbst nicht zu verändern, sondern nur die Seite des Anderen. Daß hier nämlich die Freiheit eintritt, daß diese Seite frei wird, ist darin enthalten, daß im Endlichen dies *Anderssein Gottes erstirbt* und also das Göttliche im Endlichen wieder für sich hervorgeht. So wird das Weltliche als solches gewußt, *das das Göttliche an ihm habe*, und das Anderssein, welches zunächst nur die Bestimmung der Negation hat, wird wiederum negiert und ist *Negieren der Negation an ihm selbst.* Das ist die Vermittlung, die zur Freiheit gehört. Freiheit ist nicht bloße Negation, eine Flucht und Aufgeben; das ist noch nicht die wahre und affirmative, sondern nur die negative Freiheit. Erst die Negation der Natürlichkeit, insofern diese selbst schon als das Negative ist, ist die affirmative Bestimmung der Freiheit. Indem das Andere, nämlich die Welt, das endliche Bewußtsein und die Knechtschaft und Akzidentalität desselben negiert wird, so liegt in dieser Vermittlung die Bestimmung der Freiheit. Die Erhebung des Geistes ist nun diese Erhebung über die Natürlichkeit, aber eine Erhebung, in der, wenn sie Freiheit sein soll, der subjektive Geist auch für sich frei ist. Dies erscheint also zunächst nur am Subjekt: »Gott ist der Gott *freier* Menschen.«

Aber die Fortbestimmung fällt auch ebensosehr in die *Natur Gottes.* Gott ist Geist, aber er ist dies wesentlich nur, indem er so gewußt wird, daß er an ihm selber die Diremtion seiner ist, das ewige Erschaffen, so daß eben diese Erschaffung des Anderen eine Rückkehr zu sich ist, in das Wissen seiner selbst; so ist Gott ein Gott freier Menschen. Indem dies zur Bestimmung Gottes selbst gehört, daß er *an ihm* dies ist, *das Andere seiner selbst* zu sein, und daß dies Andere eine Bestimmung an ihm selbst ist, so daß er darin zu sich selbst zurückkehrt und dies Menschliche mit ihm versöhnt ist, so ist damit die Bestimmung gesetzt, daß *die Menschlichkeit in Gott selbst ist*, und so weiß der Mensch das Menschliche als ein Moment des Göttlichen selbst und ist nun in seinem Verhalten zu Gott frei. Denn das, zu dem er sich als zu seinem Wesen verhält, hat die Bestimmung der Menschlichkeit in ihm selbst, und darin verhält sich der Mensch einerseits als zur *Negation seiner Natürlichkeit*, andererseits zu einem Gott, in dem das Menschliche selbst *affirmativ* eine *wesentliche Bestimmung* ist. Also ist der Mensch in diesem Verhalten zu Gott frei. Was im konkreten Menschen ist, das ist vorgestellt als etwas Göttliches, Substantielles, und der Mensch ist nach allen seinen Bestimmungen, nach allem, was Wert für ihn hat, in dem Göttlichen gegenwärtig. Aus seinen Leidenschaften, sagt ein Alter, hat der Mensch seine Götter gemacht, d. h. aus seinen geistigen Mächten.

In diesen Mächten hat das Selbstbewußtsein seine Wesenheiten zum Gegenstande und weiß es sich in ihnen frei. Aber es ist nicht die *besondere* Subjektivität, welche sich in diesen Wesenheiten zum Gegenstande hat und darin das *Wohl* ihrer Besonderheit begründet weiß, wie in der Religion des Einen, wo nur dies *unmittelbare Dasein*, diese natürliche Existenz dieses Subjekts Zweck ist und das Individuum, nicht seine Allgemeinheit, das Wesentliche ist, der Knecht daher seine selbstsüchtigen Absichten hat; sondern seine *Gattung*, seine *Allgemeinheit* hat hier das Selbstbewußtsein in den göttlichen Mächten zum Gegenstande. Damit ist das Selbstbewußtsein über die absolute Forderung für seine unmittelbare Einzelheit gehoben, über die Sorge dafür hinaus, und seine wesentliche Befriedigung hat es in einer substantiellen, objektiven Macht: es ist nur das Sittliche, das Allgemeinvernünftige, was als das an und für sich Wesentliche gilt, und die Freiheit des Selbstbewußtseins besteht in der Wesentlichkeit seiner wahrhaften Natur und seiner Vernünftigkeit.

Dies ist das Ganze dieses Verhältnisses, welches jetzt in den religiösen Geist eingetreten ist. *Gott ist an ihm selber die Vermittlung, die der Mensch ist*; der Mensch weiß sich in Gott, und Gott und der Mensch sagen voneinander: das ist Geist von meinem Geist. Der Mensch ist Geist wie Gott; er hat zwar auch die Endlichkeit an ihm und die Trennung, aber in der Religion hebt er seine Endlichkeit auf, da er das Wissen seiner in Gott ist.

Wir treten nun also zur Religion der Menschlichkeit und Freiheit. Aber die *erste* Form dieser Religion ist selbst mit der *Unmittelbarkeit* und Natürlichkeit behaftet, und so werden wir das Menschliche an Gott selbst noch auf natürliche Weise sehen. Das Innere, die Idee, ist zwar an sich das Wahrhafte, aber noch nicht aus der ersten, unmittelbaren Gestalt der Natürlichkeit herausgehoben. Das Menschliche an Gott macht nur seine Endlichkeit aus, und es gehört so diese Religion ihrer Grundlage nach noch zu den *endlichen Religionen*. Sie ist aber eine Religion der *Geistigkeit*, weil die *Vermittlung*, die, in ihre Momente auseinandergelegt und zerfallen, die vorhergehenden Übergangsstufen bildete, nun als *Totalität* zusammengefaßt ihre Grundlage ausmacht.

II
Die Religion der Schönheit

Sie ist, wie bereits angegeben worden, in der Existenz die *griechische* Religion, nach innerer und äußerer Seite ein unendlich unerschöpflicher Stoff, bei dem man seiner Freundlichkeit, Anmut und Lieblichkeit wegen gerne verweilt; hier können wir jedoch nicht auf die Einzelheiten eingehen, sondern müssen uns an die Bestimmungen des Begriffs halten.

Es ist also 1. der *Begriff* dieser Sphäre anzugeben, dann 2. die *Gestalt* des Gottes und 3. der *Kultus* als die Bewegung des Selbstbewußtseins im Verhältnis zu seinen wesentlichen Mächten zu betrachten.

1. Der allgemeine Begriff dieser Sphäre

a) Die Grundbestimmung ist die *Subjektivität* als die *sich selbst bestimmende Macht.* Diese Subjektivität und weise Macht sahen wir bereits als den Einen, der in sich noch unbestimmt ist und dessen Zweck daher in seiner Realität der allerbeschränkteste wird. Die nächste Stufe ist nun, daß diese Subjektivität, diese weise Macht oder mächtige Weisheit *sich in sich besondert.* Diese Stufe ist eben damit einerseits das *Herabsetzen der Allgemeinheit*, der abstrakten Einzelheit und der unendlichen Macht zur Beschränkung in einen Kreis von Besonderheit; andererseits ist aber zugleich damit verbunden eine *Erhebung der beschränkten Einzelheit* des realen Zwecks der Allgemeinheit entgegen. In dem Besonderen, was sich hier zeigt, ist beides. Also dies ist die allgemeine Bestimmung. Dann haben wir zu betrachten, daß einerseits der bestimmte Begriff, der Inhalt der sich selbst bestimmenden Macht, der ein besonderer ist (denn er ist im Element der Subjektivität), *sich in sich subjektiviert*; es sind besondere Zwecke, sie subjektivieren sich zunächst für sich und geben einen Kreis von einer Menge eigener göttlicher Subjekte. Die Subjektivität als Zweck ist die Selbstbestimmung, und somit hat sie die Besonderung an ihr, und zwar die Besonderung als solche, als eine Welt *daseiender Unterschiede,* welche als göttliche Gestaltungen sind. Die Subjektivität in der Religion der Erhabenheit hat schon einen bestimmten Zweck, die Familie, das Volk. Aber dieser Zweck wird nur erfüllt, insofern der Dienst des Herrn nicht versäumt wird. Durch diese Forderung, welche die *Aufhebung* des subjektiven Geistes für den bestimmten Zweck ist, wird derselbe ein allgemeiner. Wenn also einerseits durch das Auseinanderschlagen der einen Subjektivität in eine Vielheit der Zwecke die Subjektivität zur Besonderheit herabgesetzt wird, so ist andererseits die Besonderheit der Allgemeinheit entgegengehoben, und diese Unterschiede werden dadurch hier göttliche, *allgemeine Unterschiede.* Diese Besonderheit der Zwecke ist so das Zusammenkommen der abstrakten Allgemeinheit und Einzelheit des Zweckes, *ihre schöne Mitte.* Diese Besonderheit macht also den Inhalt der allgemeinen Subjektivität aus, und insofern er in dies Element gesetzt ist, subjektiviert er sich selbst zum Subjekt. Es tritt damit *reale Sittlichkeit* ein; denn das Göttliche, in die bestimmten Verhältnisse des wirklichen Geistes eindringend, sich bestimmend nach der substantiellen Einheit, ist das Sittliche. Damit ist auch die reale *Freiheit* der Subjektivität gesetzt, denn der *bestimmte* Inhalt ist dem endlichen Selbstbewußtsein gemeinschaftlich mit seinem Gotte; sein Gott hört auf, ein Jenseits zu sein, und hat bestimmten Inhalt, der nach seiner bestimmten Seite in die *Wesentlichkeit* gehoben und durch das Aufheben der unmittelbaren Einzelheit ein wesentlicher Inhalt geworden ist.

Was also den Gehalt als solchen, den Inhalt betrifft, so ist die substantielle Grundlage, wie im Zusammenhang aufgezeigt worden ist, die Vernünftigkeit überhaupt, die Freiheit des Geistes, die wesentliche Freiheit. Diese Freiheit ist nicht Willkür, muß von derselben wohl unterschieden werden; sie ist die wesentliche Freiheit, die Freiheit, die sich in ihren Bestimmungen selbst bestimmt. Indem die Freiheit als sich selbst bestimmend die Grundlage dieses Verhältnisses ist, so ist dies die *konkrete Vernünftigkeit*, welche wesentlich sittliche Prinzipien enthält. Daß die Freiheit dies ist, nichts zu wollen als sich, nichts zu wollen als die Freiheit, daß dies das Sittliche ist, daraus die sittlichen Bestimmungen sich ergeben, nämlich das Formelle des Sichselbstbestimmens in den *Inhalt* umschlägt, das kann hier nicht näher ausgeführt werden.

Indem die Sittlichkeit die wesentliche Grundlage ausmacht, ist dies jedoch noch die *erste,* die Sittlichkeit in ihrer *Unmittelbarkeit.* Es ist diese Vernünftigkeit, wie [sie eine] ganz allgemeine [ist], so noch in ihrer *substantiellen* Form. Die Vernünftigkeit ist noch nicht als *ein* Subjekt, hat sich aus dieser gediegenen Einheit, in welcher sie Sittlichkeit ist, noch nicht zur *Einheit des Subjekts* erhoben oder sich in sich vertieft.

Die *absolute Notwendigkeit* und die *geistige*, menschliche *Gestalt* sind noch unterschieden. Es ist ins Allgemeine zwar die Bestimmtheit gesetzt; diese Bestimmtheit ist aber einerseits *abstrakt*, andererseits frei entlassen zu *mannigfaltiger Bestimmtheit* und noch nicht in jene Einheit zurückgenommen. Daß sie dies würde, dazu gehörte, daß die Bestimmtheit zum *unendlichen Gegensatze* (wie in der Religion der Erhabenheit) zugleich ins Unendliche gesteigert wäre, denn nur auf diesem *Extreme* ist er zugleich fähig, *an ihm selbst* zur *Einheit* zu werden. Der Götterkreis der Gestaltung müßte selbst in die Notwendigkeit als in *ein* Pantheon aufgenommen werden. Dies aber vermag er nur und dessen ist er nur würdig, indem seine Mannigfaltigkeit und Verschiedenheit zum *einfachen* Unterschiede sich verallgemeinert; so erst ist er jenem Elemente angemessen und unmittelbar dann identisch an ihm selbst. Die Geister müssen als *der* Geist gefaßt werden, so daß *der* Geist ihre *allgemeine* Natur, für sich herausgehoben ist.

b) Weil die Einheit der Notwendigkeit noch nicht zum letzten Punkte der unendlichen Subjektivität zurückgeführt ist, so erscheinen die geistigen, wesentlich sittlichen Bestimmungen als *Außereinander*; es ist der gehaltvollste Inhalt, aber als Außereinander.

Es ist zu unterscheiden die Sittlichkeit überhaupt und die griechische Moralität und Sittlichkeit, die Subjektivität des Sittlichen, die sich in sich Rechenschaft zu geben weiß, den Vorsatz, die Absicht, den Zweck hat des Sittlichen. Die Sittlichkeit ist hier noch das *substantielle Sein*, das wahrhafte Sein des Sittlichen, aber noch nicht das *Wissen* desselben. Dies ist im objektiven Gehalt so, daß, weil noch nicht *eine* Subjektivität, diese Reflexion-in-sich vorhanden ist, um dieser Bestimmung willen der sittliche Inhalt auseinanderfällt, dessen Grundlage die πάθη ausmachen, die wesentlich geistigen Mächte, die allgemeinen Mächte des sittlichen

Lebens, vornehmlich praktisches Leben, Staatsleben, außerdem Gerechtigkeit, Tapferkeit, Familie, Eid, Ackerbau, Wissenschaft usw.

Damit, daß das Sittliche in diese seine besonderen Bestimmungen auseinanderfällt, ist das *andere Auseinanderfallen* verbunden, daß diesen geistigen Mächten gegenüber auch das *Natürliche* auftritt. Die Bestimmung der Unmittelbarkeit, die zur Folge hat dies Zerfallen, enthält die Bestimmung, daß gegenüber die natürlichen Mächte treten, der Himmel, die Erde, Flüsse, Zeiteinteilung.

c) Die letzte Bestimmtheit ist endlich die des *Gegensatzes* des wesentlichen Selbstbewußtseins gegen das endliche Selbstbewußtsein, des wesentlichen Geistes gegen den endlichen. In dieser Bestimmtheit tritt die Form der *natürlichen Gestalt* der Subjektivität ein; die natürliche Gestalt wird von dem endlichen Selbstbewußtsein in die Göttlichkeit eingebildet, und diese steht nun dem Selbstbewußtsein gegenüber.

2. Die Gestalt des Göttlichen

a. Der Kampf des Geistigen und Natürlichen

Indem die Grundbestimmung die geistige Subjektivität ist, kann die *Naturmacht* nicht für sich als die wesentliche gelten. Doch ist sie *eine der Besonderheiten* und als die *unmittelbarste* die *erste*, durch deren Aufhebung erst die anderen geistigen Mächte entstehen. Wir haben die Macht des Einen gesehen und wie seine für sich seiende Erhabenheit erst aus der Schöpfung resultierte. Diese eine *Grundlage*, als das *Selbst des Absoluten*, fehlt hier. Der Ausgang also ist der vom Kreise der *unmittelbaren Natürlichkeit*, welche hier nicht als von dem Einen geschaffen erscheinen kann. Die Einheit, in welcher diese Besonderheiten der Naturmächte ruhen, ist nicht geistige, sondern eine selbst *natürliche Einheit*, das *Chaos*.

»Zuerst von allem«, singt Hesiod, »aber ward Chaos«

(*Theogonie*, v. 116). Somit ist das Chaos selbst ein Gesetztes. Was aber das Setzende sei, ist nicht gesagt. Es heißt nur: es *ward*. Denn die Grundlage ist nicht das Selbst, sondern das Selbstlose, die Notwendigkeit, von der nur gesagt werden kann: sie ist. Das Chaos ist die bewegende Einheit des Unmittelbaren; es selbst ist aber noch nicht Subjekt, Besonderheit; daher wird nicht von ihm gesagt: es zeugt; sondern wie es selbst nur wird, *wird* auch aus ihm wieder diese Notwendigkeit: die weit verbreitete Erde, Tartaros' Grauen, Erebos' Nacht, sowie Eros, geschmückt vor allen mit Schönheit. Wir sehen die *Totalität der Besonderheit* entstehen: die Erde, das Positive, die allgemeine Grundlage; Tartaros, Erebos, die Nacht, das Negative; und Eros, das Verbindende, Tätige. Die Besonderheiten sind nun selbst schon *gebärende*: die Erde erzeugt aus sich den Himmel, sie gebiert die Gebirge ohne befruchtende Liebe, den verödeten Pontos, aber mit dem Himmel verbunden den Okeanos und seine Beherrscher; ferner gebiert sie die Kyklopen, die Naturgewalten als solche, während die früheren Kinder die natürlichen Dinge selbst als Subjekte sind. Erde und Himmel also sind die abstrakten Mächte, welche, sich befruchtend, die Kreise des natürlichen Besonderen hervorgehen lassen. Das jüngste Kind ist der unerforschliche Kronos. Die Nacht, das zweite Moment, gebiert alles, was von natürlicher Seite her das Moment der Negation in sich hat. Drittens verbinden sich diese Besonderheiten wechselweise und erzeugen Positives und Negatives. Alle diese werden später durch die Götter der geistigen Subjektivität besiegt; nur Hekate allein bleibt, als das Schicksal von der natürlichen Seite her.

Die *Macht* zunächst, das Herrschende über diesen Kreis der Naturgewalten, ist die *Abstraktion überhaupt*, aus der sie entstanden sind, *Uranos*, und indem er nur Macht ist als Setzen seiner Abstraktion, so daß diese das Geltende ist, so drängt er alle seine Kinder zurück. Aber das Resultat des Himmels ist die unerforschliche Zeit, das jüngste Kind. Dieses besiegt den Uranos durch die List der Erde. Alles ist hier in Gestalt subjektiven Zwecks und die List das Negative der Gewalt. Aber indem jetzt die besonderen Gewalten sich frei und geltend machen, nennt sie Uranos mit strafendem Namen *Titanen*, deren Unbill einstens geahndet wird.

Diese besonderen Naturgewalten sind auch personifiziert; aber die Personifikation ist an ihnen nur oberflächlich, denn der Inhalt von Helios z. B. oder Okeanos ist ein Natürliches, nicht geistige Macht. Wird daher *Helios* auf menschliche Weise als tätig vorgestellt, so ist das leere Form der Personifikation. Helios ist nicht *Gott* der Sonne, nicht Sonnengott (so drücken sich die Griechen nie aus), Okeanos nicht der Gott des Meeres, so daß der Gott und das, worüber er herrscht, *unterschieden* wären, sondern diese Mächte sind *Naturmächte*.

Das erste Moment in diesem natürlichen Kreise ist so das Chaos, mit seinen Momenten durch die abstrakte Notwendigkeit gesetzt; das zweite die Periode der Erzeugung unter Uranos' Herrschaft, wo diese abstrakten, aus dem Chaos hervorgegangenen Momente das Gebärende sind; das dritte ist die Herrschaft des *Kronos*, wo die *besonderen, selbst schon geborenen Naturmächte gebären.* Dadurch ist das Gesetzte selbst das Setzende und der *Übergang zum Geist* gemacht. Dieser Übergang zeigt sich näher am Kronos dadurch, daß er sich selbst den Untergang gebiert. Er ist überhaupt *durch Aufhebung der unmittelbaren Gestalten* Herrscher. Er *selbst* aber ist *unmittelbar* und dadurch der Widerspruch, an ihm selbst unmittelbar das Aufheben der Unmittelbarkeit zu sein. Er erzeugt aus sich die geistigen Götter; doch insofern sie zunächst nur natürliche sind, hebt er sie auf, verschlingt sie. Sein Aufheben aber der geistigen Götter muß selbst aufgehoben werden und geschieht wieder durch List gegen die Naturgewalt des Kronos. *Zeus*, der Gott geistiger Subjektivität, lebt. So tritt dem Kronos sein Anderes gegenüber, und es entsteht überhaupt der Kampf der Naturmächte und der Götter des Geistes.

So sehr also dies Zerfallen stattfindet, worin die natürlichen

Mächte als für sich erscheinen, ebenso tritt die Einheit des Geistigen und Natürlichen – und das ist das Wesentliche – immer mehr hervor, die aber nicht Neutralisation beider, sondern diejenige Form ist, in der das Geistige nicht nur das Überwiegende, sondern auch das Herrschende, Bestimmende, das Natürliche ideell, unterworfen ist.

Das Bewußtsein von dieser Unterwerfung der Naturmächte unter das Geistige haben die Griechen darin ausgesprochen, daß Zeus durch einen Krieg die Herrschaft der geistigen Götter gegründet und die Naturmacht besiegt und vom Throne gestürzt habe. Die geistigen Mächte sind es nun, die die Welt regieren. In diesem Götterkriege ist *die ganze Geschichte* der griechischen Götter und ihre Natur ausgedrückt. Außer diesem Kriege haben sie sonst nichts getan; wenn sie sich auch weiter eines Individuums oder Trojas usw. annehmen, so ist das nicht mehr *ihre* Geschichte und nicht die geschichtliche Entwicklung ihrer Natur. Das aber, daß sie als das geistige Prinzip sich zur Herrschaft erhoben und das Natürliche besiegt haben, das ist ihre *wesentliche Tat* und das wesentliche Bewußtsein der Griechen von ihnen.

Die natürlichen Götter werden also unterjocht, vom Throne gestoßen; über die Naturreligion siegt das geistige Prinzip, und die Naturgewalten sind an den Saum der Welt, jenseits der Welt des Selbstbewußtseins verwiesen; aber sie haben auch *ihre Rechte behalten.* Sie sind als Naturmächte zugleich als ideell gesetzt, unterworfen dem Geistigen, so daß sie am Geistigen oder an den geistigen Göttern selbst *eine* Bestimmung ausmachen, in diesen selbst noch dies natürliche Moment enthalten ist, aber nur als Anklang an das Naturelement, als nur eine Seite an ihnen.

Zu diesen alten Göttern gehören aber nicht nur Naturmächte, sondern auch *Dike*, die *Eumeniden*, *Erinnyen*; auch der *Eid*, der *Styx* werden zu den alten Göttern gerechnet. Sie unterscheiden sich von den neuen dadurch, daß sie, obwohl sie das Geistige sind, das Geistige sind als eine nur *in sich seiende Macht* oder als rohe *unentwickelte Geistigkeit:*

die *Erinnyen* nur die innerlich Richtenden, der *Eid* diese Gewißheit in meinem Gewissen, – seine Wahrheit liegt, ob ich ihn schon äußerlich ablege, in mir; wir können den Eid mit dem Gewissen vergleichen.

Dagegen *Zeus* ist der politische Gott, der Gott der *Gesetze*, der Herrschaft, aber der *bekannten* Gesetze, nicht der Gesetze des Gewissens. Das Gewissen hat im Staat kein Recht – wenn der Mensch auf sein Gewissen sich beruft, so kann der eine dies Gewissen, der andere ein anderes haben –, sondern das Gesetzliche. Damit das Gewissen rechter Art sei, muß das, was es als recht weiß, objektiv, dem objektiven Rechte angemessen sein, muß nicht nur innerlich hausen. Ist das Gewissen richtig, so ist es ein vom Staat anerkanntes, wenn der Staat eine sittliche Konstitution ist.

Die *Nemesis* ist so auch eine alte Gottheit; sie ist nur das *Formelle*, das Hohe, sich Erhebende herabzusetzen, das bloße Nivellieren, der Neid, das Vorzügliche herunterzusetzen, so daß es mit anderem auf gleicher Stufe steht. In der *Dike* ist nur das strenge, *abstrakte* Recht enthalten. *Orest* ist verfolgt von den Eumeniden und wird von *Athene*, vom sittlichen Recht, dem Staate freigesprochen. Das sittliche Recht ist ein anderes als das bloß strenge; die neuen Götter sind die Götter des *sittlichen Rechts*.

Die neuen Götter sind aber auch wieder das Gedoppelte selbst und *vereinigen in sich das Natürliche und Geistige*. Für die wesentliche Anschauung des Griechen war allerdings das Naturelement oder die Naturmacht nicht das wahrhaft Selbständige, sondern nur die geistige Subjektivität. Die inhaltsvolle Subjektivität als solche, die sich nach Zwecken bestimmt, kann nicht einen bloßen Naturgehalt in sich tragen. Die griechische Phantasie hat daher auch nicht die Natur mit Göttern bevölkert, wie den Indern aus allen natürlichen Gestalten die Gestalt eines Gottes hervorspringt. Das griechische Prinzip ist vielmehr die subjektive Freiheit, und da ist das Natürliche allerdings nicht mehr würdig, den Inhalt des Göttlichen auszumachen. Andererseits ist aber diese freie Subjektivität noch nicht die *absolut freie*, nicht die *Idee*, die sich als Geist wahrhaft realisiert hätte, d. h. sie ist noch nicht *allgemeine unendliche Subjektivität*. Wir sind nur auf der Stufe, die dahin führt. Der Inhalt der freien Subjektivität ist noch *besonderer*; er ist zwar geistig, aber da der Geist sich nicht selbst zum Gegenstande hat, so ist die Besonderheit noch natürliche und selbst als die eine Bestimmung an den geistigen Göttern noch vorhanden.

So ist *Jupiter* das Firmament, die Atmosphäre (im Lateinischen heißt es noch *sub Iove frigido*), das Donnernde; aber außer diesem Naturprinzip ist er nicht nur der Vater der Götter und Menschen, sondern er ist auch der politische Gott, das Recht und die Sittlichkeit des Staats, diese höchste Macht auf Erden. Sonst ist er eine vielseitige, sittliche Macht, der Gott der Gastfreundschaft in Beziehung auf die alten Sitten, wo das Verhältnis unterschiedener Staaten noch nicht bestimmt war, die Gastfreundschaft wesentlich das sittliche Verhältnis betraf von Bürgern, die unterschiedenen Staaten angehörten. *Poseidon* ist das Meer, wie *Okeanos*, *Pontos*: er behält diese Wildheit des Elements, ist aber auch aufgenommen unter die neuen Götter. *Phöbos* ist der wissende Gott; schon der Analogie, der substantiellen, logischen Bestimmung nach entspricht er dem Licht, und Phöbos ist der Nachklang der Sonnenmacht. Der *Lykische Apoll* hat unmittelbaren Zusammenhang mit dem Licht. Das kommt aus dem Kleinasiatischen her; gegen Morgen kommt das Natürliche, das Licht mehr hervor. Phöbos verhängt die Pest im griechischen Lager; das hängt sogleich mit der Sonne zusammen: die Pest ist diese Wirkung des heißen Sommers, der Sonnenhitze. Auch die Abbildungen des Phöbos haben Attribute, Symbole, die mit der Sonne zusammenhängen.

Dieselben Gottheiten, die vorher titanisch und natürlich waren, erscheinen nachher mit einer geistigen Grundbestimmung, welche die herrschende ist, ja man hat sogar gestritten, ob im *Apollo* noch etwas Natürliches sei. Im Homer ist allerdings Helios die Sonne, aber unmittelbar zugleich die Klarheit, das geistige Moment, das alles bescheint und erleuchtet. Aber auch noch später ist dem Apoll immer noch etwas von seinem Naturelement geblieben: er ward mit strahlendem Haupte dargestellt.

Dieses ist das Allgemeine, wenn es auch bei den einzelnen Göttern nicht besonders bemerklich wäre. Vollkommene Konsequenz ist überhaupt darin nicht zu suchen. Ein Element tritt einmal stärker, das andere Mal schwächer hervor. In den *Eumeniden* des Aischylos gehen die ersten Szenen vor dem Tempel Apollos vor. Da wird zur Verehrung aufgerufen; zuerst sei zu verehren die Orakelgeberin (die Γαῖα), das Naturprinzip, dann die Θέμις, schon eine geistige Macht, aber wie die Dike gehört sie zu den alten Göttern; dann kommt die Nacht, dann Phöbos, – an die neuen Götter sei das Orakel übergegangen. *Pindar* spricht auch von solcher Sukzession in Beziehung auf das Orakel; er macht die Nacht zur ersten Orakelgeberin, dann folgt die Themis und dann Phöbos. Dies ist so der Übergang von den Naturgestalten zu den neuen Göttern. Im Kreis der Dichtkunst, des Erzeugens dieser Lehren, ist dies nicht historisch zu nehmen, nicht als fest, so daß nicht davon hätte abgewichen werden können.

So ist auch das Geräusch, Säuseln der Blätter, aufgehängter Becken die erste Weise des Orakelgebens, bloße Naturlaute; erst später erscheint eine Priesterin, die in menschlichen, wenn auch nicht klaren Lauten Orakel gibt. Ebenso sind die *Musen* zuerst Nymphen, Quellen, die Wellen, das Geräusch, Gemurmel der Bäche, – allenthalben [geht der] Anfang von der natürlichen Weise [aus], von Naturmächten, welche verwandelt werden in einen Gott geistigen Inhalts. Eine solche Umwandlung zeigt sich auch in der *Diana*. Die Diana von Ephesus ist noch asiatisch und wird vorgestellt mit vielen Brüsten und bedeckt mit Bildwerken von Tieren. Sie hat überhaupt das Naturleben, die erzeugende und ernährende Kraft der Natur zur Grundlage. Hingegen die Diana der Griechen ist die Jägerin, die die Tiere tötet; sie hat nicht den Sinn und die Bedeutung der Jagd überhaupt, sondern der Jagd auf die wilden Tiere. Und zwar werden durch die Tapferkeit der geistigen Subjektivität diese Tiere erlegt und getötet, die in den früheren Sphären des religiösen Geistes als absolut geltend betrachtet wurden.

Prometheus, der auch zu den Titanen gerechnet wird, ist eine wichtige, interessante Figur. Prometheus ist Naturmacht; aber er ist auch Wohltäter der Menschen, indem er sie die ersten Künste gelehrt hat. Er hat ihnen das Feuer vom Himmel geholt. Das Feueranzünden gehört schon einer gewissen Bildung an; es ist der Mensch schon aus der ersten Roheit herausgetreten. Die ersten Anfänge der Bildung sind so in den Mythen in dankbarem Andenken aufbewahrt worden. Prometheus hat die Menschen auch opfern gelehrt, so daß sie auch etwas vom Opfer hätten. Nicht den Menschen hätten die Tiere gehört, sondern einer geistigen Macht, – d. h. sie haben kein Fleisch gegessen. Er habe aber dem Zeus das ganze Opfer genommen; er habe nämlich zwei Haufen gemacht, einen von den Knochen, über welche er die Haut des Tieres geworfen, und einen anderen von dem Fleische, und Zeus habe nach den ersten gegriffen.

Opfern ist so ein Gastmahl geworden, wobei die Götter die Eingeweide, Knochen bekamen. Dieser Prometheus hat die Menschen gelehrt, daß sie zugriffen und die Tiere zu ihren Nahrungsmitteln machten. Die Tiere durften sonst von dem Menschen nicht angerührt werden; sie waren ein von ihm zu Respektierendes; noch im Homer werden Sonnenrinder des Helios erwähnt, die von den Menschen nicht berührt werden durften. Bei den Indern, Ägyptern war es verpönt, Tiere zu schlachten. Prometheus hat die Menschen gelehrt, das Fleisch selbst zu essen und dem Jupiter nur Haut und Knochen zu lassen.

Aber Prometheus ist ein Titan, wird an den Kaukasus geschmiedet, und ein Geier nagt beständig an seiner immer wachsenden Leber – ein Schmerz, der nie aufhört. Was Prometheus die Menschen gelehrt, sind nur solche Geschicklichkeiten, welche die Befriedigung natürlicher Bedürfnisse angehen. In der bloßen Befriedigung dieser Bedürfnisse ist nie eine Sättigung, sondern das Bedürfnis wächst immer fort und die Sorge ist immer neu, – das ist durch jenen Mythus angedeutet. Bei *Platon* heißt es in einer Stelle[9], die Politik habe Prometheus den Menschen nicht bringen können; denn sie sei in der Burg des Zeus aufbewahrt gewesen. Es wird hier somit ausgesprochen, daß sie dem Zeus eigentümlich angehörig gewesen. Es wird so wohl dankbar erwähnt, daß Prometheus den Menschen das Leben durch Kunstfertigkeiten erleichtert; ungeachtet dies aber menschliche Verstandesmächte sind, gehört er doch zu den Titanen, denn diese Künste sind noch keine Gesetze, keine sittliche Gewalt.

Sind die Götter die geistige Besonderheit von seiten der Substanz aus, welche in sie sich auseinanderreißt, so ist eben damit andererseits die Beschränktheit des Besonderen der substantiellen Allgemeinheit entgegengehoben. Dadurch erhalten wir die Einheit von beidem, den göttlichen Zweck vermenschlicht, den menschlichen zum göttlichen erhoben. Dies gibt die *Heroen*, die Halbgötter. Besonders ausgezeichnet ist in dieser Rücksicht die Gestalt des *Herakles*. Er ist menschlicher Individualität, hat es sich sauer werden lassen; durch seine Tugend hat er den Himmel errungen. Die Heroen daher sind *nicht unmittelbar Götter;* sie müssen erst durch die Arbeit *sich in das Göttliche setzen*. Denn die Götter geistiger Individualität, obgleich jetzt ruhend, sind doch nur durch den Kampf mit den Titanen; dies ihr *Ansich* ist in den Heroen gesetzt. So steht die geistige Individualität der Heroen höher als die der Götter selbst; sie sind, was die Götter an sich sind, *wirklich*, die *Betätigungen des Ansich*, und wenn sie auch in der Arbeit ringen müssen, so ist dies eine Abarbeitung der Natürlichkeit, welche die Götter noch an sich haben. Die Götter kommen von der Naturmacht her; die Heroen aber von den Göttern.

Indem so die geistigen Götter das Resultat durch Überwin-

9 *Protagoras*, 321 d

dung der Naturmacht, aber nur erst durch diese sind, so haben sie ihr Werden an ihnen selbst und zeigen sich als konkrete Einheit. Die Naturmächte sind in ihnen als ihre Grundlage enthalten, wenn auch dies Ansich in ihnen verklärt ist. In den Göttern ist somit dieser Nachklang der Naturelemente, ein Nachklang, den Herakles nicht hat. Daß dieser Unterschied auch den Griechen selbst zum Bewußtsein gekommen ist, davon gibt es mehrere Zeichen. Bei Aischylos sagt Prometheus, er habe seinen Trost, Trotz und seine Satisfaktion darin, daß dem Zeus ein Sohn geboren werden würde, der ihn vom Throne werfen würde. Dieselbe Weissagung vom Sturz der Herrschaft des Zeus und [zwar] durch die gesetzte Einheit des Göttlichen und Menschlichen, die in den Heroen liegt, ist bei Aristophanes ausgesprochen. Da sagt Bakchos zum Herakles: Wenn Zeus mit Tode abgeht, beerbst du ihn.

b. Die gestaltlose Notwendigkeit

Die Einheit, welche die Mehrheit der besonderen Götter verbindet, ist zunächst noch eine oberflächliche. *Zeus* beherrscht sie auf hausväterliche, patriarchalische Weise, wo der Regent am Ende tut, was die anderen im ganzen auch wollen, die zu allem, was geschieht, ihren Senf geben. Aber diese Herrschaft ist nicht ernsthaft. Die höhere, absolute Einheit in Form absoluter Macht steht über ihnen als ihre reine Macht; diese Macht ist das *Schicksal*, die einfache Notwendigkeit.

Diese Einheit als die *absolute Notwendigkeit* hat die allgemeine Bestimmtheit in ihr; sie ist die Fülle aller Bestimmungen, aber sie ist nicht *in sich entwickelt*, da der Inhalt vielmehr auf besondere Weise an die vielen aus ihr heraustretenden Götter verteilt ist. Sie selbst ist leer und ohne Inhalt, verschmäht alle Gemeinschaft und Gestaltung und thront furchtbar über allem, als blinde, unverstandene, begrifflose Macht. Begrifflos ist sie, weil nur das Konkrete begriffen werden kann, sie selbst aber noch abstrakt ist und sich noch nicht zum Zweckbegriff, zu *bestimmten Bestimmungen* entwickelt hat.

Die Notwendigkeit bezieht sich nun wesentlich *auf die Welt*. Denn die Bestimmtheit ist Moment der Notwendigkeit selbst, und die konkrete Welt ist die *entwickelte Bestimmtheit*, das Reich der Endlichkeit, des bestimmten Daseins überhaupt. Die Notwendigkeit hat zunächst nur eine abstrakte Beziehung auf die konkrete Welt, und diese Beziehung ist die äußerliche Einheit der Welt, die *Gleichheit* überhaupt, die ohne weitere Bestimmung in ihr selbst, begrifflos, – die *Nemesis* ist. Sie macht das Hohe und Erhabene niedrig und stellt so die Gleichheit her. Diese Gleichmachung ist aber nicht so zu verstehen, daß, wenn das sich Hervortuende und das zu Hohe erniedrigt wird, nun auch das Niedrige erhoben werde. Sondern das Niedrige ist, wie es sein soll, es ist das Endliche, welches keine besonderen Ansprüche und noch keinen unendlichen Wert in sich hat, an den es appellieren könnte. Es ist also nicht *zu* niedrig; aber es kann über das gemeine Los und über das gewöhnliche Maß der Endlichkeit heraustreten, und wenn es so gegen die Gleichheit handelt, wird es von der Nemesis wieder herabgedrückt.

Betrachten wir hier sogleich das Verhältnis des *endlichen Selbstbewußtseins* zu dieser Notwendigkeit, so ist unter dem Druck ihrer eisernen Macht nur ein Gehorchen ohne innere Freiheit möglich. Allein *eine* Form der Freiheit ist wenigstens auch von seiten der Gesinnung vorhanden. Der Grieche, der die Gesinnung der Notwendigkeit hat, beruhigt sich damit: Es *ist* so, da ist nichts dagegen zu machen, das muß ich mir gefallen lassen. In dieser Gesinnung, daß ich es mir gefallen lassen muß, daß es mir sogar gefällt, darin ist die Freiheit vorhanden, daß es das *Meinige* ist.

Diese Gesinnung enthält, daß der Mensch diese einfache Notwendigkeit vor sich hat. Indem er auf diesem Standpunkt steht: »es ist so«, hat er alles Besondere auf die Seite gesetzt, Verzicht geleistet, abstrahiert von allen besonderen

Zwecken, Interessen. Die Verdrießlichkeit, Unzufriedenheit der Menschen ist eben, daß sie an einem bestimmten Zweck festhalten, diesen nicht aufgeben; und wenn es diesem nicht angemessen oder gar zuwider geht, sind sie unzufrieden. Da ist keine Übereinstimmung zwischen dem, was da ist, und dem, was man will, weil sie das Sollen in sich haben: »das soll sein«. So ist Unfriede, Entzweiung in sich vorhanden; aber auf diesem Standpunkt ist kein Zweck, kein Interesse festgehalten gegen die Verhältnisse, wie sie sich nur machen. Unglück, Unzufriedenheit ist nichts anderes als der Widerspruch, daß etwas meinem Willen zuwider ist. Ist das besondere Interesse aufgegeben, so habe ich mich zurückgezogen in diese reine Ruhe, in dieses reine Sein, in dieses »Ist«.

Da ist kein Trost für den Menschen vorhanden, aber auch nicht notwendig. Trost bedarf er, sofern er für den Verlust Ersatz verlangt; aber hier hat er auf die innere Wurzel der Zerrissenheit und des Unfriedens Verzicht geleistet und das Verlorene ganz aufgegeben, weil er die Kraft hat, in die Notwendigkeit zu schauen. Es ist daher nur ein falscher Schein, daß das Bewußtsein im Verhältnisse zur Notwendigkeit vernichtet sei, schlechthin zu einem Jenseits sich verhalte und nichts mit sich Befreundetes darin habe. Die Notwendigkeit ist [ihm] nicht Einer, und das Bewußtsein ist daher nicht *für sich* darin, oder es ist nicht *selbstisches Eins* in seiner Unmittelbarkeit. Im Verhältnis zu dem, der Einer ist, ist es *für sich*, *will* es für sich sein und beharrt es auf sich. Der Knecht hat in seinem Dienste, in der Unterwerfung, [in der] Furcht und in der Niederträchtigkeit gegen den Herrn *selbstsüchtige Absicht*. Im Verhältnisse aber zur Notwendigkeit ist das Subjekt, als nicht für sich seiend, für *sich* selbst bestimmt; es hat sich vielmehr aufgegeben, behält keinen Zweck für sich, und eben die Verehrung der Notwendigkeit ist diese bestimmungs- und ganz *gegensatzlose* Richtung des Selbstbewußtseins. Was wir heutzutage Schicksal nennen, ist gerade das Gegenteil von dieser Richtung des

Selbstbewußtseins. Man spricht von *gerechtem*, ungerechtem, verdientem Schicksal; man braucht das Schicksal zur Erklärung, d. h. als den Grund eines Zustandes und des Schicksals von Individuen. Hier ist eine äußerliche Verbindung von Ursache und Wirkung, wodurch am Individuum ein Erbübel, ein alter Fluch, der auf dem Hause ruht usw., ausbricht. In solchen Fällen hat also das Schicksal den Sinn, daß irgendein *Grund* sei, aber ein Grund, der zugleich ein *jenseitiger* ist, und das Schicksal ist dann nichts als ein *Zusammenhang von Ursachen und Wirkungen*, von Ursachen, welche für den, welchen das Schicksal trifft, endliche Ursachen sein sollen und wo doch ein verborgener Zusammenhang ist zwischen dem, was der Leidende für sich ist, und dem, was unverdienterweise über ihn kommt.

Die Anschauung und Verehrung der Notwendigkeit ist vielmehr gerade das Gegenteil; in ihr ist jene Vermittlung und das *Räsonnement über Ursache und Wirkung aufgehoben*. Man kann nicht von einem Glauben an die Notwendigkeit sprechen, als ob die Notwendigkeit ein Wesen oder ein *Zusammenhang* wäre von Verhältnissen wie von Ursache und Wirkung und als ob sie so in objektiver Gestalt dem Bewußtsein gegenüberstünde. Vielmehr daß man sagt: »es ist notwendig«, setzt das Aufgeben alles Räsonnements und die Verschließung des Geistes in die einfache Abstraktion voraus. Edlen und schönen Charakteren gibt diese Richtung des Geistes, welche das aufgegeben hat, was, wie man sagt, das Schicksal entreißt, eine Größe, Ruhe und den freien Adel, den wir auch an den Alten finden. Diese Freiheit ist aber nur die abstrakte, die nur über dem Konkreten, Besonderen steht, aber nicht mit dem Bestimmten in Harmonie gesetzt ist, d. h. sie ist reines Denken, Sein, Insichsein, das Aufgeben des Besonderen. Dagegen in der höheren Religion ist der Trost der, daß der absolute Endzweck auch im Unglück erreicht werde, so daß das Negative in das Affirmative umschlägt. »Die Leiden dieser Zeit sind der Weg zur Seligkeit.«

Die abstrakte Notwendigkeit als dieses Abstraktum des Denkens und des Zurückgehens in sich ist das eine Extrem; das andere Extrem ist die Einzelheit der besonderen göttlichen Mächte.

c. Die gesetzte Notwendigkeit oder die besonderen Götter, deren Erscheinung und Gestalt

Die göttlichen besonderen Mächte gehören dem an sich Allgemeinen, der Notwendigkeit an, treten aber aus dieser heraus, weil sie für sich noch nicht als der Begriff gesetzt und als Freiheit bestimmt ist. Die Vernünftigkeit und der vernünftige Inhalt ist noch in der Form der Unmittelbarkeit, oder die Subjektivität ist nicht als die unendliche gesetzt, und die *Einzelheit* tritt deshalb als *äußerliche* auf. Der Begriff ist noch nicht enthüllt, und die Seite seines Daseins enthält noch nicht den Inhalt der Notwendigkeit. Damit ist es aber auch gesetzt, daß die Freiheit des Besonderen nur der Schein der Freiheit ist und daß die besonderen Mächte in der *Einheit* und *Macht* der Notwendigkeit gehalten werden.

Die Notwendigkeit für sich ist nichts Göttliches oder nicht das Göttliche überhaupt. Man kann wohl sagen: »Gott ist die Notwendigkeit«, d. h. sie ist eine seiner Bestimmungen, wenn auch eine noch unvollendete, – aber nicht: »die Notwendigkeit ist Gott«. Denn die Notwendigkeit ist nicht die Idee, sie ist vielmehr abstrakter Begriff. Aber schon die Nemesis, noch mehr diese besonderen Mächte sind göttliche, insofern als jene auf die daseiende Realität Beziehung hat, diese aber an ihnen selbst als *unterschieden von der Notwendigkeit* bestimmt sind und damit als unterschieden *voneinander* und in der Notwendigkeit gehalten, als *Einheit des ganz Allgemeinen und Besonderen* sind.

Weil nun aber die Besonderheit noch nicht durch die Idee gemäßigt und die Notwendigkeit nicht das inhaltsvolle Maß der Weisheit ist, so tritt die unbeschränkte *Zufälligkeit des Inhalts* in den Kreis der besonderen Götter ein.

α. Die Zufälligkeit der Gestaltung

Schon die zwölf Hauptgötter des Olympos sind nicht durch den Begriff geordnet, und sie machen kein System aus. Ein Moment der Idee spielt wohl an, aber es ist nicht auszuführen.

Als abgesondert von der Notwendigkeit sind die göttlichen Mächte derselben *äußerlich*, also *unvermittelte*, schlecht unmittelbare Gegenstände, *natürliche Existenzen:* Sonne, Himmel, Erde, Meer, Berge, Menschen, Könige usw. Aber sie bleiben auch *gehalten* von der Notwendigkeit, und so ist die Natürlichkeit an ihnen *aufgehoben*. Bliebe es dabei, daß diese Mächte nach natürlicher, unmittelbarer Existenz die göttlichen Wesenheiten wären, so wäre dies ein Rückfall zur Naturreligion, wo das Licht, die Sonne, dieser König nach seiner Unmittelbarkeit Gott ist und das Innere, Allgemeine noch nicht zu dem Moment des *Verhältnisses* gekommen ist, welches aber doch die Notwendigkeit wesentlich und schlechthin in ihr enthält, da in ihr das Unmittelbare nur ein *Gesetztes* und Aufgehobenes ist.

Wenn aber auch aufgehoben, ist das *Naturelement* doch noch eine Bestimmtheit der besonderen Mächte, und indem es in die Gestalt der selbstbewußten Individuen aufgenommen ist, ist es ein reichhaltiger Quell *zufälliger Bestimmungen* geworden. Die Zeitbestimmung, das Jahr, die Monatseinteilung spielt noch so sehr an den konkreten Göttern herum, daß man es sogar, wie Dupuis[10], versucht hat, sie zu Kalendergöttern zu machen. Auch die Anschauung vom *Erzeugen* der Natur, vom Entstehen und Vergehen ist noch in mannigfachen Anklängen im Kreis der geistigen Götter wirksam gewesen. Aber als erhoben in die selbstbewußte Gestalt dieser Götter erscheinen jene natürlichen Bestimmungen als zufällig und sind zu *Bestimmungen selbstbewußter Subjektivität*

10 Charles-François Dupuis, *L'origine de tous les cultes, ou Religion universelle*, 4 Bde., Paris 1795

verwandelt, wodurch sie ihren Sinn verloren haben. Das große Recht ist zuzugeben, daß in den Handlungen dieser Götter nach sogenannten Philosophemen gesucht wird. Zeus schmauste z. B. mit den Göttern zwölf Tage bei den Äthiopiern, hing Juno zwischen Himmel und Erde auf usw. Solche Vorstellungen, wie auch die unendliche Menge von Liebschaften, die dem Zeus zugeschrieben werden, haben allerdings ihre erste Quelle in einer abstrakten Vorstellung, die sich auf Naturverhältnisse, Naturkräfte und auf das Regelmäßige und Wesentliche in derselben bezogen, und man hat also das Recht, nach dergleichen zu forschen. Aber diese natürlichen Beziehungen sind zugleich zu Zufälligkeiten herabgesetzt, da sie nicht ihre Reinheit behalten haben, sondern in Formen verwandelt sind, die der subjektiven menschlichen Weise angemessen sind. Das freie Selbstbewußtsein macht sich nichts mehr aus solchen natürlichen Bestimmungen.

Eine andere Quelle zufälliger Bestimmungen ist das *Geistige* selbst, die geistige Individualität und deren geschichtliche Entwicklung. Der Gott wird dem Menschen in seinen eigenen Schicksalen offenbar oder in dem Schicksal eines Staates, und dies wird zu einer Begebenheit, die als Tat, Wohlwollen oder Feindschaft des *Gottes* angesehen wird. Dies gibt unendlich mannigfaltigen, aber auch zufälligen Inhalt, wenn eine Begebenheit, das Glück oder Unglück zur Tat eines Gottes erhoben wird und dazu dient, die Handlungen des Gottes näher und im einzelnen zu bestimmen. Wie der jüdische Gott dem Volke dies Land gegeben, die Väter aus Ägypten geführt hat, so hat ein griechischer Gott dies oder jenes getan, was einem Volke widerfährt und was es als göttlich oder als Selbstbestimmung des Göttlichen anschaut.

Dann kommt auch die *Lokalität* und die *Zeit* in Betracht, wo das Bewußtsein eines Gottes zuerst anfing. Dies Moment der beschränkten Entstehung, verbunden mit der Heiterkeit der Griechen, ist der Ursprung von einer Menge anmutiger Geschichten.

Endlich ist die *freie Individualität* der Götter der Hauptquell des mannigfachen zufälligen Inhalts, der ihnen zugeschrieben wird. Sie sind nämlich, wenn auch noch nicht unendliche, absolute Geistigkeit, doch *konkrete*, subjektive Geistigkeit. Als solche haben sie nicht abstrakten Inhalt, und es ist nicht nur *eine* Eigenschaft in ihnen, sondern sie vereinigen mehrere Bestimmungen in sich. Besäßen sie nur eine Eigenschaft, so wäre diese nur ein abstraktes Inneres oder einfache Bedeutung, und sie selbst wären nur *Allegorien*, d. h. nur als konkret *vorgestellt*. Aber im konkreten Reichtum ihrer Individualität sind sie nicht an die beschränkte Richtung und Wirkungsweise einer ausschließlichen Eigenschaft gebunden, sondern sie können sich nun frei in beliebigen, aber damit auch *willkürlichen* und zufälligen Richtungen ergehen.

Bisher haben wir die Gestaltung des Göttlichen betrachtet, wie sie im *Ansich*, d. h. in der individuellen Natur dieser Gottheiten, in ihrer subjektiven Geistigkeit, in ihrem lokal und zeitlich zufälligen Hervortreten begründet ist oder in der unwillkürlichen Umwandlung natürlicher Bestimmungen in die Äußerung freier Subjektivität geschieht. Diese Gestaltung ist nun zu betrachten, wie sie die *mit Bewußtsein* vollbrachte ist. Das ist die Erscheinung der göttlichen Mächte, die für Anderes, nämlich für das subjektive Selbstbewußtsein ist und in dessen *Auffassung* gewußt und gestaltet wird.

β. Die Erscheinung und Auffassung des Göttlichen

Die Gestaltung, die der Gott in seiner Erscheinung und Manifestation an den endlichen Geist gewinnt, hat *zwei* Seiten. Der Gott tritt nämlich in die Äußerlichkeit, wodurch eine *Teilung* und ein Unterscheiden hervorgeht, welches sich so bestimmt, daß es zwei Seiten des Erscheinens sind, deren eine dem Gott, die andere dem endlichen Geiste zukommt. Die Seite, welche dem Gott zukommt, ist sein *Sichoffenbaren*, sein Sichzeigen. Nach dieser Seite kommt dem Selbstbewußtsein nur das passive Empfangen zu. Die Weise dieses Zeigens findet vorzüglich für den *Gedanken* statt; das Ewige wird gelehrt, gegeben und ist nicht durch die Willkür des Einzelnen gesetzt. Der *Traum*, das *Orakel* sind solche Erscheinungen. Die Griechen haben alle Formen hierin gehabt. So ist z. B. ein Götterbild vom Himmel gefallen, oder ein *Meteor* oder Donner und Blitz gilt als Erscheinung des Göttlichen; oder dies Erscheinen als die erste und noch dumpfe Ankündigung für das Bewußtsein ist das Rauschen der Bäume, die Stille des Waldes, worin *Pan* gegenwärtig ist.

Indem diese Stufe nur die Stufe der ersten Freiheit und Vernünftigkeit ist, so erscheint also die geistige Macht entweder in äußerlicher Weise, und darin ist die *natürliche* Seite begründet, womit dieser Standpunkt noch behaftet ist; oder sind die Gewalten und Gesetze, die sich dem Innern ankündigen, geistige und sittliche, so sind sie zunächst, *weil* sie sind, und man weiß nicht, von wannen sie kommen.

Die Erscheinung ist nun die Grenze beider Seiten, welche sie *scheidet* und zugleich aufeinander *bezieht*. Im Grunde aber kommt die *Tätigkeit beiden Seiten* zu, welches wahrhaft zu fassen freilich große Schwierigkeit macht. Diese Schwierigkeit kommt auch später bei der Vorstellung von der Gnade Gottes wieder vor. Die Gnade erleuchtet das Herz des Menschen, sie ist der Geist Gottes im Menschen, so daß der Mensch bei ihrem Wirken als passiv vorgestellt werden kann, so daß es nicht seine eigene Tätigkeit ist. Im Begriff ist aber diese gedoppelte Tätigkeit als *eine* zu fassen. Hier auf der gegenwärtigen Stufe ist diese Einheit des Begriffs noch nicht gesetzt, und die Seite der produktiven Tätigkeit, die auch dem Subjekte zukommt, erscheint als selbständig für sich in der Art, daß das Subjekt die Erscheinung des Göttlichen *mit Bewußtsein* als *sein* Werk hervorbringt. Das Selbstbewußtsein ist es, welches das zunächst Abstrakte, sei es innerlich oder äußerlich, auffaßt, *erklärt*, *bildet* und zu dem, was als *Gott* gilt, *produziert*.

Die Naturerscheinungen oder dies Unmittelbare, Äußerliche sind aber nicht Erscheinung in dem Sinne, daß das Wesen nur ein *Gedanke in uns* wäre, wie wir von *Kräften* der Natur sprechen und von deren Äußerungen. Hier ist es nicht an den Naturgegenständen selbst, nicht objektiv an ihnen als solchen, daß sie als Erscheinungen des Innern existieren; als Naturgegenstände existieren sie nur für unsere sinnliche Wahrnehmung, und für diese sind sie nicht *Erscheinung des Allgemeinen.* So ist es z. B. nicht am Lichte als solchem, daß sich der Gedanke, das Allgemeine kundgibt; beim Naturwesen müssen wir vielmehr erst die Rinde durchbrechen, hinter welcher sich der Gedanke, das Innere der Dinge verbirgt.

Sondern das Natürliche, Äußerliche soll *an ihm selbst* zugleich, soll in seiner Äußerlichkeit als *Aufgehobenes* und *an ihm selbst* als *Erscheinung gesetzt* sein, so daß sie nur Sinn und Bedeutung hat als *Äußerung* und Organ des Gedankens und des *Allgemeinen.* Der *Gedanke* soll für die *Anschauung* sein; d. h. was geoffenbart wird, ist einerseits die sinnliche Weise, und dasjenige, was wahrgenommen wird, ist zugleich der Gedanke, das Allgemeine. Es ist die *Notwendigkeit*, die auf göttliche Weise *erscheinen*, d. h. in dem Dasein als Notwendigkeit in unmittelbarer Einheit mit demselben sein soll. Das ist die *gesetzte* Notwendigkeit, d. h. die *daseiende*, die als *einfache Reflexion-in-sich* existiert.

Die *Phantasie* ist nun das Organ, mit dem das Selbstbewußtsein das innerlich Abstrakte oder das Äußerliche, das erst ein unmittelbar Seiendes ist, gestaltet und als Konkretes setzt. In diesem Prozeß verliert das Natürliche seine Selbständigkeit und wird zum Zeichen des inwohnenden Geistes herabgesetzt, so daß es nur diesen an sich erscheinen läßt.

Die Freiheit des Geistes ist hier noch nicht die unendliche des *Denkens*, die geistigen Wesenheiten sind noch nicht gedacht; wäre der Mensch denkend, so daß das reine Denken die Grundlage ausmachte, so gäbe es nur *einen* Gott für ihn. Ebensowenig aber findet der Mensch seine Wesenheiten als vorhandene, *unmittelbare* Naturgestalten vor, sondern bringt sie für die Vorstellung hervor, und dies *Hervorbringen* als die Mitte zwischen dem reinen Denken und der unmittelbaren Naturanschauung ist die Phantasie.

So sind die Götter von menschlicher Phantasie *gemacht*, und sie entstehen auf *endliche* Weise, vom Dichter, von der Muse produziert. Diese Endlichkeit haben sie an sich, weil sie ihrem Gehalte nach endlich sind und ihrer Besonderheit nach auseinanderfallen. Erfunden sind sie vom menschlichen Geiste nicht ihrem *an und für sich vernünftigen Inhalte* nach, aber so, wie sie *Götter* sind. Sie sind gemacht, gedichtet, aber nicht erdichtet. Sie gehen zwar im Gegensatze gegen das Vorhandene aus der *menschlichen* Phantasie hervor, aber als *wesentliche* Gestalten, und das Produkt ist zugleich als das Wesentliche gewußt. So ist es zu verstehen, wenn *Herodot* sagt: Homer und Hesiod haben den Griechen ihre Götter gemacht.[11] Dasselbe konnte auch von jedem Priester und erfahrenen Greis gesagt werden, der im Natürlichen die Erscheinung des Göttlichen und der wesentlichen Mächte zu verstehen und zu deuten wußte.

Als die Griechen das Rauschen des Meeres hörten bei der Leiche des Achill, da ist Nestor aufgetreten und hat es so gedeutet: das sei Thetis, die an der Trauer teilnehme. So sagt Kalchas bei der Pest, daß Apoll, erzürnt über die Griechen, es getan habe. Diese Auslegung heißt eben, die natürliche Erscheinung *gestalten*, ihr die Gestalt eines *göttlichen Tuns* geben. Ebenso wird das *Innere* gedeutet: beim Homer will z. B. Achill sein Schwert ziehen, er faßt sich aber und hemmt seinen Zorn; diese innere Besonnenheit ist Pallas, die den Zorn hemmt. Aus dieser Deutung entstanden jene unzähligen anmutigen Geschichten und die unendliche Menge der griechischen Mythen.

Von allen Seiten her, nach denen wir das griechische Prinzip nur betrachten können, dringt in dasselbe das Sinnliche

---

11 Herodot II, 53

und Natürliche ein. Die Götter, wie sie aus der Notwendigkeit heraustreten, sind beschränkt und haben auch deshalb noch den Anklang des Natürlichen an sich, weil sie ihren Hervorgang aus dem Kampf mit den Naturgewalten verraten; ihre Erscheinung, mit der sie sich dem Selbstbewußtsein ankündigen, ist noch äußerlich, und auch die Phantasie, welche diese Erscheinung bildet und gestaltet, erhebt ihren Ausgangspunkt noch nicht in den reinen Gedanken. Wir haben nun zu sehen, wie dies natürliche Moment vollends zur schönen Gestalt verklärt wird.

γ. Die schöne Gestalt der göttlichen Mächte

In der absoluten Notwendigkeit ist die Bestimmtheit nur zur *Einheit* der *Unmittelbarkeit* [des] »es ist so« reduziert. Hiermit ist aber die Bestimmtheit, der Inhalt weggeworfen, und die Festigkeit und Freiheit des Gemüts, das sich an diese Anschauung hält, besteht nur darin, daß es am inhaltslosen »Ist« festhält. Aber die *daseiende* Notwendigkeit ist für die unmittelbare *Anschauung*, und zwar als *natürliches Dasein*, das sich in seiner Bestimmtheit in seine *Einfachheit zurücknimmt* und *dies Zurücknehmen selbst an sich darstellt*. Das Dasein, das nur dieser Prozeß ist, ist in der Freiheit, oder die Bestimmtheit ist als Negativität, als in sich reflektiert und in die einfache Notwendigkeit sich versenkend; diese sich auf sich beziehende Bestimmtheit ist die *Subjektivität*.

Die Realität für jenen Prozeß der daseienden Notwendigkeit ist nun die geistige, die *menschliche* Gestalt. Sie ist ein sinnliches und natürliches Dasein, also für die unmittelbare Wahrnehmung, und zugleich ist es die einfache Notwendigkeit, einfache Beziehung auf sich, wodurch es schlechthin das Denken ankündigt. Jede Berührung, jede Äußerung, sie ist unmittelbar zersetzt, aufgelöst und zerschmolzen in die einfache Identität; sie ist eine Äußerung, welche wesentlich *Äußerung des Geistes* ist.

Dieser Zusammenhang ist nicht leicht zu fassen, daß die

Grundbestimmung und die Seite des *Begriffs* die *absolute Notwendigkeit* und die Seite der *Realität*, wodurch dieser Begriff *Idee* ist, die *menschliche Gestalt* ist. Der Begriff muß überhaupt wesentlich Realität haben. Diese Bestimmung liegt dann näher in der Notwendigkeit selbst, da sie nicht das abstrakte Sein, sondern das an und für sich Bestimmte ist. Die Bestimmtheit nun, weil sie zugleich *natürliche, äußerliche Realität* ist, ist nun ferner zugleich *zurückgenommen in die einfache Notwendigkeit*, so daß diese es ist, die an diesem Bunten, Sinnlichen sich darstellt. Erst wenn es nicht mehr die Notwendigkeit, sondern der Geist ist, welcher das Göttliche ausmacht, wird dieses ganz im Elemente des Denkens angeschaut. Hier aber bleibt noch das Moment der äußerlichen Anschaubarkeit, an welcher sich jedoch die einfache Notwendigkeit darstellt. Dies ist allein der Fall an der menschlichen Gestalt, weil sie Gestalt des Geistigen ist und nur in ihr die Realität für das Bewußtsein in die Einfachheit der Notwendigkeit zurückgenommen werden kann.

Das *Leben überhaupt* ist diese Unendlichkeit des freien Daseins und als Lebendiges diese Subjektivität, welche gegen die unmittelbare Bestimmtheit reagiert und sie in der Empfindung mit sich identisch setzt. Aber die Lebendigkeit des *Tieres*, d.h. das Dasein und die Äußerung seiner Unendlichkeit, hat schlechthin einen nur *beschränkten* Inhalt, ist nur in einzelne Zustände versenkt. Die Einfachheit, zu der diese Bestimmtheit zurückgenommen ist, ist ein Beschränktes und nur formell, und der Inhalt ist dieser seiner Form nicht angemessen. Hingegen am denkenden Menschen ist auch in seinen *einzelnen* Zuständen das *Geistige* ausgedrückt; dieser Ausdruck gibt zu erkennen, daß der Mensch auch in diesem oder jenem beschränkten Zustande zugleich darüber hinaus, *frei* ist und *bei sich bleibt*. Man unterscheidet sehr wohl, ob ein Mensch in der Befriedigung seiner Bedürfnisse sich tierisch verhält oder menschlich. Das Menschliche ist ein feiner Duft, der sich über alles Tun verbreitet. Außerdem hat der Mensch nicht nur solchen Inhalt der bloßen Lebendigkeit, sondern zugleich einen unendlichen Umfang von höheren Äußerungen, Tätigkeiten und Zwecken, deren Inhalt selbst das *Unendliche*, *Allgemeine* ist. So ist der Mensch die absolute Reflexion in sich, die wir im Begriffe der Notwendigkeit haben. Der Physiologie käme es eigentlich zu, den menschlichen Organismus, die menschliche Gestalt als die für den Geist einzig wahrhaft angemessene zu erkennen; sie hat aber in dieser Hinsicht noch wenig getan. Daß nur die Organisation des Menschen die Gestalt des Geistigen sei, hat schon *Aristoteles* ausgesprochen[12], wenn er es als Mangel der Vorstellung von der Seelenwanderung bezeichnet, daß nach ihr die leibliche Organisation des Menschen nur eine zufällige sei.

Der einzelne wirkliche Mensch aber hat in seinem unmittelbaren Dasein noch die Seite der *unmittelbaren Natürlichkeit* an sich, die als ein Zeitliches und Vergängliches erscheint, das aus der Allgemeinheit herabgefallen ist. Nach dieser Seite der Endlichkeit tritt eine *Disharmonie* dessen ein, was der Mensch an sich ist und was er in der Wirklichkeit ist. Nicht in allen Zügen und Teilen des einzelnen Menschen ist das Gepräge der einfachen Notwendigkeit ausgedrückt; die empirische Einzelheit und der Ausdruck einfacher Innerlichkeit sind vermischt, und die Idealität des Natürlichen, die Freiheit und Allgemeinheit sind durch die Bedingungen des bloß natürlichen Lebens und durch eine Menge von Verhältnissen der Not verdüstert. Nach dieser Seite, daß ein *Anderes* in den Menschen scheint, entspricht die Erscheinung der Gestalt der einfachen Notwendigkeit nicht; sondern dies, daß seinem Dasein in allen seinen Zügen und Teilen das Gepräge der Allgemeinheit, der einfachen Notwendigkeit aufgedrückt sei (was Goethe passend die *Bedeutsamkeit* als den Charakter der klassischen Kunstwerke nannte), dies macht die Notwendigkeit aus, daß die *Gestalt*

---

12 *De anima* I, 3, 407 b

nur im *Geiste* konzipiert, nur aus ihm erzeugt, unter seiner Vermittlung hervorgebracht, d. h. *Ideal* und *Kunstwerk* sei. Dies ist höher als ein Naturprodukt; man sagt zwar, ein Naturprodukt sei vielmehr vorzüglicher, weil es von Gott gemacht sei, das Kunstwerk aber *nur* von Menschen. Als ob die Naturgegenstände nicht auch den unmittelbar natürlichen, endlichen Dingen, dem Samen, der Luft, dem Wasser, dem Licht ihr Dasein verdankten und die Macht Gottes nur in der Natur, nicht auch im Menschlichen, im Reiche des Geistigen lebe. Wenn vielmehr die Naturprodukte nur unter der Bedingung für sie *äußerlicher* und *zufälliger Umstände* und unter dem von außen kommenden Einfluß derselben gedeihen, so ist es im Kunstwerk *die* Notwendigkeit, welche als die innere Seele und als der Begriff der Äußerlichkeit erscheint. *Die* Notwendigkeit nämlich heißt hier nicht, daß Gegenstände notwendig sind und die Notwendigkeit zu ihrem *Prädikate* haben, sondern die Notwendigkeit ist das *Subjekt,* das in seinem Prädikate, im äußerlichen Dasein *erscheint.*

Fällt nun in diesem Prozeß die Manifestation auf die subjektive Seite, so daß der Gott als ein von Menschen Gemachtes erscheint, so ist das nur *ein* Moment. Denn dies Gesetztsein des Gottes ist vielmehr *durch die Aufhebung des einzelnen Selbstes vermittelt*, und so war es den Griechen möglich, im Zeus des *Phidias* ihren Gott anzuschauen. Der Künstler gab ihnen nicht abstrakt *sein* Werk, sondern die eigene Erscheinung des Wesentlichen, *die Gestalt der daseienden Notwendigkeit.*

Die Gestalt des Gottes ist also die *ideale*; vor den Griechen ist keine wahrhafte Idealität gewesen, und sie hat auch in der Folge nicht mehr vorkommen können. Die Kunst der christlichen Religion ist zwar schön; aber die Idealität ist nicht ihr letztes Prinzip. Damit kann man den Mangel der griechischen Götter nicht treffen, wenn man sagt, sie seien *anthropopathisch*, unter welche Bestimmung der Endlichkeit man dann auch das Unmoralische, z. B. die Liebesgeschichten des Zeus rechnet, die in älteren Mythen der noch natürlichen Anschauung ihren Ursprung haben mögen; der Hauptfehler ist nicht der, daß zuviel Anthropopathisches in diesen Göttern sei, sondern *zuwenig*. Das Erscheinen und die Seite des Daseins des Göttlichen geht noch nicht fort bis zur unmittelbaren Wirklichkeit und Gegenwart als *dieser*, d. h. als *dieser Mensch*. Die wahrhafteste, eigentümlichste Gestalt ist notwendig die, daß der absolut für sich seiende Geist dazu fortgeht, als einzelnes empirisches Selbstbewußtsein sich zu zeigen. Diese Bestimmung des Fortgangs bis zum sinnlichen Diesen ist hier noch nicht vorhanden. Die vom Menschen gemachte Gestalt, in der die Göttlichkeit erscheint, hat zwar eine sinnliche Seite. Aber diese hat noch die Weichheit, daß sie dem *erscheinenden Inhalte vollkommen angemessen* gemacht werden kann. Erst wenn die Besonderung in Gott zur äußersten Grenze fortgeht, als Mensch, als dieses empirische Selbstbewußtsein hervortritt, dann ist sozusagen diese Sinnlichkeit und Äußerlichkeit als Sinnlichkeit *freigelassen*, d. h. die Bedingtheit der Äußerlichkeit und ihre *Unangemessenheit zu dem Begriff* kommt an dem Gotte zum Vorschein. Hier hat die Materie, das Sinnliche noch nicht diese Gestalt, es hält sich vielmehr seinem Inhalte getreu. Wie der Gott, obwohl geistige, allgemeine Macht, von der Natürlichkeit herkommt, so muß er auch zum Elemente seiner Gestaltung das Natürliche haben, und es muß zur Erscheinung kommen, daß eben das Natürliche die Weise des Ausdrucks des Göttlichen ist. Der Gott erscheint so im Stein, und das Sinnliche gilt noch als angemessen für den Ausdruck des Gottes als Gottes. Erst wenn der Gott selbst als *dieser Einzelne* erscheint und offenbart, der Geist, das subjektive Wissen vom Geist als Geist sei die wahrhafte Erscheinung Gottes, dann erst wird die Sinnlichkeit frei; d. h. sie ist nicht mehr dem Gotte vermählt, sondern zeigt sich seiner Gestalt als unangemessen: die Sinnlichkeit, unmittelbare Einzelheit wird ans Kreuz geschlagen. In dieser Umkehrung zeigt sich aber dann auch, daß diese Entäußerung Gottes zur menschlichen Gestalt nur *eine* Seite des göttlichen Lebens ist, denn diese *Entäußerung* und Manifestation wird in dem *Einen,* der so erst als Geist für den Gedanken und für die Gemeinde ist, *zurückgenommen*; dieser einzelne, existierende, wirkliche Mensch wird *aufgehoben* und als *Moment,* als eine der Personen Gottes in Gott gesetzt. So erst ist der Mensch als dieser Mensch wahrhaft in Gott, so ist die Erscheinung des Göttlichen absolut und ihr Element der Geist selbst. Die jüdische Vorstellung, daß Gott wesentlich, aber nur für den Gedanken ist, und die Sinnlichkeit der griechischen schönen Gestalt sind in diesem Prozeß des göttlichen Lebens gleicherweise enthalten und als aufgehoben von ihrer Beschränktheit befreit. Auf dieser Stufe, auf welcher das Göttliche zu seiner wesentlichen Darstellung noch des Sinnlichen bedarf, erscheint es als eine *Vielheit* von Göttern. An dieser Vielheit ist es zwar, daß die Notwendigkeit als die einfache Reflexion-in-sich sich darstellt; aber diese *Einfachheit* ist nur *Form,* denn der Stoff, an welchem sie sich darstellt, ist noch Unmittelbarkeit, Natürlichkeit, *nicht der absolute Stoff*: der Geist. Es ist also nicht der Geist als Geist, der hier dargestellt wird; das *geistige Dasein* eilt vielmehr dem *Bewußtsein des Inhalts* voraus, denn dieser ist noch nicht selbst Geist.

3. Der Kultus

Dieser ist hier etwas sehr Weitschichtiges. Der Kultus ist nach seiner Bestimmung, daß das empirische Bewußtsein sich erhebt und der Mensch sich das Bewußtsein und Gefühl der Einwohnung des Göttlichen in ihm und seiner Einheit mit dem Göttlichen gibt. Ist das Kunstwerk das Sichoffenbaren des Gottes und der Produktivität des Menschen als Setzen dieser Offenbarung *durch Aufhebung seines besonderen Wissens und Wollens,* so liegt im Kunstwerk andererseits ebenso das Aufgehobensein des Menschen und Gottes als einander Fremder. Das *Setzen* dessen, was im Kunstwerk an sich ist, ist nun der Kultus; er daher ist das Verhältnis, wodurch die *äußerliche Objektivität* des Gottes gegen das subjektive Wissen *aufgehoben* und die *Identität* beider vorgestellt wird. Dadurch also ist das äußerliche göttliche Dasein als ein Getrenntsein vom Dasein im subjektiven Geist aufgehoben und somit Gott *in die Subjektivität hinein erinnert*. Der allgemeine Charakter dieses Kultus ist, daß das Subjekt ein wesentlich affirmatives Verhältnis zu seinem Gott hat.

Die Momente des Kultus sind

a. Die Gesinnung

Die Götter sind *anerkannt*, geehrt, sie sind die substantiellen Mächte, der wesentliche Gehalt des natürlichen und geistigen Universums, das Allgemeine. Diese allgemeinen Mächte, wie sie der Zufälligkeit entnommen sind, erkennt der Mensch an, weil er *denkendes* Bewußtsein ist, also die Welt nicht mehr für ihn vorhanden ist auf äußerliche, zufällige Weise, sondern auf wahre Weise. Wir verehren so die Pflicht, Gerechtigkeit, Wissenschaft, politisches Leben, Staatsleben, Familienverhältnisse; diese sind das Wahrhafte, sie sind das innere Band, das die Welt zusammenhält, das Substantielle, worin das Andere besteht, das Geltende, was allein aushält gegen die Zufälligkeit und Selbständigkeit, die ihm entgegenhandelt.

Dieser Inhalt ist ebenso das Objektive im wahrhaften Sinn, d. h. das an und für sich Geltende, Wahre, nicht im äußeren objektiven Sinn, sondern auch in der *Subjektivität*. Der Gehalt dieser Mächte ist das *eigene Sittliche* der Menschen, *ihre* Sittlichkeit, ihre vorhandene und geltende Macht, ihre eigene Substantialität und Wesentlichkeit. Das griechische ist daher das menschlichste Volk: alles Menschliche ist *affirmativ berechtigt*, entwickelt, und es ist *Maß* darin.

Diese Religion ist überhaupt eine Religion der *Menschlichkeit*, d. h. der konkrete Mensch ist nach dem, was er ist, nach seinen Bedürfnissen, Neigungen, Leidenschaften, Gewohnheiten, nach seinen sittlichen und politischen Bestimmungen, nach allem, was darin Wert hat und wesentlich ist, *sich gegenwärtig in seinen Göttern*; oder es hat sein Gott diesen Inhalt des Edlen, Wahren, der zugleich der des konkreten Menschen ist. Diese Menschlichkeit der Götter ist das, was das Mangelhafte, aber zugleich auch das Bestechende ist. In dieser Religion ist nichts unverständlich, nichts unbegreiflich; es ist kein Inhalt in dem Gotte, der dem Menschen nicht bekannt ist, den er in sich selbst nicht finde, nicht wisse. Die Zuversicht des Menschen zu den Göttern ist zugleich seine Zuversicht *zu sich selbst*.

Pallas, die die Ausbrüche des Zorns bei Achill zurückhält, ist seine eigene Besonnenheit. Athene ist die Stadt Athen und auch der Geist dieses Volks, nicht ein äußerlicher Geist, Schutzgeist, sondern der lebendige, gegenwärtige, wirklich im Volke lebende, dem Individuum immanente Geist, der als Pallas vorgestellt wird nach seinem Wesentlichen. Die *Erinnyen* sind nicht die Furien äußerlich vorgestellt, sondern es ist die eigene Tat des Menschen und das Bewußtsein, was ihn plagt, peinigt, insofern er diese Tat als Böses in ihm weiß. Die Erinnye ist nicht nur äußerliche Furie, die den Muttermörder Orestes verfolgt, sondern der Geist des Muttermords schwingt über ihm seine Fackel. Die Erinnyen sind die Gerechten und eben darum die Wohlmeinenden, *Eumeniden*; das ist nicht ein Euphemismus, sondern sie sind [die], die das Recht wollen, und wer es verletzt, hat die Eumeniden in ihm selbst: es ist das, was wir Gewissen nennen.

Im *Ödipus auf Kolonos* sagt Ödipus zu seinem Sohne: die Eumenide des Vaters wird dich verfolgen. *Eros*, die Liebe, ist so nicht nur das Objektive, der Gott, sondern auch als Macht die subjektive Empfindung des Menschen. *Anakreon* beschreibt einen Kampf mit Eros. »Ich auch«, sagt er, »will jetzt lieben; schon längst gebot mir's Eros; doch ich wollte nicht folgen. Da griff mich Eros an. Bewaffnet mit Harnisch und Lanze widerstand ich. Eros verschoß sich, doch dann schwang er sich selbst mir ins Herz. Was hilft da«, so schließt er, »Pfeil und Bogen? Der Kampf ist mitten in mir.« In dieser Anerkennung und Verehrung ist also das Subjekt schlechthin bei sich; die Götter sind sein eigenes Pathos. Das Wissen von den Göttern ist kein Wissen nur von ihnen als Abstraktionen jenseits der Wirklichkeit, sondern es ist ein Wissen zugleich von der *konkreten Subjektivität des Menschen selbst* als einem *Wesentlichen*, denn die Götter sind ebenso in ihm. Da ist nicht dieses negative Verhältnis, wo das Verhältnis des Subjekts, wenn es das höchste ist, nur diese Aufopferung, Negation, seines Bewußtseins ist. Die Mächte sind den Menschen freundlich und hold, sie wohnen in ihrer eigenen Brust; der Mensch verwirklicht sie und weiß ihre Wirklichkeit zugleich als die seinige. Der Hauch der Freiheit durchweht diese ganze Welt und macht die Grundbestimmung für diese Gesinnung aus.

Es fehlt aber noch das Bewußtsein *der unendlichen Subjektivität* des Menschen, daß die sittlichen Verhältnisse und das absolute Recht dem Menschen *als solchem* zukommen, daß er dadurch, daß er Selbstbewußtsein ist, in dieser formellen Unendlichkeit das Recht wie die Pflicht der *Gattung* hat. Freiheit, Sittlichkeit ist das *Substantielle* des Menschen, und dieses als das Substantielle zu *wissen* und *seine Substantialität* darein zu setzen, ist der Wert und die Würde des Menschen. Aber die *formelle Subjektivität*, das Selbstbewußtsein als solches, die in sich unendliche Individualität, nicht die bloß natürliche, unmittelbare, ist es, welche die Möglichkeit jenes Wertes ist, d. h. die *reale Möglichkeit*, und um derentwillen er selbst unendliches Recht hat. Weil nun in der unbefangenen Sittlichkeit die Unendlichkeit der formellen Subjektivität nicht anerkannt ist, daher kommt dem Menschen als solchem nicht die absolute Geltung zu, daß er an und für sich gelte, mag er in seiner inneren Erfüllung sein, wie er will, da oder dort geboren, reich oder arm, diesem oder jenem Volke angehörig. Die Freiheit und Sittlichkeit ist noch eine *besondere* und das Recht des Menschen mit einer Zufälligkeit behaftet, so daß auf dieser Stufe wesentlich Sklaverei stattfindet. Es ist noch zufällig, ob der Mensch Bürger dieses Staates, ob er frei ist oder nicht. Weil ferner der *unendliche Gegensatz* noch nicht vorhanden ist und die *absolute Reflexion des Selbstbewußtseins in sich*, diese Spitze der Subjektivität fehlt, so ist auch die *Moralität* als eigene Überzeugung und Einsicht noch nicht entwickelt.

Dennoch ist in der Sittlichkeit die Individualität überhaupt in die *allgemeine Substantialität* aufgenommen, und so tritt hier, wenn auch zunächst nur als ein schwacher Schein und noch nicht als absolute Forderung des Geistes, die Vorstellung der Ewigkeit des subjektiven, individuellen Geistes, die Vorstellung von der *Unsterblichkeit* ein. Auf den früher betrachteten Stufen kann die Forderung der Unsterblichkeit der Seele noch nicht vorkommen, weder in der Naturreligion noch in der Religion des Einen. In jener ist noch unmittelbare Einheit des Geistigen und Natürlichen die Grundbestimmung und der Geist noch nicht *für sich*; in dieser ist der Geist wohl für sich, aber noch unerfüllt, seine Freiheit ist noch abstrakt und sein Sein ist noch ein natürliches Dasein, der Besitz dieses Landes und sein Wohlergehen. Das ist aber nicht das Sein als Dasein des Geistes in sich selbst, nicht Befriedigung im Geistigen. Die Dauer ist nur Dauer des Stammes, der Familie, überhaupt der *natürlichen Allgemeinheit*. Hier aber ist das Selbstbewußtsein *in sich selbst erfüllt*, geistig, die Subjektivität ist in die allgemeine Wesenheit aufgenommen und wird also in sich als *Idee* gewußt: hier ist die Vorstellung von der Unsterblichkeit vorhanden. Bestimmter aber wird dies Bewußtsein, wenn die Moralität hervorbricht, das Selbstbewußtsein sich in sich vertieft und dazu kommt, nur das als gut, wahr und recht anzuerkennen, was es sich und seinem Denken gemäß findet. Bei Sokrates und Platon ist daher sogleich ausdrücklich von der Unsterblichkeit der Seele die Rede, während diese Vorstellung vorher mehr bloß als allgemeine galt und als solche, die nicht absoluten Wert an und für sich selber habe.

Wie dem Selbstbewußtsein noch die unendliche Subjektivität, der *absolute Einheitspunkt des Begriffs* fehlt, so mangelt sie auch noch *seinen Wesenheiten.* Diese Einheit fällt in das, was wir als seine *Notwendigkeit* haben kennenlernen; dieses liegt aber außerhalb des Kreises der besonderen, substantiellen Wesenheiten. Gleich dem Menschen als solchem haben auch die besonderen Wesenheiten keine *absolute Berechtigung*, denn sie haben diese nur als Moment der Notwendigkeit und als in dieser absoluten, in sich reflektierten Einheit wurzelnd. Sie sind viele, [und] obwohl [sie] göttlicher Natur [sind], so ist ihre zerstreute Vielheit zugleich eine Beschränktheit, so daß es mit jener insofern nicht *Ernst* ist. Über den substantiellen vielen Wesenheiten schwebt die letzte Einheit der absoluten Form, die Notwendigkeit, und sie *befreit* das Selbstbewußtsein in seinem Verhältnis zu den Göttern zugleich von ihnen, so daß es ihm mit ihnen Ernst und wieder auch nicht Ernst ist.

Diese Religion hat überhaupt den Charakter der *absoluten Heiterkeit*; das Selbstbewußtsein ist *frei* im Verhältnis zu seinen Wesenheiten, weil sie die *seinigen* sind, und zugleich ist es nicht an sie *gefesselt*, da über ihnen selbst die absolute Notwendigkeit schwebt und sie in diese ebenso zurückgehen, wie sich in dieselbe das Bewußtsein mit seinen besonderen Zwecken und Bedürfnissen versenkt.

Die Gesinnung nun des subjektiven Selbstbewußtseins im Verhältnis zur *Notwendigkeit* ist diese Ruhe, die sich in der Stille hält, in dieser Freiheit, die aber noch eine abstrakte ist. Insofern ist es eine Flucht; aber es ist zugleich die Freiheit, insofern der Mensch von äußerlichem Unglück nicht überwunden, gebeugt wird. Wer dies Bewußtsein der Unabhängigkeit hat, ist äußerlich wohl unterlegen, aber nicht besiegt, überwunden.

Die Notwendigkeit hat ihre eigene Sphäre; sie bezieht sich nur auf das *Besondere* der Individualität, insofern eine Kollision der geistigen Macht möglich ist und die Individuen der Besonderheit und der Zufälligkeit unterworfen sind.

Nach dieser Seite werden sie von der Notwendigkeit berührt und sind ihr unterworfen. Diejenigen Individuen sind insbesondere der Notwendigkeit unterworfen und tragisch, die sich erheben über den sittlichen Zustand, die etwas Besonderes für sich ausführen wollen. So die *Heroen*, die durch eigentümliches Wollen von den übrigen unterschieden sind: sie haben ein Interesse, das über den ruhigen Zustand des Waltens, der Regung des Gottes geht; sie sind [die], die eigentümlich wollen und handeln; sie stehen über dem *Chor*, dem ruhigen, stetigen, unentzweiten sittlichen Verlauf. Dieser ist dem Schicksal entnommen, bleibt in dem gewöhnlichen Lebenskreis beschränkt und erregt keine der sittlichen Mächte gegen sich. Der Chor, das Volk hat auch eine Seite der Besonderheit; es ist dem gemeinen Lose der Sterblichen ausgesetzt, zu sterben, Unglück usf. zu haben, aber solcher Ausgang ist das gemeine Los sterblicher Menschen und der Gang der Gerechtigkeit gegen das Endliche. Daß das Individuum zufälliges Unglück hat, stirbt, ist in der Ordnung.

Beim *Homer* weint Achill über seinen frühen Tod, auch sein Pferd weint darüber. Bei uns wäre dies töricht von einem Dichter. Aber Homer konnte seinem Helden dies Vorbewußtsein beilegen, denn es kann in seinem Sein und Tun nichts ändern; es *ist* so für ihn, und außerdem ist er, was er ist. Es kann ihn wohl traurig machen, aber auch nur momentan; es ist so, aber es berührt ihn weiter nicht; er kann wohl traurig, aber nicht verdrießlich werden. Verdruß ist die Empfindung der modernen Welt; Verdrießlichkeit setzt einen Zweck, eine Forderung der modernen Willkür voraus, wozu sie sich ermächtigt, berechtigt hält, wenn ein solcher Zweck nicht erfüllt wird. So nimmt der moderne Mensch leicht die Wendung, für das übrige auch den Mut sinken zu lassen und nun auch das andere nicht zu wollen, was er sich sonst zum Zweck machen könnte, er gibt seine übrige Bestimmung auf, zerstört, um sich zu rächen, seinen eigenen Mut, seine Tatkraft, die Zwecke des Schicksals, die er sonst noch erreichen könnte. Dies ist die Verdrießlichkeit; sie konnte nicht den Charakter der Griechen, der Alten ausmachen, sondern die Trauer über das Notwendige ist nur einfach. Die Griechen haben keinen Zweck als absolut, als wesentlich vorausgesetzt, der gewährt werden soll; die Trauer ist deshalb ergebene Trauer. Es ist einfacher Schmerz, einfache Trauer, die deshalb in sich selbst die Heiterkeit hat; es geht dem Individuum kein absoluter Zweck verloren, es bleibt auch hier bei sich selbst; auf das, was nicht erfüllt wird, kann es renoncieren. Es *ist* so; damit hat es sich in die Abstraktion zurückgezogen und nicht diesem [»es *ist* so«] *sein* Sein entgegengestellt. Die Befreiung ist die Identität des subjektiven Willens mit dem, was *ist*; das Subjekt ist frei, aber nur auf abstrakte Weise.

Die *Heroen* bringen, wie bemerkt, im Lauf der einfachen Notwendigkeit eine Änderung hervor, nämlich so, daß eine Entzweiung eintritt, und die höhere, eigentlich interessante Entzweiung für den Geist ist, daß es die *sittlichen Mächte selbst* sind, die als entzweit, in Kollision geratend erscheinen. Die Auflösung dieser Kollision ist, daß die sittlichen Mächte, die nach ihrer *Einseitigkeit* in Kollision sind, sich der Einseitigkeit des selbständigen Geltens abtun; und die Erscheinung dieses Abtuns der Einseitigkeit ist, daß die Individuen, die sich zur Verwirklichung einer *einzelnen* sittlichen Macht aufgeworfen haben, zugrunde gehen.

Das Fatum ist das Begrifflose, wo Gerechtigkeit und Ungerechtigkeit in der Abstraktion verschwinden; in der Tragödie dagegen ist das Schicksal innerhalb eines Kreises *sittlicher Gerechtigkeit*. Am erhabensten finden wir das in den Sophokleischen Tragödien. Es wird daselbst vom Schicksal und von der Notwendigkeit gesprochen; das Schicksal der Individuen ist als etwas Unbegreifliches dargestellt, aber die Notwendigkeit ist nicht eine blinde, sondern sie ist erkannt als die wahrhafte Gerechtigkeit. Dadurch eben sind jene Tragödien die unsterblichen Geisteswerke des sittlichen Verstehens und Begreifens, die ewigen Muster des sittlichen Begriffs. Das blinde Schicksal ist etwas Unbefriedigendes. In diesen Tragödien wird die Gerechtigkeit begriffen. Auf eine plastische Weise wird die Kollision der beiden höchsten sittlichen Mächte gegeneinander dargestellt in dem absoluten Exempel der Tragödie, *Antigone*; da kommt die Familienliebe, das Heilige, Innere, der Empfindung Angehörige, weshalb es auch das Gesetz der unteren Götter heißt, mit dem Recht des Staats in Kollision. Kreon ist nicht ein Tyrann, sondern ebenso eine sittliche Macht. Kreon hat nicht Unrecht; er behauptet, daß das Gesetz des Staats, die Autorität der Regierung geachtet werde[n muß] und Strafe aus der Verletzung folgt. Jede dieser beiden Seiten verwirklicht nur die eine der sittlichen Mächte, hat nur die eine derselben zum Inhalt. Das ist die Einseitigkeit, und der Sinn der ewigen Gerechtigkeit ist, daß beide Unrecht erlangen, weil sie einseitig sind, aber damit auch beide Recht. Beide werden als geltend anerkannt im ungetrübten Gang der Sittlichkeit; hier haben sie beide ihr Gelten, aber ihr *ausgeglichenes Gelten*. Es ist nur die Einseitigkeit, gegen die die Gerechtigkeit auftritt.

Eine andere Kollision ist z. B. im *Ödipus* dargestellt. Er hat seinen Vater erschlagen, ist scheinbar schuldig, aber schuldig, weil seine sittliche Macht einseitig ist. Er fällt nämlich *bewußtlos* in diese gräßliche Tat. Er ist aber der, der das Rätsel der Sphinx gelöst hat: dieser hohe *Wissende*. So stellt sich als Nemesis ein Gleichgewicht her: der so wissend war, steht in der Macht des Bewußtlosen, so daß er in tiefe Schuld fällt, als er hoch stand. Hier ist also der Gegensatz der beiden Mächte der des Bewußtseins und der Bewußtlosigkeit.

Um noch eine Kollision anzuführen: *Hippolyt* wird unglücklich, weil er nur der *Diana* Verehrung weiht und die *Liebe* verschmäht, die sich nun an ihm rächt. Es ist eine Albernheit in der französischen Bearbeitung des Racine, dem Hippolyt eine andere Liebschaft zu geben; da ist es dann keine *Strafe der Liebe* als Pathos, was er leidet, sondern ein bloßes Unglück, daß er in ein Mädchen verliebt ist und einem andern Weibe kein Gehör gibt, die zwar Gemahlin seines Vaters ist, welches sittliche Hindernis aber durch seine Liebe zur Aricia verdunkelt ist. Die Ursache seines Unterganges ist daher [nicht] Verletzung oder Vernachlässigung einer allgemeinen Macht als solcher, nichts Sittliches, sondern eine Besonderheit und Zufälligkeit.

Der Schluß der Tragödie ist die *Versöhnung*, die vernünftige Notwendigkeit, die Notwendigkeit, die hier anfängt, sich zu *vermitteln*; es ist die Gerechtigkeit, die auf solche Weise befriedigt wird mit dem Spruch: es ist nichts, was nicht Zeus ist, nämlich die ewige Gerechtigkeit. Hier ist eine rührende Notwendigkeit, die aber vollkommen sittlich ist; das erlittene Unglück ist vollkommen klar; hier ist nichts Blindes, Bewußtloses. Zu solcher Klarheit der Einsicht und der künstlerischen Darstellung ist Griechenland auf seiner höchsten Bildungsstufe gekommen. Doch bleibt hier ein Unaufgelöstes, indem das Höhere nicht als die unendliche geistige Macht hervortritt; es bleibt unbefriedigte Trauer darin, indem ein Individuum untergeht.

Die höhere Versöhnung wäre, daß *im Subjekt* die Gesinnung der Einseitigkeit aufgehoben würde – das Bewußtsein seines Unrechts – und daß es sich in seinem Gemüt seines Unrechts abtut. Diese seine Schuld, Einseitigkeit zu erkennen und sich derselben abzutun, ist aber nicht in dieser Sphäre einheimisch. Dieses Höhere macht überflüssig die äußerliche Bestrafung, den natürlichen Tod. Anfänge, Anklänge dieser Versöhnung treten allerdings auch ein, aber diese innere Umkehrung erscheint doch mehr als äußerliche Reinigung. Ein Sohn des *Minos* war in Athen erschlagen worden, deswegen bedurfte es der Reinigung: diese Tat ist für ungeschehen erklärt worden. Es ist der Geist, der das Geschehene ungeschehen machen will.

Orest in den *Eumeniden* wird losgesprochen vom Areopag. Hier ist einerseits der höchste Frevel gegen die Pietät, auf der anderen Seite hat er seinem Vater Recht verschafft. Denn der war nicht nur Oberhaupt der Familie, sondern auch des Staats. In *einer* Handlung hat er gefrevelt und ebenso vollkommene, wesentliche Notwendigkeit ausgeübt. Lossprechen heißt eben dies: etwas ungeschehen machen. *Ödipus Kolonos* spielt an die Versöhnung und näher an die christliche Vorstellung der Versöhnung an: Ödipus wird von den Göttern zu Gnaden angenommen, die Götter berufen ihn zu sich. Heutzutage fordern wir mehr, weil die Vorstellung der Versöhnung bei uns höher ist: das Bewußtsein, daß im Inneren diese Umkehrung geschehen kann, wodurch das Geschehene ungeschehen gemacht wird. Der Mensch, der sich bekehrt, seine Einseitigkeit aufgibt, hat sie ausgerottet in sich, seinem Willen, wo die bleibende Stätte, der Platz der Tat wäre, d. i. in ihrer Wurzel die Tat vernichtet. Es ist unserem Gefühl entsprechender, daß die Tragödien Ausgänge haben, die versöhnend sind.

b. Der Kultus als Dienst

Kommt es nun darauf an, daß die Subjektivität sich *mit Bewußtsein* die Identität mit dem gegenüberstehenden Göttlichen gebe, so müssen *beide Teile von ihrer Bestimmtheit aufgeben*: Gott steigt herab von seinem Weltenthron, gibt sich selber preis, und der Mensch muß beim Empfang der Gabe die Negation des subjektiven Selbstbewußtseins leisten, d. h. den Gott anerkennen oder die Gabe mit der Anerkennung der Wesentlichkeit, die darin ist, in Empfang nehmen. Der Gottesdienst ist demnach die Wechselseitigkeit des Gebens und Empfangens. Jede Seite läßt von der Besonderheit, die sie voneinander scheidet, ab.

α) Das äußerlichste Verhältnis beider Seiten gegeneinander ist, daß der Gott ein *Naturelement* in sich hat und selbständig gegen das Selbstbewußtsein unmittelbar da ist oder sein Dasein in einer äußeren, natürlichen Erscheinung hat. In diesem Verhältnis ist der Gottesdienst einerseits die *Anerkennung*, daß die natürlichen Dinge ein *Wesen* in sich sind; andererseits *opfert* sich die Gottheit in der Naturmacht, in der sie erscheint, selbst auf und läßt sich vom Selbstbewußtsein in Besitz nehmen. Wenn sich nun die göttlichen Mächte als Naturgaben preisgeben und freundlich zum Gebrauche darbieten, so hat der Dienst, in dem sich der Mensch das Bewußtsein der Einheit mit seinen Mächten gibt, folgenden Sinn.

Diese Früchte, diese Quelle, sie lassen sich ungehindert schöpfen oder sich greifen und verzehren; sie fallen willig in den Schoß. Der Mensch ißt die Gaben, trinkt den Wein, gewinnt Stärkung und Begeisterung seines Sinnes, und diese Stärkung, worin sie Moment sind, ist ihre Wirkung. In diesem Verhältnisse ist nicht Stoß und Gegenstoß, das traurige, sich fortpflanzende Einerlei des Mechanischen, sondern *zu Ehren gebracht* werden jene Gaben, indem sie der Mensch ißt und trinkt; denn welche höhere Ehre kann den Naturdingen werden, als daß sie als die Kräftigkeit des geistigen Tuns erscheinen? Der Wein begeistert; aber erst *der Mensch* ist es, der ihn zum Begeisternden und Kräftigenden erhebt. Es verschwindet insofern das Verhältnis der *Not*; die Notdurft dankt den Göttern für das Empfangen, und sie setzt eine *Trennung* voraus, welche aufzuheben nicht in der Gewalt des Menschen steht. Die eigentliche Not tritt erst ein durch Eigentum und Festhalten eines Willens. Zu den Naturgaben steht aber der Mensch nicht in solchem Verhältnisse der Not; sie haben es ihm im Gegenteil zu danken, daß etwas aus ihnen wird; ohne ihn würden sie verfaulen, vertrocknen und unnütz vergehen.

Das *Opfer*, das sich mit dem Genuß dieser Naturgaben verbindet, hat hier nicht den Sinn der Opferung des *Innern* oder der konkreten Erfüllung des Geistes, sondern diese ist es vielmehr, die *bestätigt* und selbst genossen wird. Das Opfer kann nur den Sinn haben der *Anerkennung* der allgemeinen Macht, welche das *theoretische* Aufgeben eines Teiles des zu Genießenden ausdrückt; d. h. diese Anerkennung ist die nutzlose, zwecklose, nämlich nicht praktische, nicht selbstsüchtige Hingabe, z. B. die Ausgießung einer

Schale Weines. Aber zugleich ist das Opfer selbst der *Genuß*: der Wein wird getrunken, das Fleisch wird gegessen, und es ist die Naturmacht selbst, deren einzelnes Dasein und Äußerung aufgeopfert und vernichtet wird. Essen heißt Opfern, und Opfern heißt selbst Essen.

So knüpft sich an alles Tun des Lebens dieser höhere Sinn und der Genuß darin: jedes Geschäft, jeder Genuß des täglichen Lebens ist ein Opfer. Der Kultus ist nicht Entsagung, nicht Aufopferung eines Besitzes, einer Eigentümlichkeit, sondern der idealisierte, theoretisch-künstlerische Genuß. Freiheit und Geistigkeit ist über das ganze tägliche und unmittelbare Leben ausgebreitet, und der Kultus ist überhaupt eine fortgehende Poesie des Lebens.

Der Kultus dieser Götter ist daher nicht *Dienst* im eigentlichen Sinne zu nennen als gegen einen *fremden, selbständigen* Willen, von dessen zufälligem Entschließen Begehrtes zu erlangen wäre; sondern die *Verehrung* enthält selbst schon eine *vorhergehende Gewährung*, oder sie ist selbst der *Genuß*. Es ist nicht darum zu tun, aus ihrem Jenseits eine Macht zu sich zurückzurufen und zu diesem Ende, um ihrer empfänglich zu sein, sich selbst dasjenige abzutun, was von der subjektiven Seite des Selbstbewußtseins aus die Scheidung macht; es ist also nicht zu tun um *Entbehrung, Entsagung*, Abtun einer subjektiven Eigentümlichkeit, nicht um Angst, Selbstpeinigung, Selbstqual. Der Kultus des Bacchus, der Ceres ist der Besitz, Genuß des Brotes, Weines, das Verzehren desselben also die unmittelbare Gewährung selbst. Die Muse, die Homer anruft, ist zugleich sein Genie usf.

Die allgemeinen Mächte treten dann aber auch freilich weiter *zurück in die Ferne* gegen das Individuum. Die Quelle läßt sich ungehindert schöpfen, das Meer sich befahren, aber es erbraust auch zum Sturme, und es und die Gestirne sind dem Menschen nicht nur nicht willfährig, sondern furchtbar und Untergang bringend. Die Muse ist auch dem Dichter nicht immer günstig, tritt zurück und bedient ihn schlecht (eigentlich aber ruft sie der Dichter überhaupt nur an, wenn er das Gedicht macht, und die Anrufung und der Preis ist selbst Poesie); die Athene selbst, der Geist, Gott wird sich ungetreu. – Die Tyrer banden ihren Herkules mit Ketten an, daß er ihre Stadt, seine Realität und sein wirkliches Dasein nicht verlassen solle, und doch ist Tyros gefallen. Aber solche Entfremdung ihrer Wesenheit führte nicht zur *absoluten Entzweiung* und nicht zur *Zerrissenheit des Innern,* welche die Menschen nötigen würde, sie gleichsam mit Gewalt des Geistes im Kultus zu sich zu ziehen, womit der Verfall in Zauberei verbunden wäre. Zu diesen besonderen Mächten *kann* das Individuum nicht in unendlichen Gegensatz treten, weil sie als besondere Zwecke sich in die Notwendigkeit versenken und in dieser selbst aufgegeben werden.

Der Dienst besteht daher darin, daß die allgemeinen Mächte für sich herausgehoben und *anerkannt* werden. Der Gedanke erfaßt das Wesentliche, Substantielle seines konkreten Lebens und bleibt somit weder dumpf in die empirische Einzelheit des Lebens versenkt und zerstreut, noch geht er von ihr nur zu dem abstrakten Einen, zu dem unendlichen Jenseits; sondern indem der Geist das Wahre, die *Idee* seines mannigfaltigen Daseins sich darstellt, so ist er in der Anerkennung und Ehrung dieses Allgemeinen selbst im Genusse und bleibt seiner selbst gegenwärtig. Diese Gegenwart des Geistes in seinen Wesenheiten ist einerseits das würdige, denkende, theoretische Verhältnis, andererseits diese Freudigkeit, Heiterkeit und Freiheit, die ihrer selbst darin gewiß und bei sich selbst ist.

β) Auch der Dienst als Verhalten zu den Göttern nach ihrer *geistigen* Seite hat nicht den Sinn, sich diese Mächte erst *anzueignen,* sich der Identität mit ihnen erst bewußt zu werden. Denn diese Identität ist bereits vorhanden, und der Mensch findet diese Mächte in seinem Bewußtsein bereits realisiert. Die bestimmte Geistigkeit, Recht, Sitte, Gesetz oder die allgemeinen Wesenheiten, wie die Liebe, Aphrodite, kommen in den Individuen, den sittlichen Individuen, den Wissenden, Liebenden zu ihrer Wirklichkeit; sie sind der eigene Wille, die eigene Neigung und Leidenschaft derselben, ihr eigenes, wollendes, handelndes Leben. Es bleibt somit für den Kultus nur übrig, diese Mächte anzuerkennen, sie zu ehren und somit die Identität in die Form des *Bewußtseins* zu erheben und zur *theoretischen* Gegenständlichkeit zu machen.

Vergleichen wir diese Gegenständlichkeit mit unserer Vorstellung, so heben wir auch das Allgemeine aus unserem unmittelbaren Bewußtsein heraus und denken dasselbe. Wir können auch dazu fortgehen, diese allgemeinen Mächte zum Idealen zu erheben und ihnen geistige Gestalt zu geben. Aber solchen Gebilden Gebet zu weihen, Opfer zu bringen, das ist der Punkt, wo wir uns von jener Anschauung trennen; bis dahin können wir nicht gehen, jenen Bildern, welche jedoch keine Einbildungen, sondern wesentliche Mächte sind, vereinzelte Selbständigkeit zu geben und ihnen Persönlichkeit gegen uns zuzuschreiben. Unser Bewußtsein der unendlichen Subjektivität als einer allgemeinen zehrt jene Besonderheiten auf und setzt sie zu schönen Phantasiebildern herab, deren Gehalt und Bedeutung wir wohl zu würdigen wissen, die uns aber nicht als wahrhaft selbständig gelten können.

Im griechischen Leben aber ist die *Poesie*, die *denkende Phantasie* selbst der *wesentliche Gottesdienst*. Indem nun einerseits diese Mächte sich ins Unendliche *zersplittern* und, obwohl sie einen sich schließenden Kreis bilden, weil sie besondere sind, sich der *Unendlichkeit der Anziehungen ihrer Wirklichkeit* nähern (wieviel besondere Beziehungen sind z. B. in der Pallas aufgefaßt!) und weil andererseits es die menschliche, sinnlich-geistige Gestalt ist, in der das Ideal dargestellt werden soll, so ist diese Darstellung *unerschöpflich* und muß sich immer fortsetzen und erneuern, denn die *Religiosität* ist selbst dieses fortdauernde Übergehen vom empirischen Dasein zum idealen. Es ist nicht ein fester, geistig bestimmter Lehrbegriff, nicht Lehre vorhanden, die Wahrheit als solche nicht in Form des Gedankens, sondern das Göttliche in diesem *immanenten Zusammenhange mit der Wirklichkeit* und daher an und aus ihr immer *von neuem* sich *erhebend und hervorbringend*. Ist diese tätige Produktion durch die Kunst *vollendet*, hat die Phantasie ihre letzte, feste Gestalt erreicht, so daß das *Ideal* aufgestellt ist, so ist damit der *Untergang der religiösen Lebendigkeit* verbunden.

Solange aber noch die produktive Kraft dieses Standpunktes frisch und tätig ist, besteht die *höchste Assimilation des Göttlichen* darin, daß das Subjekt den Gott *durch sich* gegenwärtig macht und ihn *an sich selbst* zur Erscheinung bringt. Indem dabei die bewußte Subjektivität des Gottes zugleich auf einer Seite als Jenseits bleibt, so ist diese Darstellung des Göttlichen zugleich seine *Anerkennung* und die *Verehrung seiner substantiellen Wesenheit*. So wird denn das Göttliche geehrt und anerkannt, indem es in Festen, Spielen, Schauspielen, Gesängen, überhaupt in der Kunst vorstellig gemacht wird. Denn geehrt wird jemand, insofern man eine hohe Vorstellung von ihm hat und diese Vorstellung auch durch die Tat vorstellig macht und durch sein Betragen erscheinen läßt.

Indem nun das Volk in den Produktionen der Kunst, in der Ehre der Gesänge und Feste die Vorstellung des Göttlichen an ihm selber erscheinen läßt, hat es den Kultus *an ihm selbst*, d. h. es zeigt in seinen Festen zugleich wesentlich *seine* Vortrefflichkeit, es zeigt von sich das Beste, was es hat, das, wozu es fähig gewesen ist, sich zu machen. Der Mensch schmückt sich selbst; Gepränge, Kleidung, Schmuck, Tanz, Gesang, Kampf, alles gehört dazu, den Göttern Ehre zu bezeigen. Der Mensch zeigt seine geistige und körperliche Geschicklichkeit, seine Reichtümer, er stellt sich selbst in der Ehre Gottes dar und genießt damit diese Erscheinung Gottes an dem Individuum selbst. Dies gehört noch jetzt zu den Festen. Diese allgemeine Bestimmung kann genügen, daß der Mensch die Vorstellung der Götter an ihm durch sich erscheinen lasse, daß er sich aufs vortrefflichste darstelle und so seine Anerkennung der Götter zeige. Den Siegern in den Kämpfen wurde hohe Ehre zuteil; sie waren die Geehrtesten des Volks, saßen bei feierlichen Gelegenheiten neben dem Archonten, und es ist selbst geschehen, daß sie bei Lebzeiten als Götter verehrt wurden, indem sie so das Göttliche an sich zur Erscheinung brachten durch die Geschicklichkeit, die sie bewiesen hatten. Auf diese Weise machen die Individuen das Göttliche an sich erscheinen; im Praktischen ehren die Individuen die Götter, sind sittlich (das was der Wille der Götter ist, ist das Sittliche), und so bringen sie das Göttliche zur Wirklichkeit. Das athenische Volk z. B., das am Feste der Pallas seinen Aufzug hielt, war die Gegenwart der Athene, der Geist des Volks, und dies Volk ist der belebte Geist, der alle Geschicklichkeit, Tat der Athene an sich darstellt.

γ) Sosehr sich nun aber auch der Mensch der unmittelbaren Identität mit den wesentlichen Mächten gewiß wird, sich die Göttlichkeit aneignet und ihrer Gegenwart in sich und seiner selbst in ihr sich erfreut – mag er immer jene natürlichen Götter verzehren, die sittlichen in der Sitte und im Staatsleben darstellig machen, oder mag er praktisch göttlich leben und die Gestalt und Erscheinung der Göttlichkeit in dem Festdienste in seiner Subjektivität hervorbringen –, so bleibt für das Bewußtsein doch noch ein *Jenseitiges* zurück, nämlich das *ganz Besondere am Tun* und an den *Zuständen und Verhältnissen des Individuums* und die *Beziehung dieser Verhältnisse auf Gott*. Unser Glaube an die *Vorsehung*, daß sie sich auch auf das *Einzelne* erstrecke, sieht darin seine Bestätigung, daß Gott Mensch geworden ist, und zwar in der wirklichen, zeitlichen Weise, in welche somit alle partikulare Einzelheit mit eingeschlossen ist, denn dadurch hat die Subjektivität die absolut moralische Berechtigung erhalten, wodurch sie Subjektivität des unendlichen Selbstbewußtseins ist. In der schönen Gestaltung der Götter, in den Bildern, Geschichten und Lokalvorstellungen derselben ist zwar das Moment der unendlichen Einzelheit, der äußerlichsten Besonderheit unmittelbar enthalten und ausgedrückt, aber einer Besonderheit, welche einesteils einer der großen Vorwürfe gegen die Mythologie Homers und Hesiods ist, andernteils sind dies zugleich diesen vorgestellten Göttern *so eigentümliche* Geschichten, daß sie die anderen und die Menschen nichts angehen; wie unter den Menschen jedes Individuum *seine besonderen* Begebenheiten, Handlungen, Zustände und Geschichten hat, die durchaus nur seiner Partikularität angehören. Das Moment der Subjektivität ist nicht als *unendliche* Subjektivität; es ist nicht *der* Geist als solcher, der in den objektiven Gestaltungen angeschaut wird, und die Weisheit ist es, welche die Grundbestimmung des Göttlichen ausmachen müßte. Diese müßte als zweckmäßig wirkend in *eine* unendliche Weisheit, in *eine* Subjektivität zusammengefaßt sein. Daß die menschlichen Dinge von den Göttern regiert werden, ist daher in jener Religion wohl enthalten, aber in einem *unbestimmten, allgemeinen Sinne*; denn eben die Götter sind die in allem Menschlichen waltenden Mächte. Ferner sind die Götter wohl *gerecht*, aber die Gerechtigkeit als *eine* Macht ist eine *titanische* Macht und gehört dem Alten an; die schönen Götter machen sich *in ihrer Besonderheit* geltend und geraten in *Kollisionen*, die nur in der gleichen Ehre gelöst werden, womit aber freilich keine immanente Auflösung gegeben ist.

Von diesen Göttern, in denen nicht die absolute Rückkehr in sich gesetzt ist, konnte das Individuum nicht absolute Weisheit und Zweckmäßigkeit in seinen Schicksalen erwarten. Bei dem Menschen bleibt aber das Bedürfnis zurück, über sein besonderes Handeln und einzelnes Schicksal eine objektive Bestimmung zu haben. In dem Gedanken der göttlichen Weisheit und Vorsehung hat er dieselbe nicht, um darauf im allgemeinen vertrauen zu können und im übrigen sich auf sein formelles Wissen und Wollen zu verlassen und die absolute Vollendung desselben an und für sich zu erwarten oder einen Ersatz für den Verlust und das Mißlingen seiner besonderen Interessen und Zwecke, für sein Unglück in einem ewigen Zwecke zu suchen.

Wenn es sich um die besonderen Interessen des Menschen, um sein Glück oder Unglück handelt, so hängt dies Äußerliche der Erscheinung noch davon ab, ob der Mensch dies oder jenes tue, da oder dorthin gehe usf. Dies ist *sein* Tun, seine Entschließung, die er aber auch wieder als *zufällig* weiß. Nach den Umständen, die ich *kenne*, kann ich mich zwar entschließen; aber außer diesen mir bekannten können auch *andere* vorhanden sein, durch welche die Realisierung meines Zweckes zunichte gemacht wird. Bei diesen Handlungen bin ich also in der Welt der Zufälligkeit. Innerhalb dieses Kreises ist also das Wissen zufällig, es bezieht sich nicht auf das Ethische, wahrhaft Substantielle, Pflichten des Vaterlandes, des Staats usw.; aber dies Zufällige kann der Mensch nicht wissen. Die Entschließung kann somit insofern nichts Festes, nichts in sich Begründetes sein; sondern indem ich mich entschließe, weiß ich zugleich, daß ich von *Anderem, Unbekanntem* abhängig bin. Da nun weder im Göttlichen noch im Individuum das Moment der unendlichen Subjektivität vorhanden ist, so fällt es auch nicht dem Individuum anheim, die *letzte* Entschließung, das letzte Wollen – z. B. heute eine Schlacht zu liefern, zu heiraten, zu reisen – *aus sich selbst* zu nehmen; denn der Mensch hat das Bewußtsein, daß in diesem seinem Wollen nicht die Objektivität liegt und daß dasselbe nur *formell* ist. Um das Verlangen nach dieser *Ergänzung* zu befriedigen und diese *Objektivität hinzuzusetzen*, dazu bedurfte es einer Bestimmung *von außen* und von einem Höheren, als das Individuum ist, nämlich eines äußerlichen, entscheidenden und bestimmenden *Zeichens*. Es ist die *innere* Willkür, die, um nicht Willkür zu sein, sich *objektiv*, d. h. unveräußerlich zu einem Anderen seiner selbst macht und die *äußerliche Willkür* höher nimmt als sich selbst. Im ganzen ist es die Naturmacht, eine *Naturerscheinung*, was nun entscheidet. Der staunende Mensch findet in solcher Naturerscheinung eine Bezüglichkeit auf *sich*, weil er an ihr noch keine objektive, an sich seiende Bedeutung sieht oder überhaupt in der Natur noch nicht ein an sich vollendetes System von Gesetzen sieht. Das formell Vernünftige, das Gefühl und der Glaube der *Identität des Inneren und Äußeren* liegt zugrunde, aber das Innere der Natur oder das Allgemeine, zu dem sie in Beziehung steht, ist nicht der Zusammenhang ihrer Gesetze, sondern ein *menschlicher Zweck*, ein menschliches Interesse. Indem nun also der Mensch etwas will, so fordert er, um seinen Entschluß wirklich zu fassen, eine äußere, objektive Bestätigung, daß er seinen Entschluß als einen solchen wisse, der eine Einheit des Subjektiven und Objektiven, ein *bestätigter* und *bewahrheiteter* sei. Und hier ist es das *Unerwartete*, *Plötzliche*, eine sinnlich bedeutende, unzusammenhängende Veränderung, ein Blitz am heitern Himmel, ein Vogel, der an einem weiten, gleichen Horizonte aufsteigt, was die Unbestimmtheit der inneren Unentschlossenheit unterbricht. Das ist ein Aufruf für das Innere, plötzlich zu handeln und *zufällig sich in sich festzusetzen* ohne Bewußtsein des Zusammenhanges und der Gründe; denn eben hier ist der Punkt, wo die Gründe abgebrochen werden oder wo sie überhaupt mangeln.

Die äußere Erscheinung, die dem Zwecke, die Bestimmung für das Handeln zu finden, am nächsten liegt, ist ein *Tönen*, Klingen, eine Stimme, ὀμφή, woher Delphi wohl richtiger den Namen ὄμφαλος hat als nach der anderen Bedeutung: Nabel der Erde. In *Dodona* waren drei Arten: der Ton, den die Bewegung der Blätter der heiligen Eiche hervorbrachte, das Murmeln einer Quelle und der Ton eines ehernen Gefäßes, an welches der Wind eherne Ruten schlug. In *Delos* rauschte der Lorbeer; in *Delphi* war der Wind, der am ehernen Dreifuß ausströmte, ein Hauptmoment. Später erst mußte die *Pythia* durch Dämpfe betäubt werden, die dann in der Raserei Worte ohne Zusammenhang ausstieß, die erst der Priester auszulegen hatte. Er deutete auch die Träume. In der Höhle des *Trophonios* waren es Gesichte, die der Fragende sah und die ihm gedeutet wurden. In *Achaja*, erzählt *Pausanias*, war eine Statue des Mars; dieser sagte man die

Frage ins Ohr und entfernte sich mit zugehaltenen Ohren vom Markte. Das erste Wort, welches man hörte, nachdem man die Ohren geöffnet hatte, war die Antwort, die dann durch Deutung in Zusammenhang mit der Frage gebracht wurde. Hierher gehört auch das Befragen der Eingeweide der Opfertiere, die Deutung des Vogelflugs und mehrere solche bloße Äußerlichkeiten. Man schlachtete Opfertiere, bis man die glücklichen Zeichen fand. Bei den Orakeln gaben zwei Momente die Entscheidung, das *Äußerliche* und die *Erklärung*. Nach jener Seite verhielt sich das Bewußtsein empfangend, nach der andern Seite aber ist es als deutend selbsttätig, denn das Äußerliche an sich ist *unbestimmt* (αἱ τῶν δαιμόνων φωναὶ ἄναρθροί εἰσιν[13]). Aber auch als konkreter Ausspruch des Gottes sind die Orakel *doppelsinnig*. Nach ihnen handelt der Mensch, indem er sich *eine Seite* herausnimmt. Dagegen tritt denn die andere auf; der Mensch gerät in *Kollision*. Die Orakel sind dies, daß der Mensch sich als unwissend, den Gott als wissend setzt; unwissend nimmt der Mensch den Spruch des wissenden Gottes auf. Er ist somit nicht Wissen des Offenbaren, sondern Nichtwissen desselben. Er handelt nicht wissend nach der Offenbarung des Gottes, welcher als allgemein die Bestimmtheit nicht in sich hat und so, in der Möglichkeit beider Seiten, doppelsinnig sein muß. Sagt das Orakel: »gehe hin, und der Feind wird überwunden«, so sind beide Feinde »der Feind«. Die Offenbarung des Göttlichen ist allgemein und muß allgemein sein; der Mensch deutet sie als unwissend[er]; er handelt danach; die Tat ist die seinige; so weiß er sich als schuldig. Der Vogelflug, das Rauschen der Eichen sind allgemeine Zeichen. Auf die bestimmte Frage gibt der Gott als der allgemeine eine allgemeine Antwort, denn nur das Allgemeine, nicht das Individuum als solches ist der Zweck der Götter. Das Allgemeine aber ist unbestimmt, ist doppelsinnig, denn es enthält beide Seiten.

13 »Die Stimmen der Dämonen sind unartikuliert.«

c. Der Gottesdienst der Versöhnung

Das erste im Kultus war die Gesinnung, das zweite der Kultus als Dienst, das konkrete Verhältnis, wo aber die Negativität als solche noch nicht aufgetreten ist. Der dritte Gottesdienst ist der Gottesdienst der *Versöhnung*. Die Götter sollen an der Seele, dem Subjekt realisiert werden, welches *vorausgesetzt* ist als *entfremdet*, negativ bestimmt ist gegen das Göttliche, ihm gegenüber. Das Einswerden kann nicht auf die *unmittelbare* Weise geschehen wie in der vorhergehenden Form, sondern erfordert eine Vermittlung, worin das aufgeopfert werden muß, was sonst als fest und selbständig gilt. Dies Negative, was aufgeopfert werden muß, um die Entfremdung, Entfernung zwischen beiden Seiten aufzuheben, ist gedoppelter Art. Erstens ist nämlich die Seele als unbefangene, *natürliche Seele* negativ gegen den Geist; das zweite Negative ist dann das sozusagen positive Negative, nämlich ein *Unglück überhaupt*, und bestimmter drittens ein moralisches Unglück oder *Verbrechen* – die höchste Entfremdung des subjektiven Selbstbewußtseins gegen das Göttliche.

α) Die natürliche Seele ist nicht, wie sie sein soll. Sie soll freier Geist sein; Geist ist aber die Seele nur durch Aufhebung des natürlichen Willens, der Begierde. Dies Aufheben und dies Sichunterwerfen unter das Sittliche und die Gewöhnung daran, daß das Sittliche, Geistige die zweite Natur des Individuums wird, ist überhaupt Werk der Erziehung und der Bildung. Diese Rekonstruktion des Menschen muß nun auf diesem Standpunkte, weil er der Standpunkt selbstbewußter Freiheit ist, zum *Bewußtsein* kommen, so daß diese Umkehrung als erforderlich *erkannt* wird. Wenn diese Bildung und Umkehrung als *wesentliche Momente* und als wesentlich *Lebendiges* vorgestellt werden, so gibt dies die Vorstellung von einem Wege, den die Seele zu durchlaufen hat, und hat zur Folge eine Anstalt, in welcher ihr die *Anschauung* dieses Weges gegeben wird. Soll aber für die

Anschauung dieser Gang des Sichumkehrens, Sichnegierens und Absterbens als *absolut* und *wesentlich* gegeben werden, so muß er *in den göttlichen Gegenständen* selbst angeschaut werden. Diesem Bedürfnis wird nun in der Tat durch einen *Prozeß* abgeholfen, der *in der Anschauung der Götterwelt* sich in folgender Weise ausgeführt hat.

Der Verehrung der vielen göttlichen, aber, weil es viele sind, beschränkten Wesenheiten liegt es nahe, daß auch zur *Allgemeinheit* der göttlichen Macht übergegangen wird. Die Beschränktheit der Götter führt selbst unmittelbar zur Erhebung über dieselben und zum Versuch, sie in *eine konkrete Anschauung* – nämlich nicht nur in die abstrakte Notwendigkeit, denn diese ist nichts Gegenständliches – zu vereinigen. Diese Erhebung kann hier noch nicht die absolute, in sich konkrete Subjektivität als Geist, aber auch nicht der Rückfall zu der Anschauung von der Macht des Einen und zu dem negativen Dienste des Herrn sein; sondern das Eine, welches dem Selbstbewußtsein auf diesem Standpunkte Gegenstand wird, ist eine Einheit, die auf konkrete Weise allumfassend ist. Das ist die *allgemeine Natur überhaupt* oder eine *Totalität* von Göttern: der Inhalt der sinnlich-geistigen Welt wird stoffartig vereint. Indem das Selbstbewußtsein nicht zur unendlichen Subjektivität, die als der Geist in sich konkret wäre, fortgehen kann, so ist die Anschauung der substantiellen Einheit für diese Stufe ein *bereits Vorhandenes* und aus den *älteren* Religionen aufbewahrt. Denn die älteren, ursprünglichen Religionen sind die bestimmten Naturreligionen, wo dieser Spinozismus, die unmittelbare Einheit des Geistigen und Natürlichen die Grundlage ausmacht. Aber ferner ist die ältere Religion, sosehr sie lokal bestimmt und in ihrer Darstellung und Fassungsweise beschränkt ist, vor ihrer Ausbildung in sich selbst noch *unbestimmter* und *allgemeiner*. Jeder Lokalgott hat in seiner Bestimmung von Lokalität zugleich die Bedeutung der Allgemeinheit, und indem nun diese gegen die in der Religion der Schönheit herausgebildete *Zersplitterung* und Besonderung in Charaktere und Individualitäten festgehalten wird, so ist es im *Rohen*, im *Altertümlichen*, im Unschönen und Ungebildeten, daß sich der Dienst eines *tieferen, inneren Allgemeinen* erhält, das zugleich nicht *abstrakter Gedanke* ist, sondern vielmehr jene *äußerliche und zufällige Gestaltung* an sich behält.

Dies Ältere kann nun um seiner Einfachheit und substantiellen Intensität willen tiefer, reiner, gediegener, substantieller und seine Bedeutung wahrer genannt werden, – aber seine Bedeutung ist für sich in Dumpfheit eingehüllt, nicht zum Gedanken herausgebildet, nämlich nicht zur Klarheit der besonderen Götter, in denen der Tag des Geistes aufgeschlossen ist und die somit Charakter und Geistesgestalt gewonnen haben. Der Dienst dieses Tieferen und Allgemeinen enthält aber den *Gegensatz* dieses Tieferen und Allgemeinen selbst gegen die besonderen, beschränkten, offenbaren Mächte, – er ist einerseits *eine Rückkehr* von diesen zu dem Tieferen, Inneren, insofern Höheren, die *Zurückführung der zerstreuten vielen Götter in die Natureinheit*; aber er enthält auch darin den Gegensatz, daß *dieses Tiefere das Dumpfe, Bewußtlose, Rohe und Wilde gegen das klare Selbstbewußtsein*, gegen die Heiterkeit des Tages und der Vernünftigkeit ist. Die Anschauung in diesem Kultus wird daher einerseits die *Anschauung des allgemeinen Naturlebens* und der Naturkraft sein, eine Rückkehr in die innere Gediegenheit, aber andererseits ebensowohl die Anschauung des *Prozesses*, des *Überganges von Wildheit in Gesetzlichkeit*, von Roheit in Sitte, von Dumpfheit in die sich klarwerdende Gewißheit des Selbstbewußtseins, vom Titanischen zum Geistigen. Es ist somit nicht ein *fertiger Gott*, was angeschaut wird, nicht abstrakte Lehre wird vorgetragen, sondern der Inhalt der Anschauung ist *der Widersteit des Ursprünglichen*, Altertümlichen, das aus seiner unentwickelten Gestalt zur *Klarheit*, zur Form und dem Tage des Bewußtseins entgegengeführt wird. Diese Vorstellung ist schon in vielen exoterischen Anschauungen der Mythologie vorhanden. Schon der Götterkrieg und die Besiegung der Titanen ist dies göttliche Hervorgehen des Geistigen aus der Überwindung der rohen Naturmächte.

Hier ist es nun, daß auch das Tun der subjektiven Seite und die Bewegung derselben ihre tiefere Bestimmung erhält. Der Kultus kann hier nicht bloß der heitere Genuß, der Genuß der *vorhandenen,* unmittelbaren Einheit mit den besonderen Mächten sein; denn indem das Göttliche aus seiner Besonderheit zur *Allgemeinheit* herübertritt und das Selbstbewußtsein *in sich* umgekehrt ist, so ist damit der *Gegensatz überhaupt* vorhanden, und die Einigung fängt von einer größeren *Trennung* an, als sie der offenbare Kultus voraussetzt. Der Kultus ist hier vielmehr die Bewegung eines inneren Ergriffenwerdens der Seele, einer Einführung und *Einweihung* in eine *ihr fremdere* und *abstraktere Wesenheit,* in Aufschlüsse, die ihr gewöhnliches Leben und der in demselben wurzelnde Kultus nicht enthält. Indem die Seele in diesen Kreis eintritt, so wird an sie die Forderung gestellt, daß sie ihr *natürliches Sein* und Wesen abtue. Dieser Kultus ist also zugleich die *Reinigung der Seele,* ein Weg und Stufengang dieser Reinigung und die Aufnahme in das hohe, mystische Wesen und Gelangung zur Anschauung seiner *Geheimnisse,* die aber für den Eingeweihten aufgehört haben, Geheimnisse zu sein, und es nur noch in dem Sinne sollen bleiben können, daß diese Anschauungen und dieser Inhalt nicht in den Kreis des gewöhnlichen Daseins und Bewußtseins und seines Spielens und Reflektierens gezogen werden. Alle athenischen Bürger waren in die Eleusinischen Mysterien eingeweiht. Geheimnis ist also wesentlich etwas Gewußtes, nur nicht von allen; hier aber ist es ein von allen Gewußtes, das nur geheim behandelt, d. h. nur nicht zum Geschwätze des täglichen Lebens gemacht wird; wie die Juden z. B. den Namen Jehova nicht nennen, oder wie im täglichen Leben umgekehrt Dinge und Zustände sind, die jedermann bekannt sind, von denen man aber nicht spricht. Aber nicht in dem Sinne waren jene Anschauungen mystisch, wie die offenbaren Lehren des Christentums Mysterien genannt worden sind. Denn bei diesen ist das Mystische das Innere, das Spekulative. Geheim mußten jene Anschauungen hauptsächlich nur deshalb bleiben, weil die Griechen von ihnen nicht anders als in *Mythen*, d. h. nicht ohne das Alte zu *verändern*, hätten sprechen können.

Auch in diesem Kultus aber, obwohl er von einem bestimmten Gegensatze ausgeht, bleibt die *Heiterkeit* die *Grundlage*. Der Weg der Reinigung wird zwar durchwandert; das ist aber nicht der *unendliche Schmerz* und *Zweifel*, worin das abstrakte Selbstbewußtsein sich in seinem abstrakten Wissen von sich isoliert und daher in dieser leeren, inhaltslosen Form sich nur in sich bewegt, pulsiert, nur ein Zittern in sich ist und in dieser abstrakten Gewißheit seiner selbst nicht zur festen Wahrheit und Objektivität und zum Gefühl derselben absolut kommen kann. Sondern immer auf der Grundlage jener Einheit ist und gilt diese Durchwanderung als wirklich vollbrachte Reinigung der Seele, als *Absolution*, und bleibt mit jener ursprünglichen bewußtlosen Grundlage mehr ein *äußerlicher Prozeß* der Seele, da diese nicht in die innerste Tiefe der Negativität hinabsteigt, wie es da der Fall ist, wo die Subjektivität völlig zu ihrer Unendlichkeit entwickelt ist. Wenn schon Schrecken, furchtbare Bilder, ängstigende Gestalten und dgl. wie im Gegenteil, zur Abwechslung mit dieser nächtlichen Seite, glänzend helle Anschauungen, sinnvolle Bilder der Herrlichkeit aufgewandt sind, um eine tiefere Wirkung im Gemüte hervorzubringen, so ist der Eingeweihte eben durch den *Durchgang* durch diese Anschauungen und Gemütsbewegungen *gereinigt*.

Diese mystischen Anschauungen entsprechen sonach den Anschauungen des göttlichen Lebens, dessen Prozeß in der *Tragödie* und *Komödie* dargestellt wird. Die Furcht, die Teilnahme, die Trauer in der Tragödie, diese Zustände, in welche das Selbstbewußtsein mit fortgerissen wird, sind ein ebensolcher Weg der Reinigung, der alles vollbringt, was vollbracht werden soll, wie die Anschauung der Komödie und die Aufgebung seiner Würde, seines Geltens, seiner Meinung von sich und selbst seiner gründlicheren Mächte, dies allgemeine Preisgeben von allem Selbst eben dieser Kultus ist, in welchem der Geist durch dies Preisgeben alles Endlichen die *unzerstörbare Gewißheit seiner selbst* genießt und erhält.

Schon im offenen Kultus ist es nicht sowohl um die Ehre der Götter als um den *Genuß des Göttlichen* zu tun; indem nun aber in diesem Kultus der Mysterien *die Seele für sich* zu einem *Zweck* hervorgehoben und in diesem Gegensatze *abstrakter, selbständiger,* gleichsam *getrennter* betrachtet wird, so tritt hier notwendig die Vorstellung von der *Unsterblichkeit der Seele* ein. Die vollbrachte Reinigung erhebt sie über das zeitliche, vergängliche Dasein, und indem sie als frei fixiert ist, so ist mit diesem Kultus die Vorstellung verbunden von dem Übergang des Einzelnen als natürlich gestorbenen in ein *ewiges Leben.* Der Einzelne wird eingebürgert in das unterirdische, wesentliche, *ideale Reich,* in dem die zeitliche Wirklichkeit zur Schattenwelt herabgesetzt ist.

Da nun die Mysterien der Rückgang des griechischen Geistes in seine ersten Anfänge sind, so ist die Form ihres Inhalts wesentlich *symbolisch,* d. h. die Bedeutung ist eine andere als die äußere Darstellung. Die griechischen Götter selbst sind nicht symbolisch; sie sind, was sie darstellen, wie es der Begriff des Kunstwerks ist, das auszudrücken, was gemeint ist, nicht daß das Innere ein Anderes ist als das Äußere. Wenn der griechische Gott auch einen Anfang genommen hat von solch altem Bedeutenden, so ist doch das, wozu es gemacht ist, das Kunstwerk gewesen, welches das vollkommen ausspricht, was es sein soll. Vielfältig, besonders durch *Creuzer*[14], hat man nach dem geschichtlichen Ursprung und der Bedeutung der griechischen Götter geforscht, welche zugrunde liegt. Wenn aber der Gott Gegenstand der Kunst ist,

---

14 Friedrich Creuzer, *Symbolik und Mythologie der alten Völker, besonders der Griechen,* 4 Bde., 1810/12

so ist nur das ein gutes Kunstwerk, was ihn darstellt als das, was er ist. Bei den Naturreligionen ist dies geheim, ein Inneres, Symbol, weil die Gestalt da nicht den Sinn, der darin liegt, offenbart, sondern nur offenbaren *soll.* Osiris ist ein Symbol der Sonne; ebenso Herkules: seine zwölf Arbeiten beziehen sich auf die Monate; er ist so Kalendergottheit und nicht mehr der moderne griechische Gott. In den Mysterien ist der Inhalt, die Erscheinung wesentlich symbolisch; vornehmlich waren es *Ceres, Demeter, Bacchus* und deren Geheimnisse. Wie Ceres, die ihre Tochter sucht, prosaisch der Same ist, der ersterben muß, um sein Ansich zu erhalten und ins Leben zu bringen, so ist der Samen und das Sprossen wieder etwas Symbolisches; denn es hat die höhere Bedeutung – wie in der christlichen Religion – von Auferstehung, oder man kann den Sinn dabei haben, daß es vom Geiste gelte, dessen Ansich erst durch die Aufhebung des natürlichen Willens Blüte tragen kann. Dies wirft sich so herum; einmal hat dieser Inhalt die Bedeutung einer Vorstellung, eines Vorganges, und sie selbst, die Bedeutung, kann ein anderes Mal selbst das Symbol sein für Anderes. *Osiris* ist der Nil, der vom *Typhon,* der Glutwelt, ausgetrocknet und dann wieder erzeugt wird; er ist aber auch Symbol der Sonne, eine allgemein belebende Naturmacht. Osiris ist endlich auch eine geistige Gestalt, und da ist denn Nil und Sonne wieder Symbol für das Geistige. Dergleichen Symbole sind von Natur geheim. Das Innere ist noch unklar, ist erst als Sinn, Bedeutung, die noch nicht zur wahrhaften Darstellung gekommen ist. Die Gestalt drückt den Inhalt nicht vollkommen aus, so daß er teilweise unausgedrückt zugrunde liegen bleibt, ohne in die Existenz herauszukommen. Daher kam es auch, daß die Mysterien dem Selbstbewußtsein der Griechen nicht die wahrhafte Versöhnung geben konnten. *Sokrates* ist vom Orakel für den weisesten Griechen erklärt worden, von ihm aus schreibt sich die eigentliche Umkehrung des Selbstbewußtseins der Griechen [her]; dieser Angel-[punkt] des Selbstbewußtseins war aber nicht in die My-

sterien eingeweiht, sie standen tief unter dem, was er zum Bewußtsein der denkenden Welt gebracht hat.
Dies betrifft die erste Form der Versöhnung.
β) Das andere Negative ist das *Unglück* überhaupt, Krankheit, Teuerung, andere Unglücksfälle. Dies Negative ist erklärt worden von den Propheten und in das Verhältnis einer Schuld, eines Verbrechens gestellt. Solch Negatives erscheint zuerst im Physischen. Ungünstiger Wind, der physische Zustand, ist dann so erklärt worden, daß er einen geistigen Zusammenhang habe und den Unwillen und Zorn der Götter in sich schließe, der durch ein Verbrechen und eine Verletzung des Göttlichen hervorgebracht sei. Oder der Blitz, Donner, Erdbeben, die Erscheinung von Schlangen usf. ist als ein solches Negatives erklärt worden, das einer geistigen, sittlichen Macht zukomme. In diesem Fall ist die Verletzung aufzuheben gewesen durch Opfer, so daß der einen Verlust übernimmt, der durch das Verbrechen sich übermütig gemacht hat; denn Übermut ist die Verletzung einer geistig höheren Macht, der dann die Demut etwas aufzuopfern hat, um sie zu versöhnen und das Ebenmaß wiederherzustellen. Bei den Griechen scheint dies mehr *altertümlich* zu sein. Als die Griechen von Aulis abfahren wollten und ungünstige Winde sie zurückhielten, erklärte Kalchas den Sturm für den Zorn des Poseidon, der Agamemnons Tochter als Opfer fordere. Agamemnon ist sie dem Gott hinzugeben bereit. Diana rettet die Jungfrau. Im *Ödipus Tyrannos* des Sophokles wird eine Krankheit verhängt, durch welche die Tat des Vatermörders enthüllt wird. Später erscheint dergleichen nicht mehr. Während der Pest im Peloponnesischen Kriege hört man nichts von Gottesdienst; keine Opfer während derselben, nur finden sich Weissagungen von dem Aufhören. Dies Appellieren an *Orakel* enthält das Antiquieren solchen Opfers in sich. Wird nämlich das Orakel um Rat gefragt, so wird der Erfolg als vom Gott selbst bestimmt angesehen. So wurde der Erfolg angesehen als etwas, was hat geschehen sollen, als Sache der *Notwendigkeit*, Sache des Schicksals, wobei keine

Versöhnung stattfinden konnte, die nicht abzuwenden und der nicht abzuhelfen war.

γ) Die letzte Form der Versöhnung ist, daß das Negative ein eigentliches *Verbrechen* ist, so angesehen und ausgesprochen, nicht ein solches, worauf man erst durch die Erklärung eines Unglücks kommt. Ein Mensch, Staat, Volk begeht Verbrechen; menschlicherweise ist die Strafe die Versöhnung des Verbrechens, in Form der Strafe oder roher der Rache. Der freie Geist hat das Selbstbewußtsein seiner Majestät, das Geschehene ungeschehen zu machen, in sich. Äußere Begnadigung usf. ist etwas anderes; aber daß das Geschehene in sich selbst ungeschehen werden kann, ist das höhere Vorrecht des freien Selbstbewußtseins, wo das Böse nicht nur die Tat ist, sondern fest ist, seinen Sitz im Gemüt hat, in der sündigen Seele; die freie Seele kann sich reinigen von diesem Bösen. Anklänge an diese innere Umkehrung kommen vor, aber der Charakter der Versöhnung ist mehr die äußere Reinigung. Bei den Griechen ist auch dies etwas Altertümliches; von Athen sind ein paar Beispiele bekannt. Ein Sohn des Minos war in Athen erschlagen; wegen dieser Tat ist eine Reinigung vorgenommen worden. *Aischylos* erzählt, der Areopag habe den Orest losgesprochen; der Stein der Athene kam ihm zugute. Die Versöhnung ist hier als Äußeres, nicht als innere Konversion.[15] An das Christliche spielt die Vorstellung von *Ödipus auf Kolonos* an, wo dieser alte Ödipus, der seinen Vater erschlagen, seine Mutter geheiratet hatte, der mit seinen Söhnen verjagt war, bei den Göttern zu Ehren kommt: die Götter berufen ihn zu sich.

Andere Opfer gehören noch mehr der äußeren Weise an. So die Totenopfer, um die Manen zu versöhnen. Achilles schlachtet so eine Anzahl Trojaner auf dem Grabe des Patroklos; es ist, um die Gleichheit des Schicksals auf beiden Seiten wiederherzustellen.

---

15 W: »Konfession«

III
Die Religion der Zweckmäßigkeit oder des Verstandes

1. Begriff dieser Stufe

In der Religion der Schönheit herrschte die leere Notwendigkeit, in der Religion der Erhabenheit die Einheit als abstrakte Subjektivität. In die letztere Religion fällt außer der Einheit der unendlich beschränkte, reale Zweck; in die erstere aber fällt außer der Notwendigkeit die sittliche Substantialität, das Rechte, das gegenwärtige Wirkliche im empirischen Selbstbewußtsein. Im Schoße der Notwendigkeit ruhen die vielen besonderen Mächte und nehmen an ihrer Wesenheit teil: als Individuen vorgestellt, sind sie geistige, konkrete Subjekte, besondere Volksgeister, lebendige Geister, wie Athene für Athen, Bacchus für Theben, auch Familiengötter, die aber zugleich mitteilbar sind, weil sie ihrer Natur nach allgemeine Mächte sind. Es sind damit auch die Gegenstände solcher Götter besondere Städte, Staaten, überhaupt besondere Zwecke in Menge. Diese Besonderheit nun als reduziert unter Eines ist die nähere Bestimmtheit. Die nächste Forderung des Gedankens ist nämlich die *Vereinigung jener Allgemeinheit und dieser Besonderheit* der Zwecke, so daß die abstrakte Notwendigkeit mit der Besonderheit, mit dem Zweck in ihr selbst erfüllt werde.

In der Religion der Erhabenheit war der Zweck in seiner Realität ein vereinzelter und, als *diese* Familie, ausschließend. Das Höhere ist also nun, daß dieser Zweck *zum Umfange der Macht erweitert* und diese selbst somit entwickelt werde. Die ausführlich entwickelte Besonderheit als eine göttliche Aristokratie und damit die als Zweck in die Bestimmung des Göttlichen aufgenommenen und darin erhaltenen realen Volksgeister, diese Besonderheit muß auch zugleich in die *Einheit* gesetzt werden. Das kann aber nicht die wahrhaft geistige Einheit sein wie in der Religion der Erhabenheit. Die früheren Bestimmungen werden vielmehr nur in eine *relative Totalität* zurückgenommen, in eine Totalität, worin beide vorangehenden Religionen zwar *ihre Einseitigkeit* verlieren, aber jedes der beiden Prinzipien zugleich auch in sein *Gegenteil* verdorben wird. Die Religion der Schönheit verliert die konkrete Individualität ihrer Götter sowie ihren selbständigen sittlichen Inhalt: die Götter werden nur zu Mitteln herabgesetzt. Und die Religion der Erhabenheit verliert ihre Richtung auf das Eine, Ewige, Überirdische. Aber ihre Vereinigung bringt doch den Fortschritt zustande, daß der *einzelne* und die *besonderen* Zwecke zu *einem allgemeinen* Zwecke erweitert werden. Dieser Zweck soll realisiert werden, und Gott ist die Macht, ihn zu realisieren.

Zweckmäßiges Tun ist Eigentümlichkeit nicht nur des Geistes, sondern des Lebens überhaupt, – es ist das Tun der Idee, denn es ist ein solches Hervorbringen, welches nicht mehr ein Übergehen *in Anderes* ist, es sei nun *bestimmt* als Anderes oder *an sich* wie in der Notwendigkeit *dasselbe,* aber *in der Gestalt* und füreinander ein *Anderes.* Im Zwecke ist ein Inhalt als Erster unabhängig von der Form des Übergehens, von der Veränderung, so daß er sich in ihr erhält. Der Trieb dieser Blumennatur, der unter dem Einfluß der mannigfachsten Bedingungen sich äußern mag, ist das Hervorbringen nur *seiner* eigenen Entwicklung und nur die einfache Form des Überganges von Subjektivität in Objektivität: die im Keim präformierte Gestalt ist es, die sich im Resultate offenbart.

Das zweckmäßige Tun liegt der geistigen Gestalt, die wir zuletzt betrachtet haben, sehr nahe; aber jene Gestalt ist nur erst die *oberflächliche* Weise, in der eine Natur und geistige Bestimmtheit erscheint, ohne daß diese Bestimmtheit selbst als solche in der Weise des Zweckes, der Idee wäre. Die abstrakte Bestimmung und Grundlage der vorigen Religion war nämlich die Notwendigkeit und außer ihr die Fülle der geistigen und physischen Natur, die darum in bestimmte Zeit und Qualität sich zerstreut und, während die Einheit für sich inhaltslos ist, sich in sich einwurzelt und nur von der geistigen Gestalt und *Idealität* jene Heiterkeit erhält, die sie zugleich *über ihre Bestimmtheit* erhebt und dagegen gleichgültig macht. Die Notwendigkeit ist nur *an sich* Freiheit, noch nicht Weisheit, ohne Zweck, und in ihr befreien wir uns nur insofern, als wir den Inhalt aufgeben. Das, was notwendig ist, ist allerdings ein Inhalt, irgendein Begebnis, Zustand und Erfolg usf., aber sein Inhalt als solcher ist eine *Zufälligkeit*; er kann so oder anders sein, oder die Notwendigkeit ist eben dies Formale, nur dies am Inhalte, daß er *ist*, aber nicht *was* er ist. Sie ist nur das Festhalten dieses Abstrakten.

Die Notwendigkeit vertieft sich aber in den *Begriff*. Er, die *Freiheit*, ist die Wahrheit der Notwendigkeit. Begreifen heißt, etwas als Moment eines Zusammenhanges fassen, der als Zusammenhang ein Unterscheiden und so ein bestimmter und erfüllter ist. Der Zusammenhang nach Ursache und Wirkung ist selbst noch Zusammenhang der Notwendigkeit, d. h. noch formell, – es fehlt dies, daß ein Inhalt gesetzt ist als *für sich* bestimmt, *traversant ce changement de cause en effet sans changer*, der den Wechsel von Ursache und Wirkung ohne Veränderung durchläuft. Dann nämlich ist das äußerliche Verhältnis und die Gestaltung verschiedener Wirklichkeit zum Mittel herabgesetzt. Zum Zwecke bedarf es eines *Mittels*, d. h. eines äußerlichen Wirkens, das aber die Bestimmung hat, der Bewegung des Zweckes, der in seiner Bewegung sich erhält und sein Übergehen aufhebt, unterworfen zu sein. In Ursache und Wirkung ist *an sich* derselbe Inhalt, aber er erscheint als selbständige Wirkliche, die aufeinander einwirken. Der Zweck aber ist dieser Inhalt, der gegen den erscheinenden Unterschied der Gestaltung und Wirklichkeit als Identität mit sich gesetzt ist. Daher kommt im zweckmäßigen Tun nichts heraus, was nicht schon vorher ist.

Eben darin liegt im Zwecke der *Unterschied des Zweckes von der Realität*. Der Zweck erhält sich, vermittelt sich nur mit sich selbst, geht nur mit sich zusammen, bringt die Einheit seiner als des subjektiven mit der Realität hervor –

aber *durch Mittel.* Er ist die *Macht* über sie, die Macht, die zugleich einen ersten an und für sich bestimmten Inhalt hat, der ein Erstes ist und das Letzte bleibt; so ist er die Notwendigkeit, welche den äußerlichen, besonderen Inhalt in sich genommen hat und ihn festhält gegen die Realität, welche negative Bestimmung hat und zum Mittel herabgesetzt ist.

Im *Leben* nun ist diese Einheit des die Realität immer bewältigenden und sich von ihrer Gewalt befreienden, sich gegen sie erhaltenden Inhalts vorhanden; aber der Inhalt ist *nicht frei für sich* im Elemente des *Gedankens*, in der Weise seiner Identität herausgehoben, er ist nicht geistig. In den *geistig gebildeten Idealen* ist dieselbe Einheit, aber als frei zugleich vorgestellt, vorhanden, und als die Schönheit steht sie höher als das Lebendige. Die Qualität dieser Einheit ist insofern auch als Zweck, und ihre Produktion ist zweckmäßiges Tun. Aber ihre Qualitäten sind nicht vorgestellt *in der Weise der Zwecke*; z. B. Apollo, Pallas haben nicht den Zweck, Wissenschaft und Poesie hervorzubringen und zu verbreiten; Ceres, der mystische Bacchus haben nicht den Zweck, Gesetze hervorzubringen, zu lehren, – und sie beschützen diesen Inhalt, er ist ihre Sorge; aber dabei ist diese Trennung von Zweck gegen die Realität nicht vorhanden. Diese göttlichen Naturen sind diese *Mächte* und *Tätigkeiten selbst*, die Muse ist selbst dies Dichten, Athene selbst das athenische Leben, und Glück und Wohlsein der Stadt ist nicht ihr Zweck, sondern diese Mächte walten in ihrer Realität so immanent, wie die Gesetze in den Planeten wirken.

Sowenig ferner die Götter auf der Stufe der Schönheit Mittel sind, sowenig sind sie *gegeneinander*, sie verschweben vielmehr selbst in der Notwendigkeit. Spreizen sie sich auch einmal auf, so unterwerfen sie sich doch und lassen sich wieder zurechtbringen. Während daher in der Notwendigkeit eine Bestimmung von der andern abhängig ist und die Bestimmtheit untergeht, so ist der Zweck als Identität unterschiedener Wirklicher gesetzt, die an und für sich bestimmte

Einheit[16], die sich *gegen andere Bestimmtheit* in *ihrer* Bestimmtheit erhält.

Der Begriff nun, insofern er frei für sich gesetzt ist, hat so zunächst die Realität sich gegenüber, und diese ist gegen ihn als Negatives bestimmt. In dem absoluten Begriff, der reinen Idee, zerschmilzt dann diese Realität, dies Feindliche zur Einheit, zur Befreundung mit dem Begriff selbst, nimmt es seine Eigentümlichkeit zurück und wird es davon, nur Mittel zu sein, selbst befreit. Dies ist nämlich die wahrhafte Zweckmäßigkeit, in welcher die Einheit des Begriffs, Gottes, des göttlichen Subjekts und dessen, in dem sich der Begriff realisiert, der Objektivität und der Realisation gesetzt wird und die Natur Gottes selbst es ist, die sich in der Objektivität ausführt und so in der Seite der *Realität mit sich identisch* ist.

Aber zunächst ist der Zweck selbst noch *unmittelbar*, formell; seine erste Bestimmung ist, daß das so in sich Bestimmte gegen die Realität für sich sei und sich in ihr als einer *widerstreitenden* realisiere. So ist er zunächst *endlicher* Zweck; dies Verhältnis ist Verstandesverhältnis und die Religion, die solche Grundlage hat, *Verstandesreligion*.

Etwas solchem Zweck und der Art solcher Religion sehr Nahes und Ähnliches haben wir bereits in der Religion des Einen gesehen. Auch diese ist Verstandesreligion, insofern dieser Eine als Zweck sich gegen alle Realität erhält, und die jüdische Religion ist deshalb die Religion des hartnäckigsten, totesten[17] Verstandes. Dieser Zweck, als Verherrlichung des Namens Gottes, ist formell, nicht an und für sich bestimmt, nur abstrakte Manifestation. Ein bestimmterer Zweck ist wohl das Volk Gottes, die Einzelheit dieses Volkes; aber dieser Zweck ist ein solcher, der völlig unbegreif-

---

16 W: »so ist der Zweck, als Identität unterschiedener, wirklicher gesetzt, die an und für sich bestimmte Einheit«. Hegels Manuskript (ed. Lasson): »Zweck gesetzt als Identität unterschiedener Wirklicher, an und für sich bestimmte Einheit«

17 Hegels Manuskript (ed. Lasson): »totfesten«

lich und nur Zweck ist, wie es der Knecht dem Herrn ist, und nicht Inhalt Gottes selbst, nicht sein Zweck, nicht *göttliche Bestimmtheit*.

Wenn *wir* sagen: Gott ist die nach Zwecken, und zwar nach Zwecken der Weisheit wirkende Macht, so hat dies einen anderen Sinn als den, in welchem diese Bestimmung auf der Begriffsentwicklung, auf welcher wir stehen, zunächst zu nehmen ist. Nämlich in unserem Sinne sind jene Zwecke zwar gleichfalls auch beschränkte, endliche Zwecke, aber es sind wesentlich Zwecke der Weisheit *überhaupt* und Zwecke *einer* Weisheit, d. h. Zwecke des an und für sich Guten, Zwecke, die auf *einen* höchsten *Endzweck* bezogen sind. Hiermit sind jene Zwecke schlechthin *einem* Endzwecke unterworfen. Die beschränkten Zwecke und die Weisheit in ihnen sind untergeordneter Natur. Hier aber ist die *Beschränktheit* der Zwecke die *Grundbestimmung*, welche noch keine höhere über sich hat.

Die Religion ist hiermit durchaus keine Religion der Einheit, sondern der *Vielheit*; es ist weder *eine* Macht, noch *eine* Weisheit, *eine* Idee, welche die Grundbestimmung göttlicher Natur ausmacht.

Es sind also *bestimmte* Zwecke, welche den Inhalt dieser Gestalten ausmachen, und diese Zwecke sind nicht in der Natur zu suchen; sondern unter den vielen Existenzen und Verhältnissen sind die menschlichen allerdings die wesentlichen. Das Menschliche hat das Denken in sich, und jedem in sich noch so unbedeutenden Endzweck des Menschen – sich zu nähren usf. – hat er das Recht, natürliche Dinge und Tierleben ohne weiteres aufzuopfern, soviel er will. Ebenso sind die Zwecke nicht in den Göttern selbst objektiv und an und für sich zu suchen. Sondern es sind *menschliche* Zwecke, menschliche Not oder glückliche Begebenheiten und Zustände, die dieser Religion, insofern sie eine bestimmte ist, ihren Ursprung gegeben haben.

In der vorhergehenden Religion war das Allgemeine, über dem Besonderen Schwebende die Notwendigkeit. Auf dieser

Stufe kann das nicht der Fall sein, denn in der Notwendigkeit heben sich die endlichen Zwecke auf; hier aber sind sie im Gegenteil das Bestimmende und *Bestehende*. Das *Allgemeine* ist vielmehr auf dieser Stufe das *Zustimmen zu den besonderen Zwecken*, und zwar das Zustimmen *überhaupt*, denn das Allgemeine kann hier nur unbestimmt bleiben, weil die Zwecke als einzelne bestehen und ihre Allgemeinheit nur die abstrakte ist, – so ist sie das *Glück*.

Dies Glück ist aber nicht in der Art von der Notwendigkeit unterschieden, daß es der *Zufall* wäre; so wäre es die Notwendigkeit selbst, in welcher eben die endlichen Zwecke nur zufällige sind, – auch ist es nicht Vorsehung und zweckmäßige Regierung der endlichen Dinge überhaupt, sondern es ist das Glück von einem *bestimmten* Inhalt. Aber bestimmter Inhalt heißt zugleich nicht jeder überhaupt *beliebige*, sondern er muß, obgleich endlich und gegenwärtig, von *allgemeiner* Natur sein und in und für sich selbst eine höhere Berechtigung haben. Und so ist dieser Zweck der Staat.

Der Staat, als dieser Zweck, ist aber auch nur erst der *abstrakte* Staat, die Vereinung der Menschen unter ein Band, aber so, daß diese Vereinung noch nicht in sich vernünftige Organisation ist, und er ist dieses noch nicht, weil Gott noch nicht die vernünftige Organisation in ihm selbst ist. Die Zweckmäßigkeit ist die äußerliche; als innerliche gefaßt, wäre sie die eigene Natur Gottes. Weil Gott noch nicht diese konkrete Idee, noch nicht in sich wahrhafte Erfüllung seiner durch sich selbst ist, so ist dieser Zweck, der Staat, noch nicht die vernünftige Totalität in sich und verdient darum auch den Namen Staat nicht, sondern er ist nur *Herrschaft*, die Vereinung der Individuen, Völker in ein Band, unter *eine* Macht, und indem wir hier den Unterschied haben von Zweck und Realisierung, so ist dieser Zweck zunächst vorhanden als nur subjektiv, nicht als ausgeführter, und die Realisierung ist Erwerbung der Herrschaft, Realisierung eines Zwecks, der apriorisch ist, der erst über die Völker kommt und erst sich vollbringt.

Wie diese Bestimmung der äußerlichen Zweckmäßigkeit von der sittlichen Substantialität des griechischen Lebens und von der Identität der göttlichen Mächte und ihres äußerlichen Daseins unterschieden ist, ebenso muß auch diese Herrschaft, Universalmonarchie, dieser Zweck unterschieden werden von dem der mohammedanischen Religion. Auch in dieser ist Herrschaft über die Welt der Zweck, aber das, was herrschen soll, ist der Eine des *Gedankens* von der israelitischen Religion her. Oder wenn in der christlichen Religion gesagt wird, daß Gott will, daß *alle* Menschen zum Bewußtsein der Wahrheit kommen sollen, so ist der Zweck geistiger Natur; jedes Individuum ist darin als *denkend*, geistig, frei und gegenwärtig in dem Zweck, er hat an ihm einen Mittelpunkt, ist kein äußerlicher Zweck, und das Subjekt nimmt so den *ganzen Umfang* des Zwecks in sich selbst auf. Hier ist er dagegen noch empirisch, äußerlich umfassend, Herrschaft der Welt. Der Zweck, der darin ist, ist dem Individuum ein *äußerer* und wird es immer mehr, je mehr er sich realisiert, so daß das Individuum nur diesem Zweck unterworfen ist, [ihm] diene.

Es ist zunächst an sich darin enthalten die Vereinigung der allgemeinen Macht und der allgemeinen Einzelheit, aber es ist sozusagen nur eine rohe, *geistlose Vereinigung*; die Macht ist nicht Weisheit, ihre Realität ist nicht an und für sich göttlicher Zweck. Es ist nicht der Eine, mit sich selbst Erfüllte; es ist nicht im Reiche des Gedankens, daß diese Erfüllung gesetzt ist. Es ist weltliche Macht, die Weltlichkeit nur als Herrschaft; die Macht ist darin unvernünftig an ihr selbst. Gegen die Macht *zerfällt* darum das Besondere, weil es nicht auf vernünftige Weise darin aufgenommen ist; es ist *Selbstsüchtigkeit des Individuums* und Befriedigung in ungöttlicher Weise, in besonderen Interessen. Die Herrschaft ist außer der Vernunft und steht kalt, selbstsüchtig auf einer Seite und auf der anderen ebenso das Individuum.

Dies ist der allgemeine Begriff dieser Religion; es ist darin die *Forderung des Höchsten* an sich gesetzt, Vereinigung des reinen Insichseienden und der besonderen Zwecke, aber diese Vereinigung ist diese *ungöttliche*, rohe.

2. Diese Religion als die römische

In der äußerlichen Erscheinung ist diese Religion die römische. Die römische Religion nimmt man in oberflächlicher Weise mit der griechischen zusammen, aber es ist ein wesentlich ganz anderer Geist in der einen als in der anderen; wenn sie auch Gestaltungen miteinander gemein haben, so haben diese doch eine ganz andere Stellung hier, und das Ganze der Religion und die religiöse Gesinnung ist ein wesentlich Verschiedenes, was schon aus der äußerlichen, oberflächlichen, empirischen Betrachtung sich ergibt. Man gibt im allgemeinen zu, daß der Staat, die Staatsverfassung, das politische Schicksal eines Volks abhängt von seiner Religion, diese die Basis, Substanz vom wirklichen Geiste und von dem, was Politik ist, die Grundlage sei; aber griechischer und römischer Geist, Bildung, Charakter sind ganz wesentlich voneinander unterschieden, und schon dies muß auf den Unterschied der religiösen Substanz führen.

Die göttlichen Wesen dieser Sphäre sind *praktische* Götter, nicht theoretische, *prosaische*, nicht poetische, obgleich, wie wir sogleich sehen werden, diese Stufe am reichsten sein wird an immer neuer Erfindung und Hervorbringung von Göttern. In Ansehung der abstrakten Gesinnung, der Richtung des Geistes ist hier zu bemerken

a) die *Ernsthaftigkeit* der Römer. Wo ein Zweck ist, ein wesentlich fester Zweck, der realisiert werden soll, da tritt dieser Verstand, damit die Ernsthaftigkeit ein, die an diesem Zweck festhält gegen mannigfaches Andere im Gemüt oder in äußerlichen Umständen.

Bei den Göttern in der vorhergehenden Religion, der abstrakten Notwendigkeit und den besonderen schönen göttlichen Individuen ist *Freiheit* der Grundcharakter, die diese Heiterkeit, Seligkeit ist. Sie sind nicht an einzelne Existenzen gebunden; sie sind wesentliche Mächte und sind zugleich die Ironie über das, was sie tun wollen; an dem einzelnen Empirischen ist ihnen nichts gelegen. Die Heiterkeit der griechischen Religion, der Grundzug in Ansehung der Gesinnung derselben, hat darin ihren Grund, daß auch wohl ein Zweck ist, ein Verehrtes, Heiliges; aber es ist zugleich diese Freiheit vom Zweck vorhanden, unmittelbarer darin, daß die griechischen Götter viele sind. Jeder griechische Gott hat eine mehr oder weniger substantielle Eigenschaft, sittliche Wesentlichkeit; aber eben weil es viele Besonderheiten sind, so steht das Bewußtsein, der Geist zugleich über diesem Mannigfachen, ist aus seiner Besonderheit heraus; es verläßt das, was als wesentlich bestimmt ist, auch als Zweck betrachtet werden kann, es ist selbst dies Ironisieren. Die *ideale Schönheit* dieser Götter und ihr Allgemeines selbst ist höher als ihr *besonderer Charakter*; so läßt sich Mars auch den Frieden gefallen. Sie sind Götter der Phantasie für den Augenblick, die keine Konsequenz haben, jetzt für sich hervortreten und jetzt in den Olymp wieder zurückkehren.

Dagegen wo *ein* Prinzip, ein oberstes Prinzip und ein oberster Zweck ist, da kann diese Heiterkeit nicht stattfinden. Dann ist der griechische Gott eine *konkrete Individualität* an ihm selbst, hat jedes dieser vielen besonderen Individuen selbst wieder viele unterschiedene Bestimmungen; es ist eine reiche Individualität, die deswegen notwendig den Widerspruch in ihr haben und zeigen muß, weil der Gegensatz noch nicht absolut versöhnt ist.

Indem die Götter an ihnen selbst diesen Reichtum von äußerlichen Bestimmungen haben, ist diese *Gleichgültigkeit* vorhanden gegen diese *Besonderheiten*, und der Leichtsinn kann mit ihnen spielen. Das Zufällige, das wir an ihnen bemerken in diesen Göttergeschichten, gehört hierher.

Dionysios von Halikarnass vergleicht die griechische und römische Religion; er preist die religiösen Einrichtungen Roms und zeigt den großen Vorzug der altrömischen Religion vor der griechischen. Sie hat Tempel, Altäre, Gottesdienst, Opfer, feierliche Versammlungen, Feste, Symbole usf. mit der griechischen gemein; aber ausgestoßen sind die *Mythen* mit den blasphemischen Zügen, den Verstümmelungen, Gefangenschaften, Kriegen, Händeln usf. der Götter. Diese gehören aber zur Gestaltung der Heiterkeit der Götter, sie geben sich preis, es wird mit ihnen Komödie gespielt, aber sie haben darin ihr unbekümmertes, sicheres Dasein. Beim Ernst muß auch die *Gestalt*, die Handlungen, Begebenheiten heraustreten, dem *festen Prinzip gemäß*; hingegen in der freien Individualität, da sind noch keine solche festen Zwecke, solche *einseitig sittlichen Verstandesbestimmungen*; die Götter enthalten zwar das Sittliche, sind aber zugleich als besondere in ihrer Bestimmtheit reiche Individualität, sind konkret. In dieser reichen Individualität ist die Ernsthaftigkeit keine notwendige Bestimmung, sie ist vielmehr frei in der Einzelheit ihrer Äußerung, kann sich auf leichtsinnige Weise in allem herumwerfen und bleibt, was sie ist. Die Geschichten, welche als unwürdig erscheinen, spielen an auf allgemeine Ansichten der Natur der Dinge, der Erschaffung der Welt usf.; sie haben ihren Ursprung in alten Traditionen, in abstrakten Ansichten über den Prozeß der Elemente. Das Allgemeine der Ansicht ist verdunkelt, aber es wird darauf angespielt, und in dieser Äußerlichkeit, Unordnung wird der Blick in das Allgemeine der Intelligenz erweckt. In einer Religion dagegen, wo *ein bestimmter Zweck* vorhanden, verschwindet die Rücksicht auf alle *theoretischen Gesichtspunkte der Intelligenz*. Theorien, dergleichen Allgemeines findet sich in der Religion der Zweckmäßigkeit nicht. Der Gott hat hier einen bestimmten Inhalt: dies ist die Herrschaft der Welt; es ist empirische Allgemeinheit, nicht sittliche, geistige, sondern reale Allgemeinheit.

Den römischen Gott als diese Herrschaft sehen wir als *Fortuna publica*, diese Notwendigkeit, die für andere eine kalte Notwendigkeit ist. Die eigentliche Notwendigkeit, die den römischen Zweck selbst enthaltende, ist *Roma*, ist das Herrschen, ein heiliges, göttliches Wesen, und diese herrschende *Roma* in der Form eines herrschenden Gottes ist der *Iupiter Capitolinus*, ein besonderer Jupiter, denn es gibt viele Jupiter, wohl 300 *Ioves.* Dieser *Iupiter Capitolinus* ist nicht Zeus, der der Vater der Götter und Menschen ist, sondern er hat nur den Sinn des Herrschens und seinen Zweck in der Welt, und das römische Volk ist es, für das er diesen Zweck vollbringt. Das *römische Volk* ist die *allgemeine Familie*, während in der Religion der Schönheit *viele* Familien der göttliche Zweck waren, in der Religion des Einen dagegen nur *eine* Familie.

b) Dieser Gott ist nicht der wahrhaft geistig Eine; eben deshalb fällt auch das Besondere außerhalb dieser Einheit des Herrschens. Die Macht ist nur abstrakt, nur Macht; es ist nicht eine vernünftige Organisation, Totalität in sich. Ebendeswegen erscheint auch das Besondere als ein *außer* dem Einen, dem Herrscher Fallendes.

Dieses Besondere erscheint teils auch in der Weise der griechischen Götter oder ist später von den Römern selbst mit diesen gleichgestellt worden. So finden auch die Griechen ihre Götter in Persien, Syrien, Babylon, was zugleich doch ein Verschiedenes war von der eigentümlichen Anschauung, Bestimmtheit ihrer Götter, nur oberflächliche Allgemeinheit.

Im allgemeinen sind die römischen besonderen Gottheiten oder viele von ihnen dieselben mit den griechischen. Aber dennoch sind sie nicht diese schöne, freie Individualität, erscheinen gleichsam grau; man weiß nicht, wo sie herkommen, oder man weiß, daß sie bei bestimmten Gelegenheiten eingeführt worden. Und dann müssen wir wohl unterscheiden, wie die späteren Dichter, *Vergil, Horaz* die griechischen Götter in ihre gemachte Poesie als leblose Nachahmungen aufnahmen. Es ist nicht in ihnen dieses Bewußtsein, diese *Humanität*, was das Substantielle im Menschen wie in den Göttern und in den Göttern wie im Menschen ist. Sie zeigen sich als geistlose Maschinen, als *Verstandesgötter*, die nicht einem schönen, freien Geist, einer schönen, freien Phantasie angehören. Wie sie auch in den neueren Machwerken der Franzosen als lederne Gestalten, Maschinen vorkommen. Es haben deshalb überhaupt die römischen Göttergestalten die Neueren mehr angesprochen als die griechischen, weil jene mehr als leere Verstandesgötter auftreten, die nicht mehr der lebendigfreien Phantasie angehören.

Außer diesen besonderen Göttern, die als gemeinschaftlich mit den griechischen erscheinen, haben die Römer viel eigentümliche Götter und Gottesdienste. Die Herrschaft ist der Zweck des Bürgers; aber in diesem ist das Individuum noch nicht erschöpft: es hat auch seine *besonderen* Zwecke. Die partikularen Zwecke fallen außer diesem abstrakten Zweck.

Aber die besonderen Zwecke werden vollkommen *prosaisch*-partikulare Zwecke; es ist die *gemeine Partikularität* des Menschen nach den vielfachen Seiten seines Bedürfnisses oder Zusammenhangs mit der Natur, die hier hervortritt. Der Gott ist nicht diese konkrete Individualität, – Jupiter ist nur das Herrschen; die besonderen Götter sind tot, leb-, geistlos oder mehr entlehnt. Die Partikularität, von jener Allgemeinheit verlassen, so für sich, ist ganz gemein, prosaische Partikularität des Menschen. Diese aber ist Zweck für den Menschen; er braucht dies und jenes. Was Zweck aber ist für den Menschen, ist in dieser Sphäre Bestimmung des Göttlichen. Der Zweck des Menschen und der göttliche ist einer, aber ein der Idee äußerlicher Zweck; so gelten die menschlichen Zwecke für göttliche Zwecke, damit für göttliche Mächte; da haben wir diese vielen besonderen, höchst prosaischen Gottheiten.

Wir sehen so einerseits diese *allgemeine Macht*, die das Herrschen ist: in dieser sind die Individuen *aufgeopfert*, nicht als solche geltend; die andere Seite, das Bestimmte, fällt, weil jene Einheit, der Gott, das Abstrakte ist, außerhalb desselben, und das *Menschliche* ist wesentlich Zweck; die Erfüllung des Gottes mit einem Inhalt ist das Menschliche.

Auf der vorhergehenden Stufe, in der Religion der Schönheit, sind es freie, allgemeine und sittliche Mächte, welche den Gegenstand der Verehrung ausmachen. Obgleich beschränkt, sind sie doch an und für sich seiender, *objektiver* Inhalt, und eben in ihrer Betrachtung sind die Zwecke der Individualität aufgelöst und ist das Individuum seiner Not und seiner Bedürfnisse enthoben. Sie sind frei, und das Individuum befreit sich in ihnen; eben darum feiert es seine Identität mit ihnen, genießt es ihre Gunst und ist es derselben würdig, denn es hat nichts für sich gegen sie, und in seiner Not, seinen Bedürfnissen, überhaupt in seiner Besonderheit ist es sich nicht Zweck. Seine besonderen Zwecke, ob sie gelingen, sucht es nur in den Orakeln zu erfragen, oder es gibt sie in der Notwendigkeit auf. Die einzelnen Zwecke haben hier nur erst die Bedeutung von Negativem, nicht an und für sich selbst Seiendem.

In dieser *Glückseligkeitsreligion* aber ist es die *Selbstsucht* der Verehrenden, die sich in ihren praktischen Göttern als der Macht anschaut und die in und von ihnen die Befriedigung eines subjektiven Interesses sucht. Die Selbstsucht hat das Gefühl ihrer *Abhängigkeit*; eben weil sie schlechthin *endliche* ist, so ist ihr dies Gefühl eigentümlich. Der Orientale, der im Lichte lebt, der Inder, der sein Selbstbewußtsein in Brahman versenkt, der Grieche, der in der Notwendigkeit seine besonderen Zwecke aufgibt und in den besonderen Mächten seine ihm freundlichen, ihn begeisternden, belebenden, mit ihm vereinten Mächte anschaut, lebt in seiner Religion ohne das Gefühl der Abhängigkeit. Er ist vielmehr *frei* darin, frei vor seinem Gott; nur in ihm hat er seine Freiheit, und abhängig ist er nur außer seiner Religion; in ihr hat er seine Abhängigkeit weggeworfen. Aber die Selbstsucht, die Not, das Bedürfnis, das subjektive Glück und Wohlleben, das *sich* will, an *sich* hält, fühlt sich gedrückt, geht vom Gefühl der Abhängigkeit seiner Interessen aus. Die Macht über diese Interessen hat eine *positive Bedeutung* und selber ein Interesse für das Subjekt, indem sie seine Zwecke erfüllen soll. Sie hat insofern nur die Bedeutung eines *Mittels* der Verwirklichung seiner Zwecke. Dies ist das Schleichen, Heucheln in dieser Demut, denn *seine* Zwecke sind und sollen sein der Inhalt, der Zweck dieser Macht. Dies Bewußtsein verhält sich daher in der Religion nicht *theoretisch*, d. h. nicht in freier Anschauung der Objektivität, des Ehrens dieser Mächte, sondern nur in *praktischer Selbstischkeit*, der geforderten Erfüllung der Einzelheit dieses Lebens. Der Verstand ist es, der in dieser Religion seine endlichen Zwecke, ein durch ihn einseitig Gesetztes, nur ihn Interessierendes festhält und solche Abstrakta und Vereinzelungen weder in die Notwendigkeit versenkt, noch in die Vernunft auflöst. Es erscheinen so die partikularen Zwecke, Bedürfnisse, Mächte auch als Götter. Der Inhalt dieser Götter ist eben praktische *Nützlichkeit*; sie dienen dem gemeinen Nutzen. So geht es

c) ins *ganz Einzelne*. Die Familiengötter gehören dem partikularen Bürger an; die Laren dagegen beziehen sich auf die natürliche Sittlichkeit, Pietät, auf die sittliche Einheit der Familie. Andere Götter haben einen Inhalt, der der bloßen, noch viel mehr besonderen Nützlichkeit angehört.

Indem dies Leben, dies Tun der Menschen auch eine Form erhält, die wenigstens ohne das Negative des Bösen ist, so ist die Befriedigung dieser Bedürfnisse so ein einfacher, ruhiger, ungebildeter Naturzustand. Dem Römer schwebt die Zeit *Saturns*, der Zustand der Unschuld vor, und die Befriedigung der Bedürfnisse, die diesem angemessen sind, erscheinen als eine Menge von Göttern. So hatten die Römer viele Feste und eine Menge Götter, die sich auf die Fruchtbarkeit der Erde beziehen sowie auf die Geschicklichkeit der Menschen, die Naturbedürfnisse sich anzueignen. So finden wir einen *Iupiter Pistor*; die Kunst zu backen gilt als ein Göttliches und die Macht derselben als ein Wesentliches. *Fornax*, der Ofen, worin das Getreide gedörrt wird, ist eine eigene Göttin; *Vesta* ist das Feuer zum Brotbacken; dann als Hestia hat sie eine höhere Bedeutung erhalten, die sich auf die Familienpietät bezieht. Die Römer hatten ihre Schweine-, Schaf- und Stierfeste; in den *Palilien* suchte man sich die *Pales* geneigt zu machen, welche dem Futter fürs Vieh Gedeihen gab und in deren Obhut die Hirten ihre Herden empfahlen, um sie vor allem Schädlichen zu bewahren. Ebenso hatten sie Gottheiten für Künste, die Beziehung haben auf den Staat, z. B. *Iuno Moneta*, da die Münze im Zusammenleben etwas Wesentliches ist.

Wenn aber solche endlichen Zwecke wie die Zustände und Verhältnisse des Staats und das *Gedeihen* dessen, was zur physischen Notdurft und zum Fortkommen und zur Wohlfahrt der Menschen gehört, das Höchste sind und es um das Gelingen und Dasein einer *unmittelbaren* Wirklichkeit, die als solche um ihres Inhalts willen nur eine *zufällige* sein kann, zu tun ist, so fixiert sich dem Nützlichen und dem Gedeihen gegenüber das *Schädliche* und das *Mißlingen*. In Ansehung endlicher Zwecke und Zustände ist der Mensch abhängig; was er hat, genießt, besitzt, ist ein *positives Sein* und in der Schranke und im Mangel, daß es in der Macht eines *Anderen* ist. Im *Negativen* desselben fühlt er die Abhängigkeit, und die richtige Entwicklung dieses Gefühles führt darauf, die *Macht des Schädlichen und des Übels zu verehren* – den Teufel anzubeten. Zu dieser *Abstraktion* des Teufels, des Übels und des Bösen an und für sich kommt diese Stufe nicht, weil ihre Bestimmungen *endliche*, gegenwärtige Wirklichkeiten von beschränktem Inhalte sind. Es ist nur *besonderer* Schaden und Mangel, der ihr furchtbar ist und den sie verehrt. Das Konkrete, das endlich ist, ist ein Zustand, eine vorübergehende Wirklichkeit, eine Art und Weise des Seins, welche von der Reflexion als ein äußerlich Allgemeines aufgefaßt werden kann, wie schon der Friede (*Pax*), die Ruhe (*Tranquillitas*), die Göttin *Vacuna* ist, welche von der Phantasielosigkeit der Römer fixiert worden sind. Solche allegorisch-prosaische Mächte sind aber vornehmlich und wesentlich solche, deren Grundbestimmung ein *Mangel* und *Schade* ist. So haben die Römer der Pest, dem Fieber (*Febris*), der Sorge (*Angerona*) Altäre gewidmet und den Hunger (*Fames*) und den Brand im Getreide (*Robigo*) verehrt. In der heiteren Religion der Kunst ist diese Seite der Furcht vor dem Unglückbringenden zurückgedrängt: die unterirdischen Mächte, die für feindlich und furchtbar angesehen werden könnten, sind die *Eumeniden*, die wohlgesinnten Mächte.

Es ist für uns schwer zu fassen, daß dergleichen als göttlich verehrt worden ist. Alle Bestimmung der Göttlichkeit geht in solchen Vorstellungen aus, und es ist nur das Gefühl der Abhängigkeit und Furcht, dem dergleichen etwas Objektives werden kann. Es ist der *gänzliche Verlust aller Idee*, das Verkommen aller Wahrheit, das allein auf dergleichen verfallen kann, und zu fassen ist eine solche Erscheinung nur daraus, daß der Geist ganz in das Endliche und unmittelbar Nützliche eingehaust ist, wie denn den Römern auch Geschicklichkeiten, die sich auf die unmittelbarsten Bedürfnisse und deren Befriedigung beziehen, Götter sind. Der Geist hat alles Inneren, Allgemeinen, des Gedankens vergessen, ist durch und durch in den Zuständen der Prosa, und das *Hinausgehen*, die *Erhebung* ist nichts als der ganz formelle *Verstand*, der Zustände, Art und Weise des unmittelbaren Seins in *ein Bild* faßt und keine andere Weise der Substantialität kennt.

In diesem prosaischen Zustand der Macht, da den Römern die Macht solcher endlichen Zwecke und der unmittelbaren, wirklichen, äußerlichen Zustände das Glück des römischen Reiches war, lag es nun nahe, die *gegenwärtige Macht* solcher Zwecke, die *individuelle* Gegenwart solchen Glücks, – den *Kaiser*, der dies Glück in Händen hatte, als *Gott* zu verehren. Der Kaiser, dies ungeheure Individuum, war die rechtlose Macht über das Leben und Glück der Individuen, der Städte und Staaten; er war eine weiterreichende Macht als der *Robigo*. Hungersnot und andere öffentliche Not lag in seiner Hand, und mehr als dies: Stand, Geburt, Reichtum, Adel – alles das machte er. Selbst über das formelle Recht, auf dessen Ausbildung der römische Geist soviel Kraft verwandt hatte, war er die Obergewalt.

Alle besonderen Gottheiten sind aber auf der andern Seite wieder der *allgemeinen, realen Macht* unterworfen; sie treten zurück gegen die allgemeine, schlechthin wesentliche Macht der Herrschaft, der Größe des Reichs, die sich über die ganze bekannte, gebildete Welt ausdehnt. In dieser Allgemeinheit ist das Schicksal der göttlichen Besonderung die Notwendigkeit, daß die besonderen göttlichen Mächte in dieser abstrakten Allgemeinheit abmittiert werden, untergehen, so wie auch die individuellen göttlichen Volksgeister erdrückt werden unter der einen abstrakten Herrschaft. Dies kommt auch in mehreren empirischen Zügen vor. Bei *Cicero* finden wir diese kalte Reflexion über die Götter; die *Reflexion* ist hier die *subjektive Macht* über sie. Er macht eine Zusammenstellung ihrer Genealogie, ihrer Schicksale, Taten usf., zählt viele *Vulkane, Apollo, Jupiter* auf und stellt sie zusammen; dies ist die Reflexion, die Vergleiche anstellt und dadurch die feste Gestalt zweifelhaft und schwankend macht. Die Nachrichten, welche er in der Abhandlung *De natura deorum* gibt, sind in anderer Rücksicht von der größten Wichtigkeit, z. B. in Rücksicht auf das Entstehen der Mythen; aber zugleich werden die Götter damit durch die Reflexion herabgesetzt, und die bestimmte Darstellung geht verloren, Unglauben und Mißtrauen wird gesetzt.

Auf der andern Seite war es aber auch ein allgemeineres religiöses Bedürfnis und zugleich die erdrückende Macht des römischen Schicksals, was die individuellen Götter in eine Einheit versammelte. Rom ist ein Pantheon, wo die Götter nebeneinanderstehen und sich gegenseitig auslöschen und dem einen *Iupiter Capitolinus* unterworfen sind.

Die Römer erobern Großgriechenland, Ägypten usw., sie plündern die Tempel; wir sehen so ganze Schiffsladungen von Göttern nach Rom geschleppt. Rom wurde so die Versammlung aller Religionen, der griechischen, persischen, ägyptischen, christlichen, des Mithradienstes. In Rom ist diese Toleranz; alle Religionen kommen da zusammen und werden vermischt. Nach allen Religionen greifen sie, und der Gesamtzustand macht so eine Verwirrung aus, in der jede Art von Kultus durcheinandergeht und die Gestalt, die der Kunst angehört, verlorengeht.

3. Der Kultus

Der Charakter des *Kultus* und die Bestimmung von diesem liegt im Vorhergehenden: es wird Gott gedient *um eines Zwecks willen*, und dieser Zweck ist ein *menschlicher;* der Inhalt fängt sozusagen nicht von Gott an – es ist nicht der Inhalt dessen, was seine Natur ist –, sondern er fängt vom Menschen an, von dem, was menschlicher Zweck ist.

Es ist deshalb die *Gestaltung* dieser Götter kaum unterschieden von dem *Kultus* derselben zu betrachten; denn dieser Unterschied und der freie Kultus setzt eine Wahrheit, die an und für sich ist, ein Allgemeines, *Objektives*, wahrhaft Göttliches und durch seinen Inhalt über dem besonderen subjektiven Bedürfnis für sich Bestehendes voraus, und der Kultus ist dann der Prozeß, in welchem das Individuum sich den Genuß und die Feier der Identität desselben mit sich gibt. Hier aber geht das Interesse vom Subjekt aus; dessen Not und die Abhängigkeit dieser Not erzeugt die Frömmigkeit, und der *Kultus* ist das *Setzen einer Macht* zur Abhilfe und *um seiner Not willen.* Diese Götter haben so für sich eine *subjektive* Wurzel und Ursprung und gleichsam eine Existenz *nur in der Verehrung*, im Feste und kaum in der Vorstellung einer Selbständigkeit; sondern das Bestreben und die Hoffnung, die Not durch die Macht derselben zu überwinden, von ihnen die Befriedigung des Bedürfnisses zu erlangen, ist nur der *zweite Teil* des Kultus, und jene sonst *objektive* Seite *fällt in den Kultus selbst.*

Es ist so eine Religion der Abhängigkeit und das Gefühl derselben. In solchem Abhängigkeitsgefühl ist die Unfreiheit das Herrschende. Der Mensch weiß sich frei; aber das, worin er sich selbst besitzt, ist ein dem Individuum äußerlich bleibender Zweck. Noch mehr aber sind dies die besonderen Zwecke, und in Ansehung derselben findet eben das Gefühl der Abhängigkeit statt.

Hier ist wesentlich *Aberglauben*, weil es sich um beschränkte, endliche Zwecke, Gegenstände handelt und solche als absolute behandelt werden, die ihrem Inhalte nach beschränkte sind. Der Aberglaube ist im allgemeinen dies, eine Endlichkeit, Äußerlichkeit, gemeine unmittelbare Wirklichkeit als solche als Macht, als Substantialität gelten zu lassen; er geht von der Gedrücktheit des Geistes, seinem Gefühl der Abhängigkeit in seinem Zwecke aus.

So hat die Römer immer der Schauer vor einem Unbekannten, Bestimmungs- und Bewußtlosen begleitet; überall haben sie etwas *Geheimnisvolles* gesehen und einen unbestimmten Schauder empfunden, der sie bewog, ein Unverstandenes vorzuschieben, das als ein Höheres geachtet wurde. Die Griechen haben dagegen alles klar gemacht und über alle Verhältnisse einen schönen, geistreichen Mythus ausgebildet.

Cicero rühmt die Römer als die frömmste Nation, die überall an die Götter denke, alles mit Religion tue, den Göttern für alles danke. Dies ist in der Tat vorhanden. Diese *abstrakte Innerlichkeit*, diese Allgemeinheit des Zwecks, welche das Schicksal ist, in welchem das besondere Individuum und die Sittlichkeit, Menschlichkeit des Individuums erdrückt wird, nicht konkret vorhanden sein, sich nicht entwickeln darf, – diese Allgemeinheit, Innerlichkeit ist die Grundlage, und damit, daß *alles bezogen wird auf diese Innerlichkeit*, ist in allem *Religion*. So leitet auch Cicero vollkommen im Sinne des *römischen Geistes* die Religion von *religare* ab, denn in der Tat ist für diesen die Religion in allen Verhältnissen ein Bindendes und Beherrschendes gewesen.

Aber diese Innerlichkeit, dieses Höhere, Allgemeine ist zugleich nur Form; der Inhalt, der Zweck dieser Macht ist der menschliche Zweck, ist durch den Menschen angegeben. Die Römer verehren die Götter, weil und wann sie sie brauchen, besonders in der Not des Kriegs. Die Einführung neuer Götter geschieht zur Zeit der Nöte und Angst oder aus Gelübden. Die Not ist im ganzen die *allgemeine Theogonie* bei ihnen. Es gehört hierher auch, daß das *Orakel*, die sibyllinischen Bücher ein Höheres sind, wodurch dem Volke kundgetan wird, was zu tun ist oder was geschehen soll, um Nutzen zu haben. Dergleichen Anstalten sind in den Händen des Staats, Magistrats.

Politische Religion ist diese Religion überhaupt nicht in der Art, daß, wie bei allen bisherigen Religionen, das Volk das höchste *Bewußtsein seines Staats* und *seiner Sittlichkeit* in der Religion hätte und den Göttern die allgemeinen Einrichtungen des Staats wie Ackerbau, Eigentum, Ehe verdankte, sondern die Verehrung und Dankbarkeit gegen die Götter knüpft sich teils an *bestimmte, einzelne* Fälle – z. B. Rettung aus Not –, teils an alle *öffentliche Autorität* und an die *Staatshandlungen prosaisch* an, und die Religiosität wird überhaupt auf *endliche* Weise in die endlichen Zwecke und deren Beschlüsse und Entschließungen hineingezogen.

So ist der Notwendigkeit überhaupt die empirische Einzelheit eingebildet; sie ist göttlich, und es entsteht mit dem Aberglauben als Gesinnung identisch ein Kreis von Orakeln, Auspizien, sibyllinischen Büchern, welche einerseits dem Staatszweck dienen, andererseits den partikularen Interessen. Das Individuum geht einerseits im Allgemeinen, in der Herrschaft, *Fortuna publica* unter; andererseits gelten die menschlichen Zwecke, hat das menschliche Subjekt ein selbständiges, wesentliches Gelten. Diese *Extreme* und der Widerspruch derselben ist es, worin sich das römische Leben herumwirft.

Die römische Tugend, die *Virtus*, ist dieser kalte Patriotismus, daß dem, was Sache des Staats, der Herrschaft ist, das Individuum ganz dient. Diesen *Untergang des Individuums* im Allgemeinen, diese Negativität haben sich die Römer auch zur Anschauung gebracht; sie ist es, was in ihren religiösen Spielen einen wesentlichen Zug ausmacht.

Bei einer Religion, die keine Lehre hat, sind es besonders die Darstellungen der Feste und Schauspiele, wodurch die Wahrheit des Gottes den Menschen vor Augen gebracht wird. Hier haben deshalb die Schauspiele eine ganz andere Wichtigkeit als bei uns. Ihre Bestimmung ist im Altertum, den *Prozeß der substantiellen Mächte*, das göttliche Leben in seiner Bewegung und Handlung vor die Anschauung zu bringen. Die Verehrung und Anbetung des Götterbildes hat dasselbe in seiner *Ruhe*, in seinem Sein vor sich, und die *Bewegung* des Gottes ist in der Erzählung, im *Mythus* enthalten, aber nur für die innere, *subjektive Vorstellung* gesetzt. So wie nun die Vorstellung des Gottes in seiner Ruhe fortgeht zum Kunstwerk, zur Weise des unmittelbaren Anschauens, so geht die Vorstellung des göttlichen Handelns zur *äußerlichen Darstellung* in dem Schauspiele fort. Solche Anschauung war nun bei den Römern nicht einheimisch, nicht auf ihrem Grund und Boden gewachsen, und indem sie dies ihnen ursprünglich Fremde aufnahmen, haben sie es – wie wir an Seneca sehen – ins Hohle, Gräßliche und Greuliche gezogen, ohne die sittliche, göttliche Idee sich anzueignen. Auch haben sie eigentlich nur die spätere griechische Komödie aufgenommen und nur liederliche Szenen und Privatverhältnisse zwischen Vater, Söhnen, Huren und Sklaven dargestellt.

Bei diesem Versenktsein in endliche Zwecke konnte nicht die hohe Anschauung des sittlichen, göttlichen Tuns, keine *theoretische Anschauung substantieller Mächte* vorhanden sein, und Handlungen, die sie als Zuschauer theoretisch interessieren sollten, ohne daß es ihr praktisches Interesse betraf, konnten selbst nur eine äußerliche, rohe oder, wenn sie *bewegen* sollte, nur eine *scheußliche Wirklichkeit* sein.

Im griechischen Schauspiel war das, was gesprochen wurde, die Hauptsache; die spielenden Personen behielten eine ruhige, plastische Stellung, und die eigentliche Mimik des

Gesichts war nicht vorhanden, sondern das Geistige der Vorstellung war das Wirkende. Bei den Römern dagegen wurde die Pantomime die Hauptsache, ein Ausdruck, der dem nicht gleichkommt, der in die Sprache gelegt werden kann.
Die vornehmlichsten Spiele bestanden aber in nichts anderem als in Schlachtung von Tieren und Menschen, in Vergießung von Strömen Bluts, Kämpfen auf Leben und Tod. Sie sind gleichsam die höchste Spitze dessen, was dem Römer zur Anschauung gebracht werden kann; es ist kein Interesse der Sittlichkeit darin, nicht tragische Kollision, die zu ihrem Inhalt Unglück, sittlichen Gehalt hat. Die Zuschauer, die nur ihre Unterhaltung suchten, verlangten nicht die Anschauung einer *geistigen* Geschichte, sondern einer wirklichen, und zwar einer solchen, welche die höchste Konversion im Endlichen ist, nämlich des trockenen, natürlichen Todes, dieser inhaltsleeren Geschichte und Quintessenz alles Äußerlichen. Diese Spiele sind bei den Römern so ins Ungeheure getrieben, daß Hunderte von Menschen, vier- bis fünfhundert Löwen, Tiger, Elefanten, Krokodile von Menschen gemordet wurden, die mit ihnen kämpfen mußten und sich auch gegenseitig ermordeten. Was hier vor Augen gebracht wird, ist wesentlich die Geschichte des kalten, geistlosen Todes, durch unvernünftige Willkür gewollt, den anderen zur Augenweide dienend, Notwendigkeit, die bloß Willkür ist, Mord ohne Inhalt, der nur sich selbst zum Inhalt hat. Es ist dies und die Anschauung des Schicksals das Höchste, das kalte Sterben durch leere Willkür, nicht natürlichen Todes, nicht äußere Notwendigkeit der Umstände, nicht Folge der Verletzung von etwas Sittlichem. Sterben ist so die einzige Tugend, die der edle Römer ausüben konnte, und diese teilt er mit Sklaven und zum Tode verurteilten Verbrechern. Es ist dies kalte Morden, welches zur Augenweide dient und die *Nichtigkeit menschlicher Individualität* und die Wertlosigkeit des Individuums, das keine Sittlichkeit in sich hat, anschauen läßt, das Anschauen des hohlen, *leeren*

Schicksals, das als ein Zufälliges, als blinde Willkür sich zum Menschen verhält.

Zu diesem Extrem des leeren Schicksals, in dem das Individuum untergeht, des Schicksals, das endlich in der willkürlichen und ohne Sittlichkeit sich austobenden Macht des Kaisers seine persönliche Darstellung gefunden hat, ist das andere Extrem die Geltung der *reinen Einzelheit* der Subjektivität. Nämlich es ist zugleich auch ein Zweck der Macht vorhanden. Die Macht ist einerseits blind, der Geist ist noch nicht versöhnt, in Harmonie gebracht, darum stehen beide einseitig einander gegenüber. Diese Macht ist ein Zweck, und dieser Zweck, der menschliche, endliche, ist die Herrschaft der Welt, und die Realisation dieses Zwecks ist Herrschaft der Menschen, der Römer.

Dieser allgemeine Zweck hat im reellen Sinn seinen Grund, Sitz im Selbstbewußtsein; damit ist gesetzt diese *Selbständigkeit* des Selbstbewußtseins, da der Zweck in das Selbstbewußtsein fällt. Auf der einen Seite ist diese Gleichgültigkeit gegen das konkrete Leben, andererseits diese Sprödigkeit, diese Innerlichkeit, die auch Innerlichkeit des Göttlichen und ebenso des Individuums ist, aber eine ganz *abstrakte Innerlichkeit* des Individuums.

Darin liegt das, was den Grundzug bei den Römern ausmacht, daß die *abstrakte Person* solches Ansehen gewinnt. Die abstrakte Person ist die *rechtliche*. Ein wichtiger Zug ist dann die Ausbildung des Rechts, der Eigentumsbestimmung. Dieses Recht beschränkt sich auf das juristische Recht, Recht des Eigentums. Es gibt höhere Rechte: das Gewissen des Menschen hat sein Recht, dieses ist ebenso ein Recht; aber ein noch weit höheres ist das Recht der Moralität, Sittlichkeit. Dieses ist hier nicht mehr in seinem konkreten, eigentlichen Sinn vorhanden, sondern das abstrakte Recht, das der Person, besteht nur in der Bestimmung des Eigentums. Es ist die Persönlichkeit, aber nur die abstrakte, die Subjektivität in diesem Sinn, die diese hohe Stellung erhält.

Das sind die Grundzüge dieser Religion der Zweckmäßigkeit. Es sind darin die Momente enthalten, deren Vereinigung die Bestimmung der nächsten und letzten Stufe der Religion ausmacht. Die Momente, die vereinzelt in der Religion der äußerlichen Zweckmäßigkeit, aber in *Beziehung*, eben darum in *Widerspruch* sind, – [wenn] diese Momente, [die hier] auf geistlose Weise vorhanden, nach ihrer Wahrheit vereint [werden], so entsteht die Bestimmung der Religion des Geistes.

Die römische Welt ist der höchst wichtige *Übergangspunkt zur christlichen Religion*, das unentbehrliche Mittelglied; was auf dieser Stufe des religiösen Geistes entwickelt ist, das ist die Seite der *Realität der Idee* und eben damit an sich ihrer *Bestimmtheit*. Zuerst sahen wir diese Realität in der unmittelbaren Einheit mit dem Allgemeinen gehalten. Jetzt ist sie sich bestimmend aus ihm herausgetreten, hat sich von ihm abgelöst, und so ist sie nun zur vollendeten Äußerlichkeit, zur *konkreten Einzelheit* geworden, damit aber in ihrer äußersten Entäußerung zur *Totalität in sich selbst*. Was nun noch übrigbleibt und notwendig ist, dies ist, daß diese Einzelheit, diese bestimmte Bestimmtheit in das Allgemeine zurückgenommen werde, so daß sie ihre wahrhafte Bestimmung erreiche, die Äußerlichkeit abstreife und damit die Idee als solche ihre vollkommene Bestimmung *in sich* erhalte.

Die Religion der äußeren Zweckmäßigkeit macht nach ihrer inneren Bedeutung den *Schluß der endlichen Religionen* aus. Die endliche Realität enthält überhaupt dieses, daß der Begriff Gottes *sei*, daß er *gesetzt sei*, d. h. daß dieser Begriff für das Selbstbewußtsein das Wahre sei und so im Selbstbewußtsein, in seiner subjektiven Seite realisiert sei.

Dieses *Gesetztsein* ist es nun, welches *sich für sich auch zur Totalität entwickeln* muß; so erst ist es fähig, in die Allgemeinheit aufgenommen zu werden. Diese Fortbildung der Bestimmtheit zur Totalität ist es nun, die in der römischen Welt geschehen ist, denn hier ist die Bestimmtheit das Konkrete, Endliche, die Einzelheit, das in sich Mannigfaltige, Äußerliche, ein wirklicher Zustand, ein Reich, gegenwärtige, nicht schöne Objektivität und eben damit die vollendete *Subjektivität*. Erst durch den *Zweck*, die bestimmte Bestimmtheit, kehrt die Bestimmtheit in sich zurück und ist sie in der Subjektivität. Aber zunächst ist sie *endliche Bestimmtheit* und durch die subjektive Rückkehr *maßlose* (schlecht-unendliche) *Endlichkeit*.

Es sind *zwei* Seiten an dieser maßlosen Endlichkeit festzuhalten und zu erkennen: das *Ansich* und die *empirische Erscheinung*.

Wenn wir die vollendete Bestimmtheit betrachten, wie sie *an sich* ist, so ist sie die *absolute Form des Begriffes*, nämlich der in seiner Bestimmtheit in sich zurückgekehrte Begriff. Der Begriff ist zunächst nur das Allgemeine und Abstrakte, so aber noch nicht gesetzt, wie er an sich ist. Wahrhaft ist das Allgemeine, wie es durch die Besonderheit sich mit sich selbst zusammenschließt, d. h. durch die Vermittlung der Besonderheit, der Bestimmtheit, des Heraustretens und durch die Aufhebung dieser Besonderheit zu sich zurückkehrt. Diese Negation der Negation ist die absolute Form, die wahrhafte unendliche Subjektivität, die Realität in ihrer Unendlichkeit.

In der Religion der Zweckmäßigkeit ist es nun diese unendliche Form, welche zur Anschauung des Selbstbewußtseins gekommen ist. Diese absolute Form ist zumal die Bestimmung des Selbstbewußtseins selber, die Bestimmung des *Geistes*. Das ist die unendliche Wichtigkeit und Notwendigkeit der römischen Religion. Diese *unendliche Subjektivität*, die unendliche Form ist, ist das große Moment, welches für die Macht gewonnen ist; es ist das, was der Macht, dem Gott der Substantialität gefehlt hat. Wir haben zwar in der Macht Subjektivität gehabt, aber die Macht hat nur einzelne Zwecke oder mehrere einzelne Zwecke, ihr Zweck ist noch nicht unendlich; nur die unendliche Subjektivität hat einen *unendlichen Zweck*, d. h. sie ist sich *selbst* der Zweck, und nur die Innerlichkeit, diese Subjektivität als solche, ist ihr Zweck. Diese Bestimmung des Geistes ist also in der römischen Welt gewonnen.

Aber *empirisch* ist diese absolute Form hier noch als *diese unmittelbare Person*, und das *Höchste*, in endlicher Weise aufgefaßt, ist so das *Schlechteste*. Je tiefer der Geist und das Genie, desto ungeheurer ist es in seinem Irrtum. Die Oberflächlichkeit, indem sie sich irrt, hat einen ebenso oberflächlichen, schwachen Irrtum, und nur das in sich Tiefe kann ebenso nur das Böseste, Schlimmste sein. So ist denn diese unendliche Reflexion und unendliche Form, indem sie ohne Gehalt und *ohne Substantialität* ist, die maßlose und unbegrenzte Endlichkeit, die *Begrenztheit*, die sich *in ihrer Endlichkeit absolut* ist. Sie ist das, was in anderer Gestalt bei den Sophisten als die Realität erscheint, denn diesen war der Mensch das Maß aller Dinge, nämlich *der Mensch* nach seinem *unmittelbaren Wollen und Fühlen*, nach seinen Zwecken und Interessen. Dies *Denken seiner selbst* sehen wir in der römischen Welt geltend und *zum Sein und Bewußtsein der Welt* erhoben. Das Einhausen in die Endlichkeit und Einzelheit ist zunächst das gänzliche Verschwinden aller schönen, sittlichen Lebendigkeit, das Zerfallen in die Endlichkeit der Begierde, in augenblicklichen Genuß und Lust, und die ganze Erscheinung dieser Stufe bildet ein *menschliches Tierreich*, in welchem alles Höhere, alles Substantielle ausgezogen ist. Ein solches Zerfallen in lauter endliche Existenzen, Zwecke und Interessen kann dann freilich nur durch die in sich selbst maßlose Gewalt und Despotie eines Einzelnen zusammengehalten werden, dessen Mittel der kalte, geistlose Tod der Individuen ist, denn nur durch dieses Mittel kann die Negation an sie gebracht und können sie in der Furcht gehalten werden. Der Despot ist Einer, dieser wirkliche, gegenwärtige Gott, die *Einzelheit des Willens als Macht* über die übrigen unendlich vielen Einzelheiten.

Der *Kaiser* ist die Göttlichkeit, das göttliche Wesen, das

Innere und Allgemeine, wie es zur Einzelheit des Individuums herausgetreten, geoffenbart und da ist. Dieses Individuum ist die zur Einzelheit vollendete Bestimmung der Macht, *das Herabsteigen der Idee zur Gegenwart*, aber so, daß es der *Verlust* ihrer in sich seienden Allgemeinheit, der Wahrheit, des Anundfürsichseins und somit der *Göttlichkeit* ist. Das Allgemeine ist entflohen und das Unendliche so in das Endliche eingebildet, daß das *Endliche* das *Subjekt des Satzes,* das bleibende Feste und nicht negativ im Unendlichen gesetzt ist.

Diese Vollendung der Endlichkeit ist nun zunächst das absolute Unglück und der absolute Schmerz des Geistes; sie ist der höchste Gegensatz desselben in sich, und dieser Gegensatz ist unversöhnt, dieser Widerspruch unaufgelöst. Der Geist aber ist *denkend*, und wenn er sich nun in diese Reflexion-in-sich als Äußerlichkeit verloren hat, so tritt er als denkend in diesem Verlust seiner selbst zugleich *in sich zurück*, ist er in sich reflektiert und hat er sich in seiner Tiefe als unendliche Form, als Subjektivität, aber als denkende, nicht als unmittelbare, auf die Spitze gestellt. In dieser abstrakten Form tritt er als *Philosophie* auf oder überhaupt als der *Schmerz der Tugend*, als Verlangen und Greifen nach Hilfe.

Die Auflösung und Versöhnung des Gegensatzes ist das allgemeine Bedürfnis, und möglich ist sie nur dadurch, daß diese äußerliche, losgelassene *Endlichkeit in die unendliche Allgemeinheit des Denkens* aufgenommen, dadurch von ihrer Unmittelbarkeit *gereinigt* und zu substantiellem Gelten erhoben werde. Umgekehrt muß diese unendliche Allgemeinheit des Denkens, das ohne äußerliche Existenz und ohne Geltung ist, *gegenwärtige Wirklichkeit* erhalten und das Selbstbewußtsein somit zum Bewußtsein der *Wirklichkeit* der Allgemeinheit kommen, so daß es das Göttliche als *daseiend*, als *weltlich*, als in der Welt gegenwärtig vor sich habe und Gott und die Welt versöhnt wisse.

Der Olymp, dieser Götterhimmel und dieser Kreis der

schönsten Gestaltungen, die je von der Phantasie gebildet worden sind, hatte sich uns zugleich als freies, sittliches Leben, als freier, aber noch beschränkter Volksgeist gezeigt. Das griechische Leben ist in viele kleine Staaten zersplittert, in diese Sterne, die selbst nur beschränkte Lichtpunkte sind. Damit die *freie Geistigkeit* erreicht werde, muß nun diese Beschränktheit aufgehoben werden und das Fatum, das über der griechischen Götterwelt und über diesem Volksleben in der Ferne schwebt, an ihnen sich geltend machen, so daß die Geister dieser freien Völker zugrunde gehen. Der freie Geist muß sich als den *reinen Geist an und für sich* erfassen: es soll nicht mehr bloß der freie Geist der *Griechen*, der Bürger dieses und jenes Staates gelten, sondern der Mensch muß *als Mensch* frei gewußt werden, und Gott ist der Gott aller Menschen, der umfassende, allgemeine Geist. Dieses Fatum nun, welches die Zucht über die *besonderen Freiheiten* ist und die beschränkten Volksgeister unterdrückt, so daß die Völker den Göttern abtrünnig werden und zum Bewußtsein ihrer Schwäche und Ohnmacht kommen, indem ihr politisches Leben von der einen, allgemeinen Macht vernichtet wird, – dieses Fatum war die römische Welt und ihre Religion. Der Zweck in dieser Religion der Zweckmäßigkeit ist kein anderer als der römische Staat gewesen, so daß dieser die abstrakte Macht über die anderen Volksgeister ist. Im römischen Pantheon werden die Götter aller Völker versammelt und vernichten einander dadurch gegenseitig, daß sie vereinigt werden. Der römische Geist als dieses Fatum hat jenes Glück und die Heiterkeit des schönen Lebens und Bewußtseins der vorhergehenden Religionen vernichtet und alle Gestaltungen zur Einheit und Gleichheit herabgedrückt. Diese abstrakte Macht war es, die ungeheures Unglück und einen allgemeinen Schmerz hervorgebracht hat, einen Schmerz, der die Geburtswehe der Religion der Wahrheit sein sollte. Die Unterschiede *von freien Menschen und Sklaven* verschwinden durch die Allmacht des Kaisers; innerlich und äußerlich ist aller Bestand zerstört, und *ein Tod der Endlichkeit* eingetreten, indem die Fortuna des *einen* Reiches selbst auch unterliegt. *Die wahrhafte Aufnahme der Endlichkeit in das Allgemeine* und die Anschauung dieser Einheit konnte sich nicht innerhalb dieser Religionen entwickeln, nicht in der *römischen* und *griechischen* Welt entstehen. Die Buße der Welt, das Abtun der Endlichkeit und die im Geiste der Welt überhandnehmende Verzweiflung, in der Zeitlichkeit und Endlichkeit Befriedigung zu finden, – das alles diente zur *Bereitung des Bodens* für die wahrhafte, geistige Religion, einer Bereitung, die von seiten des *Menschen* vollbracht werden mußte, damit »die Zeit erfüllet werde«. Wenn schon das Prinzip des *Denkens* sich entwickelt hatte, so war das Allgemeine doch noch nicht in seiner *Reinheit* Gegenstand des Bewußtseins, wie selbst im philosophischen Denken die Verbindung mit der gemeinen Äußerlichkeit sich zeigte, wenn die *Stoiker* die Welt aus dem Feuer entstehen ließen. Vielmehr konnte nur in einem Volke die Versöhnung hervortreten, welches die ganz abstrakte Anschauung des *Einen für sich* besaß und die Endlichkeit völlig von sich geworfen hatte, um sie gereinigt in sich wieder fassen zu können. Das *orientalische* Prinzip der *reinen Abstraktion* mußte sich mit der *Endlichkeit* und *Einzelheit* des *Abendlandes* vereinigen. Das *jüdische* Volk ist es, das sich Gott als den alten Schmerz der Welt aufbewahrt hat. Denn hier ist die Religion des abstrakten Schmerzens, des einen Herrn, gegen und in dessen Abstraktion sich deswegen die Wirklichkeit des Lebens als der unendliche Eigensinn des Selbstbewußtseins erhält und zugleich in die Abstraktion zusammengebunden ist. Der alte Fluch hat sich gelöst, und ihm ist Heil widerfahren, eben indem die Endlichkeit ihrerseits sich zum Positiven und zur unendlichen Endlichkeit erhoben und geltend gemacht hat.

Dritter Teil

DIE ABSOLUTE RELIGION

Wir sind nun zum realisierten Begriff der Religion, zur vollendeten Religion, worin der Begriff es selbst ist, der sich Gegenstand ist, gekommen. – Wir haben die Religion näher bestimmt als Selbstbewußtsein Gottes; das Selbstbewußtsein hat als Bewußtsein einen Gegenstand und ist sich seiner in diesem bewußt; dieser Gegenstand ist auch Bewußtsein, aber Bewußtsein als Gegenstand, damit endliches Bewußtsein, ein von Gott, vom Absoluten verschiedenes Bewußtsein; es fällt darein die Bestimmtheit und damit die Endlichkeit; Gott ist Selbstbewußtsein, er weiß sich in einem von ihm verschiedenen Bewußtsein, das *an sich* das Bewußtsein Gottes ist, aber auch *für sich*, indem es seine Identität mit Gott weiß, eine Identität, die aber vermittelt ist durch die Negation der Endlichkeit. – Dieser Begriff macht den Inhalt der Religion aus. Gott ist dies: sich von sich selbst zu unterscheiden, sich Gegenstand zu sein, aber in diesem Unterschiede schlechthin mit sich identisch zu sein – der Geist. Dieser Begriff ist nun realisiert, das Bewußtsein weiß diesen Inhalt, und in diesem Inhalt weiß es sich schlechthin verflochten: in dem Begriff, der der Prozeß Gottes ist, ist es selbst Moment. Das endliche Bewußtsein weiß Gott nur insofern, als Gott sich in ihm weiß; so ist Gott Geist, und zwar der Geist seiner Gemeinde, d. i. derer, die ihn verehren. Das ist die vollendete Religion, der sich objektiv gewordene Begriff. Hier ist es offenbar, was Gott ist; er ist nicht mehr ein Jenseits, ein Unbekanntes, denn er hat den Menschen kundgetan, was er ist, und nicht bloß in einer äußerlichen Geschichte, sondern im Bewußtsein. Wir haben also hier die Religion der Manifestation Gottes, indem Gott sich im endlichen Geiste weiß. Gott ist schlechthin offenbar. Dies ist hier das Verhältnis. Der Übergang war dieser, daß wir gesehen haben, wie dieses Wissen Gottes als freien Gei-

stes dem Gehalte nach noch mit Endlichkeit und Unmittelbarkeit behaftet ist; dies Endliche mußte noch durch die Arbeit des Geistes abgetan werden; es ist das Nichtige; wir haben gesehen, wie diese Nichtigkeit dem Bewußtsein offenbar geworden ist. Das Unglück, der Schmerz der Welt war die Bedingung, die Vorbereitung der subjektiven Seite auf das Bewußtsein des freien Geistes, als des *absolut* freien und damit *unendlichen* Geistes.
Wir bleiben zunächst bei dem *Allgemeinen* dieser Sphäre stehen.

A
Das Allgemeine dieser Religion

1. Die offenbare Religion

Die absolute Religion ist erstens die offenbare Religion. Die Religion ist das Offenbare, ist manifestiert erst dann, wenn der *Begriff* der Religion *für sich* selbst ist; oder die Religion, der Begriff derselben ist sich selbst objektiv geworden, nicht in beschränkter, endlicher Objektivität, sondern so, daß sie nach ihrem Begriff sich objektiv ist.
Näher kann man dies so ausdrücken. Die Religion nach dem allgemeinen Begriff ist Bewußtsein des absoluten Wesens; Bewußtsein ist aber unterscheidend; so haben wir zwei: Bewußtsein und absolutes Wesen. Diese zwei sind zunächst Entäußerung im endlichen Verhältnis, das empirische Bewußtsein und das Wesen im anderen Sinn. Sie sind im endlichen Verhältnis zueinander; insofern sind beide sich selbst endlich, so weiß das Bewußtsein vom absoluten Wesen nur als von einem Endlichen, nicht als Wahrhaften. Gott ist selbst Bewußtsein, Unterscheiden seiner in sich, und als Bewußtsein ist er dies, daß er sich als Gegenstand gibt für das, was wir die Seite des Bewußtseins nennen.
Da haben wir immer zwei im Bewußtsein, die sich endlich, äußerlich zueinander verhalten. Wenn nun aber jetzt die

Religion sich selbst erfaßt, so ist der Inhalt und der *Gegenstand* der Religion selbst dieses *Ganze*, das sich zu seinem Wesen verhaltende Bewußtsein, das Wissen seiner als des Wesens und des Wesens als seiner selbst, d. h. der Geist ist so Gegenstand in der Religion. Wir haben so zwei: das Bewußtsein und das Objekt; aber in der Religion, die mit sich selbst erfüllt, die offenbare ist, die sich erfaßt hat, ist die Religion, der Inhalt selbst der Gegenstand, und dieser Gegenstand, *das sich wissende Wesen*, ist der *Geist*. Hier ist erst der Geist als solcher Gegenstand, Inhalt der Religion, und der Geist ist nur für den Geist. Indem er Inhalt, Gegenstand ist, ist er als Geist das sich Wissen, Unterscheiden, gibt er sich selbst die andere Seite des subjektiven Bewußtseins, was als Endliches erscheint. Es ist die Religion, die mit sich selbst erfüllt ist. Das ist die abstrakte Bestimmung dieser Idee, oder die Religion ist in der Tat *Idee*. Denn Idee im philosophischen Sinn ist der Begriff, der sich selbst zum Gegenstand hat, d. h. der Dasein, Realität, Objektivität hat, der nicht mehr das Innere oder Subjektive ist, sondern sich objektiviert, dessen Objektivität aber zugleich seine Rückkehr in sich selbst ist oder – insofern wir den Begriff Zweck nennen – der erfüllte, ausgeführte Zweck, der ebenso objektiv ist.

Die Religion hat das, was sie ist, das Bewußtsein des Wesens, selbst zu ihrem Gegenstand, sie ist darin objektiviert; sie *ist*, wie sie zunächst als *Begriff* war und nur als der Begriff, oder wie es zuerst *unser* Begriff war. Die absolute Religion ist die *offenbare*, die Religion, die sich selbst zu ihrem Inhalt, [ihrer] Erfüllung hat.

Es ist das die vollendete Religion, die Religion, die das Sein des Geistes für sich selbst ist, die Religion, in welcher sie selbst sich objektiv geworden ist, die *christliche*. In ihr ist unzertrennlich der allgemeine und der einzelne Geist, der unendliche und der endliche; ihre absolute Identität ist diese Religion und der Inhalt derselben. Die allgemeine Macht ist die Substanz, welche, indem sie an sich ebensosehr

Subjekt ist, dies ihr Ansichsein jetzt setzt, sich somit von sich unterscheidet, dem Wissen, dem endlichen Geiste sich mitteilt, aber darin, weil er ein Moment ihrer selbst ist, bei sich bleibt, in der Teilung ihrer ungeteilt zu sich zurückkehrt.

Die Theologie hat gemeiniglich diesen Sinn, daß es darum zu tun sei, Gott als den nur *gegenständlichen* zu erkennen, der schlechterdings in der Trennung gegen das subjektive Bewußtsein bleibt, so ein äußerlicher Gegenstand ist wie die Sonne, der Himmel usf. Gegenstand des Bewußtseins ist, wo der Gegenstand die bleibende Bestimmung hat, ein Anderes, Äußerliches zu sein. Im Gegensatz hierzu kann man den Begriff der absoluten Religion so angeben, daß das, um was es zu tun ist, nicht dies Äußere sei, sondern die *Religion selbst*, d. h. die Einheit dieser Vorstellung, die wir Gott heißen, mit dem Subjekt.

Man kann dies auch als den Standpunkt der jetzigen Zeit ansehen, daß es um Religion, Religiosität, Frömmigkeit zu tun ist, wobei es auf das Objekt nicht ankomme. Die Menschen haben verschiedene Religionen; die Hauptsache ist, daß sie nur fromm sind. Man kann Gott nicht wissen als Gegenstand, nicht erkennen, nur die subjektive Weise und Stellung sei es, worum es zu tun sei, worauf es ankomme. Dieser Standpunkt ist in dem Gesagten zu erkennen. Es ist der Standpunkt der Zeit, zugleich aber ein ganz wichtiger Fortschritt, der ein unendliches Moment geltend gemacht hat; es liegt darin, daß das *Bewußtsein des Subjekts als absolutes Moment* erkannt ist. Auf beiden Seiten ist derselbe Inhalt, und dies an sich Identischsein[1] beider Seiten ist die Religion. Es ist der große Fortschritt unserer Zeit, daß die Subjektivität als absolutes Moment erkannt wird; dies ist so wesentlich Bestimmung. Es kommt jedoch darauf an, wie man sie bestimmt.

Über diesen großen Fortschritt ist folgendes zu bemerken.

---

1 W: »dies Ansichsein«. Verändert nach Lasson

Die Religion ist in der Bestimmung des *Bewußtseins* so beschaffen, daß der Inhalt hinüberflieht und wenigstens scheinbar ein fremder bleibt. Die Religion mag einen Inhalt haben, welchen sie will; ihr Inhalt, festgehalten auf dem Standpunkt des Bewußtseins, ist ein drübenstehender, und wenn auch die Bestimmung der Offenbarung dazu kommt, so ist der Inhalt doch ein gegebener und äußerlicher für uns. Es kommt bei einer solchen Vorstellung, daß der göttliche Inhalt nur gegeben, nicht zu erkennen, nur passiv im Glauben zu behalten sei, andererseits *auch* zur *Subjektivität* der Empfindung, die das Ende und das Resultat des Gottesdienstes ist. Der Standpunkt des Bewußtseins ist also nicht der einzige Standpunkt. Der Andächtige versenkt sich mit seinem Herzen, seiner Andacht, seinem Wollen in seinen Gegenstand; so hat er auf dieser Spitze der Andacht die Trennung aufgehoben, welche beim Standpunkt des Bewußtseins ist. Es kommt beim Standpunkt des Bewußtseins auch zur Subjektivität, dieser Nichtfremdheit, dieser Versenkung des Geistes in die Tiefe, die keine Ferne, sondern absolute Nähe, Gegenwart ist.

Aber auch dieses Aufheben der Trennung kann dann wieder *fremd* als *Gnade Gottes* gefaßt werden, die der Mensch als ein Fremdes sich gefallen lassen müsse und gegen die er sich passiv verhalte. Gegen diese Trennung ist die Bestimmung gekehrt, daß es um die Religion als solche zu tun sei, d. h. um das subjektive Bewußtsein, das, was Gott will, in sich hat. In dem Subjekt ist so die Ungetrenntheit der Subjektivität und des Anderen, der Objektivität; oder das Subjekt ist für den ganzen Umfang als das reale Verhältnis wesentlich. Dieser Standpunkt erhebt also das Subjekt zu einer wesentlichen Bestimmung. Er hängt zusammen mit der Freiheit des Geistes, daß er sie wiederhergestellt hat, daß kein Standpunkt ist, worin er nicht bei sich selbst sei. Der Begriff der absoluten Religion enthält, daß die Religion es ist, die sich objektiv ist. Aber nur der Begriff. Ein anderes ist dieser Begriff und ein anderes das Bewußtsein dieses Begriffs.

Es kann also auch in der absoluten Religion der Begriff dies Ansich sein, aber das Bewußtsein ist ein Anderes. Diese Seite ist es denn, die in der Bestimmung, daß die Religion es sei, um die es zu tun sei, zum Bewußtsein gekommen, hervorgetreten ist. Der Begriff ist selbst noch einseitig, genommen als nur *an sich*; ebenso ist er diese einseitige Gestalt da, wo die *Subjektivität selbst einseitig* ist, hat nur die Bestimmung des einen von beiden, ist nur unendliche Form, das reine Selbstbewußtsein, das *reine Wissen seiner selbst*; es ist an sich *inhaltslos*, weil die Religion als solche nur in ihrem Ansich aufgefaßt ist, nicht die Religion ist, die sich objektiv ist, nur die Religion in der noch nicht realen, sich objektivierenden, sich Inhalt gebenden Gestalt. Nichtobjektivität ist Inhaltslosigkeit.

Das Recht der Wahrheit ist, daß das Wissen in der Religion den absoluten Inhalt habe. Hier aber ist er nicht wahrhaft, sondern nur verkümmert. Also ein Inhalt muß sein; dieser ist so zufällig, endlich, empirisch bestimmt, und es tritt damit eine Ähnlichkeit mit dem römischen Zeitalter ein. Die Zeit der römischen Kaiser hat viel Ähnlichkeit mit der unsrigen. Das Subjekt, *wie es besteht*, ist als *unendlich* gefaßt, aber als abstrakt schlägt es unmittelbar ins Gegenteil um und ist nur *endlich* und beschränkt. Die Freiheit ist damit nur eine solche, die ein *Jenseits* bestehen läßt, ein Sehnen, die das Unterscheiden des Bewußtseins leugnet und damit das wesentliche Moment des Geistes verwirft und so geistlose Subjektivität ist.

Die Religion ist das Wissen des Geistes von sich als Geist; als *reines Wissen* weiß es sich nicht als *Geist* und ist somit nicht substantielles, sondern subjektives Wissen. Aber daß es nur dieses und somit *beschränktes* Wissen sei, ist für die Subjektivität nicht in der Gestalt *ihrer selbst, d. h. des Wissens*, sondern ihr *unmittelbares Ansich*, das sie zunächst in sich findet und somit in dem Wissen ihrer als des schlechthin Unendlichen, [es ist] *Gefühl ihrer Endlichkeit* und somit zugleich der *Unendlichkeit* als eines ihr *jenseitigen Ansichseins* gegen ihr Fürsichsein, das Gefühl der Sehnsucht nach dem unerklärten Jenseits.

Die absolute Religion hingegen enthält die Bestimmung der *Subjektivität* oder der unendlichen Form, *die der Substanz gleich ist*. Wir können es Wissen, reine Intelligenz nennen, diese Subjektivität, diese unendliche Form, diese unendliche Elastizität der Substanz, sich in sich zu dirimieren, sich selbst zum Gegenstand zu machen; der Inhalt ist deshalb mit sich identischer Inhalt, weil es die unendlich substantielle Subjektivität ist, die sich zum Gegenstand und Inhalt macht. In diesem Inhalte selbst wird dann wieder das endliche Subjekt vom unendlichen Objekt unterschieden. Gott als Geist ist, wenn er drüben bleibt, wenn er nicht ist als lebendiger Geist seiner Gemeinde, selbst nur in der einseitigen Bestimmung als Objekt.

Dies ist der Begriff; er ist der Begriff der Idee, der absoluten Idee. Die Realität ist jetzt der Geist, der für den Geist ist, der sich selbst zum Gegenstand hat, und so ist diese Religion die offenbare Religion; Gott offenbart sich. Offenbaren heißt dies Urteil der unendlichen Form, sich bestimmen, sein für ein Anderes; dies Sichmanifestieren gehört zum Wesen des Geistes selbst. Ein Geist, der nicht offenbar ist, ist nicht Geist. Man sagt: Gott hat die Welt erschaffen; so spricht man dies als einmal geschehene Tat aus, die nicht wieder geschieht, als so eine Bestimmung, die sein kann oder nicht; Gott hätte sich offenbaren können oder auch nicht; es ist eine gleichsam willkürlich zufällige Bestimmung, nicht zum Begriff Gottes gehörend. Aber Gott ist als Geist wesentlich dies Sichoffenbaren; er erschafft nicht einmal die Welt, sondern ist der ewige Schöpfer, dies ewige Sichoffenbaren, dieser Aktus. Dies ist sein Begriff, seine Bestimmung.

Die Religion, die offenbare, Geist für den Geist, ist als solche *die Religion des Geistes*, nicht verschlossen für ein Anderes, welches nur momentan ein Anderes ist. Gott setzt das Andere und hebt es auf in seiner ewigen Bewegung. Der Geist ist dies, sich selbst zu erscheinen, dies ist seine

Tat und seine Lebendigkeit; es ist seine *einzige Tat*, und *er selbst ist* nur *seine Tat*. Was offenbart Gott eben, als daß er dies Offenbaren seiner ist? Was er offenbart, ist die unendliche Form. Die absolute Subjektivität ist das Bestimmen; dies ist das Setzen von Unterschieden, das Setzen von Inhalt; was er so offenbart, ist, daß er die Macht ist, diese Unterschiede in sich zu machen. Es ist dies sein Sein, ewig diese Unterschiede zu machen, zurückzunehmen und dabei bei sich selbst zu sein. Was geoffenbart wird, ist dies, daß er für ein Anderes ist. Das ist die Bestimmung des Offenbarens.

2. *Die geoffenbarte, positive Religion*

Diese Religion, die sich selbst offenbar ist, ist zweitens nicht nur die offenbare, sondern die, die auch *geoffenbart* genannt wird, und darunter versteht man, daß sie einerseits von Gott geoffenbart ist, daß Gott sich selbst den Menschen zu wissen gegeben, und andererseits darin, daß sie geoffenbart ist, *positive* Religion sei in dem Sinne, daß sie dem Menschen von außen gekommen, gegeben worden. Um dieser Eigentümlichkeit willen, die man beim Positiven vor der Vorstellung hat, ist es interessant zu sehen, was das Positive ist.

Die absolute Religion ist allerdings eine positive in dem Sinne, wie alles, was für das *Bewußtsein* ist, demselben ein *Gegenständliches* ist. Alles muß auf äußerliche Weise an uns kommen. Das Sinnliche ist so ein Positives. Zunächst gibt es nichts so Positives, als was wir in der unmittelbaren Anschauung vor uns haben.

Alles Geistige überhaupt kommt auch so an uns, endlich Geistiges, geschichtlich Geistiges; diese Weise der äußerlichen Geistigkeit und der sich äußernden Geistigkeit ist ebenso positiv. Ein höheres, reineres Geistiges ist das Sittliche, die Gesetze der Freiheit. Aber das ist seiner Natur nach nicht ein solch äußerlich Geistiges, nicht ein Äußerliches, Zufälliges, sondern die Natur des reinen Geistes selbst; aber es hat auch die Weise, äußerlich an uns zu kommen, zunächst im Unterricht, Erziehung, Lehre: da wird es uns gegeben, gezeigt, daß es so gilt.

Die Gesetze, die bürgerlichen, die Gesetze des Staats sind ebenso ein Positives: sie kommen an uns, sind für uns, gelten; sie *sind*, nicht so, daß wir sie stehenlassen, an ihnen vorübergehen können, sondern daß sie in dieser ihrer Äußerlichkeit auch *für uns, subjektiv ein Wesentliches*, subjektiv Bindendes sein sollen. Wenn wir das Gesetz fassen, erkennen, vernünftig finden, daß das Verbrechen bestraft ist, so ist es nicht ein Wesentliches für uns in dem Sinne, daß es nur darum uns gelte, *weil* es positiv ist, weil es so *ist*, sondern es gilt auch innerlich, unserer Vernunft als ein Wesentliches, weil es auch innerlich, vernünftig ist. Daß es positiv ist, benimmt seinem Charakter, vernünftig, unser eigenes zu sein, ganz und gar nichts. Die Gesetze der Freiheit haben immer eine positive Seite, eine Seite der Realität, Äußerlichkeit, Zufälligkeit in ihrer Erscheinung. Gesetze müssen bestimmt werden; schon in der Bestimmung, Qualität der Strafe tritt Äußerlichkeit ein, noch mehr in der Quantität. Das Positive kann bei Strafen gar nicht wegbleiben, ist ganz notwendig, – diese letzte Bestimmung des Unmittelbaren ist ein Positives, d. h. ist nichts Vernünftiges. Im Strafen ist z. B. die runde Zahl das Entscheidende; durch Vernunft ist nicht auszumachen, was da das schlechthin Gerechte sei. Was seiner Natur nach positiv ist, ist das Vernunftlose; es muß bestimmt sein und wird auf eine Weise bestimmt, die nichts Vernünftiges hat oder in sich enthält.

Notwendig ist bei der offenbaren Religion auch diese Seite: indem da *Geschichtliches, äußerlich Erscheinendes* vorkommt, ist da auch Positives, *Zufälliges* vorhanden, das so sein kann oder auch so. Auch bei der Religion kommt also dies vor. Um der Äußerlichkeit, der Erscheinung willen, die damit gesetzt ist, ist Positives immer vorhanden.

Aber es ist zu unterscheiden: das *Positive als solches*, abstrakt Positives, und das Positive in der Form und als *Ge-*

setz der Freiheit. Das Gesetz der Freiheit soll nicht gelten, weil es ist, sondern weil es die *Bestimmung unserer Vernünftigkeit* selbst ist; so ist es nichts Positives, nichts bloß Geltendes, wenn es als diese Bestimmung gewußt wird. Auch die Religion erscheint positiv im ganzen Inhalt ihrer Lehren, aber das soll sie nicht bleiben, nicht Sache der bloßen Vorstellung, des bloßen Gedächtnisses sein.

Das Positive in Rücksicht der *Beglaubigung* der Religion ist, daß das *Äußerliche* die Wahrheit einer Religion bezeugen, als *Grund* der Wahrheit einer Religion angesehen werden soll. Da hat die Beglaubigung einmal die Gestalt eines Positiven als solchen: da sind *Wunder* und *Zeugnisse*, die die Göttlichkeit des offenbarenden Individuums beweisen sollen und daß das Individuum diese und jene Lehren gegeben. Wunder sind sinnliche Veränderungen, Veränderungen im Sinnlichen, die wahrgenommen werden, und dies Wahrnehmen selbst ist sinnlich, weil es sinnliche Veränderungen betrifft. In Ansehung dieses Positiven, der Wunder, ist früher bemerkt worden, daß dies allerdings für den sinnlichen Menschen eine Beglaubigung hervorbringen kann; aber es ist das nur der *Anfang* der Beglaubigung, die ungeistige Beglaubigung, durch die das Geistige nicht beglaubigt werden kann.

Das Geistige als solches kann nicht direkt durch das Ungeistige, Sinnliche beglaubigt werden. Die Hauptsache in dieser Seite der Wunder ist, daß man sie in dieser Weise auf die Seite stellt.

Der Verstand kann versuchen, die Wunder natürlich zu erklären, viel Wahrscheinliches gegen sie vorbringen, d. h. an das Äußerliche, Geschehene als solches sich halten und gegen dieses sich kehren. Der Hauptstandpunkt der Vernunft in Ansehung der Wunder ist, daß das Geistige nicht äußerlich beglaubigt werden kann; denn das Geistige ist höher als das Äußerliche, es kann nur durch sich und in sich beglaubigt werden, nur durch sich und an sich selbst sich bewähren. Das ist das, was das Zeugnis des Geistes genannt werden kann.

In der Geschichte der Religion ist dies selbst ausgesprochen: *Moses* tut Wunder vor Pharao; die ägyptischen Zauberer machen es ihm nach; damit ist selbst gesagt, daß kein großer Wert darauf zu legen ist. Die Hauptsache aber ist, *Christus* selbst sagt: »Es werden viele kommen, die in meinem Namen Wunder tun, – ich habe sie nicht erkannt.«[2] Hier verwirft er selbst die Wunder als wahrhaftes Kriterium der Wahrheit. Das ist der Hauptgesichtspunkt, und dies ist festzuhalten: die Beglaubigung durch Wunder wie das Angreifen derselben ist eine Sphäre, die uns nichts angeht; das *Zeugnis des Geistes* ist das wahrhafte.

Dieses kann mannigfach sein; es kann unbestimmt, allgemeiner das sein[3], was dem Geist überhaupt *zusagt*, was einen tieferen *Anklang* in ihm erregt. In der Geschichte spricht das Edle, Hohe, Sittliche, Göttliche uns an; ihm gibt unser Geist Zeugnis. Dieses nun kann dieser allgemeine Anklang bleiben, dieses Zustimmen des Inneren, diese Sympathie. Es kann aber auch mit Einsicht, *Denken* verbunden werden; diese Einsicht, insofern sie keine sinnliche ist, gehört sogleich dem Denken an; es seien Gründe, Unterscheidungen usw., es ist Tätigkeit mit und nach den Denkbestimmungen, Kategorien. Es kann ausgebildeter oder wenig ausgebildet erscheinen; es kann ein solches sein, das die Voraussetzung macht seines Herzens, seines Geistes überhaupt, Voraussetzungen von allgemeinen Grundsätzen, die ihm gelten und die den Menschen durchs Leben begleiten. Diese Maximen brauchen nicht bewußte zu sein, sondern sie sind die Art und Weise, wie sein Charakter gebildet ist, das Allgemeine, das in seinem Geist festen Fuß gefaßt; dieses ist ein Festes in seinem Geist; dieses regiert ihn dann.

Von solcher festen Grundlage, Voraussetzung kann sein Räsonieren, Bestimmen anfangen. Da sind der Bildungsstufen, Lebenswege sehr viele, die Bedürfnisse sind sehr

---

2 Matth. 7, 22 f.
3 W: »allgemeines sein«. Verändert nach Lasson.

verschieden. Aber das höchste Bedürfnis des menschlichen Geistes ist das Denken, das Zeugnis des Geistes, so, daß es nicht vorhanden nur sei auf solche nur anklingende Weise der ersten Sympathie noch auf die andere Weise, daß solche feste Grundlagen und Grundsätze im Geiste sind, auf welche Betrachtungen gebaut werden, feste Voraussetzungen, aus denen Schlüsse, Herleitungen gemacht werden.

Das Zeugnis des Geistes in seiner höchsten Weise ist die Weise der Philosophie, daß der *Begriff rein als solcher* ohne Voraussetzung aus sich die Wahrheit entwickelt und man entwickelnd erkennt und in und durch diese Entwicklung die Notwendigkeit derselben einsieht.

Man hat oft den Glauben dem Denken so entgegengesetzt, daß man gesagt hat: von Gott, von den Wahrheiten der Religion kann man auf keine andere Weise eine wahrhafte Überzeugung haben als auf denkende Weise; so hat man die Beweise vom Dasein Gottes als die einzige Weise angegeben, von der Wahrheit zu wissen und überzeugt zu sein. Aber das Zeugnis des Geistes kann auf mannigfache, verschiedene Weise vorhanden sein; es ist nicht zu fordern, daß bei allen Menschen die Wahrheit auf philosophische Weise hervorgebracht werde. Die Bedürfnisse der Menschen sind eben nach ihrer Bildung und freien Entwicklung verschieden, und nach dem verschiedenen Stande der Entwicklung ist auch die Forderung, das Vertrauen, daß auf Autorität geglaubt werde. Auch Wunder haben da ihren Platz, und es ist interessant zu sehen, daß sie auf dies Minimum eingeschränkt werden.

Es ist also auch in dieser Form des Zeugnisses des Geistes noch *Positives* vorhanden. Die Sympathie, diese unmittelbare Gewißheit ist um ihrer Unmittelbarkeit willen selbst ein Positives, und das Räsonnement, das von einem Gesetzten, Gegebenen ausgeht, hat ebensolche Grundlage. Nur der Mensch hat Religion, und die Religion hat ihren Sitz, Boden im Denken. Das Herz, Gefühl ist nicht das Herz, Gefühl eines Tiers, sondern das Herz des *denkenden* Menschen, denkendes Herz, Gefühl, und was in diesem Herzen, Gefühl von Religion ist, ist im *Denken* dieses Herzens, Gefühls. Insofern man anfängt zu schließen, zu räsonieren, Gründe anzugeben, an Gedankenbestimmungen fortzugehen, geschieht das immer denkend.

Indem die Lehren der christlichen Religion in der Bibel vorhanden sind, sind sie hiermit auf positive Weise gegeben, und wenn sie subjektiv werden, wenn der Geist ihnen Zeugnis gibt, so kann das auf ganz unmittelbare Weise sein, daß des Menschen Innerstes, sein Geist, sein Denken, seine Vernunft davon getroffen ist und diesem zusagt. So ist die Bibel für den Christen diese Grundlage, die Hauptgrundlage, die diese Wirkung auf ihn hat, in ihm anschlägt, diese Festigkeit seinen Überzeugungen gibt.

Das Weitere ist aber, daß er, weil er denkend ist, nicht bei diesem unmittelbaren Zusagen, Zeugnis stehenbleiben kann, sondern sich auch ergeht in Gedanken, Betrachtungen, Nachdenken darüber. Dies gibt dann weitere Ausbildung in der Religion, und in der höchsten ausgebildeten Form ist es die Theologie, die wissenschaftliche Religion, dieser Inhalt als Zeugnis des Geistes auf wissenschaftliche Weise gewußt.

Da tritt dann dieser Gegensatz ein, daß gesagt wird, man solle sich bloß an die *Bibel* halten. Das ist einerseits ein ganz richtiger Grundsatz. Es gibt Menschen, die sehr religiös sind, nichts tun als die Bibel lesen und Sprüche daraus hersagen, eine hohe Frömmigkeit, Religiosität haben; aber Theologen sind sie nicht; da ist noch keine Wissenschaftlichkeit, Theologie. Goeze[4], der lutherische Zelot, hatte eine berühmte Bibelsammlung; auch der Teufel zitiert die Bibel; aber das macht eben noch nicht den Theologen.

Sowie dies nur nicht mehr bloß ist Lesen und Wiederholen der Sprüche, sowie das sogenannte Erklären anfängt, das Schließen, Exegesieren, was es zu bedeuten habe, so tritt der

---

4 Johann Melchior Goeze, 1717–1786, genannt »Pastor Goeze«, bekannt vor allem durch seine Kontroverse mit Lessing (*Antigoeze*)

Mensch ins Räsonieren, Reflektieren, ins Denken hinüber, und da kommt es darauf an, ob sein Denken richtig ist oder nicht, – *wie* er sich in seinem Denken verhalte.

Es hilft nichts zu sagen, diese Gedanken oder diese Sätze seien auf die Bibel gegründet. Sobald sie nicht mehr bloß die Worte der Bibel sind, ist diesem Inhalt eine Form gegeben, bekommt der Inhalt eine *logische Form*, oder es werden bei diesem Inhalt gewisse *Voraussetzungen* gemacht und mit diesen an die Erklärung gegangen; sie sind das *Bleibende* für die Erklärung; man bringt Vorstellungen mit, die das Erklären leiten. Die Erklärung der Bibel zeigt den Inhalt der Bibel in der Form, Denkweise jeder Zeit; das erste Erklären war ein ganz anderes als das jetzige.

Solche Voraussetzungen sind z. B. die Vorstellung, daß der Mensch von Natur gut ist oder daß man Gott nicht erkennen kann. Wer solche Vorurteile im Kopfe hat, wie muß der die Bibel verdrehen! Das bringt man hinzu, obgleich die christliche Religion gerade dies ist, Gott zu erkennen, worin Gott sogar sich geoffenbart, gezeigt hat, was er ist. Da kann nun eben wieder das Positive in anderer Weise eintreten. Da kommt es gar sehr darauf an, ob dieser Inhalt, diese Vorstellungen, Sätze wahrhafte sind. Das ist nicht mehr die Bibel, das sind die Worte, die der Geist innerlich auffaßt. Spricht der Geist sie aus, so ist das schon eine Form, die der Geist gegeben, Form des Denkens. Diese Form, die man jenem Inhalt gibt, ist zu untersuchen. Da kommt das Positive wieder herein. Es hat hier den Sinn, daß z. B. die formelle Logik des Schließens vorausgesetzt worden, Gedankenverhältnisse des Endlichen. Da kann nach dem gewöhnlichen Verhältnis des Schließens nur Endliches gefaßt, erkannt werden, nur Verständiges; göttlichem Inhalt ist es nicht adäquat. Dieser Inhalt wird so von Grund aus verdorben.

Die Theologie, sowie sie nicht ein Hersagen der Bibel ist und über die Worte der Bibel hinausgeht, es darauf ankommen läßt, was für Gefühle im Innern sind, gebraucht Formen des Denkens, tritt ins Denken. Gebraucht sie diese

Formen nun nach Zufall, so daß sie Voraussetzungen hat, Vorurteile, so ist dies etwas Zufälliges, Willkürliches, und die Untersuchung dieser Denkformen ist allein die Philosophie. Die Theologie gegen die Philosophie sich kehrend ist entweder bewußtlos darüber, daß sie solche Formen braucht, daß sie selbst denkt und es darauf ankommt, nach dem Denken fortzugehen, oder es ist nicht Ernst damit, sondern bloß Täuschung: sie will das beliebige, zufällige Denken, das hier das Positive ist, sich vorbehalten. Diesem willkürlichen Denken tut das Erkennen der wahrhaften Natur des Denkens Eintrag. Dieses zufällige, beliebige Denken ist das Positive, das hereinkommt. Nur der *Begriff* für sich *befreit* sich wahrhaft durch und durch von jenem Positiven; denn in der Philosophie und Religion ist diese höchste Freiheit, die das Denken selbst als solches ist.

Die Lehre, der Inhalt erhält auch die Form des Positiven; er ist ein Gültiges, gilt in der Gesellschaft. Alles Gesetz, alles Vernünftige, überhaupt was gilt, hat diese Form, daß es ein Seiendes ist und als solches für jeden das Wesentliche, ein Geltendes. Das ist aber nur die Form des Positiven; der Inhalt muß der wahrhafte Geist sein.

Die Bibel ist diese Form des Positiven; aber es ist selbst einer ihrer Sprüche: »Der Buchstabe tötet, der Geist macht lebendig.«[5] Da kommt es darauf an, welchen Geist man herbeibringt, welcher Geist das Wort belebt. Man muß wissen, daß man einen konkreten Geist mitbringt, einen denkenden oder reflektierenden oder empfindenden Geist, und muß Bewußtsein haben über diesen Geist, der tätig ist, diesen Inhalt auffaßt.

Das Fassen ist nicht ein passives Aufnehmen, sondern indem der Geist auffaßt, ist dies Fassen zugleich seine Tätigkeit; nur beim Mechanischen verhält sich die eine Seite im Aufnehmen passiv. Der Geist also kommt daran hin; dieser Geist hat seine Vorstellungen, Begriffe, ist ein logisches Wesen, ist

---

5 2. Kor. 3, 6

denkende Tätigkeit; diese Tätigkeit muß der Geist kennen. Dies Denken kann aber auch in diesen und jenen Kategorien der Endlichkeit so hingehen. Es ist der Geist, der auf solche Weise anfängt vom Positiven, aber wesentlich dabei ist: er soll sein der wahrhafte, rechte, der heilige Geist, der das Göttliche und diesen Inhalt als göttlich auffaßt und weiß. Das ist das Zeugnis des Geistes, das mehr oder weniger entwickelt sein kann.

Das ist also in Hinsicht des Positiven die Hauptsache, daß der Geist sich denkend verhält, Tätigkeit ist in den Kategorien, Denkbestimmungen, daß der Geist da tätig ist, sei er empfindend, räsonierend usf. Dies wissen einige nicht, haben kein Bewußtsein über das Aufnehmen, daß sie dabei tätig sind. Viele Theologen, indem sie sich exegetisch verhalten und, wie sie meinen, recht rein aufnehmend, wissen dies nicht, daß sie dabei tätig sind, reflektieren. Ist dies Denken so ein zufälliges, so überläßt es sich den Kategorien der Endlichkeit und ist damit unfähig, das Göttliche im Inhalt aufzufassen; es ist nicht der göttliche, sondern der endliche Geist, der in solchen Kategorien sich fortbewegt.

Durch solch endliches Erfassen des Göttlichen, dessen, was an und für sich ist, durch dies endliche Denken des absoluten Inhalts ist es geschehen, daß die Grundlehren des Christentums größtenteils aus der Dogmatik verschwunden sind. Nicht allein, aber vornehmlich ist die Philosophie jetzt wesentlich orthodox; die Sätze, die immer gegolten, die Grundwahrheiten des Christentums werden von ihr erhalten und aufbewahrt.

Indem wir diese Religion betrachten, gehen wir nicht historisch zu Werke nach der Weise des Geistes, der vom Äußerlichen anfängt, sondern wir gehen vom *Begriff* aus. Jene Tätigkeit, die vom Äußerlichen anfängt, erscheint nur nach *einer* Seite als auffassend, nach der andern ist sie Tätigkeit. Hier verhalten wir uns wesentlich als solche *Tätigkeit,* und zwar mit *Bewußtsein des Denkens über sich*, über den Gang der Denkbestimmungen, – eines Denkens, das sich geprüft, erkannt hat, das weiß, wie es denkt, und weiß, was die endlichen und was die wahrhaften Denkbestimmungen sind. Daß wir auf der andern Seite vom Positiven anfingen, ist in der Erziehung geschehen und notwendig, hier aber auf der Seite zu lassen, insofern wir wissenschaftlich verfahren.

3. Die Religion der Wahrheit und Freiheit

Die absolute Religion ist so die Religion der *Wahrheit und Freiheit.* Denn die Wahrheit ist, sich im Gegenständlichen nicht verhalten als zu einem Fremden. Die Freiheit drückt dasselbe, was die Wahrheit ist, mit einer Bestimmung der Negation aus. Der Geist ist für den Geist: dies *ist* er; er ist also seine Voraussetzung; wir fangen mit dem Geist als Subjekt an. Er ist identisch mit sich, ist ewige Anschauung seiner selbst; er ist so zugleich nur als Resultat, als Ende gefaßt. Er ist das *Sichvoraussetzen* und ebenso das *Resultat* und ist nur als Ende. Dies ist die Wahrheit, dies Adäquatsein, dies Objekt- und Subjektsein. Daß er *sich selbst der Gegenstand* ist, ist die Realität, Begriff, Idee, und dies ist die *Wahrheit.*

Ebenso ist sie die Religion der Freiheit. *Freiheit* ist abstrakt das Verhalten zu einem Gegenständlichen als nicht zu einem Fremden; es ist dieselbe Bestimmung wie die der Wahrheit, nur ist bei der Freiheit noch die *Negation* des *Unterschiedes des Andersseins* herausgehoben; so erscheint sie in der Form der *Versöhnung.* Diese fängt damit an, daß Unterschiedene gegeneinander sind: Gott, der eine ihm entfremdete Welt gegenüber hat, – eine Welt, die ihrem Wesen entfremdet ist. Die Versöhnung ist die Negation dieser Trennung, dieser Scheidung, sich ineinander zu erkennen, sich und sein Wesen zu finden. Die Versöhnung ist so die Freiheit, ist nicht ein Ruhendes oder Seiendes, sondern Tätigkeit. Alles dies, Versöhnung, Wahrheit, Freiheit ist allgemeiner Prozeß und daher nicht in einem einfachen Satz auszusprechen ohne Einseitigkeit. Die *Hauptvorstellung* ist die von der *Einheit der göttlichen und menschlichen Natur:* Gott ist Mensch geworden. Diese Einheit ist zunächst nur das *Ansich*, aber als dies, *ewig hervorgebracht zu werden*, und dies Hervorbringen ist die Befreiung, Versöhnung, die eben nur möglich ist durch das Ansich; die mit sich identische Substanz ist diese Einheit, die als solche die Grundlage ist, aber als Subjektivität ist sie das, was sich ewig hervorbringt.

Daß nur diese Idee die absolute Wahrheit ist, das ist Resultat der ganzen Philosophie; in seiner reinen Form ist es das Logische, aber ebenso Resultat der Betrachtung der konkreten Welt. Dies ist die Wahrheit, daß die Natur, das Leben, der Geist durch und durch organisch ist, daß jedes Unterschiedene nur ist der Spiegel dieser Idee, so daß sie sich an ihm als Vereinzeltem darstellt, als Prozeß an ihm, so daß es diese Einheit an ihm selbst manifestiert.

Die *Naturreligion* ist die Religion auf dem Standpunkt *nur* des *Bewußtseins*; in der *absoluten* Religion ist auch dieser Standpunkt, aber nur innerhalb, als transitorisches *Moment*. In der Naturreligion ist Gott als Anderes vorgestellt, in natürlicher Gestaltung, oder die Religion hat nur die Form des Bewußtseins. Die zweite Form war die der geistigen Religion, des Geistes, der endlich bestimmt bleibt; es ist insofern die Religion des Selbstbewußtseins, nämlich der absoluten Macht, der Notwendigkeit, die wir gesehen haben. Der Eine, die Macht ist das Mangelhafte, weil es nur die abstrakte Macht ist, seinem Inhalte nach nicht absolute Subjektivität ist, nur abstrakte Notwendigkeit, abstrakt einfaches Beisichselbstsein.

Die Abstraktion, in der die Macht und die Notwendigkeit noch auf jener Stufe gefaßt worden, macht die Endlichkeit aus, und die besonderen Mächte, Götter, bestimmt nach geistigem Inhalt, machen erst die Totalität, indem sie zu jener Abstraktion den realen Inhalt hinzubringen. Endlich die dritte ist nun die Religion der Freiheit, des *Selbstbewußtseins*, das aber zugleich *Bewußtsein* der umfassenden

Realität [ist], die die Bestimmtheit der ewigen Idee Gottes selbst bildet und in dieser Gegenständlichkeit *bei sich selbst* ist. Freiheit ist die Bestimmung des Selbstbewußtseins.

B
Der metaphysische Begriff der Idee Gottes

Der metaphysische Begriff Gottes ist hier, daß wir nur vom *reinen Begriff* zu sprechen haben, *der durch sich selbst real* ist. Die Bestimmung Gottes ist also hier, daß er die *absolute Idee* ist, d. h. daß er der *Geist* ist. Aber der Geist, die absolute Idee ist dies, nur als Einheit des Begriffs und der Realität zu sein, und [zwar] so, daß der Begriff an ihm selbst als die Totalität ist und ebenso die Realität. Diese Realität aber ist die *Offenbarung*, die für sich seiende Manifestation. Indem die Manifestation auch das Moment des Unterschiedes in sich hat, so liegt darin auch die Bestimmung des *endlichen Geistes*, der menschlichen Natur, die als endlich jenem Begriff *gegenüber* ist; indem wir aber den *absoluten Begriff* die *göttliche* Natur nennen, so ist die *Idee* des Geistes, die *Einheit der göttlichen und menschlichen Natur* zu sein. Aber die *göttliche* Natur ist selbst nur dies, der *absolute Geist* zu sein; also eben die *Einheit* der göttlichen und menschlichen Natur ist selbst der *absolute Geist*. Aber in einem Satze läßt sich die Wahrheit nicht aussprechen. Beide sind *verschieden*, der absolute Begriff und die Idee als die absolute Einheit von ihrer Realität. Der Geist ist daher der lebendige *Prozeß*, daß die *an sich* seiende Einheit der göttlichen und menschlichen Natur *für sich* und hervorgebracht werde.

Die *abstrakte* Bestimmung nun dieser *Idee* ist die *Einheit des Begriffes mit der Realität*. In der Form des *Beweises vom Dasein Gottes* ist ein Beweis dieser Übergang, diese Vermittlung, daß aus dem *Begriff* Gottes das *Sein* folgt. Zu bemerken ist, daß wir bei den übrigen Beweisen ausgegangen sind vom endlichen Sein, welches das Unmittelbare war und von dem auf das Unendliche, auf das wahrhafte Sein geschlossen wurde, das in der Form von Unendlichkeit, Notwendigkeit, absoluter Macht, die zugleich Weisheit ist, die Zwecke in sich selbst hat, erschien. Hier wird dagegen vom Begriff ausgegangen und übergegangen zum Sein. Beides ist notwendig, und diese Einheit aufzuzeigen, ist notwendig, indem man sowohl vom einen ausgeht als auch vom andern, denn die *Identität* beider ist das Wahrhafte. Sowohl der Begriff als auch das Sein, die Welt, das Endliche, beides sind einseitige Bestimmungen, deren jede in die andere umschlägt und sich zeigt, einmal unselbständiges Moment zu sein und zweitens die andere Bestimmung, welche sie in sich trägt, zu produzieren. Nur in der *Idee* ist ihre Wahrheit, d. h. beide sind als *Gesetzte*; keines von beiden muß nur die Bestimmung haben, ein Anfangendes, *Ursprüngliches zu bleiben*, sondern muß sich darstellen als übergehend ins andere, d. h. muß als Gesetztes sein. Dieser Übergang hat eine entgegengesetzte Bedeutung; jedes wird als Moment dargestellt, d. h. es ist ein Übergehendes vom Unmittelbaren zum Anderen, so daß jedes ein *Gesetztes* ist; andererseits hat es aber auch die Bedeutung, daß es ein das Andere Hervorbringendes sei wie das Andere *Setzendes*. Es ist so die eine Seite die Bewegung und ebenso auch die andere.

Wenn nun in dem Begriff der Übergang in das Sein aufgezeigt werden soll, so muß man zunächst sagen, daß die Bestimmung *Sein* ganz arm ist; es ist die abstrakte Gleichheit mit sich selbst, diese Affirmation, aber in ihrer letzten Abstraktion, die ganz bestimmungslose Unmittelbarkeit. Wenn im Begriff weiter nichts wäre, so muß ihm doch wenigstens diese letzte Abstraktion zukommen; der Begriff *ist* nämlich. Selbst nur als Unendlichkeit bestimmt oder, in konkreterer Bedeutung, die Einheit vom Allgemeinen und Besonderen, die Allgemeinheit, die sich besondert und so in sich zurückkehrt, ist diese Negation des Negativen, diese *Beziehung auf sich selbst*, das Sein ganz abstrakt genommen. Diese Identität mit sich, diese Bestimmung ist sogleich im *Begriff wesentlich enthalten.*

Doch muß auch gesagt werden, der Übergang vom Begriff zum Sein ist sehr viel und reich und enthält das tiefste Interesse der Vernunft. Dies Verhältnis zu fassen vom Begriff zum Sein ist besonders auch das Interesse unserer Zeit. Es ist näher die Ursache anzugeben, warum dieser Übergang solch ein Interesse hat. Die Erscheinung dieses *Gegensatzes* ist ein Zeichen, daß die *Subjektivität* die Spitze ihres Fürsichseins erreicht hat, zur *Totalität* gekommen ist, sich *in sich selbst als unendlich und absolut zu wissen.* Die wesentliche Bestimmung der offenbaren Religion ist die Form, wodurch die Substanz Geist ist. Die eine Seite im Gegensatze ist das Subjekt wieder selbst; das ist die Realisation der Idee in ihrer konkreten Bedeutung. Daß nun dieser Gegensatz als so schwierig, unendlich erscheint, hat seinen Grund darin, daß diese eine Seite der Realität, die Seite der Subjektivität, der endliche Geist in sich zu diesem Erfassen seiner Unendlichkeit gekommen ist. Erst wenn das Subjekt die Totalität ist, diese Freiheit in sich erreicht hat, ist es *Sein*; dann ist es aber auch der Fall, daß diesem Subjekt dies Sein gleichgültig ist, das *Subjekt für sich* ist und das *Sein* als ein *gleichgültiges Anderes* drüben steht. Dies macht den näheren Grund aus, daß der Gegensatz als ein unendlicher erscheinen kann, und deshalb und zugleich ist der Trieb in der Lebendigkeit vorhanden, den Gegensatz aufzulösen. In seiner Totalität liegt zugleich die Forderung, diesen Gegensatz aufzulösen; aber das Aufheben ist dadurch unendlich schwierig geworden, weil der Gegensatz so unendlich ist, das Andere so ganz *frei* ist, als ein Drüben, ein Jenseits.

Die Größe des Standpunkts der modernen Welt ist also diese Vertiefung des Subjekts in sich, daß das *Endliche* sich selbst als *Unendliches* weiß und dennoch mit dem *Gegensatz* behaftet ist, den es getrieben ist, aufzulösen. Denn so steht dem Unendlichen ein Unendliches entgegen, und es setzt sich das Unendliche selbst so als ein Endliches, so daß das Subjekt seiner Unendlichkeit wegen gedrungen ist, diesen Gegensatz, der selbst zu seiner Unendlichkeit sich vertieft hat, aufzuheben. Der Gegensatz ist: ich bin Subjekt, frei, bin Person für mich, darum entlasse ich auch das Andere frei, welches drüben ist und so bleibt. Die Alten sind nicht zum Bewußtsein dieses Gegensatzes gekommen, nicht zu dieser Entzweiung, die nur der für sich seiende Geist ertragen kann. Geist ist nur dies, selbst im Gegensatz unendlich sich zu erfassen. Wie wir den Standpunkt hier haben, so ist er der, daß wir einerseits den Begriff Gottes und andererseits das Sein dem Begriff gegenüber haben; die Forderung ist dann die Vermittlung beider, so daß der Begriff sich selbst zum Sein entschließe oder das Sein aus dem Begriff begriffen werde, daß das Andere, der Gegensatz, aus dem Begriff hervorgehe. Die Art und Weise, wie dies geschieht, ist, so wie die Verstandesform, kurz zu exponieren.

Die Gestalt, welche diese Vermittlung hat, ist die des *ontologischen* Beweises vom Dasein Gottes, wobei vom Begriff angefangen wird. Was ist nun der *Begriff Gottes*? Er ist das Allerrealste. Er ist nur affirmativ zu fassen, ist bestimmt in sich; der Inhalt hat keine Beschränkung; er ist *alle Realität* und nur als Realität ohne Schranke; damit bleibt eigentlich nur das tote Abstraktum übrig, dies ist schon früher bemerkt. Von diesem Begriff wird die Möglichkeit, d. h. seine *widerspruchslose Identität* aufgezeigt in der Form des Verstandes. Das zweite ist, es wird gesagt: *Sein* ist eine *Realität,* Nichtsein ist Negation, ein Mangel, schlechthin dagegen. Das dritte ist der *Schluß: Sein ist also Realität, welche zum Begriff Gottes gehört.*

Was *Kant* dagegen vorgebracht hat, ist eine Zernichtung des Beweises und ist das Vorurteil der Welt geworden. Kant sagt: aus dem Begriff Gottes kann man das Sein nicht herausklauben; denn das *Sein* ist ein *Anderes* als der *Begriff*. Man unterscheidet beide, sie sind einander entgegengesetzt; der Begriff kann also nicht das Sein enthalten; dieses steht drüben. Er sagt ferner: das *Sein* ist *keine*

Realität; Gott kommt alle Realität zu, folglich ist es nicht im Begriff Gottes enthalten, nämlich so, daß das Sein keine Inhaltsbestimmung sei, sondern die *reine Form*. Wenn ich mir hundert Taler vorstelle oder sie besitze, so werden sie dadurch nicht verändert; es ist dann der eine und selbe Inhalt, ob ich sie habe oder nicht. Kant nimmt so den *Inhalt* für das, was den *Begriff* ausmacht: er *sei* dies nicht, was im Begriff enthalten sei[6]. Man kann dies allerdings sagen, nämlich wenn man unter Begriff die Inhaltsbestimmung versteht und von dem Inhalt die Form unterscheidet, die den Gedanken enthält und andererseits das Sein; aller Inhalt ist so auf der Seite des Begriffs, und der andern Seite bleibt nur die Bestimmung des Seins. Mit kurzen Worten ist dies also folgendes. Der Begriff ist nicht das Sein; beide sind unterschieden. Wir können von Gott nichts erkennen, nichts wissen; wir können uns zwar Begriffe von Gott machen, aber damit ist noch nicht gesagt, daß sie auch so sind. Dies wissen wir freilich, daß man sich Luftschlösser bauen kann, die deshalb noch nicht sind. Es ist so an etwas Populäres appelliert, und dadurch hat Kant eine Vernichtung im allgemeinen Urteil hervorgebracht und den großen Haufen für sich gewonnen.

Anselm von Canterbury, ein gründlich gelehrter Theologe, hat den Beweis so vorgetragen. Gott ist das *Vollkommenste*, der Inbegriff aller Realität. Ist nun Gott bloß Vorstellung, subjektive Vorstellung, so ist er nicht das Vollkommenste; denn wir achten nur das für vollkommen, was nicht bloß vorgestellt ist, sondern auch Sein hat. Dies ist ganz richtig und eine Voraussetzung, die jeder Mensch in sich enthält, nämlich daß das nur Vorgestellte unvollkommen ist und vollkommen nur das, was auch Realität hat, Wahrheit nur sei, was ebenso *sei* als gedacht sei. Gott ist nun das Vollkommenste; also muß er auch ebenso real, seiend sein, als er auch Begriff ist. Man hat ferner auch in seiner Vorstellung, daß

---

6 Lasson: »Der Inhalt sei dies, was im Begriff enthalten sei«

die Vorstellung und der Begriff verschieden sind, ebenso auch die Vorstellung, daß das bloß Vorgestellte unvollkommen, Gott aber ferner das Vollkommenste ist. Die Verschiedenheit von Begriff und Sein beweist Kant nicht; sie ist populärerweise angenommen; man läßt es gelten, hat aber im gesunden Menschensinn nur von den unvollkommenen Dingen eine Vorstellung.

Der Anselmische Beweis sowie die Form, die ihm in dem ontologischen Beweis gegeben wird, enthält, daß Gott der Inbegriff aller Realität ist; folglich enthält er auch das Sein. Dies ist ganz richtig. Sein ist eine so arme Bestimmung, daß sie dem Begriff unmittelbar zukommt. Das andere ist, daß auch Sein und Begriff voneinander unterschieden sind; Sein und Denken, Idealität und Realität, beides ist *unterschieden* und entgegengesetzt; der wahrhafte Unterschied ist auch *Entgegensetzung*, und dieser Gegensatz soll aufgehoben werden, und die Einheit beider Bestimmungen ist so aufzuzeigen, daß sie das Resultat aus der Negation des Gegensatzes ist. »In dem Begriff ist das Sein enthalten.« Diese Realität unbeschränkt gibt nur leere Worte, leere Abstraktionen. Also die Bestimmung vom Sein ist als affirmativ enthalten im Begriff aufzuzeigen; dies ist dann die Einheit vom Begriff und Sein.

Es sind aber auch Unterschiedene, und so ist ihre Einheit die negative Einheit beider, und um das Aufheben des Unterschiedes ist es zu tun. Der Unterschied muß zur Sprache kommen und die Einheit hergestellt, aufgezeigt werden nach diesem Unterschied. Dies aufzuzeigen, gehört der Logik an. Daß der Begriff diese Bewegung ist, sich zum Sein zu bestimmen, diese Dialektik, diese Bewegung, sich zum Sein, zum Gegenteil seiner selbst zu bestimmen, dies Logische ist eine weitere Entwicklung, die dann in dem ontologischen Beweise nicht gegeben ist, und dies ist das Mangelhafte daran.

Was die Form des Gedankens von Anselm betrifft, so ist bemerkt worden, daß der Inhalt dahin geht, daß der Begriff

Gottes vorausgesetzt habe die Realität, weil Gott das Vollkommenste sei. Es kommt darauf an, daß der Begriff sich für sich objektiviert.

Gott ist so das Vollkommenste, nur in der Vorstellung gesetzt; an dem Vollkommensten gemessen ist es, daß der bloße Begriff Gottes als mangelhaft erscheint. Der Begriff der Vollkommenheit ist der Maßstab, und da ist denn Gott als bloßer Begriff, Gedanke diesem Maßstabe unangemessen. Die Vollkommenheit ist nur eine unbestimmte Vorstellung. Was ist denn vollkommen? Die Bestimmung des Vollkommenen sehen wir unmittelbar an dem, was dem, auf was sie hier angewendet wird, entgegengesetzt ist; nämlich die Unvollkommenheit ist nur der Gedanke Gottes, und so ist das Vollkommene die Einheit des Gedankens, des Begriffs mit der Realität; diese Einheit wird also hier *vorausgesetzt*. Indem Gott gesetzt ist als das Vollkommenste, so hat er hier keine weitere Bestimmung; er ist nur das Vollkommene, er ist nur als solches, und dies ist seine Bestimmtheit. Es erhellt daraus, daß es sich eigentlich nur um diese Einheit des Begriffs und der Realität handelt. Diese Einheit ist die Bestimmung der Vollkommenheit und zugleich die der Gottheit selbst; dies ist auch in der Tat die Bestimmung der Idee. Es gehört aber freilich noch mehr zur Bestimmung Gottes.

Bei der Anselmischen Weise des Begriffs ist die Voraussetzung in der Tat die Einheit des Begriffs und der Realität; dies ist es denn, was diesem Beweis die Befriedigung nicht gewährt für die Vernunft, weil die Voraussetzung das ist, um was es sich handelt. Daß aber der Begriff *sich an sich* bestimme, sich objektiviere, sich selbst realisiere, ist eine weitere Einsicht, die erst aus der Natur des Begriffs hervorgekommen ist und nicht sein konnte. Dies ist die Einsicht, inwiefern der Begriff selbst seine Einseitigkeit aufhebt.

Wenn wir dies mit der Ansicht unserer Zeit vergleichen, die besonders von Kant ausgegangen ist, so heißt es hier: der Mensch denkt, schaut an, will, und sein Wollen ist neben dem Denken; er denkt auch, begreift auch, ist ein sinnlich

Konkretes und auch Vernünftiges. Der Begriff Gottes, die Idee, das Unendliche, Unbegrenzte ist ferner nach dieser Ansicht nur ein Begriff, den wir uns machen; aber wir dürfen nicht vergessen, daß es nur ein Begriff ist, der in unserem Kopfe ist. Warum sagt man: es ist *nur* ein Begriff? Der Begriff ist etwas Unvollkommenes, indem das Denken nur *eine* Qualität, *eine* Tätigkeit ist neben anderem im Menschen; d. h. wir messen den Begriff an der *Realität*, die wir vor uns haben, am *konkreten Menschen.* Der Mensch ist freilich nicht bloß denkend, er ist auch sinnlich und kann sogar auch im Denken sinnliche Gegenstände haben. Dies ist in der Tat nur das Subjektive des Begriffs. Wir finden ihn seines *Maßstabes* wegen unvollkommen, weil dieser der konkrete Mensch ist. Man könnte sagen, man erklärt den Begriff nur für einen Begriff und das Sinnliche für Realität, – was man sieht, fühlt, empfindet, sei Realität. Man könnte dies behaupten, und es machen es viele so, die nichts als Wirklichkeit erkennen, als was sie empfinden, schmecken; allein so schlimm wird es nicht sein, daß Menschen sind, die Wirklichkeit nur dem Sinnlichen zuschreiben, nicht dem Geistigen. Es ist die konkrete, totale Subjektivität des Menschen, die als Maßstab vorschwebt, an dem gemessen das Begreifen nur ein Begreifen ist.

Wenn wir nun beides vergleichen, des Anselmus Gedanken und den Gedanken der modernen Zeit, so ist gemeinsam, daß sie beide *Voraussetzungen* machen, Anselm die unbestimmte *Vollkommenheit*, die moderne Ansicht die *konkrete Subjektivität des Menschen* überhaupt. Gegen jene Vollkommenheit und andererseits gegen dies empirisch Konkrete erscheint der Begriff als etwas Einseitiges, nicht Befriedigendes. Im Gedanken Anselms hat die Bestimmung von Vollkommenheit in der Tat auch den Sinn, daß sie sei *die Einheit des Begriffs und der Realität.* Auch bei *Descartes* und *Spinoza* ist Gott das Erste, die absolute Einheit des Denkens und des Seins, *cogito, ergo sum*, die absolute Substanz, ebenso auch bei *Leibniz.* Was wir so auf einer Seite haben, ist eine Vor-

aussetzung, die das Konkrete in der Tat ist, Einheit des Subjekts und Objekts, und an diesem gemessen erscheint der Begriff mangelhaft. Die moderne Ansicht sagt: dabei müssen wir stehenbleiben, daß der Begriff nur der Begriff ist, nicht entspricht dem Konkreten. Anselm dagegen sagt: wir müssen es aufgeben, den subjektiven Begriff als fest und selbständig bestehen lassen zu wollen; wir müssen im Gegenteil von seiner Einseitigkeit abgehen. Beide Ansichten haben das Gemeinschaftliche, daß sie Voraussetzungen haben. Das Verschiedene ist, daß die moderne Welt das Konkrete zugrunde legt; die Anselmische Ansicht, die metaphysische, dagegen legt den absoluten Gedanken, die absolute Idee, die die Einheit des Begriffs und der Realität ist, zugrunde.
Diese alte Ansicht steht insofern höher, daß sie das Konkrete nicht als empirischen Menschen, als empirische Wirklichkeit nimmt, sondern als Gedanken; auch darin steht sie höher, daß sie nicht am Unvollkommenen festhält. In der modernen Ansicht ist der Widerspruch des Konkreten und des »nur Begriffs« nicht aufgelöst; der subjektive Begriff ist, gilt, muß als subjektiv behalten werden, ist das Wirkliche. Die ältere Seite steht so bei weitem im Vorteil, weil sie den Grundton auf die *Idee* legt; die moderne Ansicht steht in einer Bestimmung weiter als sie, indem sie das *Konkrete* als Einheit des Begriffs und der Realität setzt, wogegen die ältere Ansicht bei einem *Abstraktum* von Vollkommenheit stehenblieb.

C
Einteilung

Die absolute, ewige Idee ist
I. *an und für sich Gott* in seiner Ewigkeit, vor Erschaffung der Welt, außerhalb der Welt;
II. *Erschaffung der Welt.* Dieses Erschaffene, dieses Anderssein spaltet sich an ihm selbst in diese zwei Seiten: die

physische Natur und den endlichen Geist. Dieses so Geschaffene ist so ein Anderes, zunächst gesetzt außer Gott. Gott ist aber wesentlich, dies Fremde, dies Besondere, von ihm getrennt Gesetzte sich zu versöhnen [und], so wie die Idee sich dirimiert hat, abgefallen ist von sich selbst, diesen Abfall zu seiner Wahrheit zurückzubringen.

III. Das ist der Weg, der Prozeß der *Versöhnung*, wodurch der Geist [das], was er von sich unterschieden [hat] in seiner Diremtion, seinem Urteil, mit sich geeinigt hat und so der heilige Geist ist, der Geist in seiner *Gemeinde*.

Das sind also nicht Unterschiede nach äußerlicher Weise, die wir machen, sondern das Tun, die entwickelte Lebendigkeit des absoluten Geistes selbst; das ist selbst [s]ein ewiges Leben, das eine Entwicklung und Zurückführung dieser Entwicklung in sich selbst ist.

Die nähere Explikation dieser Idee ist nun, daß der allgemeine Geist das Ganze, was er ist, sich selbst in seine drei Bestimmungen setzt, sich entwickelt, realisiert, und daß erst am Ende vollendet ist, was zugleich seine Voraussetzung ist. Er ist im Ersten als Ganzes, setzt sich voraus und ist ebenso nur am Ende. Der Geist ist so in den drei Formen, den drei Elementen zu betrachten, in die er sich setzt.

Diese drei angegebenen Formen sind: das ewige In- und Beisichsein, die Form der *Allgemeinheit*; die Form der Erscheinung, die der *Partikularisation*, das Sein für Anderes; die Form der Rückkehr aus der Erscheinung in sich selbst, die absolute *Einzelheit*. In diesen drei Formen expliziert sich die göttliche Idee. Geist ist die göttliche Geschichte, der Prozeß des Sichunterscheidens, Dirimierens und dies Insichzurücknehmens; er ist die göttliche Geschichte, und diese Geschichte ist in jeder der drei Formen zu betrachten.

Sie sind in Rücksicht auf das *subjektive Bewußtsein* auch so zu bestimmen. Die erste Form als das Element des *Gedankens*. Gott ist im reinen Gedanken, wie er an und für sich ist, offenbar ist, aber noch nicht zur Erscheinung gekommen ist, – Gott in seinem ewigen Wesen bei sich selbst, aber offenbar. Die zweite Form ist, daß er im Element der *Vorstellung* ist, im Element der Partikularisation, daß das Bewußtsein befangen ist in Beziehung auf Anderes, – dies ist die Erscheinung. Das dritte Element ist das der *Subjektivität als solcher*. Diese Subjektivität ist teils die *unmittelbare* als Gemüt, Vorstellung, Empfindung, teils aber auch Subjektivität, die der Begriff ist, *denkende Vernunft*, Denken des freien Geistes, der erst durch die Rückkehr frei in sich ist.

In Beziehung auf *Ort, Raum* sind die drei Formen so zu erklären, indem sie als Entwicklung und Geschichte gleichsam an verschiedenen Orten vorgehen. So ist die erste göttliche Geschichte *außer der Welt, raumlos*, außer der Endlichkeit, Gott, wie er an und für sich ist. Das zweite ist die göttliche Geschichte als real *in der Welt*, Gott im vollkommenen Dasein. Das dritte ist der *innere Ort*, die Gemeinde, zunächst in der Welt, aber zugleich sich zum Himmel erhebend, als Kirche ihn auf Erden schon in sich habend, voll Gnade, in der Welt wirksam, präsent.

Man kann auch nach der *Zeit* die drei Elemente unterschieden bestimmen. Im ersten Elemente ist Gott *außer der Zeit*, als ewige Idee, in dem Element der *Ewigkeit*, der Ewigkeit, insofern sie der Zeit gegenübergestellt wird. So expliziert sich diese an und für sich seiende Zeit und legt sich auseinander in Vergangenheit, Gegenwart und Zukunft. So ist die göttliche Geschichte zweitens als Erscheinung, ist als *Vergangenheit*; sie ist, hat Sein, aber ein Sein, das zum Schein herabgesetzt ist. Als Erscheinung ist sie unmittelbares Dasein, das auch zugleich negiert ist; dies ist Vergangenheit. Die göttliche Geschichte ist so als Vergangenheit, als das *eigentlich Geschichtliche*. Das dritte Element ist die *Gegenwart*, aber nur die beschränkte Gegenwart, nicht die ewige Gegenwart, sondern die, die Vergangenheit und Zukunft von sich unterscheidet, die das Element des Gemüts ist, der unmittelbaren Subjektivität geistiges Jetztsein. Aber die Gegenwart soll auch das dritte sein; die Gemeinde erhebt sich auch in den Himmel. So ist es auch eine Gegenwart, die sich erhebt, wesentlich versöhnt, vollendet durch die Negation ihrer Unmittelbarkeit zur Allgemeinheit, eine Vollendung, die aber noch nicht ist und die so als Zukunft zu fassen ist, – ein Jetzt der Gegenwart, das die Vollendung vor sich hat; aber diese ist unterschieden von diesem Jetzt, das noch Unmittelbarkeit ist, und ist als *Zukunft* gesetzt.

Wir haben überhaupt die Idee zu betrachten als *göttliche Selbstoffenbarung*, und diese Offenbarung ist in den drei angegebenen Bestimmungen zu nehmen.

Nach der *ersten* ist Gott für den endlichen Geist rein nur als Denken: dies ist das *theoretische Bewußtsein*, worin das denkende Subjekt sich ganz ruhig verhält, noch nicht in dies Verhältnis selbst, in den Prozeß gesetzt ist, sondern in der ganz unbewegten Stille des denkenden Geistes sich verhält; da ist Gott gedacht für ihn, und dieser ist so in dem einfachen Schlusse, daß er sich durch seinen Unterschied, der aber hier nur noch in der *reinen Idealität* ist und nicht zur Äußerlichkeit kommt, mit sich selbst zusammenschließt, unmittelbar bei sich selbst ist. Dies ist das erste Verhältnis, das nur für das denkende Subjekt ist, welches von dem reinen Inhalt allein eingenommen ist. Dies ist *das Reich des Vaters.*

Die *zweite* Bestimmung ist das *Reich des Sohnes*, worin Gott für die Vorstellung im Elemente des Vorstellens überhaupt ist – das Moment der *Besonderung* überhaupt. In diesem zweiten Standpunkt erhält jetzt das, was im ersten das *Andere* Gottes war, ohne aber diese Bestimmung zu haben, die *Bestimmung* des Anderen. Dort auf dem ersten Standpunkt ist Gott als der Sohn nicht unterschieden vom Vater, aber nur in der Weise der *Empfindung* ausgesprochen; im zweiten Elemente erhält aber der Sohn die Bestimmung als Anderes, und aus der reinen Idealität des Denkens wird so in die Vorstellung hinübergetreten. Wenn nach der ersten Bestimmung Gott nur einen Sohn erzeugt, so bringt er hier die *Natur* hervor. Hier ist das Andere die Natur; der

Unterschied kommt so zu seinem Rechte: das Unterschiedene ist die Natur, die Welt überhaupt, und der Geist, der sich darauf bezieht, der natürliche Geist. Hier tritt das, was wir vorhin *Subjekt* geheißen haben, selbst als *Inhalt* ein: der Mensch ist hier verflochten mit dem Inhalt. Indem der Mensch sich hier auf die Natur bezieht und selbst natürlich ist, so ist er dies nur innerhalb der Religion; es ist somit die *religiöse Betrachtung* der Natur und des Menschen. Der Sohn tritt in die Welt, dies ist der Beginn des *Glaubens*; es ist schon im Sinne des Glaubens gesagt, wenn wir vom Hereintreten des Sohnes sprechen. Für den *endlichen Geist als solchen* kann Gott eigentlich nicht sein, denn insofern er für ihn ist, so liegt unmittelbar darin, daß der endliche Geist seine Endlichkeit nicht als ein Seiendes festhalte, sondern daß er im Verhältnis zum Geist ist, sich mit Gott versöhne. Als endlicher Geist ist er gestellt als Abfallen, als Trennung gegen Gott; so ist er in Widerspruch gegen dies sein Objekt, seinen Inhalt, und dieser Widerspruch ist zunächst das Bedürfnis seiner Aufhebung. Dies Bedürfnis ist der Anfang, und das Weitere ist, daß Gott für den Geist werde, daß sich der göttliche Inhalt ihm vorstelle, aber dann zugleich der Geist in *empirisch endlicher* Weise ist; *so erscheint* es ihm in *empirischer* Weise, was Gott ist. Aber indem das Göttliche in dieser Geschichte für ihn hervortritt, so verliert sie den Charakter, äußerliche Geschichte zu sein; sie wird *göttliche* Geschichte, die Geschichte der Manifestation Gottes selbst.
Dies macht den Übergang zum *Reiche des Geistes,* welches das Bewußtsein enthält, daß der Mensch an sich mit Gott versöhnt ist und daß die Versöhnung für den Menschen ist; der Prozeß der Versöhnung selbst ist im Kultus enthalten.
Zu bemerken ist noch, daß wir nicht wie früher die Unterschiede gemacht haben von *Begriff, Gestalt* und *Kultus*; in der Abhandlung selbst wird sich das Verhältnis zeigen, wie der Kultus unmittelbar überall eingreift. Im allgemeinen kann hier folgendes bemerkt werden. Das Element, in dem wir sind, ist der *Geist*; der Geist ist Sichmanifestieren,

ist schlechthin für sich; wie er gefaßt ist, ist er *nie allein*, sondern immer mit der Bestimmung, offenbar zu sein, *für ein Anderes*, für *sein* Anderes, d. h. für die Seite, die der endliche Geist ist, und der Kultus ist das Verhältnis des endlichen Geistes zum absoluten. Deshalb haben wir die Seite des Kultus in jedem dieser Elemente vor uns.
Wir haben dabei den Unterschied zu machen, wie die Idee in den verschiedenen Elementen für den Begriff ist, und wie dies zur Vorstellung kommt. Die Religion ist allgemein, nicht nur für den ausgebildeten, begreifenden Gedanken, für das philosophische Bewußtsein, sondern die Wahrheit der Idee Gottes ist offenbar auch für das vorstellende Bewußtsein und hat die notwendigen Bestimmungen, die von der Vorstellung unzertrennlich sind.

I

Gott in seiner ewigen Idee an und für sich: Das Reich des Vaters

So betrachtet im Element des Gedankens ist Gott sozusagen vor oder außer Erschaffung der Welt. Insofern er so in sich ist, ist dies die ewige Idee, die noch nicht in ihrer Realität gesetzt ist, selbst noch nur die abstrakte Idee. Gott in seiner ewigen Idee ist so noch im abstrakten Element des Denkens, nicht des Begreifens. Diese reine Idee ist es, was wir schon kennen. Es ist dies das Element des *Gedankens*, die Idee in ihrer ewigen Gegenwart, wie sie für den freien Gedanken ist, der dies zur Grundbestimmung hat, ungetrübtes Licht, Identität mit sich zu sein: ein Element, das noch nicht mit dem Anderssein behaftet ist.

1. Bestimmung des Elementes

In diesem Elemente ist erstens *Bestimmung* notwendig, insofern das Denken überhaupt verschieden ist vom begreifenden Denken. Die ewige Idee ist an und für sich im Gedanken, Idee in ihrer absoluten Wahrheit. Die Religion hat also Inhalt, und der Inhalt ist Gegenstand. Die Religion ist Religion der Menschen, und der Mensch ist denkendes Bewußtsein unter anderem auch, also muß die Idee auch für das denkende Bewußtsein sein. Aber der Mensch ist nicht nur auch so, sondern im Denken erst ist er wahrhaft; nur dem *Denken* ist der *allgemeine Gegenstand*, ist das Wesen des Gegenstandes, und da in der Religion Gott der Gegenstand ist, so ist er wesentlich dem Denken der Gegenstand. Er ist Gegenstand, wie der Geist Bewußtsein ist, und für das Denken ist er, weil es Gott ist, der der Gegenstand ist.

Sinnlich reflektierendes Bewußtsein ist nicht das, für welches Gott als Gott sein kann, d. h. nach seiner ewig an und für sich seienden Wesenheit. Seine Erscheinung ist etwas anderes; diese ist für sinnliches Bewußtsein. Wäre Gott nur in der Empfindung, so stünden die Menschen nicht höher als die Tiere; er ist zwar auch für das Gefühl, aber nur in der Erscheinung. Er ist auch nicht für das räsonierende Bewußtsein; das Reflektieren ist wohl auch Denken, aber auch Zufälligkeit, für welche der Inhalt dieser und jener beliebige und beschränkte ist; solcher Inhalt ist Gott auch nicht. Er ist also wesentlich für den Gedanken. Dies müssen wir sagen, wenn wir vom Subjektiven, vom Menschen ausgehen. Aber eben dahin gelangen wir auch, wenn wir von Gott anfangen. Der Geist ist nur als sich offenbarend, sich unterscheidend für den Geist, für den er ist; dies ist die ewige Idee, der denkende Geist, Geist im Elemente seiner Freiheit. In diesem Felde ist Gott das Sichoffenbaren, weil er Geist ist; er ist aber noch nicht das Erscheinen. Es ist also wesentlich, daß Gott für den Geist ist.

Der Geist ist der *denkende*. In diesem reinen Denken ist das Verhältnis unmittelbar, und ist *kein Unterschied*, der sie schiede; es ist nichts zwischen ihnen. Denken ist die *reine Einheit mit sich selbst*, wo alles Finstere, alles Dunkle verschwindet. Dies Denken kann auch *reine Anschauung* genannt werden, als diese einfache Tätigkeit des Denkens, so daß zwischen dem Subjekt und Objekt nichts ist, beide eigentlich noch nicht vorhanden sind. Dies Denken hat keine Beschränkung, ist diese allgemeine Tätigkeit; der Inhalt ist nur das Allgemeine selbst; es ist das reine Pulsieren in sich selbst.

2. *Absolute Diremtion*

Es kommt aber auch zweitens zur absoluten *Diremtion*. Wie findet diese Unterscheidung statt? *Actu* ist das Denken *unbeschränkt*. Der nächste Unterschied ist, daß die zwei Seiten, die wir gesehen haben als die zweierlei Weisen des Prinzips, nach den *Ausgangspunkten* unterschieden sind. Die eine Seite, das subjektive Denken, ist die Bewegung des Denkens, insofern es ausgeht vom unmittelbaren, einzelnen Sein, sich darin erhebt zu dem Allgemeinen, Unendlichen, wie dies bei den ersten Beweisen vom Dasein Gottes ist. Insofern es bei dem Allgemeinen angekommen ist, ist das Denken unbeschränkt; sein Ende ist unendlich reines Denken, so daß aller Nebel der Endlichkeit verschwunden ist. Da denkt es Gott; alle Besonderung ist verschwunden, und so fängt die Religion, das Denken Gottes an. Die zweite Seite ist die, die den anderen Ausgangspunkt hat, die von dem Allgemeinen, von dem Resultat jener ersten Bewegung, vom Denken, vom Begriff ausgeht. Das Allgemeine ist aber auch wieder in sich selbst Bewegung; und es ist dies, sich in sich zu unterscheiden, den Unterschied in sich zu halten, aber so, daß er die Allgemeinheit nicht trübe. Hier ist die Allgemeinheit einen Unterschied in sich habend und mit sich zusammengehend. Dies ist der abstrakte Inhalt des Denkens, welches abstraktes Denken das Resultat ist, das sich ergeben hat.

Beide Seiten stellen sich so einander gegenüber. Das *subjektive Denken*, das Denken des endlichen Geistes ist auch *Prozeß*, Vermittlung in sich, aber dieser Prozeß fällt *außer ihm*, hinter ihm; erst insofern es sich *erhoben hat*, fängt die

Religion an. Es ist so in der Religion *reines, bewegungsloses, abstraktes Denken*; das Konkrete fällt hingegen in seinen *Gegenstand*, denn dies ist das Denken, das *vom Allgemeinen anfängt*, sich unterscheidet und damit zusammengeht; dies Konkrete ist der Gegenstand für das Denken als Denken überhaupt. Dies Denken ist so das abstrakte Denken und darum das endliche. Denn das Abstrakte ist endlich; das Konkrete ist die Wahrheit, ist der unendliche Gegenstand.

3. Dreieinigkeit

Gott ist der *Geist*; er ist in abstrakter Bestimmung so bestimmt als der allgemeine Geist, der sich besondert; dies ist die absolute Wahrheit, und die Religion ist die wahre, die diesen Inhalt hat.

Der Geist ist dieser Prozeß, ist Bewegung, Leben; dies ist, sich zu unterscheiden, zu bestimmen, und die erste Unterscheidung ist, daß er ist als diese allgemeine Idee selbst. Dies Allgemeine enthält die ganze Idee, aber *enthält* sie auch nur, ist nur Idee an sich. In dem Urteil ist das Andere, das dem Allgemeinen Gegenüberstehende, das Besondere, *Gott* als das *von ihm Unterschiedene*, aber so, daß dieses Unterschiedene seine *ganze Idee* ist an und für sich, so daß diese zwei Bestimmungen auch füreinander dasselbe, diese *Identität*, das Eine sind, daß dieser Unterschied nicht nur an sich aufgehoben ist, daß nicht nur wir dies wissen, sondern daß es gesetzt ist, daß sie dasselbe sind, daß diese Unterschiede sich insofern aufheben, als dieses Unterscheiden ebenso ist, den Unterschied als keinen zu setzen, und so das eine in dem andern bei sich selbst ist.

Dies, daß es so ist, ist nun der *Geist* selbst oder, nach Weise der Empfindung ausgedrückt, die ewige *Liebe*. Der heilige Geist ist die ewige Liebe. Wenn man sagt: »Gott ist die Liebe«, so ist es sehr groß, wahrhaft gesagt; aber es wäre sinnlos, dies nur so einfach als einfache Bestimmung aufzufassen, ohne es zu analysieren, was die Liebe ist. Denn die

Liebe ist ein Unterscheiden zweier, die doch füreinander schlechthin nicht unterschieden sind. Das Gefühl und Bewußtsein dieser Identität ist die Liebe, dieses, außer mir zu sein: ich habe mein Selbstbewußtsein nicht in mir, sondern im Anderen, aber dieses Andere, in dem nur ich befriedigt bin, meinen Frieden mit mir habe – und ich bin nur, indem ich Frieden in mir habe; habe ich diesen nicht, so bin ich der Widerspruch, der auseinandergeht –, dieses Andere, indem es ebenso außer sich[7] ist, hat sein Selbstbewußtsein nur in mir, und beide sind nur dieses Bewußtsein ihres Außersichseins und ihrer Identität. Dies Anschauen, dies Fühlen, dies Wissen der Einheit, – das ist die Liebe.

Gott ist die Liebe, d. i. dies Unterscheiden und die Nichtigkeit dieses Unterschieds, ein Spiel dieses Unterscheidens, mit dem es kein Ernst ist, das ebenso als aufgehoben gesetzt ist, d. h. die ewige, einfache Idee. Diese ewige Idee ist denn in der christlichen Religion ausgesprochen als das, was die heilige *Dreieinigkeit* heißt; das ist Gott selbst, der ewig *dreieinige*.

Gott ist hier nur für den denkenden Menschen, der sich still für sich zurückhält. Die Alten haben das Enthusiasmus geheißen; es ist die rein theoretische Betrachtung, die höchste Ruhe des Denkens, aber zugleich die höchste Tätigkeit, die reine Idee Gottes zu fassen und sich derselben bewußt zu werden. – Das Mysterium des *Dogmas* von dem, was Gott ist, wird den Menschen mitgeteilt, sie glauben daran und werden schon der höchsten Wahrheit gewürdigt, wenn sie es nur in ihre Vorstellung aufnehmen, ohne daß sie sich der Notwendigkeit dieser Wahrheit bewußt sind, ohne daß sie dieselbe *begreifen*. Die Wahrheit ist die Enthüllung dessen, was der Geist an und für sich ist; der Mensch ist selbst Geist, also ist für ihn die Wahrheit; aber zunächst hat die Wahrheit, die an ihn kommt, noch nicht die Form der Freiheit für ihn, und sie ist nur ein Gegebenes und Empfangenes für ihn,

---

7 W: »mir«

das er aber nur empfangen kann, weil er der Geist ist. Diese Wahrheit, diese Idee ist das *Dogma der Dreieinigkeit* genannt worden – Gott ist der Geist, die Tätigkeit des reinen *Wissens*, die bei sich selbst seiende Tätigkeit. *Aristoteles* vornehmlich hat Gott in der abstrakten Bestimmung der Tätigkeit aufgefaßt. Die reine Tätigkeit ist Wissen (in der scholastischen Zeit: *actus purus*); um aber als Tätigkeit gesetzt zu sein, muß sie in ihren Momenten gesetzt sein: zum Wissen gehört ein *Anderes*, das gewußt wird, und indem das Wissen es weiß, so ist es ihm angeeignet. Hierin liegt, daß Gott, das ewig an und für sich Seiende, sich ewig erzeugt als seinen Sohn, sich von sich unterscheidet, – das absolute Urteil. Was er aber so von sich unterscheidet, hat *nicht die Gestalt eines Andersseins*, sondern das Unterschiedene ist unmittelbar nur das, von dem es geschieden worden. *Gott ist Geist*; keine Dunkelheit, keine Färbung oder Mischung tritt in dies reine Licht. Das Verhältnis von Vater und Sohn ist aus dem organischen Leben genommen und ist vorstellungsweise gebraucht: dies natürliche Verhältnis ist nur bildlich und daher nie ganz dem entsprechend, was ausgedrückt werden soll. Wir sagen: Gott erzeugt ewig seinen Sohn, Gott unterscheidet sich von sich; so fangen wir von Gott zu sprechen an: er tut dies und ist in dem gesetzten Anderen schlechthin bei sich selbst (die Form der Liebe). Aber wir müssen wohl wissen, daß Gott dies *ganze Tun selbst* ist. Gott ist der Anfang, er tut dies, aber er ist ebenso auch nur das Ende, die Totalität: so als Totalität ist Gott der Geist. Gott als bloß der Vater ist noch nicht das Wahre (so ohne den Sohn ist er in der jüdischen Religion gewußt), er ist vielmehr *Anfang und Ende*; er ist seine Voraussetzung, macht sich selbst zur Voraussetzung (dies ist nur eine andere Form des Unterscheidens), er ist der ewige Prozeß. – Es hat etwa die Form eines Gegebenen, daß dies die Wahrheit und die absolute Wahrheit ist; daß es aber als das an und für sich Wahre gewußt wird, das ist das Tun der Philosophie und der ganze Inhalt derselben. In ihr zeigt sich's, daß aller

Inhalt der Natur, des Geistes sich dialektisch in diesen Mittelpunkt als seine absolute Wahrheit drängt. Hier ist es nicht mehr darum zu tun, zu beweisen, daß das Dogma, dies stille Mysterium, die ewige Wahrheit ist: dies geschieht, wie gesagt, in der ganzen Philosophie.

Zur näheren Erläuterung dieser Bestimmungen kann noch folgendes bemerkt werden.

a) Wenn von Gott ausgesagt wird, was er ist, so werden zunächst die *Eigenschaften* angegeben: das ist Gott; er wird durch *Prädikate* bestimmt; dies ist die Weise der Vorstellung, des Verstandes. Prädikate sind Bestimmtheiten, Besonderungen: Güte, Allmacht usf. Die Prädikate sind zwar nicht natürliche Unmittelbarkeit, aber durch die Reflexion sind sie stehend gemacht, und dadurch ist der bestimmte Inhalt ebenso unbeweglich fest für sich geworden, als es der natürliche Inhalt ist, unter dem Gott in der Naturreligion vorgestellt wurde. Die natürlichen Gegenstände, wie die Sonne, Meer usw., *sind*; die Reflexionsbestimmungen sind aber ebenso *identisch mit sich* als die natürliche Unmittelbarkeit. Indem die Morgenländer das Gefühl haben, daß dies nicht die wahrhafte Weise sei, die Natur Gottes auszusprechen, so sagen sie, er sei πολυώνυμος, lasse sich nicht erschöpfen durch Prädikate, – denn Namen sind in diesem Sinn dasselbe wie Prädikate.

Das eigentlich Mangelhafte dieser Weise, Gott durch Prädikate zu bestimmen, besteht darin, wodurch eben diese unendliche Menge von Prädikaten kommt, daß diese Prädikate nur *besondere* Bestimmungen sind und *viele* solche besondere Bestimmungen, deren Träger das in sich selbst unterschiedslose Subjekt ist. Indem es besondere Bestimmungen sind und man diese Besonderheiten nach ihrer *Bestimmtheit* betrachtet, man sie *denkt*, kommen sie in *Entgegensetzung*, *Widerspruch*, und diese Widersprüche sind dann nicht *aufgelöst.*

Dies erscheint auch so, daß diese Prädikate ausdrücken sollen *Beziehung Gottes auf die Welt*; die Welt ist ein anderes als

Gott. Als Besonderheiten sind sie seiner Natur nicht angemessen; darin liegt die andere Weise, sie zu betrachten als Beziehungen Gottes auf die Welt: Allgegenwart, Allweisheit Gottes in der Welt. Sie enthalten nicht die wahrhafte Beziehung Gottes auf sich selbst, sondern auf Anderes, die Welt. So sind sie *beschränkt*; dadurch kommen sie in Widerspruch. Wir haben das Bewußtsein, daß Gott so nicht lebendig dargestellt ist, wenn so viele Besonderheiten nacheinander aufgezählt werden. Ihr Widerspruch wird auch nicht wahrhaft aufgelöst durch die Abstraktion ihrer Bestimmtheit, wenn der Verstand fordert, man solle sie nur *sensu eminentiori* nehmen. Die wahre Auflösung des Widerspruchs ist in der *Idee* enthalten, die das Sichbestimmen Gottes zum Unterschiedenen seiner von sich selbst, aber das ewige Aufheben des Unterschiedes ist. Der belassene Unterschied wäre Widerspruch: wenn der Unterschied fest bliebe, so entstünde die Endlichkeit. Beide sind selbständig gegeneinander und auch in Beziehung. Die Idee ist nicht, den Unterschied zu belassen, sondern ihn ebenso aufzulösen; Gott setzt sich in diesen Unterschied und hebt ihn ebenso auch auf.

Wenn wir nun von Gott Prädikate angeben, so daß sie besondere sind, so sind wir zunächst bemüht, diesen Widerspruch aufzulösen. Das ist ein äußerliches Tun, *unsere* Reflexion, und damit, daß es *äußerlich* ist, *in uns* fällt, nicht Inhalt der göttlichen Idee ist, so ist darin enthalten, daß die Widersprüche *nicht* aufgelöst werden können. Die Idee ist selbst dies, den Widerspruch aufzuheben; das ist ihr eigener Inhalt, Bestimmung, diesen Unterschied zu setzen und absolut aufzuheben, und das ist die Lebendigkeit der Idee selbst.

b) In den metaphysischen Beweisen vom Dasein Gottes sehen wir den Gang, vom Begriff zum Sein zu kommen, daß der Begriff nicht nur Begriff ist, sondern auch *ist*, Realität hat. Auf dem Standpunkt, den wir jetzt haben, entsteht das Interesse, vom Begriff zum Sein überzugehen.

Der göttliche Begriff ist der reine Begriff, der Begriff ohne alle Beschränkung. Die Idee enthält, daß der Begriff sich bestimmt, damit als das Unterschiedene seiner sich setzt; das ist Moment der göttlichen Idee selbst, und weil der denkende, reflektierende Geist diesen Inhalt vor sich hat, so liegt darin das Bedürfnis dieses Übergangs, dieser Fortbewegung.

Das Logische des Übergangs ist in jenen sogenannten Beweisen enthalten: es soll am Begriff selbst, vom Begriff aus, und zwar durch den Begriff zur Objektivität, zum Sein übergegangen werden im Element des Denkens. Dies, was als subjektives Bedürfnis erscheint, ist Inhalt, ist das *eine* Moment der göttlichen Idee selbst.

Wenn wir sagen: Gott hat eine Welt erschaffen, so ist das auch ein Übergang vom Begriff zur Objektivität; allein die Welt ist da bestimmt als das wesentlich Andere Gottes, die Negation von Gott, außer, ohne Gott, gottlos seiend. Insofern die *Welt* als dies *Andere* bestimmt ist, haben wir nicht vor uns den *Unterschied* als *am Begriff selbst*, im Begriff gehalten; d. h. das Sein, die Objektivität soll am Begriff aufgezeigt werden als Tätigkeit, Folge, Bestimmen des Begriffs selbst.

Es ist damit also aufgezeigt, daß dies derselbe Inhalt an sich ist, der Bedürfnis ist in der Form jenes Beweises vom Dasein Gottes. In der absoluten Idee, im Element des Denkens ist Gott dies schlechthin konkrete Allgemeine, d. i. sich als Anderes zu setzen, so aber, daß dies Andere unmittelbar sogleich bestimmt ist als Gott selbst, daß der Unterschied nur ideell, unmittelbar aufgehoben ist, nicht die Gestalt der Äußerlichkeit gewinne, und das heißt eben, daß das Unterschiedene an und im Begriff aufgezeigt werden soll.

Es ist das Logische, in welchem es sich zeigt, daß aller bestimmte Begriff dies ist, sich selbst aufzuheben, als der Widerspruch seiner zu sein, damit das Unterschiedene seiner zu werden und sich als solches zu setzen, und so ist der Begriff selbst noch mit dieser Einseitigkeit, Endlichkeit behaftet, daß er ein Subjektives ist, die Bestimmungen des Begriffs, die Unterschiede nur als ideell, nicht in der Tat als Unterschiede gesetzt sind. Das ist der Begriff, der sich objektiviert.

Wenn wir sagen »Gott«, so haben wir nur sein Abstraktum gesagt; oder »Gott der Vater«, das Allgemeine, so haben wir ihn nur nach der Endlichkeit gesagt. Seine Unendlichkeit ist eben dies, daß er diese Form der abstrakten Allgemeinheit, der Unmittelbarkeit aufhebt, wodurch der Unterschied gesetzt ist; aber er ist ebenso, diesen Unterschied aufzuheben. Damit ist er erst wahrhafte Wirklichkeit, Wahrheit, Unendlichkeit.

Diese Idee ist die spekulative Idee, d. h. das Vernünftige, insofern es gedacht wird, das Denken des Vernünftigen. Das nicht spekulative, das verständige Denken ist das, in welchem stehengeblieben wird beim Unterschied als Unterschied, so [beim Unterschied] Endliches und Unendliches. Es wird den beiden Absolutheit zugeschrieben, doch auch Beziehung aufeinander, insofern Einheit, damit Widerspruch.

c) Diese spekulative Idee ist dem *Sinnlichen* entgegengesetzt, auch dem *Verstande*; sie ist daher ein *Geheimnis* für die sinnliche Betrachtungsweise und auch für den Verstand. Für beide ist sie ein μυστήριον, d. h. in Absicht auf das, was das Vernünftige darin ist. Ein Geheimnis im gewöhnlichen Sinn ist die Natur Gottes nicht, in der christlichen Religion am wenigsten; da hat sich Gott zu erkennen gegeben, gezeigt, was er ist, da ist er offenbar. Aber ein Geheimnis ist es für das sinnliche Wahrnehmen, Vorstellen, für die sinnliche Betrachtungsweise und für den Verstand.

Das Sinnliche überhaupt hat zu seiner Grundbestimmung die Äußerlichkeit, das *Außereinander*; im Raum sind die Unterschiede neben-, in der Zeit nacheinander: Raum und Zeit ist die Äußerlichkeit, in der sie sind. Die sinnliche Betrachtungsweise ist gewohnt, so Verschiedenes vor sich zu haben, das außereinander ist. Da liegt zugrunde, daß die Unterschiede so für sich, außereinander bleiben. Für sie ist so das, was in der Idee ist, ein Geheimnis; denn da ist eine ganz andere Weise, Verhältnis, Kategorie, als die Sinnlichkeit hat. Die Idee ist dies Unterscheiden, das ebenso kein Unterschied ist, das nicht beharrt bei diesem Unterschied. Gott schaut in dem Unterschiedenen sich an, ist in seinem Anderen nur mit sich selbst verbunden, ist darin nur bei sich selbst, nur mit sich zusammengeschlossen, er schaut *sich* in seinem Anderen an. Das ist dem Sinnlichen ganz zuwider; im Sinnlichen ist eines hier und das andere da. Jedes gilt als ein *Selbständiges*; es gilt dafür, nicht so zu sein, daß es ist, indem es sich selbst in einem Anderen hat. Im Sinnlichen können nicht zwei Dinge an einem und demselben Orte sein; sie schließen sich aus.

In der Idee sind die Unterschiede nicht sich ausschließend gesetzt, sondern so, daß sie nur sind in diesem *Sichzusammenschließen* des einen mit dem anderen. Das ist das wahrhaft Übersinnliche, nicht das gewöhnliche Übersinnliche, das droben sein soll; denn das ist ebenso ein Sinnliches, d. h. außereinander und gleichgültig. Sofern Gott als Geist bestimmt ist, so ist die Äußerlichkeit aufgehoben; darum ist das ein Mysterium für die Sinne.

Ebenso ist diese Idee über dem Verstand, ein Geheimnis für ihn; denn der Verstand ist dies Festhalten, Perennieren bei den *Denkbestimmungen* als *schlechthin außereinander*, verschieden, selbständig gegeneinander bleibender, feststehender. Das Positive ist nicht, was das Negative, Ursache [nicht] Wirkung. Aber ebenso wahr ist es auch für den Begriff, daß diese Unterschiede sich aufheben. Weil sie Unterschiedene sind, bleiben sie endlich, und der Verstand ist, beim Endlichen zu beharren, und beim Unendlichen selbst hat er auf der einen Seite das Unendliche und auf der anderen das Endliche.

Das Wahre ist, daß das Endliche und das Unendliche, das dem Endlichen gegenübersteht, keine Wahrheit haben, sondern selbst nur Vorübergehende sind. Insofern ist dies ein

Geheimnis für die sinnliche Vorstellung und für den Verstand, und sie sträuben sich gegen das Vernünftige der Idee. Die Gegner der Dreieinigkeitslehre sind nur die sinnlichen und die Verstandesmenschen.

Der Verstand kann ebensowenig irgend etwas anderes, die Wahrheit von irgend etwas fassen. Das Tierisch-Lebendige existiert auch als Idee, als Einheit des Begriffs, der Seele und der Leiblichkeit. Für den Verstand ist jedes für sich; allerdings sind sie unterschieden, aber ebenso dies, den Unterschied aufzuheben; die Lebendigkeit ist nur dieser perennierende Prozeß. Das Lebendige ist, hat Triebe, Bedürfnis; damit hat es den Unterschied in ihm selbst, daß er in ihm entsteht. So ist es ein Widerspruch, und der Verstand faßt solche Unterschiede so auf: der Widerspruch löse sich nicht auf; wenn sie in Beziehung gebracht werden, so sei eben nur der Widerspruch, der nicht zu lösen sei.

Das ist so; er kann nicht aufhören, wenn die Unterschiedenen festgehalten werden als *perennierend Unterschiedene*, eben weil bei diesen Unterschieden beharrt wird. Das Lebendige hat Bedürfnisse und ist so Widerspruch, aber die Befriedigung ist Aufheben des Widerspruchs. Im Trieb, Bedürfnis bin ich in mir selbst von mir unterschieden. Aber das Leben ist dies, den Widerspruch, das Bedürfnis zu befriedigen, zum Frieden zu bringen, aber so, daß der Widerspruch auch wieder entsteht: es ist die Abwechslung des Unterscheidens, des Widerspruchs und des Aufhebens des Widerspruchs. Beides ist der Zeit nach verschieden; das Nacheinander ist da vorhanden, es ist deshalb endlich. Aber für sich Trieb und Befriedigung betrachtend, faßt der Verstand auch dies nicht, daß im Affirmativen, im Selbstgefühl selbst zugleich die Negation des Selbstgefühls, die Schranke, der Mangel ist; ich aber als Selbstgefühl greife zugleich über diesen Mangel über.

Das ist die bestimmte Vorstellung von μυστήριον. Mysterium heißt man auch das Unbegreifliche; was unbegreiflich heißt, ist eben der Begriff selbst, das Spekulative, daß das

Vernünftige gedacht wird. Durchs Denken ist es eben, daß der Unterschied bestimmt auseinandertritt.

Das Denken des Triebs ist nur die Analyse dessen, was der Trieb ist: die Affirmation und darin die Negation, das Selbstgefühl, die Befriedigung und der Trieb. Ihn denken heißt das Unterschiedene erkennen, was darin ist. Ist nun der Verstand dazu gekommen, so sagt er: dies ist ein Widerspruch, und er bleibt dabei, bleibt bei ihm stehen gegen die Erfahrung, daß das Leben selbst es ist, den Widerspruch aufzuheben. Wenn nun der Trieb analysiert wird, erscheint der Widerspruch, und da kann man sagen: der Trieb ist etwas Unbegreifliches.

Die Natur Gottes ist ebenso das Unbegreifliche. Dies Unbegreifliche ist eben nichts anderes als der *Begriff* selbst, der dies in sich enthält, zu unterscheiden, und der Verstand bleibt bei diesem Unterschied stehen. So sagt er: das ist nicht zu fassen. Denn das Prinzip des Verstandes ist die abstrakte Identität mit sich, nicht die konkrete, daß diese Unterschiede in einem sind. Für den Verstand ist Gott das Eine, das Wesen der Wesen. Diese unterschiedslose, leere Identität ist das falsche Gebilde des Verstandes und der modernen Theologie. Gott ist Geist, das sich Gegenständlichmachende und sich darin selbst wissend, d. i. die konkrete Identität, und so ist die Idee auch ein wesentliches Moment. Aber nach der abstrakten Identität sind das eine und das andere selbständig für sich, und ebenso beziehen sie sich aufeinander: also ist der Widerspruch da.

Das heißt nun das Unbegreifliche. Das *Auflösen des Widerspruchs ist der Begriff*; zur Auflösung des Widerspruchs kommt der Verstand nicht, weil er von seiner Voraussetzung ausgeht: sie sind und bleiben schlechthin selbständig gegeneinander.

Dazu, daß man sagt, die göttliche Idee sei unbegreiflich, trägt bei, daß, indem die Religion die Wahrheit für alle Menschen ist, der Inhalt der Idee erscheint in *sinnlicher* Form oder in Form des *Verständigen*. In sinnlicher Form –

so haben wir die Ausdrücke Vater und Sohn, ein Verhältnis, das im Lebendigen stattfindet, eine Bezeichnung, die vom Sinnlich-Lebendigen hergenommen ist.

Es ist in der Religion die Wahrheit dem Inhalt nach geoffenbart; aber ein anderes ist, daß er in Form des Begriffs, des Denkens, der Begriff in spekulativer Form ist. Wie glücklich daher jene dem Glauben gegebenen naiven Formen seien – wie Erzeugen, Sohn usf. –: wenn sich der Verstand daran macht und seine Kategorien hineinbringt, so werden sie sogleich *verkehrt*, und wenn er Lust hat, braucht er gar nicht aufzuhören, Widersprüche darin aufzuzeigen. Dazu hat er die Macht und das Recht durch die Unterscheidung und die Reflexion derselben in sich. Aber Gott, der Geist, ist es eben *selbst* auch, der diese *Widersprüche aufhebt*. Er hat nicht erst auf diesen Verstand gewartet, diese Bestimmungen, welche den Widerspruch enthalten, wegzubringen. Der Geist ist eben dies, sie wegzubringen. Aber ebenso dies, diese Bestimmungen zu setzen, in sich zu unterscheiden, diese Diremtion.

Eine weitere Form der Verständigkeit ist, daß, wenn wir sagen: »Gott in seiner ewigen Allgemeinheit ist dies, sich zu unterscheiden, zu bestimmen, ein Anderes seiner zu setzen und den Unterschied ebenso aufzuheben, darin bei sich zu sein, und nur durch dies Hervorgebrachtsein ist der Geist«, – da kommt der Verstand hinzu, bringt seine Kategorien der Endlichkeit dazu, zählt eins, zwei, drei, mischt die unglückliche Form der *Zahl* hinein. Von der Zahl ist aber hier nicht die Rede; das Zählen ist das Gedankenloseste. Bringt man also diese Form hinein, so bringt man die Begrifflosigkeit hinein.

Man kann mit der Vernunft alle Verstandesverhältnisse *gebrauchen*, aber sie *vernichtet* sie auch, – so auch hier. Aber das ist hart für den Verstand; denn er meint, damit, daß man sie gebraucht, ein *Recht* gewonnen zu haben. Aber man *mißbraucht* sie, wenn man sie so wie hier gebraucht, indem man sagt: drei ist eins. Widersprüche sind daher leicht in solchen Ideen aufzuzeigen, Unterschiede, die bis zum Entgegengesetzten gehen, und der kahle Verstand weiß sich groß damit, dergleichen zu häufen. Alles Konkrete, alles Lebendige ist, wie gezeigt, dieser Widerspruch in sich; nur der tote Verstand ist identisch in sich. Aber in der Idee ist der Widerspruch auch aufgelöst, und die Auflösung erst ist die geistige Einheit selbst.

Die Momente der Idee zu zählen, drei Eins, scheint etwas ganz Unbefangenes, Natürliches, sich von selbst Verstehendes zu sein. Allein ist nach der Weise der Zahl, die hier eingemischt wird, jede Bestimmung als Eins fixiert und drei Eins als nur ein Eins zu fassen, so scheint das die härteste, wie man etwa sagt, unvernünftigste Forderung zu sein. Allein dem Verstande schwebt *nur* jene *absolute Selbständigkeit des Eins* vor, die absolute Trennung und Zersplitterung. Die logische Betrachtung zeigt hingegen das Eins als *in sich dialektisch* und *nicht* wahrhaft selbständig zu sein. Man brauchte sich nur an die Materie zu erinnern, die das wirkliche Eins ist, das Widerstand leistet, – aber *schwer* ist, d. h. das Streben zeigt, nicht als Eins zu sein, sondern ebenso sein Fürsichsein aufzuheben, es als ein Nichtiges so selbst bekennt; freilich, weil sie nur Materie, diese äußerste Äußerlichkeit bleibt, bleibt es ebenso nur beim Sollen; die Materie ist noch die schlechteste, äußerste, ungeistigste Weise des Daseins; aber die Schwere, dies Aufheben des Eins, macht die Grundbestimmung der Materie aus.

Eins ist zunächst ganz abstrakt; diese Eins werden noch *vertiefter* auf *geistige* Weise ausgesprochen, indem sie als *Personen* bestimmt werden. Die Persönlichkeit ist dies, was sich auf die Freiheit gründet, die erste, tiefste, innerste Freiheit, aber auch die abstrakteste Weise, wie die Freiheit sich im Subjekt kundtut; daß es weiß: ich bin Person, ich bin für mich, das ist das schlechthin Spröde.

Indem also diese Unterschiede so bestimmt sind, jedes als Eins oder gar als Person, durch diese unendliche Form, daß *jedes Moment als Subjekt* sei, scheint noch unüberwindlicher gemacht zu sein, was die Idee fordert: diese Unterschiede zu betrachten als solche, die nicht unterschieden, sondern schlechthin eins sind, das Aufheben dieses Unterschieds. Zwei können nicht eins sein; jede Person ist ein starres, sprödes, selbständiges Fürsichsein. Von der[8] Kategorie des Eins zeigt die Logik, daß sie eine schlechte Kategorie ist – ganz abstraktes Eins. Was aber die Persönlichkeit betrifft, so scheint damit der Widerspruch so weit getrieben, daß er keiner Auflösung fähig ist; aber sie ist doch darin, daß es nur Einer ist, diese dreifache Persönlichkeit. Diese somit nur als verschwindendes Moment gesetzte Persönlichkeit spricht aus, daß der Gegensatz *absolut*, nicht als niedriger Gegensatz zu nehmen sei, und gerade auf dieser Spitze hebt er sich selbst auf. Es ist der Charakter der Person, des Subjekts vielmehr, seine Isolierung, *Abgesondertheit aufzuheben*.

Die Sittlichkeit, Liebe ist, seine Besonderheit, besondere Persönlichkeit aufzugeben, zur Allgemeinheit zu erweitern, – ebenso Familie, Freundschaft; da ist diese Identität eines mit dem anderen vorhanden. Indem ich recht handle gegen den anderen, betrachte ich ihn als identisch mit mir. In der Freundschaft, Liebe gebe ich meine abstrakte Persönlichkeit auf und gewinne sie dadurch als konkrete. Das Wahre der Persönlichkeit ist also eben dies, sie durch dies Versenken, Versenktsein in das Andere zu gewinnen. Solche Formen des Verstandes zeigen sich unmittelbar in der Erfahrung als solche, die sich selbst aufheben.

In der Liebe, in der Freundschaft ist es die Person, die sich erhält und durch ihre Liebe ihre Subjektivität hat, die ihre Persönlichkeit ist. Wenn man hier in der Religion die Persönlichkeit abstrakt festhält, so hat man drei Götter, und da ist die unendliche Form, die *absolute Negativität* vergessen; oder wenn die Persönlichkeit als *unaufgelöst* ist, so hat man das *Böse*, denn die Persönlichkeit, die sich nicht in der göttlichen Idee aufgibt, ist das Böse. In der göttlichen

8 W: »Die«

Einheit ist die Persönlichkeit als aufgelöst gesetzt; nur in der Erscheinung ist die Negativität der Persönlichkeit unterschieden von dem, wodurch sie aufgehoben wird.

Die Dreieinigkeit ist in das Verhältnis vom *Vater, Sohn* und *Geist* gebracht worden; es ist dies ein kindliches Verhältnis, eine kindliche, natürliche Form. Der Verstand hat keine solche Kategorie, kein solches Verhältnis, das hiermit in Rücksicht auf das Passende zu vergleichen wäre. Es muß aber dabei gewußt werden, daß es nur bildlich ist; der Geist tritt nicht deutlich in dies Verhältnis ein. Liebe wäre noch passender, der Geist ist aber das Wahrhafte.

Der abstrakte Gott, der Vater, ist das Allgemeine, die ewige, umfangende, totale Besonderheit. Wir sind auf der Stufe des Geistes; *das Allgemeine schließt hier alles in sich.* Das Andere, der Sohn, ist die unendliche Besonderheit, die Erscheinung; das Dritte, der Geist, ist die Einzelheit als solche, aber das *Allgemeine als Totalität ist selbst Geist,* – alle drei sind der Geist. Im dritten, sagen wir, ist Gott der Geist; aber dieser ist auch voraussetzend: das Dritte ist auch das Erste. Dies ist wesentlich festzuhalten. Nämlich indem wir sagen: Gott an sich nach seinem Begriff ist die unmittelbare, sich dirimierende und in sich zurückkehrende Macht, so ist er dies nur als *die sich unmittelbar auf sich selbst beziehende Negativität,* d. i. die absolute Reflexion-in-sich, was schon die Bestimmung des *Geistes* ist. Indem wir daher von Gott als in seiner *ersten* Bestimmung sprechen wollen, nach seinem Begriff, und von da zu den anderen Bestimmungen kommen wollen, so sprechen wir hier schon von der *dritten: das Letzte ist das Erste.* Indem wir, um dies, wenn man abstrakt anfängt, zu vermeiden, oder indem die Unvollkommenheit des Begriffs veranlaßt, von dem Ersten *nur nach seiner Bestimmung* zu sprechen, so ist es das *Allgemeine,* und jene *Tätigkeit,* Erzeugen, Schaffen, ist schon ein *vom abstrakt Allgemeinen verschiedenes Prinzip,* das als *zweites* Prinzip so erscheint und erscheinen kann als das Manifestierende, sich Äußernde (Logos, Sophia), wie das erste als Abgrund. Es erläutert sich dies durch die Natur des Begriffs. Bei jedem Zweck und bei jeder Lebendigkeit kommt es vor. Das Leben erhält sich; sich erhalten heißt in den Unterschied gehen, in den Kampf mit der Besonderheit, sich unterschieden finden gegen eine unorganische Natur. Das Leben ist so nur Resultat, indem es sich erzeugt hat, ist Produkt, das zweitens wieder produziert; dies Produzierte ist das Lebendige selbst, d. h. es ist die Voraussetzung seiner, es geht durch seinen Prozeß hindurch, und aus diesem kommt nicht Neues hervor: das Hervorgebrachte ist schon von Anfang. Ebenso ist es in der Liebe und Gegenliebe; insofern die Liebe ist, so ist der Anfang und alle Handlung nur Bestätigung ihrer, wodurch sie zugleich hervorgebracht und unterhalten wird. Aber das Hervorgebrachte ist schon; es ist eine Bestätigung, wobei nichts herauskommt, als was schon ist. Ebenso setzt sich auch der Geist voraus, ist das Anfangende.

Der Unterschied, durch den das göttliche Leben hindurchgeht, ist nicht ein äußerlicher, sondern muß nur als innerlich bestimmt werden, so daß das Erste, der Vater, wie das Letzte zu fassen ist. Der Prozeß ist so nichts als ein Spiel der Selbsterhaltung, der Vergewisserung seiner selbst.

Diese Bestimmung ist in der Rücksicht wichtig, weil sie das Kriterium ausmacht, viele Vorstellungen Gottes zu beurteilen und das Mangelhafte darin zu beurteilen und zu erkennen, und es kommt besonders davon her, daß oft diese Bestimmung übersehen oder verkannt wird.

Wir betrachten die Idee in ihrer Allgemeinheit, wie sie im reinen Denken, durch das reine Denken bestimmt ist. Diese Idee ist alle Wahrheit und die eine Wahrheit; eben damit muß *alles Besondere*, was als *Wahrhaftes* aufgefaßt wird, *nach der Form dieser Idee* aufgefaßt werden. Die Natur und der endliche Geist ist Produkt Gottes, es ist also Vernünftigkeit in ihnen; daß es von Gott gemacht ist, enthält, daß es in sich Wahrheit, die göttliche Wahrheit überhaupt, d. i. die Bestimmung dieser Idee überhaupt hat. Die Form dieser Idee ist nur in Gott als Geist; ist die göttliche Idee in Formen der Endlichkeit, so ist sie nicht gesetzt, wie sie an und für sich ist – nur im Geist ist sie so gesetzt –, sie existiert da auf endliche Weise. Aber die Welt ist ein von Gott Hervorgebrachtes, also macht die göttliche Idee immer die Grundlage aus dessen, was sie überhaupt ist. Die Wahrheit von etwas erkennen heißt, es nach der Form dieser Idee überhaupt erkennen, bestimmen.

In früheren Religionen haben wir *Anklänge* an diese Dreieinigkeit als die wahrhafte Bestimmung, besonders in der indischen Religion. Es ist zwar zum Bewußtsein gekommen diese Dreiheit, daß das Eine nicht als Eines bleiben kann, nicht ist, wie es Wahrhaftes sein soll, daß das Eine nicht das Wahrhafte ist, sondern als diese Bewegung, dies Unterscheiden überhaupt und die Beziehung aufeinander. *Trimurti* ist die wildeste Weise dieser Bestimmung. Das Dritte ist aber da nicht der Geist, nicht wahrhafte Versöhnung, sondern Entstehen und Vergehen, die Veränderung, – eine Kategorie, die Einheit dieser Unterschiede ist, aber eine sehr untergeordnete Vereinigung. Nicht in der unmittelbaren Erscheinung, sondern erst, indem der Geist eingekehrt ist in die Gemeinde, der Geist, der unmittelbarer, glaubender Geist ist, sich zum Denken erhebt, ist die Idee vollkommen. Es hat Interesse, die *Gärungen dieser Idee* zu betrachten und in den wunderbaren Erscheinungen, die vorkommen, ihren Grund erkennen zu lernen.

Die Bestimmung Gottes als des Dreieinigen ist der Philosophie nachgerade ganz ausgegangen; in der Theologie ist es kein Ernst mehr damit. Man hat vielmehr dort und hier die christliche Religion deshalb verkleinern wollen, daß diese ihre Bestimmung schon *älter* sei und sie dieselbe da oder dort hergenommen habe. Allein zunächst dies Geschichtliche entschiede ohnehin gar nichts über die *innere Wahrheit*. Man muß aber auch einsehen, daß jene Älteren, Völker und Einzelne, selbst *nicht gewußt* haben, *was sie daran haben*, nicht erkannt haben, daß sie das absolute

Bewußtsein der Wahrheit enthalte; sie haben sie nur *so unter anderen* Bestimmungen und *als Anderes.* Aber ein Hauptgesichtspunkt ist, ob eine solche Bestimmung die erste, absolute Bestimmung ist, die allen anderen zugrunde liegt, oder ob sie nur so unter anderen auch eine Form ist, die vorkommt, wie auch *Brahma* der Eine ist, aber nicht einmal Gegenstand des Kultus. In der Religion der Schönheit und äußeren Zweckmäßigkeit kann diese Form freilich am wenigsten erscheinen; das beschränkende, in sich zurückkehrende Maß ist in dieser Vielheit und Partikularisation nicht anzutreffen. Aber sie ist nicht ohne Spuren jener Einheit. *Aristoteles*, indem er von den pythagoreischen Zahlen, der Trias, spricht, sagt[9]: Wir glauben die Götter erst ganz angerufen zu haben, wenn wir sie *dreimal* angerufen haben. – Bei den *Pythagoreern* und *Platon* findet sich die abstrakte Grundlage der Idee; aber die Bestimmungen sind ganz in dieser Abstraktion geblieben, teils in der Abstraktion von eins, zwei, drei, bei Platon etwas konkreter: die Natur des Einen und des Anderen, das in sich Verschiedene, ϑάτερον, und das Dritte, das die Einheit von beiden ist. Es ist hier nicht in der Weise der Phantasie der Inder, sondern in der bloßen Abstraktion. Das sind Gedankenbestimmungen, besser als Zahlen, als die Kategorie der Zahl, aber noch ganz abstrakte Gedankenbestimmungen.

Vornehmlich aber zu den Zeiten um Christi Geburt und mehrere Jahrhunderte nachher sehen wir eine philosophische Vorstellung entstehen, der die Vorstellung vom Verhältnis der Dreieinigkeit zugrunde liegt. Es sind dies teils philosophische Systeme für sich, wie das des *Philon*, der sich in pythagoreische und platonische Philosophie einstudiert hatte, dann die späteren *Alexandriner*; besonders aber sind es Vermischungen der christlichen Religion mit solchen philosophischen Vorstellungen, Vermischungen, die einen großen Teil der Ketzereien, besonders der *gnostischen* ausmachen.

9 *De coelo*, 268 a

Im allgemeinen sehen wir in diesen Versuchen, die Idee des Dreieinigen zu fassen, die abendländische Wirklichkeit durch den orientalischen Idealismus zu einer Gedankenwelt verflüchtigt. Es sind freilich nur erst Versuche, die es nur zu trüben, phantastischen Vorstellungen gebracht haben. Man sieht aber darin wenigstens das Ringen des Geistes nach der Wahrheit, und dieses verdient Anerkennung.

Da kann eine ganz unzählbare Menge von Formen bemerklich gemacht werden: das *Erste* ist der *Vater*, das Ὄν, was als Abgrund, Tiefe, d. i. eben das noch Leere, das Unfaßbare, Unbegreifliche ausgesagt worden, das über alle Begriffe ist. Denn allerdings das Leere, Unbestimmte ist das Unbegreifliche, ist das Negative des Begriffs, und es ist seine Begriffsbestimmung, dies Negative zu sein, da es nur die einseitige Abstraktion ist, nur ein Moment des Begriffes ausmacht. Das Eine für sich ist noch nicht der Begriff, das Wahre.

Wenn man das Erste als das *nur Allgemeine* bestimmt und die Bestimmungen auf das Allgemeine, auf das Ὄν nur nachfolgen läßt, so ist dies freilich das *Unbegreifliche*, denn es ist ohne Inhalt; das Begreifliche ist konkret und nur zu begreifen, indem es als Moment bestimmt wird. Hier ist denn der Mangel, daß das Erste nicht *selbst als Totalität* gefaßt wird.

Eine andere Vorstellung ist die, daß das Erste der βυθός, der Abgrund, die Tiefe ist, αἰών, der Ewige, dessen Wohnung in unaussprechlicher Höhe ist, der über alle Berührung mit den endlichen Dingen erhaben, aus dem nichts entwickelt ist, das Prinzip, der Vater alles Daseins, Propator, nur in der Vermittlung Vater, προαρχή, vor dem Anfang. Das Offenbaren von diesem Abgrund, diesem verborgenen Gott, wird als Selbstbetrachtung bestimmt, die Reflexion in sich, konkrete Bestimmung überhaupt; die Selbstbetrachtung erzeugt, ist das Erzeugen selbst des Eingeborenen; dies ist das Begreiflichwerden des Ewigen, weil es da auf die Bestimmung ankommt.

Dieses *Zweite*, das Anderssein, Bestimmen, überhaupt die Tätigkeit, sich zu bestimmen, ist die allgemeinste Bestimmung als λόγος, die vernünftig bestimmende Tätigkeit, auch das *Wort*. Das Wort ist dies einfache Sichvernehmenlassen, das keinen festen Unterschied macht, kein fester Unterschied wird, sondern unmittelbar vernommen ist, das, so unmittelbar es ist, ebenso in die Innerlichkeit aufgenommen, zu seinem Ursprung zurückgegangen ist; dann als σοφία, die Weisheit, der ursprüngliche, ganz reine Mensch, ein Existierendes, Anderes als jene erste Allgemeinheit, ein Besonderes, Bestimmtes. Gott ist Schöpfer, und zwar in der Bestimmung des *Logos*, als das sich äußernde, aussprechende *Wort*, als die ὅρασις, das Sehen Gottes.

Damit ist es bestimmt worden als Urbild des Menschen, Adam Kadmon, der Eingeborene. Das ist nicht ein Zufälliges, sondern ewige Tätigkeit, nicht zu einer Zeit bloß; in Gott ist nur *eine* Geburt, die Tätigkeit als ewige Tätigkeit, eine Bestimmung, die zum Allgemeinen wesentlich selbst gehört. Da ist wahrhafte Unterscheidung, die die Qualität beider betrifft; aber diese ist nur eine und dieselbe Substanz, und der Unterschied ist daher da noch nur oberflächlich, selbst als Person bestimmt. Das Wesentliche ist, daß diese σοφία, der Eingeborene, ebenso im Schoße Gottes bleibt, der Unterschied keiner ist.

In solchen Formen hat die Idee gegärt. Der Hauptgesichtspunkt muß sein, diese Erscheinungen, so wild sie sind, als vernünftig zu wissen, um zu sehen, wie sie in der Vernunft ihren Grund haben und welche Vernunft darin ist; aber man muß zugleich zu unterscheiden wissen die Form der Vernünftigkeit, die vorhanden und noch nicht adäquat ist dem Inhalt. Diese Idee ist häufig *jenseits des Menschen*, des Gedankens, der Vernunft gestellt worden, so ihr gegenüber, daß diese Bestimmung, welche alle Wahrheit und allein die Wahrheit ist, betrachtet worden ist als etwas *nur Gott Eigentümliches*, jenseits Stehenbleibendes, das nicht sich reflektiert im Anderen, das als Welt, Natur, Mensch erscheint.

Insofern ist diese Grundidee nicht betrachtet worden als *allgemeine Idee.*

Dem *Jakob Böhme* ist dies Geheimnis der Dreifaltigkeit auf eine andere Weise aufgegangen. Die Weise seines Vorstellens, seines Denkens ist allerdings mehr phantastisch und wild; er hat sich nicht erhoben in reine Formen des Denkens, aber dies ist die herrschende Gründlichkeit seines Gärens und Kämpfens gewesen, die Dreieinigkeit *in allem*, überall zu erkennen, z. B. »sie muß im Herzen des Menschen geboren werden«. Sie ist die allgemeine Grundlage von allem, was nach der Wahrheit betrachtet wird, zwar als Endliches, aber in seiner Endlichkeit als die Wahrheit, die in ihm ist. So hat Jakob Böhme die Natur und das Herz, den Geist des Menschen in dieser Bestimmung sich vorstellig zu machen versucht.

In neuerer Zeit ist durch die *Kantische* Philosophie die Dreiheit als Typus äußerlicherweise, gleichsam als Schema wieder in Anregung gebracht worden, schon in sehr bestimmten Gedankenformen. Das Weitere ist, daß, indem dies als die wesentliche und eine Natur Gottes gewußt wird, es nicht drüben gehalten, diese Idee nicht als ein Jenseits genommen werden muß, sondern daß es das Ziel des Erkennens ist, die Wahrheit auch im Besonderen zu erkennen; und wird diese erkannt, so enthält alles, was im Besonderen das Wahre ist, diese Bestimmung. Erkennen heißt, in seiner Bestimmtheit etwas wissen; seine Natur ist aber die Natur der Bestimmtheit selbst, und sie ist in der Idee exponiert worden. Daß diese Idee das Wahre ist überhaupt, alle Gedankenbestimmungen diese Bewegung des Bestimmens sind, ist die logische Exposition und Notwendigkeit.

II

Die ewige Idee Gottes im Elemente des Bewußtseins und Vorstellens, oder die Differenz: Das Reich des Sohnes

Es ist hier zu betrachten diese Idee, wie sie aus ihrer Allgemeinheit, Unendlichkeit heraustritt in die *Bestimmung der Endlichkeit*. Gott ist gegenwärtig überall, die Gegenwart Gottes ist eben diese Wahrheit, die in allem ist.

Zuerst war die Idee im Element des Denkens; dies ist die Grundlage, und wir haben damit angefangen. Das Allgemeine, damit das Abstraktere muß in der Wissenschaft vorangehen; in der wissenschaftlichen Weise ist es das Erste. In der Tat aber ist es das Spätere in der Existenz; es ist das Ansich, aber was im Wissen später erscheint, zum Bewußtsein und Wissen später kommt.

Die *Form* der Idee kommt zur Erscheinung als *Resultat*, das aber wesentlich das *Ansich* ist; wie der Inhalt der Idee so ist, daß das Letzte das Erste und das Erste das Letzte ist, so ist, was als Resultat erscheint, die Voraussetzung, das Ansich, die Grundlage. Diese Idee ist nun im zweiten Element, im Element der Erscheinung überhaupt zu betrachten. Als Objektivität oder als an sich ist die absolute Idee fertig, aber nicht die *subjektive* Seite, weder an ihr selbst als solche noch die Subjektivität in der göttlichen Idee als für sie. Wir können von zwei Seiten diesen Fortgang auffassen.

Die *erste* ist: Das *Subjekt*, für welches diese Idee ist, ist das *denkende* Subjekt. Auch die Formen der Vorstellung nehmen der Natur der Grundform nichts, verhindern nicht, daß diese Grundform für den Menschen als denkend ist. Das Subjekt verhält sich überhaupt denkend, denkt diese Idee; es ist aber *konkretes Selbstbewußtsein*. Diese Idee muß für das Subjekt sein als konkretes Selbstbewußtsein, als *wirkliches Subjekt*.

Oder: Jene *Idee ist die absolute Wahrheit*. Diese ist für das

Denken; aber für das Subjekt muß die Idee nicht nur Wahrheit sein, sondern das Subjekt muß auch die *Gewißheit* der Idee haben, d. h. die Gewißheit, die diesem Subjekt als solchem, als *endlichem*, dem empirisch-konkreten, dem sinnlichen Subjekt angehört.
Gewißheit hat die Idee für das Subjekt, hat das Subjekt nur, insofern die Idee eine *wahrgenommene* ist, insofern sie für das Subjekt *ist*. Von dem ich sagen kann: »das ist«, das hat Gewißheit für mich, das ist unmittelbares Wissen, das ist Gewißheit. Zu beweisen, daß das, was ist, auch notwendig, daß es wahr ist, was gewiß ist, das ist die weitere Vermittlung. Das ist dann der Übergang in das Allgemeine. Indem wir von der Form der Wahrheit angefangen haben, ist zu dieser Bestimmung überzugehen, daß diese Form Gewißheit erhält, daß sie mir ist.
Die *andere* Weise des Fortgangs ist *von seiten der Idee.*

1. Setzen des Unterschiedes

1. Das ewige Anundfürsichsein ist dies, sich aufzuschließen, zu bestimmen, zu urteilen, sich als Unterschiedenes seiner zu setzen; aber der Unterschied ist ebenso ewig aufgehoben, das an und für sich Seiende ist ewig darin in sich zurückgekehrt, und nur insofern ist es Geist. Das Unterschiedene ist so bestimmt, daß der Unterschied unmittelbar verschwunden sei, daß dies ein Verhältnis Gottes, der Idee nur sei zu sich selbst. Es ist dies Unterscheiden nur eine Bewegung, ein Spiel der Liebe mit sich selbst, worin es nicht zur Ernsthaftigkeit des Andersseins kommt, zur Trennung und Entzweiung.
Das Andere ist bestimmt als *Sohn*, die Liebe der Empfindung nach, in höherer Bestimmung der Geist, der bei sich selbst, der frei ist. In der Idee ist in dieser Bestimmung die Bestimmung des Unterschieds noch nicht vollendet; es ist nur der *abstrakte Unterschied im allgemeinen*: wir sind noch nicht beim Unterschied in seiner Eigentümlichkeit; der Unterschied ist nur *eine* Bestimmung. Wir können insofern sa-

gen, wir sind noch nicht beim Unterschied. Die Unterschiedenen sind als dasselbe gesetzt; es ist noch nicht zur Bestimmung gekommen, daß *die Unterschiedenen verschiedene Bestimmung* hätten. Von dieser Seite ist das Urteil der Idee so zu fassen, daß der Sohn die Bestimmung erhält *des Anderen als solchen*, daß er ist als ein *Freies, für sich selbst*, daß er *erscheint* als ein *Wirkliches* außer, ohne Gott, als ein solches, das ist. Seine Idealität, sein ewiges Zurückgekehrtsein in das an und für sich Seiende ist unmittelbar identisch gesetzt in der ersten Idee. Damit der Unterschied sei und damit er zu seinem Rechte komme, so ist erforderlich das Anderssein, daß das Unterschiedene sei das Anderssein als *Seiendes*.

Es ist nur die absolute Idee, die sich bestimmt, und die, indem sie sich bestimmt, als absolut *frei* in sich in ihr selbst sicher ist; so ist sie dies, indem sie sich bestimmt, *dies Bestimmte als Freies zu entlassen*, daß es als Selbständiges ist, als selbständiges Objekt. Das Freie ist nur für das Freie vorhanden; nur für den freien Menschen ist ein anderer auch als frei.

Es ist die absolute Freiheit der Idee, daß sie in ihrem Bestimmen, Urteil das Andere als ein Freies, Selbständiges entläßt. Dieses Andere, als ein Selbständiges entlassen, ist die *Welt* überhaupt. Das absolute Urteil, welches der Seite des Andersseins die Selbständigkeit gibt, können wir auch die *Güte* nennen, welche dieser Seite in ihrer Entfremdung die *ganze Idee*, sofern sie und in der Weise als sie dieselbe in sich aufnehmen und repräsentieren kann, verleiht.

2. Die Welt

Die Wahrheit der Welt ist nur ihre Idealität, nicht daß sie wahrhafte Wirklichkeit hätte; sie ist dies, zu *sein*, aber nur ein *Ideelles*, nicht ein Ewiges an sich selbst, sondern ein Erschaffenes; ihr Sein ist nur ein *gesetztes*. Das Sein der Welt ist dies, einen Augenblick des Seins zu haben, aber diese ihre Trennung, Entzweiung von Gott aufzuheben, nur dies zu sein: zurückzukehren zu ihrem Ursprung, in das Verhältnis des Geistes, der Liebe zu treten.

Damit haben wir den Prozeß der Welt, aus dem Abfall, der Trennung zur Versöhnung überzugehen. – Das erste in der Idee ist nur das Verhältnis von *Vater* und *Sohn*; aber das andere erhält auch die Bestimmung des Andersseins, des Seienden.

Es ist am *Sohn*, an der *Bestimmung des Unterschieds*, daß die Fortbestimmung fortgeht zu weiterem Unterschiede, daß der Unterschied sein Recht erhält, das Recht der Verschiedenheit. Diesen Übergang am Moment des Sohns hat *Jakob Böhme* so ausgedrückt, daß der erste Eingeborene Luzifer, der Lichtträger, das Helle, das Klare gewesen, aber sich in sich hineinimaginiert, d. h. sich für sich gesetzt habe, zum Sein fortgegangen und so abgefallen sei; aber unmittelbar sei an seine Stelle gesetzt der ewig Eingeborene.

Auf dem ersten Standpunkt ist das Verhältnis dies, daß Gott in seiner ewigen Wahrheit ist, und dies ist als der Zustand vor der Zeit gedacht, als der Zustand, wie er war, da Gott die seligen Geister und die Morgensterne, die Engel, seine Kinder lobten. Dies Verhältnis ist so als Zustand ausgesprochen; aber es ist ewiges Verhältnis des Denkens zu dem Gegenstand. Späterhin ist ein Abfall eingetreten, wie es heißt; dies ist das Setzen des zweiten Standpunkts, einerseits die Analyse des Sohns, das Auseinanderhalten der beiden Momente, die in ihm enthalten sind. Aber die andere Seite ist das subjektive Bewußtsein, der endliche Geist, daß dies als reines Denken an sich der Prozeß sei, vom *Unmittelbaren* angefangen und sich zur Wahrheit erhoben hat. Dies ist die zweite Form.

So treten wir in die Sphäre der Bestimmung ein, in den Raum und die Welt des endlichen Geistes. Näher ist dies nun auszudrücken als Setzen der Bestimmungen, als ein augenblicklich festgehaltener Unterschied; dies ist ein Herausgehen, Erscheinen Gottes in der Endlichkeit, denn dies ist die eigentliche Endlichkeit, die Trennung dessen, was an sich identisch ist, aber was festgehalten wird in der Trennung. Von der anderen Seite aber, vom subjektiven Geist aus, so ist dies gesetzt als reines Denken; an sich ist es aber Resultat, und dies ist zu setzen, wie es ist an sich als diese Bewegung; oder das reine Denken hat in sich zu gehen; hierdurch setzt es sich erst als endlich.

Dieses Andere haben wir so auf diesem Standpunkt nicht als Sohn, sondern als äußerliche Welt, als die endliche Welt, die außer der Wahrheit ist, *Welt der Endlichkeit*, wo das Andere die Form hat, zu *sein*, und doch ist es seiner Natur nach nur das ἕτερον, das Bestimmte, das Unterschiedene, Beschränkte, *Negative*.

Das Verhältnis dieser zweiten Sphäre zur ersten ist hiermit so bestimmt, daß es *dieselbe Idee an sich ist*, aber in dieser *anderen Bestimmung*; der absolute Akt jenes ersten Urteils ist an sich derselbe als dieser zweite; nur die Vorstellung hält beide auseinander als zwei ganz verschiedene Boden und *actus*. Und in der Tat sind sie auch zu *unterscheiden* und auseinanderzuhalten, und wenn gesagt worden: sie sind an sich dasselbe, so ist genau zu bestimmen, wie dies zu verstehen ist; sonst kann der falsche Sinn und die unrichtige Auffassung entstehen, als ob der *ewige Sohn des Vaters*, der sich selbst gegenständlich seienden Göttlichkeit, *dasselbe* sei als die *Welt* und unter jenem nur diese zu verstehen sei.

Es ist aber schon erinnert worden und versteht sich eigentlich von selbst, daß nur die Idee Gottes, wie sie vorhin in dem, was die erste Sphäre genannt worden, expliziert ist, der *ewige wahrhafte Gott* ist und dann seine höhere Realisation und Manifestation im ausführlichen Prozeß des Geistes ist, was in der *dritten* Sphäre betrachtet werden wird.

Wenn die Welt, wie sie unmittelbar ist, als an und für sich seiend, das Sinnliche, Zeitliche als *seiend* genommen würde, so würde entweder jener falsche Sinn damit verbunden oder auch zunächst *zwei ewige actus* Gottes angenommen werden müssen. Gottes Tätigkeit ist aber überhaupt schlechthin nur *eine und dieselbe*, nicht eine Mannigfaltigkeit von unterschiedenen Tätigkeiten, nicht ein Jetzt und Nachher, ein Außereinander und dgl.

So aber ist dies Unterscheiden als Selbständigkeit nur das *für sich negative Moment des Andersseins*, des Außersichseins, das als solches keine Wahrheit hat, sondern nur ein Moment – der Zeit nach nur ein Augenblick und selbst kein Augenblick – ist, sondern nur *dem endlichen Geiste gegenüber* diese Weise der Selbständigkeit hat, insofern *er selbst* in seiner Existenz diese Art und Weise der Selbständigkeit ist. In Gott selbst ist dieses Jetzt und Fürsichsein das *verschwindende Moment der Erscheinung*.

Dies Moment hat nun allerdings diese Weite, Breite und Tiefe einer Welt, ist Himmel und Erde und deren in sich und nach außen unendliche Organisation. Wenn wir nun sagen: das Andere ist ein verschwindendes Moment, es ist nur das Leuchten des Blitzes, der in seiner Erscheinung unmittelbar verschwunden ist, es ist das Tönen eines Wortes, das, indem es gesprochen und vernommen, in seiner äußerlichen Existenz verschwunden ist, so schwebt uns leicht in diesem Momentanen immer noch das Augenblickliche der Zeit vor mit einem *Vor* und *Nach*; aber es *ist* weder in dem einen noch in dem anderen von beiden. Es ist überhaupt jede *Zeitbestimmung* zu entfernen, es sei der Dauer oder des Jetzt, und es ist nur der *einfache Gedanke des Anderen* festzuhalten, – der *einfache* Gedanke, denn das Andere ist eine *Abstraktion*. Daß nun diese Abstraktion zur räumlichen und zeitlichen Welt *ausgebreitet* ist, beruht darin, daß sie das *einfache Moment der Idee* selbst ist und daher sie *ganz* an ihr empfängt; weil es aber das Moment des *Andersseins* ist, so ist es die *unmittelbare*, *sinnliche* Ausbreitung.

Fragen wie diese, ob die Welt oder die Materie *ewig* oder von Ewigkeit her ist oder *in der Zeit* angefangen hat, gehören der leeren Metaphysik des Verstandes an. »Von Ewigkeit her« – [hier] ist die Ewigkeit selbst als eine *unendliche*, nach *schlechter* Unendlichkeit *vorgestellte Zeit*, ist nur Reflexions-Unendlichkeit und -Bestimmung. Die Welt ist eben die *Region des Widerspruches*; in ihr ist die Idee in einer ihr unangemessenen Bestimmung. Sowie die Welt in die Vorstellung tritt, so tritt Zeit und dann durch die Reflexion jene Unendlichkeit oder Ewigkeit ein; aber wir müssen das Bewußtsein haben, daß diese Bestimmung *den Begriff* selbst nichts angeht.

Eine andere Frage oder zum Teil ein weiterer Sinn der Frage ist, daß die Welt oder Materie, insofern sie von Ewigkeit her sein sollte, *unerschaffen, unmittelbar für sich* ist. Es liegt hierbei die Verstandestrennung von Form und Materie zugrunde; Materie und Welt sind aber vielmehr ihrer Grundbestimmung nach dies *Andere,* das *Negative,* das eben selbst nur das Moment des *Gesetztseins* ist. Dies ist das Gegenteil des Selbständigen und in seinem Dasein nur dies, sich aufzuheben und Moment des Prozesses zu sein. Die natürliche Welt ist relativ, ist Erscheinung, d. h. sie ist es nicht nur für uns, sondern an sich, und dies ist ihre Qualität, überzugehen und sich in die letzte Idee zurückzunehmen. In der Bestimmung der Selbständigkeit des Andersseins ist es, daß die vielerlei metaphysischen Bestimmungen über die ὕλη bei den Alten, auch bei den philosophierenden Christen, vornehmlich den Gnostikern, ihren Grund haben.

Das *Anderssein* der Welt ist es, wodurch sie schlechthin das *Erschaffene,* nicht an und für sich Seiende ist, und wenn zwischen Anfang als *Schöpfung* und *Erhaltung des Vorhandenen* unterschieden wird, so ist eben dies vor der Vorstellung, daß eine solche sinnliche Welt in der Tat vorhanden und ein *Seiendes* sei. Mit Recht ist daher von jeher statuiert worden, daß, weil ihr das Sein, die für sich bestehende Selbständigkeit nicht zukommt, die Erhaltung eine Schöpfung sei. Aber kann man sagen: *Schöpfung ist auch Erhaltung?* Insofern würde man es sagen, als das Moment des *Andersseins* selbst *Moment der Idee* ist, oder vielmehr die Voraussetzung wäre vorhanden wie vorhin, daß der Schöpfung ein Seiendes vorherginge.

Indem nun das Anderssein als *Totalität der Erscheinung*

bestimmt ist, so drückt es an ihm selbst *die Idee* aus, und dies ist es überhaupt, was mit der Weisheit Gottes bezeichnet wird. Die Weisheit ist aber noch ein allgemeiner Ausdruck, und es ist Sache der philosophischen Erkenntnis, diesen Begriff in der Natur zu erkennen, sie als ein System zu fassen, worin sich die göttliche Idee abspiegelt. Diese wird manifestiert; aber ihr Inhalt ist selbst die Manifestation, sich als Anderes zu unterscheiden und dies in sich zurückzunehmen, so daß dies Zurück ebenso das Außen als das Innen ist. In der Natur fallen dann diese Stufen auseinander als ein System der Reiche der Natur, deren höchstes das Reich des Lebendigen ist.

Aber das Leben, die höchste Darstellung der Idee in der Natur ist nur dies, sich aufzuopfern – das ist die Negativität der Idee gegen diese ihre Existenz – und zum Geiste zu werden. Der Geist ist dies Hervorgehen vermittels der Natur; d. h. an ihr *hat er seinen Gegensatz*, durch dessen Aufhebung er für sich und Geist ist.

Die endliche Welt ist die Seite des *Unterschieds* gegen die Seite, die in ihrer Einheit bleibt; so *zerfällt* sie in die *natürliche* Welt und in die Welt des *endlichen Geistes*. Die Natur tritt nur *in dem*[10] *Verhältnis zum Menschen*, nicht *für sich* in das Verhältnis zu *Gott*, denn die Natur ist nicht Wissen. Gott ist der Geist; die Natur weiß nicht vom Geist. Sie ist von Gott geschaffen, aber sie tritt nicht von sich aus in das Verhältnis zu Gott, in dem Sinne, daß sie nicht wissend ist. Sie ist nur im Verhältnis zum Menschen; in diesem Verhältnis des Menschen ist sie das, was *die Seite seiner Abhängigkeit* heißt. Insofern sie vom Denken *erkannt* wird, daß sie von Gott geschaffen, Verstand, Vernunft in ihr ist, wird sie vom denkenden Menschen gewußt; insofern wird sie *in Verhältnis zum Göttlichen gesetzt*, indem ihre Wahrheit erkannt wird.

Die mannigfaltigen Formen des Verhältnisses des endlichen Geistes zur Natur gehören nicht hierher, ihre wissenschaftliche Betrachtung fällt in die Phänomenologie des Geistes

10 Lasson: »das«

oder die Geisteslehre. – Hier ist dieses Verhältnis innerhalb der Sphäre der Religion zu betrachten, so daß die Natur für den Menschen nicht nur diese unmittelbare, äußerliche Welt ist, sondern eine Welt, worin der Mensch Gott erkennt; die Natur ist so für den Menschen eine Offenbarung Gottes. – Dieses Verhältnis des Geistes zur Natur haben wir schon früher in den ethnischen Religionen gesehen, wo wir die Formen des Aufsteigens des Geistes vom Unmittelbaren, in dem die Natur als zufällig genommen wird, zum Notwendigen und zu einem weise und zweckmäßig Handelnden gehabt haben. – Also ist das Bewußtsein des endlichen Geistes von Gott durch die Natur vermittelt. Der Mensch sieht durch die Natur Gott; die Natur ist nur noch die Umhüllung und unwahre Gestaltung.

Das von Gott Unterschiedene ist hier wirklich ein Anderes und hat die Form eines Anderen: es ist die Natur, die für den Geist und für den Menschen ist. Dadurch soll die Einheit vollbracht und das Bewußtsein bewirkt werden, daß das Ende und die Bestimmung der Religion die Versöhnung ist. Das Erste ist das abstrakte Bewußtwerden Gottes, daß der Mensch sich an der Natur zu Gott erhebt: das haben wir in den Beweisen vom Dasein Gottes gesehen; hierein fallen auch die frommen Betrachtungen, wie herrlich Gott alles gemacht, wie weise er alles eingerichtet habe. Diese Erhebungen gehen einfach zu Gott und können mit diesem oder jenem Stoffe anfangen. Die Frömmigkeit macht solche erbauliche Betrachtungen, fängt mit dem Besondersten und Geringsten an und erkennt darin überhaupt ein Höheres. Sehr häufig mischt sich darein die schiefe Ansicht, daß man das, was in der Natur geschieht, als etwas Höheres ansieht als das Menschliche. Diese Betrachtung selbst aber, indem sie vom Einzelnen anfängt, ist unangemessen; es kann ihr eine andere Betrachtung entgegengesetzt werden: die Ursache nämlich soll der Erscheinung angemessen sein, sie soll selbst die Beschränktheit, die die Erscheinung an ihr hat, enthalten; wir verlangen einen besonderen Grund, der dieses Besondere begründet habe. Die Betrachtung einer besonderen Erscheinung hat immer dies Unangemessene. Ferner sind diese besonderen Erscheinungen natürliche; Gott soll aber als Geist gefaßt werden, und das, worin wir ihn erkennen, muß also auch Geistiges sein. »Gott donnert mit seinem Donner«, sagt man, »und wird doch nicht erkannt«[11]; der geistige Mensch fordert aber etwas Höheres als bloß Natürliches. Um als Geist erkannt zu werden, muß Gott mehr tun als donnern.

Die höhere Betrachtung der Natur und das tiefere Verhältnis, in das sie zu Gott zu stellen ist, besteht vielmehr darin, wenn sie selbst als *Geistiges,* d. h. als die *Natürlichkeit des Menschen* gefaßt wird. Erst wenn das Subjekt nicht mehr auf das unmittelbare Sein des Natürlichen gerichtet ist, sondern als das gesetzt ist, was es an sich ist, nämlich als Bewegung, und wenn es *in sich* gegangen ist, erst dann ist die *Endlichkeit als solche* gesetzt, und zwar als Endlichkeit in dem Prozesse des Verhältnisses, in welchem für sie das Bedürfnis der absoluten Idee und die Erscheinung derselben wird. Das Erste ist hier das *Bedürfnis* der Wahrheit, das Zweite die Art und Weise der *Erscheinung* der Wahrheit.

Fürs erste, was das Bedürfnis betrifft, so ist dies vorausgesetzt, daß im subjektiven Geist die Forderung vorhanden ist, die absolute Wahrheit zu wissen. Dies Bedürfnis enthält unmittelbar dies in sich, daß das Subjekt in der Unwahrheit sei; als Geist aber steht es zugleich an sich über dieser seiner Unwahrheit, und deswegen ist seine Unwahrheit ein solches, das überwunden werden soll. Die Unwahrheit ist näher so, daß das Subjekt in der Entzweiung seiner gegen sich selbst sei, und das Bedürfnis drückt sich insofern so aus, daß diese Entzweiung in ihm und daß sie eben damit auch von der Wahrheit aufgehoben werde, daß es somit versöhnt werde, und diese Versöhnung in sich kann nur Versöhnung sein mit der Wahrheit.

---

11 Hiob 37, 5

Das ist die nähere Form des Bedürfnisses. Die Bestimmung ist diese, daß die Entzweiung überhaupt im Subjekt ist, daß das Subjekt böse ist, daß es die Entzweiung in sich ist, der Widerspruch, nicht der auseinanderfallende, sondern das zugleich sich Zusammenhaltende; erst dadurch ist es entzweit als Widerspruch in ihm.

3. Bestimmung des Menschen

Dies erfordert, zu erinnern daran, zu bestimmen, was die Natur, Bestimmung des *Menschen* ist und wie sie zu betrachten ist, wie sie der Mensch betrachten soll, was er von sich wissen soll. Hier kommen wir

a) gleich auf die entgegengesetzten Bestimmungen: der Mensch ist *von Natur gut,* ist nicht entzweit in sich, sondern sein Wesen, sein Begriff ist, daß er von Natur gut, das mit sich Harmonische, der Frieden seiner in sich ist, – und der Mensch ist *von Natur böse.* Die erste Bestimmung heißt also: der Mensch ist von Natur gut, sein allgemeines, substantielles Wesen ist gut; ihr entgegen ist die zweite. Das sind diese Gegensätze zunächst für uns, für die äußere Betrachtung. Das Weitere ist, daß es nicht nur eine Betrachtung ist, die wir machen, sondern daß der Mensch das Wissen seiner von sich selbst habe, wie er beschaffen, was seine Bestimmung ist.

Zunächst ist der eine Satz: der Mensch ist von Natur gut, das Unentzweite; so hat er nicht das Bedürfnis der Versöhnung. Hat er keine Versöhnung nötig, so ist dieser Gang, den wir hier betrachten, dieses Ganze etwas Überflüssiges.

Daß der Mensch von Natur gut ist, ist wesentlich zu sagen: der Mensch ist Geist an sich, Vernünftigkeit, er ist mit und nach dem Ebenbild Gottes geschaffen. Gott ist das Gute, und er ist als Geist der Spiegel Gottes; er ist das Gute an sich. Gerade auf diesen Satz gründet sich allein die Möglichkeit seiner Versöhnung; die Schwierigkeit, Zweideutigkeit liegt aber im Ansich. Der Mensch ist *gut an sich,* – damit ist noch nicht alles gesagt; dies *Ansich* ist eben die *Einseitigkeit*. Der Mensch ist gut an sich, d. h. er ist es nur auf *innerliche* Weise, seinem Begriff nach, eben darum *nicht seiner Wirklichkeit nach*. Der Mensch, insofern er Geist ist, muß, was er wahrhaft ist, wirklich, für sich sein. Die physische Natur bleibt beim Ansich stehen, ist an sich der Begriff; in ihr aber kommt der Begriff nicht zu seinem Fürsichsein. Gerade dies, daß der Mensch nur an sich gut ist, dies Ansich enthält diesen Mangel.

Das Ansich der Natur sind die Gesetze der Natur. Die Natur bleibt ihren Gesetzen treu, tritt nicht aus ihnen heraus; das ist ihr Substantielles, – sie ist eben damit in der Notwendigkeit. Die andere Seite ist, daß der Mensch für sich selbst sein soll, was er an sich ist, daß er das für ihn werden soll.

Was von Natur gut ist, ist es *unmittelbar*, und der Geist ist eben, nicht ein Natürliches und unmittelbar zu sein; sondern als Geist ist der Mensch dies, aus der Natürlichkeit herauszutreten, in diese Trennung seines Begriffs und seines unmittelbaren Daseins überzugehen. In der physikalischen Natur tritt diese Trennung eines Individuums von seinem Gesetz, seinem substantiellen Wesen nicht ein, eben weil es nicht frei ist. – Der Mensch ist dies, daß er dieser seiner Natur, seinem Ansichsein sich gegenübersetzt, in diese Trennung tritt.

Die andere Behauptung entspringt unmittelbar aus dem, was gesagt worden, daß der Mensch *nicht bleiben soll, wie er unmittelbar ist*, er soll über seine Unmittelbarkeit hinausgehen; das ist der Begriff des Geistes. Dies Hinausgehen über seine Natürlichkeit, sein Ansichsein, ist, was zunächst die Entzweiung begründet, womit die Entzweiung unmittelbar gesetzt ist. Diese Entzweiung ist ein Heraustreten aus dieser Natürlichkeit, Unmittelbarkeit; aber dies ist nicht so zu nehmen, als ob nur erst das Heraustreten das Böse sei, sondern dies Heraustreten ist in der Natürlichkeit schon selbst enthalten. Das Ansich und die Natürlichkeit ist das Unmittelbare; weil es aber der Geist ist, so ist er *in seiner Unmit-*

telbarkeit das Heraustreten aus seiner Unmittelbarkeit, *der Abfall von seiner Unmittelbarkeit, seinem Ansichsein.*

Darin liegt der zweite Satz: der Mensch ist von Natur böse, *sein Ansichsein, sein Natürlichsein ist das Böse.* In diesem seinem Natürlichsein ist sein Mangel sogleich vorhanden: weil er Geist ist, ist er von demselben unterschieden, die Entzweiung; die Einseitigkeit ist in dieser Natürlichkeit unmittelbar vorhanden. Wenn der Mensch nach der Natur nur ist, ist er böse.

Natürlicher Mensch ist der, der an sich, seinem Begriff nach gut ist; aber natürlich in konkretem Sinn ist der Mensch, der seinen Leidenschaften und Trieben folgt, der in der Begierde steht, dem seine natürliche Unmittelbarkeit das Gesetz ist. Er ist natürlich; aber in diesem seinem Natürlichsein ist er zugleich ein Wollender, und indem der Inhalt seines Wollens nur der Trieb, die Neigung ist, so ist er böse. Der Form nach, daß er Wille ist, ist er nicht mehr Tier; aber der Inhalt, die Zwecke seines Wollens sind noch das Natürliche. Das ist dieser Standpunkt und dieser höhere Standpunkt, daß der Mensch von Natur böse ist, er darum böse ist, weil er ein Natürliches ist.

Der Zustand, den man sich leererweise vorstellt, daß der erste Zustand der Stand der Unschuld gewesen ist, ist der Stand der Natürlichkeit, des Tiers. Der Mensch soll schuldig sein; insofern er gut ist, soll er nicht sein, wie ein natürliches Ding gut ist, sondern es soll seine Schuld, sein Wille sein, es soll ihm imputabel sein. Schuld heißt überhaupt Imputabilität.

Der gute Mensch ist es mit und durch seinen Willen, insofern mit seiner Schuld. Unschuld heißt willenlos sein, ohne böse und eben damit ohne gut zu sein. Die natürlichen Dinge, die Tiere sind alle gut; aber dieses Gutsein kann dem Menschen nicht zukommen; insofern er gut ist, soll er es mit seinem Willen sein. Die absolute Anforderung ist, daß der Mensch nicht als Naturwesen, nicht als natürlicher Wille beharre; der Mensch hat zwar Bewußtsein, aber er kann doch Naturwesen als Mensch sein, insofern das Natürliche den Zweck, Inhalt, die Bestimmung seines Wollens ausmacht.

Näher muß man diese Bestimmung vor Augen haben: der Mensch ist Mensch als Subjekt, und als natürliches Subjekt ist er dieses einzelne Subjekt, und sein Wille ist dieser einzelne Wille; sein Wille ist erfüllt mit dem Inhalt der Einzelheit, d. h. der natürliche Mensch ist selbstsüchtig.

Der Mensch, der gut heißt, von dem verlangen wir wenigstens, daß er sich nach allgemeinen Bestimmungen, Gesetzen richte. Die Natürlichkeit des Willens ist näher die Selbstsucht des Willens, unterschieden von der Allgemeinheit des Willens und entgegengesetzt der Vernünftigkeit des zur Allgemeinheit gebildeten Willens. Dies Böse personifiziert auf allgemeine Weise ist der Teufel. Dieser als das sich selbst wollende Negative ist darin die Identität mit sich und muß daher auch Affirmation haben, wie bei Milton, wo er in seiner charaktervollen Energie besser ist als mancher Engel.

Aber damit, daß der Mensch, insofern er natürlicher Wille ist, böse ist, damit ist nicht die andere Seite aufgehoben, daß er an sich gut ist; das bleibt er immer seinem Begriff nach. Aber der Mensch ist Bewußtsein, damit Unterscheiden überhaupt, damit ein wirklicher, Dieser, Subjekt, unterschieden von seinem Begriff, und indem dies Subjekt zunächst nur unterschieden ist von seinem Begriff, noch nicht zurückgekehrt zur Einheit seiner Subjektivität mit dem Begriff, zu dem Vernünftigen, so ist seine Wirklichkeit die natürliche Wirklichkeit, und diese ist die Selbstsucht.

Das Bösesein setzt sogleich die Beziehung der Wirklichkeit auf den Begriff voraus; es ist damit nur gesetzt der Widerspruch des Ansichseins, des Begriffs und der Einzelheit, des Guten und Bösen. Es ist falsch zu fragen: ist der Mensch gut von Natur oder nicht? Das ist eine falsche Stellung. Ebenso oberflächlich ist, zu sagen, er sei ebensowohl gut als böse.

Was noch besonders das anbetrifft, daß der Wille Willkür sei, gut oder böse wollen kann, so ist in der Tat diese Willkür nicht Wille; dies ist er erst, insofern er sich entschließt, denn soweit er noch dies oder jenes will, ist er nicht Wille. Der natürliche Wille ist Wille der Begierde, der Neigung, die das Unmittelbare will, die noch nicht *dies* will, denn dazu gehört, daß er vernünftiger Wille wäre, daß er einsähe, daß das Gesetz das Vernünftige ist. Es ist die Anforderung an den Menschen, nicht als natürlicher Wille zu sein, nicht zu sein, wie er nur von Natur ist. Ein anderes ist der Begriff des Willens; solange der Mensch noch darin existiert, ist er nur Wille an sich, noch nicht wirklicher Wille, noch nicht als Geist. Dies ist das Allgemeine; das Spezielle muß entfernt werden. Von dem, was in die bestimmte Sphäre der Moralität gehört, kann erst die Rede sein innerhalb eines besonderen Zustandes; es betrifft nicht die Natur des Geistes.

Dagegen, daß der Wille böse ist, damit haben wir dies, daß wir, wenn wir den Menschen konkret betrachten, vom Willen sprechen, und dies Konkrete, Wirkliche kann nicht bloß ein Negatives sein. Der böse Wille ist aber bloß als negatives Wollen gesetzt; dies ist nur ein Abstraktum, und wenn der Mensch von Natur nicht so ist, wie er sein soll, so ist er doch an sich vernünftig, Geist. Dies ist das Affirmative in ihm, und daß er nicht in der Natur so ist, wie er sein soll, betrifft daher nur die Form des Willens; das Wesentliche ist, daß der Mensch an sich Geist ist. Dies, was an sich ist, beharrt im Aufgeben des natürlichen Willens, ist der Begriff, das Beharrende, das sich Hervorbringende. Wenn wir hingegen sprechen, der Wille sei böse von Natur, so ist dies der Wille nur als negativ; man hat also auch dabei dies Konkrete vor sich, dem diese Abstraktion widerspricht. Dies geht so weit, daß, wenn man den Teufel aufstellt, man zeigen muß, daß Affirmatives in ihm sei, Charakterstärke, Energie, Konsequenz; es müssen im Konkreten sogleich affirmative Bestimmungen hervortreten. Bei diesem allen vergißt man, wenn man vom Menschen spricht, daß es Menschen sind, die durch Sitten, Gesetze usf. gebildet und erzogen sind. Man sagt: die Menschen sind doch nicht so böse, sieh dich doch nur um. Aber da sind es schon sittlich, moralisch gebildete

Menschen, schon rekonstruierte, in eine Weise der Versöhnung gesetzte Menschen. Die Hauptsache ist, daß solche Zustände wie der des Kindes nicht vor Augen zu haben sind in der Religion; in der Darstellung der Wahrheit ist vielmehr wesentlich vorgestellt die auseinandergelegte Geschichte dessen, was der Mensch ist. Es ist eine spekulative Betrachtung, die hier waltet; die abstrakten Unterschiede des Begriffs werden hier nacheinander vorgeführt. Wenn der erzogene, gebildete Mensch betrachtet werden soll, so muß an ihm vorkommen die Umwandlung, Rekonstruktion, die Zucht, die er durchlaufen hat, der Übergang vom natürlichen Willen zum wahrhaften, und sein unmittelbar natürlicher Wille muß darin als aufgehoben vorkommen. Wenn nun die erste Bestimmung ist, daß der Mensch unmittelbar nicht so ist, wie er sein soll, so ist

b) zu bedenken, daß der Mensch sich so auch *betrachten* soll; das Bösesein wird so in das Verhältnis der Betrachtung gesetzt. Dies wird leicht so genommen, daß diese Erkenntnis es nur sei, nach welcher er als böse gesetzt werde, so daß diese Betrachtung eine Art äußerer Forderung, Bedingung sei, so daß, wenn er sich nicht so betrachten würde, auch die andere Bestimmung, daß er böse sei, wegfalle.

Indem diese Betrachtung zur Pflicht gemacht wird, kann man sich vorstellen, daß dies nur das Wesentliche wäre und der Inhalt ohne dasselbe nicht sei. Ferner wird dann das Verhältnis der Betrachtung auch so gestellt, daß es die Betrachtung oder die Erkenntnis ist, die ihn böse mache, so daß sie das Böse sei, und diese Erkenntnis es sei, die nicht sein soll, die der Quell des Bösen sei. In dieser Vorstellung liegt der Zusammenhang des *Böseseins* mit der *Erkenntnis.* Dies ist ein wesentlicher Punkt.

Die nähere Weise der Vorstellung dieses Bösen ist, daß der Mensch durch die Erkenntnis böse werde, wie die Bibel es vorstellt, daß er vom Baume der Erkenntnis gegessen habe. Hierdurch kommt die Erkenntnis, die Intelligenz, das Theoretische und der Wille in ein näheres Verhältnis; die Natur des Bösen kommt näher zur Sprache. Hierbei ist nun zu sagen, daß in der Tat die Erkenntnis es ist, welche der Quell alles Bösen ist, denn das Wissen, das *Bewußtsein* ist dieser Akt, durch den *die Trennung gesetzt* ist, das Negative, das *Urteil*, die Entzweiung in der näheren Bestimmung des Fürsichseins überhaupt. Die Natur des Menschen ist nicht, wie sie sein soll; die Erkenntnis ist es, die ihm dies aufschließt und das Sein, wie er nicht sein soll, hervorbringt. Dies Soll ist sein Begriff, und daß er nicht so ist, ist erst entstanden in der Trennung, in der Vergleichung mit dem, was er an und für sich ist. Die Erkenntnis ist erst das Setzen des Gegensatzes, in dem das Böse ist. Das Tier, der Stein, die Pflanze ist nicht böse; das Böse ist erst innerhalb des Kreises der Erkenntnis vorhanden; es ist das Bewußtsein des Fürsichseins gegen anderes, aber auch gegen das Objekt, was in sich allgemein ist in dem Sinn des Begriffs, des vernünftigen Willens. Erst durch diese Trennung bin ich für mich, und darin liegt das Böse. Bösesein heißt abstrakt, mich *vereinzeln*; die Vereinzelung, die sich abtrennt vom Allgemeinen; dies ist das Vernünftige, die Gesetze, die Bestimmungen des Geistes. Aber mit dieser Trennung entsteht das Fürsichsein und erst das Allgemeine, Geistige, Gesetz, das, was sein soll.

Es ist also nicht, daß die Betrachtung zum Bösen ein äußeres Verhältnis hat, sondern das *Betrachten selbst ist das Böse*. Zu diesem Gegensatz ist es, daß der Mensch, indem er Geist ist, fortzugehen hat, für sich zu sein überhaupt, so daß er zu seinem Objekt hat seinen *Gegenstand*, was für ihn ist, das Gute, das Allgemeine, seine Bestimmung. Der Geist ist frei; die Freiheit hat das wesentliche Moment dieser Trennung in sich. In dieser Trennung ist das Fürsichsein gesetzt und hat das Böse seinen Sitz; hier ist die Quelle des Übels, aber auch der Punkt, wo die Versöhnung ihre letzte Quelle hat. Es ist das Krankmachen und die Quelle der Gesundheit. Wir können jedoch hier nicht näher die Art und Weise vergleichen, wie dies in der Geschichte des Sündenfalles ist.

Die Sünde wird so beschrieben, daß der Mensch vom Baum der Erkenntnis gegessen habe usf. Damit ist die Erkennung die Entzweiung, die Trennung, in der erst das Gute für den Menschen ist, aber damit auch das Böse. Es wird als verboten vorgestellt, davon zu essen, und so das Böse *formell* als Übertretung eines göttlichen Gebots vorgestellt, welches einen Inhalt hätte haben können, welchen es wollte. Hier hat aber das Gebot wesentlich eben diese *Erkenntnis* zum Inhalt. Das Aufgehen des Bewußtseins ist damit gesetzt; zugleich aber ist es vorzustellen als ein Standpunkt, bei dem nicht geblieben werden soll, der *aufzuheben* ist, denn in der Entzweiung des Fürsichseins soll nicht stehengeblieben werden. Weiter sagt die Schlange, daß der Mensch durch das Essen Gott gleich werden würde, und hat so den Hochmut des Menschen in Anspruch genommen. Gott spricht zu sich selbst: »Adam ist worden wie unsereiner.« Die Schlange hat also nicht gelogen; Gott bestätigt, was sie sagte. Man hat sich mit der Erklärung dieser Stelle viele Mühe gegeben und ist so weit gegangen, dies selbst für Ironie zu erklären. Die höhere Erklärung aber ist, daß unter diesem Adam der zweite Adam, Christus, verstanden ist. Die Erkenntnis ist das Prinzip der Geistigkeit, die aber, wie gesagt, auch das Prinzip der Heilung des Schadens der Trennung ist. Es ist in diesem Prinzip des Erkennens in der Tat auch das *Prinzip der Göttlichkeit* gesetzt, das durch fernere Ausgleichung zu seiner *Versöhnung*, Wahrhaftigkeit kommen muß; oder mit anderen Worten: es liegt darin die Verheißung und Gewißheit der wiederzuerreichenden Ebenbildlichkeit. Solche Weissagung findet man bildlich auch ausgedrückt in dem, was Gott zur Schlange sagt: »Ich will Feindschaft setzen« usw. Indem in der Schlange das *Prinzip* der Erkenntnis als *selbständig, außerhalb Adams* vorgestellt ist, so ist es allerdings ganz konsequent, daß im Menschen als dem *konkreten Erkennen die andere Seite des Umkehrens* und der Reflexion enthalten ist und daß diese andere Seite jener den Kopf zertreten werde.

Es wird vorgestellt, der erste Mensch habe dies getan; das ist auch wieder diese sinnliche Weise, zu sprechen. »Der erste Mensch« will dem Gedanken nach heißen: der Mensch als Mensch, nicht irgendein einzelner, zufälliger, einer von den Vielen, sondern der absolut erste, der Mensch seinem Begriff nach. *Der Mensch als solcher ist Bewußtsein,* eben damit tritt er in diese Entzweiung, – das Bewußtsein, das in seiner weiteren Bestimmung Erkennen ist.

Insofern der allgemeine Mensch als erster vorgestellt ist, ist er als von anderen unterschieden. Da entsteht die Frage: Es ist nur dieser, der es getan hat, wie ist es an andere gekommen? Da ist denn die Vorstellung der Erbschaft; durch diese wird korrigiert diese Mangelhaftigkeit, daß der Mensch als solcher vorgestellt ist als ein erster. Die Entzweiung liegt im Begriff des Menschen überhaupt; die Einseitigkeit also, daß es vorgestellt wird als das Tun eines Einzelnen, wird integriert durch die Vorstellung der Mitteilung, der Erbschaft.

Als Strafe der Sünde ist ausgesprochen die Arbeit usf.; das ist im allgemeinen eine notwendige Konsequenz. Das Tier arbeitet nicht, nur gezwungen, nicht von Natur; es ißt nicht sein Brot im Schweiß des Angesichts, bringt sein Brot sich nicht selbst hervor: von allen Bedürfnissen, die es hat, findet es unmittelbar in der Natur Befriedigung. Der Mensch findet auch das Material dazu, aber, kann man sagen, das Material, ist das wenigste für den Menschen, – die unendliche Vermittlung der Befriedigung seiner Bedürfnisse geschieht nur durch Arbeit. Die Arbeit im Schweiß des Angesichts, die körperliche und die Arbeit des Geistes, bei der es saurer wird als bei jener, ist in unmittelbarem Zusammenhang mit der Erkenntnis des Guten und Bösen. Daß der Mensch sich zu dem machen muß, was er ist, daß er im Schweiße seines Angesichtes sein Brot ißt, hervorbringen muß, was er ist, das gehört zum Wesentlichen, zum Ausgezeichneten des Menschen und hängt notwendig zusammen mit der Erkenntnis des Guten und Bösen.

Es wird weiter vorgestellt, auch der Baum des Lebens sei

darin gestanden; es ist dies in einfacher, kindlicher Vorstellung gesprochen. Es gibt zwei Güter für die Wünsche der Menschen; das eine ist, in ungestörtem Glück, in der Harmonie mit sich selbst und der äußeren Natur zu leben, und das Tier bleibt in dieser Einheit, der Mensch hat darüber hinauszugehen; der andere Wunsch ist etwa der, ewig zu leben. Nach diesen Wünschen ist diese Vorstellung gemacht. – Wenn wir dies näher betrachten, so zeigt es sich sogleich als eine nur kindliche Vorstellung. Der Mensch als einzelnes Lebendiges, seine einzelne Lebendigkeit, Natürlichkeit muß sterben. Aber wenn man die Erzählung näher ansieht, so wäre dies das Wunderbare darin, das sich Widersprechende.

In diesem Widerspruch ist der Mensch als *für sich seiend* bestimmt. Das Fürsichsein ist als Bewußtsein, Selbstbewußtsein, unendliches Selbstbewußtsein *abstrakt unendlich*; daß er sich seiner Freiheit, ganz abstrakten Freiheit bewußt ist, dies ist sein unendliches Fürsichsein, das in früheren Religionen nicht so zum Bewußtsein gekommen ist, in denen der Gegensatz nicht zu dieser Absolutheit, dieser Tiefe fortgegangen ist. Dadurch, daß dies hier geschehen, ist nun zugleich die Würde des Menschen auf einen weit höheren Standpunkt gesetzt. Das Subjekt hat hierdurch absolute Wichtigkeit, ist wesentlicher Gegenstand des Interesses Gottes; denn es ist für sich seiendes Selbstbewußtsein. Es ist als die reine Gewißheit seiner in sich selbst; es existiert in ihm der Punkt unendlicher Subjektivität: es ist zwar abstrakt, aber *abstrakt an und für sich Sein*. Dies kommt in der Gestalt vor, daß der Mensch als Geist *unsterblich* ist, Gegenstand des Interesses Gottes, über die Endlichkeit, Abhängigkeit, über äußere Umstände erhaben, die Freiheit von allem zu abstrahieren; es ist darin gesetzt, der Sterblichkeit entnommen zu sein. Es ist in der Religion, weil ihr Gegensatz unendlich ist, daß die Unsterblichkeit der Seele Hauptmoment ist.

Sterblich ist etwas, was sterben kann; unsterblich ist das, was in den Zustand kommen kann, daß das Sterben nicht eintritt. Verbrennlich und unverbrennlich, – da ist das Brennen nur eine Möglichkeit, die äußerlich an den Gegenstand kommt. Die Bestimmung von Sein ist aber nicht so eine Möglichkeit, sondern affirmativ bestimmte Qualität, die es jetzt schon an ihm hat.

So muß bei der Unsterblichkeit der Seele nicht vorgestellt werden, daß sie erst späterhin in Wirklichkeit träte; es ist gegenwärtige Qualität. Der Geist ist ewig, also deshalb schon gegenwärtig; der Geist in seiner Freiheit ist nicht im Kreise der Beschränktheit. Für ihn als denkend, rein wissend ist das Allgemeine Gegenstand; dies ist die Ewigkeit, die nicht bloß Dauer ist, wie die Berge dauern, sondern *Wissen*. Die Ewigkeit des Geistes ist hier zum Bewußtsein gebracht, in diesem Erkennen, in dieser Trennung selbst, die zur Unendlichkeit des Fürsichseins gekommen ist, die nicht mehr verwickelt ist im Natürlichen, Zufälligen, Äußeren. Diese Ewigkeit des Geistes in sich ist, daß der Geist zunächst an sich ist; aber der nächste Standpunkt ist, daß der Geist nicht sein soll, wie er nur natürlicher Geist ist, sondern daß er sein soll, wie er an und für sich ist. Der Geist soll sich betrachten, und dadurch ist die Entzweiung; er soll nicht stehenbleiben auf diesem Standpunkt, daß er nicht ist, wie er an sich ist, soll seinem Begriff angemessen werden, der allgemeine Geist. Auf dem Standpunkt der Entzweiung ist dies sein Ansichsein ein Anderes für ihn, und er selbst ist natürlicher Wille; er ist entzweit in sich. Es ist diese Entzweiung insofern sein Gefühl oder Bewußtsein des Widerspruchs, und es ist damit das Bedürfnis des Aufhebens des Widerspruchs gesetzt.

Einerseits wird gesagt, der Mensch im Paradies ohne Sünde wäre unsterblich – die Unsterblichkeit auf Erden und die Unsterblichkeit der Seele wird in dieser Erzählung nicht getrennt –, er würde leben ewiglich. Wenn dieser äußerliche Tod nur eine Folge der Sünde sein soll, so wäre er an sich unsterblich. Auf der anderen Seite wird dann auch vorgestellt, erst wenn der Mensch vom Baum des Lebens äße, würde er unsterblich sein.

Die Sache ist überhaupt diese, daß der Mensch durch das Erkennen unsterblich ist; denn nur denkend ist er keine sterbliche, tierische Seele, ist er die freie, reine Seele. Das Erkennen, Denken ist die Wurzel seines Lebens, seiner Unsterblichkeit, als Totalität in sich selbst. Die tierische Seele ist in die Körperlichkeit versenkt, dagegen der Geist ist Totalität in sich selbst.

Das Weitere ist nun, daß diese Ansicht, die wir im Gedanken gefaßt haben, in dem Menschen wirklich werden soll, d. h. daß der Mensch zu der *Unendlichkeit des Gegensatzes* in sich komme, des Gegensatzes von Gut und Böse, daß er als Natürliches sich böse wisse und somit des Gegensatzes sich nicht nur überhaupt, sondern sich desselben *in sich selbst bewußt* werde, daß er es ist, der böse sei, daß die Forderung des Guten und somit das Bewußtsein der Entzweiung und der Schmerz über den Widerspruch und über den Gegensatz in ihm erweckt werde.

Die Form des Gegensatzes haben wir in allen Religionen gehabt; aber der Gegensatz gegen die Macht der Natur, gegen das sittliche Gesetz, den sittlichen Willen, die Sittlichkeit, das Schicksal – alles das sind *untergeordnete Gegensätze*, die nur den Gegensatz gegen ein Besonderes enthalten.

Der Mensch, der ein Gebot übertritt, ist böse, aber auch nur in diesem *partikularen* Fall, er ist nur im Gegensatz gegen dies besondere Gebot. Das Gute und das Böse sahen wir in allgemeinem Gegensatz gegenüberstehen im Persischen: hier ist der Gegensatz *außer* dem Menschen, der selbst ist außer ihm, – es ist nicht dieser abstrakte Gegensatz innerhalb seiner selbst.

Es ist darum die Forderung, daß der Mensch diesen abstrakten Gegensatz *innerhalb* seiner selbst habe und überwältige; nicht daß er nur dieses oder jenes Gebot nicht tue, sondern die Wahrheit ist, daß er böse ist an sich, *böse im allgemeinen*, in seinem Innersten, einfach böse, böse in seinem Innern, daß diese Bestimmung des Bösen Bestimmung seines Begriffs ist und daß er dies sich zum Bewußtsein bringe.

c) Um diese Tiefe ist es zu tun. Tiefe heißt die *Abstraktion des Gegensatzes,* die reine *Verallgemeinerung* des Gegensatzes, daß seine Seiten diese ganz allgemeine Bestimmung gegeneinander gewinnen.

Dieser Gegensatz hat nun überhaupt *zwei* Formen. Einerseits ist es der *Gegensatz vom Bösen als solchem,* daß er selbst es ist, der böse ist, – dies ist der Gegensatz gegen Gott; andererseits ist er der *Gegensatz gegen die Welt,* daß er in Entzweiung mit der Welt ist, – das ist das Unglück, die Entzweiung nach der anderen Seite.

Daß das Bedürfnis der allgemeinen Versöhnung sei und darin der göttlichen Versöhnung, der absoluten Versöhnung im Menschen sei, dazu gehört, daß der Gegensatz diese Unendlichkeit gewonnen, daß diese Allgemeinheit das Innerste umfaßt, daß nichts ist, das außer diesem Gegensatz wäre, der Gegensatz nicht etwas Besonderes ist. Das ist die tiefste Tiefe.

α) Zuerst betrachten wir das Verhältnis der Entzweiung zum einen Extrem, zu *Gott.* Der Mensch hat dies Bewußtsein in sich, daß er im Innersten dieser Widerspruch ist; so ist das der *unendliche Schmerz über sich selbst.* Schmerz ist nur vorhanden im Gegensatz gegen ein Sollen, ein Affirmatives. Was nicht ein Affirmatives mehr in sich ist, hat auch keinen Widerspruch, keinen Schmerz. Schmerz ist eben die Negativität im Affirmativen, daß das Affirmative in sich selbst dies sich Widersprechende, Verletzte ist.

Dieser Schmerz ist das *eine* Moment des Bösen. Das Böse bloß für sich ist eine Abstraktion; es ist nur im Gegensatz gegen das Gute, und indem es in der Einheit des Subjekts ist, ist der Gegensatz gegen diese Entzweiung der unendliche Schmerz. Wenn im Subjekt selbst nicht ebenso das Bewußtsein des Guten, die unendliche Forderung des Guten ist in seinem Innersten, so ist kein Schmerz da, so ist das Böse selbst nur ein leeres Nichts, – es ist nur in diesem Gegensatz.

Das Böse und dieser Schmerz kann nur *unendlich* sein, indem das Gute, *Gott* gewußt wird als *ein* Gott, als reiner, geistiger Gott; und nur indem das Gute diese reine Einheit ist, beim Glauben an *einen* Gott und nur in Beziehung auf diesen, kann auch und muß das Negative fortgehen zu dieser Bestimmung des Bösen, die Negation ebenso fortgehen zu dieser *Allgemeinheit*. Die eine Seite dieser Entzweiung ist auf diese Weise vorhanden durch die Erhebung des Menschen zur reinen, geistigen Einheit Gottes. Dieser Schmerz und dies Bewußtsein ist die Vertiefung des Menschen in sich und eben damit in das negative Moment der Entzweiung, des Bösen.

Dies ist die *negative*, innerliche Vertiefung in das Böse; die innerliche Vertiefung *affirmativ* ist die Vertiefung in die reine Einheit Gottes. Auf diesem Punkte ist vorhanden, daß Ich als natürlicher Mensch dem, was das Wahrhafte ist, unangemessen und in die *vielen natürlichen Besonderheiten* befangen bin, und ebenso unendlich fest ist die Wahrheit des *einen Guten* in mir; so bestimmt sich diese Unangemessenheit zu dem, was nicht sein soll.

Die Aufgabe, die Forderung ist unendlich. Man kann sagen: indem ich natürlicher Mensch bin, habe ich einerseits Bewußtsein über mich, aber die Natürlichkeit besteht in der Bewußtlosigkeit in Ansehung meiner, in der Willenlosigkeit; ich bin ein solches, das nach der Natur handelt, und insofern bin ich nach dieser Seite, sagt man oft, schuldlos, insofern ich kein Bewußtsein darüber habe, was ich tue, ohne eigentlichen Willen bin, es ohne Neigung tue, mich durch Triebe überraschen lasse. Aber diese Schuldlosigkeit verschwindet hier in diesem Gegensatz. Denn eben das natürliche, das *bewußtlose* und *willenlose* Sein des Menschen ist es, was nicht sein soll, und es ist damit zum *Bösen* bestimmt vor der reinen Einheit, vor der vollkommenen Reinheit, die ich als das Wahrhafte, Absolute weiß. Es liegt in dem Gesagten, daß, auf diesen Punkt gekommen, das Bewußtlose, Willenlose wesentlich selbst als das Böse zu betrachten ist.

Aber der *Widerspruch* bleibt immer, mag man ihn so

wenden oder so; indem sich diese sogenannte Schuldlosigkeit als Böses bestimmt, bleibt die Unangemessenheit meiner gegen das Absolute, gegen mein Wesen, und nach der einen oder anderen Seite weiß ich mich immer als das, was nicht sein soll.

Das ist das Verhältnis zu dem einen Extrem, und das Resultat, die bestimmtere Weise dieses Schmerzes ist die Demütigung meiner, die Zerknirschung, daß es Schmerz über mich ist, daß ich als Natürliches unangemesssen bin demjenigen, was ich zugleich selbst weiß, was in meinem Wissen, Wollen ist, daß ich sei.

β) Was das Verhältnis zum *andern* Extrem betrifft, so erscheint hier die Trennung als *Unglück*, daß der Mensch nicht befriedigt wird in der Welt. Seine Befriedigung, seine Naturbedürfnisse haben weiter kein Recht, keine Ansprüche. Als Naturwesen verhält sich der Mensch zu anderem, und anderes verhält sich zu ihm als Mächte, und er ist insofern zufällig wie die anderen.

Aber seine Forderungen in Ansehung der *Sittlichkeit*, die höheren, sittlichen Anforderungen sind Forderungen, Bestimmungen der Freiheit. Insofern diese *an sich berechtigten*, in seinem Begriff – er weiß vom Guten, und das Gute ist in ihm – begründeten Forderungen, insofern diese nicht ihre Befriedigung finden im Dasein, in der äußerlichen Welt, so ist er im Unglück.

Das Unglück ist es, das den Menschen in sich zurücktreibt, *in sich zurückdrängt*, und indem diese feste Forderung der Vernünftigkeit der Welt in ihm ist, gibt er die Welt auf und sucht das Glück, die Befriedigung in sich selbst als die *Zusammenstimmung seiner affirmativen Seite mit sich selbst*. Daß er diese erlange, gibt er die äußerliche Welt auf, verlegt sein Glück in sich selbst, befriedigt sich in sich selbst.

Von dieser Forderung und von diesem Unglück hatten wir diese zwei Formen. Jenen Schmerz, der von der Allgemeinheit, von oben kommt, sahen wir im *jüdischen Volk*; dabei bleibt die unendliche Forderung der absoluten Reinheit in meiner Natürlichkeit, meinem empirischen Wollen, Wissen. Das andere, das Zurücktreiben aus dem Unglück in sich ist der Standpunkt, in dem die *römische* Welt geendet hat, – dies allgemeine Unglück der Welt. Wir sahen diese formelle Innerlichkeit, die in der Welt sich befriedigt, diese Herrschaft, den Zweck Gottes, der vorgestellt, gewußt, gemeint wird als weltliche Herrschaft. Beide Seiten haben ihre Einseitigkeit: die erste kann als Empfindung der Demütigung ausgesprochen werden, die andere ist die abstrakte Erhebung des Menschen in sich, der Mensch, der sich in sich konzentriert. So ist es der *Stoizismus* oder *Skeptizismus.* Der stoische, skeptische Weise war auf sich gewiesen, sollte in ihm selbst befriedigt sein; in dieser Unabhängigkeit, Starrheit des Beisichseins sollte er das Glück haben, die Zusammenstimmung mit sich selbst; in dieser seiner abstrakten, ihm gegenwärtigen, selbstbewußten Innerlichkeit sollte er beruhen.

In dieser Trennung, Entzweiung, haben wir gesagt, bestimmt sich also hier das Subjekt, faßt sich auf als das Extrem des abstrakten Fürsichseins, der abstrakten Freiheit; die Seele senkt sich in ihre Tiefe, in ihren ganzen Abgrund. Diese Seele ist die unentwickelte Monade, die nackte Monade, die *leere, erfüllungslose Seele*; indem sie aber *an sich* der Begriff, das *Konkrete* ist, ist diese Leerheit, Abstraktion *widersprechend* gegen ihre Bestimmung, konkret zu sein.

Das ist also das Allgemeine, daß in dieser Trennung, die als unendlicher Gegensatz entwickelt ist, diese *Abstraktion aufgehoben werden soll.* Dieses abstrakte Ich ist auch *an ihm selbst* ein Wille, ist *konkret*; aber die *unmittelbare Erfüllung*, die es an ihm vorfindet, ist der *natürliche Wille.* Die Seele findet nichts vor als Begierde, Selbstsucht usf. in ihr, und es ist dies eine der Formen des Gegensatzes, daß Ich, die Seele in ihrer Tiefe, und die reale Seite voneinander unterschieden sind, so daß die reale Seite nicht eine solche ist, die dem Begriff angemessen gemacht ist, daher zurückgeführt ist, sondern an ihr selbst nur natürlichen Willen findet.

Der Gegensatz, worin die reale Seite weiterentwickelt ist, ist die *Welt*, und der Einheit des Begriffs gegenüber ist so eine *Gesamtheit des natürlichen Willens*, dessen Prinzip Selbstsucht ist, und die Verwirklichung desselben tritt als Verdorbenheit, Roheit usf. auf. Die Objektivität, die dies reine Ich hat, die für dasselbe ist als eine ihm angemessene, ist nicht sein natürlicher Wille, auch nicht die Welt; sondern die angemessene Objektivität ist nur das allgemeine Wesen, dieser Eine, der in ihm nicht erfüllt ist, dem alle Erfüllung, Welt, gegenübersteht.

Das Bewußtsein nun dieses Gegensatzes, dieser Trennung des Ich und des natürlichen Willens ist das eines unendlichen Widerspruchs. Dies Ich ist mit dem natürlichen Willen, der Welt in unmittelbarer Beziehung und zugleich davon abgestoßen. Dies ist der unendliche Schmerz, das Leiden der Welt. Die Versöhnung, die wir bisher auf diesem Standpunkte fanden, ist nur partiell und deshalb ungenügend. Die Ausgleichung des Ich in sich selbst, die das Ich in der stoischen Philosophie gewinnt, wo es sich als denkend weiß und sein Gegenstand das Gedachte, das Allgemeine ist und dies ihm schlechthin alles, die wahrhafte Wesenheit ist, wo also dies ihm gilt als ein Gedachtes und es dem Subjekte als von ihm gesetzt gilt: diese Versöhnung ist nur abstrakt, denn alle Bestimmung ist außer diesem Gedachten; es ist nur formelle Identität mit sich. Auf diesem absoluten Standpunkt kann und soll aber nicht eine solche abstrakte Versöhnung stattfinden; auch der natürliche Wille kann nicht in sich befriedigt werden, denn er und der Weltzustand genügen ihm, der seine Unendlichkeit erfaßt hat, nicht. Die abstrakte Tiefe des Gegensatzes erfordert das unendliche Leiden der Seele und damit eine Versöhnung, die ebenso vollkommen ist.

Es sind die höchsten, abstraktesten Momente; der Gegensatz ist der höchste. Beide Seiten sind *der Gegensatz in seiner vollkommensten Allgemeinheit,* im Innersten, im Allgemeinen selbst, die Gegensätze in der größten Tiefe. Beide Seiten sind aber *einseitig*: die erste Seite enthält diesen Schmerz, diese abstrakte Demütigung; da ist das Höchste schlechthin diese Unangemessenheit des Subjekts zum Allgemeinen, diese Entzweiung, Zerreißung, die nicht ausgefüllt, nicht ausgeglichen ist, – der Standpunkt des Gegensatzes vom Unendlichen einerseits und von einer festen Endlichkeit andererseits. Diese Endlichkeit ist die abstrakte Endlichkeit; was mir hierbei als das Meinige zukommt, das ist auf diese Weise nur das Böse.

Ihre Ergänzung hat diese Abstraktion im Anderen; das ist das Denken in sich selbst, die Angemessenheit meiner, daß ich befriedigt bin in mir selbst, befriedigt sein kann in mir selbst. Aber für sich ist diese zweite Seite ebenso einseitig, nur das Affirmative, die Affirmation meiner in mir selbst. Die *erste* Seite, die Zerknirschung, ist *nur negativ, ohne Affirmation in sich*; die *zweite* soll sein diese Affirmation, Befriedigung seiner in sich. Aber diese *Befriedigung meiner in mir* ist eine nur *abstrakte* Befriedigung durch die Flucht aus der Welt, aus der Wirklichkeit, – durch die Tatlosigkeit. Indem es die Flucht aus der Wirklichkeit ist, ist es auch die Flucht aus *meiner* Wirklichkeit, nicht aus der äußerlichen Wirklichkeit, sondern aus der Wirklichkeit meines Willens.

Die Wirklichkeit meines Willens, Ich als dieses Subjekt, der erfüllte Wille, bleibt mir nicht, aber es bleibt mir die *Unmittelbarkeit meines Selbstbewußtseins*; dieses Selbstbewußtsein ist zwar ein vollkommen abstraktes, aber diese letzte Spitze des Tiefen ist darin enthalten, und ich habe mich darin erhalten. Es ist *nicht* diese *Abstraktion* von meiner abstrakten Wirklichkeit in mir oder meinem *unmittelbaren Selbstbewußtsein,* der Unmittelbarkeit meines Selbstbewußtseins. Auf dieser Seite ist also die *Affirmation* das Überwiegende, *ohne* jene Negation der Einseitigkeit des Unmittelbarseins. Dort ist die *Negation* das Einseitige.

Diese zwei Momente sind es, die das *Bedürfnis* enthalten

zum *Übergange*. Der Begriff der vorhergehenden Religionen hat sich *gereinigt zu diesem Gegensatz*, und indem dieser Gegensatz sich als existierendes Bedürfnis gezeigt und dargestellt hat, ist dies so ausgedrückt worden: »Als die Zeit erfüllet war«; d. h. der Geist, das Bedürfnis des Geistes ist vorhanden, der die Versöhnung zeigt.

γ) *Die Versöhnung*. Das tiefste Bedürfnis des Geistes besteht darin, daß der Gegensatz im Subjekt selbst zu seinen allgemeinen, d. h. abstraktesten Extremen gesteigert ist. Dies ist diese Entzweiung, dieser Schmerz. Dadurch, daß diese beiden Seiten nicht auseinanderfallen, sondern dieser Widerspruch sind in einem, beweist sich zugleich das Subjekt als unendliche Kraft der Einheit; es kann diesen Widerspruch aushalten. Das ist die formelle, abstrakte, aber unendliche Energie der Einheit, die es besitzt.

Das, wodurch das Bedürfnis befriedigt wird, ist das *Bewußtsein der Aussöhnung*, des Aufhebens, der Nichtigkeit des Gegensatzes, daß dieser Gegensatz nicht ist die Wahrheit, sondern vielmehr dies, die Einheit durch die Negation dieses Gegensatzes zu erreichen, d. i. der Friede, die Versöhnung, die das Bedürfnis fordert. Die Versöhnung ist die Forderung des Bedürfnisses des Subjekts, und es liegt in ihm als *unendlich Einem*, mit sich Identischem.

Dieses Aufheben des Gegensatzes hat zwei Seiten. Es muß dem Subjekt das Bewußtsein werden, daß dieser Gegensatz nicht an sich ist, daß die Wahrheit, das Innere das Aufgehobensein dieses Gegensatzes ist. Sodann, weil er an sich, der Wahrheit nach aufgehoben ist, kann das Subjekt als solches in seinem Fürsichsein erreichen, erlangen das Aufheben dieses Gegensatzes, den Frieden, die Versöhnung.

αα) Daß der Gegensatz *an sich* aufgehoben ist, macht die Bedingung, Voraussetzung aus, die Möglichkeit, daß das Subjekt auch für sich ihn aufhebe. Insofern wird gesagt, das Subjekt gelange nicht aus sich, d. i. aus sich als *diesem* Subjekt, durch seine Tätigkeit, sein Verhalten zur Versöhnung; es ist nicht sein Verhalten als des Subjekts, wodurch die Versöhnung zustande gebracht wird und zustande gebracht werden kann.

Dies ist die Natur des Bedürfnisses, wenn die Frage ist: wodurch kann es befriedigt werden? Die Versöhnung kann nur dadurch sein, daß *für dasselbe* wird das *Aufgehobensein der Trennung*, daß das, was sich zu fliehen scheint, dieser Gegensatz nichtig ist, daß die göttliche Wahrheit für dasselbe werde der aufgelöste Widerspruch, worin beide ihre Abstraktion gegeneinander abgelegt haben.

Es erhebt sich daher auch hier noch einmal die obige Frage: kann das Subjekt diese Versöhnung nicht *aus sich* zustande bringen durch seine Tätigkeit, daß es durch seine Frömmigkeit, Andacht sein Inneres der göttlichen Idee angemessen mache und dies durch Handlungen ausdrücke? Und kann dies ferner nicht das einzelne Subjekt, können es dann nicht wenigstens *alle Menschen*, die das göttliche Gesetz recht in sich aufnehmen wollten, so daß der Himmel auf Erden wäre, der Geist in seiner Gnade gegenwärtig lebte, Realität hätte? Die Frage ist, ob das Subjekt nicht aus sich *als Subjekt* dies hervorbringen kann. Es ist eine gemeine Vorstellung, daß es dies könne. Zu beachten ist hier, was wir genau vor uns haben müssen, daß von dem Subjekt die Rede ist, welches *auf einem Extrem steht, für sich ist.* Die Subjektivität hat die Bestimmung des Setzens, daß dies durch mich sei. Dies Setzen, Handeln usf. geschieht durch mich, der Inhalt mag sein, welcher er will; das *Hervorbringen* ist damit selbst eine *einseitige Bestimmung*, und das Produkt ist *nur* ein Gesetztes, es bleibt als solches nur in abstrakter Freiheit. Jene Frage heißt daher, ob es durch sein Setzen dies nicht hervorbringen kann. Dies *Setzen* muß wesentlich sein eine *Voraussetzung*, so daß das Gesetzte auch *an sich* ist. Die Einheit der Subjektivität und Objektivität, diese göttliche Einheit muß als Voraussetzung sein für mein Setzen; dann hat dies erst einen *Inhalt*; der Inhalt ist Geist, Gehalt, – sonst ist es *subjektiv, formell*; so erhält es erst wahrhaften, substantiellen Inhalt. Mit der Bestimmung dieser Voraussetzung verliert es seine Einseitigkeit; mit der Bedeutung solcher Voraussetzung benimmt es sich diese Einseitigkeit, verliert sie dadurch. *Kant* und *Fichte* sagen: der Mensch kann nur säen, Gutes tun in der Voraussetzung einer moralischen Weltordnung, er weiß nicht, ob es gedeihen, gelingen werde; er kann nur handeln mit der Voraussetzung, daß das Gute Gedeihen an und für sich habe, nicht nur ein Gesetztes sei, sondern seiner Natur nach objektiv. Die Voraussetzung ist wesentliche Bestimmung.

Die Harmonie dieses Widerspruchs muß also in der Weise vorgestellt werden, daß sie für das Subjekt eine Voraussetzung sei. Indem der Begriff die göttliche Einheit erkennt, so erkennt er, daß Gott an und für sich ist und damit die Einsicht, die Tätigkeit des Subjekts nichts für sich ist, nur ist und Bestehen hat unter jener Voraussetzung. Dem Subjekt muß also erscheinen die Wahrheit als Voraussetzung, und die Frage ist, wie, in welcher Gestalt die Wahrheit erscheinen könne auf diesem Standpunkt, auf dem wir uns befinden; er ist der unendliche Schmerz, diese reine Tiefe der Seele, und für diesen Schmerz soll sein die Auflösung des Widerspruchs. Diese ist notwendig zunächst in der Weise der Voraussetzung, weil es dies einseitige Extrem ist.

Des Subjekts Verhalten ist also nur das Setzen, das Tun als nur die eine Seite; die andere ist die substantielle, zugrunde liegende, welche die Möglichkeit enthält. Dies ist, daß an sich dieser Gegensatz nicht vorhanden ist. Näher ist es, daß der Gegensatz ewig entsteht, ebenso sich ewig aufhebt, ebenso das ewige Versöhnen ist.

Daß dieses die Wahrheit ist, sahen wir in der ewigen göttlichen Idee, daß Gott dies ist, als lebendiger Geist sich von sich zu unterscheiden, ein Anderes zu setzen und in diesem Anderen mit sich identisch zu bleiben, in diesem Anderen die Identität seiner mit sich selbst zu haben. Das ist die Wahrheit. Diese Wahrheit ist es, die die *eine* Seite dessen ausmachen muß, was dem Menschen zum Bewußtsein kommen muß, die *ansichseiende, substantielle* Seite.

Näher kann es so ausgedrückt werden, daß der Gegensatz *die Unangemessenheit überhaupt* ist. Der Gegensatz, das Böse ist die Natürlichkeit des menschlichen Seins und Wollens, die Unmittelbarkeit; das ist eben die Weise der Natürlichkeit. Mit der Unmittelbarkeit ist eben die Endlichkeit gesetzt, und diese Endlichkeit oder Natürlichkeit ist unangemessen der Allgemeinheit Gottes, der in sich schlechthin freien, bei sich seienden, unendlichen, ewigen Idee.

Diese Unangemessenheit ist der Ausgangspunkt, der das Bedürfnis ausmacht. Die nähere Bestimmung ist nicht, daß die Unangemessenheit von beiden Seiten verschwinde für das Bewußtsein. Die Unangemessenheit *ist*; sie *liegt in der Geistigkeit*: der Geist ist das Sichunterscheiden, das Setzen von Unterschiedenen. Wenn sie unterschieden sind – nach diesem Moment, daß sie Unterschiedene sind –, sind sie nicht das Gleiche; sie sind verschieden, einander unangemessen. Die Unangemessenheit kann nicht verschwinden; wenn sie verschwände, so verschwände das Urteil des Geistes, seine Lebendigkeit; so hörte er auf, Geist zu sein.

ββ) Die weitere Bestimmung aber ist diese, daß *dieser Unangemessenheit ungeachtet die Identität beider sei;* daß das Anderssein, die Endlichkeit, die Schwäche, die Gebrechlichkeit der menschlichen Natur keinen Eintrag tun könne jener Einheit, die das Substantielle der Versöhnung ist. Auch dieses haben wir erkannt in der *göttlichen Idee.* Denn der Sohn ist ein Anderes als der Vater; dies Anderssein ist Verschiedenheit, sonst ist es nicht Geist. Aber das Andere ist Gott, hat die ganze Fülle der göttlichen Natur in sich; diesem, daß dieser Andere der Sohn Gottes, damit Gott ist, tut die Bestimmung des Andersseins keinen Eintrag; ebenso auch nicht ihm in der menschlichen Natur.

Dieses Anderssein ist das ewig sich Setzende, ewig sich Aufhebende, und dieses sich Setzen und Aufheben des Andersseins ist die Liebe, der Geist. Das Böse, die eine Seite, ist abstrakt bestimmt worden als nur das *Andere*, Endliche, Negative, und Gott als das Gute, Wahrhafte auf die andere Seite gestellt. Aber dies Andere, Negative enthält in sich selbst auch die *Affirmation,* und das muß im endlichen Sein zum Bewußtsein kommen, daß das Prinzip der Affirmation darin enthalten ist, daß in diesem Prinzip der Affirmation das Prinzip der *Identität* liegt *mit der anderen Seite*; so wie Gott nicht nur als das Wahre die abstrakte Identität mit sich ist, sondern das Andere, die Negation, das Sichanderssetzen seine eigene wesentliche Bestimmung, die eigene Bestimmung des Geistes ist.

Die Möglichkeit der Versöhnung ist nur darin, daß gewußt wird die *an sich seiende Einheit der göttlichen und menschlichen Natur*; das ist die notwendige Grundlage. So kann der Mensch sich aufgenommen wissen in Gott, insofern ihm Gott nicht ein Fremdes ist, er sich zu ihm nicht als äußerliches Akzidenz verhält, sondern wenn er nach seinem Wesen, nach seiner Freiheit und Subjektivität in Gott aufgenommen ist; dies ist aber nur möglich, insofern *in Gott selbst diese Subjektivität der menschlichen Natur ist.* Dieses Ansichsein muß dem unendlichen Schmerz zum Bewußtsein kommen als die an sich seiende Einheit der göttlichen und menschlichen Natur, aber nur dem Ansichsein, der Substantialität nach, so daß diese Endlichkeit, Schwäche, dies Anderssein dieser substantiellen Einheit beider keinen Eintrag tut.

Die Einheit der göttlichen und menschlichen Natur, der Mensch in seiner Allgemeinheit ist *der Gedanke* des Menschen und die an und für seiende *Idee des absoluten Geistes.* An sich ist auch in dem Prozeß, in welchem sich das Anderssein aufhebt, diese Idee und die Objektivität Gottes real, und zwar in *allen* Menschen unmittelbar: »Aus dem Kelch des ganzen Geisterreiches schäumt ihm die Unendlichkeit.«[12] Der Schmerz, den das Endliche in dieser seiner Aufhebung empfindet, schmerzt nicht, da es sich dadurch zum Moment in dem Prozeß des Göttlichen erhebt.

---

12 Schiller, »Die Freundschaft« (dort: »Seelenreiches«)

Sollte jene Qual uns quälen,
da sie unsre Lust vermehrt?[13]

Aber hier, auf diesem Standpunkte ist es nicht um den *Gedanken* des Menschen zu tun. Auch kann es nicht bei der Bestimmung der *Einzelheit überhaupt* bleiben, die selbst wieder *allgemein* und im abstrakten Denken als solchem ist.

γγ) Soll vielmehr das Bewußtsein von der Einheit der göttlichen und menschlichen Natur, von dieser Bestimmung des Menschen als Menschen überhaupt, dem Menschen gegeben werden oder soll diese Erkenntnis ganz in das Bewußtsein seiner Endlichkeit eindringen als der Strahl des ewigen Lichtes, das ihm im Endlichen klar wird, so muß sie an ihn kommen *als Menschen überhaupt,* d. h. ohne Bedingung einer besonderen Bildung, sondern an ihn als *unmittelbaren Menschen,* und für das unmittelbare Bewußtsein muß sie allgemein sein.

Das Bewußtsein der absoluten Idee, die wir im Denken haben, soll also nicht für den Standpunkt philosophischer Spekulation, des spekulativen Denkens hervorgebracht werden, sondern in der Form der *Gewißheit* für die Menschen überhaupt; nicht daß sie es denken, die Notwendigkeit dieser Idee einsehen und erkennen, sondern darum ist es zu tun, daß sie ihnen gewiß wird, d. h. daß diese Idee, die Einheit der göttlichen und menschlichen Natur zur Gewißheit komme, daß sie für sie die Form *unmittelbarer sinnlicher Anschauung, äußerlichen Daseins* erhalte, kurz, daß diese Idee als in der Welt *gesehen* und *erfahren* erscheine. So muß sich diese Einheit in ganz zeitlicher, vollkommen gemeiner Erscheinung der Wirklichkeit, in einem *diesen* Menschen für das Bewußtsein zeigen, in einem *Diesen,* der zugleich gewußt werde als *göttliche Idee,* nicht nur als höheres Wesen überhaupt, sondern als die höchste, die absolute Idee, als Gottessohn.

---

13 Goethe, *Der West-östliche Divan,* Buch des Timur, »An Suleika«

Göttliche und menschliche Natur in einem ist ein harter, schwerer Ausdruck; aber die Vorstellung, die man damit verbindet, ist zu vergessen; es ist die geistige Wesenheit, an die dabei zu denken ist. In der Einheit der göttlichen und menschlichen Natur ist alles verschwunden, was zur äußeren Partikularisation gehört, – das Endliche ist verschwunden.

Es ist das Substantielle der Einheit der göttlichen und menschlichen Natur, was dem Menschen zum Bewußtsein kommt, so daß der Mensch ihm als Gott und Gott ihm als Mensch erscheint. Diese substantielle Einheit ist das Ansich des Menschen; indem aber dasselbe für den Menschen ist, ist es jenseits des unmittelbaren Bewußtseins, des gewöhnlichen Bewußtseins und Wissens; damit muß es drüben stehen für das subjektive Bewußtsein, das sich als gewöhnliches Bewußtsein verhält und als solches bestimmt ist. Hierin liegt es, daß dies als einzelner, *ausschließender* Mensch erscheinen müsse für die Anderen, [es sind] nicht sie alle Einzelnen, sondern einer, von dem sie ausgeschlossen sind, aber nicht mehr als das *Ansich*, das drüben ist, sondern als die *Einzelheit auf dem Boden der Gewißheit*.

Um diese Gewißheit und Anschauung ist es zu tun, nicht bloß um einen göttlichen Lehrer, ohnehin nicht bloß der Moral, aber auch nicht einmal bloß um einen *Lehrer dieser Idee*, nicht um Vorstellung und Überzeugung ist es zu tun, sondern um diese *unmittelbare* Gegenwart und Gewißheit des Göttlichen; denn die unmittelbare Gewißheit der Gegenwart ist die unendliche Form und Weise, wie das »ist« für das natürliche Bewußtsein ist. Dieses Ist vertilgt alle Spur der Vermittlung; es ist die letzte Spitze, der letzte Lichtpunkt, der noch aufgetragen wird. Aller Vermittlung durch Gefühle, Vorstellung, Gründe fehlt dies Ist, und nur im philosophischen Erkennen durch den Begriff, im Elemente der Allgemeinheit kehrt es wieder.

Das Göttliche ist nicht zu fassen nur als ein allgemeiner Gedanke oder als ein Inneres, nur Ansichseiendes, die Objektivierung des Göttlichen nicht nur als eine solche, die in allen Menschen ist, zu fassen; so ist sie dann nur als die *Vielheit des Geistigen überhaupt* gefaßt, und die Entwicklung, die der *absolute Geist an ihm selbst* hat und die bis zur Form des Ist, der Unmittelbarkeit fortzugehen hat, ist darin nicht enthalten.

Der *Eine* der jüdischen Religion ist im Gedanken, nicht in der Anschauung, eben darum nicht zum Geist vollendet. *Die Vollendung zum Geiste* heißt eben die *Subjektivität*, die *sich unendlich entäußert* und aus dem absoluten Gegensatze, *aus der äußersten Spitze der Erscheinung zu sich zurückkehrt*. Das Prinzip der *Individualität* war zwar schon in dem *griechischen Ideale* vorhanden, aber hier mangelte eben jene *an und für sich allgemeine Unendlichkeit;* das Allgemeine *als* Allgemeines gesetzt ist nur in der Subjektivität des Bewußtseins da; nur diese ist die unendliche Bewegung in sich, in der alle Bestimmtheit des Daseins aufgelöst ist und die zugleich im endlichsten Dasein ist.

Dies Individuum nun, welches für die anderen die Erscheinung der Idee ist, ist *dies* Einzige; nicht Einige, denn an Einigen wird die Göttlichkeit zur Abstraktion. »Einige« sind ein schlechter Überfluß der Reflexion, ein Überfluß, weil wider den Begriff der individuellen Subjektivität. »Einmal« ist im Begriff »allemal«, und das Subjekt muß sich ohne Wahl an *eine* Subjektivität wenden. In der ewigen Idee ist nur *ein* Sohn; so ist es nur Einer, ausschließend gegen die anderen, in dem die absolute Idee erscheint. Diese Vollendung der Realität zur unmittelbaren Einzelheit ist der schönste Punkt der christlichen Religion, und die absolute Verklärung der Endlichkeit ist in ihr zur Anschauung gebracht.

Diese Bestimmung, daß Gott Mensch wird, damit der endliche Geist das Bewußtsein Gottes im Endlichen selbst habe, ist das schwerste Moment in der Religion. Nach einer gewöhnlichen Vorstellung, die wir besonders bei den Alten finden, ist der Geist, die Seele, in diese Welt als in ein ihm

Fremdartiges herabgestoßen: dieses Inwohnen im Körper und die Vereinzelung zur Individualität sei eine Erniedrigung des Geistes. Darin liegt die Bestimmung der *Unwahrheit der bloß materiellen Seite*, der unmittelbaren Existenz. Aber andererseits ist die *Bestimmung der unmittelbaren Existenz* zugleich auch eine *wesentliche*, die letzte Zuspitzung des Geistes in seiner Subjektivität. Der Mensch hat geistige Interessen und ist geistig tätig; er kann sich daran gehindert fühlen, indem er sich in physischer Abhängigkeit fühlt, indem er für seine Nahrung sorgen muß usw.; er fällt von seinen geistigen Interessen ab durch die Gebundenheit an die Natur. Das Moment der unmittelbaren Existenz ist aber im Geiste selbst enthalten. Es ist die Bestimmung des Geistes, zu diesem Momente fortzugehen. Die Natürlichkeit ist nicht bloß eine äußerliche Notwendigkeit, sondern der Geist als Subjekt in seiner unendlichen Beziehung auf sich selbst hat die Bestimmung der Unmittelbarkeit an ihm. Insofern nun dem Menschen geoffenbart werden soll, was die Natur des Geistes ist, die Natur Gottes in der ganzen Entwicklung der Idee offenbar werden soll, so muß darin diese Form auch vorkommen, und das ist eben die Form der Endlichkeit. Das Göttliche muß in der Form der Unmittelbarkeit erscheinen. Diese unmittelbare Gegenwart ist nur Gegenwart des Geistigen in der *geistigen Gestalt*, welche die *menschliche* ist. Auf keine andere Weise ist diese Erscheinung wahrhaft, nicht etwa als Erscheinung Gottes im feurigen Busch und dgl. mehr. Gott erscheint als einzelne Person, an welche Unmittelbarkeit sich alle physische Bedürftigkeit anknüpft. Im indischen Pantheismus kommen unzählig viele Inkarnationen vor; da ist die Subjektivität, das menschliche Sein nur akzidentelle Form, in Gott ist sie nur *Maske*, die die Substanz annimmt und in zufälliger Weise wechselt. Gott aber als Geist enthält das Moment der Subjektivität, der Einzigkeit an ihm; seine Erscheinung kann daher auch nur eine einzige sein, nur einmal vorkommen.

Christus ist in der Kirche der *Gottmensch* genannt worden,

– diese ungeheure Zusammensetzung ist es, die dem Verstande schlechthin widerspricht; aber die Einheit der göttlichen und menschlichen Natur ist dem Menschen darin zum Bewußtsein, zur Gewißheit gebracht worden, daß das Anderssein oder, wie man es auch ausdrückt, die Endlichkeit, Schwäche, Gebrechlichkeit der menschlichen Natur nicht unvereinbar sei mit dieser Einheit, wie in der ewigen Idee das Anderssein keinen Eintrag tue der Einheit, die Gott ist. Dies ist das Ungeheure, dessen Notwendigkeit wir gesehen haben. Es ist damit gesetzt, daß die göttliche und menschliche Natur nicht an sich verschieden ist: Gott in menschlicher Gestalt. Die Wahrheit ist, daß nur *eine* Vernunft, *ein* Geist ist, daß der Geist als endlicher nicht wahrhafte Existenz hat.

Die Wesentlichkeit der Gestalt des Erscheinens ist expliziert. Weil es die Erscheinung Gottes ist, so ist diese für die Gemeinde wesentlich. Erscheinen ist Sein für Anderes; dies Andere ist die Gemeinde.

Diese *historische Erscheinung* kann aber sogleich auf *zweierlei* Weise betrachtet werden. Einmal als *Mensch*, seinem äußerlichen Zustand nach, wie er der irreligiösen Betrachtung als *gewöhnlicher* Mensch erscheint. Und *dann nach der Betrachtung im Geiste und mit dem Geiste*, der zu seiner Wahrheit dringt, darum weil er diese unendliche Entzweiung, diesen Schmerz in sich hat, die Wahrheit will, das Bedürfnis der Wahrheit und die Gewißheit der Wahrheit haben will und soll. Dies ist die wahrhafte Betrachtung in der Religion. Diese zwei Seiten sind hier zu unterscheiden: die unmittelbare Betrachtung und die durch den Glauben.

Durch den Glauben wird dieses Individuum als von göttlicher Natur gewußt, wodurch das Jenseits Gottes aufgehoben werde. Wenn man *Christus* betrachtet wie *Sokrates*, so betrachtet man ihn als gewöhnlichen Menschen, wie die Mohammedaner Christus betrachten als Gesandten Gottes, wie alle großen Menschen Gesandte, Boten Gottes in allgemeinem Sinne sind. Wenn man von Christus nicht mehr sagt, als daß er Lehrer der Menschheit, Märtyrer der Wahrheit ist, so steht man nicht auf dem christlichen Standpunkte, nicht auf dem der wahren Religion.

Die *eine* Seite ist diese *menschliche Seite*, diese Erscheinung als des lebenden Menschen. Ein unmittelbarer Mensch ist in aller äußerlichen Zufälligkeit, in allen zeitlichen Verhältnissen, Bedingungen; er wird geboren, hat die Bedürfnisse aller anderen Menschen als Mensch, allein daß er nicht eingeht in das Verderben, die Leidenschaften, die besonderen Neigungen derselben, in die besonderen Interessen der Weltlichkeit, bei denen auch Rechtschaffenheit und Lehre stattfinden kann; sondern daß er nur der *Wahrheit*, der *Verkündigung der Wahrheit* lebt, seine Wirksamkeit nur ist, das höhere Bewußtsein der Menschen auszufüllen.

Auf diese menschliche Seite gehört also zunächst die *Lehre Christi*. Die Frage ist: wie kann diese Lehre sein, wie ist sie beschaffen? Die erste Lehre kann nicht beschaffen sein, wie nachher die Lehre in der Kirche ist; sie muß Eigentümlichkeiten haben, die in der Kirche notwendigerweise zum Teil eine andere Bestimmung erhalten, zum Teil auf der Seite bleiben. Christus' Lehre kann als diese unmittelbare nicht christliche Dogmatik, nicht Lehre der Kirche sein. Wenn die Gemeinde etabliert ist, das Reich Gottes seine Wirklichkeit, sein Dasein erlangt hat, so kann diese Lehre nicht mehr dieselbe Bestimmung haben wie zuvor.

Der Hauptinhalt dieser Lehre kann nur *allgemein*, abstrakt sein. Wenn ein Neues, eine neue Welt, eine neue Religion, ein neuer Begriff von Gott in der vorstellenden Welt gegeben werden soll, ist das erste der allgemeine Boden, das zweite das Besondere, Bestimmte, Konkrete. Die *vorstellende* Welt, insofern sie denkt, denkt nur *abstrakt*, denkt *nur das Allgemeine*; es ist nur dem begreifenden Geiste vorbehalten, aus dem Allgemeinen das Besondere zu erkennen, dies Besondere durch sich selbst aus dem Begriff hervorgehen zu lassen; für die vorstellende Welt ist der Boden des allgemeinen Gedankens und die Besonderung und Entwicklung *getrennt*.

Dieser allgemeine Boden kann also durch die Lehre für den wahrhaften Begriff Gottes hervorgebracht werden.
Indem es um ein neues Bewußtsein der Menschen, eine neue Religion zu tun ist, so ist es das Bewußtsein der absoluten Versöhnung; damit ist bedingt eine neue Welt, eine neue Religion, eine neue Wirklichkeit, ein anderer Weltzustand; denn das äußerliche Dasein, die Existenz, hat zu ihrem Substantiellen die Religion.
Dies ist die *negative, polemische* Seite gegen das Bestehen in dieser Äußerlichkeit in dem Bewußtsein und Glauben der Menschen. Die neue Religion spricht sich aus als ein neues Bewußtsein – Bewußtsein der *Versöhnung* des Menschen mit Gott; diese Versöhnung als *Zustand* ausgesprochen ist das *Reich Gottes,* das Ewige als die Heimat für den Geist, eine Wirklichkeit, in der Gott herrscht. Die Geister, Herzen, sie sind versöhnt mit ihm; so ist es Gott, der zur Herrschaft gekommen ist. Dies ist insofern der allgemeine Boden.
Dieses Reich Gottes, die neue Religion hat also an sich die Bestimmung der Negation gegen das Vorhandene; das ist die revolutionäre Seite der Lehre, die alles Bestehende teils auf die Seite wirft, teils vernichtet, umstößt. Alle irdischen, weltlichen Dinge fallen weg ohne Wert und werden so ausgesprochen. Das Vorhergehende verändert sich; das vorige Verhältnis, der Zustand der Religion, der Welt kann nicht bleiben wie vorher; es ist darum zu tun, den Menschen, dem das Bewußtsein der Versöhnung werden soll, daraus herauszuziehen, zu verlangen diese *Abstraktion von der vorhandenen Wirklichkeit.*
Diese neue Religion ist selbst noch konzentriert, nicht als Gemeinde vorhanden, sondern in dieser Energie, welche das einzige Interesse des Menschen ausmacht, der zu kämpfen, zu ringen hat, sich dies zu erhalten, weil es noch nicht in Übereinstimmung ist mit dem Weltzustand, noch nicht im Zusammenhang mit dem Weltbewußtsein.
Das erste Auftreten enthält also die polemische Seite, die Forderung, sich von den endlichen Dingen zu entfernen; es

ist gefordert eine Erhebung zu einer unendlichen Energie, in der das Allgemeine fordert, für sich festgehalten zu sein, und der alle anderen Bande gleichgültig zu werden haben, [alles] was sonst sittlich, recht ist, alle anderen Bande auf die Seite zu setzen sind. »Wer ist meine Mutter, und wer sind meine Brüder?« usf. »Laß die Toten ihre Toten begraben« usf. »Wer seine Hand legt an den Pflug und sieht zurück, ist nicht geschickt zum Reich Gottes.« »Ich bin gekommen, das Schwert zu bringen« usf.[14] Wir sehen hierin das Polemische ausgesprochen gegen die sittlichen Verhältnisse: »Sorget nicht für den andern Tag«; »gib deine Güter den Armen«.[15] Alle diese Verhältnisse, die sich auf Eigentum beziehen, verschwinden. Indessen heben sie sich wieder in sich selbst auf; wenn alles den Armen gegeben wird, so sind keine Armen.

Das alles sind Lehren, Bestimmungen, die dem ersten Auftreten angehören, wo die neue Religion nur das einzige Interesse ausmacht, was der Mensch noch zu verlieren sich in Gefahr glauben muß, und wo sie sich als Lehre an Menschen richtet, mit denen die Welt fertig ist und die mit der Welt fertig sind. Die eine Seite ist diese Entsagung; dieses Aufgeben, diese Zurücksetzung alles wesentlichen Interesses und der sittlichen Bande ist im konzentrierten Erscheinen der Wahrheit eine wesentliche Bestimmung, die in der Folge, wenn die Wahrheit sichere Existenz hat, von ihrer Wichtigkeit verliert. Ja, wenn dieser Anfang des Leidens sich nach außen nur duldend, ergebend, den Hals darreichend verhält, so wird sich seine innere Energie mit der Zeit, wenn er erstarkt ist, zu ebenso heftiger Gewalttätigkeit nach außen richten.

Das Weitere im *Affirmativen* ist die Verkündigung des Reiches Gottes; in dieses, als das *Reich der Liebe zu Gott*, hat sich der Mensch zu versetzen, so daß er sich unmittelbar

---

14 Matth. 12, 48; 8, 22; Luk. 9, 60. 62; Matth. 10, 34
15 Matth. 6, 34; 19, 21

in diese Wahrheit werfe. Dieses ist mit der reinsten, ungeheuersten Parrhesie ausgesprochen, z. B. im Anfang der sogenannten Bergpredigt: »Selig sind, die reines Herzens sind; denn sie werden Gott schauen.« Solche Worte sind vom Größten, was je ausgesprochen ist; sie sind ein letzter Mittelpunkt, der allen Aberglauben, alle Unfreiheit des Menschen aufhebt. Es ist unendlich wichtig, daß dem Volk durch die Lutherische Bibelübersetzung ein Volksbuch in die Hand gegeben ist, worin sich das Gemüt, der Geist auf die höchste, unendliche Weise zurechtfinden kann (in katholischen Ländern ist darin ein großer Mangel); dort ist die Bibel das Rettungsmittel gegen alle Knechtschaft des Geistes.

Für diese Erhebung, und damit diese im Menschen hervorkomme, ist von keiner Vermittlung gesprochen, sondern dies unmittelbare Sein, dies *unmittelbare Sichversetzen* in die Wahrheit, in das Reich Gottes ist damit ausgesprochen. Die intellektuelle, geistige Welt, das Reich Gottes ist es, der der Mensch angehören soll, und die Gesinnung allein ist es, die einen Wert gibt, aber nicht die abstrakte Gesinnung, nicht diese oder jene Meinung, sondern die *absolute Gesinnung*, die im Reiche Gottes ihre Basis hat. Der unendliche Wert der Innerlichkeit ist damit zuerst aufgetreten. In der Sprache der Begeisterung, in solchen durchdringenden Tönen, die die Seele durchbeben und sie wie Hermes, der Psychagoge, aus dem Leibe herausziehen und aus dem Zeitlichen in die ewige Heimat hinüberführen, ist dies vorgetragen. »Trachtet am ersten nach dem Reich Gottes und nach seiner Gerechtigkeit!«[16]

In dieser Erhebung und völligen Abstraktion von allem, was der Welt als Großes gilt, ist allenthalben die Wehmut über die Versunkenheit seines Volkes und der Menschen überhaupt enthalten. Jesus trat auf, als das jüdische Volk durch die Gefahr, die sein Gottesdienst bisher gelitten hatte und noch litt, hartnäckiger darein versenkt war und zugleich an der

16 Matth. 6, 33

Realität verzweifeln mußte, da es mit einer Allgemeinheit der Menschheit in Berührung gekommen war, die es nicht mehr ableugnen konnte und die doch selbst noch völlig geistlos war, – kurz, er trat auf in der *Ratlosigkeit des gemeinen Volkes*: »Ich preise dich, Vater und Herr des Himmels und der Erde, daß du solches den Weisen und Klugen verborgen hast und hast es den Unmündigen offenbart.«[17]

Dieses Substantielle nun, dieser allgemeine göttliche Himmel des Innern in *bestimmterer Reflexion* führt auf *moralische Gebote*, die die Anwendung jenes Allgemeinen auf besondere Verhältnisse und Situationen sind. Diese Gebote enthalten aber teils selbst nur beschränkte Sphären, teils sind sie für diese Stufe, in der es um die absolute Wahrheit zu tun ist, nichts Ausgezeichnetes, oder sie sind auch schon in anderen Religionen und in der jüdischen enthalten. Zusammengefaßt sind diese Gebote in ihrem Mittelpunkte, dem Gebote der *Liebe*, die nicht das Recht, sondern die Wohlfahrt des anderen zum Zwecke hat, also das Verhältnis zu seiner Besonderheit ist. »Liebe deinen Nächsten wie dich selbst.« Im abstrakten ausgedehnteren Sinn des Umfanges als Menschenliebe überhaupt gefaßt, will dies Gebot Liebe zu *allen* Menschen. So aber ist ein Abstraktum daraus gemacht. Die Menschen, die man lieben kann und gegen die die Liebe wirklich ist, sind einige besondere; das Herz, das die ganze Menschheit in sich einschließen will, ist ein leeres Aufspreizen zur bloßen Vorstellung, zum *Gegenteil der wirklichen Liebe*.

Die Liebe im Sinn Christi ist zunächst die moralische Liebe zum *Nächsten im besonderen Verhältnisse*, in dem man zu ihm steht; vor allem aber soll sie sein das Verhältnis seiner Jünger und Nachfolger, ihr Band, in dem sie eins sind. Und hier ist sie nicht so zu verstehen, daß jeder seine besonderen Geschäfte, Interessen und Lebensverhältnisse haben und *nebenbei noch lieben soll*; sondern im *aussondernden*, ab-

17 Matth. 11, 25

strahierenden Sinne soll sie ihr Mittelpunkt, in dem sie leben, ihr Geschäft sein. Sie sollen einander lieben, sonst nichts, und somit nicht irgendeinen Zweck der Besonderheit haben, Familienzwecke, politische Zwecke, oder um dieser besonderen Zwecke willen lieben. Liebe ist vielmehr die abstrakte Persönlichkeit und die Identität derselben in *einem* Bewußtsein, wo keine Möglichkeit für besondere Zwecke übrigbleibt. Es ist hier also *kein anderer objektiver Zweck als diese Liebe*. Diese unabhängige und zum Mittelpunkt gemachte Liebe wird dann endlich die höhere, *göttliche Liebe* selbst.

Zunächst ist aber auch noch diese Liebe als solche, die noch keinen objektiven Zweck hat, *polemisch* gegen das Bestehende, besonders gegen das jüdische Bestehende gerichtet. Alle die vom Gesetz gebotenen Handlungen, worin die Menschen sonst ihren Wert setzen ohne die Liebe, werden für totes Tun erklärt, und Christus heilt selbst am Sabbat.

In diese Lehren tritt nun auch dies Moment, diese Bestimmtheit; indem dies so unmittelbar ausgesprochen ist: »Trachtet nach dem Reiche Gottes, werft euch in die Wahrheit«, dies so unmittelbar gefordert ist, so tritt dies gleichsam als *subjektiv* ausgesprochen hervor, und insofern kommt die *Person* in Betracht. Nach dieser Beziehung spricht Christus nicht als Lehrer nur, der aus seiner subjektiven Einsicht vorträgt, der das Bewußtsein hat seines Produzierens, seiner Tätigkeit, sondern als Prophet; er ist es, der, wie diese Forderung unmittelbar ist, unmittelbar *aus Gott* dieses spricht und aus welchem *Gott* dieses spricht.

Dieses Leben des Geistes in der Wahrheit zu haben, daß ohne Vermittlung es ist, spricht sich so prophetisch aus, daß Gott es ist, der dies sagt. Es ist um die absolute, göttliche, an und für sich seiende Wahrheit zu tun; dieses Aussprechen und Wollen der an und für sich seienden Wahrheit und die Betätigung dieses Aussprechens wird als Tun Gottes ausgesprochen; es ist das Bewußtsein der reellen Einheit des göttlichen Willens, seiner Übereinstimmung damit. In dieser Erhebung seines Geistes und in der Gewißheit seiner Identität mit Gott sagt Christus: »Weib, dir sind deine Sünden vergeben.«[18] Da redet aus ihm diese ungeheure Majestät, die alles ungeschehen machen kann und es ausspricht, daß dies geschehen.

Bei der Form dieses Aussprechens ist aber der Hauptakzent darauf gelegt, daß der, welcher dies sagt, zugleich der Mensch wesentlich ist, der Menschensohn es ist, der es ausspricht, in dem dieses Aussprechen, diese Betätigung des an und für sich Seienden, dies Wirken Gottes wesentlich ist als in einem Menschen, nicht als etwas Übermenschliches, als etwas, das in Gestalt einer *äußeren* Offenbarung kommt; daß diese *göttliche Gegenwart wesentlich identisch ist mit dem Menschlichen.*

Christus nennt sich Gottessohn und Menschensohn: dieses ist eigentlich zu nehmen. Die Araber bezeichnen sich gegenseitig als Sohn eines gewissen Stammes; Christus gehört dem menschlichen Geschlecht an; dieses ist sein Stamm. Christus ist auch der Sohn Gottes; den wahren Sinn dieses Ausdrucks, die Wahrheit der Idee, was Christus für seine Gemeinde gewesen, und die höhere Idee der Wahrheit, die in ihm in seiner Gemeinde gewesen, kann man auch wegexegesieren, sagen: alle Menschenkinder seien Kinder Gottes oder sollen sich selbst zu Kindern Gottes machen und dgl.

Da die Lehre Christi aber für sich allein nur die *Vorstellung*, das innere Gefühl und Gemüt betrifft, so wird sie *ergänzt* durch die *Darstellung der göttlichen Idee an seinem Leben und Schicksal.* Jenes Reich Gottes als Inhalt der *Lehre* ist erst die noch *vorgestellte*, *allgemeine Idee*; durch dies Individuum tritt es aber in die *Wirklichkeit* hinein, so daß die, welche zu jenem Reich gelangen sollen, es nur durch jenes eine Individuum können.

Das erste ist zunächst die *abstrakte Angemessenheit* von

---

18 Luk. 7, 48

Tun, Handeln und Leiden dieses Lehrers zu seiner Lehre selbst, daß sein Leben ihr gänzlich gewidmet sei, daß er den Tod nicht gescheut und durch den Tod seinen Glauben besiegelt habe. Daß nämlich Christus Märtyrer der Wahrheit geworden, ist in nahem Zusammenhang mit solchem Auftreten. Indem die Stiftung des Reiches Gottes mit dem vorhandenen Staat, der auf eine andere Weise und Bestimmtheit der Religion gegründet ist, durchaus in geradem Widerspruch ist, so ist das Schicksal, menschlich ausgedrückt, Märtyrer der Wahrheit zu sein, im Zusammenhange mit jenem Auftreten.

Dies sind die Hauptmomente der menschlichen Erscheinung Christi. Dieser Lehrer hat Freunde um sich versammelt. Christus, insofern seine Lehren revolutionär waren, ist angeklagt und hingerichtet worden; er hat so die Wahrheit der Lehre mit dem Tode versiegelt. – So weit geht auch der Unglaube in dieser Geschichte mit; sie ist ganz der des Sokrates ähnlich, nur auf einem anderen Boden. Auch Sokrates hat die Innerlichkeit zum Bewußtsein gebracht; sein δαιμόνιον ist nichts anderes. Auch er hat gelehrt, der Mensch müsse nicht bei der gewöhnlichen Autorität stehenbleiben, sondern sich selbst die Überzeugung davon verschaffen und nach seiner Überzeugung handeln. Dies sind ähnliche Individualitäten und ähnliche Schicksale. Die Innerlichkeit des Sokrates ist dem religiösen Glauben seines Volkes zuwider gewesen sowie der Staatsverfassung desselben, und er ist darum hingerichtet worden, – auch er ist für die Wahrheit gestorben. Christus lebte nur in einem andern Volke, und seine Lehre hat insofern eine andere Farbe; aber das Himmelreich und die Reinigkeit des Herzens enthält doch eine unendlich größere Tiefe als die Innerlichkeit des Sokrates. – Dies ist die äußerliche Geschichte Christi, die auch für den Unglauben ist, wie die Geschichte des Sokrates für uns.

Mit dem *Tode* Christi beginnt aber die *Umkehrung des Bewußtseins.* Der Tod Christi ist der Mittelpunkt, um den es sich dreht; in seiner Auffassung liegt der Unterschied äußerlicher Auffassung und des *Glaubens*, d. h. der Betrachtung mit dem Geiste, aus dem Geiste der Wahrheit, aus dem heiligen Geiste. Nach jener Vergleichung ist Christus Mensch wie Sokrates, ein Lehrer, der in seinem Leben tugendhaft gelebt und das in dem Menschen zum Bewußtsein gebracht hat, was das Wahrhafte überhaupt sei, was die Grundlage für das Bewußtsein des Menschen ausmachen müsse. Die höhere Betrachtung ist aber die, daß in Christus die *göttliche Natur* geoffenbart worden sei. Dieses Bewußtsein reflektiert sich auf die angeführten Aussprüche, daß der Sohn den Vater kenne usw. – Aussprüche, die zunächst für sich eine gewisse Allgemeinheit haben und welche die Exegese in das Feld allgemeiner Betrachtung herüberziehen kann, die aber der Glaube durch die Auslegung des Todes Christi in ihrer Wahrheit auffaßt; denn der Glaube ist wesentlich das Bewußtsein der absoluten Wahrheit, dessen, was Gott an und für sich ist. Was aber Gott an und für sich ist, das haben wir gesehen: er ist dieser Lebensverlauf, die Dreieinigkeit, worin das Allgemeine sich sich selbst gegenüberstellt und darin identisch mit sich ist. Gott ist in diesem Elemente der Ewigkeit das Sichzusammenschließen mit sich, dieser Schluß seiner mit sich. Der Glaube nur faßt auf und hat das Bewußtsein, daß in Christo diese an und für sich seiende Wahrheit in ihrem Verlauf angeschaut werde und daß durch ihn erst diese Wahrheit geoffenbart worden sei.

Diese Betrachtung ist erst das *Religiöse als solches*, wo das Göttliche selbst wesentliches Moment ist. In den Freunden, Bekannten, die gelehrt worden sind, ist diese Ahnung, Vorstellung, dies Wollen eines neuen Reichs, »eines neuen Himmels und einer neuen Erde«, einer neuen Welt vorhanden; diese Hoffnung, diese Gewißheit hat die Wirklichkeit ihrer Herzen durchschnitten, in die Wirklichkeit ihrer Herzen sich eingesenkt.

Nun aber das Leiden, der Tod Christi hat das menschliche Verhältnis Christi aufgehoben, und an diesem Tode eben ist es, daß sich der Übergang macht in das Religiöse; da kommt es an auf den Sinn, die Art der *Auffassung dieses Todes.* Einerseits ist es der natürliche Tod, durch Ungerechtigkeit, Haß und Gewaltsamkeit bewirkt; aber es ist schon fest in den Herzen, Gemütern, daß es sich nicht handelt um Moralität überhaupt, um Denken und Wollen des Subjekts in sich und aus sich, sondern das Interesse ist ein unendliches Verhältnis zu Gott, zum gegenwärtigen Gott, die Gewißheit des Reiches Gottes, eine Befriedigung nicht in der Moralität noch auch Sittlichkeit oder in dem Gewissen, sondern eine Befriedigung, außerhalb welcher nichts Höheres ist, – *absolutes Verhältnis zu Gott selbst.*

Alle anderen Weisen der Befriedigung enthalten, daß sie nach irgendeiner Bestimmung untergeordneter Art sind, so daß das Verhältnis zu Gott als ein Drüben, als ein Fernes, ja gar nicht Vorhandenes liegenbleibt. Die Grundbestimmung in diesem Reich Gottes ist die Gegenwart Gottes, so daß den Mitgliedern dieses Reichs nicht nur empfohlen wird Liebe zu Menschen, sondern das Bewußtsein, daß *Gott die Liebe* ist.

Darin ist eben gesagt, daß Gott *präsent* ist, daß dies als eigenes Gefühl, *Selbstgefühl* sein muß. Das Reich Gottes, die Gegenwart Gottes ist diese Bestimmung. Zu dieser gehört die Gewißheit der Gegenwärtigkeit Gottes. Indem es ein Bedürfnis, Gefühl ist einerseits, muß das Subjekt sich andererseits auch davon *unterscheiden,* muß es auch von sich unterscheiden diese Gegenwart Gottes, aber so, daß diese Gegenwart Gottes gewiß ist, und diese *Gewißheit* kann hier nur vorhanden sein in der Weise *sinnlicher Erscheinung.*

Die ewige Idee selbst ist dies, die Bestimmung der Subjektivität als *wirklicher,* vom bloßen Gedanken unterschiedener unmittelbar erscheinen zu lassen. Andererseits ist es der aus dem Schmerz der Welt erzeugte und auf dem Zeugnis des Geistes beruhende Glaube, der sich dann das Leben Christi expliziert. Die Lehre, die Wunder desselben sind in diesem Zeugnisse des Glaubens aufgefaßt und verstanden.

Die Geschichte Christi ist auch von solchen erzählt, über die der Geist schon ausgegossen war. Die Wunder sind in diesem Geiste aufgefaßt und erzählt, und der Tod Christi ist von demselben wahrhaft so verstanden worden, daß in Christus Gott geoffenbart sei und die Einheit der göttlichen und menschlichen Natur. Der Tod ist dann der *Prüfstein,* sozusagen, an dem sich der Glaube bewährt, indem hier wesentlich sein Verstehen der Erscheinung Christi sich dartut. Der Tod hat nun zunächst diesen Sinn, daß Christus der Gottmensch gewesen ist, der Gott, der zugleich die menschliche Natur hatte, ja bis zum Tode. Es ist das Los der menschlichen Endlichkeit, zu sterben; der Tod ist so der höchste Beweis der Menschlichkeit, der absoluten Endlichkeit. Und zwar ist Christus gestorben den gesteigerten Tod des Missetäters; nicht nur den natürlichen Tod, sondern sogar den Tod der Schande und Schmach am Kreuze: die Menschlichkeit ist an ihm bis auf den äußersten Punkt erschienen.

An diesem Tode ist zunächst eine besondere Bestimmung hervorzuheben, nämlich seine *polemische Seite nach außen.* Es ist darin nicht nur das Dahingeben des natürlichen Willens zur Anschauung gebracht, sondern alle Eigentümlichkeit, alle Interessen und Zwecke, worauf der natürliche Wille sich richten kann, alle Größe und alles Geltende der Welt ist damit ins Grab des Geistes versenkt. Dies ist das revolutionäre Element, durch welches der Welt eine ganz andere Gestalt gegeben ist. Aber im *Aufgeben des natürlichen Willens* ist zugleich dies Endliche, das *Anderssein verklärt.* Das Anderssein hat nämlich außer der unmittelbaren Natürlichkeit noch einen weiteren Umfang und weitere Bestimmung. Zum Dasein des Subjekts gehört wesentlich, daß es auch für andere sei; das Subjekt ist nicht nur für sich, sondern ist auch *in der Vorstellung der anderen* und *ist,* gilt und ist objektiv, soviel als es sich bei anderen geltend zu machen weiß und gilt. Sein Gelten ist die Vorstellung der anderen und beruht auf der Vergleichung mit dem, was sie achten und was ihnen als das Ansich gilt.

Indem nun der Tod außer dem, daß er der natürliche Tod ist, auch noch der Tod des Missetäters, der entehrendste Tod am Kreuze ist, so ist darin nicht nur das Natürliche, sondern auch die bürgerliche Entehrung, die *weltliche Schande*. Das Kreuz ist verklärt; das in der Vorstellung Niedrigste, das, was der Staat zum Entehrenden bestimmt hat, ist zum Höchsten *verkehrt*. Der Tod ist natürlich; jeder Mensch muß sterben. Aber indem die Entehrung zur höchsten Ehre gemacht ist, so sind alle Bande des menschlichen Zusammenlebens in ihrem Grunde angegriffen, erschüttert und aufgelöst. Wenn das Kreuz zum Panier erhoben ist, und zwar zum Panier, dessen *positiver* Inhalt zugleich das Reich Gottes ist, so ist die innere Gesinnung in ihrem tiefsten Grunde dem bürgerlichen und Staatsleben entzogen und die substantielle Grundlage desselben hinweggenommen, so daß das ganze Gebäude keine Wirklichkeit mehr, sondern eine leere Erscheinung ist, die bald krachend zusammenstürzen und, daß sie nicht mehr an sich ist, auch im Dasein manifestieren muß.
Ihrerseits *entehrte* die kaiserliche Gewalt alles, was Achtung und Würde unter den Menschen hat. Das Leben eines jeden Individuums stand in der Willkür des Kaisers, die von nichts innerlich oder äußerlich beschränkt war. Aber außer dem Leben wurden alle Tugend, Würde, Alter, Stand, Geschlecht, alles wurde durch und durch entehrt. Der *Sklave* des Kaisers war nach ihm die höchste Macht oder hatte noch mehr Macht als er selbst; der Senat schändete sich ebenso, als er vom Kaiser geschändet wurde. So wurde die Majestät der Weltherrschaft wie alle Tugend, Recht, Ehrwürdigkeit von Instituten und Verhältnissen, die Majestät von allem, was für die Welt gilt, in den Kot gezogen. So machte der weltliche Regent der Erde seinerseits das Höchste zum Verachtetsten und *verkehrte* von Grund aus die Gesinnung, so daß im Innern der neuen Religion, die ihrerseits das Verachtetste zum Höchsten, zum Panier erhob, nichts mehr entgegenzusetzen war. Alles Feste, Sittliche, in der Meinung Geltende

und Gewalthabende war zerstört, und es blieb dem Bestehenden, gegen das sich die neue Religion richtete, nur die ganz äußerliche kalte Gewalt, der Tod übrig, den das entwürdigte Leben, das sich im *Innern* unendlich fühlte, nun freilich nicht mehr scheute.

Es tritt nun aber auch eine weitere Bestimmung ein. Gott ist gestorben, Gott ist tot – dieses ist der fürchterlichste Gedanke, daß alles Ewige, alles Wahre nicht ist, die *Negation selbst in Gott* ist; der höchste Schmerz, das Gefühl der vollkommenen Rettungslosigkeit, das Aufgeben alles Höheren ist damit verbunden. – Der Verlauf bleibt aber nicht hier stehen, sondern es tritt nun die *Umkehrung* ein; Gott nämlich *erhält* sich in diesem Prozeß, und dieser ist nur der *Tod des Todes*. Gott steht wieder auf zum Leben: es wendet sich somit zum Gegenteil.* – Die *Auferstehung* gehört ebenso wesentlich dem Glauben an: Christus ist nach seiner Auferstehung nur seinen Freunden erschienen; dies ist nicht äußerliche Geschichte für den Unglauben, sondern nur für den Glauben ist diese Erscheinung. Auf die Auferstehung folgt die Verklärung Christi, und der Triumph der Erhebung zur Rechten Gottes schließt diese Geschichte, welche in diesem Bewußtsein die Explikation der göttlichen Natur selbst ist. Wenn wir in der ersten Sphäre Gott im reinen Gedanken

* Es ist dies die Auferstehung und die Himmelfahrt Christi. Wie alles Bisherige *in der Weise der Wirklichkeit für das unmittelbare Bewußtsein zur Erscheinung gekommen*, so auch diese Erhebung. »Du lässest deinen Gerechten im Grabe nicht, du lässest deinen Heiligen nicht verwesen.«[19] Für die *Anschauung* ist ebenso vorhanden dieser Tod des Todes, die Überwindung des Grabes, der Triumph über das Negative und diese Erhöhung in den Himmel. Die Überwindung des Negativen ist aber nicht ein Ausziehen der menschlichen Natur, sondern ihre höchste Bewährung selbst im Tode und in der höchsten Liebe. Der Geist ist nur Geist als dies Negative des Negativen, welches also das Negative selbst in sich enthält. Wenn daher der Menschensohn zur Rechten des Vaters sitzt, so ist in dieser Erhöhung der menschlichen Natur die Ehre derselben und ihre Identität mit der göttlichen aufs höchste vor das geistige Auge getreten.
(Aus dem eigenhändig von Hegel geschriebenen Hefte vom Jahre 1821.)

19 Psalm 16, 10

erfaßten, so fängt es in dieser zweiten Sphäre mit der *Unmittelbarkeit für die Anschauung* und für die sinnliche Vorstellung an. Der Prozeß ist nun dieser, daß die *unmittelbare Einzelheit aufgehoben* wird; wie in der ersten Sphäre die Verschlossenheit Gottes aufhörte, seine erste Unmittelbarkeit als abstrakte Allgemeinheit, nach der er das Wesen der Wesen ist, aufgehoben wurde, so wird hier nun die Abstraktion der Menschlichkeit, die Unmittelbarkeit der seienden Einzelheit aufgehoben, und dies geschieht durch den Tod. Der Tod Christi ist aber der Tod dieses Todes selbst, die Negation der Negation. Denselben Verlauf und Prozeß der Explikation Gottes haben wir im Reiche des Vaters gehabt: hier ist er aber, insofern er Gegenstand des Bewußtseins ist. Denn es war der Trieb des Anschauens der göttlichen Natur vorhanden.

Am Tode Christi ist dieses Moment zuletzt noch hervorzuheben, daß Gott es ist, der den Tod getötet hat, indem er aus demselben hervorgeht; damit ist die *Endlichkeit, Menschlichkeit* und *Erniedrigung* als ein Fremdes an Christo gesetzt als an dem, der schlechthin Gott ist: es zeigt sich, daß die Endlichkeit ihm fremd und *von Anderem her angenommen* ist; dieses Andere nun sind die Menschen, die dem göttlichen Prozeß gegenüberstehen. Es ist ihre Endlichkeit, die Christus angenommen hat, diese Endlichkeit in allen ihren Formen, die in ihrer äußersten Spitze das *Böse* ist. Diese Menschlichkeit, die selbst Moment im göttlichen Leben ist, wird nun als ein Fremdes, Gott nicht Angehöriges bestimmt. Diese Endlichkeit aber in ihrem Fürsichsein gegen Gott ist das Böse, ein ihm Fremdes; er hat es aber angenommen, um es durch seinen Tod zu töten. Der schmachvolle Tod als die ungeheure *Vereinigung dieser absoluten Extreme* ist darin zugleich die *unendliche Liebe*. Es ist die unendliche Liebe, daß Gott sich mit dem ihm Fremden identisch gesetzt hat, um es zu töten. Dies ist die Bedeutung des Todes Christi. Christus hat die Sünde der Welt getragen, hat Gott versöhnt, heißt es.

Dieser Tod ist ebenso wie die *höchste Verendlichung* zugleich das *Aufheben der natürlichen Endlichkeit*, des unmittelbaren Daseins und der Entäußerung, die Auflösung der Schranke. Diese Aufhebung des Natürlichen ist *im Geistigen* wesentlich so zu fassen, daß sie die Bewegung des Geistes ist, sich in sich zu erfassen, dem Natürlichen abzusterben, daß sie also die *Abstraktion vom unmittelbaren Willen und unmittelbaren Bewußtsein* ist, sein Sich-in-sich-Versenken, und aus diesem Schachte nur seine Bestimmung, sein wahres Wesen und seine absolute Allgemeinheit sich zu nehmen. Was ihm gilt, was seinen Wert hat, das hat er nur in dieser Aufhebung seines natürlichen Seins und Willens. Das Leiden und der Schmerz dieses Todes, der dies Element der Versöhnung des Geistes mit sich und mit dem, was er an sich ist, enthält, dies negative Moment, das nur dem Geiste als solchem zukommt, ist *innere Konversion und Umwandlung*. In dieser konkreten Bedeutung ist aber der Tod hier nicht dargestellt; er ist als *natürlicher* Tod vorgestellt, denn an der *göttlichen Idee* kann jene Negation keine andere Darstellung haben. Wenn die ewige Geschichte des Geistes sich äußerlich, im Natürlichen darstellt, so kann das *Böse*, das sich an der göttlichen Idee verwirklicht, nur die *Weise des Natürlichen* und so die Umkehrung nur die Weise des natürlichen Todes haben. Die göttliche Idee kann nur bis zu dieser Bestimmung des Natürlichen fortgehen. Dieser Tod aber, obwohl natürlicher, ist der Tod Gottes und so genugtuend für uns, indem er die *absolute Geschichte der göttlichen Idee*, das, was an sich geschehen ist und was ewig geschieht, darstellt.

Daß der einzelne Mensch etwas tut, erreicht und vollbringt, dazu gehört, daß die Sache *in ihrem Begriff* sich so verhalte. Daß z. B. dieser Verbrecher vom Richter bestraft werden kann und daß diese Strafe die Durchführung und Versöhnung des Gesetzes ist, dies tut nicht der Richter, nicht der Verbrecher durch sein Erleiden der Strafe als eine partikuläre äußerliche Begebenheit, sondern dies ist die Natur der Sache, die Notwendigkeit des Begriffs. Wir haben also diesen Verlauf auf eine gedoppelte Weise vor uns: das eine Mal im

Gedanken, in der Vorstellung des Gesetzes und im Begriff, und das andere Mal in einem einzelnen Fall, und in diesem einzelnen Fall ist der Verlauf dieser, *weil* die Natur der Sache dies ist; ohne diese wäre weder die Handlung des Richters noch das Leiden des Verbrechers die Strafe und Versöhnung des Gesetzes. Der Grund, das Substantielle ist die *Natur der Sache.*

So verhält es sich nun auch mit jener Genugtuung für uns, d. h. was dabei zugrunde liegt, ist dies, daß jene Genugtuung *an und für sich* geschehen ist: nicht ein *fremdes* Opfer ist gebracht, nicht ein *anderer* gestraft [worden], damit Strafe gewesen sei. Es muß jeder für sich selbst aus seiner eigenen Subjektivität und Schuld das sein und leisten, was er sein soll; was er aber so *für sich* ist, darf nicht als etwas *Zufälliges,* als *seine* Willkür, sondern muß etwas *Wahrhaftes* sein. Wenn er also diese Umkehrung und das Aufgeben des natürlichen Willens in sich vollbringt und in der Liebe ist, so ist dies die Sache an und für sich. Seine subjektive Gewißheit, Empfindung ist Wahrheit, ist die Wahrheit und die *Natur des Geistes.* Der Grund der Erlösung ist also jene Geschichte, denn sie ist die *Sache an und für sich*; es ist nicht ein zufälliges, besonderes Tun und Geschehen, sondern es ist wahrhaft und *vollendend.* Diese Bewährung, daß es das Wahre ist, ist die Anschauung, die jene Geschichte gibt und in der der Einzelne *das Verdienst Christi ergreift.* Es ist nicht die Geschichte eines Einzelnen, sondern es ist Gott, der sie vollbringt, d. h. es ist die Anschauung, daß dies die allgemeine, [an] und für sich seiende Geschichte ist.

Andere Formen, z. B. vom Opfertode, an welche sich die falsche Vorstellung knüpft, daß Gott ein Tyrann sei, der Opfer verlange, reduzieren sich von selbst auf das, was gesagt worden, und berichtigen sich danach. Opfer heißt, die Natürlichkeit, das *Anderssein aufheben.* Es heißt ferner: Christus ist für *alle* gestorben; das ist nicht etwas Einzelnes, sondern die göttliche, ewige Geschichte. Es heißt ebenso: in ihm sind alle gestorben. In der Natur Gottes ist dies selbst ein Moment; es ist in Gott selbst vorgegangen. Gott kann nicht durch etwas anderes, sondern nur *durch sich selbst* befriedigt werden. Dieser Tod ist die Liebe selbst, als Moment Gottes gesetzt, und dieser Tod ist das Versöhnende. Es wird darin die absolute Liebe angeschaut. Es ist die Identität des Göttlichen und Menschlichen, daß Gott im Endlichen bei sich selbst ist und dies Endliche im Tode selbst Bestimmung Gottes ist. Gott hat durch den Tod die Welt versöhnt und versöhnt sie ewig mit sich selbst. Dies Zurückkommen aus der Entfremdung ist seine Rückkehr zu sich selbst, und dadurch ist er Geist, und dies Dritte ist daher, daß Christus auferstanden ist. Die Negation ist damit überwunden, und die Negation der Negation ist so Moment der göttlichen Natur.

Das Leiden und Sterben in solchem Sinne ist gegen die Lehre von der moralischen *Imputation*, wonach jedes Individuum nur für sich zu stehen hat, jeder der Täter seiner Taten ist. Das Schicksal Christi scheint dieser Imputation zu widersprechen; aber diese hat nur ihre Stelle auf dem *Felde der Endlichkeit*, wo das Subjekt als *einzelne Person* steht, nicht auf dem Felde des freien Geistes. In dem Felde der Endlichkeit ist die Bestimmung, daß jeder bleibt, was er ist; hat er Böses getan, so ist er böse: das Böse ist in ihm als seine *Qualität*. Aber schon in der Moralität, noch mehr in der Sphäre der Religion wird der Geist als frei gewußt, als affirmativ in sich selbst, so daß diese *Schranke* an ihm, die bis zum Bösen fortgeht, *für die Unendlichkeit des Geistes ein Nichtiges* ist: der Geist kann das Geschehene ungeschehen machen; die Handlung bleibt wohl in der Erinnerung, aber der Geist streift sie ab. Die Imputation reicht also nicht an diese Sphäre hinan. – In dem Tode Christi ist für das wahrhafte Bewußtsein des Geistes die Endlichkeit des Menschen getötet worden. Dieser Tod des Natürlichen hat auf diese Weise allgemeine Bedeutung; das Endliche, Böse überhaupt ist vernichtet. Die Welt ist so versöhnt worden; der Welt ist durch diesen Tod ihr Böses *an sich* abgenommen worden. In dem wahrhaften Verstehen des Todes tritt auf diese Weise die *Beziehung des Subjekts als solchen* ein. Das bloße *Betrachten* der Geschichte hört hier auf; das Subjekt selbst wird in den Verlauf hineingezogen; es fühlt den Schmerz des Bösen und seiner eigenen Entfremdung, welche Christus auf sich genommen, indem er die Menschlichkeit angezogen, aber durch seinen Tod vernichtet hat.

Indem der Inhalt sich auch auf diese Weise verhält, so ist das die religiöse Seite, und hierin fängt die Entstehung der Gemeinde an. Es ist dieser Inhalt dasselbe, was die Ausgießung des Heiligen Geistes genannt worden: es ist der Geist, der dies geoffenbart hat. Das Verhältnis zum bloßen Menschen verwandelt sich in ein Verhältnis, das vom Geist aus verändert, umgewandelt wird, so daß die Natur Gottes sich darin aufschließt, daß diese Wahrheit unmittelbare Gewißheit nach der Weise der Erscheinung erhält.

Darin erhält denn dieser, der zunächst als Lehrer, Freund, als Märtyrer der Wahrheit betrachtet worden, eine ganz andere Stellung. Es ist bisher nur der Anfang [gesetzt], der durch den Geist nun zum Resultat, Ende, zur Wahrheit geführt wird. Der Tod Christi ist einerseits der Tod eines Menschen, eines Freundes, der durch Gewalt gestorben usf.; aber dieser Tod ist es, der, geistig aufgefaßt, selbst zum Heile, zum Mittelpunkt der Versöhnung wird.

Die Anschauung der Natur des Geistes, auf sinnliche Weise die Befriedigung des Bedürfnisses des Geistes vor sich zu haben, ist es dann, was nach dem Tode Christi erst seinen Freunden aufgeschlossen worden. Also diese Überzeugung, die sie aus seinem Leben haben konnten, war noch nicht die rechte Wahrheit, sondern erst der Geist. Vor seinem Tode war er als ein sinnliches Individuum vor ihnen. Den eigentlichen Aufschluß hat ihnen der Geist gegeben, von dem Christus sagt, daß er sie in alle Wahrheit leiten werde. »Das wird erst die Wahrheit sein, in die euch der Geist leiten wird.«

Damit bestimmt sich dieser Tod nach dieser Seite hin als der Tod, der der Übergang zur Herrlichkeit, Verherrlichung ist, die aber nur Wiederherstellung der ursprünglichen Herrlichkeit ist. Der Tod, das Negative, ist das Vermittelnde, daß die ursprüngliche Hoheit als erreicht gesetzt ist. Es geht damit die Geschichte der Auferstehung und Erhebung Christi zur Rechten Gottes an, wo die Geschichte geistige Auffassung gewinnt.

Es ist damit denn geschehen, daß diese kleine Gemeinde die Gewißheit gehabt hat: Gott ist als Mensch erschienen; diese Menschlichkeit in Gott, und [zwar] die abstrakteste Weise derselben, die höchste Abhängigkeit, die letzte Schwäche und Stufe der Gebrechlichkeit ist eben der natürliche Tod. »Gott selbst ist tot«, heißt es in jenem lutherischen Liede[20]; dies Bewußtsein drückt dies aus, daß das Menschliche, das Endliche, Gebrechliche, die Schwäche, das Negative göttliches Moment selbst ist, in Gott selbst ist; daß das Anderssein, das Endliche, das Negative nicht außer Gott ist, als Anderssein die Einheit mit Gott nicht hindert. Es ist gewußt das Anderssein, die Negation als Moment der göttlichen Natur selbst. Die höchste Erkenntnis von der Natur der Idee des Geistes ist darin enthalten.

Dieses äußerliche Negative schlägt auf diese Weise in das Innere um. Der Tod hat einerseits diesen Sinn, diese Bedeutung, daß damit das Menschliche abgestreift wird und die göttliche Herrlichkeit wieder hervortritt. Aber der Tod ist selbst zugleich auch das Negative, diese höchste Spitze dessen, dem der Mensch als natürliches Dasein und eben damit Gott selbst ausgesetzt ist.

In dieser ganzen Geschichte ist den Menschen zum Bewußtsein gekommen – und das ist die Wahrheit, zu der sie gelangt sind –, daß die Idee Gottes für sie Gewißheit hat, daß das Menschliche unmittelbarer, präsenter Gott ist, und zwar so, daß in dieser Geschichte, wie sie der Geist auffaßt, selbst die Darstellung des Prozesses ist dessen, was der Mensch, der Geist ist: an sich Gott und tot – diese Ver-

---

20 Johann Rist, 1607–1667, »O Traurigkeit, o Herzeleid«, 2. Strophe

mittlung, wodurch das Menschliche abgestreift wird, andererseits das Ansichseiende zu sich zurückkommt und so erst Geist ist.

Das Bewußtsein der Gemeinde, das so den Übergang macht vom bloßen Menschen zu einem Gottmenschen – zur Anschauung, zum Bewußtsein, zur Gewißheit der Einheit und Vereinigung der göttlichen und menschlichen Natur – ist es, womit die *Gemeinde* beginnt und was die Wahrheit ausmacht, worauf die Gemeinde gegründet ist.

Das ist dann die Explikation der Versöhnung, daß Gott versöhnt ist mit der Welt, oder vielmehr, daß Gott sich gezeigt hat als mit der Welt versöhnt zu *sein*, daß das Menschliche eben ihm nicht ein Fremdes ist, sondern daß dieses Anderssein, Sichunterscheiden, die Endlichkeit, wie es ausgedrückt wird, ein Moment an ihm selbst ist, aber allerdings ein verschwindendes. Aber er hat in diesem Moment sich der Gemeinde gezeigt, geoffenbart.

Dies ist für die Gemeinde die Geschichte der Erscheinung Gottes; diese Geschichte ist göttliche Geschichte, wodurch sie zum Bewußtsein der Wahrheit gekommen ist. Daraus bildete sich das Bewußtsein, das Wissen, daß Gott der Dreieinige ist. Die Versöhnung, an die geglaubt wird in Christo, hat keinen Sinn, wird Gott nicht als der Dreieinige gewußt, wird nicht erkannt, daß er *ist*, aber auch *als das Andere*, als das sich Unterscheidende [ist] so daß dieses Andere *Gott selbst* ist, an sich die göttliche Natur an ihm hat, und daß das Aufheben dieses Unterschieds, Andersseins, diese Rückkehr, diese Liebe der Geist ist.

In diesem Bewußtsein ist es enthalten, daß der Glaube nicht Verhältnis zu etwas anderem, sondern *Verhältnis zu Gott selbst* ist. Das sind die Momente, auf die es hier ankommt, daß den Menschen zum Bewußtsein gekommen ist die ewige Geschichte, die ewige Bewegung, die Gott selbst ist.

Das ist diese Darstellung der zweiten Idee als Idee in der Erscheinung, wie die ewige Idee für die unmittelbare Gewißheit des Menschen geworden, d. h. erschienen ist. Daß sie Gewißheit für den Menschen werde, ist notwendig sinnliche Gewißheit, aber die zugleich übergeht in das geistige Bewußtsein und ebenso in unmittelbare Sinnlichkeit verkehrt ist, aber so, daß man darin sieht die Bewegung, Geschichte Gottes, das Leben, das Gott selbst ist.

III
Die Idee im Element der Gemeinde: Das Reich des Geistes

Das erste war der *Begriff* dieses Standpunkts für das Bewußtsein; das zweite war das, was diesem Standpunkt gegeben ist, was *für* die Gemeinde vorhanden ist; das dritte ist der Übergang in die Gemeinde selbst.
Diese dritte Sphäre ist die Idee in ihrer Bestimmung der *Einzelheit*, aber *zunächst* nur die Darstellung als *der einen Einzelheit*, der göttlichen, der allgemeinen, der Einzelheit, wie sie an und für sich ist. Einer ist so alle; einmal ist allemal, – an sich, dem Begriff nach, eine einfache Bestimmtheit. Aber die Einzelheit ist als Fürsichsein dies Entlassen der unterschiedenen Momente zur *freien* Unmittelbarkeit und Selbständigkeit, ist ausschließend; die Einzelheit ist eben dies, *empirische Einzelheit* zugleich zu sein.
Die Einzelheit, ausschließend, ist *für andere* Unmittelbarkeit und ist die Rückkehr aus dem Anderen in sich. Die Einzelheit der göttlichen Idee, die göttliche Idee als *ein* Mensch, vollendet sich erst in der Wirklichkeit, indem sie zunächst zu ihrem Gegenüber die *vielen* Einzelnen hat und diese zur Einheit des Geistes, zur *Gemeinde* zurückbringt und darin als wirkliches, allgemeines Selbstbewußtsein ist.
Indem der bestimmte Übergang der Idee bis zur sinnlichen Gegenwart herausgebildet ist, so zeigt sich eben darin das Ausgezeichnete der Religion des Geistes, daß alle Momente bis zu ihrer äußersten Bestimmtheit und Vollständigkeit entwickelt sind. Der Geist ist auch in dieser äußersten Ent-

gegensetzung seiner selbst als der absoluten Wahrheit gewiß, und darum fürchtet er sich vor nichts, selbst nicht vor der *sinnlichen Gegenwart*. Es ist die Feigheit des abstrakten Gedankens, die sinnliche Gegenwart mönchischerweise zu scheuen; die moderne Abstraktion hat diese ekle Vornehmigkeit gegen das Moment der sinnlichen Gegenwart.

An die Individuen in der Gemeinde ist nun die Forderung gestellt, die *göttliche Idee in der Weise der Einzelheit zu verehren und sich anzueignen*. Für das weiche, liebende Gemüt, das Weib, ist das leicht; aber die andere Seite ist selbst, daß das Subjekt, an welches diese Zumutung der Liebe geschieht, in *unendlicher Freiheit ist* und die Substantialität seines Selbstbewußtseins erfaßt hat; für den *selbständigen Begriff*, den Mann, ist daher jene Zumutung unendlich hart. Gegen diese Vereinigung, ein einzelnes sinnliches Individuum für Gott zu verehren, empört sich die Freiheit des Subjekts. Der Orientale weigert sich dessen nicht; aber der ist nichts, der ist an sich weggeworfen, aber ohne sich wegzuwerfen, d. h. ohne das Bewußtsein der unendlichen Freiheit in sich. Hier aber ist diese Liebe, diese Anerkennung das gerade Gegenteil, und dies ist das höchste Wunder, welches dann eben der *Geist* selbst ist.

Diese Sphäre ist deswegen das Reich des Geistes, daß das Individuum in sich unendlichen Wert hat, sich als absolute Freiheit weiß, in sich die *härteste Festigkeit* besitzt und zugleich diese Festigkeit *aufgibt* und sich in dem schlechthin Anderen selbst erhält: die Liebe gleicht alles, auch den absoluten Gegensatz, aus.

Die Anschauung dieser Religion fordert die Verschmähung aller Gegenwart, alles dessen, was sonst Wert hat; sie ist die vollkommene Idealität, die gegen alle Herrlichkeit der Welt polemisch gerichtet ist. In diesem Einzelnen, in diesem gegenwärtigen, unmittelbaren Individuum, in dem die göttliche Idee erscheint, ist alle Weltlichkeit zusammengegangen, so daß es die *einzige sinnliche Gegenwart* ist, die Wert hat. Diese Einzelheit ist somit als schlechthin *allgemein*. Auch in der gewöhnlichen Liebe findet sich diese unendliche Abstraktion von aller Weltlichkeit, und das liebende Subjekt setzt in ein besonderes Individuum seine ganze Befriedigung; aber diese Befriedigung gehört noch überhaupt der Besonderheit an; es ist die besondere Zufälligkeit und Empfindung, die dem Allgemeinen entgegengesetzt ist und sich in dieser Weise objektiv werden will.

Hingegen diese Einzelheit, in der ich die göttliche Idee will, ist schlechthin allgemein; sie ist deshalb zugleich *den Sinnen entrückt,* sie geht für sich vorbei, wird zur *vergangenen Geschichte*; diese sinnliche Weise muß verschwinden und muß in den *Raum der Vorstellung* hinaufsteigen. Die Bildung der Gemeinde hat den Inhalt, daß die sinnliche Form in ein geistiges Element übergeht. Die Weise dieser Reinigung vom unmittelbaren Sein erhält das Sinnliche darin, daß es vergeht; dies ist die Negation, wie sie am sinnlichen Diesen als solche gesetzt ist und erscheint. Nur am Einzelnen ist diese Anschauung gegeben; sie ist kein Erbstück und keiner Erneuerung fähig wie die Erscheinung der Substanz im Lama. Sie kann nicht so sein; denn die sinnliche Erscheinung als *diese* ist ihrer Natur nach *momentan,* soll vergeistigt werden, ist daher wesentlich eine gewesene und wird in den Boden der Vorstellung erhoben.

Es kann auch einen Standpunkt geben, wo man beim Sohne und dessen Erscheinung stehenbleibt. So der Katholizismus, wo zur versöhnenden Macht des Sohnes Maria und die Heiligen hinzukommen und der Geist mehr nur *in der Kirche als Hierarchie,* nicht in der *Gemeinde* ist. Aber da bleibt das zweite in der Bestimmung der Idee mehr in der *Vorstellung,* als daß es vergeistigt würde. Oder der Geist wird nicht sowohl *objektiv* gewußt, sondern nur als diese *subjektive Weise,* wie er in sinnlicher Gegenwart die Kirche ist und in der Tradition lebt. Der Geist ist in *dieser Gestalt der Wirklichkeit* gleichsam die dritte Person.

Die sinnliche Gegenwart kann für den Geist, der ihrer bedürftig ist, auch beständig wieder hervorgebracht werden in

Bildern, und zwar nicht als Kunstwerken, sondern als wundertätigen Bildern, überhaupt in deren sinnlichem Dasein. Und dann ist es nicht nur die Körperlichkeit und der Leib Christi allein, was das sinnliche Bedürfnis zu befriedigen vermag, sondern das *Sinnliche* seiner *leiblichen Gegenwart überhaupt*, das Kreuz, die Orte, wo er gewandelt. Dazu kommen Reliquien usf. Dem Bedürfnis fehlt es nicht an solchen Vermittlungen. Aber der *geistigen Gemeinde* ist die unmittelbare Gegenwart, das Jetzt vorübergegangen. Zunächst integriert dann die sinnliche Vorstellung die Vergangenheit; sie ist ein einseitiges Moment für die Vorstellung, – die Gegenwart hat zu Momenten in sich die Vergangenheit und die Zukunft. So hat denn die sinnliche Vorstellung die Wiederkunft als ihre Ergänzung. Aber die wesentlich *absolute Rückkehr* ist die Wendung aus der Äußerlichkeit *in das Innere*; es ist ein Tröster, der erst kommen kann, wenn die sinnliche Geschichte als unmittelbar vorbei ist.

Dies ist also der Punkt der Bildung der Gemeinde, oder es ist der dritte Punkt, es ist der *Geist*. Es ist der Übergang aus dem Äußeren, der Erscheinung, in das Innere. Um was es zu tun ist, das ist die Gewißheit des Subjekts von der unendlichen, unsinnlichen Wesenhaftigkeit des Subjekts in sich selbst, – sich unendlich wissend, sich ewig, unsterblich wissend.

Die Zurückdrängung auf das innere Selbstbewußtsein, die in dieser Umkehrung enthalten ist, ist nicht die stoische, die *denkend durch die Stärke des eigenen Geistes Wert hat* und in der *Welt*, in der Natur, in den natürlichen Dingen und im Erfassen derselben die Realität des Denkens sucht, die somit *ohne den unendlichen Schmerz* ist und zugleich in durchaus *positiver* Beziehung auf das Weltliche steht, – sondern es ist jenes Selbstbewußtsein, das sich seiner *Besonderheit und Eigenheit unendlich entäußert* und nur in jener Liebe, die in dem unendlichen Schmerze enthalten ist und aus ihm kommt, unendlichen Wert hat. Alle Unmittelbarkeit, in der der Mensch Wert hätte, ist hinweggeworfen; es ist allein die *Vermittlung*, in der ihm solcher Wert, aber ein unendlicher zukommt und in der die *Subjektivität wahrhaft unendlich* und *an und für sich* wird. Der Mensch ist nur durch diese Vermittlung, nicht unmittelbar. So ist er zunächst nur *fähig*, jenen Wert zu haben; aber diese Fähigkeit und Möglichkeit ist seine positive, absolute *Bestimmung*.

In dieser Bestimmung liegt der Grund, daß die *Unsterblichkeit der Seele* in der christlichen Religion eine bestimmte Lehre wird. Die Seele, die einzelne Subjektivität hat eine unendliche, *ewige Bestimmung*: Bürger im Reiche Gottes zu sein. Dies ist eine Bestimmung und ein Leben, das der Zeit und Vergänglichkeit entrückt ist, und indem es dieser beschränkten Sphäre zugleich *entgegen* ist, so bestimmt sich diese ewige Bestimmung zugleich als eine *Zukunft*. Die unendliche Forderung, Gott zu schauen, d. h. im Geiste seiner Wahrheit als einer gegenwärtigen bewußt zu werden, ist für das Bewußtsein als das vorstellende in dieser zeitlichen Gegenwart noch nicht befriedigt.

Die Subjektivität, die ihren unendlichen Wert erfaßt hat, hat damit alle Unterschiede der Herrschaft, der Gewalt, des Standes, selbst des Geschlechts aufgegeben: vor Gott sind alle Menschen gleich. In der Negation des unendlichen Schmerzes der Liebe liegt auch erst die Möglichkeit und Wurzel des wahrhaft allgemeinen Rechts, der *Verwirklichung der Freiheit*. Das römische, formelle Rechtsleben geht vom *positiven* Standpunkt und vom Verstande aus und hat für die absolute Bewährung des rechtlichen Standpunktes kein *Prinzip* in sich; es ist durchaus *weltlich*.

Diese Reinheit der Subjektivität, die sich in der Liebe aus unendlichem Schmerze vermittelt, ist *nur durch diese Vermittlung*, die ihre *objektive Gestalt und Anschauung* im Leiden, Sterben und in der Erhöhung Christi hat. Auf der andern Seite hat diese Subjektivität zugleich diese Weise ihrer Realität *an ihr selbst*, daß sie eine *Vielheit* von Subjekten und Individuen ist. Da sie aber *an sich allgemein*, *nicht ausschließend* ist, so ist die Vielheit der Individuen durchaus zu setzen als nur ein *Schein*, und eben dieses, daß sie sich selbst als diesen Schein setzt, ist die *Einheit des Glaubens* in der Vorstellung des Glaubens, also in diesem Dritten. Das ist die Liebe der Gemeinde, die aus vielen Subjekten zu bestehen scheint, welche Vielheit aber nur ein Schein ist.

Diese Liebe ist weder menschliche Liebe, Menschenliebe, Geschlechtsliebe, noch Freundschaft. Man hat sich oft gewundert, wie so ein edles Verhältnis wie die Freundschaft nicht unter den Pflichten vorkomme, die Christus empfehle. Freundschaft ist ein mit der Besonderheit behaftetes Verhältnis, und Männer sind Freunde nicht sosehr direkt als vielmehr objektiv in einem substantiellen Bande, in einem Dritten, in Grundsätzen, Studien, Wissenschaft; kurz, das Band ist ein objektiver Inhalt, nicht Zuneigung als solche wie die des Mannes zur Frau als dieser besonderen Persönlichkeit. Aber jene Liebe der Gemeinde ist zugleich durch die *Wertlosigkeit aller Besonderheit* vermittelt. Die Liebe des Mannes zur Frau, Freundschaft kann wohl stattfinden, aber sie sind wesentlich bestimmt als *untergeordnet*; sie sind bestimmt, nicht ein Böses zu sein, aber ein *Unvollkommenes,* nicht als ein Gleichgültiges, sondern als ein solches, daß *bei ihm nicht stehenzubleiben sei,* daß sie selbst *aufgeopfert* werden und jener *absoluten* Richtung und Einheit keinen Eintrag tun sollen.

Die Einheit in dieser unendlichen Liebe aus unendlichem Schmerz ist somit schlechthin nicht ein sinnlicher, weltlicher Zusammenhang, nicht ein Zusammenhang noch gültiger und übrigbleibender Besonderheit und Natürlichkeit, sondern *Einheit schlechthin im Geiste.* Jene Liebe ist eben *der Begriff des Geistes selbst. Gegenstand* ist sie sich in Christus als dem Mittelpunkt des Glaubens, in dem sie sich selbst in einer unendlichen Ferne, Hoheit[21] erscheint. Aber diese Hoheit ist zugleich dem Subjekte unendliche Nähe, Eigentümlichkeit

---

21 W: »unendlichen, fernen Hoheit«. Verändert nach Hegels Manuskript (ed. Lasson).

und *Angehörigkeit*, und was so zunächst als ein *Drittes* die Individuen zusammenschließt, ist auch das, was ihr wahrhaftes *Selbstbewußtsein*, ihr Innerstes und Eigenstes ausmacht. So ist diese Liebe der Geist als solcher, der Heilige Geist. Er ist in ihnen, und sie sind und machen aus die allgemeine christliche Kirche, die Gemeinschaft der Heiligen. Der Geist ist die unendliche Rückkehr in sich, die unendliche Subjektivität, nicht als vorgestellte, sondern als die wirkliche, *gegenwärtige Göttlichkeit*, – also nicht das substantielle Ansich des Vaters, nicht das Wahre in dieser gegenständlichen Gestalt des Sohnes, sondern das subjektiv Gegenwärtige und Wirkliche, das eben selbst so *subjektiv* gegenwärtig ist als die *Entäußerung* in jene *gegenständliche* Anschauung der Liebe und ihres unendlichen Schmerzes und als die *Rückkehr* in jener Vermittlung. Das ist der Geist Gottes oder Gott als gegenwärtiger, wirklicher Geist, Gott in seiner Gemeinde wohnend. So sagte Christus: »Wo zwei oder drei in meinem Namen versammelt sind, da bin ich mitten unter ihnen.« »Ich bin bei euch alle Tage bis an das Ende der Welt.«[22]

In dieser absoluten Bedeutung des Geistes, in diesem tiefen Sinne der absoluten Wahrheit ist die christliche Religion *die Religion des Geistes*, nicht aber in dem trivialen Sinne einer geistigen Religion. Sondern das Wahrhafte der Bestimmung der Natur des Geistes, die *Vereinigung des unendlichen Gegensatzes* – Gott und die Welt, Ich, dieser *homuncio* –, das ist der Inhalt der christlichen Religion, macht sie zur Religion des Geistes, und dieser Inhalt ist darin auch für das gewöhnliche, ungebildete Bewußtsein gegeben. Alle Menschen sind zur Seligkeit berufen; das ist das Höchste und das einzig Höchste. Darum sagt auch Christus[23]: Dem Menschen können alle Sünden vergeben werden, nur die nicht gegen den Geist. Die *Verletzung der absoluten*

---

22 Matth. 18, 20; 28, 20
23 vgl. Matth. 12, 31; Mark. 3, 28 f.

Wahrheit, der Idee von jener Vereinigung des unendlichen Gegensatzes ist damit als das *höchste Vergehen* ausgesprochen. Man hat sich zur Zeit viel darüber den Kopf zerbrochen, was die Sünde gegen den Heiligen Geist sei, und diese Bestimmung auf mannigfaltige Weise verflacht, um sie ganz wegzubringen. – Alles kann in dem unendlichen Schmerz der Liebe vertilgt werden, aber diese Vertilgung selbst ist nur als der inwendige, gegenwärtige Geist. Das *Geistlose* scheint zunächst keine Sünde, sondern unschuldig zu sein; aber dies ist eben die Unschuld, die an ihr selbst gerichtet und verurteilt ist.

Die Sphäre der Gemeinde ist daher die eigentümliche Region des Geistes. Der Heilige Geist ist über die Jünger ausgegossen, er ist ihr immanentes Leben; von da an sind sie als Gemeinde und freudig in die Welt ausgegangen, um sie zur *allgemeinen Gemeinde* zu erheben und das Reich Gottes auszubreiten.

Wir haben nun also 1. die *Entstehung* der Gemeinde zu betrachten oder ihren Begriff, 2. ihr Dasein und *Bestehen*, – dies ist die Realisation ihres Begriffs, und 3. den Übergang des Glaubens in das Wissen, *Veränderung, Verklärung* des Glaubens in der Philosophie.

1. Begriff der Gemeinde

Die Gemeinde sind die Subjekte, die einzelnen empirischen Subjekte, die im Geiste Gottes sind, von denen aber zugleich unterschieden ist, denen gegenübersteht dieser Inhalt, diese Geschichte, die Wahrheit. Der Glaube an diese Geschichte, an die Versöhnung ist einerseits ein unmittelbares Wissen, ein Glauben; das andere ist, daß die Natur des Geistes an ihr selbst ist dieser Prozeß, der in der allgemeinen Idee und in der Idee als in der Erscheinung betrachtet worden, daß das Subjekt selbst nur Geist, damit Bürger des Reiches Gottes wird dadurch, daß es an ihm selbst diesen Prozeß durchläuft. Das Andere, das für die Subjekte ist, ist also für sie in diesem göttlichen Schauspiele in dem Sinne gegenständlich, wie im Chor der Zuschauer sich selbst gegenständlich [vor sich] hat.

Zunächst ist allerdings das Subjekt, das menschliche Subjekt – der Mensch, an welchem dies geoffenbart wird, was durch den Geist für den Menschen zur Gewißheit der Versöhnung wird – bestimmt worden als *Einzelnes, Ausschließendes,* von anderen Verschiedenes. So ist die Darstellung der göttlichen Geschichte für die anderen Subjekte eine für sie objektive. Sie haben nun auch noch *an ihnen selbst* diese Geschichte, diesen Prozeß zu durchlaufen. Dazu gehört aber zuerst dieses, daß sie voraussetzen: die Versöhnung ist *möglich,* oder näher, diese Versöhnung ist an und für sich geschehen und gewiß.

An und für sich ist dies die allgemeine Idee Gottes; daß sie aber gewiß ist für den Menschen, nicht durch spekulatives Denken diese Wahrheit für ihn ist, sondern gewiß, das ist die andere Voraussetzung, diese: es ist gewiß, daß die Versöhnung *vollbracht* ist, d. h. sie[24] muß vorgestellt sein als etwas *Geschichtliches,* als eines, das vollbracht ist auf der Erde, in der Erscheinung. Denn es ist keine andere Weise dessen, was Gewißheit genannt wird. Das ist diese Voraussetzung, an die wir zunächst glauben.

a) Die Entstehung der Gemeinde ist, was als Ausgießen des Heiligen Geistes vorkommt. Die Entstehung des Glaubens ist zunächst ein Mensch, eine menschliche, *sinnliche Erscheinung,* und dann die geistige Auffassung, *Bewußtsein des Geistigen*; es ist geistiger Inhalt, Verwandlung des Unmittelbaren zu geistiger Bestimmung. Die Beglaubigung ist geistig, liegt nicht im Sinnlichen, kann nicht auf unmittelbare, sinnliche Weise vollbracht werden; gegen die sinnlichen Fakta kann daher immer etwas eingewendet werden.

Was die empirische Weise betrifft, so tut die Kirche insofern recht daran, wenn sie solche Untersuchungen nicht annehmen

---

24 W: »es«

kann, wie die, welche Bewandtnis es habe mit den Erscheinungen Christi nach seinem Tode; denn solche Untersuchungen gehen von dem Gesichtspunkt aus, als ob es auf das Sinnliche der Erscheinung ankäme, auf dies Historische, als ob in solchen Erzählungen von einem als historisch Vorgestellten, nach geschichtlicher Weise, die Beglaubigung des Geistes und *seiner* Wahrheit liege. Diese steht aber für sich fest, obgleich sie jenen Anfangspunkt hat.

Dieser Übergang ist die Ausgießung des Geistes, die nur eintreten konnte, nachdem Christus dem Fleisch entrückt war, die sinnliche, unmittelbare Gegenwart aufgehört hat. Da kommt der Geist hervor; denn da ist die *ganze Geschichte vollendet* und steht das ganze Bild des Geistes vor der Anschauung. Es ist etwas anderes, eine andere Form, die das hat, was nun der Geist produziert.

Die Frage nach der Wahrheit der christlichen Religion teilt sich unmittelbar in zwei Fragen: 1. ist es *überhaupt* wahr, daß Gott nicht ist ohne den Sohn und ihn in die Welt gesendet hat, und 2. ist *dieser* Jesus von Nazareth, des Zimmermanns Sohn, Gottes Sohn, der Christ gewesen?

Diese beiden Fragen werden gewöhnlich so vermischt, daß, wenn *dieser* nicht Gottes gesendeter Sohn gewesen und von ihm es sich nicht erweisen lasse, so wäre *überhaupt* nichts an der Sendung; wir hätten entweder eines *anderen* zu warten, wenn ja einer sein soll, wenn eine Verheißung da ist, d. h. wenn es an und für sich, im Begriff, in der Idee notwendig ist, – oder, da die Richtigkeit der Idee von dem Erweis jener Sendung abhängig gemacht wird, so ist überhaupt *nicht mehr,* nicht weiter an dergleichen zu denken.

Aber wir müssen wesentlich zuerst fragen, ist solches Erscheinen *an und für sich* wahr? Es ist dies, weil Gott als Geist der Dreieinige ist. Er ist dies Manifestieren, sich Objektivieren und identisch mit sich in dieser Objektivierung zu sein, – die ewige Liebe. Diese Objektivierung in ihrer vollendeten Entwicklung bis zu dem Extrem der Allgemeinheit Gottes und der Endlichkeit, dem Tod ist diese Rückkehr in sich[25] im Aufheben dieser Härte des Gegensatzes, Liebe im unendlichen Schmerz, der ebenso in ihr geheilt ist.

Diese Wahrheit an und für sich, daß Gott nicht ein Abstraktum, sondern ein Konkretes ist, wird von der Philosophie expliziert, und es ist nur die neuere Philosophie, die zu dieser Tiefe des Begriffes gekommen ist. Hierüber läßt sich mit der unphilosophischen Flachheit gar nicht sprechen, so wie ihr Widerspruch ohne allen Wert und an und für sich geistlos ist.

Aber dieser Begriff muß nicht nur *als in der Philosophie fertig* sein, er ist nicht nur *an sich* der wahre; im Gegenteil, das Verhältnis der Philosophie ist, das zu begreifen, was *ist*, was für sich vorher wirklich ist. Alles Wahre fängt in seiner Erscheinung, d. h. in seinem *Sein* von der Form der *Unmittelbarkeit* an. Der Begriff muß also in dem *Selbstbewußtsein* der Menschen, im Geiste an sich vorhanden sein, der Weltgeist sich so gefaßt haben. Dies sich so Fassen ist aber die *Notwendigkeit* als der *Prozeß* des Geistes, der in den vorhergehenden Stufen der Religion, zunächst der jüdischen, der griechischen und römischen sich darstellte und jenen Begriff der absoluten Einheit der göttlichen und menschlichen Natur, die Wirklichkeit Gottes, d. h.: die Objektivierung seiner als seine Wahrheit zum *Resultate* hatte. So ist die *Weltgeschichte* die Darstellung dieser Wahrheit als Resultat im unmittelbaren Bewußtsein des Geistes.

Wir haben den Gott als Gott freier Menschen, aber zunächst noch in subjektiven, beschränkten Volksgeistern und in zufälliger Phantasiegestaltung gesehen; ferner den Schmerz der Welt nach der Zerdrückung der Volksgeister. Dieser *Schmerz* war die *Geburtsstätte für den Trieb des Geistes*, Gott als geistigen zu wissen in allgemeiner Form mit abgestreifter Endlichkeit. Dieses Bedürfnis ist durch den Fort-

---

25 W: »bis zu den Extremen – der Allgemeinheit Gottes und der Endlichkeit, dem Tod – und diese Rückkehr in sich«. Verändert nach Hegels Manuskript (ed. Lasson).

gang der Geschichte, durch die Heraufbildung des Weltgeistes erzeugt worden. Dieser unmittelbare Trieb, diese Sehnsucht, die etwas Bestimmtes will und verlangt, gleichsam der Instinkt des Geistes, der darauf hingetrieben wird, hat eine solche Erscheinung, die Manifestation Gottes als des unendlichen Geistes in der Gestalt eines wirklichen Menschen gefordert.

»Als die Zeit erfüllet war, sandte Gott seinen Sohn«[26], d. h. als der Geist sich so in sich vertieft hatte, seine Unendlichkeit zu wissen und *das Substantielle in der Subjektivität des unmittelbaren Selbstbewußtseins* zu fassen, aber in einer Subjektivität, die zugleich unendliche Negativität und eben damit absolut allgemein ist.

Die Beglaubigung aber, daß *dieser* der Christ ist, ist eine andere; sie betrifft nur die Bestimmung, daß es *dieser* und *nicht ein anderer Dieser,* nicht aber dies, ob also die *Idee* gar nicht sei. Christus sagte: Lauft nicht dahin und dorthin, das Reich Gottes ist in euch.[27] Viele andere unter Juden und Heiden sind als göttliche Gesandte oder als Götter verehrt. *Johannes der Täufer* ging Christo voraus; unter den Griechen wurden z. B. dem *Demetrios Poliorketes* als einem Gotte Statuen errichtet, und der römische Kaiser ward als Gott verehrt. *Apollonios von Tyana* und viele andere galten als Wundertäter, und *Herkules* war für die Griechen der Mensch, der durch seine Taten, die zugleich nur Taten des Gehorsams waren, zu den Göttern eingegangen und Gott geworden war, – ohnehin diese Menge der *Inkarnationen* und das Gottwerden in der Erhebung zum Brahman bei den Indern nicht zu erwähnen. Aber nur an *Christus* konnte sich die Idee, als sie reif und die Zeit erfüllt war, anknüpfen und *sich in ihm realisiert sehen.* An den Großtaten des Herkules ist die Natur des Geistes noch unvollkommen ausgedrückt. Aber die Geschichte Christi ist Geschichte für

26 Gal. 4, 4
27 vgl. Luk. 17, 21

die Gemeinde, da sie *der Idee schlechthin gemäß* ist, während jenen früheren Gestalten nur das Drängen des Geistes nach dieser Bestimmung der an sich seienden Einheit des Göttlichen und Menschlichen zugrunde liegt und anzuerkennen ist. Dies ist es, worauf es ankommen muß; dies ist die Bewahrheitung, der absolute Beweis; dies ist es, was unter dem *Zeugnis des Geistes* zu verstehen ist. Es ist der Geist, die *inwohnende Idee*, die Christi Sendung beglaubigt hat, und dies ist für die, die glaubten, und für uns im entwickelten Begriff die *Bewährung*. Das ist auch die Bewährung, die eine Macht nach *geistiger* Weise ist und nicht eine äußere Macht wie die der Kirche gegen die Ketzer.

b) Dies ist denn zweitens das Wissen oder der *Glaube*; denn Glaube ist auch Wissen, nur in einer eigentümlichen Form. Dies ist zu betrachten.

Es ist also, daß der göttliche Inhalt gesetzt wird als selbstbewußtes Wissen von ihm im Elemente des Bewußtseins, der Innerlichkeit, – einerseits, daß der Inhalt die Wahrheit ist und daß es die Wahrheit des unendlichen Geistes überhaupt ist, d. h. sein Wissen ist, so daß er in diesem Wissen seine Freiheit hat, selbst der Prozeß ist, seine besondere Individualität abzuwerfen und sich in diesem Inhalte frei zu machen.

Aber der Inhalt ist zunächst für das unmittelbare Bewußtsein, und die Wahrheit konnte für dasselbe erscheinen auf mannigfach sinnliche Weise. Denn die Idee ist eine in allem, allgemeine Notwendigkeit; die Wirklichkeit kann nur Spiegel der Idee sein; aus allem kann daher für das Bewußtsein die Idee hervorgehen, denn es ist immer die Idee in diesen unendlich vielen Tropfen, die die Idee zurückspiegeln. Die Idee ist vorgestellt, erkannt, geahnt in dem Samen, der die Frucht ist; die letzte Bestimmung der Frucht erstirbt in der Erde, und erst durch diese Negation geht die Pflanze hervor. Solche Geschichte, Anschauung, Darstellung, Erscheinung kann von dem Geist auch zum Allgemeinen erhoben werden, und so wird die Geschichte des Samens, der Sonne *Symbol der Idee*, aber *nur* Symbol; es sind Gestaltungen, die ihrem eigentlichen Inhalte nach, der spezifischen Qualität nach nicht angemessen sind der Idee. Das an ihnen Gewußte fällt außer ihnen; die Bedeutung existiert nicht in ihnen als Bedeutung. *Der Gegenstand, der an ihm selbst als der Begriff existiert, ist die geistige Subjektivität*, der Mensch; er ist an ihm selbst die Bedeutung, sie fällt nicht außer ihm; er ist alles denkend, alles wissend. Er ist nicht Symbol, sondern seine Subjektivität, seine innere Gestalt, sein *Selbst* ist wesentlich *diese Geschichte selbst*, und die Geschichte des Geistigen ist nicht in einer Existenz, die der Idee unangemessen ist, sondern in ihrem eigenen Elemente. So ist also für die Gemeinde notwendig, daß der Gedanke, die Idee gegenständlich wird. Aber zunächst ist die Idee an dem Einzelnen in sinnlicher Anschauung vorhanden; diese muß abgestreift werden; die Bedeutung, das ewige wahrhafte Wesen muß hervorgehoben werden. Dies ist der Glaube der entstehenden Gemeinde. Sie fängt vom Glauben an den Einzelnen an; der einzelne Mensch wird verwandelt von der Gemeinde, wird gewußt als Gott und mit der Bestimmung, daß er der Sohn Gottes sei, mit allem dem Endlichen befaßt, das der Subjektivität als solcher in ihrer Entwicklung angehört; aber als Subjektivität ist er von der Substantialität geschieden. Die sinnliche Erscheinung wird nun in Wissen vom Geistigen verwandelt. Es ist also die Gemeinde so anfangend vom Glauben; aber andererseits wird er als Geist hervorgebracht. Die *verschiedenen Bedeutungen des Glaubens* und *der Beglaubigung* sind hervorzuheben.

Indem der Glaube von der sinnlichen Weise anfängt, hat er eine zeitliche Geschichte vor sich; was er für wahr hält, ist äußere gewöhnliche Begebenheit, und die Beglaubigung ist die historische, juristische Weise, ein Faktum zu beglaubigen, sinnliche Gewißheit. Die Vorstellung der Grundlage hat wieder die sinnliche Gewißheit anderer Personen über gewisse sinnliche Fakta zugrunde gelegt und bringt anderes damit in Verbindung.

Die Lebensgeschichte Christi ist so die äußere Beglaubigung. Aber *der Glaube verändert seine Bedeutung*; nämlich es ist nicht nur um den Glauben zu tun als *Glauben an diese äußere Geschichte*, sondern daß dieser Mensch *Gottes Sohn* war. Da wird der sinnliche Inhalt ein ganz anderer; er wird in einen anderen verwandelt, und die Forderung ist, *dies soll beglaubigt werden*. Der Gegenstand hat sich vollkommen verwandelt, aus einem sinnlich, empirisch existierenden in einen göttlichen, in ein wesentlich höchstes Moment Gottes selbst. Dieser Inhalt ist nichts Sinnliches mehr; wenn also die Forderung gemacht wird, ihn auf die vorige sinnliche Weise zu beglaubigen, so ist diese Weise sogleich unzureichend, weil der Gegenstand ganz anderer Natur ist.

Sollen die *Wunder* die unmittelbare Bewährung enthalten, so sind sie an und für sich eine nur *relative* Bewährung oder eine Beglaubigung von untergeordneter Art. Christus sagt als Vorwurf: »Wenn ihr nicht Wunder seht, so glaubt ihr nicht.« »Es werden viele kommen und zu mir sagen: haben wir nicht in deinem Namen viele Zeichen getan? und ich werde zu ihnen sagen: Ich habe euch nicht erkannt, hebet euch weg von mir.«[28] Was für ein Interesse ist hier noch für dieses Wundertun übriggelassen? Das Relative konnte nur für die Interesse haben, die *draußen* standen, sozusagen zur Belehrung der Juden und Heiden. Aber die Gemeinde, die formiert ist, bedarf desselben nicht mehr; sie hat den Geist in sich, der in alle Wahrheit leitet und der durch seine Wahrheit als Geist die wahrhafte Gewalt über den Geist ist, d. h. eine Macht, worin dem Geiste seine *ganze Freiheit* gelassen wird. Das Wunder ist nur eine Gewalt über *natürliche Zusammenhänge* und damit nur eine Gewalt über den *Geist, der in das Bewußtsein dieser beschränkten Zusammenhänge beschränkt ist*. Wie könnte durch die Vorstellung einer solchen Gewalt die ewige Idee selbst zum Bewußtsein kommen?

---

28 Joh. 4, 48; Matth. 7, 22 f.

Wenn man den Inhalt so bestimmt, daß die Wunder Christi selbst sinnliche Erscheinungen seien, die historisch beglaubigt werden können, ebenso seine Auferstehung, Himmelfahrt als sinnliche Begebenheiten betrachtet, so handelt es sich in Rücksicht auf das *Sinnliche* nicht um die *sinnliche Beglaubigung* dieser Erscheinungen; die Sache wird nicht so gestellt, als ob nicht die Wunder Christi, seine Auferstehung, Himmelfahrt als selbst äußerliche Erscheinungen und sinnliche Begebenheiten ihre genügenden Zeugnisse hätten, sondern es handelt sich *um das Verhältnis der sinnlichen Beglaubigung und der sinnlichen Begebenheiten, beider zusammen zu dem Geist*, zu dem geistigen Inhalt. Die Beglaubigung des Sinnlichen, sie mag einen Inhalt haben, welchen sie will, und sie mag durch Zeugnis oder Anschauung geschehen, bleibt *unendlichen Einwendungen* unterworfen, weil sinnlich Äußerliches zugrunde liegt, was gegen den Geist, das Bewußtsein das *Andere* ist.

Hier ist Bewußtsein und Gegenstand getrennt und herrscht diese zugrunde liegende *Trennung*, die mit sich führt die Möglichkeit von Irrtum, Täuschung, Mangel an Bildung, ein Faktum richtig aufzufassen, so daß man Zweifel haben und die heiligen Schriften, was das bloß Äußerliche und Geschichtliche betrifft, wie profane Schriften betrachten kann, ohne daß man in den *guten Willen* der Zeugnis Gebenden Mißtrauen zu setzen braucht. Der sinnliche Inhalt ist nicht *an ihm selbst gewiß*, weil er es nicht durch den Geist als solchen ist, weil er einen anderen Boden hat, nicht durch den Begriff gesetzt ist. Man kann meinen, man müsse durch Vergleichung aller Zeugnisse, Umstände auf den Grund kommen, oder es müßten Entscheidungsgründe für das eine oder für das andere sich finden; allein diese ganze Weise der Beglaubigung und der sinnliche Inhalt als solcher ist zurückzustellen gegen das *Bedürfnis des Geistes*. Was für den Geist Wahrheit haben, was er glauben soll, muß nicht sinnliches Glauben sein; was für den Geist wahr ist, ist ein solches, für welches die sinnliche Erscheinung heruntergesetzt wird. Indem der Geist vom Sinnlichen anfängt und zu diesem seiner Würdigen kommt, ist sein Verhalten gegen das Sinnliche zugleich ein *negatives Verhalten*. Es ist dies eine Hauptbestimmung.

Dennoch bleibt aber immer die *Neugierde* und *Wißbegierde* übrig, wie denn die *Wunder* zu nehmen, zu erklären, zu fassen seien, und zwar zu fassen in dem Sinne, daß sie *keine Wunder*, sondern vielmehr *natürliche* Erfolge seien. Solche Neugierde setzt aber den Zweifel und den *Unglauben* voraus und möchte eine plausible Unterstützung finden, wobei die moralische Tugend und die Wahrhaftigkeit der beteiligten Personen gerettet wäre; dann nimmt man an, es sei eine nicht beabsichtigte Täuschung, d. h. kein Betrug vorgegangen, und ist wenigstens so billig und wohlmeinend, daß Christus und seine Freunde ehrliche Leute bleiben sollen. Das Kürzeste wäre also, die Wunder überhaupt ganz zu *verwerfen*. Wenn man keine Wunder glaubt, sie der Vernunft entgegen findet, so hilft es nichts, daß sie bewiesen werden. Sie sollen auf sinnlicher Wahrnehmung beruhen; aber unüberwindlich ist es im Menschen, was bloß solche Beglaubigung hat, nicht als Wahrheit gelten zu lassen. Denn hier sind die Beweise nichts als Möglichkeiten und Wahrscheinlichkeiten, d. h. nur subjektive, endliche Gründe.

Oder man muß den Rat geben: habe nur die Zweifel nicht, so sind sie gelöst! Aber ich *muß* sie haben, ich kann sie nicht auf die Seite legen, und die Notwendigkeit, sie zu *beantworten*, beruht auf der Notwendigkeit, sie zu *haben*. Die Reflexion macht diese Ansprüche als absolute, sie fixiert sich auf diese *endlichen* Gründe; aber in der Frömmigkeit, im wahren Glauben sind diese endlichen Gründe, der endliche Verstand schon längst hinweggeräumt. Solche Neugierde geht schon vom Unglauben aus; der Glaube aber beruht auf dem Zeugnisse des Geistes nicht von den Wundern, sondern von der absoluten Wahrheit, von der *ewigen Idee*, also dem wahrhaften Inhalte, und von diesem Standpunkt aus haben die Wunder ein geringes Interesse. Sie können ebensosehr nebenher erbaulich als subjektive Gründe angeführt wie beiseite gelassen werden. Dazu kommt, daß die Wunder, wenn sie *beglaubigen* sollen, selbst erst *beglaubigt werden* müssen. Aber was durch sie beglaubigt werden soll, ist die *Idee*, die *ihrer nicht bedarf* und darum es auch nicht bedarf, *sie* zu beglaubigen.

Doch ist folgendes noch zu bemerken: Wunder sind überhaupt Erfolge durch die Macht des Geistes über den natürlichen Zusammenhang, ein Eingreifen in den Gang und in die ewigen Gesetze der Natur. Aber *überhaupt* ist der *Geist* dieses Wunder, dieses *absolute Eingreifen*. Schon das Leben greift in diese sogenannten ewigen Gesetze der Natur ein; es vernichtet z. B. die ewigen Gesetze des Mechanismus und der Chemie. Noch mehr wirkt auf das Leben die Macht des Geistes und seine Schwäche. Schrecken kann Tod, Kummer Krankheit herbeiführen, und ebenso hat zu allen Zeiten der unendliche Glaube und das Zutrauen den Krüppel gehend, Taube hörend gemacht usw. Dem neueren Unglauben an solche Erfolge liegt der Aberglaube an die sogenannte Naturmacht und deren Selbständigkeit gegen den Geist zugrunde.

Diese Beglaubigung ist aber nur die erste, zufällige Weise des Glaubens. Der eigentliche Glaube ruht im Geiste der Wahrheit. Jene Bewährung betrifft noch ein Verhältnis zur sinnlichen, unmittelbaren Gegenwart; der eigentliche Glaube ist geistig, und im Geiste hat die Wahrheit die Idee zum Grunde, und indem diese zugleich in der Vorstellung auf zeitliche, endliche Weise an einem *diesen* Individuum ist, so kann sie als an diesem Individuum realisiert nur erscheinen nach seinem Tode und nach der Entrückung aus der Zeitlichkeit, wenn der Verlauf der Erscheinung selbst zu *geistiger Totalität* vollendet ist; d. h. darin, an Jesum zu glauben, liegt es selbst, daß dieser Glaube nicht mehr die *sinnliche Erscheinung* als solche vor sich habe, deren sinnliche Wahrnehmung sonst die Beglaubigung ausmachen soll.

Es ist dasselbe, was *in allem Erkennen* vorkommt, insofern

es auf ein *Allgemeines* gerichtet ist. Die Gesetze des Himmels hat bekanntlich *Kepler* entdeckt. Sie gelten für uns auf doppelte Weise, sind das Allgemeine. Man hat von den *einzelnen* Fällen angefangen, einige Bewegungen auf die Gesetze zurückgeführt; es sind aber nur einzelne Fälle. Man könnte denken, daß es millionenmal mehr Fälle geben kann, daß es Körper gäbe, die nicht so fallen; selbst auf die himmlischen Körper ist es so kein allgemeines Gesetz. Man ist so allerdings durch Induktion mit diesen Gesetzen bekannt geworden; aber das Interesse des Geistes ist, daß ein solches Gesetz *an und für sich wahr* ist, – d. h. aber, daß die Vernunft in ihm ihr Gegenbild habe; dann erkennt sie es als an und für sich wahr. Dagegen tritt dann jenes sinnliche Erkennen in den Hintergrund; es ist wohl Anfangspunkt, Ausgangspunkt, der dankbar anzuerkennen ist, aber solch ein Gesetz steht jetzt *für sich selbst.* So ist denn seine Beglaubigung eine andere: es ist der Begriff, und die sinnliche Existenz ist nun zu einem Traumbild des Erdenlebens herabgesetzt, über dem eine höhere Region mit eigenem festen Inhalte ist.

Dasselbe Verhältnis findet statt bei den *Beweisen vom Dasein Gottes,* die vom Endlichen anfangen. Der Mangel darin ist, daß das Endliche nur auf affirmative Weise gefaßt ist; aber der Übergang vom Endlichen zum Unendlichen ist zugleich so, daß der *Boden des Endlichen verlassen* wird und es herabgesetzt wird zum Untergeordneten, zu einem fernen Bild, das nur noch in der Vergangenheit und Erinnerung besteht, nicht in dem Geist, der sich schlechthin gegenwärtig ist, der jenen Ausgangspunkt verlassen hat und auf einem Boden von ganz anderer Würde steht. Die Frömmigkeit kann so von allem Veranlassung nehmen, sich zu erbauen; dies ist denn so der Ausgangspunkt. Man hat bewiesen, daß mehrere Zitate Christi aus dem Alten Testament unrichtig sind, so daß das daraus Hervorgehende nicht gegründet ist im unmittelbaren Verstand der Worte. Das Wort sollte auch so ein Festes sein; aber der Geist macht daraus, was das Wahrhafte ist. So ist die sinnliche Geschichte Ausgangspunkt für den Geist, für den Glauben, und diese zwei Bestimmungen müssen unterschieden werden, und erst die Rückkehr des Geistes in sich, das geistige Bewußtsein ist es, worauf es ankommt.

Es erhellt so, daß die *Gemeinde* an sich diesen Glaubensinhalt hervorbringt, daß nicht sozusagen durch die *Worte* der Bibel dies hervorgebracht wird, sondern durch die Gemeinde. Auch nicht die sinnliche Gegenwart, sondern der Geist lehrt die Gemeinde, daß Christus Gottes Sohn ist, daß er ewig zur Rechten des Vaters im Himmel sitzt. Das ist die Interpretation, das Zeugnis und Dekret des Geistes. Wenn dankbare Völker ihre Wohltäter nur unter die Sterne versetzten, so hat der Geist die Subjektivität als absolutes Moment der göttlichen Natur anerkannt. Die Person Christi ist von der Kirche zu Gottes Sohn dekretiert. Die empirische Weise kirchliche Bestimmung, Konzilien usf. – geht uns hierbei nichts an. Was ist der Inhalt an und für sich, – das ist die Frage. Der wahrhafte christliche Glaubensinhalt ist zu rechtfertigen durch die Philosophie, nicht durch die Geschichte. Was der Geist tut, ist keine Historie; es ist ihm nur um das zu tun, was an und für sich ist, nicht Vergangenes, sondern schlechthin Präsentes.

c) Aber es ist dies auch erschienen, hat Beziehung auf das *Subjekt*, ist für dasselbe, und es hat nicht minder wesentliche Beziehung darauf: das Subjekt soll Bürger des Reiches Gottes sein. Dieses, daß das Subjekt selbst ein Kind Gottes werden soll, enthält, daß die Versöhnung an und für sich vollbracht ist in der göttlichen Idee und sie dann auch erschienen ist, die Wahrheit dem Menschen gewiß ist. Eben das Gewißsein ist die Erscheinung, die Idee, wie sie in der Weise des Erscheinens an das Bewußtsein kommt.

Das Verhältnis des Subjekts zu dieser Wahrheit ist, daß das Subjekt eben zu dieser bewußten Einheit kommt, sich derselben würdigt, *sie in sich hervorbringt*, erfüllt wird vom göttlichen Geist. Dies geschieht durch *Vermittlung in sich selbst,* und diese Vermittlung ist, daß es diesen *Glauben* hat; denn der Glaube ist die Wahrheit, die Voraussetzung, daß an und für sich und gewiß die Versöhnung vollbracht ist. Nur vermittels dieses Glaubens, daß die Versöhnung an und für sich und gewiß vollbracht ist, ist das Subjekt fähig, imstande, sich selbst in diese Einheit zu setzen. Diese Vermittlung ist absolut notwendig.

In dieser Beseligung vermittels dieses Ergreifens ist die Schwierigkeit aufgehoben, die unmittelbar darin liegt, daß das Verhältnis der Gemeinde ist zu dieser Idee ein Verhältnis von einzelnen, besonderen Subjekten zur Idee; aber diese Schwierigkeit ist gehoben in dieser Wahrheit selbst.

Die Schwierigkeit ist näher, daß das Subjekt *verschieden* ist vom göttlichen Geist, was als seine Endlichkeit erscheint. Dieses ist gehoben, und daß es gehoben ist, liegt darin, daß Gott das *Herz* des Menschen ansieht, den substantiellen Willen, die innerste, alles befassende Subjektivität des Menschen, das innere, wahrhafte, ernstliche Wollen.

Außer diesem inneren Willen, verschieden von dieser innerlichen, substantiellen Wirklichkeit ist am Menschen noch seine *Äußerlichkeit,* seine Mangelhaftigkeit, daß er Fehler begehen, daß er existieren kann auf eine Weise, die dieser innerlichen, substantiellen Wesentlichkeit, dieser substantiellen, wesentlichen Innerlichkeit nicht angemessen ist. Aber die Äußerlichkeit, das Anderssein überhaupt, die Endlichkeit, Unvollkommenheit, wie sie sich weiter bestimmt, ist zu einem *Unwesentlichen* herabgesetzt und als solches gewußt. Denn in der Idee ist das Anderssein des Sohnes ein vorübergehendes, verschwindendes, kein wahrhaftes, wesentliches, bleibendes, absolutes Moment.

Das ist der Begriff der Gemeinde überhaupt: die Idee, die insofern der Prozeß des Subjekts in und an ihm selbst ist, welches Subjekt in den Geist aufgenommen, geistig ist, so daß der Geist Gottes in ihm wohnt. Dies sein reines Selbstbewußtsein ist zugleich Bewußtsein der Wahrheit, und dieses reine Selbstbewußtsein, das die Wahrheit weiß und will, ist eben der göttliche Geist in ihm. Oder dieses Selbstbewußtsein als Glaube ausgesprochen, der auf dem Geiste, d. h. auf einer Vermittlung beruht, die alle endliche Vermittlung aufhebt, ist der von Gott gewirkte Glaube.

2. Die Realisierung der Gemeinde

Die reale Gemeinde ist, was wir im allgemeinen die *Kirche* nennen. Das ist nicht mehr das Entstehen der Gemeinde, sondern die bestehende Gemeinde, die sich auch erhält. Das Bestehen der Gemeinde ist ihr fortdauerndes, *ewiges Werden*, welches darin begründet ist, daß der Geist dies ist, *sich ewig* zu erkennen, sich auszuschließen zu endlichen Lichtfunken des einzelnen Bewußtseins und sich aus dieser Endlichkeit wieder zu sammeln und zu erfassen, indem in dem endlichen Bewußtsein das Wissen von seinem Wesen und so das göttliche Selbstbewußtsein hervorgeht. Aus der Gärung der Endlichkeit, indem sie sich in Schaum verwandelt, duftet der Geist hervor.

In der *bestehenden* Gemeinde ist nun die Kirche die Veranstaltung überhaupt, daß die Subjekte zu der Wahrheit kommen, die Wahrheit sich aneignen und dadurch der Heilige Geist in ihnen auch real, wirklich, gegenwärtig werde, in ihnen seine Stätte habe, daß die Wahrheit in ihnen sei und sie im Genusse, in der Betätigung der Wahrheit, des Geistes seien, daß sie als Subjekte die Betätigenden des Geistes seien.

Das Allgemeine der Kirche ist, daß die Wahrheit hier vorausgesetzt ist, nicht wie im Entstehen der Heilige Geist erst ausgegossen, erst erzeugt wird, sondern daß die Wahrheit als *vorhandene Wahrheit* ist. Das ist ein verändertes Verhältnis des Anfangs für das Subjekt.

a) Diese Wahrheit, die so vorausgesetzt, vorhanden ist, ist die *Lehre der Kirche*, die Glaubenslehre, und den Inhalt dieser Lehre kennen wir: es ist mit einem Wort die Lehre *von der Versöhnung*. Es ist nicht mehr [so], daß dieser Mensch zu der absoluten Bedeutung erhoben wird durch das Ausgießen, Dekretieren des Geistes, sondern daß diese Bedeutung eine *gewußte, anerkannte* ist. Diese absolute Befähigung des Subjekts ist es, sowohl in ihm selbst als objektiv Anteil zu nehmen an der Wahrheit, zur Wahrheit zu kommen, in der Wahrheit zu sein, zum Bewußtsein derselben zu gelangen. Dies Bewußtsein der Lehre ist hier vorausgesetzt, vorhanden.

Es erhellt sowohl, daß eine Lehre notwendig ist, als daß in dem Bestehen der Gemeinde die Lehre schon fertig ist. Diese Lehre ist es, welche vorstellig gemacht wird, und dies ist ein Inhalt, in dem an und für sich vollbracht, aufgezeigt ist, was am Individuum als solchem hervorgebracht werden soll.

So als *Vorausgesetztes* in seinen Elementen, Fertiges ist es, daß sie erst in der Gemeinde selbst *ausgebildet* wird. Der Geist, der ausgegossen wird, ist erst der *Anfang*, das Anfangende, die Erhebung. Die Gemeinde ist das *Bewußtsein dieses Geistes*, das Aussprechen dessen, was der Geist gefunden hat, wovon er getroffen wurde, daß Christus für den Geist ist. Der Unterschied, ob die Gemeinde auf dem Grund einer *geschriebenen Urkunde* ihr Bewußtsein ausspricht oder ihre Selbstbestimmungen an die *Tradition* knüpft, ist *kein wesentlicher*; die Hauptsache ist, daß sie *durch den in ihr gegenwärtigen Geist* die unendliche Macht und Vollmacht zur Fortbildung und Fortbestimmung ihrer Lehre ist. Diese *Vollmacht* beweist sich auch in jenen beiden unterschiedenen Fällen. Die *Erklärung* einer zugrunde liegenden Urkunde ist immer selbst wieder *Erkenntnis* und entwickelt sich zu *neuen* Bestimmungen, und wenn auch in der Tradition an ein Gegebenes, *Vorausgesetztes* angeknüpft wird, so ist die Tradition selbst in ihrer geschichtlichen Fortbildung wesentlich ein *Setzen*. Die Lehre wird wesentlich so in der Kirche hervorgebracht, in der Kirche ausgebildet. Sie ist zuerst als Anschauung, Gefühl, als gefühltes, blitzähnliches Zeugnis des Geistes. Aber jene Bestimmung

des *Hervorbringens* ist selbst nur eine *einseitige* Bestimmung, denn die Wahrheit ist zugleich *an sich* vorhanden, vorausgesetzt; *das Subjekt ist in den Inhalt schon aufgenommen.*
Die Glaubenslehre ist daher wesentlich erst in der Kirche gemacht worden, und es ist dann das Denken, das gebildete Bewußtsein, das auch darin seine Rechte behauptet und, was es sonst gewonnen an Bildung der Gedanken, an Philosophie, für diese Gedanken und zum Behuf dieser so gewußten Wahrheit verwendet; es bildet sich aus anderem, konkretem, noch mit Unreinem gemischtem Inhalt die Lehre aus.
Diese vorhandene Lehre muß dann auch *erhalten* werden in der Kirche, das, was Lehre ist, auch gelehrt werden. Um es der Willkür und Zufälligkeit der Meinung und Einsicht zu entziehen, als Wahrheit, die an und für sich ist, und als ein Festes zu bewahren, wird es in *Symbolen* niedergelegt. Es *ist*, existiert, gilt, ist anerkannt, unmittelbar, – aber nicht auf eine sinnliche Weise, daß das Auffassen dieser Lehre durch die Sinne geschähe, wie die Welt auch ein Vorausgesetztes ist, zu der wir uns als einem Sinnlichen äußerlich verhalten. Die geistige Wahrheit ist nur als *gewußte* vorhanden; die Weise ihres Erscheinens ist, daß sie gelehrt werde. Der Kirche ist wesentlich die Veranstaltung, daß ein Lehrstand sei, dem aufgetragen ist, diese Lehre vorzutragen.
In dieser Lehre wird das Subjekt geboren; es fängt an in diesem Zustand der geltenden, vorhandenen Wahrheit, in dem Bewußtsein derselben. Das ist sein Verhältnis zu dieser an und für sich vorausgesetzten, vorhandenen Wahrheit.
b) Das Individuum, indem es so in der Kirche geboren, ist sogleich, obzwar noch bewußtloses, doch *bestimmt, an dieser Wahrheit teilzunehmen,* derselben teilhaftig zu werden; seine Bestimmung ist für diese Wahrheit. Die Kirche spricht dies aus im *Sakrament der Taufe*; der Mensch ist in der Gemeinschaft der Kirche, worin das Böse an und für sich überwunden, Gott an und für sich versöhnt ist. Die Taufe zeigt an, daß das Kind *in der Gemeinschaft der Kirche,* nicht

im Elend geboren wird, nicht antreffen werde eine feindliche Welt, sondern seine Welt die Kirche sei und sich nur der Gemeinde anzubilden habe, die schon als sein Weltzustand vorhanden ist.

Der Mensch muß zweimal geboren werden, einmal natürlich und sodann geistig, wie der Brahmane. Der Geist ist nicht unmittelbar, er ist nur, wie er sich aus sich gebiert; er ist nur als der wiedergeborene. Diese *Wiedergeburt* ist nicht mehr die unendliche Wehmut, die der Geburtsschmerz der Gemeinde überhaupt ist. Der *unendliche reale Schmerz* ist dem Subjekte zwar nicht erspart, aber *gemildert*; denn vorhanden ist noch der Gegensatz der Partikularität, der besonderen Interessen, Leidenschaften, Eigensucht. Das natürliche Herz, worin der Mensch befangen ist, ist der Feind, der zu bekämpfen ist; es ist dies aber nicht mehr der reale Kampf, aus welchem die Gemeinde hervorgegangen ist.

Zu diesem Individuum verhält sich die Lehre als ein Äußerliches. Das Kind ist nur erst Geist an sich, noch nicht realisierter Geist, nicht als Geist wirklich, hat nur die Fähigkeit, das Vermögen, Geist zu sein, als Geist wirklich zu werden; so kommt die Wahrheit an es zunächst als ein Vorausgesetztes, Anerkanntes, Geltendes, – d. h. es kommt die Wahrheit notwendig zuerst als Autorität an den Menschen.

Alle Wahrheit, auch die sinnliche – aber dies ist keine eigentliche Wahrheit – kommt zunächst in dieser Weise an den Menschen. In unserem sinnlichen Wahrnehmen kommt so die Welt als Autorität an uns; sie ist, wir finden sie so, wir nehmen sie auf als Seiendes, und wir verhalten uns dazu als zu einem Seienden. Das ist so, und wie es ist, so gilt es. Die Lehre, das Geistige ist nicht als solche sinnliche Autorität vorhanden, sondern muß gelehrt werden als geltende Wahrheit. Sitte ist ein Geltendes, eine bestehende Überzeugung; weil es aber ein Geistiges ist, sagen wir nicht: es ist, sondern: es gilt; weil es jedoch an uns kommt so als Seiendes, [sagen wir:] es ist. Und wie es an uns kommt so als ein Geltendes, so nennen wir diese Weise Autorität.

Dieses, wie der Mensch das Sinnliche zu lernen hat – auf die Autorität, weil es da ist, weil es ist, hat er sich's gefallen zu lassen; die Sonne ist auch da, und weil sie da ist, muß ich mir's gefallen lassen –, so die Lehre, die Wahrheit. Sie kommt aber nicht durch sinnliches Wahrnehmen, durch Tätigkeit der Sinne, sondern durch Lehre an uns als ein Seiendes, durch Autorität. Was im menschlichen Geist, d.i. in seinem wahren Geist ist, wird ihm damit zum Bewußtsein gebracht als ein Gegenständliches; oder was in ihm ist, wird entwickelt, so daß er es weiß als die Wahrheit, in der er ist. In solcher Erziehung, Übung, Bildung und Aneignung handelt es sich nur um Angewöhnung an das Gute und Wahre. Es ist insofern da nicht darum zu tun, das Böse zu überwinden, denn das Böse ist an und für sich überwunden. Es handelt sich nur um die zufällige Subjektivität. Mit der einen Bestimmung des Glaubens, daß das Subjekt nicht ist, wie es sein soll, ist zugleich die absolute Möglichkeit verknüpft, daß es seine Bestimmung erfülle, von Gott zu Gnaden angenommen werde. Dies ist die Sache des Glaubens. Das Individuum muß die Wahrheit der an sich seienden Einheit der göttlichen und menschlichen Natur ergreifen, und diese Wahrheit ergreift es im Glauben an Christum; Gott ist so nicht mehr ein Jenseits für dasselbe, und das Ergreifen jener Wahrheit ist der ersteren Grundbestimmung entgegengesetzt, daß das Subjekt nicht sei, wie es sein soll. Das Kind, insofern es in der Kirche geboren ist, ist in der Freiheit und zur Freiheit geboren. Es ist kein absolutes Anderssein mehr für dasselbe; dieses Anderssein ist als ein Überwundenes, Besiegtes gesetzt.

Es ist bei diesem Hineinbilden nur darum zu tun, das Böse nicht aufkommen zu lassen, wozu die Möglichkeit im allgemeinen im Menschen liegt; aber insofern das Böse aufkommt, wenn der Mensch Böses tut, so ist dies zugleich vorhanden als ein an sich Nichtiges, über das der Geist mächtig ist, so daß der Geist die Macht hat, das Böse ungeschehen zu machen.

Die *Reue, Buße* hat diesen Sinn, daß das Verbrechen durch die Erhebung des Menschen zur Wahrheit gewußt wird als ein an und für sich Überwundenes, das keine Macht für sich hat. Daß so das Geschehene ungeschehen gemacht wird, kann nicht auf sinnliche Weise geschehen, aber auf geistige Weise, innerlich. Es wird ihm verziehen; er gilt als ein vom Vater Angenommener unter den Menschen.

Das ist das Geschäft der Kirche, diese Angewöhnung, daß die Erziehung des Geistes immer innerlicher, diese Wahrheit mit seinem Selbst, mit dem Willen des Menschen identischer, *sein* Wollen, *sein* Geist wird. Der Kampf ist vorbei, und es ist das Bewußtsein, daß es nicht ein Kampf ist wie in der persischen Religion oder in der Kantischen Philosophie, wo das Böse überwunden sein soll, aber an und für sich dem Guten gegenübersteht, das Höchste der unendliche Progreß ist. Da ist das Streben unendlich, die Auflösung der Aufgabe ins Unendliche verlegt, wo man beim Sollen stehenbleibt.

Hier ist vielmehr der Widerspruch schon an sich gelöst; es wird im Geiste das Böse als an und für sich überwunden gewußt, und vermittels dessen, daß es an und für sich überwunden ist, hat das Subjekt nur seinen Willen gut zu machen, so ist das Böse, die böse Tat verschwunden. Hier ist das Bewußtsein, daß keine Sünde ist, die nicht vergeben werden kann, wenn der natürliche Wille aufgegeben wird, – nur nicht die Sünde gegen den Heiligen Geist, das Leugnen des Geistes; denn er nur ist die Macht, die alles aufheben kann.

Es gibt der Schwierigkeiten dabei sehr viele, die aus dem Begriff des Geistes und der Freiheit entstehen. Einerseits ist der Geist als allgemeiner Geist und andererseits das Fürsichsein des Menschen, das Fürsichsein des einzelnen Individuums. Es muß gesagt werden, es ist der göttliche Geist, der die Wiedergeburt bewirkt; dies ist göttlich freie Gnade, denn alles Göttliche ist frei; es ist nicht Fatum, nicht Schicksal. Andererseits ist aber auch das Selbstsein der Seele feststehend, und man sucht nun zu ermitteln, wieviel dem

Menschen zukommt; eine *velleitas, nisus* wird ihm gelassen, aber dies feste Verharren in diesem Verhältnisse ist selbst das Ungeistige. Das erste Sein, das Selbstsein, ist an sich der Begriff, an sich der Geist, und das was aufzuheben ist, ist die Form seiner Unmittelbarkeit, seines vereinzelten, partikularen Fürsichseins. Dies Sichaufheben und Zusichkommen des Begriffs ist aber nicht beschränkter, allgemeiner Geist. Das Tun im Glauben an die an sich seiende Versöhnung ist einerseits das Tun des Subjekts, andererseits das Tun des göttlichen Geistes; der Glaube selbst ist der göttliche Geist, der im Subjekte wirkt. Aber so ist dieses nicht ein passives Gefäß, sondern der Heilige Geist ist ebenso des Subjektes Geist, indem es den Glauben hat; in diesem Glauben handelt es gegen seine Natürlichkeit, tut sie ab, entfernt sie.

Zur Erläuterung der Antinomie, die in diesem Wege der Seele liegt, kann auch der Unterschied der drei Vorstellungsweisen dienen, die sich in dieser Rücksicht gebildet haben.

α) Die erste, die *moralische* Ansicht, die ihren Gegensatz an dem ganz äußerlichen Verhältnisse des Selbstbewußtseins hat, an einem Verhältnisse, das für sich genommen als viertes oder erstes sich stellen würde, nämlich am *orientalischen, despotischen* Verhältnis der Vernichtung des eigenen Denkens und Wollens. Diese moralische Ansicht setzt den *absoluten Zweck*, das Wesen des Geistes in einen Zweck des *Wollens*, und zwar des Wollens als nur *meines* Wollens, so daß diese subjektive Seite die Hauptsache ist. Das *Gesetz*, das Allgemeine, das Vernünftige ist *meine* Vernünftigkeit in mir; ebenso das *Wollen* und die *Verwirklichung*, die es mir zu eigen und zu meinem subjektiven Zwecke macht, ist auch das *Meinige*, und insofern in diese Ansicht auch die Vorstellung von einem Höheren, Höchsten, von Gott und dem Göttlichen eintritt, so ist dies selbst nur ein *Postulat* meiner Vernunft, ein von mir Gesetztes. Es *soll* zwar ein Nichtgesetztes, die schlechthin unabhängige Macht sein; aber in diesem Nichtgesetztsein desselben vergesse ich nicht, daß auch *dies Nichtgesetztsein* selbst ein *Gesetztsein durch mich ist*. Ob man dies nun in Form des Postulats ausspricht oder sagt: mein *Gefühl von Abhängigkeit* oder von Erlösungsbedürftigkeit ist das Erste, das ist dasselbe; denn es ist ebenso die eigene Objektivität der Wahrheit damit aufgehoben.

β) Die *Frömmigkeit* fügt nun in Ansehung des Entschließens wie noch mehr in Ansehung des Allgemeinen, des Gesetzes, die Ansicht hinzu, daß dies göttlicher Wille sei und daß auch die Kraft des guten Entschlusses ein Göttliches überhaupt ist, und läßt es bei dieser allgemeinen Beziehung bestehen.

γ) Die *mystische* und *kirchliche* Ansicht bestimmt diesen Zusammenhang Gottes und des subjektiven Wollens und Seins näher und bringt ihn in das Verhältnis, dem *die Natur der Idee* zugrunde liegt. – Die verschiedenen kirchlichen Vorstellungen sind nur verschiedene Versuche der Auflösung dieser Antinomie. Die *Lutherische* Fassung ist ohne Zweifel die geistreichste, wenn sie auch noch nicht vollständig die Form der Idee erreicht hat.

c) Das Letzte in dieser Sphäre ist der *Genuß dieser Aneignung, der Gegenwärtigkeit Gottes*. Es handelt sich eben um die bewußte Gegenwärtigkeit Gottes, Einheit mit Gott, die *unio mystica*, das Selbstgefühl Gottes. Dies ist das *Sakrament des Abendmahls*, in welchem auf sinnliche, unmittelbare Weise dem Menschen gegeben wird das Bewußtsein seiner Versöhnung mit Gott, das Einkehren und Innewohnen des Geistes in ihm.

Indem dies Selbstgefühl ist, ist es auch eine Bewegung, setzt voraus ein Aufheben Unterschiedener, damit diese negative Einheit herauskommt. Wenn schon die beständige Erhaltung der Gemeinde, die zugleich die ununterbrochene Erschaffung derselben ist, die ewige Wiederholung des Lebens, Leidens und Auferstehens Christi in den Gliedern der Kirche ist, so wird diese Wiederholung ausdrücklich im Sakrament des Abendmahls vollbracht. Das ewige Opfer ist hier dies, daß der absolute Gehalt, die Einheit des Subjekts und des absoluten Objekts dem Einzelnen zum unmittelbaren Genuß dargeboten wird, und indem der Einzelne versöhnt ist, so ist diese vollbrachte Versöhnung die Auferstehung Christi. Daher ist auch das Abendmahl der Mittelpunkt der christlichen Lehre, und von hier aus erhalten alle Differenzen in der christlichen Kirche ihre Farbe und Bestimmung. Darüber sind nun dreierlei Vorstellungen:

α) Nach der einen Vorstellung ist die Hostie, dieses Äußerliche, dieses sinnliche, ungeistige Ding, durch Konsekration der gegenwärtige Gott – Gott als ein Ding, in der Weise eines empirischen Dings, ebenso empirisch von dem Menschen genossen. Indem Gott so als Äußerliches im Abendmahl, diesem Mittelpunkt der Lehre, gewußt wird, ist diese Äußerlichkeit die Grundlage der ganzen *katholischen* Religion. Es entsteht so die Knechtschaft des Wissens und Handelns; durch alle weiteren Bestimmungen geht diese Äußerlichkeit, indem das Wahre als Festes, Äußerliches vorgestellt ist. Als so Vorhandenes außerhalb des Subjektes kann es in die Gewalt anderer kommen; die Kirche ist im Besitz desselben sowie aller Gnadenmittel. Das Subjekt ist in jeder Hinsicht das passive, empfangende, das nicht wisse, was wahr, recht und gut sei, sondern es nur anzunehmen habe von anderen.

β) Die *Lutherische* Vorstellung ist, daß die Bewegung anfängt von einem Äußerlichen, das ein gewöhnliches, gemeines Ding ist, daß aber der Genuß, das Selbstgefühl der Gegenwärtigkeit Gottes zustande kommt, insoweit und insofern die Äußerlichkeit verzehrt wird, nicht bloß leiblich, sondern im Geist und Glauben. Im Geist und Glauben nur ist der gegenwärtige Gott. Die sinnliche Gegenwart ist für sich nichts, und auch die Konsekration macht die Hostie nicht zu einem Gegenstand der Verehrung, sondern der Gegenstand ist allein im Glauben, und so im Verzehren und Vernichten des Sinnlichen die Vereinigung mit Gott und das Bewußtsein dieser Vereinigung des Subjekts mit Gott. Hier ist das große Bewußtsein aufgegangen, daß außer dem

Genuß und Glauben die Hostie ein gemeines, sinnliches Ding ist: der Vorgang ist allein im Geiste des Subjekts wahrhaft. Da ist keine Transsubstantiation – allerdings eine Transsubstantiation, aber eine solche, wodurch das Äußerliche aufgehoben wird, die Gegenwart Gottes schlechthin eine geistige ist, so daß der Glaube des Subjekts dazugehört.

γ) Die Vorstellung ist, daß der gegenwärtige Gott in der Vorstellung nur, in der Erinnerung, also insofern nur diese unmittelbare, subjektive Gegenwärtigkeit habe. Dies ist die *reformierte* Vorstellung, eine geistlose, nur lebhafte Erinnerung der Vergangenheit, nicht göttliche Präsenz, keine wirkliche Geistigkeit. Hier ist das Göttliche, die Wahrheit in die Prosa der Aufklärung und des bloßen Verstandes heruntergefallen, ein bloß moralisches Verhältnis.

3. *Die Realisierung des Geistigen zur allgemeinen Wirklichkeit*

Dies enthält zugleich die Umwandlung, Umformung der Gemeinde. – Die Religion ist die geistige, und die Gemeinde ist zunächst *im Inneren*, im Geist als solchem. Dies Innere, diese sich präsente Subjektivität als innere, nicht in sich entwickelt, ist Gefühl, Empfindung. Die Gemeinde hat wesentlich auch *Bewußtsein*, Vorstellung, Bedürfnisse, Triebe, weltliche Existenz überhaupt, – aber mit demselben tritt die *Trennung*, die Unterschiedenheit auf. Die göttliche, *objektive Idee* tritt dem Bewußtsein als *Anderes* gegenüber, das teils durch Autorität gegeben, teils in der Andacht sich zu eigen gemacht ist; oder das Moment des *Genusses* ist nur ein *einzelnes Moment*, oder die göttliche Idee, der göttliche Inhalt wird nicht geschaut, nur vorgestellt. Das Jetzt des Genusses zerrinnt in der Vorstellung teils in ein Jenseits, in einen jenseitigen Himmel, teils in Vergangenheit, teils in Zukunft. Der Geist aber ist sich schlechthin gegenwärtig und fordert eine *erfüllte Gegenwart*; er fordert mehr als nur

Liebe, trübe Vorstellungen; er fordert, daß der Inhalt selbst gegenwärtig sei oder daß das Gefühl, die Empfindung entwickelt, ausgebreitet sei.

So steht die Gemeinde als das Reich Gottes einer *Objektivität überhaupt gegenüber.* Die Objektivität als *äußerliche, unmittelbare Welt* ist das Herz mit seinen *Interessen*; eine andere Objektivität ist die der *Reflexion,* des abstrakten Gedankens, des Verstandes, und die dritte, wahre Objektivität ist die des *Begriffs,* und es ist nun zu betrachten, wie der Geist sich in diesen drei Elementen realisiert.

a) In der Religion an sich ist das Herz versöhnt. Diese Versöhnung ist so im Herzen, ist geistig, – das reine Herz, das diesen Genuß der Gegenwärtigkeit Gottes in ihm und damit die Versöhnung, den Genuß seines Versöhntseins erlangt. Diese Versöhnung ist aber abstrakt; das Selbst, das Subjekt ist nämlich zugleich die Seite dieser geistigen Gegenwärtigkeit, nach welcher eine entwickelte Weltlichkeit in ihm vorhanden ist, und das Reich Gottes, die Gemeinde hat so ein Verhältnis zur *Weltlichkeit.* Daß nun die Versöhnung *real* sei, dazu gehört, daß in dieser Entwicklung, in dieser Totalität ebenso die Versöhnung gewußt werde, vorhanden, hervorgebracht sei. Für diese Weltlichkeit sind die Prinzipien vorhanden in diesem Geistigen.

Die Wahrheit der Weltlichkeit ist das Geistige näher so, daß das Subjekt als Gegenstand der göttlichen Gnade, als solches, das versöhnt ist mit Gott, unendlichen Wert hat schon seiner Bestimmung nach, die dann ausgeführt ist in der Gemeinde. Nach dieser Bestimmung ist dann das Subjekt gewußt als die unendliche Gewißheit des Geistes seiner selbst, als die Ewigkeit des Geistes.

Dieses so in sich unendliche Subjekt, seine Bestimmung zur Unendlichkeit ist seine *Freiheit,* ist dies, daß es freie Person ist, und sich auch so zur Weltlichkeit, Wirklichkeit als bei sich seiende, in sich versöhnt seiende, schlechthin feste, unendliche Subjektivität verhält. Das ist das Substantielle; diese seine Bestimmung soll zugrunde liegen, indem es sich auf die Weltlichkeit bezieht. Die Vernünftigkeit, Freiheit des Subjekts ist, daß das Subjekt dies Befreite ist, diese Befreiung erlangt hat durch die Religion, es nach seiner religiösen Bestimmung wesentlich frei ist. Es ist darum zu tun, daß diese Versöhnung *in der Weltlichkeit selbst* vorgehe.

α) Die erste Form der Versöhnung ist die *unmittelbare* und eben darum noch nicht die wahrhafte Weise der Versöhnung. Diese Versöhnung erscheint so, daß zuerst die Gemeinde das Versöhntsein, das Geistige, dies Versöhntsein mit Gott in sich sich erhält abstrakt von der Weltlichkeit, [daß] das Geistige selbst der Weltlichkeit entsagt, sich ein *negatives Verhältnis* gegen die Welt gibt und eben damit gegen sich; denn die Welt ist im Subjekt der Trieb zur Natur, zum geselligen Leben, zur Kunst und Wissenschaft.

Das Konkrete des Selbst, die Leidenschaften können nicht gegen das Religiöse gerechtfertigt werden dadurch, daß es natürlich ist; aber die mönchische Abstraktion enthält dies, daß das Herz nicht konkret entfaltet, als ein nicht entwickeltes sein soll oder daß die Geistigkeit, das Versöhntsein, das Leben für diese Versöhnung ein in sich konzentriertes, unentwickeltes sein und bleiben soll. Der Geist aber ist dies, sich zu entwickeln, zu unterscheiden bis zur Weltlichkeit.

β) Die zweite Form dieser Versöhnung ist, daß die Weltlichkeit und Religiosität einander *äußerlich bleiben* und doch *in Beziehung* kommen sollen. So kann die Beziehung, in der beide stehen, nur eine *äußerliche* sein und eine solche, wo eines über das andere herrscht und die Versöhnung nicht da ist. Das Religiöse soll das Herrschende sein; das Versöhnte, die Kirche soll über das Weltliche herrschen, das unversöhnt ist. Es ist eine Vereinigung mit der Weltlichkeit, die unversöhnt ist, die Weltlichkeit roh in sich, und die als roh in sich nur beherrscht wird. Aber das *Herrschende nimmt diese Weltlichkeit in sich selbst auf*; alle Neigungen, alle Leidenschaften, alles, was geistlose Weltlichkeit ist, tritt an der Kirche durch diese Herrschaft selbst hervor, weil das Weltliche nicht an ihm selbst versöhnt ist.

Da ist eine Herrschaft gesetzt vermittels des Geistlosen, wo das Äußerliche das Prinzip ist, wo der Mensch in seinem Verhalten zugleich außer sich ist; es ist das Verhältnis der Unfreiheit überhaupt. In allem, was menschlich heißt, allen Trieben, Verhältnissen in Beziehung auf Familie, Tätigkeit und Staatsleben ist die Entzweiung hineingesetzt, und das Nichtbeisichsein des Menschen ist das Prinzip. Der Mensch ist in Knechtschaft überhaupt in allen diesen Formen, und alle diese Formen gelten als nichtige, unheilige, und er ist, indem er in denselben ist, wesentlich ein Endliches, ein Entzweites, [so] daß dieses ein Nichtgeltendes, das Geltende ein Anderes sei.

Es ist diese Versöhnung mit der Weltlichkeit, mit dem eigenen Herzen des Menschen so zusammengebracht, daß diese Versöhnung gerade das Gegenteil ist. Die weitere Ausführung dieses Zerrissenseins in der Versöhnung selbst ist dann das, was als Verderben der Kirche erscheint, – der absolute Widerspruch des Geistigen in ihm selbst.

γ) Die dritte Bestimmung ist, daß dieser Widerspruch sich auflöst in *Sittlichkeit*, daß das Prinzip der Freiheit eingedrungen ist in die Weltlichkeit; und indem die Weltlichkeit so gebildet ist dem Begriff, der Vernunft, der Wahrheit, der ewigen Wahrheit selbst gemäß, ist es die konkret gewordene Freiheit, der vernünftige Wille.

In der Organisation des Staates ist es, wo das Göttliche in die Wirklichkeit eingeschlagen, diese von jenem durchdrungen und das Weltliche nun an und für sich berechtigt ist; denn ihre Grundlage ist der göttliche Wille, das Gesetz des Rechts und der Freiheit. Die wahre Versöhnung, wodurch das Göttliche sich im Felde der Wirklichkeit realisiert, besteht in dem sittlichen und rechtlichen Staatsleben: dies ist die wahrhafte Subaktion der Weltlichkeit.

Die Institutionen der Sittlichkeit sind göttliche, heilige, nicht in dem Sinn, wo das Heilige dem Sittlichen entgegengesetzt wird, wie Ehelosigkeit das Heilige sein soll gegen die Ehe, die Familienliebe, oder freiwillige Armut gegen tätigen Selbsterwerb, gegen das Rechtliche. Ebenso gilt der blinde Gehorsam als Heiliges, aber[29] das Sittliche ist Gehorsam in der Freiheit, freier, vernünftiger Wille, Gehorsam des Subjekts gegen das Sittliche. In der Sittlichkeit ist die Versöhnung der Religion mit der Wirklichkeit, Weltlichkeit vorhanden und vollbracht.

b) Das zweite ist, daß die *ideale* Seite nun sich darin für sich heraushebt. In diesem Versöhntsein des Geistes mit sich weiß sich eben das *Innere als bei sich selbst seiend*, bei sich selbst zu sein, und dieses *Wissen*, bei sich selbst zu sein, ist eben das *Denken*, das das Versöhntsein, Beisichselbstsein, In-Frieden-mit-sich-Sein, aber in ganz abstraktem, unentwickeltem Frieden mit sich ist. Es entsteht so die unendliche Forderung, daß der Inhalt der Religion sich auch *dem Denken bewähre*, und dies Bedürfnis ist nicht abzuwenden.

Das Denken ist das Allgemeine, Tätigkeit des Allgemeinen und steht dem Konkreten überhaupt wie dem Äußerlichen gegenüber. Es ist die *Freiheit der Vernunft*, die in der Religion erworben worden, die nun im Geiste sich für sich selbst weiß. Diese Freiheit wendet sich nun gegen die bloße geistlose Äußerlichkeit, die Knechtschaft, denn die Knechtschaft ist dem Begriff der Versöhnung, der Befreiung schlechthin entgegen, und so tritt das Denken ein, das die *Äußerlichkeit*, in welcher Form sie auch erscheine, *zerstört* und ihr Trotz bietet.

Es ist dies das negative und formelle Tun, das in seiner konkreten Gestalt die *Aufklärung* genannt worden, daß das Denken sich gegen die Äußerlichkeit wendet und die Freiheit des Geistes behauptet wird, die in der Versöhnung liegt. Dies Denken, insofern es zuerst auftritt, tritt als dies *abstrakt Allgemeine* auf, ist gegen das Konkrete überhaupt gerichtet und damit auch gegen die Idee Gottes, dagegen, daß Gott der Dreieinige nicht ein totes Abstraktum ist,

29 W: »sondern«

sondern dies, sich zu sich selbst zu verhalten, bei sich selbst zu sein, zu sich selbst zurückzukehren. Diesen Inhalt der Kirche greift das abstrakte Denken an mit seinem *Prinzip der Identität*: denn jener konkrete Inhalt steht im Widerspruch mit jenem Gesetz der Identität. In dem Konkreten sind Bestimmungen, Unterschiede; indem das abstrakte Denken sich gegen die Äußerlichkeit überhaupt kehrt, wendet es sich auch gegen den Unterschied als solchen; das Verhältnis Gottes zu dem Menschen, Einheit beider, göttliche Gnade und menschliche Freiheit – das ist alles Verknüpfung entgegengesetzter Bestimmungen. Die Regel aber ist dem Verstand, diesem abstrakten Denken die abstrakte Identität; dieses Denken geht also daran, alles Konkrete, alle Bestimmungen, allen Inhalt in Gott aufzulösen, und so hat dann die Reflexion als letztes Resultat nur die *Gegenständlichkeit der Identität* selbst, dies, daß Gott nichts als das höchste Wesen sei, ohne Bestimmung, leer: denn jede Bestimmung macht konkret. Er ist ein *Jenseits* für das Erkennen; denn Erkennen ist Wissen von einem konkreten Inhalt. Diese Vollendung der Reflexion macht den Gegensatz zur christlichen Kirche, und ist so alles Konkrete in Gott getilgt, so spricht sich dies etwa so aus: *man kann Gott nicht erkennen*, – denn Gott erkennen heißt, Gott nach seinen Bestimmungen kennen; er soll aber das reine Abstraktum bleiben. In diesem Formellen ist wohl das Prinzip der Freiheit, der Innerlichkeit, der Religion selbst, aber zunächst nur abstrakt aufgefaßt.

Das andere, wodurch *Bestimmung* hereinkommt in diese Allgemeinheit bei dieser Abstraktion, ist kein anderes als das, was in den *natürlichen Neigungen*, Trieben des Subjekts liegt. Auf diesem Standpunkt wird dann gesagt: *der Mensch ist von Natur gut*. Indem aber diese reine Subjektivität diese Idealität, reine Freiheit ist, so hält sie sich wohl an die Bestimmung des Guten, aber das Gute selbst muß ebenso auch ein Abstraktum bleiben. Die Bestimmung des Guten ist da die Willkür, die Zufälligkeit des Subjekts überhaupt, und so ist das die Spitze dieser Subjektivität, Freiheit, die Verzicht tut auf die Wahrheit und die Entwicklung der Wahrheit, in sich so webt und weiß, daß das, was sie gelten läßt, nur ihre Bestimmungen sind, daß sie Meister ist über das, was gut und böse ist.

Dies ist ein inneres Weben in sich, das Heuchelei, höchste Eitelkeit ebensowohl sein kann als auch mit ruhigen, edlen, frommen Bestrebungen zusammen. Es ist das, was man das fromme Gefühlsleben nennt, worauf der *Pietismus* sich auch einschränkt, der keine objektive Wahrheit anerkennt, gegen die Dogmen, den Inhalt der Religion sich gewendet hat, der zwar auch noch beibehält eine Vermittlung, Beziehung auf Christum, aber diese Beziehung soll im Gefühl, in der inneren Empfindung bleiben. Es hat da jeder so *seinen* Gott, Christus usf. Partikularität, worin jeder so seine individuelle Religion, Weltanschauung usw. hat, ist allerdings im Menschen vorhanden, aber in der Religion, durch das Leben in der Gemeinde wird sie aufgezehrt, hat für den wahrhaft frommen Menschen keine Geltung mehr, wird beiseite gestellt.

Diesseits des leeren Wesens Gottes steht so die *für sich frei, selbständig gewordene Endlichkeit*, die in sich absolut gilt, z. B. als Rechtschaffenheit der Individuen. Die weitere Konsequenz ist, daß nicht nur die Objektivität Gottes so jenseits ist, so negiert ist, sondern daß alle anderen objektiven, an und für sich geltenden Bestimmungen für sich verschwinden, welche in der Welt als Recht, sittlich usf. gesetzt werden. Indem das Subjekt sich auf die Spitze seiner Unendlichkeit zurückzieht, so ist das Gute, Rechte usf. nur in ihm enthalten; es macht dies alles zu seiner *subjektiven Bestimmung*, es ist nur *sein* Gedanke. Die Erfüllung dieses Guten wird dann aus der natürlichen Willkür, Zufälligkeit, Leidenschaft usf. genommen. Dies Subjekt ist dann das Bewußtsein, daß die Objektivität in ihm selbst eingeschlossen ist und diese kein Bestehen hat; es ist nur das Prinzip der Identität, was ihm gilt. Dies Subjekt ist das abstrakte; es kann erfüllt werden, mit was für Inhalt es sei: es hat die Fähigkeit, jeden Inhalt, der dem Menschen so ins Herz gepflanzt ist, zu *subsumieren.* Die Subjektivität ist so die Willkür selbst und das Wissen ihrer Macht schlechthin, daß sie die Objektivität, das Gute produziert und ihm den Inhalt gibt.

Die *andere* Entwicklung dieses Standpunktes ist dann die, daß das Subjekt gegen die Einheit, zu der es sich ausgeleert hat, *nicht für sich* ist, dagegen *nicht* seine Partikularität behält, sondern sich nur die Bestimmung gibt, sich *in die Einheit Gottes zu versenken.* Das Subjekt hat so keinen besonderen, noch einen objektiven Zweck als nur den der Ehre des einen Gottes. Diese Form ist *Religion*; es ist darin ein affirmatives Verhältnis zu seinem Wesen, welches dieser Eine ist; das Subjekt gibt sich darin auf. Diese Religion hat denselben objektiven Inhalt wie die jüdische Religion, aber das Verhältnis des Menschen ist erweitert; es bleibt ihm keine Besonderheit zurück. Der jüdische Nationalwert, der dieses Verhältnis zum Einen setzt, fehlt hier; es ist hier keine Beschränkung; der Mensch verhält sich als reines *abstraktes Selbstbewußtsein* zu diesem Einen. Es ist die Bestimmung der *mohammedanischen* Religion. An *ihr* hat das Christentum seinen *Gegensatz,* weil sie in *gleicher Sphäre* mit der christlichen Religion steht. Sie ist wie die jüdische geistige Religion; aber nur im abstrakten, wissenden Geiste ist dieser Gott für das Selbstbewußtsein und steht mit dem christlichen Gott insofern auf einer Stufe, daß keine Partikularität beibehalten ist. Wer Gott fürchtet, ist ihm angenehm, und der Mensch hat nur insofern Wert, als er seine Wahrheit setzt in das Wissen, daß dies der Eine, das Wesen sei. Keine Scheidewand irgendeiner Art zwischen den Gläubigen und zwischen ihnen und Gott ist anerkannt. Vor Gott ist die Bestimmtheit des Subjekts nach Stand und Rang aufgehoben; es kann ein Rang, es können Sklaven sein, – dies ist aber nur als akzidentell.

Der Gegensatz des Christlichen und Mohammedanischen ist, daß in Christus die Geistigkeit konkret entwickelt ist und als

Dreieinigkeit, d. h. als Geist gewußt wird und daß die Geschichte des Menschen, das Verhältnis zu dem Einen, konkrete Geschichte ist, den Anfang hat vom natürlichen Willen (der ist, wie er nicht sein soll) und das Aufgeben desselben ist, das Sichwerden durch diese Negation seiner zu diesem seinem Wesen. Der Mohammedaner haßt und verbannt alles Konkrete; Gott ist der absolut Eine, wogegen der Mensch keinen Zweck, keine Partikularität, keine Eigentümlichkeit für sich behält. Der existierende Mensch *partikularisiert* sich allerdings in seinen Neigungen, Interessen, und diese sind hier um so *wilder*, ungebändigter, weil die Reflexion ihnen fehlt; aber damit ist auch das vollkommene *Gegenteil* [vorhanden], alles fallen zu lassen, Gleichgültigkeit gegen jeden Zweck, absoluter Fatalismus, Gleichgültigkeit gegen das Leben, kein praktischer Zweck gilt wesentlich. Indem nun aber der Mensch auch praktisch ist, tätig ist, so kann nun der Zweck selbst nur sein, die Verehrung des Einen in allen Menschen hervorzubringen; daher ist die mohammedanische Religion wesentlich fanatisch.

Die Reflexion, die wir gesehen haben, steht mit dem Mohammedanismus auf einer Stufe, daß Gott keinen Inhalt habe, nicht konkret sei. Also die Erscheinung Gottes im Fleisch, die Erhebung Christi zum Sohne Gottes, die Verklärung der Endlichkeit der Welt und des Selbstbewußtseins zur unendlichen Selbstbestimmung Gottes ist hier nicht vorhanden. Das Christentum gilt nur als *Lehre* und Christus als Gottgesandter, als *göttlicher Lehrer*, also als Lehrer wie Sokrates, nur noch vorzüglicher als dieser, da er ohne Sünde gewesen sei. Das ist aber nur eine Halbheit. Entweder war Christus *nur* ein Mensch oder der »Menschensohn«. Von der göttlichen Geschichte bleibt also nichts übrig, und von Christo wird ebenso gesprochen, wie es im Koran geschieht. Der *Unterschied* dieser Stufe und des Mohammedanismus besteht nur darin, daß der letztere, dessen Anschauung sich im Äther der Unbeschränktheit badet, als diese unendliche Unabhängigkeit alles Besondere, Genuß, Stand, eigenes

Wissen, *alle Eitelkeit schlechthin aufgibt.* Hingegen der Standpunkt der verständigen Aufklärung, da für sie Gott jenseits ist und kein affirmatives Verhältnis zum Subjekt hat, stellt den Menschen abstrakt *für sich* hin, so daß er das affirmative Allgemeine nur, insofern es in ihm ist, anerkannt, aber es nur abstrakt in ihm hat und daher die Erfüllung desselben nur aus der Zufälligkeit und Willkür entnimmt.

Dennoch ist auch in dieser letzten Form eine *Versöhnung* zu erkennen; diese letzte Erscheinung ist so auch eine *Realisierung des Glaubens.* Indem nämlich aller Inhalt, alle Wahrheit verkommen ist in dieser sich in sich unendlich wissenden, partikularen Subjektivität, so ist damit darin das *Prinzip der subjektiven Freiheit* zum Bewußtsein gekommen. Das, was *Inneres* in der Gemeinde heißt, ist jetzt *entwickelt in sich,* ist nicht nur Inneres, Gewissen, sondern ist die Subjektivität, die sich selbst urteilt, unterscheidet, konkret ist, die *als ihre Objektivität* ist, die das Allgemeine *in ihr* weiß, was sie aus sich hervorbringt, die Subjektivität, die für sich ist, sich in sich bestimmt, also *Vollendung des subjektiven Extrems zur Idee in sich* ist. Der Mangel hierbei ist, daß dies nur *formell* ist, wahre Objektivität entbehrt; es ist die letzte Spitze der formellen Bildung ohne Notwendigkeit in sich. Zur wahrhaften Vollendung der Idee gehört, daß die Objektivität *freigelassen* sei, Totalität der Objektivität an ihr selbst sei. Das Resultat dieser Objektivität ist also, daß im Subjekt alles verblasen ist, ohne Objektivität, ohne feste Bestimmtheit, ohne Entwicklung Gottes. Diese letzte Spitze der formalen Bildung unserer Zeit ist zugleich die höchste *Roheit,* weil sie von der *Bildung nur die Form* besitzt.

Wir haben bisher erkannt diese zwei Extreme gegeneinander in der Fortbildung der Gemeinde. Das eine war diese *Unfreiheit,* Knechtschaft des Geistes in der absoluten Region der Freiheit. Das andere die *abstrakte* Subjektivität, die subjektive Freiheit ohne Inhalt.

c) Was endlich noch zu betrachten, ist, daß die Subjektivität aus sich entwickelt den *Inhalt*, aber nach der *Notwendigkeit*, – den Inhalt als notwendig und diesen als objektiv, *an und für sich seiend* weiß und anerkennt. Das ist der Standpunkt der *Philosophie*, daß der Inhalt in den Begriff sich flüchtet und durch das Denken seine Wiederherstellung und Rechtfertigung erhält.

Dies Denken ist nicht bloß dies Abstrahieren und Bestimmen nach dem Gesetz der Identität; dies Denken ist selbst wesentlich konkret, und so ist es Begreifen. Es ist dies, daß der Begriff sich zu seiner Totalität, zur Idee bestimmt. Es ist die fürsichseiende, freie Vernunft, die den Inhalt der Wahrheit entwickelt und rechtfertigt im Wissen, eine Wahrheit anerkennt und erkennt. Der rein subjektive Standpunkt, die Verflüchtigung alles Inhalts, die Aufklärung des Verstandes sowie der Pietismus erkennt keinen Inhalt und damit keine Wahrheit an. Der Begriff *produziert* aber die Wahrheit – das ist die subjektive Freiheit –, aber *anerkennt* diesen Inhalt als ein zugleich *nicht Produziertes*, als an und für sich seiendes Wahres. Dieser objektive Standpunkt ist allein fähig, auf gebildete, denkende Weise das Zeugnis des Geistes auszusprechen und abzulegen und ist enthalten in der besseren Dogmatik unserer Zeit.

Dieser Standpunkt ist damit die Rechtfertigung der Religion, insbesondere der christlichen, der wahrhaften Religion; er erkennt *den Inhalt nach seiner Notwendigkeit*, nach seiner Vernunft; ebenso erkennt er auch die *Formen in der Entwicklung dieses Inhalts*. Diese Formen: die Erscheinung Gottes, diese Vorstellung für das sinnliche, geistige Bewußtsein, das zur Allgemeinheit, zum Denken gekommen ist, diese vollständige Entwicklung für den Geist haben wir gesehen. Den Inhalt rechtfertigend und die Formen, die Bestimmtheit der Erscheinung erkennend, erkennt das Denken eben damit auch die *Schranken der Formen*. Die Aufklärung weiß *nur* von der Negation, Schranke, von der Bestimmtheit als solcher und tut deswegen damit dem Inhalt schlechthin unrecht. Die Form, die Bestimmtheit ist *nicht nur Endlichkeit,* die Schranke, sondern die Form als Totalität der Form ist *selbst der Begriff,* und diese Formen sind notwendig, wesentlich.

Indem die Reflexion in die Religion eingebrochen ist, so hat das Denken, die Reflexion eine feindliche Stellung zur Vorstellung in der Religion und zum konkreten Inhalt. Das Denken, das so begonnen, hat keinen Aufenthalt mehr, führt sich durch, macht das Gemüt, den Himmel und den erkennenden Geist leer, und der religiöse Inhalt flüchtet sich dann in den Begriff. Hier muß er seine Rechtfertigung erhalten, das Denken sich als konkretes und freies fassen, die Unterschiede nicht als nur gesetzt behaltend, sondern sie als frei entlassend, und damit den Inhalt als objektiv anerkennend.

Die Philosophie hat das Geschäft, das Verhältnis zu den beiden vorhergehenden Stufen festzustellen. Die Religion, das fromme Bedürfnis kann wie zum Begriff so auch ihre Zuflucht nehmen zur *Empfindung,* zum Gefühl, sich darauf beschränken, daß es die Wahrheit aufgibt, Verzicht tut, einen Inhalt zu wissen, so daß die heilige Kirche keine *Gemeinschaft* mehr hat und in *Atome* zerfällt. Denn die Gemeinschaft ist in der Lehre, aber jedes Individuum hat ein eigenes Gefühl, eigene Empfindungen und eine besondere Weltanschauung. Diese Form entspricht dem Geiste, der auch wissen will, wie er daran ist, nicht. Die Philosophie hat so *zwei Gegensätze.* Einerseits scheint sie der *Kirche* entgegen zu sein, und das hat sie mit der Bildung, mit der Reflexion gemein, daß, indem sie begreift, sie bei der Form der Vorstellung nicht stehenbleibt, sondern sie hat im Gedanken zu begreifen, aber daraus auch die Form der Vorstellung als notwendig zu erkennen. Aber der Begriff ist dies Höhere, der auch die unterschiedenen Formen faßt und ihnen Gerechtigkeit widerfahren läßt. Der zweite Gegensatz ist gegen die *Aufklärung,* gegen die Gleichgültigkeit des Inhalts, gegen die Meinung, gegen die Verzweiflung des Aufgebens der Wahrheit. Die Philosophie hat den Zweck, die Wahrheit zu erkennen, Gott zu erkennen, denn er ist die absolute Wahrheit; insofern ist nichts anderes der Mühe wert gegen Gott und seine Explikation. Die Philosophie erkennt Gott wesentlich als den konkreten, als geistige, reale Allgemeinheit, die nicht neidisch ist, sondern sich mitteilt. Das Licht schon teilt sich mit. Wer da sagt, Gott sei nicht zu erkennen, der sagt, er sei neidisch, und macht keinen Ernst daraus, an ihn zu glauben, wieviel er auch von Gott spricht. Die Aufklärung, diese Eitelkeit des Verstandes, ist die heftigste Gegnerin der Philosophie; sie nimmt es übel, wenn diese die Vernunft in der christlichen Religion aufzeigt, wenn sie zeigt, daß das Zeugnis des Geistes, der Wahrheit in der Religion niedergelegt ist. In der Philosophie, welche Theologie ist, ist es einzig nur darum zu tun, die Vernunft der Religion zu zeigen.

In der Philosophie erhält die Religion ihre Rechtfertigung vom denkenden Bewußtsein aus. Die unbefangene Frömmigkeit bedarf dessen nicht; sie nimmt die Wahrheit als Autorität auf und empfindet die Befriedigung, Versöhnung vermittels dieser Wahrheit. Im Glauben ist wohl schon der wahrhafte Inhalt, aber es fehlt ihm noch die Form des Denkens. Alle Formen, die wir früher betrachtet haben: Gefühl, Vorstellung, können wohl den Inhalt der Wahrheit haben, aber sie selbst sind nicht die wahrhafte Form, die den wahrhaften Inhalt notwendig macht. Das Denken ist der absolute Richter, vor dem der Inhalt sich bewähren und beglaubigen soll.

Der Philosophie ist der Vorwurf gemacht worden, sie stelle sich *über die Religion*: dies ist aber schon dem Faktum nach falsch, denn sie hat *nur diesen* und keinen anderen Inhalt, aber sie gibt ihn in der Form des Denkens; sie stellt sich so nur *über die Form des Glaubens*, der Inhalt ist derselbe.

Die Form des Subjekts als fühlenden Einzelnen usf. geht das Subjekt als einzelnes an; aber *das Gefühl* als solches ist nicht von der Philosophie ausgestoßen. Es ist die Frage nur, ob der *Inhalt* des Gefühls die Wahrheit sei, sich im Denken als der wahrhafte erweisen kann. Die Philosophie *denkt*, was das Subjekt als solches *fühlt*, und überläßt es demselben, sich mit seinem Gefühl darüber abzufinden. Das Gefühl ist so nicht durch die Philosophie verworfen, sondern es wird ihm durch dieselbe nur der wahrhafte Inhalt gegeben.

Aber insofern das Denken anfängt, sich in Gegensatz zu setzen gegen das Konkrete, so ist der Prozeß des Denkens, diesen Gegensatz durchzumachen, bis er zur Versöhnung kommt. Diese Versöhnung ist die Philosophie: die Philosophie ist insofern Theologie; sie stellt dar die Versöhnung Gottes mit sich selbst und mit der Natur, daß die Natur, das Anderssein an sich göttlich ist und daß der endliche Geist teils an ihm selbst dies ist, sich zur Versöhnung zu erheben, teils in der Weltgeschichte zu dieser Versöhnung kommt.

Diese religiöse Erkenntnis durch den Begriff ist ihrer Natur nach nicht *allgemein*, ist auch wieder nur Erkenntnis in der Gemeinde, und so bilden sich in Rücksicht auf das Reich des Geistes *drei Stufen* oder *Stände*: der erste Stand der unmittelbaren, unbefangenen Religion und des Glaubens, der zweite der Stand des Verstandes, der sogenannten Gebildeten, der Reflexion und Aufklärung, und endlich der dritte Stand, die Stufe der Philosophie.

Sehen wir nun aber die Realisierung der Gemeinde, nachdem wir ihr *Entstehen* und *Bestehen* betrachtet haben, in ihrer geistigen Wirklichkeit in diesen inneren Zwiespalt verfallen, so scheint diese ihre Realisierung zugleich ihr *Vergehen* zu sein. Sollte hier aber von einem *Untergang* gesprochen werden können, da das Reich Gottes für ewig gegründet ist, der Heilige Geist als solcher ewig in seiner Gemeinde lebt und die Pforten der Hölle die Kirche nicht überwältigen werden? Vom Vergehen sprechen hieße also mit einem Mißton endigen.

Allein, was hilft es? Dieser Mißton ist in der Wirklichkeit vorhanden. Wie in der Zeit des römischen Kaisertums, weil die allgemeine Einheit in der Religion verschwunden war und das Göttliche profaniert wurde und ferner das allgemeine politische Leben rat- und tatlos und zutrauenslos war, die Vernunft sich allein in die Form des Privatrechts flüchtete oder, weil das an und für sich Seiende aufgegeben war, das besondere Wohl zum Zweck erhoben wurde, so ist auch jetzt, da die moralische Ansicht, die selbsteigene Meinung und Überzeugung ohne objektive Wahrheit sich zum Geltenden gemacht hat, die Sucht des Privatrechts und Genusses an der Tagesordnung. Wenn die Zeit erfüllt ist, daß die *Rechtfertigung durch den Begriff Bedürfnis ist,* dann ist im unmittelbaren Bewußtsein, in der Wirklichkeit die Einheit des Inneren und Äußeren nicht mehr vorhanden und ist *im Glauben nichts gerechtfertigt.* Die Härte eines objektiven Befehls, ein äußerliches Daraufhalten, die Macht des Staates kann hier nichts ausrichten; dazu hat der Verfall zu tief eingegriffen. Wenn den Armen nicht mehr das Evangelium gepredigt wird, wenn das Salz dumm geworden und alle Grundfesten stillschweigend hinweggenommen sind, dann weiß das Volk, für dessen gedrungen bleibende Vernunft die Wahrheit nur in der Vorstellung sein kann, dem Drange seines Innern nicht mehr zu helfen. Es steht dem unendlichen Schmerze noch am nächsten; aber da die Liebe zu einer Liebe und zu einem Genuß ohne allen Schmerz verkehrt ist, so sieht es sich von seinen Lehrern verlassen. Diese haben sich zwar durch Reflexion geholfen und in der Endlichkeit, in der Subjektivität und deren Virtuosität und eben damit im Eitlen ihre Befriedigung gefunden, aber darin kann jener substantielle Kern des Volks die seinige nicht finden.

Diesen Mißton hat für uns die philosophische Erkenntnis aufgelöst, und der Zweck dieser Vorlesungen war eben, die Vernunft mit der Religion zu versöhnen, diese in ihren mannigfaltigen Gestaltungen als notwendig zu erkennen und in der offenbaren Religion die Wahrheit und die Idee wiederzufinden. Aber diese Versöhnung ist selbst nur eine partielle, ohne äußere Allgemeinheit; die Philosophie ist in dieser Beziehung ein abgesondertes Heiligtum, und ihre

Diener bilden einen isolierten Priesterstand, der mit der Welt nicht zusammengehen darf und das Besitztum der Wahrheit zu hüten hat. Wie sich die zeitliche, empirische Gegenwart aus ihrem Zwiespalt herausfinde, wie sie sich gestalte, ist ihr zu überlassen und ist nicht die *unmittelbar* praktische Sache und Angelegenheit der Philosophie.

VORLESUNGEN ÜBER
DIE BEWEISE VOM DASEIN GOTTES

Erste Vorlesung

Diese Vorlesungen sind der Betrachtung der Beweise vom Dasein Gottes bestimmt; die äußere Veranlassung liegt darin, daß ich in diesem Sommersemester nur eine Vorlesung über ein Ganzes von Wissenschaft zu halten mich entschließen mußte und denn doch eine zweite, wenigstens über einen einzelnen wissenschaftlichen Gegenstand hinzufügen wollte. Ich habe dabei dann einen solchen gewählt, welcher mit der anderen Vorlesung, die ich halte, über die Logik, in Verbindung stehe und eine Art von Ergänzung zu dieser, nicht dem Inhalte, sondern der Form nach, ausmache, indem derselbe nur eine eigentümliche Gestalt von den Grundbestimmungen der Logik ist; sie sind daher vornehmlich meinen Herren Zuhörern, die an jener anderen teilnehmen, bestimmt, so wie sie denselben auch am verständlichsten sein werden.

Indem aber unsere Aufgabe ist, *die Beweise vom Dasein Gottes* zu betrachten, so scheint von derselben nur eine Seite in die Logik zu fallen, nämlich die *Natur des Beweisens;* die andere aber, der Inhalt, welcher *Gott* ist, gehörte einer anderen Sphäre, der Religion und der denkenden Betrachtung derselben, der *Religionsphilosophie* an. In der Tat ist es ein Teil dieser Wissenschaft, der in diesen Vorlesungen für sich herausgehoben und abgehandelt werden soll; im Verfolg wird es sich näher hervorheben, welches Verhältnis derselbe zum Ganzen der Religionslehre hat, sowie dann auch, daß diese Lehre, insofern sie eine wissenschaftliche ist, und das Logische nicht so auseinanderfallen, wie es nach dem ersten Scheine unseres Zweckes das Aussehen hat, daß das Logische nicht bloß die formelle Seite ausmacht, sondern in der Tat damit zugleich im Mittelpunkte des Inhalts steht.

Das erste aber, was uns begegnet, indem wir auf unser

Vorhaben überhaupt uns einzulassen anfangen wollten, ist die allgemeine, demselben abgeneigte Ansicht der Bildungsvorurteile der Zeit. Wenn der Gegenstand, Gott, für sich fähig ist, sogleich durch seinen Namen unseren Geist zu erheben, unser Gemüt aufs innigste zu interessieren, so mag diese Spannung ebenso schnell wieder nachlassen, wenn wir bedenken, daß es die *Beweise vom Dasein Gottes* sind, die wir abzuhandeln gehen; die *Beweise* des Daseins Gottes sind so sehr in Verruf gekommen, daß sie für etwas Antiquiertes, der vormaligen Metaphysik Angehöriges gelten, aus deren dürren Öden wir uns zum lebendigen *Glauben* zurückgerettet, aus deren trockenem Verstande wir zum *warmen Gefühle* der Religion uns wieder erhoben haben. Ein Unternehmen, jene morschen Stützen unserer Überzeugung davon, daß ein Gott ist, welche für Beweise galten, durch neue Wendungen und Kunststücke eines scharfsinnigen Verstandes aufzufrischen, die durch Einwürfe und Gegenbeweise schwach gewordenen Stellen auszubessern, würde sich selbst durch seine gute Absicht keine Gunst erwerben können; denn nicht dieser oder jener Beweis, diese oder jene Form und Stelle desselben hat ihr Gewicht verloren, sondern das Beweisen religiöser Wahrheit als solches ist in der Denkweise der Zeit so sehr um allen Kredit gekommen, daß die Unmöglichkeit solchen Beweisens bereits ein allgemeines Vorurteil ist, und noch mehr, daß es selbst für irreligiös gilt, solcher Erkenntnis Zutrauen zu schenken und auf ihrem Wege Überzeugung von Gott und seiner Natur oder auch nur von seinem Sein zu suchen. Dieses Beweisen ist daher auch so sehr außer Kurs gesetzt, daß die Beweise kaum hier und da nur historisch bekannt, ja selbst Theologen, d. i. solchen, welche von den religiösen Wahrheiten eine wissenschaftliche Bekanntschaft haben wollen, unbekannt sein können.

Die Beweise vom Dasein Gottes sind aus dem *Bedürfnisse, das Denken, die Vernunft zu befriedigen*, hervorgegangen; aber dieses Bedürfnis hat in der neueren Bildung eine ganz andere Stellung erhalten, als es vormals hatte, und die Standpunkte sind zunächst zu erwähnen, die sich in dieser Rücksicht ergeben haben. Doch da sie im allgemeinen bekannt sind und sie in ihre Grundlagen zu verfolgen hier nicht der Ort ist, so ist nur an sie zu erinnern, und zwar indem wir uns auf ihre Gestalt, wie sie innerhalb des Bodens des Christentums sich macht, beschränken. Auf diesem nämlich kommt erst der Gegensatz zwischen Glauben und Vernunft innerhalb des Menschen selbst zu stehen, tritt der *Zweifel* in seinen Geist und kann zu der furchtbaren Höhe gelangen, um ihm alle Ruhe zu rauben. An die früheren [,die] Phantasie-Religionen, wie wir sie kurz bezeichnen können, mußte freilich auch das Denken kommen, es mußte unmittelbar sich gegen deren sinnliche Bildungen und weiteren Gehalt mit seinem Gegensatze kehren; die Widersprüche, Feindschaften und Feindseligkeiten, die daraus entsprangen, gibt die äußerliche Geschichte der Philosophie an. Aber die Kollisionen gediehen in jenem Kreise nur zur Feindschaft, nicht zum inneren Zweispalt des Geistes und Gemüts in sich selbst wie innerhalb des Christentums, wo die beiden Seiten, die in Widerspruch kommen, die Tiefe des Geistes als ihre eine und damit gemeinschaftliche Wurzel gewinnen und in dieser Stelle, in ihrem Widerspruche zusammengebunden, diese Stelle selbst, den Geist, in seinem Innersten zu zerrütten vermögen. Schon der Ausdruck *Glaube* ist dem christlichen vorbehalten; man spricht nicht von griechischem, ägyptischem usw. Glauben oder vom Glauben an den Zeus, an den Apis usf. Der Glaube drückt die Innerlichkeit der Gewißheit aus, und zwar die tiefste, konzentrierteste, als im Gegensatze gegen alles andere Meinen, Vorstellen, Überzeugung oder Wollen; jene Innerlichkeit aber enthält als die tiefste zugleich unmittelbar die abstrakteste, das Denken selbst; ein Widerspruch des Denkens gegen diesen Glauben ist daher die qualvollste Entzweiung in den Tiefen des Geistes.

Solches Unglück ist jedoch glücklicherweise, wenn wir so

sagen könnten, nicht die einzige Gestalt, in welcher das Verhältnis des Glaubens und Denkens sich befinden müßte. Im Gegenteil stellt sich das Verhältnis friedlich in der Überzeugung vor, daß Offenbarung, Glaube, positive Religion und auf der andern Seite Vernunft, Denken überhaupt, nicht im Widerspruch sein müssen, vielmehr nicht nur in Übereinstimmung sein können, sondern auch, daß Gott sich in seinen Werken nicht so widerspreche, sich nicht so widersprechen könne, daß der menschliche Geist in seiner Wesenheit, der denkenden Vernunft, in dem, was er ursprünglich an ihm selbst Göttliches zu haben erachtet werden muß, demjenigen, was an ihn durch höhere Erleuchtung über die Natur Gottes und das Verhältnis des Menschen zu derselben gekommen sei, entgegengesetzt sein müsse. So hat das ganze *Mittelalter* unter Theologie nichts anderes verstanden als eine *wissenschaftliche* Erkenntnis der christlichen Wahrheiten, d. i. eine Erkenntnis wesentlich verbunden mit Philosophie. Das Mittelalter ist weit entfernt davon gewesen, das historische Wissen vom Glauben für Wissenschaft zu halten; es hat in den Kirchenvätern und in dem, was zum geschichtlichen Material überhaupt gemacht werden kann, nur Autoritäten, Erbauung und Belehrung über die kirchlichen Lehren gesucht. Die Richtung auf das Gegenteil, durch die geschichtliche Behandlung der älteren Zeugnisse und Arbeiten aller Art für die Glaubenslehren vielmehr die menschliche Entstehung derselben nur auszuforschen und sie auf diesem Wege auf das Minimum ihrer allerersten Gestalt zu reduzieren, die im Widerspruch mit dem Geiste, der nach dem Entrücken ihrer unmittelbaren Gegenwart auf deren Bekenner, um sie jetzt erst in alle Wahrheit zu leiten, ausgegossen worden, für unfruchtbar auf immer an tieferer Erkenntnis und Entwicklung gehalten werden soll, – solche Richtung ist jener Zeit vielmehr unbekannt gewesen. Im Glauben an die Einigkeit dieses Geistes mit sich selbst sind alle, auch die für die Vernunft abstrusesten Lehren denkend betrachtet und der Versuch auf alle angewendet worden, sie,

die für sich Inhalt des Glaubens sind, auch durch vernünftige Gründe zu *beweisen*. Der große Theologe Anselm von Canterbury, dessen wir auch sonst noch zu gedenken haben werden, sagt in diesem Sinne: wenn wir im Glauben befestigt sind, so ist es Saumseligkeit, *negligentiae mihi esse videtur*, das nicht auch zu erkennen, was wir glauben. In der *protestantischen* Kirche hat es sich ebenso eingefunden, daß, verbunden mit der Theologie oder auch neben ihr, die vernünftige Erkenntnis der religiösen Wahrheiten gepflegt und in Ehren gehalten worden ist; das Interesse sprach sich dahin aus, zuzusehen, wie weit es das *natürliche Licht* der Vernunft, die menschliche Vernunft für sich, in der Erkenntnis der Wahrheit bringen könne, mit dem wesentlichen Vorbehalt dabei, daß zugleich durch die Religion dem Menschen höhere Wahrheiten gelehrt worden sind, als die Vernunft aus sich zu entdecken imstande sei.
Hiermit zeigen sich zwei unterschiedene Sphären herausgebildet, und zunächst ist ein friedliches Verhalten zwischen ihnen durch die Unterscheidung gerechtfertigt worden, daß die Lehren der positiven Religion zwar *über*, aber nicht *wider* die Vernunft seien. – Diese Tätigkeit der denkenden Wissenschaft fand sich äußerlich durch das Beispiel aufgeregt und unterstützt, welches in vorchristlichen oder überhaupt außerchristlichen Religionen vor Augen lag, daß der menschliche Geist, sich selbst überlassen, tiefe Blicke in die Natur Gottes getan hat und neben seinen Irrtümern auch zu großen Wahrheiten, selbst auf Grundwahrheiten wie das Dasein Gottes überhaupt und auf die reinere, nicht mit sinnlichen Ingredienzien vermischte Idee desselben, auf die Unsterblichkeit der Seele, die Vorsehung usf. gekommen ist. So wurde die positive Lehre und die Vernunfterkenntnis der religiösen Wahrheiten friedlich *nebeneinander* betrieben. Diese Stellung der Vernunft zur Glaubenslehre war jedoch hiermit von dem ersterwähnten Zutrauen der Vernunft verschieden, als welches den höchsten Mysterien der Lehre, der Dreieinigkeit, der Menschwerdung Christi usf. sich nahen durfte,

wogegen der nachher erwähnte Standpunkt sich schüchtern auf die Wendung beschränkte, sich nur an dasjenige mit dem Denken zu wagen, was der christlichen Religion mit heidnischen und nichtchristlichen überhaupt gemeinschaftlich sei, was also auch nur bei dem Abstrakten der Religion stehenbleiben mußte.

Indem aber einmal die Verschiedenheit zweier solcher Sphären zum Bewußtsein gekommen, so müssen wir solches Verhältnis der Gleichgültigkeit, in welcher Glaube und Vernunft als *nebeneinander* bestehend betrachtet werden sollen, als gedankenlos oder als ein betrügerisches Vorgeben beurteilen: der Trieb des Denkens zur Einheit führt notwendig zunächst zur Vergleichung beider Sphären und dann, indem sie einmal für verschieden gelten, zur Übereinstimmung des Glaubens nur mit sich selbst und des Denkens nur mit sich selbst, so daß jede Sphäre die andere nicht anerkennt und sie verwirft. Es ist eine der geläufigsten Täuschungen des Verstandes, das Verschiedene, *das in dem einen Mittelpunkte des Geistes ist,* dafür anzusehen, daß es nicht notwendig zur Entgegensetzung und damit zum Widerspruche fortgehen müsse. Der Grund zu dem beginnenden Kampfe des Geistes ist gemacht, wenn einmal das Konkrete desselben zum Bewußtsein des Unterschiedes überhaupt sich analysiert hat. Alles Geistige ist konkret; hier haben wir dasselbe in seiner tiefsten Bestimmung vor uns, den Geist nämlich als das Konkrete des Glaubens und Denkens; beide sind nicht nur auf die mannigfaltigste Weise, in unmittelbarem Herüber- und Hinübergehen, vermischt, sondern so innig verbunden miteinander, daß es kein Glauben gibt, welches nicht Reflektieren, Räsonieren oder Denken überhaupt, sowie kein Denken, welches nicht Glauben, wenn auch nur momentanen, in sich enthalte, – Glauben, denn Glauben überhaupt ist die Form irgendeiner Voraussetzung, einer, woher sie auch komme, festen zugrunde liegenden Annahme, – momentanes Glauben, so nämlich, daß selbst im freien Denken zwar das, was jetzt als Voraussetzung ist, nachher oder vorher gedachtes, begriffenes Resultat ist, aber in dieser Verwandlung der Voraussetzung in Resultat wieder eine Seite hat, welche Voraussetzung, Annahme oder bewußtlose Unmittelbarkeit der Tätigkeit des Geistes ist. Doch die Natur des frei fürsichseienden Denkens zu exponieren, haben wir hier noch beiseite zu lassen und vielmehr zu bemerken, daß um der angegebenen, an und für sich seienden Verbindung des Glaubens und Denkens willen es die lange Zeit – wohl mehr als anderthalb tausend Jahre – und die schwerste Arbeit gekostet hat, bis das Denken aus seiner Versenkung in den Glauben das abstrakte Bewußtsein seiner *Freiheit* gewonnen hat und damit seiner Selbständigkeit und seiner vollkommenen Unabhängigkeit, in deren Sinne nichts mehr für dasselbe gelten sollte, was sich nicht vor seinem Richterstuhl ausgewiesen und als annehmbar vor ihm sich gerechtfertigt hätte. Das Denken so auf das Extrem seiner Freiheit – und es ist nur völlig frei im Extreme – sich setzend und damit die Autorität und das Glauben überhaupt verwerfend, hat den *Glauben* selbst dahin getrieben, *ebenso sich abstrakt auf sich* zu setzen und zu versuchen, sich des Denkens ganz zu entledigen. Wenigstens kommt er dazu, sich als desselben entledigt und unbedürftig zu erklären; in die *Bewußtlosigkeit* des allerdings geringen Denkens, das ihm hat übrigbleiben müssen, gehüllt, behauptet er weiter das Denken als der Wahrheit unfähig und ihr verderblich, so daß das Denken dies allein vermöge, sein Unvermögen, die Wahrheit zu fassen, einzusehen und seine Nichtigkeit sich zu beweisen, daß somit der Selbstmord seine höchste Bestimmung sei. So sehr hat sich das Verhältnis in der Ansicht der Zeit umgekehrt, daß nun das Glauben überhaupt als unmittelbares Wissen gegen das Denken zur einzigen Weise, die Wahrheit zu fassen, erhoben worden ist, wie im Gegenteil früher dem Menschen nur das Beruhigung sollte geben können, wessen er als Wahrheit durch den beweisenden Gedanken sich hatte bewußt werden können.

Dieser Standpunkt der Entgegensetzung muß für keinen Gegenstand sich durchdringender und gewichtiger zeigen als für[1] den, den wir uns zu betrachten vorgenommen, *die Erkenntnis Gottes*. Die Herausarbeitung des Unterschiedes von Glauben und Denken zur Entgegensetzung enthält es unmittelbar, daß sie zu formellen Extremen geworden, in denen vom Inhalt abstrahiert worden, so daß sie zunächst nicht mehr mit der konkreten Bestimmung von *religiösem Glauben* und *Denken* der *religiösen* Gegenstände sich gegenüberstehen, sondern *abstrakt* als Glauben überhaupt und als Denken überhaupt oder *Erkennen*, insofern letzteres nicht bloß Gedankenformen, sondern Inhalt in und mit seiner Wahrheit geben soll. Nach dieser Bestimmung wird die Erkenntnis Gottes von der Frage über die Natur der Erkenntnis im allgemeinen abhängig gemacht, und ehe wir an die Untersuchung des Konkreten gehen können, scheint ausgemacht werden zu müssen, ob überhaupt das Bewußtsein des Wahren denkende Erkenntnis oder Glaube sein *könne* und *müsse*. Unsere Absicht, die Erkenntnis vom Sein Gottes zu betrachten, verwandelte sich in jene allgemeine Betrachtung der Erkenntnis; wie denn die neue philosophische Epoche es zum Anfange und zur Grundlage alles Philosophierens gemacht hat, daß vor dem *wirklichen* Erkennen, d. i. dem *konkreten* Erkennen eines Gegenstandes, die Natur des Erkennens selbst untersucht werde. Wir liefen hiermit die, aber für die Gründlichkeit notwendige, Gefahr, weiter ausholen zu müssen, als die Zeit für den Zweck dieser Vorlesungen gestatten würde. Betrachten wir aber die Forderung näher, in welche wir geraten zu sein scheinen, so zeigt sich ganz einfach, daß sich mit derselben nur der Gegenstand, nicht die Sache verändert hätte; wir hätten in beiden Fällen, wenn wir uns mit der Forderung jener Untersuchung einlassen oder wenn wir direkt bei unserem Thema bleiben, zu *erkennen*; in jenem Fall hätten wir auch einen *Gegenstand*

1 W: »auf«

dafür, nämlich das Erkennen selbst. Indem wir hiermit auch so nicht aus der *Tätigkeit des Erkennens*, aus dem *wirklichen* Erkennen herauskämen, so hindert ja nichts, daß wir nicht den anderen Gegenstand, dessen Betrachtung wir nicht beabsichtigen, aus dem Spiele ließen und bei dem unsrigen blieben. Es wird sich aber ferner, indem wir unseren Zweck verfolgen, zeigen, daß das Erkennen unseres Gegenstandes an ihm selbst auch als Erkennen sich rechtfertigen wird. Daß im wahrhaften und wirklichen Erkennen auch die Rechtfertigung des Erkennens liegen wird und muß, weiß man, könnte man sagen, schon zum voraus, denn dieser Satz ist nichts anderes als eine Tautologie; ebenso als man im voraus wissen kann, daß der verlangte Umweg, das Erkennen vor dem wirklichen Erkennen erkennen zu wollen, überflüssig ist, darum, weil dies in sich selbst widersinnig ist. Wenn man sich aber unter dem Erkennen eine äußerliche Verrichtung vorstellt, durch welche es mit einem Gegenstand nur in mechanisches Verhältnis gebracht, d. i. ihm fremd bleibend, äußerlich auf ihn nur *angewendet* würde, so ist in solchem Verhältnis freilich das Erkennen als eine besondere Sache für sich gestellt, so daß es wohl sein könnte, daß dessen Formen nichts mit den Bestimmungen des Gegenstandes Gemeinschaftliches hätten, [daß es] also, wenn es sich mit einem solchen zu tun machte, nur in seinen eigenen Formen bliebe, die Bestimmungen des Gegenstandes hiermit nicht erreichte, d. i. nicht ein wirkliches Erkennen desselben würde. Durch solches Verhältnis wird das Erkennen als *endliches* und von *Endlichem* bestimmt; in seinem Gegenstande bleibt etwas, und zwar das eigentliche *Innere*, dessen Begriff, ein ihm Unzugängliches, Fremdes; es hat daran seine *Schranke* und sein *Ende* und ist deswegen beschränkt und endlich. Aber solches Verhältnis als das einzige, letzte, absolute anzunehmen, ist eine geradezu gemachte, ungerechtfertigte Voraussetzung des Verstandes. Die wirkliche Erkenntnis muß, insofern sie nicht außer dem Gegenstande bleibt, sondern sich in der Tat mit ihm zu tun macht, die dem Gegenstand immanente, die eigene Bewegung der Natur desselben, nur in Form des Gedankens ausgedrückt und in das Bewußtsein aufgenommen, sein.

Hiermit sind vorläufig die Standpunkte der Bildung angegeben worden, welche heutigentags bei einer solchen Materie, als wir vor uns haben, in Betracht genommen zu werden pflegen. Sie ist es vorzüglich oder eigentlich allein, bei der von sich selbst erhellt, daß das, was vorhin gesagt worden ist, daß die Betrachtung des Erkennens von der Betrachtung der Natur seines Gegenstandes nicht verschieden sei, ganz unbeschränkt gelten muß. Ich gebe darum sogleich den allgemeinen Sinn an, in welchem das vorgesetzte Thema, *die Beweise vom Dasein Gottes,* genommen und der als der wahrhafte aufgezeigt werden wird. Dieser Sinn ist nämlich, daß sie *die Erhebung des Menschengeistes zu Gott* enthalten und dieselbe *für den Gedanken* ausdrücken sollen, wie die Erhebung selbst eine Erhebung des Gedankens und in das Reich des Gedankens ist.

Was zunächst überhaupt das *Wissen* betrifft, so ist der Mensch wesentlich Bewußtsein; somit ist das Empfundene, der Inhalt, die *Bestimmtheit,* welche *eine Empfindung hat,* auch im *Bewußtsein,* als *ein Vorgestelltes.* Das, wodurch die Empfindung religiöse Empfindung ist, ist der *göttliche Inhalt*; er ist darum wesentlich ein solches, von dem man überhaupt *weiß.* Aber dieser Inhalt ist *in seinem Wesen* keine sinnliche Anschauung oder sinnliche Vorstellung, nicht für die Einbildungskraft, sondern allein für den Gedanken. Gott ist Geist, nur für den Geist, und nur für den *reinen Geist,* d. i. für den Gedanken; dieser ist die Wurzel solchen Inhalts, wenn auch weiterhin sich Einbildungskraft und selbst Anschauung dazu gesellt und dieser Inhalt in die Empfindung eintritt. Diese *Erhebung des denkenden Geistes* zu dem, der selbst der höchste Gedanke ist, zu Gott, ist es also, was wir betrachten wollen.

Dieselbe ist ferner wesentlich *in der Natur unseres Geistes begründet,* sie ist ihm *notwendig*; diese Notwendigkeit ist es, die wir in dieser Erhebung vor uns haben, und die Darstellung dieser Notwendigkeit selbst ist nichts anderes als das, was wir sonst Beweisen nennen. Daher haben wir nicht diese Erhebung auswärts zu beweisen: sie beweist sich an ihr selbst; dies heißt nichts anderes, als sie ist für sich notwendig; wir haben nur ihrem eigenen Prozesse zuzusehen, so haben wir daran selbst, da sie in sich notwendig ist, die Notwendigkeit, deren Einsicht eben von dem Beweise gewährt werden soll.

Zweite Vorlesung

Wenn die Aufgabe, die als ein Beweisen des Daseins Gottes ausgedrückt zu werden pflegte, so, wie sie in der ersten Vorlesung gestellt worden, festgehalten wurde, so sollte damit das Hauptvorurteil gegen sie gehoben sein; das Beweisen wurde nämlich dahin bestimmt, daß es nur das Bewußtsein von der eigenen Bewegung des Gegenstandes in sich sei. Wenn dieser Gedanke, auf andere Gegenstände bezogen, Schwierigkeiten haben könnte, so müßten sie dagegen bei dem unsrigen verschwinden, indem derselbe nicht ein ruhendes Objekt, sondern selbst eine subjektive Bewegung – die Erhebung des Geistes zu Gott –, eine Tätigkeit, Verlauf, Prozeß ist, also an ihm den notwendigen *Gang* hat, der das Beweisen ausmacht und den die Betrachtung nur aufzunehmen braucht, um das Beweisen zu enthalten. Aber der Ausdruck des Beweises führt allzu bestimmt die Vorstellung eines *nur* subjektiven, zu unserem Behufe zu machenden Weges mit sich, als daß der aufgestellte Begriff für sich schon genügen könnte, ohne diese entgegengesetzte Vorstellung eigens vorzunehmen und zu entfernen. Wir haben uns daher in dieser Vorlesung zunächst über das *Beweisen* überhaupt zu verständigen, und zwar bestimmter darüber, was wir von demselben hier beseitigen und ausschließen. Es ist nicht darum zu tun, zu behaupten, daß es nicht ein solches Beweisen gebe wie das bezeichnete, sondern seine Schranke anzugeben und einzusehen, daß es nicht, wie fälschlich dafür gehalten wird, die einzige Form des Beweisens ist. Dies hängt alsdann mit dem Gegensatze des *unmittelbaren* und des *vermittelten Wissens* zusammen, auf welchen in unserer Zeit das Hauptinteresse in Ansehung des religiösen Wissens und selbst der Religiosität überhaupt gesetzt worden ist, der also ebenfalls erwogen werden soll.

Der Unterschied, der in Ansehung des Erkennens überhaupt bereits berührt wurde, enthält es, daß zwei Arten des Beweisens in Betracht zu nehmen sind, deren die eine allerdings diejenige ist, welche wir nur zum Behufe der Erkenntnis als einer subjektiven gebrauchen, deren Tätigkeit und Gang also nur *in uns* fällt und nicht der eigene Gang der betrachteten Sache ist. Daß diese Art des Beweisens in der Wissenschaft von *endlichen* Dingen und deren *endlichem* Inhalte stattfindet, zeigt sich, wenn wir die Beschaffenheit dieses Verfahrens näher erwägen. Nehmen wir zu dem Ende das Beispiel aus einer Wissenschaft, in welcher diese Beweisart zugestandenermaßen in ihrer vollendeten Weise angewendet wird. Wenn wir einen geometrischen Satz beweisen, so muß teils jeder einzelne Teil des Beweises für sich seine Rechtfertigung in sich tragen, so wie wenn wir eine algebraische Gleichung auflösen, teils aber bestimmt und rechtfertigt sich der ganze Gang des Verfahrens durch den *Zweck*, den *wir* dabei haben, und dadurch, daß derselbe durch solches Verfahren erreicht wird. Aber man ist sich sehr wohl bewußt, daß das [Resultat] selbst als Sache, deren Größenwert ich aus der Gleichung entwickle, nicht diese Operationen durchlaufen hat, um die Größe zu erlangen, welche es hat, noch daß die Größe der geometrischen Linien, Winkel usf. durch die Reihe von Bestimmungen gegangen und hervorgebracht ist, durch welche wir dazu als zum Resultate gekommen. Die *Notwendigkeit*, die wir durch solches Beweisen einsehen, entspricht wohl den einzelnen Bestimmungen des Objekts selbst, diese Größenverhältnisse kommen ihm selbst zu; aber das Fortschreiten im Zusammenhange der einen mit der anderen fällt ganz in uns; es ist der Prozeß, um unseren Zweck der Einsicht zu realisieren, nicht ein Verlauf, durch welchen das Objekt seine Verhältnisse in sich und deren Zusammenhänge gewänne; so erzeugt es sich selbst nicht oder wird nicht erzeugt, wie wir dasselbe und desselben Verhältnisse im Gange der Einsicht erzeugen.

Außer dem eigentlichen Beweisen, dessen wesentliche Beschaffenheit, da nur diese für den Zweck unserer Betrachtung nötig ist, herausgehoben worden, wird Beweisen ferner noch im Gebiete des endlichen Wissens auch das genannt, was näher nur ein *Weisen* ist – das Aufzeigen einer Vorstellung, eines Satzes, Gesetzes usf. in der *Erfahrung* überhaupt. Das *historische* Beweisen brauchen wir für den Gesichtspunkt, aus dem wir das Erkennen hier betrachten, nicht besonders anzuführen; es beruht seinem Stoffe nach gleichfalls auf Erfahrung oder vielmehr Wahrnehmung; es macht von einer Seite keinen Unterschied, daß es auf fremde Wahrnehmungen und die Zeugnisse von denselben hinweist. Das Räsonnement, das der[1] eigene Verstand über den objektiven Zusammenhang der Begebenheiten und Handlungen macht, sowie seine Kritik der Zeugnisse hat in seinem Schließen jene Daten zu Voraussetzungen und Grundlagen. Insofern aber Räsonnement und Kritik die andere wesentliche Seite des historischen Beweisens ausmacht, so behandelt es die Daten als Vorstellungen anderer; das Subjektive tritt so sogleich in den Stoff ein, und gleichfalls subjektive Tätigkeit ist das Schließen und Verbinden jenes Stoffes, so daß der Gang und die Geschäftigkeit des Erkennens noch ganz andere Ingredienzien hat als der Gang der Begebenheiten selbst. Was aber das *Weisen* in der *gegenwärtigen* Erfahrung betrifft, so bemüht dasselbe allerdings sich zunächst gleichfalls mit *einzelnen* Wahrnehmungen, Beobachtungen usf., d. i. mit sol-

1 W: »d. i. der«

chem Stoffe, welcher nur *gewiesen* wird; aber sein Interesse ist, damit ferner zu beweisen, daß es solche *Gattungen* und *Arten*, solche *Gesetze, Kräfte, Vermögen, Tätigkeiten* in der Natur und im Geiste *gibt*, als in den Wissenschaften aufgestellt werden. Wir lassen die metaphysischen oder gemeinpsychologischen Betrachtungen über das Subjektive des Sinnes, des äußeren und inneren, hinweg, mit welchem die Wahrnehmung geschieht. Weiter aber ist der Stoff, indem er in die Wissenschaften eintritt, nicht so belassen, wie er in den Sinnen, in der Wahrnehmung ist; der Inhalt der Wissenschaften – die *Gattungen, Arten, Gesetze, Kräfte* usf. – wird vielmehr aus jenem Stoffe, der etwa auch sogleich schon mit dem Namen von Erscheinungen bezeichnet wird, durch *Analyse, Weglassung* des unwesentlich Scheinenden, Beibehaltung des wesentlich Genannten (ohne daß eben ein festes Kriterium angegeben würde, was für unwesentlich und was für wesentlich gelten könne), durch Zusammenstellung des Gemeinschaftlichen usf. gebildet. Man gibt zu, daß das Wahrgenommene nicht selbst diese *Abstraktionen* macht, nicht selbst seine Individuen (oder individuelle Stellungen, Zustände usf.) vergleicht, das Gemeinschaftliche derselben zusammenstellt usf., daß also ein großer Teil der erkennenden Tätigkeit ein *subjektives Tun*, wie am gewonnenen Inhalt ein Teil seiner Bestimmungen, als *logische Form*, Produkt dieses subjektiven Tuns ist. Der Ausdruck *Merkmal*, wenn man anders diesen matten Ausdruck noch gebrauchen will, bezeichnet sogleich den subjektiven Zweck, Bestimmungen nur zum Behuf *unseres Merkens* mit Weglassung anderer, die auch am Gegenstande existieren, herauszuziehen; – matt ist jener Ausdruck zu nennen, weil die Gattungs- oder Artbestimmungen sogleich auch für etwas Wesentliches, Objektives gelten, nicht bloß für *unser* Merken sein sollen. – Man kann sich zwar auch so ausdrücken, daß *die Gattung* in der einen Art Bestimmungen hinweglasse, die sie in der anderen setze, oder *die Kraft* in der einen Äußerung Umstände weglasse, die in einer anderen vorhanden sind, daß sie eben damit von ihr als unwesentlich gezeigt werden, [daß sie] selbst von ihrer Äußerung überhaupt ablasse und in die Untätigkeit, Innerlichkeit sich zurückziehe, auch daß das Gesetz z. B. der Bewegung der Himmelskörper jeden einzelnen Ort und diesen Augenblick, in welchem der Himmelskörper denselben einnimmt, verdränge und eben durch diese kontinuierliche Abstraktion sich als Gesetz erweise. Wenn man so das *Abstrahieren* auch als *objektive Tätigkeit,* wie sie es insofern ist, betrachtet, so ist sie doch sehr verschieden von der subjektiven und deren Produkten. Jene läßt den Himmelskörper nach der Abstraktion von *diesem* Orte und von *diesem* Zeitmoment wieder ebenso nur in den einzelnen vergänglichen Ort und Zeitpunkt zurückfallen, wie [sie] die Gattung in der Art ebenso in anderen zufälligen oder unwesentlichen Umständen und in der äußerlichen Einzelheit der Individuen überhaupt erscheinen läßt usf., wohingegen die subjektive Abstraktion das Gesetz wie die Gattung usf. in seine Allgemeinheit als solche heraushebt, sie in dieser, im Geiste, existieren macht und erhält.

In diesen Gestaltungen des Erkennens, das sich vom bloßen Weisen zum Beweisen fortbestimmt, von der unmittelbaren Gegenständlichkeit zu eigentümlichen Produkten übergeht, kann es Bedürfnis sein, daß die Methode, die *Art und Weise der subjektiven Tätigkeit, für sich erörtert* werde, um ihre Ansprüche und ihr Verfahren zu prüfen, indem sie ihre eigenen Bestimmungen und die Art ihres Ganges für sich hat, unterschieden von den Bestimmungen und dem Prozesse des Gegenstandes in ihm selbst. Auch ohne in die Beschaffenheit dieser Erkenntnisweise näher einzutreten, geht aus der einfachen Bestimmung, die wir an ihr gesehen, sogleich dies hervor, daß, indem sie darauf gestellt ist, mit dem Gegenstand nach subjektiven Formen beschäftigt zu sein, sie nur *Relationen* des Gegenstandes aufzufassen fähig ist. Es ist dabei sogar müßig, die Frage zu machen, ob aber diese Relationen objektiv, real, oder selbst nur subjektiv, ideell seien, – ohnehin daß diese Ausdrücke von Subjektivität und Objektivität, Realität und Idealität vollkommen vage Abstraktionen sind. Der *Inhalt*, ob er objektiv oder nur subjektiv, reell oder ideell wäre, bleibt immer derselbe, ein Aggregat von *Relationen*, nicht das *Anundfürsichseiende*, der *Begriff* der Sache oder das *Unendliche*, um das es dem Erkennen zu tun sein muß. Wenn jener Inhalt des Erkennens von dem schiefen Sinne als nur Relationen enthaltend genommen wird, daß dies *Erscheinungen* als Relationen auf das *subjektive Erkennen* seien, so ist es dem Resultate nach immer als die große Einsicht, welche die neuere Philosophie gewonnen hat, anzuerkennen, daß die beschriebene Weise des Denkens, Beweisens, Erkennens das Unendliche, das Ewige und Göttliche zu erreichen nicht fähig sei.

Was in der vorhergehenden Exposition von dem Erkennen überhaupt herausgehoben worden ist und näher das denkende Erkennen, das uns nur angeht, und das Hauptmoment in demselben, das *Beweisen* betrifft, so hat man dasselbe von der Seite aufgefaßt, daß dasselbe eine Bewegung der denkenden Tätigkeit ist, die außerhalb des Gegenstandes und verschieden von dessen eigenem Werden ist. Teils kann diese Bestimmung als genügend für unseren Zweck angegeben werden, teils aber ist sie in der Tat als das Wesentliche gegen die Einseitigkeit, welche in den Reflexionen über die Subjektivität des Erkennens liegt, anzusehen.

In dem Gegensatze des Erkennens gegen den zu erkennenden Gegenstand liegt allerdings die Endlichkeit des Erkennens; aber dieser Gegensatz ist darum noch nicht selbst als unendlich, als absolut zu fassen, und die Produkte sind nicht um der bloßen Abstraktion der Subjektivität willen für Erscheinungen zu nehmen, sondern insofern sie selbst durch jenen Gegensatz bestimmt, der Inhalt als solcher durch die angegebene Äußerlichkeit affiziert ist. Dieser Gesichtspunkt hat eine Folge auf die Beschaffenheit des Inhalts und gewährt eine bestimmte Einsicht, wogegen jene Betrachtung nichts gibt als die abstrakte Kategorie des Subjektiven, welche überdem für absolut genommen wird. Was sich also daraus, wie das Beweisen aufgefaßt worden ist, für die übrigens selbst noch ganz allgemeine Qualität des Inhalts ergibt, ist unmittelbar dies überhaupt, daß derselbe, indem in ihm sich das Erkennen äußerlich verhält, selbst als ein äußerlicher dadurch bestimmt ist, näher aus Abstraktionen endlicher Bestimmtheiten besteht. Der mathematische Inhalt als solcher ist ohnehin für sich die *Größe*; die geometrischen Figurationen gehören dem Raum an und haben damit ebenso an ihnen selbst das Außereinandersein zum Prinzip, als sie von den reellen Gegenständen unterschieden sind, und nur die einseitige Räumlichkeit derselben, keineswegs aber deren konkrete Erfüllung, wodurch diese erst wirklich sind. Ebenso hat die Zahl das Eins zum Prinzip und ist die Zusammensetzung einer Vielheit von solchen, die selbständig sind, also eine in sich ganz äußerliche Verbindung. Die Erkenntnis, die wir hier vor uns haben, kann darum nur in diesem Felde am vollkommensten sein, weil dasselbe einfache, feste Bestimmungen zuläßt und die Abhängigkeit derselben voneinander, deren Einsicht das Beweisen ist, ebenso fest ist und demselben so den konsequenten Fortgang der Notwendigkeit gewährt; dies Erkennen ist fähig, die Natur seiner Gegentände zu erschöpfen. – Die Konsequenz des Beweisens ist jedoch nicht auf den mathematischen Inhalt beschränkt, sondern tritt in alle Fächer des natürlichen und geistigen Stoffes ein; wir können aber das insgesamt, was die Konsequenz in der Erkenntnis in demselben betrifft, darin zusammenfassen, daß sie auf den *Regeln des Schließens* beruht; so sind die Beweise vom Dasein Gottes wesentlich *Schlüsse*. Die ausdrückliche Untersuchung dieser Formen gehört aber für sich teils in die Logik, teils aber muß der Grundmangel derselben bei der vorzunehmenden Erörterung dieser Beweise aufgedeckt werden. Hier genügt es, im Zusammenhang mit dem Gesagten dies Nähere anzumerken, daß die Regeln des Schließens eine Form der Begründung haben, welche in der Art mathematischer Berechnung ist.

Der Zusammenhang der Bestimmungen, die einen Schluß ausmachen sollen, beruht auf dem Verhältnisse des *Umfangs*, den sie gegeneinander haben und der mit Recht als ein *größerer* oder *kleinerer* betrachtet wird; die Bestimmtheit solchen Umfangs ist das Entscheidende über die Richtigkeit der Subsumtion. Ältere Logiker, wie Lambert[2], Ploucquet[3], haben sich die Mühe gegeben, eine Bezeichnung zu erfinden, wodurch der Zusammenhang im Schließen auf die Identität, welche die abstrakte mathematische, die Gleichheit ist, zu bringen [sei], so daß das Schließen als der Mechanismus der Rechenexempel aufgezeigt ist. Was aber das Erkennen nach solchem selbst äußerlichen Zusammenhange von Gegenständen, die ihrer eigenen Natur nach äußerlich in sich sind, weiter betrifft, so werden wir davon sogleich unter dem Namen des *vermittelten Erkennens* zu sprechen haben und den näheren Gegensatz betrachten.

Was aber diejenigen Gestaltungen betrifft, welche als Gattungen, Gesetze, Kräfte usf. bezeichnet worden sind, so verhält sich das Erkennen gegen sie nicht äußerlich, vielmehr sind sie die Produkte desselben; aber das Erkennen, das sie produziert, bringt sie, wie angeführt worden ist, nur durch die Abstraktion vom Gegenständlichen hervor. So haben sie in diesem wohl ihre Wurzel, aber sind von der Wirklichkeit wesentlich abgetrennt; sie sind konkreter als die mathematischen Figurationen, aber ihr Inhalt geht wesentlich von dem ab, von welchem ausgegangen worden und der die bewährende Grundlage für sie sein soll.

Das Mangelhafte dieser Erkenntnisweise ist so in einer anderen Modifikation bemerklich gemacht worden, als in der Betrachtung aufgestellt ist, welche die Produkte des Erkennens, weil dieses nur eine subjektive Tätigkeit, für Erscheinungen ausgibt; das Resultat jedoch überhaupt ist gemeinschaftlich, und wir haben nunmehr zu sehen, was demselben entgegengestellt worden ist. Was dem Zwecke des Geistes,

---

2 Johann Heinrich Lambert, 1728–1777

3 Gottfried Ploucquet, 1716–1790

daß er des Unendlichen, Ewigen, daß er Gottes inne und in ihm innig werde, ungenügend bestimmt worden ist, ist die Tätigkeit des Geistes, welche denkend überhaupt vermittels des Abstrahierens, Schließens, Beweisens verfährt. Diese Einsicht, selbst das Produkt der Gedankenbildung der Zeit, ist von da unmittelbar in das andere Extrem hinübergesprungen, nämlich ein beweisloses, unmittelbares Wissen, ein erkenntnisloses Glauben, gedankenloses Fühlen für die einzige Weise auszugeben, die göttliche Wahrheit zu fassen und in sich zu haben. Es ist *versichert* worden, daß jene für die höhere Wahrheit unvermögende Erkenntnisweise die ausschließliche, einzige Weise des Erkennens sei. Beide Annahmen hängen aufs engste zusammen; einerseits haben wir in der Untersuchung dessen, was wir uns zu betrachten vorgenommen, jenes Erkennen von seiner Einseitigkeit zu befreien und damit zugleich durch die Tat zu zeigen, daß es noch ein anderes Erkennen gibt als jenes, das für das einzige ausgegeben wird; andererseits ist die Prätention, welche der Glaube als solcher gegen das Erkennen macht, ein Vorurteil, das sich für zu fest und sicher hält, als daß dasselbe nicht eine strengere Untersuchung nötig machte. Nur ist in Ansehung der angegebenen Prätention sogleich zu erinnern, daß der wahre, unbefangene Glaube, je mehr er im Notfall Prätentionen machen könnte, desto weniger macht, und daß sich der Notfall nur für die selbst nur verständige, trockene, polemische Behauptung des Glaubens einfindet.

Aber was es für eine Bewandtnis mit jenem Glauben oder unmittelbaren Wissen habe, habe ich bereits anderwärts auseinandergesetzt. An der Spitze einer in die jetzige Zeit fallenden Abhandlung über die Beweise vom Dasein Gottes kann die Behauptung des Glaubens nicht schon für erledigt ausgegeben werden; es ist wenigstens an die Hauptmomente zu erinnern, nach welchen dieselbe zu beurteilen und an ihren Platz zu stellen ist.

Dritte Vorlesung

Es ist schon bemerkt, daß die Behauptung des Glaubens, von der die Rede werden soll, außerhalb des wahrhaften, unbefangenen Glaubens fällt; dieser, insofern er zum erkennenden Bewußtsein fortgebildet ist und damit auch ein Bewußtsein vom Erkennen hat, geht vielmehr auf das Erkennen ein, zutrauensvoll auf dasselbe, weil er zuallererst zutrauensvoll zu sich, seiner sicher, fest in sich ist. Sondern es ist von dem Glauben die Rede, insofern derselbe polemisch gegen das Erkennen ist und sich sogar polemisch selbst gegen das Wissen überhaupt ausspricht. Er ist so auch nicht ein Glaube, der sich einem anderen Glauben entgegenstellt; Glauben ist das Gemeinschaftliche beider. Es ist dann der Inhalt, der gegen den Inhalt kämpft; dies [sich] Einlassen in den Inhalt führt aber unmittelbar das Erkennen mit sich, wenn anders die Widerlegung und Verteidigung von Religionswahrheit nicht mit äußerlichen Waffen, die dem Glauben und der Religion sosehr als der Erkenntnis fremd sind, geführt werden. Der Glaube, welcher das Erkennen als solches verwirft, geht eben damit der Inhaltslosigkeit zu und ist zunächst abstrakt als Glaube überhaupt, wie er sich dem konkreten Wissen, dem Erkennen entgegenstellt, ohne Rücksicht auf Inhalt zu nehmen. So abstrakt ist er in die Einfachheit des Selbstbewußtseins zurückgezogen; dieses ist in dieser Einfachheit, insofern es noch eine Erfüllung hat, *Gefühl*, und das, was im Wissen Inhalt ist, ist *Bestimmtheit* des Gefühls. Die Behauptung des abstrakten Glaubens führt daher unmittelbar auch auf die Form des Gefühls, in welche die Subjektivität des Wissens sich »als in einen unzugänglichen Ort« verschanzt. – Von beiden sind daher kurz die Gesichtspunkte anzugeben, aus denen ihre Einseitigkeit und damit die Unwahrheit der Art erhellt, in welcher sie als die letzten Grundbestimmungen behauptet werden.

Der Glaube, um mit diesem anzufangen, geht davon aus, daß die Nichtigkeit des Wissens für absolute Wahrheit erwiesen sei. Wir wollen so verfahren, daß wir ihm diese Voraussetzung lassen und sehen, was er denn nun so an ihm selbst ist.

Fürs erste, wenn der Gegensatz so ganz allgemein als *Gegensatz des Glaubens und Wissens*, wie man oft sprechen hört, gefaßt wird, so ist diese Abstraktion sogleich zu rügen; denn Glauben gehört dem *Bewußtsein* an, man *weiß* von dem, was man glaubt; man weiß dasselbe sogar *gewiß*. Es zeigt sich sogleich als ungereimt, das Glauben und Wissen auf solche allgemeine Weise auch nur trennen zu wollen.

Aber nun wird das Glauben als ein *unmittelbares* Wissen bezeichnet und soll damit wesentlich vom *vermittelten* und *vermittelnden* Wissen unterschieden werden. Indem wir hier die spekulative Erörterung dieser Begriffe beiseite setzen, um auf dem eigenen Felde dieses Behauptens zu bleiben, so setzen wir dieser als absolut behaupteten Trennung das *Faktum* entgegen, daß es *kein Wissen gibt, ebensowenig als ein Empfinden, Vorstellen, Wollen, keine dem Geiste zukommende Tätigkeit, Eigenschaft oder Zustand*, was nicht *vermittelt* und *vermittelnd* wäre, so wie keinen sonstigen *Gegenstand der Natur und des Geistes*, was es sei, im Himmel, auf Erden und unter der Erde, was nicht die Bestimmung der *Vermittlung, ebenso wie die der Unmittelbarkeit* in sich schlösse. So als allgemeines Faktum stellt es die logische Philosophie – freilich zugleich mit seiner Notwendigkeit, an die wir hier jedoch nicht zu appellieren nötig haben – an dem sämtlichen Umfang der Denkbestimmungen dar. Von dem sinnlichen Stoffe, es sei der äußeren oder der inneren Wahrnehmung, wird zugegeben, daß er endlich, d. i. daß er nur als *vermittelt durch Anderes* sei; aber von diesem Stoffe selbst, noch mehr von dem höheren Inhalte des Geistes wird es zugegeben werden, daß er in Kategorien seine Bestimmung habe, und deren Natur erweist sich in der Logik, das angegebene Moment der Vermittlung untrennbar in sich zu haben. Doch hier bleiben wir dabei stehen, uns auf das ganz allgemeine Faktum zu berufen; die Fakta mögen gefaßt werden, in welchem Sinne und Bestimmung es sei. Ohne uns in Beispiele darüber auszubreiten, bleiben wir bei dem einen Gegenstande stehen, der uns ohnehin hier am nächsten liegt.

Gott ist Tätigkeit, freie, sich auf sich selbst beziehende, bei sich bleibende Tätigkeit; es ist die Grundbestimmung in dem Begriffe oder auch in aller Vorstellung Gottes, er selbst zu sein, als *Vermittlung* seiner mit sich. Wenn Gott nur als *Schöpfer* bestimmt wird, so wird seine Tätigkeit nur als *hinausgehende*, sich aus sich selbst expandierende, als *anschauendes* Produzieren genommen, ohne Rückkehr zu sich selbst. Das Produkt ist ein Anderes als er, es ist die *Welt.* Das Hereinbringen der Kategorie der *Vermittlung* würde sogleich den Sinn mit sich führen, daß Gott *vermittels der Welt* sein sollte; doch würde man wenigstens mit Recht sagen können, daß er nur vermittels der Welt, vermittels des Geschöpfs, Schöpfer sei. Allein dies wäre bloß das Leere einer Tautologie, indem die Bestimmung »Geschöpf« in der ersten, dem Schöpfer, unmittelbar selbst liegt; andernteils aber bleibt das Geschöpf als Welt *außer* Gott, als ein *Anderes* gegen denselben in der Vorstellung stehen, so daß er jenseits seiner Welt, ohne sie an und für sich ist. Aber im Christentum am wenigsten haben wir Gott nur als schöpferische Tätigkeit, nicht als Geist zu wissen; dieser Religion ist vielmehr das *explizierte* Bewußtsein, daß Gott Geist ist, eigentümlich, daß er eben, wie er an und für sich ist, sich als zum Anderen seiner (der der Sohn heißt) zu sich selbst, daß er sich in ihm selbst als Liebe verhält, wesentlich als diese Vermittlung mit sich ist. Gott ist wohl Schöpfer der Welt und so hinreichend bestimmt; aber Gott [ist] mehr als dies: der *wahre* Gott ist, daß er die Vermittlung seiner mit sich selbst, diese Liebe ist.

Der Glaube nun, indem er Gott zum Gegenstand seines Bewußtseins hat, hat eben damit diese Vermittlung zu seinem Gegenstande, so wie der Glaube, als im Individuum existierend, nur ist durch die Belehrung, Erziehung, [durch] menschliche Belehrung und Erziehung überhaupt, noch mehr durch die Belehrung und Erziehung durch den Geist Gottes, nur als solche Vermittlung ist. Aber auch ganz abstrakt, ob nun[1] Gott oder welches Ding oder Inhalt der Gegenstand des Glaubens sei, ist er, wie das Bewußtsein überhaupt, diese Beziehung des Subjekts auf ein Objekt, so daß das Glauben oder Wissen nur ist *vermittels* eines Gegenstandes; sonst ist es leere Identität, ein Glauben oder Wissen von nichts.

Aber umgekehrt liegt darin schon das andere Faktum selbst, daß ebenso nichts ist, was *nur* ausschließlich ein *Vermitteltes* wäre. Nehmen wir vor uns, was unter der Unmittelbarkeit verstanden wird, so soll sie ohne allen Unterschied, als durch welchen sogleich Vermittlung gesetzt ist, in sich sein; sie ist die *einfache Beziehung* auf sich selbst, so ist sie in ihrer selbst unmittelbaren Weise nur *Sein*. Alles Wissen nun, vermitteltes oder unmittelbares, wie überhaupt alles andere, *ist* wenigstens; und daß es *ist*, ist selbst das Wenigste, das Abstrakteste, was man von irgend etwas sagen kann; wenn es auch nur subjektiv wie Glauben, Wissen ist, so *ist* es, kommt ihm das *Sein* zu, ebenso wie dem Gegenstande, der nur im Glauben, Wissen *ist*, ein solches *Sein* zukommt. Dies ist eine sehr einfache Einsicht; aber man kann gegen die Philosophie, eben um dieser Einfachheit selbst willen, ungeduldig werden, daß, indem von dieser Fülle und Wärme, welche der Glaube ist, vielmehr weg- und zu solchen Abstraktionen wie Sein, Unmittelbarkeit übergegangen werde. Aber in der Tat ist dies nicht Schuld der Philosophie; sondern jene Behauptung des Glaubens und unmittelbaren Wissens ist es, die sich auf diese Abstraktionen setzt. Darein, daß der Glaube *nicht vermitteltes* Wissen sei, darein wird der ganze Wert der Sache und die Entscheidung über sie gelegt. Aber wir kommen auch zum Inhalt oder können vielmehr gleichfalls nur zum Verhältnisse eines Inhalts, zum Wissen kommen.

Es ist nämlich weiter zu bemerken, daß Unmittelbarkeit im

1 W: »indem«

Wissen, welche das Glauben ist, sogleich eine weitere Bestimmung hat; nämlich das Glauben weiß das, *an was* es glaubt, nicht nur überhaupt, hat nicht nur eine Vorstellung oder Kenntnis davon, sondern weiß es *gewiß*. Die *Gewißheit* ist es, worin der Nerv des Glaubens liegt; dabei begegnet uns aber sogleich ein weiterer Unterschied: wir unterscheiden von der Gewißheit noch die *Wahrheit*. Wir wissen sehr wohl, daß vieles für *gewiß* gewußt worden ist und gewußt wird, was darum doch nicht wahr ist. Die Menschen haben lange genug es für *gewiß* gewußt, und Millionen wissen es noch für gewiß, um das triviale Beispiel anzuführen, daß die Sonne um die Erde läuft; noch mehr: die Ägypter haben geglaubt, sie haben es für gewiß gewußt, daß der Apis, die Griechen, daß der Jupiter usf. ein hoher oder der höchste Gott ist, wie die Inder noch gewiß wissen, daß die Kuh, andere Inder, Mongolen und viele Völker, daß ein Mensch, der Dalai-Lama, Gott ist. Daß diese Gewißheit ausgesprochen und behauptet werde, wird zugestanden; ein Mensch mag ganz wohl noch sagen: ich weiß etwas gewiß, ich glaube es, es ist wahr. Allein zugleich ist eben damit jedem anderen zugestanden, dasselbe zu sagen; denn jeder ist Ich, jeder weiß, jeder weiß gewiß. Dies unumgängliche Zugeständnis aber drückt aus, daß dies Wissen, Gewißwissen, dies Abstrakte den verschiedensten, entgegengesetztesten Inhalt haben kann, und die Bewährung des Inhalts soll eben in dieser Versicherung des Gewißwissens, des Glaubens liegen. Aber welcher Mensch wird sich hinstellen und sprechen: »*nur* das, was ich weiß und gewiß weiß, ist wahr; das, was ich gewiß weiß, ist wahr darum, weil *ich* es gewiß weiß«? – Ewig steht der bloßen Gewißheit die Wahrheit gegenüber, und über die Wahrheit entscheidet die Gewißheit, unmittelbares Wissen, Glaube nicht. Von der wahrhaftig unmittelbarsten, sichtbaren Gewißheit, welche die Apostel und Freunde Christi aus seiner unmittelbaren Gegenwart, seinen eigenen Reden und Aussagen seines Mundes mit ihren Ohren, allen Sinnen und dem Gemüte schöpften, von solchem Glauben, einer solchen Glaubensquelle verwies er sie auf die Wahrheit, in welche sie durch den Geist erst in weitere Zukunft eingeführt werden sollten. Für etwas weiteres als jene aus besagter Quelle geschöpfte höchste Gewißheit ist nichts vorhanden als der Gehalt an ihm selbst.

Auf den angegebenen abstrakten Formalismus reduziert sich der Glaube, indem er als unmittelbares Wissen gegen vermitteltes bestimmt wird; diese Abstraktion erlaubt es, die sinnliche Gewißheit, die ich davon habe, daß ein Körper an mir ist, daß Dinge außer mir sind, nicht nur Glauben zu nennen, sondern aus ihr es abzuleiten oder zu bewähren, was die Natur des Glaubens sei. Man würde aber dem, was in der religiösen Sphäre Glauben geheißen hat, sehr Unrecht tun, wenn man in demselben nur jene Abstraktion sehen wollte. Vielmehr soll der Glaube *gehaltvoll*, er soll ein Inhalt sein, welcher wahrhafter Inhalt sei, vielmehr von solchem Inhalt, dem die sinnliche Gewißheit, daß ich einen Körper habe, daß sinnliche Dinge mich umgeben, ganz entfernt stehen; er soll *Wahrheit* enthalten, und zwar eine ganz andere, aus einer ganz anderen Sphäre als der letztgenannten der endlichen, sinnlichen Dinge. Die angegebene Richtung auf die formelle Subjektivität muß daher das Glauben als solches selbst zu *objektiv* finden, denn dasselbe betrifft immer noch Vorstellungen, ein *Wissen* davon, ein Überzeugtsein von einem Inhalt. Diese letzte Form des Subjektiven, in welcher die Gestalt vom Inhalt und das Vorstellen und Wissen von solchem verschwunden ist, ist die des *Gefühls*. Von ihr zu sprechen, können wir daher gleichfalls nicht Umgang nehmen; sie ist es noch mehr, die in unseren Zeiten, gleichfalls nicht unbefangen, sondern als ein Resultat der Bildung, aus Gründen, denselben, die schon angeführt sind, gefordert wird.

Die Form des Gefühls ist eng mit dem bloßen Glauben als solchem, wie in der vorhergehenden Vorlesung gezeigt worden, verwandt; sie ist das noch intensivere Zurückdrängen des Selbstbewußtseins in sich, die Entwicklung des *Inhalts* zur bloßen Gefühls*bestimmtheit.*

Die *Religion* muß *gefühlt* werden, muß im *Gefühl* sein, sonst ist sie nicht Religion; der Glaube kann nicht ohne Gefühl sein, sonst ist er nicht Religion. – Dies muß als richtig zugegeben werden; denn das Gefühl ist nichts anderes als meine Subjektivität in ihrer Einfachheit und Unmittelbarkeit, ich selbst als *diese* seiende Persönlichkeit. Habe ich die Religion nur als Vorstellung – auch der Glaube ist Gewißheit von Vorstellungen –, so ist ihr Inhalt *vor* mir, er ist *noch Gegenstand* gegen mich, ist noch nicht identisch mit mir als einfachem Selbst; ich bin nicht durchdrungen von ihm, so daß er meine qualitative Bestimmtheit ausmachte. Es ist die innigste Einheit des *Inhalts* des Glaubens mit mir gefordert, auf daß ich *Gehalt,* seinen Gehalt habe. So ist er mein Gefühl. Gegen die Religion soll der Mensch nichts für sich zurückbehalten, denn sie ist die innerste Region der Wahrheit; so soll sie nicht nur dies noch abstrakte Ich, welches selbst als Glauben noch Wissen ist, sondern das *konkrete* Ich in seiner einfachen, das Alles desselben in sich befassenden Persönlichkeit besitzen; das Gefühl ist diese in sich ungetrennte Innigkeit.

Das Gefühl wird jedoch mit der Bestimmtheit verstanden, daß es etwas *Einzelnes,* einen einzelnen Moment Dauerndes, sowie ein Einzelnes in der Abwechslung mit anderem nach ihm oder neben ihm sei; das *Herz* hingegen bezeichnet die umfassende Einheit der Gefühle nach ihrer Menge wie nach der Dauer; es ist der Grund, der ihre Wesentlichkeit außerhalb der Flüchtigkeit des erscheinenden Hervortretens in sich befaßt und aufbewahrt enthält. In dieser *ungetrennten* Einheit derselben – denn das Herz drückt den *einfachen Puls* der lebendigen Geistigkeit aus – vermag die Religion den unterschiedenen Gehalt der Gefühle zu durchdringen und zu ihrer sie haltenden, bemeisternden, regierenden Substanz zu werden.

Damit aber sind wir von selbst sogleich auf die Reflexion geführt, daß das Fühlen und das Herz als *solches* nur die *eine* Seite sind, die *Bestimmtheiten* des Gefühls und Herzens aber die *andere* Seite. Und da müssen wir sogleich weiter sagen, daß ebensowenig die Religion die *wahrhafte* ist darum, weil sie im *Gefühl* oder im *Herzen* ist, als sie darum die wahrhafte ist, weil sie geglaubt, unmittelbar und gewiß gewußt wird. Alle Religionen, [auch] die falschesten, unwürdigsten, sind gleichfalls im Gefühle und Herzen, wie die wahre. Es gibt ebenso *unsittliche, unrechtliche* und *gottlose* Gefühle, als es sittliche, rechtliche und fromme gibt. Aus dem Herzen gehen hervor *arge Gedanken,* Mord, Ehebruch, Lästerung usf.; d. h. daß es keine argen, sondern gute Gedanken sind, hängt nicht davon ab, daß sie im Herzen sind und aus dem Herzen hervorgehen. Es kommt auf die Bestimmtheit an, welche das Gefühl hat, das im Herzen ist; dies ist eine so triviale Wahrheit, daß man Bedenken trägt, sie in den Mund zu nehmen. Aber es gehört zur Bildung, so weit in der Analyse der Vorstellungen fortgegangen zu sein, daß das Einfachste und Allgemeinste in Frage gestellt und verneint wird; dieser Verflachung oder Ausklärung, die auf ihre Kühnheit eitel ist, sieht es unbedeutend und unscheinbar aus, triviale Wahrheiten, wie z. B., an die auch hier wieder erinnert werden kann, daß der Mensch von dem Tier sich durchs Denken unterscheidet, das Gefühl aber mit demselben teilt, zurückzurufen. Ist das Gefühl religiöses Gefühl, so ist die Religion seine Bestimmtheit; ist es böses, arges Gefühl, so ist das Böse, Arge seine Bestimmtheit. Diese seine Bestimmtheit ist das, was *Inhalt* für das Bewußtsein ist, was im angeführten Spruche Gedanke heißt; das Gefühl ist schlecht um seines schlechten Inhalts willen, das Herz um seiner argen Gedanken willen. Das Gefühl ist die gemeinschaftliche Form für den verschiedenartigsten Inhalt. Es kann schon darum ebensowenig Rechtfertigung für irgendeine seiner Bestimmtheiten, für seinen Inhalt sein als die unmittelbare Gewißheit.

Das Gefühl gibt sich als eine subjektive Form kund, wie etwas *in mir* ist, wie ich das Subjekt von etwas bin; diese Form ist das Einfache, in aller Verschiedenheit des Inhalts sich Gleichbleibende, *an sich* daher Unbestimmte, die Abstraktion meiner Vereinzelung. Die Bestimmtheit desselben dagegen ist zunächst unterschieden überhaupt, das gegeneinander Ungleiche, Mannigfaltige. Sie muß eben darum für sich von der allgemeinen Form, deren Bestimmtheit sie ist, unterschieden und für sich betrachtet werden; sie hat die Gestalt des *Inhalts*, der (on his own merits) *auf seinen eigenen* Wert gestellt, für sich beurteilt werden muß; auf diesen Wert kommt es für den Wert des Gefühls an. Dieser Inhalt muß zum *voraus*, unabhängig vom Gefühl, wahrhaft sein, wie die Religion für sich wahrhaft ist; – er ist das *in sich* Notwendige und Allgemeine, die *Sache*, welche sich zu einem Reiche von Wahrheiten wie von Gesetzen, wie zu einem Reiche der Kenntnis derselben und ihres letzten Grundes, Gottes entwickelt.

Ich deute nur mit wenigem die Folgen an, wenn das unmittelbare Wissen und das Gefühl als solches zum Prinzip gemacht werden. Ihre Konzentration ist es selbst, welche für den Inhalt die Vereinfachung, die Abstraktion, die Unbestimmtheit mit sich führt. Daher reduzieren sie beide den göttlichen Inhalt, es sei der religiöse als solcher wie der rechtliche und sittliche, auf das Minimum, auf das Abstrakteste. Damit fällt das *Bestimmen* des Inhalts auf die *Willkür,* denn in jenem Minimum selbst ist nichts Bestimmtes vorhanden. Dies ist eine wichtige, ebenso theoretische als praktische Folge, – vornehmlich eine praktische, denn indem für die Rechtfertigung der Gesinnung und des Handelns doch Gründe notwendig werden, müßte das Räsonnement noch sehr ungebildet und ungeschickt sein, wenn es nicht gute Gründe der Willkür anzugeben wüßte.

Eine andere Seite in der Stellung, welche das Zurückziehen in das unmittelbare Wissen und ins Gefühl hervorbringt, betrifft das Verhältnis zu anderen Menschen, ihre geistige Gemeinschaft. Das Objektive, *die Sache,* ist das an und für sich Allgemeine, und so ist es auch *für alle.* Als das Allgemeinste ist es *an sich* Gedanke überhaupt, und der Gedanke ist der gemeinschaftliche Boden. Wer, wie ich sonst gesagt habe, sich auf das Gefühl, auf unmittelbares Wissen, auf *seine* Vorstellung oder *seine* Gedanken beruft, schließt sich in seine Partikularität ein, bricht die Gemeinschaftlichkeit mit anderen ab; – man muß ihn stehenlassen. Aber solches Gefühl und Herz läßt sich noch näher ins Gefühl und Herz sehen. Aus Grundsatz sich darauf beschränkend, setzt das Bewußtsein eines Inhalts ihn auf die Bestimmtheit *seiner selbst* herab; es hält sich wesentlich als Selbstbewußtsein fest, dem solche Bestimmtheit inhäriert. Das Selbst ist dem Bewußtsein der Gegenstand, den es vor sich hat, die Substanz, die den Inhalt nur als ein Attribut, als ein Prädikat an ihm hat, so daß nicht er das Selbständige ist, in welchem das Subjekt sich aufhebt. Dieses ist sich auf solche Weise ein fixierter Zustand, den man das *Gefühlsleben* genannt hat. In der sogenannten *Ironie,* die damit verwandt ist, ist Ich selbst abstrakter [Zustand,] nur in der Beziehung auf sich selbst; es steht im Unterschiede seiner selbst von dem Inhalt, als reines Bewußtsein seiner selbst getrennt von ihm. Im Gefühlsleben ist das Subjekt mehr in der angegebenen Identität mit dem Inhalte; es ist *in ihm* bestimmtes Bewußtsein und bleibt so als dieses Ich-selbst sich Gegenstand und Zweck, – als religiöses Ich-selbst ist es sich Zweck. Dieses Ich-selbst ist sich Gegenstand und Zweck überhaupt, in dem Ausdrucke überhaupt, daß Ich selig werde, und insofern diese Seligkeit durch den Glauben an die Wahrheit vermittelt ist, daß Ich von der Wahrheit erfüllt, von ihr durchdrungen sei. Erfüllt somit mit *Sehnsucht* ist es unbefriedigt in sich, aber diese Sehnsucht ist die Sehnsucht der Religion; es ist somit darin befriedigt, diese Sehnsucht in sich zu haben; in der Sehnsucht hat es das subjektive Bewußtsein seiner, und seiner als des religiösen Selbst. Hinausgerissen über sich nur in der Sehnsucht, behält es sich selbst eben in ihr und das Bewußtsein seiner Befriedigung und, nahe dabei, seiner Zufriedenheit mit sich. Es liegt aber in dieser Innerlichkeit auch das entgegengesetzte Verhältnis der unglücklichsten Entzweiung reiner Gemüter. Indem ich mich als dieses besondere und abstrakte Ich festhalte und vergleiche meine Besonderheiten, Regungen, Neigungen und Gedanken mit dem, womit ich *erfüllt sein soll*, so kann ich diesen Gegensatz als den quälenden Widerspruch meiner empfinden, der dadurch perennierend wird, daß ich [mich] als dieses subjektive Mich im Zwecke und vor Augen habe, es mir um mich als mich zu tun ist. Diese feste Reflexion selbst hindert es, daß ich von dem substantiellen Inhalte, von der *Sache* erfüllt werden kann; denn in der Sache vergesse ich mich; indem ich mich in sie vertiefe, verschwindet von selbst jene Reflexion auf mich; ich bin als *Subjektives* bestimmt nur im Gegensatze gegen die Sache, der mir durch die Reflexion auf mich verbleibt. So mich außerhalb der Sache haltend, lenkt sich, indem sie mein Zweck ist, das Interesse von der Aufmerksamkeit auf diese auf mich zurück; ich leere mich perennierend aus und enthalte mich in dieser Leerheit. Diese Hohlheit bei dem höchsten Zwecke des Individuums, dem frommen Bestrebt- und Bekümmertsein um das Wohl seiner Seele, hat zu den grausamsten Erscheinungen einer kraftlosen Wirklichkeit, von dem stillen Kummer eines liebenden Gemüts an bis zu den Seelenleiden der Verzweiflung und der Verrücktheit geführt, – doch mehr in früheren Zeiten als in späteren, wo mehr die Befriedigung in der Sehnsucht über deren Entzweiung die Oberhand gewinnt und jene Zufriedenheit und selbst die Ironie in ihr hervorbringt. Solche Unwirklichkeit des Herzens ist nicht nur eine Leerheit desselben, auch ebensosehr *Engherzigkeit*: das, womit es erfüllt ist, ist sein eigenes formelles Subjekt; es behält *dieses* Ich zu seinem Gegenstand und Zweck. Nur das an und für sich seiende Allgemeine ist weit, und das Herz erweitert sich in sich nur, indem es darein eingeht und in diesem Gehalte sich ausbreitet, welcher ebenso der religiöse als der sittliche und rechtliche Gehalt ist. Die Liebe überhaupt ist das Ablassen von der Beschränkung des Herzens auf seinen besonderen Punkt, und die Aufnahme der Liebe Gottes in dasselbe ist die Aufnahme der Entfaltung seines Geistes, die allen wahrhaften Inhalt in sich begreift und in dieser Objektivität die Eigenheit des Herzens aufzehrt. In diesem Gehalte aufgegeben ist die Subjektivität die für das Herz selbst einseitige Form, welches damit der Trieb ist, sie abzustreifen, – und dieser ist der Trieb, zu *handeln* überhaupt, was näher heißt, *an dem Handeln* des an und für sich seienden göttlichen und darum absolute Macht und Gewalt habenden Inhalts *teilzunehmen*. Dies ist dann die *Wirklichkeit* des Herzens, und sie ist ungetrennt jene *innerliche* und die *äußerliche* Wirklichkeit.

Wenn wir so zwischen dem, weil es in die Sache vertieft und versenkt ist, unbefangenen Herzen und dem in der Reflexion auf sich selbst befangenen unterschieden haben, so macht der Unterschied das Verhältnis zum Gehalte aus. In sich und damit außer diesem Gehalte sich haltend, ist dieses Herz von sich in einem äußerlichen und zufälligen Verhältnisse zu demselben; dieser Zusammenhang, der darauf führt, aus seinem Gefühl Recht zu sprechen und das Gesetz zu geben, ist früher schon erwähnt worden. Die Subjektivität setzt der Objektivität des Handelns, d. i. dem Handeln aus dem wahrhaften Gehalt, das Gefühl und diesem Gehalt und dem denkenden Erkennen desselben das unmittelbare Wissen entgegen. Wir setzen aber hier die Betrachtung des Handelns auf die Seite und bemerken darüber nur dies, daß eben dieser Gehalt, die Gesetze des Rechts und der Sittlichkeit, die Gebote Gottes, ihrer Natur nach das in sich *Allgemeine* sind und darum in der Region des Denkens ihre Wurzel und Stand haben. Wenn zuweilen die Gesetze des Rechts und der Sittlichkeit nur als Gebote der Willkür Gottes – dies wäre in der Tat der Unvernunft Gottes – angesehen werden, so hätte es zu weit hin, um von da aus anfangen zu wollen; aber das Feststellen, die Untersuchung, wie die Überzeugung des Subjekts von der Wahrheit der Bestimmungen, die ihm als die Grundlagen seines Handelns gelten sollen, ist denkendes Erkennen. Indem das unbefangene Herz ihnen zu eigen ist, seine Einsicht sei noch so unentwickelt und die Prätention derselben auf Selbständigkeit ihm noch fremd, die Autorität vielmehr noch der Weg, auf dem es zu denselben gekommen ist, so ist dieser Teil des Herzens, in welchem sie eingepflanzt sind, nur die Stätte des denkenden Bewußtseins, denn sie selbst sind die Gedanken des Handelns, die in sich allgemeinen Grundsätze. Dieses Herz kann darum auch nichts gegen die Entwicklung dieses seines objektiven Bodens haben, ebensowenig als gegen[1] die seiner Wahrheiten, welche für sich zunächst mehr als theoretische Wahrheiten seines religiösen Glaubens erscheinen. Wie aber schon dieser Besitz und die intensive Innigkeit desselben nur durch die *Vermittlung* der Erziehung, welche sein Denken und Erkenntnis ebenso als sein Wollen in Anspruch genommen hat, in ihm ist, so ist noch mehr der weiter entwickelte Inhalt und die Umwandlung des Kreises seiner Vorstellungen, die an sich in der Stätte einheimisch sind, auch in das Bewußtsein der Form des Gedankens vermittelndes und vermitteltes Erkennen.

Fünfte Vorlesung

Um das Bisherige zusammenzufassen, sagen wir: Unser Herz soll sich nicht vor dem Erkennen scheuen; die *Bestimmtheit* des Gefühls, der *Inhalt* des Herzens soll Gehalt haben; Gefühl, Herz soll von der Sache erfüllt und damit weit und wahrhaft sein; die Sache aber, der Gehalt ist nur die Wahr-

1 W: »über«

heit des göttlichen Geistes, das an und für sich Allgemeine, aber eben damit nicht das abstrakte, sondern dasselbe wesentlich in seiner, und zwar eigenen Entwicklung; der Gehalt ist so wesentlich *an sich* Gedanke und im Gedanken. Der Gedanke aber, das Innerste des Glaubens selbst, daß er als der wesentliche und wahrhafte gewußt werde – insofern der Glaube nicht mehr nur im Ansich steht, nicht mehr unbefangen, sondern in die Sphäre des Wissens, in dessen Bedürfnis oder Prätention getreten ist –, muß zugleich als ein notwendiger gewußt werden, ein Bewußtsein seiner und des Zusammenhangs seiner Entwicklung erwerben; so breitet er sich beweisend aus, denn Beweisen überhaupt heißt nichts, als des Zusammenhangs und damit der Notwendigkeit bewußt werden und, in unserem Vorhaben, des besonderen Inhaltes im an und für sich Allgemeinen wie dieses absoluten Wahren selbst als des Resultates und damit der letzten Wahrheit alles besonderen Inhalts. Dieser vor dem Bewußtsein liegende Zusammenhang soll nicht ein subjektives Ergehen des Gedankens außerhalb der Sache sein, sondern nur dieser selbst folgen, nur sie, ihre Notwendigkeit selbst exponieren. Solche Exposition der objektiven Bewegung, der inneren eigenen Notwendigkeit des Inhalts ist das Erkennen selbst, und ein wahrhaftes als in der Einheit mit dem Gegenstande. Dieser Gegenstand soll für uns die *Erhebung unseres Geistes zu Gott* sein, – die soeben genannte Notwendigkeit der absoluten Wahrheit als des Resultates, in das sich im Geiste alles zurückführt.

Aber das Nennen dieses Zwecks, weil er den Namen Gottes enthält, kann leicht die Wirkung haben, das wieder zu vernichten, was gegen die falschen Vorstellungen von dem Wissen, Erkennen, Fühlen gesagt worden und für den Begriff wahrhaften Erkennens gewonnen worden sein könnte. Es ist bemerkt worden, daß die Frage über die Fähigkeit unserer Vernunft, Gott zu erkennen, auf das Formelle, nämlich auf die Kritik des Wissens, des Erkennens überhaupt, auf die Natur des Glaubens, Fühlens gestellt worden ist, so daß abstrahiert vom Inhalt diese Bestimmungen genommen werden sollen; es ist die Behauptung des unmittelbaren Wissens, welche selbst mit der Frucht von dem Baume der Erkenntnis im Munde spricht und die Aufgabe auf den formellen Boden zieht, indem sie die Berechtigung solchen und ausschließlich solchen Wissens auf die Reflexionen gründet, die es über das Beweisen und Erkennen macht, und schon darum den unendlichen wahrhaften Inhalt außer der Betrachtung setzen muß, weil es nur bei der Vorstellung eines endlichen Wissens und Erkennens verweilt. Wir haben solcher Voraussetzung von nur endlichem Wissen und Erkennen das Erkennen so gegenübergestellt, daß es sich nicht außerhalb der Sache halte, sondern, ohne von sich aus Bestimmungen einzumischen, nur dem Gange der Sache folge, und [haben] in dem Gefühl und Herzen den Gehalt nachgewiesen, der überhaupt wesentlich für das Bewußtsein sei, und für das denkende Bewußtsein, insofern dessen Wahrheit in seinem Innersten durchgeführt werden soll. Aber durch die Erwähnung des Namens Gottes wird dieser Gegenstand, das Erkennen überhaupt, wie es bestimmt werde, und auch dessen Betrachtung auf diese subjektive Seite herabgedrückt, gegen welche Gott ein *Drüben* bleibe. Da solcher Seite durch das Bisherige die Genüge geschehen sein soll, die hier mehr angedeutet als ausgeführt werden konnte, so wäre nur das andere zu tun, das Verhältnis Gottes aus der Natur desselben in und zu der Erkenntnis anzugeben. Hierüber kann zunächst bemerkt werden, daß unser Thema, die Erhebung des subjektiven Geistes zu Gott, unmittelbar es enthält, daß in ihr sich das Einseitige des Erkennens, d. i. seine Subjektivität aufhebt, sie wesentlich selbst dies Aufheben ist; somit führt sich darin die Erkenntnis der anderen Seite, die Natur Gottes, und zugleich sein Verhalten in und zu dem Erkennen von selbst herbei.

Aber ein Übelstand des Einleitenden und Vorläufigen, das doch gefordert wird, ist auch dieser, daß es durch die wirkliche Abhandlung des Gegenstandes überflüssig wird.

Doch ist zum voraus anzugeben, daß es hier nicht die Absicht sein kann, unsere Abhandlung bis zu dieser mit ihr aufs nächste zusammenhängenden Erörterung des Selbstbewußtseins Gottes und des Verhältnisses seines Wissens von sich zum Wissen seiner in und durch den Menschengeist fortzuführen. Ohne auf die abstrakteren systematischen Ausführungen, die in meinen anderen Schriften über diesen Gegenstand gegeben sind, hier zu provozieren, kann ich darüber auf eine neuerliche, höchst merkwürdige Schrift verweisen: *Aphorismen über Nichtwissen und absolutes Wissen im Verhältnisse zur christlichen Glaubenserkenntnis, von C. Fr. G. . . . . l.** Sie nimmt Rücksicht auf meine philosophischen Darstellungen und enthält ebensoviel Gründlichkeit im christlichen Glauben als Tiefe in der spekulativen Philosophie. Sie beleuchtet alle Gesichtspunkte und Wendungen, welche der Verstand gegen das erkennende Christentum aufbringt, und beantwortet die Einwürfe und Gegenreden, welche die Theorie des Nichtwissens gegen die Philosophie aufgestellt hat; sie zeigt insbesondere auch den Mißverstand und Unverstand auf, den das fromme Bewußtsein sich zuschulden kommen läßt, indem es sich auf die Seite des aufklärenden Verstandes in dem Prinzipe des Nichtwissens schlägt und so mit demselben gemeinschaftliche Sache gegen die spekulative Philosophie macht. Was daselbst über das Selbstbewußtsein Gottes, das Sichwissen seiner im Menschen, das Sichwissen des Menschen in Gott vorgetragen ist, betrifft unmittelbar den Gesichtspunkt, der soeben angedeutet worden, in spekulativer Gründlichkeit mit Beleuchtung der falschen Verständnisse, die darüber gegen die Philosophie wie gegen das Christentum erhoben worden.

Aber auch bei den ganz allgemeinen Vorstellungen, an die wir uns hier halten wollen, um noch von Gott aus über das Verhältnis desselben zum menschlichen Geiste zu sprechen, treffen wir am allermeisten auf die solchem Vorhaben wider-

* Berlin [1829] bei E. Franklin [Verfasser ist Karl Friedrich Göschel, 1781–1861]

sprechende Annahme, daß wir Gott nicht erkennen, auch im Glauben an ihn nicht wissen, was er ist, also von ihm nicht ausgehen können. Von Gott den Ausgang nehmen, würde voraussetzen, daß man anzugeben wüßte und angegeben hätte, was Gott an ihm selbst ist, als erstes Objekt. Jene Annahme erlaubt aber nur von unserer Beziehung auf ihn, von der *Religion* zu sprechen, nicht von *Gott* selbst; sie läßt nicht eine *Theologie*, eine Lehre von *Gott* gelten, wohl aber eine Lehre von der Religion. Wenn es auch nicht gerade eine solche Lehre ist, so hören wir viel, unendlich viel – oder vielmehr in unendlichen Wiederholungen doch wenig – von Religion sprechen, desto weniger von Gott selbst; dies perennierende Explizieren über Religion, die Notwendigkeit, auch Nützlichkeit usf. derselben, verbunden mit der unbedeutenden oder selbst untersagten Explikation über Gott, ist eine eigentümliche Erscheinung der Geistesbildung der Zeit. Wir kommen am kürzesten ab, wenn wir selbst uns diesen Standpunkt gefallen lassen, so daß wir nichts vor uns haben als die trockene Bestimmung eines Verhältnisses, in dem unser Bewußtsein zu *Gott* stehe. So viel soll die Religion doch sein, daß sie ein Ankommen unseres Geistes bei diesem Inhalte, unseres Bewußtseins bei diesem Gegenstande sei, nicht bloß ein Ziehen von Linien der Sehnsucht ins Leere hinaus, ein Anschauen, welches nichts anschaue, nichts sich gegenüber finde. In solchem Verhältnis ist wenigstens so viel enthalten, daß nicht nur wir in der Beziehung zu Gott stehen, sondern auch Gott in der Beziehung zu uns stehe. Im Eifer für die Religion wird etwa, wenigstens vorzugsweise, von unserem Verhältnis zu Gott gesprochen, wenn nicht selbst ausschließlich, was im Prinzip des Nichtwissens von Gott eigentlich konsequent wäre; ein einseitiges Verhältnis ist aber gar kein Verhältnis. Wenn in der Tat unter der Religion nur ein Verhältnis von uns aus zu Gott verstanden werden sollte, so würde nicht ein selbständiges Sein Gottes zugelassen; *Gott wäre nur in der Religion*, ein von uns *Gesetztes*, Erzeugtes. Der soeben gebrauchte und getadelte

Ausdruck, daß *Gott nur in der Religion sei,* hat aber auch den großen und wahrhaften Sinn, daß es zur Natur Gottes in dessen vollkommener, an und für sich seiender Selbständigkeit gehöre, *für den Geist* des Menschen zu sein, sich demselben mitzuteilen; dieser Sinn ist ein ganz anderer als der vorhin bemerklich gemachte, in welchem Gott nur ein Postulat, ein Glauben ist. Gott *ist* und gibt sich im Verhältnis zum Menschen. Wird dies »Ist« mit immer wiederkehrender Reflexion auf das Wissen darauf beschränkt, daß wir wohl wissen oder erkennen, *daß* Gott *ist,* nicht *was* er ist, so heißt dies, es sollen keine Inhaltsbestimmungen von ihm gelten; so wäre nicht zu sprechen: wir wissen, daß *Gott* ist, sondern nur das Ist; denn das Wort *Gott* führt eine Vorstellung und damit einen Gehalt, Inhaltsbestimmungen mit sich; ohne solche ist Gott ein leeres Wort. Werden in der Sprache dieses Nichtwissens die Bestimmungen, die wir noch sollen angeben können, auf *negative* beschränkt, wofür eigentümlich das *Unendliche* dient – es sei das Unendliche überhaupt oder auch sogenannte Eigenschaften in die Unendlichkeit ausgedehnt –, so gibt dies eben das nur unbestimmte Sein, das Abstraktum, etwa des höchsten oder unendlichen Wesens, was ausdrücklich unser Produkt, das Produkt der Abstraktion, des Denkens ist, das nur Verstand bleibt.

Wenn nun Gott nicht bloß in ein subjektives Wissen, in den Glauben gestellt wird, sondern es Ernst damit wird, daß er *ist,* daß er *für uns* ist, *von seiner Seite* ein Verhältnis zu uns hat, und wenn wir bei dieser bloß formellen Bestimmung stehenbleiben, so ist damit gesagt, daß er sich den Menschen *mitteilt,* womit eingeräumt wird, daß Gott nicht *neidisch* ist. Die ganz Alten unter den Griechen haben den *Neid* zum Gott gemacht in der Vorstellung, daß Gott überhaupt, was groß und hoch ist, herabsetze und alles gleich haben wolle und mache. *Platon* und *Aristoteles* haben der Vorstellung von einem göttlichen Neid widersprochen, noch mehr tut es die christliche Religion, welche lehrt, daß Gott sich zu dem

Menschen herabgelassen habe bis zur Knechtsgestalt, – daß er sich ihm geoffenbart, daß er damit das Hohe nicht nur, sondern das Höchste dem Menschen nicht nur *gönne*, sondern eben mit jener Offenbarung es demselben zum Gebote mache, und als das Höchste ist damit angegeben, *Gott zu erkennen*. Ohne uns auf diese Lehre des Christentums zu berufen, können wir dabei stehenbleiben, daß Gott nicht neidisch ist, und fragen: wie sollte er sich nicht mitteilen? In Athen, wird berichtet, war ein Gesetz, daß, wer sich weigere, an seinem Lichte einen anderen das seinige anzünden zu lassen, mit dem Tode bestraft werden sollte. Schon im physischen Lichte ist von dieser Art der Mitteilung, daß es sich verbreitet und anderem hingibt, ohne an ihm selbst vermindert zu sein und etwas zu verlieren; noch mehr ist die Natur des Geistes, selbst ganz in dem Besitze des Seinigen zu bleiben, indem er in dessen Besitz andere setzt. An Gottes unendliche Güte in der Natur glauben wir, indem er die natürlichen Dinge, die er in der unendlichen Profusion ins Dasein ruft, einander, und dem Menschen insbesondere, überläßt; er sollte nur solch Leibliches, das auch sein ist, dem Menschen mitteilen und sein Geistiges ihm vorenthalten und ihm das verweigern, was dem Menschen diesen allein wahrhaften Wert geben kann? Es ist ebenso ungereimt, dergleichen Vorstellungen Raum geben zu wollen, als es ungereimt ist, von der christlichen Religion zu sagen, daß durch sie Gott den Menschen geoffenbart worden sei, und doch, was ihnen geoffenbart worden sei, sei dies, daß er nicht offenbar sei und nicht geoffenbart worden sei.

Von seiten Gottes kann dem Erkennen desselben durch die Menschen nichts im Wege stehen. Daß sie Gott nicht erkennen *können*, ist dadurch aufgehoben, wenn sie zugeben, daß Gott ein Verhältnis zu uns hat, daß, indem unser Geist ein Verhältnis zu ihm hat, Gott für uns ist, wie es ausgedrückt worden, daß er sich mitteile und geoffenbart habe. In der Natur soll Gott sich offenbaren; aber der Natur, dem Steine, der Pflanze, dem Tiere kann Gott sich nicht offenbaren, weil Gott Geist ist, nur dem Menschen, der *denkend*, Geist ist. Wenn dem Erkennen Gottes von seiner Seite nichts entgegensteht, so ist es menschliche Willkür, Affektation der Demut, oder was es sonst sei, wenn die Endlichkeit der Erkenntnis, die *menschliche* Vernunft nur im Gegensatze gegen die göttliche, die Schranken der menschlichen Vernunft als schlechthin feste, als absolute fixiert und behauptet werden. Denn dies ist eben darin entfernt, daß Gott nicht neidisch sei, sondern sich geoffenbart habe und offenbare; es ist das Nähere darin enthalten, daß nicht die sogenannte menschliche Vernunft und ihre Schranke es ist, welche Gott erkennt, sondern der Geist Gottes *im Menschen*; es ist, nach dem vorhin angeführten spekulativen Ausdruck, Gottes Selbstbewußtsein, welches sich in dem Wissen des Menschen weiß.

Dies mag genügen, über die Hauptgesichtspunkte, die in der Atmosphäre der Bildung unserer Zeit umherschwimmen, als die Ergebnisse der Aufklärung und eines sich Vernunft nennenden Verstandes bemerkt zu haben; es sind die Vorstellungen, die uns bei unserem Vorhaben, uns mit der Erkenntnis Gottes überhaupt zu beschäftigen, zum voraus sogleich in den Weg treten. Es konnte nur darum zu tun sein, die Grundmomente der Nichtigkeit der dem Erkennen widerstehenden Kategorien aufzuweisen, nicht das Erkennen selbst zu rechtfertigen. Dieses hat als wirkliches Erkennen seines Gegenstandes sich zugleich mit dem Inhalt zu rechtfertigen.

Sechste Vorlesung

Die Fragen und Untersuchungen über das Formelle des Erkennens betrachten wir nun als abgetan oder auf die Seite gestellt. Es ist damit auch dies entfernt worden, daß die zu machende Darlegung dessen, was die metaphysischen

Beweise des Daseins Gottes genannt worden ist, nur in ein negatives Verhalten gegen sie ausschlagen sollte. Die Kritik, die auf ein nur negatives Resultat führt, ist ein nicht bloß trauriges Geschäft, sondern sich darauf beschränken, von einem Inhalt nur zeigen, daß er eitel ist, ist selbst ein eitles Tun, eine Bemühung der Eitelkeit. Daß wir einen affirmativen Gehalt zugleich in der Kritik gewinnen sollen, ist darin ausgesprochen, wie wir jene Beweise als ein denkendes Auffassen dessen ausgesprochen haben, was die *Erhebung des Geistes zu Gott* ist.

Ebenso soll auch diese Betrachtung nicht *historisch* sein; teils muß ich der Zeit wegen, die es nicht anders gestattet, für das Literarische auf Geschichten der Philosophie verweisen, und zwar kann man dem Geschichtlichen dieser Beweise die größte, ja eine allgemeine Ausdehnung geben, indem jede Philosophie mit der Grundfrage oder mit Gegenständen, die in der nächsten Beziehung darauf stehen, zusammenhängt. Es hat aber Zeiten gegeben, wo diese Materie mehr in der ausdrücklichen Form dieser Beweise behandelt worden ist und das Interesse, den Atheismus zu widerlegen, ihnen die größte Aufmerksamkeit und ausführliche Behandlung verschafft hat, – Zeiten, wo *denkende Einsicht* selbst in der Theologie für solche ihrer Teile, die einer vernünftigen Erkenntnis fähig seien, für unerläßlich gehalten worden.

Ohnehin kann und soll das *Historische* einer Sache, welche ein substantieller Inhalt für sich ist, ein Interesse haben, wenn man mit der Sache selbst im reinen ist, und die Sache, von der hier die Betrachtung angestellt werden soll, verdient es vor allem auch, daß sie für sich vorgenommen wird, ohne ihr erst ein Interesse durch ein anderweitiges, außer ihr selbst liegendes Material geben zu wollen. Die überwiegende Geschäftigkeit mit dem Historischen von Gegenständen, welche ewige Wahrheiten des Geistes für sich selber sind, ist vielmehr zu mißbilligen; denn sie ist nur zu häufig eine Vorspiegelung, mit der man sich über sein Interesse täuscht.

Solche historische Geschäftigkeit bringt sich den Schein hervor, mit der Sache zu tun zu haben, während man sich vielmehr nur mit den Vorstellungen und Meinungen anderer, mit den äußerlichen Umständen, dem, was für die Sache das Vergangene, Vergängliche, Eitle ist, zu tun macht. Man kann wohl die Erscheinung haben, daß geschichtlich Gelehrte mit sogenannter Gründlichkeit ausführlich in dem bewandert sind, was berühmte Männer, Kirchenväter, Philosophen usf. über Fundamentalsätze der Religion vorgebracht haben, aber daß dagegen ihnen selbst die Sache fremd geblieben ist, und wenn sie gefragt würden, was sie dafür halten, welches die Überzeugung der Wahrheit sei, die sie besitzen, so möchten sie sich über solche Frage wundern als etwas, um das es sich hierbei nicht handle, sondern nur um *andere* und ein Statuieren und Meinen und um die Kenntnis nicht einer Sache, sondern des Statuierens und Meinens.

Es sind die *metaphysischen* Beweise, die wir betrachten. Dies bemerke ich noch insofern, als auch ein Beweisen vom Dasein Gottes *ex consensu gentium* aufgeführt zu werden pflegte, – eine populäre Kategorie, über welche schon *Cicero* beredt gewesen ist. Es ist eine ungeheure Autorität, zu wissen: dies haben *alle Menschen* sich vorgestellt, geglaubt, gewußt. Wie wollte sich ein Mensch dagegen aufstellen und sprechen: Ich allein widerspreche allem dem, was alle Menschen sich vorstellen, was viele derselben durch den Gedanken als das Wahre eingesehen, was alle als das Wahre fühlen und glauben. – Wenn wir zunächst von der Kraft solchen Beweisens abstrahieren und den trocknen Inhalt desselben aufnehmen, der eine empirische, *geschichtliche* Grundlage sein soll, so ist diese ebenso unsicher als unbestimmt. Es geht mit diesen *allen* Völkern, *allen* Menschen, welche an Gott glauben sollen, wie mit dergleichen Berufungen auf Alle überhaupt: sie pflegen sehr leichtsinnig gemacht zu werden. Es wird eine Aussage, und zwar eine *empirisch* sein sollende Aussage von *allen* Menschen, und dies von allen *Einzelnen*, und damit *aller* Zeiten und Orte, ja genau genommen auch den zukünftigen – denn es sollen *alle* Menschen sein – gemacht; es kann selbst nicht von allen Völkern geschichtlicher Bericht gegeben werden; solche Aussagen von *allen* Menschen sind für sich absurd und sind nur durch die Gewohnheit, es mit solchen nichtssagenden Redensarten, weil sie zu Tiraden dienen, nicht ernstlich zu nehmen, erklärlich. Abgesehen hiervon, so hat man wohl Völker oder, wenn man will, Völkerschaften gefunden, deren dumpfes, auf wenige Gegenstände des äußerlichen Bedürfnisses beschränktes Bewußtsein sich nicht zu einem Bewußtsein von einem Höheren überhaupt, das man Gott nennen möchte, erhoben hatte; in Ansehung vieler Völker beruht das, was ein Geschichtliches von ihrer Religion sein sollte, vornehmlich auf ungewisser Erklärung sinnlicher Ausdrücke, äußerlicher Handlungen und dergleichen. Bei einer sehr großen Menge von Nationen, selbst sonst sehr gebildeten, deren Religion uns auch bestimmter und ausführlicher bekannt ist, ist das, was sie Gott nennen, von solcher Beschaffenheit, daß wir Bedenken tragen können, es dafür anzuerkennen. Über die Namen Tien und Schang-ti, jenes *Himmel*, dieses *Herr*, in der chinesischen Staatsreligion ist der bitterste Streit zwischen katholischen Mönchsorden geführt worden, ob diese Namen für den christlichen Gott gebraucht werden können, d. h. ob durch jene Namen nicht Vorstellungen ausgedrückt werden, welche unseren Vorstellungen von Gott ganz und gar zuwider seien, so daß sie nichts Gemeinschaftliches, nicht einmal das gemeinschaftliche Abstraktum von Gott enthielten. Die Bibel bedient sich des Ausdrucks: »die Heiden, *die von Gott nichts wissen*«, obgleich diese Heiden Götzendiener waren, d. h., wie man es wohl nennt, eine Religion hatten, wobei wir jedoch Gott von einem Götzen unterscheiden und bei aller modernen Weite des Namens Religion uns vielleicht doch scheuen, einem Götzen den Namen Gott zu geben. Werden wir den Apis der Ägypter, den Affen, die Kuh usf. der Inder usw. Gott nennen wollen? Wenn auch von der Religion dieser Völker gesprochen und ihnen damit mehr als ein Aberglauben zugeschrieben wird, kann man doch Bedenken tragen, vom Glauben an Gott bei ihnen zu sprechen, oder Gott wird zu der völlig unbestimmten Vorstellung eines Höheren ganz überhaupt, nicht einmal eines Unsichtbaren, Unsinnlichen. Man kann dabei stehenbleiben, eine schlechte, falsche Religion immer noch eine Religion zu nennen, und es sei besser, daß die Völker eine falsche Religion haben als gar keine (wie man von einer Frau sagt, die auf die Klage, daß es schlecht Wetter sei, erwidert habe, daß solches Wetter immer noch besser sei als gar kein Wetter). Es hängt dies damit zusammen, daß der Wert der Religion allein in das Subjektive, Religion zu haben, gesetzt wird, gleichgültig mit welcher Vorstellung von Gott; so gilt der Glaube an Götzen, weil ein solcher unter das Abstraktum von Gott überhaupt subsumiert werden kann, schon für hinreichend, wie das Abstraktum von Gott überhaupt befriedigend ist. Dies ist wohl auch der Grund, warum solche Namen wie Götzen, auch Heiden, etwas Antiquiertes sind und für ein wegen Gehässigkeit Tadelnswürdiges gelten. In der Tat aber erfordert der abstrakte Gegensatz von Wahrheit und Falschheit eine viel andere Erledigung als in dem Abstraktum von Gott überhaupt oder, was auf dasselbe hinausläuft, in der bloßen Subjektivität der Religion.

Auf allen Fall bleibt so der *consensus gentium* im Glauben an Gott eine dem darin ausgesagten Faktischen als solchem wie dem Gehalte nach völlig vage Vorstellung. Aber auch die *Kraft* dieses Beweises, wenn die geschichtliche Grundlage auch etwas Festeres wäre und Bestimmteres enthielte, ist für sich nicht bindend. Solche Art des Beweisens geht nicht auf eigene innere Überzeugung, als für welche es etwas Zufälliges ist, ob andere damit übereinstimmen. Die Überzeugung, ob sie Glaube oder denkendes Erkennen sei, nimmt wohl ihren Anfang von außen mit Unterricht und Lernen, von der Autorität, aber sie ist wesentlich ein *Sicherinnern des Geistes* in sich selbst; daß *er selbst* befriedigt sei, ist die *formelle* Freiheit des Menschen und das eine Moment, vor welchem alle Autorität vollständig niedersinkt, und daß er in der *Sache* befriedigt sei, ist die *reelle* Freiheit und das andere, vor welchem selbst ebenso alle Autorität niedersinkt; sie sind wahrhaft untrennbar. Selbst für den Glauben ist für die einzig absolut gültige Bewährung in der Schrift nicht Wunder, glaubhafter Bericht und dergleichen, sondern das Zeugnis des Geistes angegeben. Über andere Gegenstände mag man auf Zutrauen oder aus Furcht sich der Autorität hingeben, aber jenes Recht ist zugleich die höhere Pflicht für denselben. Für eine solche Überzeugung wie religiöser Glaube, wo das Innerste des Geistes sowohl der Gewißheit seiner selbst (dem Gewissen) nach als durch den Inhalt in direkten Anspruch genommen wird, hat er eben damit das absolute Recht, daß sein eigenes Zeugnis, nicht [das] fremder Geister, das Entscheidende, Vergewissernde sei.

Das *metaphysische* Beweisen, das wir hier betrachten, ist das *Zeugnis* des *denkenden* Geistes, insofern derselbe nicht nur an sich, sondern *für sich* denkend ist. Der Gegenstand, den es betrifft, ist wesentlich im Denken; wenn er, wie früher bemerkt worden, auch *fühlend*, vorstellend genommen wird, so gehört sein Gehalt dem Denken an, als welches das reine Selbst desselben ist, wie das Gefühl das empirische, besondert-wordene Selbst ist. Es ist also früh dazu fortgegangen worden, in Ansehung dieses Gegenstandes *denkend, zeugend,* d. i. beweisend sich zu verhalten, sobald nämlich das Denken aus seinem Versenktsein in das sinnliche und materielle Anschauen und Vorstellen vom Himmel, der Sonne, Sternen, Meer usf. sich wie aus seiner Verhüllung in die vom Sinnlichen noch durchdrungenen Phantasiegebilde herauswand, so daß ihm Gott als wesentlich zu *denkende* und *gedachte* Objektivität zum Bewußtsein kam, und ebenso das subjektive Tun des Geistes aus dem Fühlen, Anschauen und der Phantasie sich zu seinem Wesen, dem Denken, *erinnerte* und [das], was Eigentum dieses

seines Bodens ist, auch rein, wie es in diesem seinem Boden ist, vor sich haben wollte.
Die Erhebung des Geistes zu Gott im Gefühle, im Anschauen, Phantasie und im Denken – und sie ist subjektiv so konkret, daß sie von allen diesen Momenten in sich hat – ist eine innere Erfahrung; über solche haben wir gleichfalls die innere Erfahrung, daß sich Zufälligkeit und Willkür einmischt. Es begründet sich damit äußerlich das Bedürfnis, jene Erhebung auseinanderzulegen und die in ihr enthaltenen Akte und Bestimmungen zum deutlichen Bewußtsein zu bringen, um sich von den anderen Zufälligkeiten und von der Zufälligkeit des Denkens selbst zu reinigen; und nach dem alten Glauben, daß nur durch das Nachdenken das Substantielle und Wahre gewonnen werde, bewirken wir die Reinigung jener Erhebung zur Wesentlichkeit und Notwendigkeit durch die denkende Exposition derselben und geben dem Denken, das das absolute Recht, noch ein ganz anderes Recht[1] der Befriedigung hat als das Fühlen und Anschauung oder Vorstellen, diese Befriedigung.

Siebente Vorlesung

Daß wir die Erhebung des Geistes zu Gott denkend fassen wollen, dies legt uns eine *formelle* Bestimmung vor, der wir sogleich bei dem ersten Hinblick darauf, wie das Beweisen vom Dasein Gottes verfährt, begegnen und die zunächst ins Auge zu nehmen ist. Die denkende Betrachtung ist ein Auslegen, eine Unterscheidung der Momente dessen, was wir nach der nächsten Erfahrung in uns etwa auf einen Schlag vollbringen. Bei dem Glauben, daß *Gott ist*, gerät dieses Auseinanderlegen sogleich darauf, was schon beiläufig berührt und hier näher vorzunehmen ist; es zu unter-

1 W: »daß das absolute Recht noch ein ganz anderes Recht«

scheiden, *was* Gott ist, von dem, *daß* er ist. Gott *ist*; was ist denn dies, was sein soll? *Gott* ist zunächst eine Vorstellung, ein Name. Von den zwei Bestimmungen, *Gott* und *Sein*, die der Satz enthält, ist das erste Interesse, das Subjekt für sich selbst zu bestimmen, um so mehr, da hier das Prädikat des Satzes, als welches sonst die eigentliche Bestimmung des Subjekts angeben soll, eben das, *was* dieses sei, nur das trockne *Sein* enthält, Gott aber sogleich mehr für uns ist als nur das Sein. Und umgekehrt, eben weil er ein unendlich reicherer, anderer Inhalt ist als nur Sein, ist das Interesse, demselben diese Bestimmung als eine davon verschiedene hinzuzufügen. Dieser Inhalt, so vom Sein unterschieden, ist eine Vorstellung, Gedanke, Begriff, welcher hiernach für sich soll expliziert und ausgemacht werden. So ist denn in der Metaphysik von Gott, der sogenannten *natürlichen Theologie*, der Anfang damit gemacht worden, den Begriff Gott zu exponieren nach der gewöhnlichen Weise, indem zugesehen wird, was unsere vorausgesetzte Vorstellung von ihm enthalte, wobei wieder vorausgesetzt ist, daß *wir alle* dieselbe Vorstellung haben, die wir mit Gott ausdrücken. Der Begriff nun führt für sich selbst, abgesehen von seiner Wirklichkeit, die Forderung mit sich, daß er auch so in sich selbst wahr sei, hiermit als Begriff logisch wahr sei. Indem die logische Wahrheit, insofern das Denken sich nur als Verstand verhält, auf die *Identität*, das *Sich-nicht-Widersprechen* reduziert ist, so geht die Forderung nicht weiter, als daß der Begriff nicht in sich widersprechend sein soll oder, wie dies auch genannt wird, daß er *möglich* sei, indem die Möglichkeit selbst nichts weiter ist als die *Identität* einer Vorstellung *mit sich*. Das zweite ist denn nun, daß von diesem Begriffe gezeigt werde, daß er *ist*, – das Beweisen vom Dasein Gottes. Weil jedoch jener mögliche Begriff eben in diesem Interesse der *Identität*, der bloßen Möglichkeit auf diese abstrakteste der Kategorien sich reduziert und durch das Dasein nicht reicher wird, so entspricht das Ergebnis noch nicht der Fülle der Vorstellung von Gott, und es ist daher drittens noch weiter von dessen *Eigenschaften*, seinen Beziehungen auf die Welt, gehandelt worden.

Diesen Unterscheidungen begegnen wir, indem wir uns nach den Beweisen vom Dasein umsehen; es ist das Tun des Verstandes, das Konkrete zu analysieren, die Momente desselben zu unterscheiden und zu bestimmen, dann sie festzuhalten und bei ihnen zu verharren. Wenn er sie später auch wieder von ihrem Isolieren befreit und ihre *Vereinigung* als das Wahre anerkennt, so sollen sie doch auch *vor* und damit *außer* ihrer Vereinigung als ein Wahrhaftes betrachtet werden. So ist sogleich das Interesse des Verstandes, aufzuzeigen, daß das *Sein* wesentlich zum *Begriff* Gottes gehört, dieser Begriff *notwendig* als *seiend* gedacht werden muß; wenn dies der Fall ist, so soll der Begriff nicht abgesondert vom Sein gedacht werden, – er ist nichts Wahrhaftes ohne Sein. Diesem Resultate zuwider ist es also, daß der Begriff für sich selbst wahrhaft betrachtet werden könne, was zuerst angenommen und bewerkstelligt werden sollte. Wenn hier der Verstand diese erste Trennung, die er machte, und das durch die Trennung Entstandene selbst für unwahr erklärt, so zeigt sich die Vergleichung, die andere Trennung, die dabei ferner vorkommt, als grundlos. Der *Begriff* soll nämlich zuerst betrachtet und nachher auch die *Eigenschaften* Gottes abgehandelt werden. Der Begriff Gottes macht den *Inhalt* des Seins aus, er kann und soll auch nichts anderes sein als der »*Inbegriff seiner Realitäten*«; was sollten aber die Eigenschaften Gottes anders sein als die Realitäten und *seine* Realitäten. Sollten die Eigenschaften Gottes mehr dessen Beziehungen auf die Welt ausdrücken, die Weise seiner Tätigkeit in und gegen *ein Anderes*, als er selbst ist, so führt die Vorstellung *Gottes* wohl wenigstens so viel mit sich, daß Gottes *absolute Selbständigkeit* ihn nicht aus sich heraustreten läßt; und welche Bewandtnis es mit der Welt, die außer ihm und ihm gegenüber sein sollte, haben möge, was nicht als bereits entschieden vorausgesetzt werden dürfte, so bleiben seine Eigenschaften, Tun oder Verhalten nur in seinem Begriff eingeschlossen, sind in demselben allein bestimmt und wesentlich nur ein Verhalten dessen zu sich selbst; die Eigenschaften sind nur die Bestimmungen des Begriffes selbst. Aber auch von der Welt für sich, als einem für Gott Äußerlichen genommen, angefangen, so daß die Eigenschaften Gottes *Verhältnisse* desselben zu ihr seien, so ist die Welt als Produkt seiner schöpferischen Kraft nur durch seinen Begriff bestimmt, in welchem somit wieder, nach diesem überflüssigen Umwege durch die Welt, die Eigenschaften ihre Bestimmung haben und der Begriff, wenn er nicht etwas Leeres, sondern etwas Inhaltvolles sein soll, nur durch sie expliziert wird.

Was sich hieraus ergibt, ist, daß die Unterscheidungen, die wir gesehen, so formell sind, daß sie keinen Gehalt, keine besonderen Sphären begründen, welche getrennt voneinander als etwas Wahres betrachtet werden könnten. Die Erhebung des Geistes zu Gott ist *in einem: Bestimmen seines Begriffs und seiner Eigenschaften und seines Seins,* – oder Gott als Begriff oder Vorstellung ist das ganz Unbestimmte; erst der – und zwar selbst erste und abstrakteste – Übergang nämlich zum *Sein* ist ein Eintreten des Begriffs und der Vorstellung in die Bestimmtheit. Diese Bestimmtheit ist freilich dürftig genug; dies hat aber eben darin seinen Grund, daß jene Metaphysik mit der Möglichkeit beginnt, welche Möglichkeit, ob sie gleich die des Begriffes Gottes sein soll, nur zur inhaltsleeren Möglichkeit des Verstandes, zur einfachen Identität wird, so daß wir in der Tat es nur mit den letzten Abstraktionen von *Gedanken* überhaupt und dem *Sein,* und nur deren Gegensatze sowohl als deren Ungetrenntheit, wie wir gesehen, zu tun bekommen haben. – Indem wir die Nichtigkeit der Unterscheidungen, womit die Metaphysik anfängt, angegeben, ist zu erinnern, daß sich damit nur eine Folge für das *Verfahren* derselben ergibt, nämlich diese, daß wir dasselbe mit jenen Unterscheidungen aufgeben. Einer der zu betrachtenden Beweise wird zum

Inhalte selbst den hier bereits sich einmischenden Gegensatz von Denken und Sein haben, welcher also daselbst nach seinem eigenen Werte zu erörtern kommt. Hier können wir aber das Affirmative herausheben, was darin für die Erkenntnis der zunächst ganz allgemeinen, formellen Natur des Begriffes überhaupt liegt; es ist darauf aufmerksam zu machen, insofern es die spekulative Grundlage und Zusammenhang unserer Abhandlung überhaupt betrifft – eine Seite, die wir nur andeuten, da sie an sich zwar nichts anderes als das wahrhaft Leitende sein kann –, aber es ist nicht unser Zweck, sie in unserer Darstellung zu verfolgen und uns allein daran zu halten.
Es kann also lemmatischerweise bemerkt werden, daß hier dasjenige, was vorhin der *Begriff* von Gott für sich und dessen Möglichkeit hieß, nur *Gedanke*, und zwar abstrakter Gedanke genannt werden soll. Es wurde unter dem Begriffe Gottes und der Möglichkeit unterschieden, allein solcher Begriff fiel selbst nur mit der Möglichkeit, der abstrakten Identität zusammen; nicht weniger blieb von dem, was nicht der Begriff überhaupt, sondern ein besonderer Begriff, und zwar der Begriff Gottes sein sollte, nichts [blieb] übrig als eben nur diese abstrakte, bestimmungslose Identität. Es liegt schon in dem Vorhergehenden, daß wir solche abstrakte Verstandesbestimmung nicht für den Begriff nehmen, sondern so, daß er schlechthin konkret in sich sei, eine Einheit, welche nicht *unbestimmt*, sondern *wesentlich bestimmt* und so nur als *Einheit von Bestimmungen* ist, und diese Einheit selbst so an ihre Bestimmungen gebunden, also eigentlich die Einheit von ihr selbst und den Bestimmungen ist, daß ohne die Bestimmungen die Einheit nichts ist, zugrunde geht oder näher: selbst nur zu einer unwahren Bestimmtheit herabgesetzt und, um etwas Wahres und Wirkliches zu sein, der Beziehung bedürftig ist. Wir fügen hierzu nur noch dies, daß solche Einheit von Bestimmungen – sie machen den Inhalt aus – daher nicht in der Weise als ein Subjekt zu nehmen ist, dem sie als mehrere Prädikate zukämen, welche

nur in demselben als einem dritten ihre Verknüpfung hätten, für sich aber außer derselben gegeneinander wären, sondern ihre Einheit ist eine ihnen selbst wesentliche, d. h. nur eine solche, daß sie durch die Bestimmungen selbst konstituiert wird, und umgekehrt, daß diese unterschiedenen Bestimmungen als solche an ihnen selbst dies sind, untrennbar voneinander zu sein, sich selbst in die andere zu übersetzen und für sich genommen ohne die andere keinen Sinn zu haben, so daß, wie sie die Einheit konstituieren, diese deren Substanz und Seele ist.

Dies macht die Natur des *Konkreten* des Begriffs überhaupt aus. Bei dem Philosophieren über irgendeinen Gegenstand kann es nicht ohne allgemeine und abstrakte Gedankenbestimmungen abgehen, am wenigsten, wenn Gott, das Tiefste des Gedankens, der absolute Begriff, der Gegenstand ist; so hat es hier nicht umgangen werden können, anzugeben, was der spekulative Begriff des *Begriffes selbst* ist. Derselbe hat hier nur in dem Sinne angeführt werden können, eine historische Angabe zu sein; daß sein Gehalt an und für sich wahr sei, wird in der logischen Philosophie erwiesen. Beispiele könnten ihn der Vorstellung näherbringen; um nicht zu weit geführt zu werden, genüge es – der Geist ist allerdings das nächste –, an die Lebendigkeit zu erinnern, welche die Einheit, das einfache Eins der Seele, zugleich so konkret in sich ist, daß sie nur als der Prozeß ihrer Eingeweide, Glieder, Organe ist, welche, wesentlich von ihr und voneinander unterschieden, doch aus ihr herausgenommen zugrunde gehen, aufhören, das zu sein, was sie sind, das Leben, d. i. ihren Sinn und Bedeutung nicht mehr haben.

Es ist in demselben Sinn, in dem der Begriff des spekulativen Begriffs angegeben worden, noch die Folge desselben anzuführen. Nämlich indem die Bestimmungen des Begriffs nur in der Einheit desselben und daher *untrennbar* sind – und wir wollen ihn in Gemäßheit unseres Gegenstandes den Begriff Gottes nennen –, so muß jede von diesen Bestimmungen selbst, insofern sie für sich, unterschieden von der anderen genommen wird, nicht als eine *abstrakte* Bestimmung, sondern als ein konkreter Begriff Gottes genommen werden. Dieser aber ist zugleich nur einer; es ist daher kein anderes Verhältnis unter diesen Begriffen, als das vorhin unter ihnen als Bestimmungen angegeben worden ist, – nämlich als Momente eines und desselben Begriffes zu sein, sich zueinander als notwendig zu verhalten, sich gegenseitig zu vermitteln, untrennbar zu sein, so daß sie nur durch die Beziehung aufeinander sind, welche Beziehung eben die lebendige, durch sie werdende Einheit wie ihre vorausgesetzte Grundlage ist. Für dies verschiedene Erscheinen ist es, daß sie *an sich* derselbe Begriff sind, nur *anders gesetzt*, und zwar daß dies verschiedene Gesetztsein oder andere Erscheinen in notwendigem Zusammenhange ist, das eine also auch aus dem andern hervorgeht, durch das andere gesetzt wird.

Der Unterschied vom Begriffe als solchem ist dann nur der, daß dieser abstrakte Bestimmungen zu seinen Seiten hat, der weiter bestimmte Begriff aber (die *Idee*) selbst in sich konkrete Seiten, zu denen jene allgemeinen Bestimmungen nur der Boden sind. Diese konkreten Seiten sind oder vielmehr sie *erscheinen* als für sich existierende, vollständige Ganze. Sie [als] in ihnen, innerhalb des Bodens, der ihre spezifische Bestimmtheit ausmacht, ebenso als in sich unterschiedene gefaßt, so gibt dies die Fortbestimmung des Begriffs, die Mehrheit nicht nur von Bestimmungen, sondern einen Reichtum von Gestaltungen, welche ebenso schlechthin *ideell*, in dem *einen* Begriffe, dem *einen* Subjekte gesetzt und gehalten sind. Und die Einheit des Subjekts mit sich wird um so intensiver, in je weitere Unterschiede es ausgelegt ist; das weitere Fortbestimmen ist zugleich ein Insichgehen des Subjekts, ein Vertiefen seiner in sich selbst.

Wenn wir sagen, daß ein und derselbe Begriff es sei, der nur weiter fortbestimmt werde, so ist dies ein formeller Ausdruck. Weitere Fortbestimmung eines und desselben gibt mehrere Bestimmungen für dasselbe. Dieser Reichtum in der Fortbestimmung aber muß nicht bloß als eine *Mehrheit* von Bestimmungen gedacht werden, sondern konkret werden. Diese konkreten Seiten für sich genommen erscheinen selbst als vollständige, für sich existierende Ganze; aber in *einem* Begriffe, *einem* Subjekte gesetzt, sind sie nicht selbständig, getrennt voneinander in ihm, sondern als *ideell*, und die Einheit des Subjekts wird dann um so intensiver. Die höchste Intensität des Subjekts in der Idealität aller konkreten Bestimmungen, der höchsten Gegensätze ist der *Geist*. Zur näheren Vorstellung hiervon wollen wir das Verhältnis der Natur zum Geiste anführen. Die Natur ist im Geiste gehalten, von ihm erschaffen, und des Scheines ihres unmittelbaren Seins, ihrer selbständigen Wirklichkeit unerachtet, ist sie an sich nur ein *Gesetztes*, Geschaffenes, im Geiste *Ideelles*. Wenn im Gange des Erkennens von der Natur zum Geiste fortgegangen, die Natur als Moment nur des Geistes bestimmt wird, entsteht nicht eine wahrhafte Mehrheit, ein substantielles Zwei, deren eines die Natur, das andere der Geist wäre, sondern die Idee, welche die Substanz der Natur ist, zum Geiste vertieft, behält in dieser unendlichen Intensität der Idealität jenen Inhalt in sich und ist reicher um die Bestimmung dieser Idealität selbst, die an und für sich, der Geist ist. Wir mögen bei dieser Erwähnung der Natur in Rücksicht auf die mehreren Bestimmungen, die wir in unserem Gange zu betrachten haben, zum voraus dies anführen, daß sie in dieser Gestalt als die Totalität äußerlicher Existenz zwar vorkommt, aber als eine der Bestimmungen, *über die wir uns erheben*; wir gehen hier einerseits nicht zur Betrachtung jener spekulativen Idealität fort, noch zu der konkreten Gestaltung, in der die Gedankenbestimmung, in der sie wurzelt, zur Natur würde. Die Eigentümlichkeit ihrer Stufe ist allerdings eine der Bestimmungen Gottes, ein untergeordnetes Moment in demselben Begriff. Da wir uns im folgenden nur auf dessen Entwicklung, wie die Unterschiede Gedanken als solche, Begriffsmomente bleiben, beschränken, so wird die Stufe nicht als Natur, sondern als Notwendigkeit und Leben Moment in Gottes Begriffe sein, der dann aber ferner mit der tieferen Bestimmung der Freiheit als Geist gefaßt werden muß, um ein Begriff Gottes zu sein, der seiner und auch unserer würdig sei.

Das soeben über die konkrete Form eines Begriffsmoments Gesagte erinnert an eine eigentümliche Seite, nach welcher die Bestimmungen in ihrer Entwicklung sich vermehren. Das Verhältnis der Bestimmungen Gottes zueinander ist ein schwieriger Gegenstand für sich und um so mehr für diejenigen, welche die Natur des Begriffes nicht kennen. Aber ohne vom Begriffe des Begriffes wenigstens etwas zu kennen, wenigstens eine Vorstellung zu haben, kann vom Wesen Gottes, als Geistes überhaupt, nichts verstanden werden; aber das Gesagte findet ferner sogleich seine Anwendung in der nächstfolgenden Seite unserer Abhandlung.

Achte Vorlesung

In der vorigen Vorlesung sind die spekulativen Grundbestimmungen, die Natur des Begriffs, dessen Entwicklung zu der Vielheit von Bestimmungen und Gestaltungen betreffend, angegeben worden. Wenn wir nach unserer Aufgabe zurücksehen, so begegnet uns sogleich auch eine Mehrheit; es findet sich, daß es *mehrere Beweise* vom Dasein Gottes gibt, – eine äußerliche empirische Mehrheit, Verschiedenheit, wie sie sich zunächst auch nach dem geschichtlichen Entstehen darbietet, die nichts mit den Unterscheidungen, welche sich aus der Entwicklung des Begriffs ergeben, zu tun hat und die wir sonach, wie wir sie unmittelbar vorfinden, aufnehmen. Allein ein Mißtrauen gegen jene Mehrheit können wir sogleich fassen, wenn wir überlegen, daß wir es hier nicht mit einem endlichen Gegenstande zu tun haben, und uns erinnern, daß unsere Betrachtung eines unendlichen Gegenstandes eine philosophische, nicht ein zufälliges, äußerliches Tun und Bemühen sein soll. Ein geschichtliches Faktum, auch eine mathematische Figur enthält eine Menge von Beziehungen in ihr und Verhältnisse nach außen, nach denen sie angefaßt und von denen aus auf das Hauptverhältnis, von dem sie selbst abhängen, oder auf eine andere Bestimmung, um die es zu tun ist und die hiermit gleichfalls zusammenhängt, *geschlossen* werden kann. Von dem pythagoreischen Lehrsatze sollen etliche und zwanzig Beweise erfunden worden sein. Ein geschichtliches Faktum, je bedeutender es ist, steht mit so vielen Seiten eines Zustands und anderen geschichtlichen Verlaufs im Zusammenhang, daß von jeder derselben aus für die Notwendigkeit der Annahme jenes Faktums ausgegangen werden kann; der direkten Zeugnisse können ebenso sehr viele sein, und jedes Zeugnis gilt, insofern es sich nicht sonst widersprechend zeigt, in diesem Felde für einen Beweis. Wenn bei einem mathematischen Satze auch ein einziger für genügend gilt, so ist es vornehmlich bei geschichtlichen Gegenständen, juridischen Fällen, daß eine Mehrheit von Beweisen dafür gelten muß, die Beweiskraft selbst zu verstärken. Auf dem Gebiete der Erfahrung, der Erscheinungen hat der Gegenstand als ein empirisch Einzelnes die Bestimmung der Zufälligkeit, und ebenso gibt die Einzelheit der Kenntnis ihr eben denselben Schein. Seine Notwendigkeit hat der Gegenstand in dem Zusammenhange mit anderen Umständen, von denen jeder wieder für sich unter solche Zufälligkeit fällt; hier ist es die Erweiterung und Wiederholung solchen Zusammenhangs, wodurch die *Objektivität*, die Art *von Allgemeinheit*, die in diesem Felde möglich ist, sich ergibt. Die Bestätigung eines Faktums, einer Wahrnehmung durch die bloße Mehrheit von Beobachtungen benimmt der Subjektivität des Wahrnehmens den Verdacht des Scheins, der Täuschung, aller der Arten von Irrtum, denen es ausgesetzt sein kann.

Bei *Gott*, indem wir die ganz allgemeine Vorstellung von demselben voraussetzen, findet es einerseits statt, daß er den

Bereich von Zusammenhängen, in dem sonst irgendein Gegenstand mit anderen steht, unendlich übertrifft; andererseits, da Gott nur für das Innere des Menschen überhaupt ist, ist auf diesem Boden gleichfalls auf die mannigfaltigste Weise die Zufälligkeit des Denkens, Vorstellens, der Phantasie, der ausdrücklich Zufälligkeit zugestanden wird, der Empfindungen, Regungen usf. vorhanden. Es ergibt sich damit eine unendliche Menge der Ausgangspunkte, von denen zu Gott übergegangen werden kann und notwendig übergegangen werden muß, [und] so die unendliche Menge von solchen wesentlichen Übergängen, welche die Kraft von Beweisen haben müssen. Ebenso muß gegen die andere unendliche Möglichkeit der Täuschung und des Irrtums auf den Wegen zur Wahrheit die Bestätigung und Befestigung der Überzeugung durch die Wiederholung der Erfahrungen von den Wegen zur Wahrheit als erforderlich erscheinen. In dem Subjekte stärkt sich die Zuversicht und Innigkeit des Glaubens an Gott durch die Wiederholung des wesentlichen Erhebens des Geistes zu demselben und die Erfahrung und das Erkennen desselben als Weisheit, Vorsehung in unzähligen Gegenständen, Ereignissen und Begebnissen. So unerschöpflich die Menge der Beziehungen auf den einen Gegenstand ist, so unerschöpflich zeigt sich das Bedürfnis, in dem fortwährenden Versenktsein des Menschen in die unendlich mannigfaltige Endlichkeit seiner äußeren Umgebung und seiner inneren Zustände sich fortwährend die Erfahrung von Gott zu wiederholen, d. h. in neuen Beweisen des Waltens Gottes sich dasselbe vor Augen zu bringen.

Wenn man diese Art des Beweisens vor sich hat, wird man sogleich inne, daß es in einer verschiedenen Sphäre stattfindet als das wissenschaftliche Beweisen. Das empirische Leben des Einzelnen, aus den vielfachsten Abwechslungen der Stimmung, der Zustände des Gemüts in den verschiedenen äußeren Lagen zusammengesetzt, führt es herbei, aus und in denselben sich das Resultat, daß ein Gott ist, zu vervielfältigen und diesen Glauben sich, als dem veränderlichen Individuum, immer mehr und von neuem zu eigen und lebendig zu machen. Aber das wissenschaftliche Feld ist der Boden des *Gedankens*; auf diesem zieht sich das *Vielmal* der Wiederholung und das *Allemal*, das eigentlich das Resultat sein soll, in *Einmal* zusammen: es kommt nur die *eine* Gedankenbestimmung in Betracht, welche als dieselbe einfach alle jene Besonderheiten des empirischen, in die unendlichen Einzelheiten der Existenz zersplitterten Lebens in sich faßt.

Aber es sind dies unterschiedene Sphären nur der Form nach, der Gehalt ist derselbe. Der Gedanke bringt den mannigfaltigen Inhalt nur in einfache Gestalt; er epitomiert denselben, ohne ihm von seinem Werte und dem Wesentlichen etwas zu benehmen; dieses vielmehr nur herauszuheben, ist seine Eigentümlichkeit. Aber es ergeben sich hierbei auch unterschiedene, mehrere Bestimmungen. Zunächst bezieht sich die Gedankenbestimmung auf die *Ausgangspunkte* der Erhebung des Geistes aus *dem Endlichen* zu Gott; wenn sie deren Unzählbarkeit auf wenige Kategorien reduziert, so sind diese Kategorien selbst doch noch mehrere. Das *Endliche*, was überhaupt als Ausgangspunkt genannt wurde, hat unterschiedene Bestimmungen, und diese sind demnächst die Quelle der unterschiedenen metaphysischen, d. h. nur im Gedanken sich bewegenden Beweise vom Dasein Gottes. Nach der geschichtlichen Gestalt der Beweise, wie wir sie aufzunehmen haben, sind die Kategorien des Endlichen, in welchem die *Ausgangspunkte* bestimmt werden, die *Zufälligkeit* der weltlichen *Dinge* und dann die *zweckmäßige Beziehung* derselben in ihnen selbst und aufeinander. Aber außer diesen dem Inhalte nach endlichen Anfängen gibt es noch einen anderen Ausgangspunkt, nämlich der seinem Inhalte nach unendlich sein sollende *Begriff* Gottes, der nur diese Endlichkeit hat, ein *Subjektives* zu sein, welche ihm abzustreifen ist. Eine Mehrheit von Ausgangspunkten können wir uns unbefangen gefallen lassen; sie tut der Forderung, zu der wir uns berechtigt glaubten, daß der wahrhafte Beweis nur einer sei, für sich keinen Eintrag, insofern derselbe als das Innere des Gedankens von dem Gedanken gewußt, auch von diesem als der eine und derselbe, obgleich von verschiedenen Anfängen aus genommene Weg aufgezeigt werden kann. Gleichfalls ist ferner das Resultat eines und dasselbe, nämlich das Sein Gottes. Aber dies ist so etwas unbestimmt Allgemeines. Es tut sich jedoch hierbei eine Verschiedenheit auf, auf welche eine nähere Aufmerksamkeit zu wenden ist. Sie hängt mit dem zusammen, was die Anfänge oder Übergänge[1] genannt worden ist. Diese sind durch Ausgangspunkte, jeder eines bestimmten Inhalts, verschieden. Es sind bestimmte Kategorien; die Erhebung des Geistes zu Gott von ihnen aus ist der in sich notwendige Gang des Denkens, der nach dem gewöhnlichen Ausdruck ein *Schließen* genannt wird. Derselbe hat als notwendig ein *Resultat*, und dies Resultat ist bestimmt nach der Bestimmtheit des *Ausgangspunktes*; denn es folgt nur aus diesem. Somit ergibt sich, daß in den unterschiedenen Beweisen vom Dasein Gottes auch unterschiedene Bestimmungen von Gott resultieren. Dies geht nun gegen den nächsten Anschein und den Ausdruck, nach welchem in den Beweisen vom Dasein Gottes das Interesse nur auf das *Dasein* [gehen] und diese *eine* abstrakte Bestimmung das gemeinschaftliche Resultat aller der verschiedenen Beweise sein soll. Inhaltsbestimmungen daraus gewinnen zu wollen, ist schon damit beseitigt, daß in der Vorstellung Gottes bereits der ganze Inhalt sich findet und diese Vorstellung bestimmter oder dunkler vorausgesetzt oder, nach dem angegebenen gewöhnlichen Gange der Metaphysik, dieselbe als sogenannter Begriff zum voraus festgesetzt wird. Es ist daher diese Reflexion nicht ausdrücklich vorhanden, daß durch jene Übergänge des Schließens sich die Inhaltsbestimmungen ergeben; am wenigsten in dem Beweise, der ins-

1 W: »Ausgangspunkte«

besondere von dem vorher ausgemachten Begriffe Gottes ausgeht und ausdrücklich nur das Bedürfnis befriedigen soll, jenem Begriff die abstrakte Bestimmung des *Seins* hinzuzufügen.

Aber es erhellt von selbst, daß aus verschiedenen Prämissen und der Mehrheit von Schlüssen, die durch dieselben konstruiert werden, auch mehrere Resultate von unterschiedenem Inhalte sich ergeben. Wenn nun die Anfangspunkte es zu gestatten scheinen, ihr Außereinanderfallen gleichgültiger zu nehmen, so beschränkt sich diese Gleichgültigkeit in Ansehung der Resultate, welche eine Mehrheit von Bestimmungen des Begriffes Gottes geben; vielmehr führt sich die Frage zunächst über das Verhältnis derselben zueinander von selbst herbei, da Gott Einer ist. Das geläufigste Verhältnis hierbei ist, daß Gott in mehreren Bestimmungen als *ein* Subjekt von mehreren Prädikaten bestimmt wird, wie wir es nicht nur von den endlichen Gegenständen gewohnt sind, daß von ihnen mehrere Prädikate in ihrer Beschreibung aufgeführt werden, sondern daß auch von Gott mehrere Eigenschaften aufgezeigt werden, Allmacht, Allweisheit, Gerechtigkeit, Güte usf. Die Morgenländer nennen Gott den Viel- oder vielmehr den unendlich Allnamigen und haben die Vorstellung, daß die Forderung, das zu sagen, was er ist, nur durch die unerschöpfliche Angabe seiner Namen, d. i. seiner Bestimmungen erschöpft werden könne. Wie aber von der unendlichen Menge der Ausgangspunkte gesagt worden ist, daß sie durch den Gedanken in einfache Kategorien zusammengefaßt werden, so tritt hier noch mehr das Bedürfnis ein, die Mehrheit von Eigenschaften auf wenigere oder um so mehr auf einen Begriff zu reduzieren, da Gott *ein* Begriff, der wesentlich in sich einige, untrennbare Begriff ist, während wir von den endlichen Gegenständen zugeben, daß wohl jeder für sich auch nur *ein* Subjekt, ein *Individuum*, d. i. ein Ungeteiltes ist, Begriff ist, diese Einheit [aber] doch eine in sich mannigfaltige, nur aus vielem, gegeneinander Äußerlichen zusammengesetzte, trennbare, selbst auch sich in ihrer Existenz widerstreitende Einheit ist. Die Endlichkeit der lebendigen Naturen besteht darin, daß an ihnen Leib und Seele trennbar ist, noch mehr, daß die Glieder, daß Nerv, Muskel usf., dann Färbestoff, Öl, Säure usf. ebenso trennbar sind, daß, was Prädikate am wirklichen Subjekte oder Individuum sind, Farbe, Geruch, Geschmack usf., als selbständige Materie auseinandergehen kann und daß die individuelle Einheit bestimmt ist, so auseinanderzufallen. Der Geist tut seine Endlichkeit in derselben Verschiedenheit und Unangemessenheit überhaupt seines Seins zu seinem Begriffe kund; die Intelligenz zeigt sich der Wahrheit, der Wille dem Guten, Sittlichen und Rechten, die Phantasie dem Verstande, sie und dieser der Vernunft usf. unangemessen, – ohnehin [ist] das sinnliche Bewußtsein, mit welchem die ganze Existenz immer aus- oder wenigstens angefüllt ist, die Masse von momentanem, vergänglichem, schon insofern unwahrem Inhalte. Diese in der empirischen Wirklichkeit so weit durchgreifende Trennbarkeit und Getrenntheit der Tätigkeiten, Richtungen, Zwecke und Handlungen des Geistes kann es einigermaßen entschuldigen, wenn auch die Idee desselben so in sich in Vermögen oder Anlagen oder Tätigkeiten und dergleichen auseinanderfallend aufgefaßt wird; denn er ist als individuelle Existenz, als dieser Einzelne eben diese Endlichkeit, so in getrenntem, sich selbst äußerlichem Dasein zu sein. Aber Gott ist nur *dieser Eine*, ist nur als dieser *eine* Gott; also die subjektive Wirklichkeit untrennbar von der Idee und damit ebenso ungetrennt an ihr selber. Hier zeigt sich die Verschiedenheit, die Trennung, Mehrheit der Prädikate, die nur in der Einheit des Subjekts[2] verknüpft, an ihnen selbst aber in Unterschiedenheit wären – womit sie selbst in Gegensatz und damit in Widerstreit kämen –, somit aufs entschiedenste als etwas Unwahres und die *Mehrheit* von Bestimmungen als ungehörige Kategorie.

---

2 W: »das Subjekt«

Die nächste Art, in welcher sich die Zurückführung der mehreren Bestimmungen Gottes, die sich aus den mehreren Beweisen ergeben, auf den *einen* und als in sich einig zu fassenden Begriff darbietet, ist das Gewöhnliche, daß sie auf eine, wie man es nennt, *höhere* Einheit, d. h. eine abstraktere und, da die Einheit Gottes die höchste ist, auf die hiermit abstrakteste Einheit zurückgeführt werden sollen. Die abstrakteste Einheit aber ist die Einheit selbst; es ergäbe sich daher für die Idee Gottes nur dies, daß er die Einheit sei – um dies als ein Subjekt oder Seiendes wenigstens auszudrücken: etwa *der Eine*, was aber nur gegen *Viele* gestellt ist, so daß auch der Eine in ihm selbst noch von den *Vielen* Prädikat sein könnte, also als Einheit in ihm selbst: etwa eher *das Eine* oder auch das Sein. Aber mit solcher Abstraktion der Bestimmung kommen wir nur auf das zurück, daß von Gott nur abstrakt das *Sein* in den Beweisen des Daseins Gottes das Resultat wäre oder, was dasselbe ist, daß Gott selbst nur das abstrakte Eine oder Sein, das leere Wesen des Verstandes wäre, dem sich die konkrete Vorstellung Gottes, die durch solche abstrakte Bestimmung nicht befriedigt [wird], gegenüberstellte. Aber nicht nur ist die Vorstellung dadurch unbefriedigt, sondern die Natur des Begriffes selbst, welche, wie sie im allgemeinen angegeben worden, sich als an ihr selbst konkret zeigt und, was als Verschiedenheit und Mehrheit von Bestimmungen äußerlich erscheint, nur die in sich bleibende Entwicklung von ihren Momenten ist. Es ist denn so die innere Notwendigkeit der Vernunft, welche in dem denkenden Geiste wirksam ist und in ihm diese *Mehrheit von Bestimmungen* hervortreibt; nur indem dieses Denken die Natur des Begriffes selbst und damit die Natur ihres Verhältnisses und die Notwendigkeit des Zusammenhanges derselben noch nicht erfaßt hat, erscheinen sie, die an sich Stufen der Entwicklung sind, nur als eine zufällige, aufeinanderfolgende, außereinanderfallende Mehrheit, wie dieses Denken auch innerhalb einer jeden dieser Bestimmungen die Natur des Überganges, welcher Beweisen heißt, nur so auffaßt, daß die Bestimmungen in ihrem Zusammenhange doch außereinander bleiben und sich nur als selbständige *miteinander* vermitteln, [dagegen] nicht die Vermittlung mit sich selbst als das wahrhafte letzte Verhältnis in solchem Gange erkennt, was sich als der formelle Mangel dieser Beweise bemerklich machen wird.

Neunte Vorlesung

Nehmen wir die Verschiedenheit der vorhandenen Beweise über das Dasein Gottes auf, wie wir sie vorfinden, so treffen wir auf einen wesentlichen Unterschied: ein Teil der Beweise geht vom *Sein* zum *Gedanken* Gottes, d. i. näher vom bestimmten Sein zum wahrhaften Sein als dem Sein Gottes über, der andere von dem *Gedanken* Gottes, der Wahrheit an sich selbst, zum *Sein* dieser Wahrheit. Dieser Unterschied, obgleich derselbe als ein nur sich so vorfindender, zufälliger aufgeführt wird, gründet sich auf eine Notwendigkeit, die bemerklich zu machen ist. Wir haben nämlich zwei Bestimmungen vor uns, den Gedanken Gottes und das Sein. Es *kann* also sowohl von der einen als der anderen ausgegangen werden in dem Gange, der ihre Verbindung bewerkstelligen soll. Bei dem bloßen Können scheint es gleichgültig, von welcher aus der Weg gemacht werde; ferner auch, wenn auf einem die Verknüpfung zustande gekommen, erscheint der andere als überflüssig.

Was aber so zunächst als gleichgültige Zweiheit und als äußerliche Möglichkeit erscheint, hat einen Zusammenhang im Begriffe, so daß die beiden Wege weder gleichgültig gegeneinander sind, noch einen bloß äußerlichen Unterschied ausmachen, noch einer derselben überflüssig ist. Die Natur dieser Notwendigkeit betrifft nicht einen Nebenumstand; sie hängt mit dem innersten unseres Gegenstandes selbst zusammen und zunächst mit der logischen Natur des Begriffs; gegen diesen sind die zwei Wege nicht bloß verschiedene überhaupt, sondern Einseitigkeit, sowohl in Beziehung auf die subjektive Erhebung unseres Geistes zu Gott als auch auf die Natur Gottes selbst. Wir wollen diese Einseitigkeit in ihrer konkreteren Gestalt in Beziehung auf unseren Gegenstand darlegen. Es sind zunächst nur die abstrakten Kategorien von Sein und Begriff, deren Gegensatz und Beziehungsweise wir vor uns haben; es soll sich zugleich zeigen, wie diese Abstraktionen und deren Verhältnisse zueinander die Grundlagen des Konkretesten ausmachen und bestimmen.

Um dies bestimmter angeben zu können, schicke ich die weitere Unterscheidung voraus, daß es drei Grundweisen sind, in denen der Zusammenhang zweier Seiten oder Bestimmungen steht: die eine ist das *Übergehen* der einen Bestimmung in ihre andere, die zweite die *Relativität* derselben oder das *Scheinen* der einen an oder in dem *Sein* der anderen; die dritte Weise aber ist die des *Begriffs* oder der *Idee*, daß die Bestimmung in ihrer anderen so sich erhält, daß diese ihre Einheit, die selbst *an sich* das ursprüngliche Wesen beider ist, auch als die subjektive Einheit derselben gesetzt ist. So ist keine von ihnen einseitig, und sie beide zusammen machen das Scheinen ihrer Einheit aus, die zunächst nur ihre *Substanz* aus ihnen als dem immanenten Scheinen der Totalität ebenso ewig sich resultiert und unterschieden von ihnen *für sich* als ihre Einheit wird, als diese sich ewig zu ihrem Scheine *entschließt*.

Die beiden angegebenen einseitigen Wege der Erhebung geben daher an ihnen selbst eine gedoppelte Form ihrer Einseitigkeit; die Verhältnisse, die daraus hervorgehen, sind bemerklich zu machen. Was im allgemeinen geleistet werden soll, ist, daß an der Bestimmung der einen Seite, des Seins, die andere, der Begriff, und umgekehrt an dieser die erstere aufgezeigt werde, jede an und aus ihr selbst sich zu ihrer anderen bestimme. Wenn nun nur die eine Seite sich zu der anderen bestimmte, so wäre dieses Bestimmen einesteils nur ein Übergehen, in dem die erste sich verlöre, oder anderenteils ein Scheinen ihrer hinaus, außer sich selbst, worin jene zwar sich für sich erhielte, aber nicht in sich zurückkehrte, nicht für sich selbst jene Einheit wäre. Wenn wir den Begriff mit der konkreten Bedeutung Gottes und Sein in der konkreten Bedeutung der Natur nehmen und das Sichbestimmen Gottes zur Natur nur in dem ersten der angegebenen Zusammenhänge faßten, so wäre derselbe ein Werden Gottes zur Natur; wäre aber nach dem zweiten die Natur nur ein Erscheinen Gottes, so wäre sie wie im Übergange nur für ein Drittes, nur für uns, die darin liegende Einheit, sie wäre nicht an und für sich selbst vorhanden, nicht die wahrhafte, im vorhinein[1] bestimmte. Wenn wir dies in konkreteren Formen nehmen und Gott als die Idee für sich seiend vorstellen, von ihr anfangen und das Sein auch als Totalität des Seins, als Natur fassen, so zeigte sich der Fortgang von der Idee zur Natur 1. entweder als ein bloßer Übergang in die Natur, in welcher die Idee verloren, verschwunden wäre; 2. in Ansehung des Überganges, um dies näher anzugeben, wäre es nur unsere Erinnerung, daß das einfache Resultat aus einem Anderen hergekommen wäre, das aber verschwunden ist; in Ansehung des Erscheinens wären es wir nur, die den Schein auf sein Wesen bezögen, ihn in dasselbe zurückführten. – Oder in einem weiteren Gesichtspunkte: Gott hätte nur eine Natur erschaffen, nicht einen endlichen Geist, der aus ihr zu ihm zurückkehrt; – er hätte eine unfruchtbare Liebe zu der Welt als zu seinem Scheine, der als Schein schlechthin nur ein Anderes gegen ihn bliebe, aus dem er sich nicht widerstrahlte, nicht in sich selbst schiene. Und wie sollte der Dritte, wie sollten wir es sein, die diesen Schein auf sein Wesen bezögen, ihn in seinen Mittelpunkt zurückführten und das Wesen so erst sich selbst erscheinen, in sich selbst scheinen machten? Was wäre dies Dritte? Was wären wir? Ein absolut vorausgesetztes Wissen, überhaupt ein selbständiges Tun einer formellen, alles in sich selbst befas-

1 W: »vorhin«

senden Allgemeinheit, in welche jene an und für sich sein sollende Einheit selbst nur als Scheinen ohne Objektivität fiele.

Fassen wir das Verhältnis bestimmter, welches in dieser Bestimmung aufgestellt ist, so würde die Erhebung des bestimmten Seins der Natur und des natürlichen Seins überhaupt, und darunter auch unseres Bewußtseins der Tätigkeit dieses Erhebens selbst, zu Gott eben nur die Religion, die Frömmigkeit sein, welche *subjektiv* nur zu ihm sich erhebt, entweder auch nur in Übergangsweise, um in ihm zu verschwinden, oder [um] als einen Schein sich *ihm* gegenüberzusetzen. In jenem Verschwinden des Endlichen in ihm wäre er nur die absolute Substanz, aus der nichts hervorgeht und nichts zu sich wiederkehrt; – und selbst das Vorstellen oder Denken der absoluten Substanz wäre noch ein Zuviel, das selbst zu verschwinden hätte. Wird aber das Reflexionsverhältnis noch erhalten, das Erheben der Frömmigkeit zu ihm in dem Sinne, daß die Religion als solche, d. h. somit das Subjektive für sich das Seiende, Selbständige bleibt, so ist das zunächst Selbständige, zu dem sie das Erheben ist, nur ein von ihr Produziertes, Vorgestelltes, Postuliertes oder Gedachtes, Geglaubtes, – ein Schein, nicht wahrhaft ein Selbständiges, das aus sich selbst anfängt, nur die vorgestellte Substanz, die sich nicht erschließt und eben damit nicht die Tätigkeit ist, als welche allein in das subjektive Erheben als solches fällt; es würde nicht gewußt und anerkannt, daß Gott der Geist ist, der jenes Erheben zu ihm, jene Religion im Menschen selbst erweckt.

Wenn in dieser Einseitigkeit sich auch eine weitere Vorstellung und Entwicklung dessen, was zunächst über die Bestimmung eines Gegenscheins nicht hinausgeht, sich ergäbe, eine Emanzipation desselben, worin er seinerseits gleichfalls als selbständig und tätig als Nicht-Schein bestimmt würde, so wäre diesem Selbständigen nur die relative, somit halbe Beziehung auf seine andere Seite zuerkannt, welche einen unmitteilenden und unmitteilbaren Kern in sich behielte, der nichts mit dem Anderen zu tun hätte; es wäre nur mit der Oberfläche, daß[2] beide Seiten scheinsweise sich zueinander verhielten, nicht aus ihrem Wesen und durch ihr Wesen; es fehlte sowohl auf beiden Seiten die wahrhafte, totale Rückkehr des Geistes in sich selbst, als er auch die Tiefen der Gottheit nicht erforschte. Aber jene Rückkehr in sich und diese Erforschung des Anderen, beides fällt wesentlich zusammen, denn die bloße Unmittelbarkeit, das substantielle Sein ist keine Tiefe; die wirkliche Rückkehr in sich macht allein die Tiefe, und das Erforschen selbst des Wesens ist die Rückkehr in sich.

Bei dieser vorläufigen Andeutung des konkreteren Sinnes des angeführten Unterschiedes, den unsere Reflexion vorfand, lassen wir es hier bewenden. Worauf aufmerksam zu machen war, ist, daß der Unterschied nicht eine überflüssige Mehrheit ist, daß ferner die daraus zunächst als formell und äußerlich geschöpfte Einteilung zwei Bestimmungen – Natur, natürliche Dinge, Bewußtsein zu Gott und von da zurück zum Sein – enthält, welche zu einem Begriffe gleich notwendig gehören, ebensosehr im Gange des subjektiven Ganges des Erkennens, als sie einen ganz objektiven konkreten Sinn enthalten und, nach beiden Seiten hin für sich gehalten, die wichtigsten Einseitigkeiten darbieten. In betreff des Erkennens liegt ihre Ergänzung in der Totalität, die der Begriff ist überhaupt, näher in dem, was von ihm gesagt worden ist, daß seine Einheit als Einheit *beider Momente* ein Resultat, wie die absoluteste Grundlage, und Resultat beider Momente sei. Ohne aber diese Totalität und deren Forderung vorauszusetzen, wird aus dem Resultate der *einen* Bewegung – und da wir anfangen, können wir nur einseitig von der einen anfangen – es sich ergeben, daß sie sich selbst durch ihre eigene dialektische Natur zu der anderen hinübertreibt, aus sich zu dieser Vervollständigung übergeht. Die objektive Bedeutung dieses zunächst nur subjektiven Schlie-

2 W: »in der«

ßens aber wird sich damit zugleich von selbst herausheben, daß die unzulängliche, endliche Form jenes Beweisens aufgehoben wird. Die Endlichkeit desselben besteht vor allem in dieser Einseitigkeit seiner Gleichgültigkeit und Trennung von dem Inhalte; mit dem Aufheben dieser Einseitigkeit erhält es auch den Inhalt in seiner Wahrheit in sich. Die Erhebung zu Gott ist für sich das Aufheben der Einseitigkeit der Subjektivität überhaupt und zuallererst des Erkennens.

Zu dem Unterschiede, wie er von der formellen Seite als eine Verschiedenheit der Arten von Beweisen des Daseins Gottes erscheint, ist noch hinzuzufügen, daß von der einen Seite, welche vom Sein zum Begriffe Gottes übergeht, zwei Gestalten von Beweisen angegeben werden.

Der erste Beweis geht von dem Sein aus, welches, als ein *zufälliges,* sich nicht selbst trägt, und schließt auf ein wahrhaftes, an und für sich notwendiges Sein, – der Beweis *e contingentia mundi.*

Der andere Beweis geht von dem Sein aus, insofern es sich nach *Zweck*beziehungen bestimmt findet, und schließt auf einen *weisen* Urheber dieses Seins, – der *teleologische* Beweis vom Dasein Gottes.

Indem noch die andere Seite hinzukommt, welche den *Begriff Gottes* zum Ausgangspunkt macht und auf das Sein desselben schließt – *der ontologische Beweis* –, so sind es, indem wir uns von dieser Angabe leiten lassen, drei Beweise, die wir, und nicht weniger deren Kritik, durch welche sie als abgetan in Vergessenheit gestellt worden sind, zu betrachten haben.

Zehnte Vorlesung

Die erste Seite der zu betrachtenden Beweise macht die *Welt* überhaupt, und zwar zunächst die *Zufälligkeit* derselben zu ihrer Voraussetzung. Der Ausgangspunkt sind die empirischen *Dinge* und das Ganze dieser Dinge, die Welt. Das *Ganze* hat, je nachdem es bestimmt ist, allerdings einen Vorzug vor seinen Teilen, das Ganze nämlich als die alle Teile umfassende und sie bestimmende Einheit, wie schon das Ganze eines Hauses, noch mehr das Ganze, das als für sich seiende Einheit ist, wie die Seele des lebendigen Körpers. Aber unter Welt verstehen wir nur das *Aggregat* der weltlichen Dinge, nur das Zusammen dieser unendlichen Menge von Existenzen, die wir im Anblick vor uns haben, deren jede zunächst selbst als für sich seiend vorgestellt wird. Die Welt begreift die Menschen so sehr in sich als die natürlichen Dinge; als dies Aggregat, etwa auch nur der letzteren, wird die Welt nicht als *Natur* vorgestellt, unter der man etwa ein in sich systematisches Ganzes, ein System von Ordnungen und Stufen und vornehmlich von Gesetzen versteht. Die Welt drückt nur so das Aggregat aus, daß, was sie ist, schlechthin auf der existierenden Menge beruht; so hat sie keinen Vorzug, wenigstens keinen qualitativen Vorzug vor den weltlichen Dingen.

Diese Dinge bestimmen sich uns ferner auf vielfache Weise, zunächst als beschränktes Sein, als Endlichkeit, Zufälligkeit usf. Von solchem Ausgangspunkte aus erhebt sich der Geist zu Gott. Das beschränkte, das endliche, zufällige Sein verurteilt er als ein unwahres Sein, über welchem das wahrhafte sei; er entflieht in die Region eines anderen, schrankenlosen Seins, welche[s] das Wesen sei, gegen jenes unwesentliche, äußerliche Sein. Die Welt der Endlichkeit, Zeitlichkeit, Veränderlichkeit, Vergänglichkeit ist nicht das Wahre, – sondern das Unendliche, Ewige, Unveränderliche. Wenn auch das, was wir genannt haben, das schrankenlose Sein, das Unendliche, das Ewige, Unveränderliche, noch nicht hinreicht, die ganze Fülle dessen auszudrücken, was wir Gott nennen, so ist doch Gott schrankenloses Sein, unendlich, ewig, unveränderlich; die Erhebung geschieht also wenigstens zu diesen göttlichen Prädikaten, oder vielmehr zu diesen, wenn auch abstrakten, doch allgemeinen Grundlagen seiner Natur, oder wenigstens zu dem allgemeinen Boden, in den reinen Äther, in dem Gott wohnt.

Diese Erhebung überhaupt ist das *Faktum* in dem Menschengeiste, das die Religion ist, aber die Religion nur überhaupt, d. i. ganz abstrakt; so ist dies die allgemeine, aber nur die allgemeine Grundlage derselben.

Bei dieser Erhebung als *Faktum* bleibt das Prinzip des *unmittelbaren Wissens* stehen, beruft sich und beruht bei demselben als Faktum mit der Versicherung, daß es das allgemeine Faktum in den Menschen und selbst in allen Menschen sei, welches die innere Offenbarung Gottes im Menschengeiste und die Vernunft genannt wird. Es ist über dies Prinzip schon früher hinreichend geurteilt worden; hier erinnere ich nur darum noch einmal daran, insofern wir bei dem Faktum, um welches es sich handelt, hier stehen. Dieses Faktum eben, die Erhebung selbst ist als solche vielmehr unmittelbar die Vermittlung: sie hat das endliche, zufällige Dasein, die weltlichen Dinge zu ihrem Anfang und Ausgangspunkt, ist der Fortgang von da zu einem Anderen überhaupt. Sie ist somit vermittelt durch jenen Anfang und ist nur die Erhebung zum Unendlichen und in sich selbst Notwendigen, indem sie nicht bei jenem Anfange, welcher hier allein das Unmittelbare (und dies selbst nur, wie sich später bestimmt, relativ) ist, stehenbleibt, sondern *vermittels* des Verlassens und Aufgebens solchen Standpunkts. Diese Erhebung, welche Bewußtsein ist, ist somit in sich selbst vermitteltes Wissen.

Über den Anfang, von dem diese Erhebung ausgeht, ist ferner sogleich auch dies zu bemerken, daß der Inhalt nicht ein sinnlicher, nicht ein empirisch konkreter der Empfindung oder Anschauung, noch ein konkreter der Phantasie ist, sondern es sind die *abstrakten Gedankenbestimmungen* der Endlichkeit und Zufälligkeit der Welt, von denen ausgegangen wird; gleicher Art ist das Ziel, bei dem die Erhebung ankommt, die Unendlichkeit, absolute Notwendigkeit Gottes nicht in weiterer, reicherer Bestimmung, sondern ganz in diesen allgemeinen Kategorien gedacht. Nach dieser Seite muß gesagt werden, daß die Allgemeinheit des Faktums dieser Erhebung *ihrer Form nach* falsch ist. Z. B. selbst von den Griechen kann man sagen, daß die Gedanken der Unendlichkeit, der an sich selbst seienden Notwendigkeit als des Letzten von allem nur den Philosophen angehört haben; weltliche Dinge lagen nicht in der abstrakten Form von weltlichen Dingen, zufälligen und endlichen Dingen so allgemein vor der Vorstellung, sondern in ihrer empirisch konkreten Gestalt, ebenso Gott nicht in der Gedankenbestimmung des Unendlichen, Ewigen, an sich Notwendigen, sondern in bestimmten Gebilden der Phantasie. Noch weniger ist es bei minder gebildeten Völkern der Fall, daß solche allgemeine Formen *für sich* vor ihrem Bewußtsein stehen; sie gehen wohl allen Menschen, weil sie denkend sind, wie man zu sagen pflegt, durch den Kopf, sind auch weiter in das Bewußtsein herausgebildet, wovon der eigentümliche Beweis ist, wenn sie in der Sprache fixiert sind; aber dann selbst tun sie sich zunächst als Bestimmungen von konkreten Gegenständen hervor, – sie brauchen nicht als für sich selbst selbständig im Bewußtsein fixiert zu sein. Unserer Bildung erst sind diese Kategorien des Gedankens geläufig und sind allgemein oder allgemein verbreitet. Aber eben diese Bildung wie nicht weniger die erwähnten, in der Selbständigkeit des vorstellenden Denkens Ungeübteren haben das nicht als etwas Unmittelbares, sondern durch den vielfachen Gang des Denkens, Studiums, der Sprachgewohnheit vermittelt. Man hat wesentlich denken gelernt und sich die Gedanken zur Geläufigkeit eingebildet; die Bildung zum abstrakteren Vorstellen ist ein unendlich mannigfaltig in sich Vermitteltes. Es ist an diesem Faktum der Erhebung ebensosehr Faktum, daß sie Vermittlung ist.

Dieser Umstand, daß die Erhebung des Geistes zu Gott die Vermittlung in ihr selbst hat, ist es, welche zum Beweisen, d. i. zur Auseinandersetzung der einzelnen Momente dieses Prozesses des Geistes, und zwar in Form des Denkens einlädt. Es ist der Geist in seinem Innersten, nämlich in seinem Denken, der diese Erhebung macht; sie ist der Verlauf von

Gedankenbestimmungen. Was durch das Beweisen geschehen soll, ist, daß solches denkende Wirken zum Bewußtsein gebracht [werde], daß dieses davon als von einem Zusammenhang jener Gedankenmomente wisse. Gegen solche Exposition, welche sich im Felde der denkenden Vermittlung entfaltet, erklärt sich sowohl der Glaube, welcher unmittelbare Gewißheit bleiben will, als auch die Kritik des Verstandes, der sich in den Verwicklungen jener Vermittlung zu Hause findet, – in der letzteren, um die Erhebung selbst zu verwirren. Mit dem Glauben ist zu sagen, daß der Verstand an jenen Beweisen noch so sehr zu mäkeln finden möchte, und sie möchten für sich in ihrer Explikation der Erhebung des Geistes vom Zufälligen und Zeitlichen zum Unendlichen und Ewigen noch so mangelhafte Seiten haben, der Geist der Menschenbrust läßt sich diese Erhebung nicht nehmen. Insofern sie dieser Brust vom Verstande verkümmert worden, so hat der Glaube einerseits derselben zugerufen, fest an dieser Erhebung zu halten und sich nicht um die Mäkelei des Verstandes, aber andererseits, um auf das Sicherste zu gehen, auch selbst sich um das Beweisen überhaupt nicht zu bekümmern, und hat gegen dieses im Interesse seiner eigenen Befangenheit sich auf die Seite des kritischen Verstandes geschlagen. Der Glaube läßt sich die Erhebung zu Gott, d. i. sein Zeugnis von der Wahrheit, nicht rauben, weil sie in sich selbst notwendig, mehr als ein bloßes oder irgendein Faktum des Geistes ist. Fakta, innere Erfahrungen gibt es im Geiste und vielmehr in den Geistern – und der Geist existiert nicht als ein Abstraktum, sondern als die vielen Geister – unendlich mannigfaltige, die entgegengesetztesten und verworfensten. Schon um das Faktum auch als *Faktum des Geistes*, nicht der ephemeren, zufälligen Geister, richtig zu fassen, ist erforderlich, es in seiner Notwendigkeit zu erfassen; nur sie bürgt für die Richtigkeit auf diesem Boden der Zufälligkeit und der Willkür. Der Boden dieses höheren Faktums aber ist ferner für sich der Boden der Abstraktion; nicht nur ist es am schwersten, über sie und ihre Zusammen-

hänge ein bestimmtes und waches Bewußtsein zu haben, sondern sie für sich ist die Gefahr, und diese ist unabwendbar, wenn die Abstraktion einmal eingetreten, die glaubende Menschenbrust einmal von dem Baume der Erkenntnis gekostet hat, das Denken in seiner eigentümlichen Gestalt, wie es für sich und frei ist, in ihr aufgekeimt ist.
Wenn wir nun der Fassung des inneren Ganges des Geistes in Gedanken und den Momenten desselben nähertreten, so ist von dem ersten Ausgangspunkte schon bemerkt worden, daß er eine Gedankenbestimmung ist, nämlich überhaupt die *Zufälligkeit* der weltlichen Dinge; so liegt die erste Form der Erhebung geschichtlich in dem sogenannten *kosmologischen Beweise* vom Dasein Gottes vor. Von dem Ausgangspunkt ist gleichfalls angegeben worden, daß von der Bestimmtheit desselben auch die Bestimmtheit des Zieles, zu dem wir uns erheben, abhängt. Die weltlichen Dinge können noch anders bestimmt sein, so ergäbe sich auch für das Resultat, das Wahre, eine andere Bestimmung, – Unterschiede, die dem wenig gebildeten Denken gleichgültiger sein können, aber die auf dem Boden des Denkens, auf den wir uns versetzt, das sind, um was es zu tun und worüber Rechenschaft zu geben ist. Wenn die Dinge also als *daseiend* überhaupt bestimmt würden, so könnte vom Dasein als bestimmtem Sein gezeigt werden, daß seine Wahrheit das *Sein selbst*, das bestimmungs-, das grenzenlose Sein ist. Gott wäre so nur als das Sein bestimmt, – die abstrakteste Bestimmung, mit der die *Eleaten* bekanntlich angefangen haben. – Am schlagendsten läßt sich an diese Abstraktion für den vorhin gemachten Unterschied von innerem Denken *an sich* und von dem Herausstellen der Gedanken ins Bewußtsein erinnern; welchem Individuum geht nicht das Wort *Sein* aus dem Munde (das Wetter *ist* schön! wo *bist* du? usf. ins Unendliche), in wessen vorstellender Tätigkeit findet sich also diese reine Gedankenbestimmung nicht? – aber eingehüllt in den konkreten Inhalt (das Wetter usf. ins Unendliche), von welchem allein das Bewußtsein in solchem Vorstellen erfüllt

ist, von dem es also allein weiß. Einen unendlichen Unterschied von solchem Besitze und Gebrauche der Denkbestimmung »Sein« macht es, sie für sich zu fixieren und als das Letzte, als das Absolute wenigstens mit oder ohne weiter einen Gott, wie die Eleaten, zu wissen. – Weiter die Dinge als *endlich* bestimmt, so erhöbe sich der Geist aus ihnen zum Unendlichen, – sie zugleich als das reale Sein [bestimmt], so erhöbe er sich zum Unendlichen als dem *ideellen* oder *idealen* Sein. Oder sie[1] ausdrücklich als *nur* unmittelbar *seiende* überhaupt bestimmt, so erhöbe er sich aus dieser bloßen Unmittelbarkeit als einem Scheine zum *Wesen* und zu demselben ferner als ihrem *Grunde,* oder von ihnen als Teilen zu Gott als dem *Ganzen,* oder als von selbstlosen *Äußerungen* zu Gott als zur *Kraft,* von ihnen als *Wirkungen* zu ihrer *Ursache.* Alle diese Bestimmungen werden den Dingen vom Denken gegeben, und ebenso werden von Gott die Kategorien *Sein, Unendliches, Ideelles, Wesen* und *Grund, Ganzes, Kraft, Ursache* gebraucht; sie sind auch von ihm zu gebrauchen, jedoch vorübergehend in dem Sinne, daß [sie], ob sie wohl von ihm gelten, Gott Sein, Unendliches, Wesen, Ganzes, Kraft usf. wirklich ist, doch seine Natur nicht erschöpfen, er noch tiefer und reicher in sich sei, als diese Bestimmungen ausdrücken. Der Fortgang von jeder solchen Anfangsbestimmung des Daseins als des endlichen überhaupt zu ihrer Endbestimmung, nämlich über das Unendliche in Gedanken, ist ein *Beweis* ganz in derselben Art zu nennen als die förmlich mit diesem Namen aufgeführten. Auf solche Art vermehrte sich die Zahl der Beweise weit über die angegebene Mehrheit.

Aus welchem Gesichtspunkte nun haben wir diese weitere Vermehrung, die uns so vielleicht unbequem erwüchse, zu betrachten? Abweisen können wir diese Vielheit nicht geradezu; im Gegenteil, wenn wir uns einmal auf den Standpunkt der als Beweise anerkannten Gedankenvermittlungen

---

1 W: »als«

versetzt haben, haben wir Rechenschaft darüber abzulegen, warum solche Aufführung sich auf die angegebene Anzahl und die in ihnen enthaltenen Kategorien beschränkt habe und beschränken könne. Es ist in Ansehung dieser neuen erweiterten Mehrheit zunächst dasselbe zu erinnern, was über die frühere, beschränkter erscheinende gesagt worden ist. Diese Mehrheit von Ausgangspunkten, die sich darbietet, ist nichts anderes als die Menge von Kategorien, die in dem Felde der logischen Betrachtung zu Hause sind; es ist nur anzugeben, wie sie sich auf diesem zeigen. Sie erweisen sich daselbst, nicht anderes zu sein als die Reihe der Fortbestimmungen des Begriffs, und zwar nicht irgendeines Begriffs, sondern des Begriffs an ihm selbst, – die Entwicklung desselben zu einem Außereinander, indem er sich dabei ebensosehr in sich vertieft; die eine Seite in diesem Fortgange ist die endliche Bestimmtheit einer Form des Begriffs, die andere deren nächste Wahrheit, die selbst wieder nur eine zwar konkretere und tiefere Form als die vorhergehende ist, – die höchste Stufe einer Sphäre ist der Anfang zugleich einer höheren. Diesen Fortgang der Begriffsbestimmung entwickelt die Logik in seiner Notwendigkeit. Jede Stufe, die er durchläuft, enthält insofern die Erhebung einer Kategorie der Endlichkeit in ihre Unendlichkeit; sie enthält also ebensosehr von ihrem Ausgangspunkte aus einen metaphysischen Begriff von Gott, und indem diese Erhebung in ihrer Notwendigkeit gefaßt ist, einen Beweis seines Seins, und ebenso führt sich das Übergehen der einen Stufe in ihre höhere durch als ein notwendiger Fortgang des konkreteren und tieferen Bestimmens, nicht nur als eine *Reihe* zufällig aufgelesener Begriffe, – und ein Fortgang zur ganz *konkreten* Wahrheit, zur *vollkommenen Manifestation* des Begriffs, zu der Ausgleichung jener seiner Manifestationen mit ihm selbst. Die Logik ist insofern die metaphysische Theologie, welche die Evolution der Idee Gottes in dem Äther des reinen Gedankens betrachtet, so daß sie eigentlich derselben, die an und für sich schlechthin selbständig ist, nur zusieht.

Diese Ausführung soll in diesen Vorlesungen nicht unser Gegenstand sein; wir wollten uns hier daran halten, diejenigen Begriffsbestimmungen *geschichtlich* aufzunehmen, von welchen die Erhebung zu den Begriffsbestimmungen, die ihre Wahrheit sind und die als Begriffsbestimmungen Gottes aufgeführt werden, zu betrachten [ist]. Der Grund der allgemeinen Unvollständigkeit in jener Aufnahme von den Begriffsbestimmungen kann nur der Mangel am Bewußtsein sein über die Natur der Begriffsbestimmungen selbst, ihres Zusammenhangs untereinander sowie über die Natur der Erhebung von ihnen als endlichen zum Unendlichen. Der nähere Grund, daß sich die Bestimmung der *Zufälligkeit* der Welt und der ihr entsprechenden des *absolut notwendigen Wesens* für den Ausgangspunkt und das Resultat des Beweises präsentiert hat, ist darein zu setzen – und dieser Grund ist zugleich eine relative Rechtfertigung des ihr gegebenen Vorzugs –, daß die Kategorie des Verhältnisses der *Zufälligkeit* und der *Notwendigkeit* diejenige ist, in welche sich alle Verhältnisse der Endlichkeit und der Unendlichkeit des Seins resümieren und zusammenfassen; die konkreteste Bestimmung der Endlichkeit des Seins ist die Zufälligkeit, und ebenso ist die Unendlichkeit des Seins in ihrer konkretesten Bestimmung die Notwendigkeit. Das Sein in seiner eigenen Wesentlichkeit ist die Wirklichkeit, und die Wirklichkeit ist in sich das Verhältnis überhaupt von Zufälligkeit und Notwendigkeit, das in der absoluten Notwendigkeit seine vollkommene Bestimmung hat. Die Endlichkeit, in dieser Denkbestimmung aufgenommen, gewährt den Vorteil, sozusagen so weit herauspräpariert zu sein, daß sie auf den Übergang in ihre Wahrheit, die Notwendigkeit, an ihr selbst hinweist; schon der Name der *Zufälligkeit*, Akzidenz, drückt das Dasein als ein solches aus, dessen Bestimmtheit dies ist, zu *fallen*.

Aber die Notwendigkeit selbst hat ihre Wahrheit in der *Freiheit*; mit dieser tut sich eine neue Sphäre auf, der Boden des *Begriffs* selbst. Dieser gewährt dann ein anderes Verhältnis für die Bestimmung und für den Gang der Erhebung zu Gott, eine andere Bestimmung des Ausgangspunktes und des Resultates, – nämlich zunächst die Bestimmung des *Zweckmäßigen* und des *Zwecks*. Diese wird daher die Kategorie für einen weiteren Beweis des Daseins Gottes sein. Aber der Begriff ist nicht nur in die Gegenständlichkeit versenkt, wie er als Zweck nur die Bestimmung der Dinge ist, sondern er ist für sich, frei von der Objektivität existierend; in dieser Weise ist er sich der Ausgangspunkt und sein Übergang von eigentümlicher, schon angegebener Bestimmung. Daß also der erste, der *kosmologische* Beweis die Kategorie des Verhältnisses von Zufälligkeit und absoluter Notwendigkeit sich vornimmt, hat, wie bemerkt, darin seine relative Rechtfertigung gefunden, daß dasselbe die eigenste, konkreteste, letzte Bestimmung der Wirklichkeit noch als solcher und daher die Wahrheit der sämtlichen abstrakteren Kategorien des Seins ist und sie in sich faßt. So faßt auch die Bewegung dieses Verhältnisses die Bewegung der früheren abstrakteren Bestimmungen der Endlichkeit zu den ebenso noch abstrakteren Bestimmungen der Unendlichkeit in sich, oder vielmehr ist abstrakt-logisch die Bewegung, der Fortgang des Beweises, d. i. die Form des Schließens in allen nur eine und dieselbe, die in ihm sich darstellt.

Einschaltung[1]
[Kants Kritik des kosmologischen Beweises]

Bekanntlich hat die Kritik, welche *Kant* über die metaphysischen Beweise vom Dasein Gottes gemacht, die Wirkung gehabt, diese Argumente aufzugeben, und daß von ihnen in

1 Der folgende Text wurde von Marheineke, dem Herausgeber der Religionsphilosophie, an dieser Stelle eingeschaltet. In seinem Vorwort sagt er, »unter Hegels handschriftlichen Papieren« habe sich auch »ein ausgeführtes Fragment« gefunden, »welches eine Kritik der Kantischen Kritik der Beweise für das Dasein Gottes enthält«. Von wann das Fragment stammt, ist ungewiß; das Manuskript scheint nicht erhalten zu sein.

einer wissenschaftlichen Abhandlung so sehr nicht mehr die Rede ist und man sich der Anführung derselben beinahe zu schämen hat. Ein populärer Gebrauch jedoch wird denselben noch verstattet, und [es] ist ganz allgemein, daß bei der Belehrung der Jugend und der Erbauung der älteren Erwachsenen diese Argumentationen angewendet werden und auch die Beredsamkeit, welche vornehmlich das Herz zu erwärmen und die Gefühle zu erheben bestrebt ist, dieselben als die inneren Grundlagen und Zusammenhänge ihrer Vorstellungen nötig hat und gebraucht. – Schon von dem sogenannten kosmologischen Beweise gibt Kant (*Kritik der reinen Vernunft*, 2. Ausg. [B], S. 643) im allgemeinen zu, daß, wenn man voraussetze, etwas existiere, man der Folgerung nicht Umgang haben könne, daß auch irgend etwas notwendigerweise existiere und dies ein ganz natürlicher Schluß sei; noch mehr aber bemerkt er vom physikotheologischen Beweise (ebenda, S. 651), daß dieser Beweis jederzeit mit Achtung genannt zu werden verdiene; er sei der älteste, klarste und der gemeinen Menschenvernunft am meisten angemessene ... Es würde nicht allein trostlos, sondern *auch ganz umsonst* sein, dem Ansehen dieses Beweises etwas anhaben zu wollen. »Die *Vernunft* kann«, räumt er ferner ein, »durch keine Zweifel *subtiler, abgezogener Spekulation so niedergedrückt* werden, daß sie nicht aus jeder grüblerischen Unentschlossenheit, gleich als aus einem Traume, durch einen Blick, den sie auf die Wunder der Natur und der Majestät des Weltbaues wirft, gerissen werden sollte, um sich von Größe zu Größe bis zur allerhöchsten, vom Bedingten zur Bedingung, bis zum obersten und unbedingten Urheber zu erheben.« [B 652]

Wenn der zuerst angeführte Beweis eine unumgängliche *Folgerung* ausdrücke, von der man *nicht Umgang* nehmen könne, und es *ganz umsonst* sein würde, dem Ansehen des zweiten etwas anhaben zu wollen, und *die Vernunft* nie so soll niedergedrückt werden können, um sich dieses Ganges zu entschlagen und sich in ihm nicht zum unbedingten Urheber zu erheben, so müßte es doch wunderbar sein, wenn man jene Forderung doch umgehen, wenn die Vernunft doch so niedergedrückt werden müßte, diesem Beweis kein Ansehen mehr einzuräumen. – Sosehr es aber ein Fehler gegen die gute Gesellschaft der Philosophen unserer Zeit scheinen kann, jener Beweise noch zu erwähnen, sosehr scheint Kantische Philosophie und die Kantischen Widerlegungen jener Beweise gleichfalls etwas zu sein, das längst abgetan ist und darum nicht mehr zu erwähnen sei. – In der Tat aber ist es die Kantische Kritik allein, welche diese Beweise auf eine wissenschaftliche Weise verdrängt hat und welche selbst auch die Quelle der anderen, kürzeren Weise, sie zu verwerfen, geworden ist, der Weise nämlich, welche das Gefühl allein zum Richter der Wahrheit macht und den Gedanken nicht nur für entbehrlich, sondern für verdammlich erklärt. Insofern es also ein Interesse hat, die wissenschaftlichen Gründe kennenzulernen, wodurch jene Beweise ihr Ansehen verloren haben, so ist es nur eine Kantische Kritik, welche man in Betracht zu nehmen hat.

Es ist aber noch zu bemerken, daß die gewöhnlichen Beweise, welche Kant seiner Kritik unterwirft, und zwar von ihnen zunächst der kosmologische und der physikotheologische, als deren Gang hier in Betracht kommt, konkretere Bestimmungen – wie schon der kosmologische die Bestimmungen von zufälliger Existenz und von absolut notwendigem Wesen – enthalten als die abstrakten, nur qualitativen Bestimmungen der Endlichkeit und Unendlichkeit, und es ist bemerkt worden, daß, wenn die Gegensätze auch als das Bedingte und Unbedingte oder Akzidenz und Substanz ausgedrückt werden, sie hier doch nur jene qualitative Bedeutung haben sollen. Es kommt daher hier nur wesentlich auf den formellen Gang der Vermittlung im Beweise an, indem ohnehin in jenen metaphysischen Schlüssen und auch in der Kantischen Kritik der Inhalt und die dialektische Natur der Bestimmungen selbst nicht in Betracht kommt; es wäre aber diese dialektische Natur allein, von welcher die Vermittlung wahrhaft geführt sowie beurteilt werden müßte. – Übrigens ist die Art und Weise, wie die Vermittlung in jenen metaphysischen Argumentationen sowie in der Kantischen Beurteilung derselben aufgefaßt wird, in allen den mehreren Beweisen vom Dasein Gottes – nämlich der Klasse derselben, welche von einem gegebenen Dasein ausgehen – im ganzen dieselbe, und indem wir hier die Art dieses Verstandesschlusses näher betrachten, so ist derselbe auch für die anderen Beweise abgetan, und wir brauchen bei ihnen dann nur auf den näheren Inhalt der Bestimmungen allein unser Augenmerk zu richten.

Die Kantische Kritik des kosmologischen Beweises scheint sogleich für die Betrachtung um so interessanter, da sich darin nach Kant (S. 637) ein *ganzes Nest* von dialektischen Anmaßungen verborgen halten solle, welches jedoch die transzendentale Kritik leicht entdecken und zerstören könne. Ich wiederhole zuerst den gewöhnlichen Ausdruck dieses Beweises, wie ihn auch Kant anführt (S. 632), der so lautet: »Wenn *etwas existiert*« (nicht bloß *existiert*, sondern *a contingentia mundi*, als *Zufälliges* bestimmt ist), »so muß auch ein schlechterdings notwendiges Wesen existieren. Nun existiere zum mindesten ich selbst: also existiert ein absolut notwendiges[2] Wesen.« Kant bemerkt zuerst, daß der Untersatz eine Erfahrung enthalte und der Obersatz die Schlußfolge aus einer Erfahrung überhaupt auf das Dasein des Notwendigen, der Beweis somit nicht gänzlich a priori geführt sei, – eine Bemerkung, die sich auf die früher bemerkte Beschaffenheit dieser Argumentation überhaupt bezieht, nur die eine Seite der ganzen wahrhaften Vermittlung aufzunehmen.

Die nächste Bemerkung betrifft einen Hauptumstand bei dieser Argumentation, welcher bei Kant so erscheint, daß nämlich das notwendige Wesen als notwendig nur auf eine einzige Weise, d. i. in Ansehung aller möglichen entgegengesetzten

2 W: »vernünftiges«

Prädikate nur durch eines derselben bestimmt werden könne und von einem solchen Dinge nur ein einziger Begriff möglich sei, nämlich der des allerrealsten Wesens, welcher sogenannte Begriff bekanntlich das Subjekt des (hier viel später zu betrachtenden) ontologischen Beweises ausmacht.

Gegen diese letztere weitere Bestimmung des notwendigen Wesens ist es zuerst, daß Kant seine Kritik als gegen einen bloß vernünftelnden Fortgang richtet. Jener *empirische* Beweisgrund könne nämlich nicht lehren, was das notwendige Wesen für *Eigenschaften* habe; die Vernunft nehme zu diesem Behuf gänzlich Abschied von ihm und forsche *hinter lauter Begriffen*, was ein absolut notwendiges Wesen für *Eigenschaften* haben müsse, *welches* unter *allen möglichen Dingen* die Requisiten zu einer absoluten Notwendigkeit in sich habe. – Man könnte das vielfach Ungebildete, das in diesen Ausdrücken herrscht, noch seiner Zeit zur Last legen und dafür halten wollen, daß dergleichen in wissenschaftlichen und philosophischen Darstellungen unserer Zeit nicht mehr vorkomme. Allerdings wird man heutigentags Gott nicht mehr als ein *Ding* qualifizieren und nicht unter *allen möglichen Dingen* herumsuchen, welches sich für den Begriff Gottes passe; man wird wohl von *Eigenschaften* dieses oder jenes Menschen oder der Chinarinde usf., aber in philosophischen Darstellungen etwa nicht mehr von *Eigenschaften* in Beziehung auf Gott als ein Ding sprechen. Allein desto mehr kann man noch immer von *Begriffen* in dem Sinne bloß abstrakter Denkbestimmungen sprechen hören, so daß hiernach nicht anzugeben ist, was es für einen Sinn haben soll, wenn nach *dem Begriffe einer Sache* gefragt wird, wenn überhaupt ein Gegenstand begriffen werden soll. Ganz aber ist es in die allgemeinen Grundsätze oder vielmehr in den Glauben der Zeit übergegangen, es der Vernunft zum Vorwurfe, ja zum Verbrechen anzurechnen, daß sie ihre Forschungen in lauter Begriffen anstelle, mit anderen Worten, daß sie auf eine andere Weise tätig sei, als durch die Sinne wahrzunehmen und einbilderisch, dichterisch usf. zu sein. Bei

Kant sieht man in seinen Darstellungen doch noch die bestimmten Voraussetzungen, von denen er ausgeht, und eine Konsequenz des räsonierenden Fortgangs, so daß ausdrücklich durch Gründe erkannt und bewiesen [werden], eine Einsicht nur aus Gründen hervorgehen, die Einsicht überhaupt philosophischer Art sein soll, wogegen man auf der Heerstraße des Wissens unserer Zeit nur Orakelsprüchen der Gefühle und Versicherungen eines Subjekts begegnet, welches die Prätention hat, im Namen aller Menschen zu versichern und eben darum mit seinen Versicherungen auch allen zu gebieten. Von irgendeiner Präzision der Bestimmungen und ihres Ausdrucks und einem Anspruch auf Konsequenz und Gründe kann bei solchen Quellen der Erkenntnis nicht die Rede sein.

Der angeführte Teil der Kantischen Kritik hat den bestimmten Sinn erstlich, daß jener Beweis nur bis zu einem *notwendigen Wesen* führe, daß aber solche Bestimmung von dem Begriffe Gottes, nämlich der Bestimmung des allerrealsten Wesens, unterschieden sei und dieser aus jenem durch lauter Begriffe von der Vernunft gefolgert werden müsse. – Man sieht sogleich, daß, wenn jener Beweis nicht weiter führte als bis zum absolut notwendigen Wesen, weiter nichts einzuwenden wäre, als daß eben die Vorstellung von Gott, die sich auf diese Bestimmung beschränkte, allerdings noch nicht so tief sei, als wir, deren Begriff von Gott mehr in sich schließt, verlangen. Es wäre leicht möglich, daß Individuen und Völker früherer Zeit – oder unserer Zeit, welche noch außer dem Christentum und unserer Bildung leben – keinen tieferen Begriff von Gott hätten; für solche wäre jener Beweis somit genugtuend. Wenigstens wird man zugeben können, daß Gott und nur Gott das absolut notwendige Wesen sei, wenn diese Bestimmung auch die christliche Vorstellung nicht erschöpfte, welche in der Tat auch noch Tieferes in sich schließt als jene metaphysische Bestimmung der sogenannten natürlichen Theologie, ohnehin auch als das, was das moderne unmittelbare Wissen und Glauben von

Gott anzugeben weiß. Es ist selbst die Frage, ob das unmittelbare Wissen auch nur so viel von Gott sagen mag, daß er das absolut notwendige Wesen sei, wenigstens wenn der eine unmittelbar soviel von Gott weiß, so kann ebensogut der andere unmittelbar nicht soviel davon wissen, ohne daß ein Recht vorhanden wäre, ihm mehr zuzumuten; denn ein Recht führt Gründe und Beweise, d. i. Vermittlungen des Wissens mit, und die Vermittlungen sind von jenem unmittelbaren Wissen ausgeschlossen und verpönt.

Wenn aber aus der Entwicklung dessen, was in der Bestimmung vom absolut notwendigen Wesen enthalten ist, nach richtiger Folgerung weitere Bestimmungen sich ergeben, was sollte der Annahme und Überzeugung derselben sich entgegenstellen können? Der Beweis*grund* sei empirisch; aber wenn der Beweis selbst für sich ein richtiges Folgern ist und durch dasselbe einmal das Dasein eines notwendigen Wesens feststeht, so forscht allerdings von dieser Grundlage aus die Vernunft aus lauter Begriffen; aber nur dann wird ihr dies für ein Unrecht angerechnet werden, wenn der Vernunftgebrauch überhaupt für ein Unrecht angesehen wird, und in der Tat geht die Herabsetzung der Vernunft bei Kant so weit wie bei der Ansicht, welche alle Wahrheit auf das unmittelbare Wissen einschränkt.

Die Bestimmung aber des sogenannten allerrealsten Wesens ist leicht aus der Bestimmung des *absolut notwendigen* Wesens oder auch aus der Bestimmung des *Unendlichen*, bei der wir stehengeblieben, abzuleiten; denn alle und jede Beschränktheit enthält eine Beziehung auf ein Anderes und widerstreitet sonach der Bestimmung des Absolut-Notwendigen und Unendlichen. Das wesentliche Blendwerk im Schließen, das in diesem Beweise vorhanden sein soll, sucht nun Kant in dem Satze, daß jedes schlechthin notwendige Wesen zugleich das allerrealste Wesen sei, und [es] sei dieser Satz der *nervus probandi* des kosmologischen Beweises; das Blendwerk aber will er auf die Weise aufdecken, daß, da ein allerrealstes Wesen von einem anderen in keinem

Stücke unterschieden [sei], jener Satz sich auch schlechthin umkehren lasse, d. i. ein jedes (d. h. schlechtweg *das*) allerrealste Wesen ist schlechthin notwendig, oder das allerrealste Wesen, als welches nur durch den Begriff bestimmt ist, muß auch die Bestimmung der absoluten Notwendigkeit in sich enthalten. Dies aber ist der Satz und Gang des *ontologischen* Beweises vom Dasein Gottes, als welcher darin besteht, von dem Begriffe aus und durch den Begriff den Übergang ins Dasein zu machen. Zur Unterlage habe der kosmologische Beweis den ontologischen; indem er uns verhieß, einen neuen Fußsteig zu führen, bringt er uns nach einem kleinen Umschweif wieder auf den alten zurück, den er nicht habe anerkennen wollen und den wir um seinetwillen sollen verlassen haben.

Man sieht, der Vorwurf trifft den kosmologischen Beweis weder insofern, als derselbe für sich nur bis zur Bestimmung von dem Absolut-Notwendigen fortgeht, noch insofern, als aus dieser durch Entwicklung zur weiteren Bestimmung des Allerrealsten fortgegangen wird. Was diesen Zusammenhang der beiden angegebenen Bestimmungen betrifft, als worauf der Kantische Vorwurf direkt gerichtet ist, so geht es nach der Art des Beweisens ganz wohl an, daß der Übergang von einer feststehenden Bestimmung zu einer zweiten, von einem bereits bewiesenen Satze zu einem anderen sich sehr wohl aufzeigen läßt, daß aber die Erkenntnis nicht ebenso von dem zweiten zu dem ersteren zurückgehen, den zweiten nicht aus dem ersteren zu folgern vermag. Von *Euklid* wird der Satz von dem bekannten Verhältnis der Seiten des rechtwinkligen Dreiecks zuerst so bewiesen, daß von dieser Bestimmtheit des Dreiecks ausgegangen und das Verhältnis der Seiten daraus gefolgert wird; hierauf wird auch der umgekehrte Satz bewiesen, so daß jetzt von diesem Verhältnis ausgegangen und daraus die Rechtwinkligkeit des Dreiecks, dessen Seiten jenes Verhältnis haben, hergeleitet wird, jedoch so, daß der Beweis dieses zweiten Satzes den ersten voraussetzt und gebraucht. Das andere Mal wird solcher Beweis des umgekehrten Satzes gleichfalls mit Voraussetzung des ersten apagogisch geführt, wie sich der Satz, daß, wenn in einer geradlinigen Figur die Summe der Winkel gleich zwei rechten ist, die Figur ein Dreieck ist, leicht aus dem zuvor bewiesenen Satze, daß in einem Dreieck die drei Winkel zusammen zwei rechte ausmachen, apagogisch zeigen läßt. Wenn von einem Gegenstand ein Prädikat bewiesen worden, so ist es ein weiterer Umstand, daß solches jenem *ausschließlich* zukomme und nicht nur eine der Bestimmungen des Gegenstandes sei, die auch anderen zukommen könne, sondern zu dessen Definition gehöre. Dieser Beweis könnte verschiedene Wege zulassen – ohne gerade den einzigen, aus dem Begriffe der zweiten Bestimmung ausgehen zu müssen. Ohnehin hat bei dem Zusammenhange des sogenannten allerrealsten Wesens mit dem absolut-notwendigen Wesen von diesem letzteren nur die eine Seite desselben sollen in direkten Betracht genommen werden, und gerade diejenige nicht, in Ansehung derer Kant die von ihm im ontologischen Beweise gefundene Schwierigkeit herbeibringt. In der Bestimmung des absolut notwendigen Wesens ist nämlich die Notwendigkeit teils seines Seins, teils seiner Inhaltsbestimmungen enthalten. Wenn nach dem weiteren Prädikat, der allumfassenden, uneingeschränkten Realität gefragt wird, so betrifft dieses nicht das Sein als solches, sondern das, was ferner als Inhaltsbestimmung zu unterscheiden ist; das *Sein* steht im kosmologischen Beweise bereits für sich fest, und das Interesse, von der absoluten Notwendigkeit auf die All-Realität und von dieser zu jener überzugehen, bezieht sich nur auf diesen Inhalt, nicht auf das Sein. Das Mangelhafte des ontologischen Beweises setzt Kant darein, daß in dessen Grundbestimmung, dem All der Realitäten, das Sein gleichfalls als eine Realität begriffen wird; im kosmologischen Beweise aber hat man dieses Sein schon anderwärts her. Insofern er die Bestimmung der All-Realität zu seinem Absolut-Notwendigen hinzufügt, so bedarf er es gar nicht, daß das Sein als eine Realität bestimmt und in jener All-Realität befaßt genommen werde.

Kant fängt bei seiner Kritik auch nur von diesem Sinne des Fortgangs von der Bestimmung des Absolut-Notwendigen zur unbegrenzten Realität an, indem er, wie vorhin angeführt (S. 634 f.), das Interesse dieses Fortgehens darein setzt, aufzusuchen, welche *Eigenschaften* das absolut notwendige Wesen habe, nachdem der kosmologische Beweis für sich nur einen einzigen Schritt, nämlich zum *Dasein eines absolut notwendigen Wesens* überhaupt getan habe, aber nicht lehren könnte, *was dieses für Eigenschaften habe.* Man muß es deswegen für falsch erkennen, daß, wie Kant behauptet, der kosmologische Beweis auf dem ontologischen beruhe, oder auch nur, daß er dessen zu seiner Ergänzung, nämlich nach dem, was er überhaupt leisten soll, bedürfe. Daß aber mehr geleistet werden soll, als er leiste, dies ist eine weitere Betrachtung, und dies Weitere besteht allerdings in dem Momente, welches der ontologische enthält; aber es ist nicht dies höhere Bedürfnis, welches Kant demselben entgegenhält, sondern er argumentiert nur aus Gesichtspunkten, die innerhalb der Sphäre dieses Beweises stehen und die ihn nicht treffen.

Aber das Angeführte ist nicht das einzige, was Kant gegen diese kosmologische Argumentation vorbringt (S. 637), sondern [er] deckt die weiteren »Anmaßungen« auf, deren »ein ganzes Nest« in derselben stecken soll.

Fürs erste befindet sich darin der *transzendentale* Grundsatz, vom *Zufälligen* auf eine *Ursache* zu schließen; dieser Grundsatz habe aber nur in der Sinnenwelt Bedeutung, außerhalb derselben aber auch nicht einmal einen Sinn. Denn der *bloß intellektuelle* Begriff des Zufälligen könne gar keinen synthetischen Satz wie den der Kausalität hervorbringen, welcher Satz bloß Bedeutung und Gebrauch *in der Sinnenwelt* habe, hier[3] aber dazu dienen solle, *um*

3 W: »sie«

über die Sinnenwelt hinauszukommen. – Das eine, was hier behauptet wird, ist die bekannte Kantische Hauptlehre von der Unstatthaftigkeit, mit dem Denken über das Sinnliche hinauszugehen, und von der Beschränktheit des Gebrauchs und der Bedeutung der Denkbestimmungen auf die Sinnenwelt. Die Auseinandersetzung dieser Lehre gehört nicht in diese Abhandlung; was aber darüber zu sagen ist, läßt sich in die Frage zusammenfassen: wenn das Denken nicht über die Sinnenwelt hinauskommen soll, so wäre im Gegenteil vor allem begreiflich zu machen, wie das Denken in die Sinnenwelt hereinkomme? Das andere, was gesagt wird, ist, daß der *intellektuelle* Begriff vom Zufälligen keinen synthetischen Satz wie den der Kausalität hervorbringen könne. In der Tat ist es die *intellektuelle* Bestimmung der Zufälligkeit, unter welcher diese zeitliche, dem Wahrnehmen vorliegende Welt gefaßt wird, und mit dieser Bestimmung selbst, als einer intellektuellen, ist das Denken selbst schon über die Sinnenwelt als solche hinausgegangen und hat sich in eine andere Sphäre versetzt, ohne nötig zu haben, erst hintennach durch die weitere Bestimmung der Kausalität über die Sinnenwelt hinauskommen zu wollen. – Alsdann aber soll dieser intellektuelle Begriff des Zufälligen nicht fähig sein, einen synthetischen Satz wie den der Kausalität hervorzubringen. In der Tat aber ist von dem *Endlichen* zu zeigen, daß es durch sich selbst, durch das, was es sein soll, durch seinen Inhalt selbst zum Anderen seiner, zum Unendlichen sich hinüberbewege, – was das ist, was bei der Kantischen Form von einem *synthetischen* Satze zugrunde liegt. Das Zufällige hat dieselbe Natur; es ist nicht nötig, die Bestimmung der Kausalität für das *Andere* zu nehmen, in welches die Zufälligkeit übergeht, vielmehr ist dies Andere desselben zunächst die absolute Notwendigkeit und dann sogleich die *Substanz.* Das Substantialitätsverhältnis ist aber selbst eine der synthetischen Beziehungen, welche Kant als die *Kategorien* aufführt, was nichts anderes heißt, als daß »die bloß intellektuelle Bestimmung des Zufälligen«

– denn die Kategorien sind wesentlich Denkbestimmungen – den synthetischen Satz der Substantialität hervorbringt; so wie Zufälligkeit gesetzt ist, so ist Substantialität gesetzt. – Dieser Satz, der ein *intellektuelles* Verhältnis, eine Kategorie ist, wird hier freilich nicht in dem ihm heterogenen Elemente, in der Sinnenwelt gebraucht, sondern in der intellektuellen Welt, in welcher er zu Hause gehört; wenn er sonst keinen Mangel hätte, so hätte er vielmehr für sich selbst schon das absolute Recht, in der Sphäre, in der von Gott die Rede ist, der nur im Gedanken und im Geiste aufgefaßt werden kann, angewendet zu werden, gegen seine Anwendung in dem ihm fremden, dem sinnlichen Elemente.

Der zweite trügliche Grundsatz, den Kant bemerklich macht (S. 637 f.), sei »der Schluß, von der Unmöglichkeit einer unendlichen Reihe übereinander gegebener Ursachen in der Sinnenwelt auf eine *erste Ursache* zu schließen«. Hierzu sollen uns die Prinzipien des Vernunftgebrauchs *selbst in der Erfahrung* nicht berechtigen, viel weniger können wir diesen Grundsatz über sie hinaus ausdehnen. – Gewiß können wir innerhalb der Sinnenwelt und der Erfahrung nicht auf eine *erste* Ursache schließen, denn in dieser als der endlichen Welt kann es nur bedingte Ursachen geben. Gerade deswegen aber wird die Vernunft nicht nur berechtigt, sondern getrieben, in die intelligible Sphäre überzugehen, oder vielmehr sie ist überhaupt nur in solcher zu Hause, und sie geht nicht über die Sinnenwelt hinaus, sondern sie mit ihrer Idee einer ersten Ursache befindet sich schlechthin in einem anderen Boden, und es hat nur einen Sinn, von Vernunft zu sprechen, insofern sie und ihre Idee unabhängig von der Sinnenwelt und selbständig an und für sich gedacht wird.

Das dritte, was Kant der Vernunft in diesem Beweise zur Last legt, ist die falsche *Selbstbefriedigung*, welche sie dadurch finde, daß sie in Ansehung der Vollendung der Reihe endlich *alle Bedingung wegschaffe*, indem doch *ohne Bedingung keine Notwendigkeit* stattfinden könne, und daß

[sie], da man nun *nichts weiter begreifen könne,* dieses für eine Vollendung des Begriffs annehme. – Allerdings, wenn von unbedingter Notwendigkeit, einem *absolut* notwendigen Wesen die Rede ist, so kann dies nur geschehen, indem es als unbedingt gefaßt, d. h. von ihm die Bestimmung von Bedingungen hinweggeschafft wird. Aber, fügt Kant hinzu, ein Notwendiges kann nicht ohne Bedingungen stattfinden: eine solche Notwendigkeit, welche auf Bedingungen, nämlich ihr äußerlichen, beruht, ist nur eine äußerliche, bedingte Notwendigkeit; eine unbedingte, absolute ist nur diejenige, welche ihre Bedingungen, wenn man noch ein solches Verhältnis bei ihr gebrauchen will, in sich selbst enthält. Der Knoten ist hier allein das wahrhaft dialektische, oben angegebene Verhältnis, daß die Bedingung, oder wie sonst das zufällige Dasein oder das Endliche bestimmt werden kann, eben dies ist, sich selbst zum Unbedingten, Unendlichen aufzuheben, also im Bedingten selbst das Bedingen, im Vermitteln die Vermittlung wegzuschaffen. Aber Kant ist nicht über das Verstandesverhältnis zu dem Begriffe dieser unendlichen Negativität hindurchgedrungen. – Im Verfolg (S. 641) sagt er, ›wir können uns des Gedankens nicht erwehren, ihn aber auch nicht ertragen, daß ein Wesen, welches wir uns als das höchste vorstellen, gleichsam zu sich selbst sage: Ich bin von Ewigkeit zu Ewigkeit, außer mir ist nichts, als was durch meinen Willen existiert; *aber woher bin ich denn?*‹ – Hier sinke alles unter uns und schwebe haltungslos *bloß* vor der spekulativen Vernunft, der es nichts koste, die größte wie die kleinste Vollkommenheit verschwinden zu lassen. – Was die spekulative Vernunft vor allem muß schwinden lassen, ist, eine solche Frage [wie] »woher bin ich denn?« dem Absolut-Notwendigen, Unbedingten in den Mund zu legen. Als ob das, außer welchem nichts als durch seinen Willen existiert, das, was schlechthin unendlich ist, über sich hinaus nach einem Anderen seiner sich umsehe und nach einem Jenseits seiner frage.

Kant bricht übrigens in dem Angeführten gleichfalls in die

ihm mit *Jacobi* zunächst gemeinschaftliche und dann zur allgemeinen Heerstraße gewordene Ansicht aus, daß da, wo das Bedingtsein und das Bedingen nicht stattfinde, auch nichts mehr zu begreifen sei, mit anderen Worten, daß da, wo das Vernünftige anfängt, die Vernunft ausgehe.

Der vierte Fehler, den Kant aushebt, betrifft die angebliche Verwechslung der logischen Möglichkeit des Begriffs von aller Realität mit der transzendentalen, – Bestimmungen, von welchen bei Betrachtung der Kantischen Kritik des ontologischen Beweises weiter unten zu handeln ist.

Dieser Kritik fügt Kant (S. 642) die auf seine Weise gemachte »*Entdeckung* und *Erklärung* des *dialektischen Scheins* in allen *transzendentalen* Beweisen vom Dasein eines notwendigen Wesens« hinzu – eine Erklärung, in der nichts Neues vorkommt und wir, nach der Weise Kants überhaupt, unaufhörlich eine und dieselbe Versicherung, daß wir *das Ding an sich* nicht denken können, wiederholt[4] bekommen.

Er nennt den kosmologischen Beweis (wie den ontologischen) einen transzendentalen, weil er unabhängig von empirischen Prinzipien, nämlich nicht aus irgendeiner besonderen Beschaffenheit der Erfahrung, sondern aus lauter Vernunftprinzipien geführt werden soll und die Anleitung, daß nämlich die Existenz durchs empirische Bewußtsein gegeben ist, sogar verlasse, um sich auf lauter reine Begriffe zu stützen. Wie könnte sich wohl das philosophische Beweisen besser benehmen, als sich nur auf reine Begriffe zu stützen? Aber Kant will damit diesem Beweisen vielmehr das Schlimmste nachgesagt haben. Was nun aber den dialektischen Schein selbst betrifft, dessen Entdeckung Kant hier gibt, so soll er darin bestehen, daß ich zwar zu dem Existierenden überhaupt etwas Notwendiges annehmen müsse, kein einziges *Ding* aber selbst als an sich notwendig denken könne, daß ich das *Zurückgehen* zu den Bedingungen der Existenz niemals *vollenden* könne, ohne ein notwendiges

4 W: »zu wiederholen«

Wesen anzunehmen, aber von demselben niemals *anfangen* könne.

Man muß dieser Bemerkung die Gerechtigkeit widerfahren lassen, daß sie das wesentliche Moment enthält, auf das es ankommt. Was *an sich notwendig* ist, muß seinen Anfang in sich selbst zeigen, so aufgefaßt werden, daß sein Anfang in ihm selbst nachgewiesen werde. Dies Bedürfnis ist auch das einzige interessante Moment, welches man annehmen muß, daß es der vorhin betrachteten Quälerei, zeigen zu wollen, daß der kosmologische Beweis sich auf den ontologischen stütze, zugrunde gelegen habe. Die Frage ist allein, wie es anzufangen sei, aufzuzeigen, daß etwas von sich selbst anfange, oder vielmehr wie es zu vereinigen sei, daß das Unendliche ebenso von einem Anderen als darin nur von sich selbst ausgehe.

Was nun die sogenannte Erklärung und respektive Auflösung dieses Scheins betrifft, so ist sie von derselben Beschaffenheit als die Auflösung, welche er von dem, was er Antinomien der Vernunft genannt, gegeben hat. Wenn ich nämlich (S. 644) »zu den existierenden Dingen überhaupt *etwas Notwendiges denken muß, kein Ding aber an sich selbst als notwendig zu denken befugt bin, so folgt daraus unvermeidlich*, daß Notwendigkeit und Zufälligkeit *nicht die Dinge selbst angehen* und treffen müsse, *weil sonst ein Widerspruch vorgehen* würde«. Es ist diese Zärtlichkeit gegen die Dinge, welche auf diese keinen Widerspruch will kommen lassen, obgleich selbst die oberflächlichste wie die tiefste *Erfahrung* überall zeigt, daß diese Dinge voller Widersprüche sind. – Weiter folgert dann Kant, daß »keiner dieser beiden Grundsätze« (der Zufälligkeit und Notwendigkeit) »*objektiv* sei, sondern sie allenfalls *nur subjektive Prinzipien der Vernunft* sein können, nämlich einerseits ... niemals anderswo als bei einer a priori vollendeten Erklärung aufzuhören, andererseits aber auch diese Vollendung niemals zu hoffen«, nämlich im Empirischen nicht. – So ist also der Widerspruch ganz unaufgelöst gelassen und behalten, aber von den *Dingen* ist er in die *Vernunft* geschoben. Wenn der Widerspruch, wie er hier dafür gilt, und wie er es auch ist, wenn er nicht zugleich auch aufgelöst ist, ein Mangel ist, so wäre der Mangel in der Tat eher auf die sogenannten Dinge – die teils nur empirisch und endlich, teils aber das ohnmächtige, sich nicht zu manifestieren vermögende Ding-an-sich sind – zu schieben als auf die Vernunft, welche, wie Kant selbst sie ansieht, das Vermögen der Ideen, des Unbedingten, Unendlichen ist. In der Tat aber vermag die Vernunft allerdings den Widerspruch zu ertragen, jedoch freilich auch zu lösen, und die Dinge wenigstens wissen ihn auch zu tragen oder vielmehr sind nur der existierende Widerspruch – und zwar jener Kantische Schemen des Dinges-an-sich ebensogut als die empirischen Dinge –, und nur insofern sie vernünftig sind, lösen sie denselben zugleich auch in sich auf.

In der Kantischen Kritik des kosmologischen Beweises sind die Momente wenigstens zur Sprache gebracht, auf welche es ankommt. Wir haben nämlich zwei Umstände darin gesehen, erstlich, daß im kosmologischen Argument vom *Sein* als einer Voraussetzung *ausgegangen* und von demselben zum Inhalte, dem Begriffe Gottes fortgegangen wird, und zweitens, daß Kant der Argumentation schuld gibt, daß sie auf dem ontologischen Beweise beruhe, d. i. dem Beweis, worin der *Begriff vorausgesetzt* wird und von demselben zum *Sein* übergegangen wird. Indem nach dem damaligen Standpunkte unserer Untersuchung der Begriff Gottes noch keine weitere Bestimmung hat als die des *Unendlichen*, so ist das, um was es sich handelt, überhaupt *das Sein des Unendlichen*. Nach dem angegebenen Unterschiede wäre es das eine Mal das *Sein*, mit welchem angefangen wird und welches als das Unendliche bestimmt werden soll, das andere Mal das *Unendliche*, mit dem angefangen wird und welches als *seiend* bestimmt werden soll. Näher erscheint in dem kosmologischen Beweise das *endliche Sein* als der empirisch aufgenommene Ausgangspunkt; der Beweis hebt, wie Kant sagt (S. 633), eigentlich von der Erfahrung an, um seinen Grund recht sicher zu legen. Dies Verhältnis ist aber näher auf die Form des Urteils überhaupt zurückzuführen. In jedem Urteil nämlich ist das Subjekt eine *vorausgesetzte Vorstellung*, welche im Prädikate bestimmt, d. h. auf *eine allgemeine Weise* durch den Gedanken *bestimmt*, d. h. von der Inhaltsbestimmungen angegeben werden sollen[5], wenn auch diese allgemeine Weise – wie bei sinnlichen Prädikaten, rot, hart usf. –, d. i. sozusagen der Anteil des Gedankens ganz nur die leere Form der Allgemeinheit ist. So wenn gesagt wird: Gott ist unendlich, ewig usf., so ist Gott zunächst als Subjekt ein bloßes in der Vorstellung *Vorausgesetztes*, von dem erst in dem Prädikate gesagt wird, *was* es ist; im Subjekte weiß man noch nicht, was es ist, d. h. welchen *Inhalt*, Inhaltsbestimmung es hat, – sonst wäre es überflüssig, die Kopula »ist« und dieser das Prädikat hinzuzufügen. Ferner da das Subjekt das *Vorausgesetzte* der Vorstellung ist, so kann die Voraussetzung die Bedeutung des *Seins* haben, daß das Subjekt *ist*, oder auch, daß es *nur* erst eine Vorstellung ist, daß statt durch Anschauung, Wahrnehmung, es durch die Phantasie, Begriff, Vernunft in die Vorstellung gesetzt ist und in derselben sich solcher Inhalt nun überhaupt vorfindet.

Wenn wir nach dieser bestimmteren Form jene beiden Momente ausdrücken, so gewährt dies zugleich ein bestimmteres Bewußtsein über die Forderungen, welche an dieselben gemacht werden. Es entstehen uns aus jenen Momenten die beiden Sätze:

Das Sein, zunächst als endlich bestimmt, ist unendlich; und:

Das Unendliche ist.

Denn, was den ersten Satz betrifft, so ist es das *Sein* eigentlich, was als festes Subjekt vorausgesetzt ist und was in

---

5 W: »d. h. von der auf eine allgemeine Weise durch den Gedanken bestimmt, d. h. Inhaltsbestimmungen angegeben werden sollen«

der Betrachtung *bleiben,* d.i. welchem das Prädikat des Unendlichen beigelegt werden soll. *Sein* ist insofern, als es auch zunächst als *endlich* bestimmt [wird] und als das Endliche und Unendliche einen Augenblick als die Subjekte vorgestellt werden, das *Gemeinschaftliche* beider. Das Interesse ist nicht, daß vom Sein zum Unendlichen als einem *Anderen* des Seins übergegangen werde, sondern vom Endlichen zum Unendlichen, in welchem Übergehen das Sein unverändert bleibt; es zeigt sich somit das Sein[6] als das bleibende Subjekt, dessen erste Bestimmung, die Endlichkeit nämlich, in Unendlichkeit übergesetzt wird. – Es wird übrigens überflüssig sein, zu bemerken, daß eben, indem das *Sein* als Subjekt und die Endlichkeit nur als eine und zwar, wie sich im nachherigen Prädikate zeigt, als eine bloß transitorische Bestimmung vorgestellt wird, in dem für sich allein genommenen Satz: *das Sein ist unendlich* oder ist als unendlich zu bestimmen, unter dem Sein nur das *Sein als solches* zu verstehen ist, nicht das empirische Sein, die sittliche, endliche Welt.

Dieser erste Satz ist nun der Satz des kosmologischen Arguments; das *Sein* ist das Subjekt, und diese Voraussetzung sei gegeben oder hergenommen, woher sie wolle, so ist sie in Rücksicht auf das *Beweisen* als Vermittlung durch Gründe überhaupt das *Unmittelbare* überhaupt. Dies Bewußtsein, daß das Subjekt die Stellung der Voraussetzung überhaupt hat, ist es, was für das Interesse, beweisend zu erkennen, allein als das Wichtige anzusehen ist. Das Prädikat des Satzes ist der Inhalt, der vom Subjekte bewiesen werden soll; hier ist es das Unendliche, was somit als das Prädikat des Seins mit demselben *durch Vermittlung* darzustellen ist.

Der zweite Satz: das Unendliche *ist,* hat den näher bestimmten Inhalt zum Subjekte, und hier ist es das *Sein,* was als das *Vermittelte* sich darstellen soll. – Dieser Satz ist das, was im ontologischen Beweise das Interesse ausmacht

---

6 W: »somit, daß hier«

und als Resultat erscheinen soll. Nach dem, was an das nur verständige Beweisen, für das nur verständige Erkennen gefordert wird, ist der Beweis dieses zweiten Satzes für den ersten des kosmologischen Arguments entbehrlich, aber das höhere Vernunftbedürfnis erfordert allerdings denselben; dies höhere Vernunftbedürfnis maskiert sich aber in der Kantischen Kritik gleichsam nur als zu einer Schikane, die aus einer weiteren Folgerung hergenommen wird.

Daß aber diese *zwei* Sätze notwendig werden, dies beruht auf der Natur des Begriffes, insofern derselbe nämlich nach seiner Wahrheit, d. i. spekulativ gefaßt wird. Diese Erkenntnis desselben ist hier aber aus der Logik vorauszusetzen, so wie aus derselben ebenfalls das Bewußtsein vorauszusetzen ist, daß schon die Natur solcher Sätze selbst wie der beiden aufgestellten ein wahrhaftes Beweisen unmöglich macht. Dies kann jedoch, nach der Erläuterung, welche über die Beschaffenheit dieser Urteile gegeben worden, auch hier kurz deutlich gemacht werden, und es ist auch um so mehr an seinem Platze, als der Heerstraßen-Grundsatz vom sogenannten *unmittelbaren Wissen* gerade nur dies in der Philosophie unstatthafte, verständige Beweisen kennt und vor Augen hat. Es ist nämlich ein *Satz*, und zwar ein *Urteil* mit einem Subjekte und Prädikate, was bewiesen werden soll, und bei dieser Forderung hat man zunächst kein Arges, und es scheint alles nur auf die Art des Beweisens anzukommen. Allein damit selbst, daß es ein Urteil ist, was bewiesen werden soll, ist sogleich ein wahrhafter, ein philosophischer Beweis unmöglich gemacht. Denn das Subjekt ist das *Vorausgesetzte;* somit ist es für das Prädikat, welches bewiesen werden soll, der Maßstab, und das wesentliche Kriterium für den Satz ist daher nur, ob das Prädikat dem Subjekte angemessen sei oder nicht, und die *Vorstellung* überhaupt, als welcher die Voraussetzung angehört, ist das Entscheidende über die Wahrheit. Ob aber die im Subjekte gemachte Voraussetzung selbst und damit auch die weitere Bestimmung, die es durch das Prädikat erhält, das Ganze des Satzes selbst etwas Wahres ist, gerade das Haupt- und einzige Interesse des Erkennens ist es, was nicht befriedigt und selbst nicht berücksichtigt wird.

Das Bedürfnis der Vernunft treibt jedoch von innen heraus, gleichsam bewußtlos, zu dieser Berücksichtigung. Es gibt sich eben in dem angeführten Umstande kund, daß sogenannte mehrere Beweise vom Dasein Gottes gesucht worden sind, von denen die einen den einen der oben angegebenen Sätze zur Grundlage haben, den nämlich, worin das Sein das Subjekt, das Vorausgesetzte ist und das Unendliche die durch Vermittlung in ihm gesetzte Bestimmung, und [die anderen] dann den anderen, umgekehrten, wodurch jenem ersten die Einseitigkeit genommen wird. In diesem ist der Mangel, daß das Sein als *vorausgesetzt* ist, aufgehoben, und nunmehr umgekehrt ist es das Sein, was als *vermittelt* gesetzt werden soll.

Sonach ist denn wohl der Vollständigkeit nach dasjenige, was im Beweise geleistet werden soll, vorgetragen. Die Natur des Beweisens selbst ist jedoch damit als dieselbe gelassen. Denn jeder von beiden Sätzen ist einzeln gestellt; sein Beweis geht daher von der Voraussetzung aus, welche das Subjekt enthält und welche jedes Mal erst durch den anderen als notwendig, nicht als unmittelbar dargestellt werden soll. Jeder Satz setzt daher den anderen voraus, und es findet nicht ein wahrhafter Anfang für dieselben statt. Es scheint zunächst eben darum selbst gleichgültig, womit der Anfang gemacht werde. Allein dem ist nicht so, und warum dem nicht so sei, dies zu wissen, darauf kommt es an. Es handelt sich nämlich nicht darum, ob mit der einen oder mit der anderen Voraussetzung, d. i. *unmittelbaren* Bestimmung, Vorstellung angefangen, sondern daß überhaupt nicht mit einer solchen der Anfang gemacht, d. h. daß sie als die zugrunde liegende und liegen bleibende betrachtet und behandelt werde. Denn selbst der nähere Sinn dessen, daß die Voraussetzungen eines jeden der beiden Sätze durch den anderen bewiesen, als *vermittelt* dargestellt werden sollen, benimmt ihnen die wesentliche Bedeutung, welche sie als *unmittelbare* Bestimmungen haben. Denn daß sie als vermittelte gesetzt werden, darin liegt dies als ihre Bestimmung, viel mehr *übergehende* als feste Subjekte zu sein. Hierdurch aber verändert sich die ganze Natur des Beweisens, welches vielmehr des Subjekts als einer festen Grundlage und Maßstabes bedurfte. Von einem Übergehenden aber anfangend, verliert es seinen Halt und kann in der Tat nicht mehr stattfinden. – Betrachten wir die Form des Urteils näher, so liegt das soeben Erläuterte in ihr selbst, und zwar ist das Urteil durch seine Form eben das, was es ist. Es hat zu seinem Subjekte nämlich etwas Unmittelbares, ein Seiendes überhaupt, zu seinem Prädikate aber, welches ausdrücken soll, *was* das Subjekt *ist*, ein Allgemeines, den Gedanken; das Urteil hat somit selbst den Sinn: das *Seiende ist nicht ein Seiendes, sondern ein Gedanke.*

Dies wird zugleich deutlicher werden an dem Beispiel, welches wir vor uns haben und das nunmehr näher zu beleuchten ist, wobei wir uns aber auf das, was dasselbe zunächst enthält, nämlich den ersten der angegebenen beiden Sätze zu beschränken haben, worin nämlich das Unendliche als das Vermittelte gesetzt wird; die ausdrückliche Betrachtung des anderen, worin das Sein als Resultat erscheint, gehört an einen anderen Ort.

Nach der abstrakteren Form, wie wir den kosmologischen Beweis aufnahmen, enthält sein Obersatz den eigentlichen Zusammenhang des Endlichen und Unendlichen, daß dieses von jenem vorausgesetzt wird. Der nähere Ausdruck des Satzes: wenn Endliches existiert, so ist *auch* das Unendliche, ist zunächst dieser: *Das Sein des Endlichen ist nicht nur sein Sein, sondern auch das Sein des Unendlichen.* Wir haben ihn so auf die einfachste Form zurückgebracht und gehen den Verwicklungen aus dem Wege, welche durch die weiter bestimmten Reflexionsformen von dem *Bedingtsein* des Unendlichen durch das Endliche oder dem *Vorausgesetztsein* desselben durch dieses oder dem *Kausalitäts*verhältnis herbeigeführt werden können; alle diese Verhältnisse sind in jener einfachen Form enthalten. Wenn wir nach der vorhergegebenen Bestimmung das *Sein* näher als das Subjekt des Urteils ausdrücken, so lautet dies dann so:

Das Sein ist nicht nur als endlich, sondern auch als unendlich zu bestimmen.

Das, worauf es ankommt, ist der Erweis dieses Zusammenhangs; dieser ist im Obigen aus dem Begriffe des Endlichen aufgezeigt worden, und diese spekulative Betrachtung der Natur des Endlichen, der Vermittlung, aus welcher das Unendliche hervorgeht, ist die Angel, um die sich das Ganze, das Wissen von Gott und seine Erkenntnis dreht. Der wesentliche Punkt in dieser Vermittlung aber ist, daß das Sein des Endlichen *nicht das Affirmative* ist, sondern daß vielmehr dessen Sichaufheben es ist, wodurch das Unendliche gesetzt und vermittelt ist.

Hierin ist es, daß der wesentliche formelle Mangel des kosmologischen Beweises liegt, das endliche Sein nicht nur als bloßen Anfang und Ausgangspunkt zu haben, sondern es *als etwas Wahrhaftes, Affirmatives* zu behalten und bestehen zu lassen. Alle die bemerkten Reflexionsformen von *Voraussetzen, Bedingtsein, Kausalität* enthalten eben dieses, daß das Voraussetzende, die Bedingung, die Wirkung für ein nur Affirmatives genommen und der Zusammenhang nicht als *Übergang*, was er wesentlich ist, gefaßt wird. Was sich aus der spekulativen Betrachtung des Endlichen ergibt, ist vielmehr dies, daß nicht, wenn das Endliche ist, das Unendliche nur *auch* ist, nicht das Sein *nicht nur* als endlich, *sondern auch* als unendlich zu bestimmen ist. Wenn das Endliche dies Affirmative wäre, so würde der Obersatz zu dem Satze werden: das endliche Sein ist als endliches unendlich, denn es wäre seine – bestehende – Endlichkeit, welche das Unendliche in sich schlösse. Die angeführten Bestimmungen von Voraussetzen, Bedingen, Kausalität befestigen sämtlich den affirmativen Schein des Endlichen noch mehr und sind eben darum selbst nur endliche, d.i. unwahre Verhältnisse – Verhältnisse des Unwahren: diese ihre Natur zu erkennen ist es, was allein das logische Interesse derselben ausmacht, aber nach ihren besonderen Bestimmungen nimmt die Dialektik einer jeden eine besondere Form an, der jedoch jene allgemeine Dialektik des Endlichen zugrunde liegt. – Der Satz, der den Obersatz des Schlusses ausmachen sollte, muß daher vielmehr so lauten: Das Sein des Endlichen ist *nicht sein eigenes Sein,* sondern *vielmehr* das Sein *seines Anderen,* des Unendlichen. Oder das Sein, das als endlich bestimmt ist, hat nur in dem Sinne diese Bestimmung, daß es nicht dem Unendlichen selbständig gegenüber stehenbleibt, sondern vielmehr nur ideell, Moment desselben ist. Damit fällt der Untersatz: das Endliche *ist,* im affirmativen Sinne hinweg, und wenn man wohl sagen kann, es *existiert,* so heißt dies nur, daß seine Existenz nur Erscheinung ist. Eben dies, daß die endliche Welt nur Erscheinung ist, ist die absolute Macht des Unendlichen.

Für diese dialektische Natur des Endlichen und für deren Ausdruck hat nun die Form des Verstandesschlusses keinen Raum; er ist nicht imstande, dasjenige, was der vernünftige Gehalt ist, auszudrücken, und indem die religiöse Erhebung der vernünftige Gehalt selbst ist, so findet sie sich nicht in jener verständigen Form befriedigt, denn in ihr ist mehr, als diese fassen kann. Es ist daher für sich von der größten Wichtigkeit gewesen, daß Kant die sogenannten Beweise vom Dasein Gottes um ihr Ansehen gebracht und die Unzulänglichkeit derselben freilich zu mehr nicht als zum Vorurteil gemacht hat. Allein seine Kritik derselben für sich ist selbst unzulänglich, außerdem, daß er die tiefere Grundlage jener Beweise verkannt und ihrem wahrhaften Gehalte somit nicht auch die Gerechtigkeit hat widerfahren lassen können. Er hat damit zugleich die vollkommene Erlahmung der Vernunft begründet, welche sich von ihm aus begnügt hat, ein bloß unmittelbares Wissen sein zu wollen.

Das Bisherige hat die Erörterung des Begriffs, welcher das Logische der ersten Bestimmung der Religion ausmacht, nach der Seite einesteils, nach welcher derselbe in der früheren Metaphysik aufgefaßt war, und die Gestalt andererseits betroffen, in welcher er gefaßt wurde. Aber dies ist für die Erkenntnis des spekulativen Begriffs dieser Bestimmung nicht genügend. Jedoch ist der eine Teil davon schon angegeben, nämlich derjenige, der den Übergang des endlichen Seins in das unendliche Sein betrifft, und es ist nur der andere Teil, dessen ausführlichere Erörterung bereits für eine folgende Gestalt der Religion ausgesetzt ist, noch kurz anzugeben. Es ist dies dasjenige, was vorhin in der Gestalt des Satzes

Das Unendliche *ist*

erschien und worin somit das Sein überhaupt als das Vermittelte bestimmt ist. Der Beweis hat diese Vermittlung nachzuweisen. Es geht aber auch schon aus dem Vorhergehenden hervor, daß die beiden Sätze nicht getrennt voneinander betrachtet werden können; indem die Verstandesform des Schlusses für den einen aufgegeben worden, ist damit zugleich die Trennung derselben aufgegeben. Das noch zu betrachtende Moment ist daher in der gegebenen Entwicklung der Dialektik des Endlichen schon enthalten.

Wenn aber bei dem aufgezeigten Übergang des Endlichen in das Unendliche das Endliche als Ausgangspunkt für das Unendliche erscheint, so scheint hiernach der andere, nur umgekehrte Satz oder Übergang gleichfalls als Übergang vom Unendlichen ins Endliche oder als der Satz »das Unendliche ist endlich«, sich bestimmen zu müssen. In dieser Vergleichung würde der Satz: »das Unendliche *ist*«, nicht die ganze Bestimmung enthalten, welche hier zu betrachten ist. Dieser Unterschied verschwindet aber durch die Betrachtung, daß das *Sein*, da es das Unmittelbare, von der Bestimmung des Unendlichen zugleich Unterschiedene ist, allerdings damit schlechthin als *endlich* bestimmt ist. Diese logische Natur des Seins oder der Unmittelbarkeit überhaupt ist aber aus der Logik vorauszusetzen. Es erhellt diese Bestimmung der Endlichkeit des Seins aber sogleich auch in dem Zusammenhange, in welchem es hier steht. Denn das Unendliche, indem es sich zum *Sein* entschließt, bestimmt sich hiermit zu einem *Anderen* seiner selbst; das Andere des Unendlichen ist aber überhaupt das Endliche. Wenn ferner vorhin angegeben worden, daß im Urteile das Subjekt als das Vorausgesetzte, das Seiende überhaupt ist, das Prädikat aber das Allgemeine, der Gedanke ist, so scheint in dem Satz – und dieser Satz ist gleichfalls ein Urteil –

Das Unendliche *ist*

vielmehr die Bestimmung umgekehrt zu sein, indem das Prädikat ausdrücklich das Sein enthält und das Subjekt, das Unendliche, nur im Gedanken, aber freilich im objektiven Gedanken ist. Doch könnte man auch an die Vorstellung erinnert werden, daß das *Sein* selbst nur ein Gedanke sei, vornehmlich insofern es so abstrakt und logisch betrachtet wird, und um so mehr, wenn das Unendliche auch nur ein Gedanke sei, so könne sein Prädikat von keiner anderen Art als auch von der Art eines – subjektiven – Gedankens sein. Allerdings ist das Prädikat seiner Form des Urteils nach das Allgemeine und der Gedanke; seinem Inhalte oder der Bestimmtheit nach ist es *Sein* und, wie näher soeben angegeben worden, als unmittelbares auch endliches, einzelnes Sein. Wenn aber dabei gemeint wird, das Sein, weil es gedacht werde, sei damit nicht mehr Sein als solches, so ist dies nur ein gleichsam alberner Idealismus, welcher meint, damit, daß etwas gedacht werde, höre es auf zu *sein*, oder auch das, was ist, könne nicht gedacht werden, und nur Nichts sei somit denkbar. – Doch der in die eben hier zu betrachtende Seite des ganzen Begriffs einschlagende Idealismus gehört zu der angegebenen, später vorzunehmenden Erörterung. Worauf aber vielmehr aufmerksam zu machen ist, ist, daß gerade das angegebene Urteil durch den Gegensatz seines Inhaltes und seiner Form den Gegenschlag in sich enthält, welcher die Natur der absoluten Vereinigung der beiden vorhin getrennt gestellten Seiten in eins, in den Begriff[7] selbst ist.

Was nun früher von dem Unendlichen kurz beigebracht worden, ist, daß es die Affirmation der sich selbst aufhebenden Endlichkeit, das Negieren der Negation, das Vermittelte, aber durch die Aufhebung der Vermittlung Vermittelte ist. Damit ist schon selbst gesagt, daß das Unendliche die einfache Beziehung auf sich, diese abstrakte Gleichheit mit sich auch ist, welche *Sein* genannt wird. Oder es ist die sich selbst aufhebende Vermittlung; das *Unmittelbare* aber ist eben die aufgehobene Vermittlung oder das, worein die sich aufhebende Vermittlung übergeht, das, zu dem sie sich aufhebt.

Eben damit ist diese Affirmation oder [dieses] sich selbst gleiche [Sein] in Einem nur so unmittelbar affirmativ und sich selbst gleich, als es schlechthin die Negation der Negation ist, d. h. es enthält so selbst die Negation, das *Endliche*, aber als sich aufhebenden Schein. Oder indem die *Unmittelbarkeit*, zu der es sich aufhebt, diese abstrakte Gleichheit mit sich, in die es übergeht und die *Sein* ist, nur das *einseitig* aufgefaßte Moment des Unendlichen – als welches eben das Affirmative nur als dieser ganze Prozeß ist –, also endlich ist, so bestimmt sich dasselbe, indem es sich zum Sein bestimmt, zur *Endlichkeit*. Aber die Endlichkeit und dieses unmittelbare Sein ist damit zugleich eben die *Negation*, welche sich selbst negiert; dieses scheinbare Ende, der Übergang der lebendigen Dialektik in die tote Ruhe des Resultates ist selbst der Anfang wieder nur dieser lebendigen Dialektik.

Dies ist der Begriff, das Logisch-Vernünftige der ersten, abstrakten Bestimmung von Gott und der Religion. Die Seite der letzteren ist durch dasjenige Moment des Begriffs ausgedrückt, welches von dem unmittelbaren Sein anfängt

---

7 W: »in Einen, des Begriffes«

und sich in und zu dem Unendlichen aufhebt; die objektive Seite aber als solche ist in dem Sichaufschließen des Unendlichen zum Sein und zur Endlichkeit enthalten, die eben nur momentan und übergehend ist – nur übergehend kraft der Unendlichkeit, deren Erscheinung sie nur ist und die ihre Macht ist. Der kosmologische sogenannte Beweis ist für nichts anderes anzusehen als für das Bestreben, dasjenige zum Bewußtsein zu bringen, was das Innere, das rein Vernünftige der Bewegung in sich selbst ist, welche als die subjektive Seite die religiöse Erhebung heißt. Wenn diese Bewegung zwar in der Verstandesform, in welcher wir sie gesehen, nicht so, wie sie an und für sich ist, aufgefaßt worden, so verliert der Gehalt dadurch nichts, der zugrunde liegt. Dieser Gehalt ist [es], der durch die Unvollkommenheit der Form durchdringt und seine Macht ausübt oder der vielmehr die wirkliche und substantielle Macht selbst ist. Die religiöse Erhebung erkennt deswegen sich selbst in jenem, obgleich unvollständigen Ausdruck und hat dessen inneren, wahrhaften Sinn vor sich gegen die Verkümmerung desselben durch die Art des Verstandesschlusses. Darum ist es, daß, wie Kant (a. a. O. S. 632) sagt, diese Schlußart allerdings »nicht allein für den gemeinen, sondern auch den spekulativen Verstand die meiste Überredung mit sich führt; wie sie denn auch sichtbarlich zu allen Beweisen der natürlichen Theologie die *ersten Grundlinien* zieht, denen man *jederzeit nachgegangen ist* und *ferner nachgehen* wird, man mag sie nun durch noch so viel Laubwerk und Schnörkel verzieren und verstecken, als man immer will«; – und man mag, setze ich hinzu, den Gehalt, der in diesen Grundlinien liegt, mit dem Verstande noch so sehr verkennen und durch kritisierenden Verstand dieselben förmlich widerlegt zu haben vermeinen – oder auch kraft des Unverstandes, wie der Unvernunft des sogenannten unmittelbaren Wissens dieselbe vornehmerweise unwiderlegt auf die Seite werfen oder ignorieren.

Elfte Vorlesung

Nach diesen Erörterungen über den Bereich der in Rede stehenden Inhaltsbestimmungen betrachten wir den Gang der zuerst genannten Erhebung selbst in der Gestalt, in welcher er uns vorliegt; er ist einfach der Schluß von der Zufälligkeit der Welt auf ein absolut notwendiges Wesen derselben. Nehmen wir den förmlichen Ausdruck dieses Schlusses in seinen besonderen Momenten vor, so lautet er so: Das Zufällige steht nicht auf sich selbst, sondern hat ein in sich selbst Notwendiges zu seiner Voraussetzung überhaupt, – zu seinem Wesen, Grund, Ursache. Nun aber ist die Welt zufällig; die einzelnen Dinge sind zufällig, und sie als Ganzes ist das Aggregat derselben. Also hat die Welt ein in sich selbst Notwendiges zu ihrer Voraussetzung.

Die Bestimmung, von welcher dieses Schließen ausgeht, ist die Zufälligkeit der weltlichen Dinge. Nehmen wir dieselbe, wie sie sich in der Empfindung und Vorstellung findet, vergleichen wir, was im Geiste der Menschen geschieht, so werden wir es wohl als Erfahrung angeben dürfen, daß die weltlichen Dinge für sich genommen als zufällig betrachtet werden. Die einzelnen Dinge kommen nicht aus sich und gehen nicht aus sich dahin; sie sind als zufällige bestimmt, zu fallen, so daß ihnen dies nicht nur selbst zufälligerweise geschieht, sondern daß dies ihre Natur ausmacht. Wenn ihr Verlauf auch in ihnen selbst sich entwickelt und regel- und gesetzmäßig geschieht, so ist es, daß er ihrem Ende zugeht oder vielmehr sie nur ihrem Ende zuführt, ebensosehr als ihre Existenz durch andere auf die mannigfaltigste Weise verkümmert und von außen her abgebrochen wird. Werden sie als bedingt betrachtet, so sind ihre Bedingungen selbständige Existenzen außer ihnen, die ihnen entsprechen oder auch nicht, durch die sie momentan erhalten werden oder auch nicht. Zunächst zeigen sie sich beigeordnet im Raume, ohne daß eben eine weitere Beziehung in ihrer Natur sie zusammenstellte; das Heterogenste findet sich nebeneinander, und ihre Entfernung kann stattfinden, ohne daß an der Existenz des einen selbst oder des anderen etwas verrückt würde; sie folgen ebenso äußerlich in der Zeit aufeinander. Sie sind endlich überhaupt und, so selbständig sie auch erscheinen, durch die Schranke ihrer Endlichkeit wesentlich unselbständig. Sie *sind*; sie sind wirklich, aber ihre Wirklichkeit hat den Wert nur einer Möglichkeit; sie sind, können aber ebensowohl nicht sein und ebenso sein.

In ihrem Dasein entdecken sich aber nicht nur *Zusammenhänge* von *Bedingungen*, d. i. die Abhängigkeiten, durch welche sie als zufällig bestimmt werden, sondern auch die Zusammenhänge von *Ursache* und *Wirkung*, *Regelmäßigkeiten* ihres inneren und äußeren Verlaufs, *Gesetze*. Solche Abhängigkeiten, das Gesetzmäßige erhebt sie über die Kategorie der Zufälligkeit zur Notwendigkeit, und diese erscheint so *innerhalb des Kreises*, den wir als nur mit Zufälligkeiten angefüllt gedacht haben. Die Zufälligkeit nimmt die Dinge um ihrer Vereinzelung willen in Anspruch; darum sind sie ebensowohl als nicht; aber sie sind ebenso das Gegenteil, nicht vereinzelt, sondern als bestimmt, beschränkt, schlechthin aufeinander bezogen. Durch dies Gegenteil ihrer Bestimmung aber kommen sie nicht besser weg. Die Vereinzelung lieh ihnen den Schein von Selbständigkeit, aber der Zusammenhang mit anderen, d. i. miteinander, spricht die einzelnen Dinge sogleich als unselbständig aus, macht sie bedingt und wirkt durch andere als notwendig, aber durch andere, nicht durch sich selbst. Das Selbständige würden somit aber diese Notwendigkeiten selbst, diese Gesetze sein. Was wesentlich im Zusammenhange ist, hat nicht an sich selbst, sondern an diesem seine Bestimmung und seinen Halt; er ist das, wovon sie abhängig sind. Aber diese Zusammenhänge selbst, wie sie bestimmt werden, als der Ursachen und der Wirkungen, der Bedingung und der Bedingtheit usf., sind selbst beschränkter Art, selbst zufällige gegeneinander, daß jeder ebensowohl ist als auch nicht und auch fähig, ebenso gestört, durch Umstände, d. i. selbst Zufälligkeiten unterbrochen, in ihrer Wirksamkeit und Gelten abgebrochen zu werden als die einzelnen Dinge, vor deren Zufälligkeit sie nichts voraus haben. Im Gegenteil, diese Zusammenhänge, denen die Notwendigkeit zukommen soll, Gesetze, sind nicht einmal das, was man Dinge heißt, sondern *Abstraktionen*. Wenn sich so auf dem Felde der zufälligen Dinge in Gesetzen, im Verhältnisse von Ursache und Wirkung vornehmlich, der Zusammenhang der Notwendigkeit zeigt, so ist diese selbst ein Bedingtes, Beschränktes, eine *äußerliche* Notwendigkeit überhaupt; sie selbst fällt in die Kategorien der Dinge, sowohl ihrer Vereinzelung, d. i. Äußerlichkeit, wie umgekehrt ihrer Bedingtheit, Beschränktheit, Abhängigkeit zurück. Im Zusammenhange von *Ursachen* und Wirkungen findet sich nicht nur die Befriedigung, welche in der leeren, beziehungslosen Vereinzelung der *Dinge,* die eben darum zufällige genannt werden, vermißt wird; sondern auch die unbestimmte Abstraktion, wenn man sagt: *Dinge,* das Unstete derselben verschwindet in diesem Verhältnisse der Notwendigkeit, in der sie zu *Ursachen, ursprünglichen* Sachen, Substanzen, die wirksam und bestimmt sind, werden[1]. Aber in den Zusammenhängen dieses Kreises sind die Ursachen selbst endliche, – als Ursachen anfangend, so ist ihr Sein wieder vereinzelt und darum zufällig, oder nicht vereinzelt, so sind sie Wirkungen, damit nicht selbständig, durch ein Anderes gesetzt. Reihen von Ursachen und Wirkungen sind teils zufällig gegeneinander; teils, für sich ins sogenannte *Unendliche* fortgesetzt, enthalten sie in ihrem Inhalte lauter solche Stellen und Existenzen, deren jede für sich endlich ist, und das, was dem Zusammenhang der Reihe den Halt geben sollte, das *Unendliche,* ist nicht nur ein Jenseits, sondern bloß ein Negatives, dessen Sinn selbst nur relativ und bedingt durch das ist, was von ihm negiert werden *soll,* eben damit aber nicht negiert wird.

---

1 W: »die wirksam, unbestimmt sind«. Lasson: »die wirksam sind, umbestimmt werden«

Aber über diesen Haufen von Zufälligkeiten, über die Notwendigkeit, welche in denselben eingeschlossen nur eine äußerliche und relative, und über das Unendliche, das nur ein Negatives ist, erhebt sich der Geist zu einer Notwendigkeit, die nicht mehr über sich hinausgeht, sondern es an und für sich, in sich geschlossen, vollkommen in sich bestimmt ist und von der alle anderen Bestimmungen gesetzt und abhängig sind.

Dies mögen in ungefährer Vorstellung oder noch konzentrierter die wesentlichen Gedankenmomente im Innern des Menschengeistes sein, in der Vernunft, welche nicht methodisch und förmlich zum Bewußtsein ihres innerlichen Prozesses, noch weniger zu der Untersuchung jener Gedankenbestimmungen, die er durchläuft, und ihres Zusammenhanges ausgebildet ist. Nun kommt [es] aber [darauf an] zu sehen, ob das förmlich und methodisch in Schlüssen verfahrende Denken jenen Gang der Erhebung, den wir insofern als faktisch voraussetzen und den wir ganz nur in seinen wenigen Grundbestimmungen vor Augen zu haben brauchen, richtig auffaßt und ausdrückt; umgekehrt aber, ob jene Gedanken und deren Zusammenhang durch die Untersuchung der Gedanken an ihnen selbst sich gerechtfertigt zeigt und bewährt, wodurch die Erhebung erst wahrhaft aufhört, eine Voraussetzung zu sein, und das Schwankende der Richtigkeit ihrer Auffassung wegfällt. Diese Untersuchung aber, insofern sie, wie an sich an sie zu fordern ist, auf die letzte Analyse der Gedanken gehen sollte, muß hier abgelehnt werden. Sie muß in der *Logik,* der Wissenschaft der Gedanken, vollbracht sein, – denn ich fasse Logik und Metaphysik zusammen, indem die letztere gleichfalls nichts anderes ist, als daß sie zwar einen konkreten Inhalt wie Gott, die Welt, die Seele betrachtet, aber so, daß diese Gegenstände als Noumena, d. h. deren Gedanke, gefaßt werden sollen; hier können mehr nur die logischen Resultate als die förmliche Entwicklung aufgenommen werden. Eine Abhandlung über die Beweise vom Dasein Gottes läßt inso-

fern sich nicht selbständig halten, als sie philosophisch-wissenschaftliche Vollständigkeit haben sollte. Die Wissenschaft ist der entwickelte Zusammenhang der Idee in ihrer Totalität. Insofern ein einzelner Gegenstand aus der Totalität, zu welcher die Wissenschaft die Idee entwickeln muß als die einzige Weise, deren Wahrheit darzutun, herausgehoben wird, muß die Abhandlung sich Grenzpunkte machen, die sie als in dem übrigen Verlaufe der Wissenschaft ausgemacht voraussetzen muß. Doch kann die Abhandlung [den] Schein der Selbständigkeit für sich dadurch hervorbringen, daß das, was die Begrenzungen der Darstellung sind, d. h. unerörterte Voraussetzungen, bis zu denen die Analyse fortgeht, für sich dem Bewußtsein zusagt. Jede Schrift enthält solche letzte Vorstellungen, Grundsätze, auf die mit Bewußtsein oder bewußtlos der Inhalt gestützt ist; es findet sich in ihr ein umschriebener Horizont von Gedanken, die in ihr nicht weiter analysiert [werden], deren Horizont in der Bildung einer Zeit, eines Volkes oder irgendeines wissenschaftlichen Kreises feststeht und über welchen nicht hinausgegangen zu werden braucht, – ja, ihn über diese Grenzpunkte der Vorstellung hinaus durch die Analyse derselben zu spekulativen Begriffen erweitern zu wollen, würde dem, was populäre Verständlichkeit genannt wird, nachteilig sein.
Jedoch da der Gegenstand dieser Vorlesungen wesentlich für sich im Gebiete der Philosophie steht, so kann es in denselben nicht ohne abstrakte Begriffe abgehen; aber wir haben diejenigen, die auf diesem ersten Standpunkte vorkommen, schon vorgetragen, und um das Spekulative zu gewinnen, brauchen wir dieselben nur zusammenzustellen; denn das Spekulative besteht im allgemeinen in nichts anderem, als seine Gedanken, d. i. die man schon hat, nur zusammenzubringen.
Die Gedanken also, die angeführt worden, sind zuerst folgende Hauptbestimmungen: *Zufällig* ist ein Ding, Gesetz usf. durch seine *Vereinzelung*; wenn es ist und wenn es nicht ist, so tritt für die anderen Dinge keine Störung oder Ver-

änderung ein; daß es ebensowenig von ihnen gehalten [wird] oder der Halt, den es an ihnen hätte, ein ganz unzureichender ist, gibt ihnen den selbst unzureichenden Schein von Selbständigkeit, der gerade ihre Zufälligkeit ausmacht. Zur *Notwendigkeit* einer Existenz erfordern wir dagegen, daß dieselbe mit *anderen* im Zusammenhange stehe, so daß nach allen Seiten solche Existenz durch die anderen Existenzen als Bedingungen, Ursachen vollständig bestimmt sei und nicht für sich losgerissen davon sei oder werden könne, noch daß irgendeine Bedingung, Ursache, Umstand des Zusammenhangs vorhanden sei, wodurch sie losgerissen werden könnte, kein solcher Umstand den anderen sie bestimmenden widerspreche. – Nach dieser Bestimmung stellen wir die Zufälligkeit eines Dinges in seine *Vereinzelung*, in den *Mangel des vollständigen Zusammenhanges* mit anderen. Dies ist das eine.

Umgekehrt aber, indem eine Existenz in diesem vollkommenen Zusammenhange steht, ist sie in allseitiger Bedingtheit und Abhängigkeit, – vollkommen *unselbständig.* In der Notwendigkeit allein finden wir vielmehr die Selbständigkeit eines Dinges; was notwendig ist, *muß* sein; sein *Seinmüssen* drückt seine Selbständigkeit so aus, daß das Notwendige ist, *weil es ist.* Dies ist das andere.

So sehen wir zweierlei entgegengesetzte Bestimmungen erfordert für die Notwendigkeit von etwas: seine Selbständigkeit, aber in dieser ist es vereinzelt und es ist gleichgültig, ob es ist oder nicht, – sein Begründet- und Enthaltensein in der vollständigen Beziehung auf das andere alles, womit es umgeben ist, durch welchen Zusammenhang es getragen ist: so ist es unselbständig. Die Notwendigkeit ist ein Bekanntes, ebenso wie das Zufällige. Nach solcher ersten Vorstellung genommen ist alles mit ihnen in Ordnung; das Zufällige ist verschieden von dem Notwendigen und weist auf ein Notwendiges hinaus, welches aber, wenn wir es näher betrachten, selbst unter die Zufälligkeit zurückfällt, weil es, als durch Anderes gesetzt, unselbständig ist; als entnommen aber solchem Zusammenhang, [als] vereinzelt ist es sogleich unmittelbar zufällig; die gemachten Unterscheidungen sind daher nur gemeinte.

Indem wir die Natur dieser Gedanken nicht näher untersuchen wollen und den Gegensatz der Notwendigkeit und Zufälligkeit einstweilen auf die Seite setzen und bei der ersten stehenbleiben, so halten wir uns dabei an das, was sich in unserer Vorstellung findet, daß ebensowenig die eine wie die andere der Bestimmungen für die Notwendigkeit hinreichend ist, aber auch beide dazu erfordert werden: die Selbständigkeit, so daß das Notwendige nicht vermittelt sei durch *Anderes,* und ebensosehr die Vermittlung desselben im Zusammenhange mit dem *Anderen*; so widersprechen sie sich, aber indem sie beide auch der *einen Notwendigkeit* angehören, so müssen sie auch sich nicht widersprechen in der Einheit, zu der sie in ihr vereinigt sind, und für unsere Einsicht ist dies zu tun, daß die Gedanken, die in ihr vereinigt sind, auch wir in uns zusammenbringen. In dieser Einheit muß also die *Vermittlung mit Anderem* in die Selbständigkeit selbst fallen und diese als *Beziehung auf sich* die Vermittlung mit Anderem *innerhalb ihrer selbst* haben. In dieser Bestimmung aber kann beides nur so vereinigt sein, daß die *Vermittlung mit Anderem* zugleich als *Vermittlung mit sich* ist, d. i. nur [so,] daß die Vermittlung mit Anderem *sich aufhebt* und zur Vermittlung mit sich wird. So ist die Einheit mit sich selbst als Einheit nicht die abstrakte Identität, die wir als Vereinzelung, in der das Ding nur sich auf sich bezieht und worin seine Zufälligkeit liegt, sahen; die Einseitigkeit, wegen der allein sie im Widerspruch mit der ebenso einseitigen Vermittlung von Anderem ist, ist ebenso aufgehoben und diese Unwahrheiten verschwunden; die so bestimmte Einheit ist die wahrhafte, und als wahrhaft gewußte[2] ist sie die spekulative. Die Notwendigkeit, so bestimmt, daß sie diese entgegengesetzten Bestimmungen in

2 W: »wahrhafte, wahrhaft, und als gewußt«

sich vereinigt, zeigt sich, nicht bloß so eine einfache Vorstellung und einfache Bestimmtheit zu sein; ferner ist Aufheben der entgegengesetzten Bestimmungen nicht bloß unsere Sache und unser Tun, so daß nur wir es vollbrächten, [sondern] ist die Natur und das Tun dieser Bestimmungen an ihnen selbst, da sie in *einer* Bestimmung vereinigt sind. Auch diese beiden Momente der Notwendigkeit, *in ihr* Vermittlung mit Anderem zu sein und diese Vermittlung aufzuheben und sich als sich selbst zu setzen, eben um ihrer Einheit willen, sind nicht gesonderte Akte. Sie bezieht in der Vermittlung mit *Anderem* sich *auf sich selbst*, d. i. das Andere, durch das sie sich mit sich vermittelt, ist sie selbst. So ist es als Anderes *negiert*; sie ist sich selbst das Andere, aber nur *momentan* – momentan, ohne die Bestimmung der Zeit dabei in den Begriff hereinzubringen, die erst in dem *Dasein* des Begriffes hereintritt. – Dies Anderssein ist wesentlich als aufgehobenes; im Dasein erscheint es ebenfalls als ein *reelles* Anderes. Aber die absolute Notwendigkeit ist die, welche ihrem Begriffe gemäß ist.

Zwölfte Vorlesung

In der vorigen Vorlesung ist der Begriff der absoluten Notwendigkeit exponiert worden, – der *absoluten*; absolut heißt sehr häufig nichts weiter als *abstrakt*, und es gilt ebensooft dafür, daß mit dem Wort des Absoluten alles gesagt sei und dann keine Bestimmung angegeben werden könne noch solle. In der Tat aber ist es um solche Bestimmung allein zu tun. Die absolute Notwendigkeit ist eben insofern abstrakt, das schlechthin Abstrakte, als sie das Beruhen in sich selbst, das Bestehen nicht in oder aus oder durch ein Anderes ist. Aber wir haben gesehen, daß sie nicht nur ihrem Begriff als irgendeinem gemäß, so daß wir denselben und ihr äußeres Dasein verglichen, sondern *dieses Gemäßsein selbst* ist, daß, was als die äußere Seite genommen werden kann, in ihr selbst enthalten ist, daß [es] eben das Beruhen auf sich selbst, die Identität oder Beziehung auf sich ist, welche die Vereinzelung der Dinge ausmacht, wodurch sie *zufällige* sind, eine Selbständigkeit, welche vielmehr Unselbständigkeit ist. Die *Möglichkeit* ist dasselbe Abstraktum; möglich soll sein, was sich nicht widerspricht, d. i. was nur identisch mit sich, in dem keine Identität mit einem Anderen stattfinde, noch es innerhalb seiner selbst das Andere seiner wäre. Zufälligkeit und Möglichkeit sind nur dadurch unterschieden, daß dem Zufälligen ein Dasein zukommt, das Mögliche aber nur die Möglichkeit hat, ein Dasein zu haben. Aber das Zufällige hat selbst eben nur ein solches Dasein, das ganz nur den Wert der Möglichkeit hat; es *ist*, aber ebensogut ist es auch *nicht*. In der Zufälligkeit ist das Dasein oder die Existenz so weit, wie gesagt worden ist, herauspräpariert, daß es zugleich nun als ein an sich *Nichtiges* bestimmt ist und damit der Übergang zu seinem Anderen, dem Notwendigen in ihm selbst ausgesprochen ist. Dasselbe ist es, was darin mit der abstrakten Identität, jener bloßen Beziehung auf sich geschieht; sie wird als Möglichkeit gewußt. Daß es mit dieser noch nichts ist, daß etwas möglich ist, damit ist noch nichts ausgerichtet; die Identität ist, was sie wahrhaft ist, als eine Dürftigkeit bestimmt.

Das Dürftige dieser Bestimmung hat sich, wie wir gesehen, durch die ihr entgegengesetzte ergänzt. Die Notwendigkeit ist nur dadurch nicht die abstrakte, sondern wahrhaft absolute, daß sie den Zusammenhang mit Anderem in ihr selbst enthält, das Unterscheiden in sich ist, aber als ein aufgehobenes, ideelles. Sie enthält damit das, was der Notwendigkeit überhaupt zukommt, aber sie unterscheidet sich von dieser als äußerlicher, endlicher, deren Zusammenhang nur hinausgeht zu Anderem, das als Seiendes bleibt und gilt und so nur Abhängigkeit ist. Sie heißt auch Notwendigkeit, insofern der Notwendigkeit die Vermittlung überhaupt wesentlich ist. Der Zusammenhang ihres Anderen mit Anderem, der sie ausmacht, ist aber an seinen Enden ununterstützt; die absolute Notwendigkeit biegt solches Verhalten zu Anderem in ein Verhalten zu sich selbst um und bringt damit eben die *innere* Übereinstimmung mit sich hervor.

Der Geist erhebt sich aus der Zufälligkeit und äußeren Notwendigkeit darum also, weil diese Gedanken an ihnen selbst sich in sich ungenügend und unbefriedigend sind; er findet *Befriedigung* in dem Gedanken der absoluten Notwendigkeit, weil diese der *Friede* mit sich selbst ist. Ihr Resultat, aber *als* Resultat, ist: Es *ist* so, – schlechthin notwendig; so ist alle Sehnsucht, Streben, Verlangen nach einem Anderen versunken; denn in ihr ist das Andere vergangen. Es ist keine Endlichkeit in ihr, sie ist ganz fertig in ihr, unendlich in ihr selbst und gegenwärtig, es ist nichts außer ihr; es ist keine Schranke an ihr, denn sie ist dies, bei sich selbst zu sein. Nicht das Erheben selbst des Geistes zu ihr als solches ist es, welches das Befriedigende ist, sondern das Ziel, insofern bei ihm angekommen worden ist.

Bleiben wir einen Augenblick bei dieser subjektiven Befriedigung stehen, so erinnert sie uns an diejenige, welche die Griechen in der Unterwerfung unter die Notwendigkeit fanden. Dem unabwendbaren Verhängnis nachzugeben, dazu ermahnten die Weisen, besonders die Wahrheit des tragischen Chors, und wir bewundern die Ruhe ihrer Heroen, mit der sie, ungebeugten Geistes, frei das Los entgegennahmen, welches das Schicksal ihnen beschied. Diese Notwendigkeit und die dadurch vernichteten Zwecke ihres Willens, die zwingende Gewalt solchen Schicksals und die Freiheit scheinen das Widerstreitende zu sein und keine Versöhnung, nicht einmal eine Befriedigung zuzulassen. In der Tat ist das Walten dieser antiken Notwendigkeit mit einer Trauer verhängt, die nicht durch Trotz oder Erbitterung abgewiesen noch verhäßlicht wird, deren Klagen aber mehr durch Schweigen entfernt als durch Heilung des Gemüts beschwichtigt werden. Das Befriedigende, das der Geist in dem Gedanken der Notwendigkeit fand, ist allein darin zu suchen, daß derselbe sich an eben jenes abstrakte Resultat der Notwendigkeit »Es *ist* so« hält, – ein Resultat, das der Geist in sich selbst vollbringt. In diesem reinen »Ist« ist kein Inhalt mehr; alle Zwecke, alle Interessen, Wünsche, selbst das konkrete Gefühl des Lebens ist darin entfernt und verschwunden. Der Geist bringt dies abstrakte Resultat in sich hervor, indem er selbst eben jenen Inhalt seines Wollens, den Gehalt seines Lebens selbst aufgegeben, allem entsagt hat. Die Gewalt, die ihm durch das Verhängnis geschieht, verkehrt er so in Freiheit. Denn die Gewalt kann ihn nur so fassen, daß sie diejenigen Seiten ergreift, die in seiner konkreten Existenz ein inneres und äußeres Dasein haben. Am äußeren Dasein steht der Mensch unter äußerlicher Gewalt, es sei anderer Menschen, der Umstände usf., aber das äußere Dasein hat seine Wurzeln im Innern, in seinen Trieben, Interessen, Zwecken; sie sind die Bande – berechtigte und sittlich gebotene oder unberechtigte –, welche ihn der Gewalt unterwerfen. Aber die Wurzeln sind seines Innern, sind sein; er kann sich dieselben aus dem Herzen reißen; sein Wille, seine Freiheit ist die Stärke der Abstraktion, das Herz zum Grabe des Herzens selbst zu machen. So, indem das Herz in sich selbst entsagt, läßt es der Gewalt nichts übrig, an dem sie dasselbe fassen könnte; das, was sie zertrümmert, ist ein herzloses Dasein, eine Äußerlichkeit, in welcher sie den Menschen selbst nicht mehr trifft; er ist da heraus, wo sie hinschlägt.

Es ist vorhin gesagt worden, daß es das Resultat »Es *ist* so« der Notwendigkeit ist, an welchem der Mensch festhält, – als *Resultat,* d. i. daß er dies abstrakte Sein hervorgebracht. Dies ist das andere Moment der Notwendigkeit, die Vermittlung durch die Negation des *Andersseins.* Dies Andere ist das Bestimmte überhaupt, das wir als das innere Dasein gesehen haben, – das Aufgeben der konkreten Zwecke, Interessen; denn sie sind nicht nur die Bande, die ihn an die Äußerlichkeit knüpfen und damit derselben unterwerfen, sondern sie sind selbst das Besondere und dem Innersten, der sich denkenden reinen Allgemeinheit, der einfachen Beziehung der Freiheit auf sich, äußerlich. Es ist die Stärke dieser Freiheit, so abstrakt in sich zusammenzuhalten und darin jenes Besondere außer ihr zu setzen, es sich so zu einem Äußerlichen zu machen, in welchem sie nicht mehr berührt wird. Wodurch wir Menschen unglücklich oder unzufrieden werden oder auch nur verdrießlich sind, ist die Entzweiung in uns, d. i. der Widerspruch, daß in uns diese Triebe, Zwecke, Interessen oder auch nur diese Anforderungen, Wünsche und Reflexionen sind und zugleich in unserem Dasein das *Andere* derselben, ihr Gegenteil ist. Dieser Zwiespalt oder Unfriede in uns kann auf die gedoppelte Weise aufgelöst werden: das eine Mal, daß unser äußeres Dasein, unser Zustand, die Umstände, die uns berühren, für die wir uns überhaupt interessieren, mit den Wurzeln ihrer Interessen in uns sich in Einklang setzen – einen Einklang, der als Glück und Befriedigung empfunden wird; das andere Mal aber, daß im Falle des Zwiespalts beider, somit des Unglücks, statt der Befriedigung eine natürliche Ruhe des Gemüts oder, bei tieferer Verletzung eines energischen Willens und seiner berechtigten Ansprüche, zugleich die heroische Stärke desselben eine Zufriedenheit hervorbringt durch das Vorliebnehmen mit dem gegebenen Zustand, das Sichfügen in das, was da ist, – ein Nachgeben, welches nicht einseitig das Äußerliche, die Umstände, den Zustand wohl fahrenläßt, weil sie bezwungen, überwältigt sind, sondern welches durch seinen Willen die innerliche Bestimmtheit aufgibt, aus sich entläßt. Diese Freiheit der Abstraktion ist nicht ohne Schmerz, aber dieser ist zum Naturschmerz herabgesetzt, ohne den Schmerz der Reue, der Empörung [wegen] des Unrechts, wie ohne Trost und Hoffnung; aber sie ist des Trostes auch nicht bedürftig, denn der Trost setzt einen Anspruch voraus, der noch behalten und behauptet ist und nur, in einer Weise nicht befriedigt, auf eine andere einen Ersatz verlangt, in der Hoffnung noch ein Verlangen sich zurückbehalten hat.

Aber darin liegt zugleich das erwähnte Moment der Trauer, das über diese Verklärung der Notwendigkeit zur Freiheit verbreitet ist. Die Freiheit ist das Resultat der Vermittlung durch die Negation der Endlichkeiten als das abstrakte Sein; die Befriedigung ist die leere Beziehung auf sich selbst, die inhaltslose Einsamkeit des Selbstbewußtseins mit sich. Dieser Mangel liegt in der *Bestimmtheit* des Resultats wie des Ausgangspunkts; sie ist in beiden dieselbe, sie ist nämlich eben die Unbestimmtheit des Seins. Derselbe Mangel, der an der Gestalt des Prozesses der Notwendigkeit, wie er in der Willensregion des subjektiven Geistes existiert, bemerklich gemacht worden ist, wird sich auch an demselben, wie er ein gegenständlicher Inhalt für das denkende Bewußtsein ist, finden. Aber der Mangel liegt nicht in der Natur des Prozesses selbst, und derselbe ist nun in der theoretischen Gestalt, die unsere eigentümliche Aufgabe ist, zu betrachten.

Dreizehnte Vorlesung

Die allgemeine Form des Prozesses wurde als die Vermittlung mit sich selbst, die das Moment der Vermittlung mit Anderem so enthält, daß das Andere als ein Negiertes, Ideelles gesetzt ist, angegeben. Gleichfalls ist derselbe, wie er als der religiöse Gang der Erhebung zu Gott im Menschen vorhanden ist, in seinen näheren Momenten vorgestellt worden. Wir haben nun mit der gegebenen Auslegung von dem Sicherheben des Geistes zu Gott diejenige zu vergleichen, die in dem förmlichen Ausdrucke, welcher ein *Beweis* heißt, vorhanden ist.

Der Unterschied erscheint als gering, ist aber bedeutend und macht den Grund aus, warum solches Beweisen als unzulänglich vorgestellt und im allgemeinen aufgegeben worden ist. *Weil* das Weltliche zufällig ist, *so* ist ein absolut notwendiges Wesen; dies ist die einfache Weise, wie der Zusammenhang beschaffen ist. – Wenn hierbei ein *Wesen* genannt ist und wir nur von absoluter Notwendigkeit gesprochen haben, so mag diese auf solche Weise hypostasiert werden, aber das Wesen ist noch das unbestimmte, das nicht Subjekt oder Lebendiges, noch viel weniger Geist ist; inwiefern aber im Wesen als solchem eine Bestimmung liegt, welche hier doch von Interesse sein kann, davon soll nachher gesprochen werden.

Das zunächst Wichtige ist das *Verhältnis*, das in jenem Satze angegeben ist: *weil* das Eine, das Zufällige, *existiert*, *ist*, so ist das *Andere*, das Absolut-Notwendige. Hier sind *zwei Seiende* im Zusammenhange – ein Sein mit einem anderen Sein –, ein Zusammenhang, den wir als die *äußere* Notwendigkeit gesehen haben. Diese äußere Notwendigkeit aber ist es eben, die unmittelbar als Abhängigkeit, in welcher das Resultat von seinem Ausgangspunkte steht, überhaupt aber der Zufälligkeit verfallend, für unbefriedigend erkannt worden ist. Sie ist es daher, gegen welche die Protestationen gerichtet sind, die gegen diese Beweisführung eingelegt werden.

Sie enthält nämlich die Beziehung, daß die eine Bestimmung, die des absolut notwendigen Seins, *vermittelt* ist durch die andere, durch die Bestimmung des zufälligen Seins, wodurch jenes als abhängig im Verhältnis und zwar eines Bedingten gegen seine Bedingung gestellt wird. Dies ist es vornehmlich, was *Jacobi* überhaupt gegen das Erkennen Gottes vorgebracht hat, daß Erkennen, Begreifen nur heiße, ›eine Sache aus ihren nächsten Ursachen herleiten oder ihre unmittelbaren Bedingungen der Reihe nach einsehen‹ *(Briefe über die Lehre des Spinoza*[1], S. 419); ›das Unbedingte begreifen, hieße also, es zu einem Bedingten oder zu einer Wirkung zu machen‹. Die letztere Kategorie, das Absolut-Notwendige als *Wirkung* anzunehmen, fällt jedoch wohl sogleich hinweg; dies Verhältnis widerspricht zu unmittelbar der Bestimmung, um die es sich hier handelt, dem Absolut-Notwendigen.

---

1 Friedrich Heinrich Jacobi, *Über die Lehre des Spinoza in Briefen an den Herrn Moses Mendelssohn*, neue verm. Ausgabe, Breslau 1789, VII. Beilage

Aber das Verhältnis der *Bedingung*, auch des Grundes, ist äußerlicher, kann sich leichter einschleichen. Dasselbe ist allerdings in dem Satze vorhanden: weil Zufälliges ist, so ist das Absolut-Notwendige.

Indem dieser Mangel zugegeben werden muß, so fällt dagegen sogleich dies auf, daß solchem Verhältnisse der Bedingtheit und Abhängigkeit keine *objektive* Bedeutung gegeben wird. Dies Verhältnis ist ganz nur im *subjektiven Sinne* vorhanden; der Satz drückt nicht aus und *soll* nicht ausdrücken, daß das Absolut-Notwendige Bedingungen habe, und zwar durch die zufällige Welt bedingt sei, – im Gegenteil. Sondern der ganze Gang des Zusammenhanges ist nur im Beweisen; nur unser Erkennen des absolut notwendigen Seins ist bedingt durch jenen Ausgangspunkt; nicht das Absolut-Notwendige *ist* dadurch, daß *es* sich erhöbe aus der Welt der Zufälligkeit und dieser zum Ausgangspunkt und Voraussetzung bedürfte, um von ihr aus erst zu seinem Sein zu gelangen. Es ist nicht das Absolut-Notwendige, es ist nicht Gott, der als ein Vermitteltes durch Anderes, als ein Abhängiges und Bedingtes gedacht werden solle. Es ist der *Inhalt* des Beweises selbst, welcher den Mangel korrigiert, der allein an der *Form* sichtbar wird. So haben wir aber eine Verschiedenheit, ein Abweichen der Form von der Natur des Inhaltes vor uns, und die Form ist das Mangelhafte bestimmter darum, weil der Inhalt das Absolut-Notwendige ist. Dieser Inhalt ist selbst nicht formlos in sich, was wir auch in der Bestimmung desselben gesehen; seine eigene Form, als die Form des Wahrhaften, ist selbst wahrhaft, die von ihm abweichende daher das Unwahrhafte.

Nehmen wir, was wir *Form* überhaupt geheißen haben, in seiner konkreteren Bedeutung, nämlich als *Erkennen*, so befinden wir uns mitten in der bekannten und beliebten Kategorie des endlichen Erkennens, das als subjektives überhaupt endlich und der Gang seiner wissenden Bewegung als ein endliches Tun bestimmt ist. Damit tut sich dieselbe Unangemessenheit, nur in anderer Gestalt auf. Das Erkennen ist endliches Tun, und solches Tun kann nicht Erfassen des Absolut-Notwendigen, des Unendlichen sein. Erkennen erfordert überhaupt, den Inhalt *in sich* zu haben, ihm zu folgen; das Erkennen, das den absolut notwendigen, unendlichen Inhalt hat, müßte selbst absolut notwendig und unendlich sein. So befänden wir uns auf dem besten Wege, uns wieder mit dem Gegensatze herumzuschlagen, dessen affirmative Aushilfe durch vielmehr unmittelbares Wissen, Glauben, Fühlen usf. wir in den ersten Vorlesungen vorgenommen hatten. Wir haben diese Gestalt der Form schon deswegen hier beiseite zu lassen; aber es ist noch späterhin eine Reflexion auf die Kategorien derselben zu machen. Die Form ist hier näher in der Weise zu betrachten, wie sie in dem Beweise, den wir zum Gegenstande haben, vorhanden ist.

Erinnern wir uns des vorgetragenen förmlichen Schlusses, so heißt der eine Teil des einen Satzes (des Obersatzes): »*Wenn* das Zufällige *ist*«, und dies wird direkter im anderen Satze ausgedrückt: »es *ist* eine zufällige Welt«, indem in jenem Satze die Bestimmung der Zufälligkeit nur wesentlich in ihrem *Zusammenhange* mit dem Absolut-Notwendigen gesetzt ist, jedoch gleichfalls als *seiendes* Zufälliges. Der zweite Satz oder diese Bestimmung des Seienden auch im ersten ist es, in welchem der Mangel liegt, und zwar so, daß er unmittelbar an ihm selbst widersprechend ist, an ihm selbst sich als eine unwahre Einseitigkeit zeigt. Das Zufällige, Endliche wird als ein *Seiendes* ausgesprochen, aber die *Bestimmung* desselben ist vielmehr, ein Ende zu haben, zu *fallen*, ein *Sein* zu sein, das nur den Wert einer Möglichkeit hat, ebensogut *ist* als *nicht ist*.

Dieser Grundfehler findet sich in der Form des Zusammenhangs, die ein gewöhnlicher *Schluß* ist. Ein solcher hat ein *stehendes* Unmittelbares in seinen Prämissen überhaupt, Voraussetzungen, die als Erstes nicht nur, sondern als *seiendes, bleibendes* Erstes ausgesprochen sind, womit das Andere als Folge etwa, Bedingtes usf., überhaupt so zusammenhängt, daß die beiden zusammengehängten Bestimmungen ein *äußerliches, endliches* Verhältnis zueinander bilden – in welchem jede der beiden Seiten in *Beziehung* mit der anderen ist, was *eine* Bestimmung derselben ausmacht –, aber zugleich auch für sich *außer* ihrer Beziehung *Bestehen* haben. Die in sich schlechthin *eine* Bestimmung, welche in jenem Satze die beiden Unterschiedenen zusammen ausmachen, ist das *Absolut-Notwendige,* dessen Namen sogleich es als das *Einzige*, was wahrhaft ist, als die *einzige* Wirklichkeit ausspricht; [von] dessen Begriff haben wir gesehen, daß er die in *sich* zurückgehende Vermittlung, die Vermittlung nur *mit sich* durch das *Andere*, von ihm Unterschiedene [ist], das eben in dem *Einen*, dem Absolut-Notwendigen, aufgehoben, als Seiendes negiert, nur als Ideelles aufbewahrt ist. Außer dieser absoluten Einheit mit sich sind aber in der Art des Schlusses *auch außerhalb* voneinander die zwei Seiten der Beziehung als *Seiende* aufbehalten; *das Zufällige ist.* Dieser Satz widerspricht sich in sich selbst wie dem Resultate, der absoluten Notwendigkeit, welche nicht auf eine Seite nur gestellt, sondern das *ganze Sein* ist.

Wenn also von dem Zufälligen angefangen wird, so ist von demselben nicht als von einem, das *fest*bleiben soll, auszugehen, so daß es im Fortgange als *seiend* belassen wird – dies ist seine einseitige Bestimmtheit –, sondern es ist mit seiner vollständigen Bestimmung zu setzen, daß ihm ebensosehr das *Nichtsein* zukomme und daß es somit als *verschwindend* in das Resultat eintrete. Nicht weil das Zufällige *ist,* sondern vielmehr, weil es ein Nichtsein, *nur Erscheinung*, sein Sein nicht wahrhafte Wirklichkeit ist, ist die *absolute Notwendigkeit*; diese ist sein Sein und seine Wahrheit.

Dies Moment des *Negativen* liegt nicht in der Form des Verstandesschlusses, und darum ist er in diesem Boden der lebendigen Vernunft des Geistes mangelhaft, – in dem Boden, worin selbst die absolute Notwendigkeit als das wahre Resultat gilt, als dies, daß sie sich wohl durch Anderes, aber durch Aufheben desselben sich mit sich selbst vermittelt. So ist der Gang jenes Erkennens der Notwendigkeit verschieden von dem Prozesse, welcher sie ist; solcher Gang ist darum nicht als schlechthin notwendige, wahrhafte Bewegung, sondern als endliche Tätigkeit, ist nicht unendliches Erkennen, hat nicht das Unendliche – dies ist nur als diese Vermittlung mit sich durch die Negation des Negativen – zu seinem Inhalte und zu seinem Tun.

Der Mangel, der in dieser Form des Schließens aufgezeigt worden, hat, wie angegeben ist, den Sinn, daß in dem Beweise vom Dasein Gottes, den er ausmacht, die Erhebung des Geistes zu Gott nicht richtig expliziert ist. Vergleichen wir beide, so ist diese Erhebung allerdings gleichfalls das Hinausgehen über das weltliche Dasein als über das nur Zeitliche, Veränderliche, Vergängliche; das Weltliche ist zwar als *Dasein* ausgesagt und von ihm angefangen, aber indem es, wie gesagt, als das Zeitliche, Zufällige, Veränderliche und Vergängliche bestimmt ist, ist sein *Sein* nicht ein Befriedigendes, nicht das wahrhaft Affirmative; es ist als das sich aufhebende, negierende bestimmt. Es wird[2] in dessen Bestimmung, *zu sein*, nicht beharrt, vielmehr ihm nur ein Sein zugeschrieben, das mehr nicht als den Wert eines Nichtseins hat, dessen Bestimmung das Nichtsein seiner, das Andere seiner, somit seinen Widerspruch, seine Auflösung, Vergehen in sich schließt. Wenn es auch scheinen mag oder auch der Fall sein kann, daß dem Glauben doch dieses zufällige Sein als eine Gegenwart des Bewußtseins *auf der einen Seite* stehenbleibt, der anderen, dem Ewigen, an und für sich Notwendigen *gegenüber*, als eine Welt, *über* der der Himmel ist, so kommt es nicht darauf an, daß eine doppelte Welt vorgestellt wird, sondern mit welchem Werte; dieser ist aber darin ausgedrückt, daß die eine die Welt des Scheins, die andere die Welt der Wahrheit ist. Indem die erstere verlassen und zu der anderen nur so übergegangen wird, daß jene auch noch diesseits stehenbleibt, so ist doch im religiösen

2 W: »ist«

Geiste nicht der Zusammenhang vorhanden, als ob sie mehr als nur ein Ausgangspunkt, als ob sie als ein *Grund* festgestellt wäre, dem ein Sein, Begründen, Bedingen zukäme. Die Befriedigung, alle Begründung jeder Art, findet sich vielmehr in die ewige Welt gelegt als in das an und für sich Selbständige. Wogegen in der Gestalt des Schlusses das *Sein beider* auf gleiche Weise ausgedrückt [wird]; sowohl in dem einen Satze des Zusammenhangs: »Wenn eine zufällige Welt *ist*, so *ist* auch ein Absolut-Notwendiges«, als in dem anderen, worin als Voraussetzung ausgesprochen wird, *daß* eine zufällige Welt *ist*, und dann in dem dritten, dem Schlußsatze: »Also *ist* ein Absolut-Notwendiges«.

Über diese ausdrücklichen Sätze können noch etliche Bemerkungen hinzugefügt werden. Nämlich erstens: bei dem letzten Satz muß sogleich die Verbindung der zwei entgegengesetzten Bestimmungen auffallen: »*Also* ist das Absolut-Notwendige«; »Also« drückt die *Vermittlung durch Anderes* aus, ist aber die *Unmittelbarkeit* und hebt jene Bestimmung sogleich auf, die, wie angeführt worden, dasjenige ist, weswegen man solches Erkennen über das, was dessen Gegenstand ist, für unzulässig erklärt hat. Das Aufheben der Vermittlung durch Anderes ist aber [nicht] nur *an sich* vorhanden; die Darstellung des Schlusses spricht dieselbe vielmehr ausdrücklich aus. Die Wahrheit ist eine solche Macht, daß sie[3] auch am Falschen vorhanden ist und es nur einer richtigen Bemerkung oder Hinsehens bedarf, um das Wahre an dem Falschen selbst zu finden oder vielmehr zu sehen. Das Wahre ist hier die Vermittlung mit sich durch die Negation des Anderen und der Vermittlung durch Anderes; die Negation ebensowohl der Vermittlung durch Anderes als auch der abstrakten, vermittlungslosen Unmittelbarkeit ist in jenem »Also ist« vorhanden.

Ferner, wenn der eine Satz dieser ist: »das Zufällige *ist*«, der andere: »das an und für sich Notwendige *ist*«, so ist

3 W: »es«

wesentlich darauf reflektiert worden, daß das *Sein* des Zufälligen einen ganz verschiedenen Wert hat von dem an und für sich notwendigen *Sein*; jedoch ist *Sein* die *gemeinschaftliche* und *eine* Bestimmung in beiden Sätzen. Der Übergang bestimmt sich hiernach nicht als von einem Sein in ein anderes Sein, sondern als von einer Gedankenbestimmung in eine andere. Das Sein reinigt sich von dem ihm unangemessenen Prädikate der Zufälligkeit; Sein ist einfache Gleichheit mit sich selbst, die Zufälligkeit aber das in sich schlechthin ungleiche, sich widersprechende Sein, welches erst in dem Absolut-Notwendigen zu dieser Gleichheit mit sich selbst wieder hergestellt ist. Hieran unterscheidet sich also bestimmter dieser Gang der Erhebung oder diese Seite des Beweisens von der angegebenen anderen, daß in jenem Gang die Bestimmung, welche zu beweisen ist oder welche resultieren soll, nicht das *Sein* ist; das Sein ist vielmehr das in beiden Seiten gemeinschaftlich Bleibende, das sich von der einen in die andere kontinuiert. In dem anderen Gange dagegen soll vom *Begriffe* Gottes zu seinem *Sein* übergegangen werden; dieser Übergang scheint schwerer als der von einer Inhaltsbestimmtheit überhaupt, was man einen Begriff zu nennen pflegt, zu einem anderen Begriffe, zu einem homogeneren also, als der Übergang vom *Begriffe* zum *Sein* zu scheinen pflegt.

Es liegt hierbei die Vorstellung zugrunde, daß *Sein* nicht selbst auch ein Begriff oder Gedanke sei; in diesem Gegensatze, worin es für sich, isoliert herausgesetzt ist, haben wir es an der betreffenden Stelle bei jenem Beweise zu betrachten. Hier aber haben wir es zunächst noch nicht abstrakt für sich zu nehmen; daß es das *Gemeinschaftliche* der beiden Bestimmungen, des Zufälligen und des Absolut-Notwendigen ist, ist eine Vergleichung und äußerliche Abtrennung desselben von ihnen, und zunächst ist es in der ungetrennten Verbindung mit jeder, zufälliges Sein und absolut-notwendiges Sein. In dieser Weise wollen wir die angegebene Gestalt [des Beweises] noch einmal vornehmen und den Unterschied des Widerspruchs, den er nach den zwei entgegengesetzten Seiten, der spekulativen und der abstrakten, verständigen, erleidet, daran noch näher herausheben.

Der angegebene Satz spricht folgenden Zusammenhang aus:

Weil das zufällige Sein ist, so ist das absolut-notwendige Sein.

Nehmen wir diesen Zusammenhang einfach, ohne ihn durch die Kategorie eines Grundes und dergleichen näher zu bestimmen, so ist er nur dieser:

Das zufällige Sein ist *zugleich* das Sein eines Anderen, des absolut-notwendigen Seins.

Dieses *Zugleich* erscheint als ein Widerspruch, dem die zwei selbst entgegengesetzten Sätze als die Auflösungen entgegengestellt werden; der eine:

Das Sein des Zufälligen ist *nicht* sein eigenes Sein, sondern *nur* das Sein *eines Anderen*, und zwar bestimmt *seines* Anderen, des Absolut-Notwendigen;

der andere:

Das Sein des Zufälligen ist *nur sein eigenes* Sein und nicht das Sein eines Anderen, des Absolut-Notwendigen.

Der erste Satz ist als der wahrhafte Sinn, den auch die Vorstellung bei dem Übergange habe, nachgewiesen worden; den spekulativen Zusammenhang, der in den Gedankenbestimmungen, welche die Zufälligkeit ausmachen, selbst immanent ist, werden wir weiterhin noch vornehmen. Aber der andere Satz ist der Satz des Verstandes, auf welchen sich die neuere Zeit so festgesetzt hat. Was kann verständlicher sein, als daß irgendein Ding, Dasein, so auch das Zufällige, da es *ist*, sein eigenes Sein ist, eben das *bestimmte* Sein ist, welches es ist, und nicht vielmehr ein anderes! Das Zufällige wird so für sich festgehalten, getrennt von dem Absolut-Notwendigen.

Noch geläufiger ist, für die zwei Bestimmungen die des *Endlichen* und *Unendlichen* zu gebrauchen und das Endliche so für sich, isoliert von seinem Anderen, dem Unendlichen, zu nehmen. Es gibt darum, wird gesagt, keine Brücke, keinen

Übergang vom endlichen Sein zu dem unendlichen; das Endliche bezieht sich schlechthin nur auf sich, nicht auf sein Anderes. Es ist ein[4] leerer Unterschied, der zwischen [endlichem und unendlichem] Erkennen als Form gemacht würde. Es ist [zwar] mit Recht, daß eben die Unterschiedenheit beider zum Grunde von Schlüssen gemacht wird – Schlüssen, die zunächst das Erkennen als endlich voraussetzen und eben daraus folgern, daß dies Erkennen das Unendliche nicht erkennen könne, weil es dasselbe nicht zu fassen vermöge, so wie umgekehrt gefolgert wird, wenn das Erkennen das Unendliche erfaßte, so müßte es selbst unendlich sein; dies sei es aber anerkanntermaßen nicht, also vermöge es nicht das Unendliche zu erkennen. Sein Tun ist bestimmt, wie sein Inhalt. Endliches Erkennen und unendliches Erkennen geben dasselbe Verhältnis wie Endliches und Unendliches überhaupt, – nur daß unendliches Erkennen sogleich noch mehr gegen das andere zurückstoßend ist als das nackte Unendliche und noch unmittelbarer auf die Scheidung beider Seiten hinweist, so daß nur die eine, endliches Erkennen bleibe. Hiermit ist alles Verhältnis der Vermittlung hinweg, in welches sonst das Endliche und das Unendliche als solches gesetzt werden können, wie das Zufällige und das Absolut-Notwendige. Die Form des Endlichen und Unendlichen ist in dieser Betrachtung mehr gang und gäbe geworden. Jene Form ist abstrakter und erscheint darum als umfassender als die erstere; dem Endlichen überhaupt und dem endlichen Erkennen wird wesentlich auch außer der Zufälligkeit die Notwendigkeit als Fortgang an der Reihe von Ursachen und Wirkungen, Bedingungen und Bedingten hiermit sogleich zugeschrieben, die von uns früher als äußere Notwendigkeit bezeichnet worden, und [sie wird] gemeinschaftlich unter dem Endlichen befaßt; ohnehin wird sie in Rücksicht auf das Erkennen allein verstanden, aber, unter das Endliche befaßt, ganz ohne Mißverstand, der durch die Kategorie des Absolut-Notwendigen

4 Lasson: »kein«

herbeigeführt werden kann, dem Unendlichen entgegengestellt.

Wenn wir daher gleichfalls bei diesem Ausdruck bleiben, so haben wir für das Verhältnis von Endlichkeit und Unendlichkeit, bei dem wir stehen, das ihrer Verhältnislosigkeit, Beziehungslosigkeit. Wir befinden uns bei der Behauptung, daß das Endliche überhaupt und das endliche Erkennen unvermögend sei, das Unendliche überhaupt wie in seiner Form als absolute Notwendigkeit zu fassen – oder auch aus den Begriffen der Zufälligkeit und Endlichkeit, von denen dasselbe ausgehe, das Unendliche zu begreifen. Das endliche Erkennen ist darum endlich, weil es in endlichen Begriffen sich befindet, und das Endliche, darunter auch das endliche Erkennen, bezieht sich *nur* auf sich selbst, bleibt nur bei sich stehen, weil es nur *sein* Sein, nicht das Sein eines Anderen überhaupt, am wenigsten *seines* Anderen ist. Dies ist der Satz, auf den so viel gepocht wird: es gibt keinen Übergang vom Endlichen zum Unendlichen, so auch nicht vom Zufälligen zum Absolut-Notwendigen oder von den Wirkungen zu einer absolut ersten, nicht endlichen Ursache; es ist schlechthin eine Kluft zwischen beiden befestigt.

Vierzehnte Vorlesung

Dieser Dogmatismus der absoluten Trennung des Endlichen und Unendlichen ist logisch; es ist eine Behauptung von der Natur der Begriffe des Endlichen und des Unendlichen, die in der Logik betrachtet wird. Hier halten wir uns zunächst an die Bestimmungen, die wir im Vorhergehenden zum Teil gehabt, die aber auch in unserem Bewußtsein vorhanden sind. Die Bestimmungen, die in der Natur der Begriffe selbst liegen und in der Logik in der reinen Bestimmtheit ihrer selbst und ihres Zusammenhangs aufgezeigt werden, müssen auch in unserem gewöhnlichen Bewußtsein sich hervortun und vorhanden sein.

Wenn also gesagt wird: das Sein des Endlichen ist nur sein eigenes Sein, nicht vielmehr das Sein eines Anderen, es ist also kein Übergang vom Endlichen zum Unendlichen möglich, also auch keine Vermittlung zwischen ihnen, weder an sich noch im und für das Erkennen, so daß etwa wohl das Endliche vermittelt sei durch das Unendliche, aber, worauf allein hier das Interesse ginge, nicht umgekehrt, so ist sich bereits auf das Faktum berufen worden, daß der Geist des Menschen sich aus dem Zufälligen, Zeitlichen, Endlichen zu Gott als dem Absolut-Notwendigen, Ewigen, Unendlichen erhebt, – das Faktum, daß für den Geist die sogenannte Kluft nicht vorhanden ist, daß er diesen Übergang wirklich macht, daß durch jenen Verstand, der diese absolute Scheidung behauptet, die Menschenbrust es sich nicht nehmen läßt, eine solche Kluft nicht gelten zu lassen, sondern diesen Übergang in der Erhebung zu Gott wirklich macht.

Darauf ist aber die Antwort fertig: das Faktum dieser Erhebung zugegeben, so ist dies ein Übergang des Geistes, aber nicht *an sich*, nicht ein Übergang in den Begriffen oder gar der Begriffe selbst, und zwar darum nicht, weil eben im Begriffe das Sein des Endlichen sein eigenes Sein und nicht das Sein eines Anderen sei. Wenn wir so das endliche Sein als nur in Beziehung auf sich selbst stehend nehmen, so ist es so nur für sich, nicht Sein für Anderes; es ist damit der Veränderung entnommen, ist unveränderlich, absolut. So ist es mit diesen sogenannten Begriffen beschaffen. Daß das *Endliche absolut*, unveränderlich, unvergänglich, ewig sei, dies wollen aber diejenigen selbst nicht, welche die Unmöglichkeit jenes Übergehens behaupten. Wäre der Irrtum, daß das Endliche als absolut genommen wird, nur ein Irrtum der Schule, eine Inkonsequenz, die sich der Verstand zuschulden kommen ließe – und zwar in den äußersten Abstraktionen, mit denen wir hier zu tun bekommen haben –, so könnte man fragen, was denn solcher Irrtum verschlagen könne, indem man jene Abstraktionen wohl verächtlich finden kann gegen eine Fülle des Geistes, wie sie die Religion [enthält], überhaupt [alles, was] sonst[1] ein großes, lebendiges Interesse desselben ist. Aber daß in diesen sogenannten großen, lebendigen Interessen in der Tat das festgehaltene Endliche das wahrhafte Interesse ausmacht, zeigt sich zu sehr in der Bemühung mit der Religion selbst, wo, jenem Grundsatze konsequent, die Beschäftigung mit der Historie des endlichen Stoffes, des äußerlich Geschehenen und der Meinungen das Übergewicht über den unendlichen Gehalt erlangt hat, der bekanntlich auf das Minimum zusammengeschrumpft ist. Es sind die Gedanken und jene abstrakten Bestimmungen vom Endlichen und Unendlichen, womit das Aufgeben des Erkennens der Wahrheit gerechtfertigt werden soll, und in der Tat ist es der reine Boden des Gedankens, auf welchen sich solche Interessen des Geistes hinspielen, um auf demselben ihre Entscheidung zu erhalten; denn die Gedanken machen die innerste Wesenheit der konkreten Wirklichkeit des Geistes aus.

Belassen wir diesen Begriffsverstand bei seiner Behauptung, daß das Sein des Endlichen nur sein eigenes Sein, nicht das Sein seines Anderen, nicht das Übergehen selbst sei, und nehmen die weitere, das Erkennen ausdrücklich nennende Vorstellung auf. Wenn nämlich mit dem Faktum übereingestimmt wird, daß der Geist solchen Übergang mache, so soll es doch nicht ein Faktum des *Erkennens,* sondern des Geistes überhaupt und bestimmt des *Glaubens* sein. Es ist hierüber zur Genüge gezeigt worden, daß diese Erhebung – sie sei in der Empfindung oder im Glauben, oder wie die Weise ihres geistigen Daseins bestimmt werde – im Innersten des Geistes auf dem Boden des Denkens geschieht; die Religion als die innerste Angelegenheit des Menschen hat darin den Mittelpunkt und Wurzel ihres Pulsierens. Gott ist in seinem Wesen Gedanke, Denken selbst, wie auch weiter seine Vorstellung und Gestaltung sowie die Gestalt und Weise der Religion als Empfinden, Anschauen, Glauben usf. bestimmt

1 ergänzt nach Lasson

werde. Das Erkennen tut aber nichts, als eben jenes Innerste für sich zum Bewußtsein zu bringen, jenen denkenden Puls denkend zu erfassen. Das Erkennen mag hierin einseitig sein und zur Religion noch mehr und wesentlich Empfindung, Anschauen, Glauben gehören, so wie zu Gott noch weiteres als sein denkender und gedachter Begriff; aber dieses Innerste ist darin vorhanden, und von diesem zu wissen, heißt, es denken, und Erkennen überhaupt heißt nur, es in seiner wesentlichen Bestimmtheit zu wissen.

Erkennen, Begreifen sind Worte wie *Unmittelbar, Glauben* in der Bildung der Zeit; sie haben die Autorität des gedoppelten Vorurteils für sich, des einen, daß sie ganz bekannt und damit letzte Bestimmungen seien, bei denen daher nicht weiter nach ihrer Bedeutung und Bewährung zu fragen sei, und [des anderen,] daß die Unfähigkeit der Vernunft, das Wahre, Unendliche zu begreifen, zu erkennen, etwas ebenso Abgemachtes sei als ihre Bedeutung überhaupt. Das Wort Erkennen, Begreifen gilt wie eine magische Formel; sie ins Auge zu fassen, zu fragen, was denn Erkennen, Begreifen ist, fällt dem Vorurteile nicht weiter ein, und darauf einzig und allein würde es ankommen, um über die Hauptfrage etwas wirklich Treffendes zu sagen. Es würde in solcher Untersuchung sich von selbst ergeben, daß das Erkennen nur das Faktum des Überganges, den der Geist selbst macht, ausspricht, und insofern das Erkennen wahrhaftes Erkennen, Begreifen ist, so ist es ein Bewußtsein der Notwendigkeit, die jener Übergang selbst enthält, nichts als das Auffassen dieser ihm immanenten, in ihm vorhandenen Bestimmung.

Aber wenn über das Faktum des Überganges von dem Endlichen zum Unendlichen geantwortet worden ist, daß derselbe im Geiste oder im Glauben und der Empfindung und dergleichen gemacht werde, so ist diese Antwort nicht die ganze Antwort; diese ist vielmehr eigentlich: das religiöse Glauben, Empfinden, innere Offenbarung ist eben dies, unmittelbar von Gott zu wissen, nicht durch Vermittlung, nicht den Übergang als einen wesentlichen Zusammenhang beider Seiten, sondern als einen *Sprung* zu machen. Das, was ein Übergang genannt wurde, zerfällt hiernach in zweierlei gesonderte Akte, die äußerlich gegeneinander sind, etwa nur in der Zeit aufeinanderfolgen, in der Vergleichung oder Erinnerung aufeinander bezogen werden. Das Endliche und Unendliche halten sich schlechthin in der Trennung; dies vorausgesetzt, so ist die Beschäftigung des Geistes mit dem Endlichen eine besondere Beschäftigung, und seine Beschäftigung mit dem Unendlichen, Empfinden, Glauben, Wissen ein einzelner, unmittelbarer, einfacher Akt, nicht ein Akt des Übergehens. Wie das Endliche und Unendliche beziehungslos sind, so auch die Akte des Geistes, seine Erfüllungen mit diesen Bestimmungen, Erfüllungen nur mit dem einen oder dem anderen, beziehunglos aufeinander. Wenn sie auch gleichzeitig sein können, mit dem Unendlichen auch Endliches im Bewußtsein ist, so sind sie nur Vermischungen; es sind zwei für sich bestehende Tätigkeiten, die sich einander nicht vermitteln.

Die Wiederholung, die in dieser Vorstellung von der gewöhnlichen Scheidung des Endlichen und Unendlichen liegt, ist schon angedeutet, – von jener Trennung, durch welche das Endliche für sich auf einer Seite und das Unendliche auf der anderen gegenübergehalten und das erstere nicht weniger auf diese Weise für *absolut* erklärt wird, – der Dualismus, der in weiterer Bestimmung der Manichäismus ist. Daß aber das Endliche absolut sei, dies wollen diejenigen selbst nicht, die solches Verhältnis festsetzen; aber sie können jener Konsequenz nicht entgehen, welche keine erst aus jener Behauptung gezogene Konsequenz, sondern die direkte Behauptung selbst ist, daß das Endliche in keiner Verbindung mit dem Unendlichen, kein Übergang von jenem zu diesem möglich sei, das eine schlechthin von dem anderen geschieden sei. Wird aber doch *auch* wieder eine Beziehung derselben vorgestellt, so ist bei der angenommenen Unverträglichkeit beider das Verhältnis nur *negativer* Art; das Unendliche soll das Wahre und das *allein*, d. i. abstrakt Affirmative sein, so daß es als Beziehung nur als Macht gegen das Endliche ist, das in jenem sich nur vernichtet. Das Endliche muß, *um zu sein,* sich vor dem Unendlichen zurückhalten, dasselbe fliehen; in der Berührung damit kann es nur untergehen. In der subjektiven Existenz, die wir von diesen Bestimmungen vor uns haben, nämlich dem endlichen und unendlichen Wissen, soll die eine Seite, die der Unendlichkeit, das unmittelbare Wissen des Menschen von Gott sein. Die ganze andere Seite ist aber der Mensch überhaupt; er eben ist das Endliche, von dem vornehmlich die Rede ist, und eben dies sein Wissen von Gott, es mag nun unmittelbar genannt werden oder nicht, ist sein[2], des Endlichen Wissen und Übergehen von demselben zum Unendlichen. Wenn nun aber auch die Beschäftigung des Geistes mit dem Endlichen und die Beschäftigung desselben mit dem Unendlichen zweierlei geschiedene Tätigkeiten sein sollen, so wäre die letzte als Erhebung des Geistes selbst nicht dieser immanente Übergang und die Beschäftigung mit dem Endlichen ihrerseits auch absolut und schlechthin auf das Endliche als solches beschränkt. Hierüber ließe sich eine weitläufige Betrachtung anstellen; es mag hier genügen, nur daran zu erinnern, daß auch diese Seite, wenngleich das Endliche ihr Gegenstand und Zweck ist, nur wahrhafte Beschäftigung, sei es Erkennen, Wissen, Dafürhalten oder ein praktisches und moralisches Verhalten, sein kann, insofern solches Endliche nicht für sich, sondern *in seiner Beziehung auf das Unendliche,* das Unendliche *in ihm,* gewußt, erkannt, betätigt, überhaupt in dieser Bestimmung Gegenstand und Zweck ist. – Bekannt genug ist die Stellung, die dem Religiösen in Individuen und selbst in Religionen gegeben wird, daß dasselbe, Andacht, Herzens- und Geisteszerknirschung und Opfergaben, für sich als ein abgeschiedenes Geschäft abgemacht wird und *daneben* das weltliche Leben, der Kreis der Endlichkeit, sich selber hingegeben und freigelassen bleibt, ohne *Einfluß* des Unend-

2 W: »sein Sein«

lichen, Ewigen, Wahren auf denselben, – d. h. ohne daß in dem Kreise des Endlichen zum Unendlichen übergegangen, das Endliche durch das Unendliche zur Wahrheit und Sittlichkeit vermittelt und ebenso ohne daß das Unendliche durch Vermittlung des Endlichen zu Gegenwart und Wirklichkeit gebracht würde.

Auf die schlechte Konsequenz, daß das Erkennende, der Mensch, absolut sein müßte, um das Absolute zu fassen, brauchen wir hier schon darum nicht einzugehen, weil sie ebensosehr den Glauben, das unmittelbare Wissen träfe, als welches auch ein Fassen-in-sich, wenn nicht des absoluten Geistes Gottes, doch wenigstens des Unendlichen sein soll. Wenn dies Wissen sich so sehr vor dem Konkreten seines Gegenstandes scheut, so muß er ihm doch etwas sein; eben das Nichtkonkrete, das wenige oder gar keine Bestimmungen an ihm hat, ist das Abstrakte, das Negative, das Wenigste, – etwa das Unendliche.

Aber es ist gerade diese schlechte Abstraktion des Unendlichen, durch welche die Vorstellung das Fassen desselben zurückstößt, aus dem einfachen Grunde, weil dagegen das Diesseitige, der Mensch, der menschliche Geist, die menschliche Vernunft ebenso als die Abstraktion des Endlichen fixiert wird. Die Vorstellung verträgt sich noch eher damit, daß der menschliche Geist, Denken, Vernunft das Absolut-Notwendige fasse, denn dieses ist so unmittelbar als das Negative gegen sein Anderes, das Zufällige, auf dessen Seite auch eine Notwendigkeit, die äußerliche, steht, ausgedrückt und ausgesprochen. Was ist nun klarer, als daß der Mensch, der doch *ist,* d. h. ein Positives, Affirmatives ist, sein *Negatives* nicht fassen kann? Noch mehr, da umgekehrt sein Sein, seine Affirmation, die Endlichkeit – also die Negation – ist, daß sie die Unendlichkeit, die dagegen gleichfalls die Negation, aber nun umgekehrt gegen jene Bestimmung das Sein, die Affirmation ist, nicht fassen kann? Was ist aber ebenso klarer, als daß dem Menschen von den beiden Seiten die Endlichkeit zukommt? Von dem Raume faßt er etliche Fuß, außerhalb dieses Volumens ist die Unendlichkeit des Raumes; von der unendlichen Zeit ist ihm eine Spanne [gegeben], die ebenso zum Augenblick gegen jene zusammenschrumpft wie sein Volumen zum Punkte. Aber abgesehen von dieser seiner äußerlichen Endlichkeit gegen jene unendlichen Äußerlichkeiten, so ist er *anschauend, vorstellend, wissend, erkennend – Intelligenz*; ihr Gegenstand ist die Welt, dies Aggregat von unendlichen Einzelheiten. Wie gering ist die Anzahl derselben, die von den einzelnen Menschen gewußt werden – nicht *der* Mensch weiß, sondern der Einzelne –, gegen die unendliche Menge, welche *ist*. Um sich die Geringfügigkeit des menschlichen Wissens recht vor Augen zu bringen, braucht man sich nur an das, was man nicht leugnen wird, daß es[3] unter göttlicher Allwissenheit verstanden zu werden pflege, etwa in der Vorstellung zu erinnern, die in den *Lebensläufen nach aufsteigender Linie*[4], um dieses Werk des tiefsten Humors wieder einmal ins Gedächtnis zurückzurufen (II. Teil, Beilage B), der Organist in L. in einer Leichenabdankung davon gibt: »Der Gevatter Briese sprach mir gestern von der Größe des lieben Gottes, und ich hatte den Einfall, daß der liebe Gott jeden Sperling, jeden Stieglitz, jeden Hänfling, jede Milbe, jede Mücke mit Namen zu nennen wüßte, so wie ihr die Leute im Dorfe: *Schmieds Greger, Briesens Peter, Heifrieds Hans* – denkt nur, wenn der liebe Gott so jede Mücke ruft, die sich einander so ähnlich sehen, daß man schwören sollte, sie wären alle Schwestern und Brüder; denkt nur!« – Aber gegen die praktische Endlichkeit stellt sich das Theoretische noch groß und weit dar; aber diese Zwecke, Pläne oder Wünsche usf., was im Kopfe keine Schranken hat, wie bringen sie, an die Wirklichkeit, der sie bestimmt sind, herangebracht, die menschliche Beschränktheit vollends vor Augen! Jene Weite der praktischen Vorstellung,

---

3 W: »was«

4 Theodor Gottlieb von Hippel, *Lebensläufe nach aufsteigender Linie*, 3 Bde., Berlin 1778/81

das Streben, das Sehnen, eben daß es nur Streben, Sehnen ist, zeigt an ihm selbst seine Enge. – Diese Endlichkeit ist es, welche dem Unterfangen, das Unendliche zu fassen, zu begreifen, vorgehalten wird; der kritische Verstand, der diesen schlagend sein sollenden Grund festhält, ist über die Verstandesbildung jenes Organisten in L. in der Tat nicht hinaus, er steht vielmehr gegen denselben zurück, denn dieser gebrauchte solche Vorstellung unbefangen nur, um die Größe der Liebe Gottes einer Bauerngemeinde vorstellig zu machen. Aber jener kritische Verstand gebraucht solche Endlichkeit *gegen* Gottes *Liebe* und deren Größe, nämlich *gegen* Gottes Gegenwart im Menschengeiste; dieser Verstand behält die Mücke der Endlichkeit fest im Kopfe, den betrachteten Satz »das Endliche *ist*«, von welchem unmittelbar erhellt, daß er falsch ist, denn das Endliche ist dies, was zu seiner Bestimmung und Natur hat, zu vergehen, *nicht zu sein*, so daß dasselbe gar nicht gedacht, vorgestellt werden kann ohne die Bestimmung des Nichtseins, welche im Vergehen liegt. Wer ist so weit, zu sagen: das Endliche *vergeht*. Wenn zwischen das Endliche und sein Vergehen das *Jetzt* eingeschoben und dem *Sein* dadurch ein Halt gegeben werden soll: »das Endliche vergeht, aber *jetzt ist es*«, so ist dies *Jetzt* selbst ein solches, das nicht nur vergeht, sondern selbst vergangen ist, indem es ist: *jetzt*, indem ich dies Bewußtsein des Jetzt habe, es spreche, ist es nicht mehr, sondern ein *Anderes*. – Es dauert ebenso, aber nicht als *dieses* Jetzt, und Jetzt hat nur den Sinn, *dieses*, in *diesem* Augenblick – ohne Länge, nur ein Punkt zu sein; – es dauert eben als Negation *dieses* Jetzt, Negation des Endlichen, somit als unendliches, als allgemeines. Schon das Allgemeine ist unendlich; der Respekt vor dem Unendlichen, der den Verstand abhält, dasselbe schon in jedem Allgemeinen vor sich zu haben, ist alberner Respekt zu nennen. Das Unendliche ist hoch und hehr; aber seine Hoheit und Hehrheit in jene unzählige Menge von Mücken und die Unendlichkeit des Erkennens in das Kennen jener unzähligen Mücken, d. i. der Einzelnen derselben, zu setzen, ist nicht die Unvermögenheit des Glaubens, des Geistes, der Vernunft, sondern des Verstandes, das Endliche als ein Nichtiges, das Sein desselben als ein solches, das schlechthin ebensosehr nur den Wert und die Bedeutung des Nichtseins hat, zu fassen.

Der Geist ist unsterblich, er ist ewig; er ist dies eben dadurch, daß er unendlich ist, daß er nicht solche Endlichkeit des Raumes, dieser fünf Fuß Höhe, zwei Fuß Breite und Dicke des Körpers, nicht das Jetzt der Zeit, sein Erkennen nicht ein Inhalt in ihm von diesen unzähligen Mücken und sein Wollen, seine Freiheit nicht die unendliche Menge von Widerständen noch von Zwecken und Tätigkeiten ist, welche solche Widerstände und Hindernisse gegen sich erfahren. Die Unendlichkeit des Geistes ist sein Insichsein, abstrakt sein reines Insichsein, und dies ist sein Denken, und dieses abstrakte Denken ist eine wirkliche, gegenwärtige Unendlichkeit, und sein konkretes Insichsein ist, daß dies Denken Geist ist.

Von der absoluten Scheidung der beiden Seiten sind wir also auf deren Zusammenhang zurückgekommen, in Ansehung dessen es keinen Unterschied macht, ob er im Subjektiven oder Objektiven vorgestellt wird. Es ist allein darum zu tun, ob er richtig aufgefaßt sei. Insofern er vorgestellt wird als ein *nur* subjektiver, der *nur* ein Beweisen für uns sei, so wird damit zugegeben, daß er nicht objektiv, nicht an und für sich richtig aufgefaßt sei; aber das Unrichtige ist nicht darein zu setzen, daß überhaupt kein solcher Zusammenhang, d. h. keine Erhebung des Geistes zu Gott stattfinde.

Worauf es also ankäme, wäre, die Natur dieses Zusammenhangs in seiner Bestimmtheit zu betrachten. Diese Betrachtung ist der tiefste Gegenstand, der erhabenste, darum auch der schwerste; sie kommt nicht mit endlichen Kategorien aus, d. h. die Denkweise, die wir im gemeinen Leben, im Verkehr mit zufälligen Dingen, aber ebenso, die wir in den

Wissenschaften gewohnt sind, reicht nicht aus. Die letzteren haben ihre Grundlage, ihre Logik in Zusammenhängen des Endlichen, [wie] Ursache, Wirkung; ihre Gesetze, Gattungen, die Weisen des Schließens sind lauter Verhältnisse des Bedingten, die in dieser Höhe ihre Bedeutung verlieren, zwar gebraucht werden müssen, aber so, daß sie immer zurückgenommen und berichtigt werden. Der Gegenstand, die Gemeinschaft Gottes und des Menschen miteinander, ist eine Gemeinschaft des Geistes mit dem Geiste, – er schließt die wichtigsten Fragen in sich. Es ist eine Gemeinschaft: schon darin liegt die Schwierigkeit, ebensosehr den Unterschied darin festzuhalten, als ihn so zu bestimmen, daß auch die Gemeinschaft erhalten werde. Daß der Mensch von Gott weiß, ist nach der wesentlichen Gemeinschaft ein gemeinschaftliches Wissen, – d. i. der Mensch weiß nur von Gott, insofern Gott im Menschen von sich selbst weiß; dies Wissen ist Selbstbewußtsein Gottes, aber ebenso ein Wissen desselben vom Menschen, und dies Wissen Gottes vom Menschen ist Wissen des Menschen von Gott. Der Geist des Menschen, von Gott zu wissen, ist nur der Geist Gottes selbst. Hierher fallen dann die Fragen von der Freiheit des Menschen, von der Verknüpfung seines individuellen Wissens und Bewußtseins mit dem Wissen, in dem er in Gemeinschaft mit Gott ist, von dem Wissen Gottes in ihm. Diese Fülle des Verhältnisses des menschlichen Geistes zu Gott aber ist nicht unser Gegenstand; wir haben dies Verhältnis nur an seiner abstraktesten Seite aufzunehmen, – nämlich als den Zusammenhang des Endlichen mit dem Unendlichen. So kontrastierend diese Dürftigkeit mit jenem Reichtum des Inhalts ist, so ist doch zugleich das logische Verhältnis auch der Grundfaden für die Bewegung jener inhaltsvollen Fülle.

Der Zusammenhang dieser Gedankenbestimmungen, der den ganzen Inhalt des in Rede stehenden Beweises ausmacht – daß derselbe dem nicht entspricht, was in dem Beweise geleistet werden *soll*, davon ist nachher noch wesentlich zu sprechen –, ist im Bisherigen schon Gegenstand unserer Untersuchung gewesen; aber die eigentlich *spekulative* Seite des Zusammenhangs ist noch zurück, und hier ist, ohne diese logische Untersuchung hier auszuführen, anzugeben, welche Bestimmung desselben sie betrifft. Das Moment, auf das hauptsächlich in diesem Zusammenhange aufmerksam gemacht worden, ist, daß er ein Übergang [ist], d. h. daß das, wovon ausgegangen worden ist, darin die Bestimmung eines *Negativen* hat, als ein zufälliges Sein, nur als Erscheinung ist, welches seine *Wahrheit* an dem Absolut-Notwendigen, dem wahrhaft *Affirmativen* desselben habe. Was nun dabei fürs erste die erstere Bestimmung, das negative Moment, betrifft, so gehört zur spekulativen Auffassung nur dies, daß dasselbe nicht als das bloße *Nichts* genommen wird. Es ist nicht so abstrakt vorhanden, sondern ist nur ein Moment in der *Zufälligkeit* der Welt; das Negative so nicht als das abstrakte Nichts zu nehmen, soll daher keine Schwierigkeit haben. In dem, was die *Vorstellung* als die Zufälligkeit, Beschränktheit, Endlichkeit, Erscheinung vor sich hat, hat sie ein Dasein, eine Existenz, aber wesentlich die Negation darin; die Vorstellung ist konkreter und wahrer als der abstrahierende Verstand, der, wenn er von einem Negativen hört, zu leicht das Nichts daraus macht, das bloße Nichts, das Nichts als solches, und jene Verbindung aufgibt, in der es mit der Existenz gesetzt ist, insofern diese als zufällige, erscheinende usf. bestimmt wird. Die denkende Analyse zeigt in solchem Inhalt die beiden Momente eines Affirmativen, des Daseins, der Existenz als eines *Seins*, aber auch desselben, das in sich die Bestimmung des *Endes*, des *Fallens*, der *Schranke* usf. als der *Negation* hat; das

Denken muß sie, um das Zufällige zu fassen, nicht auseinanderfallen lassen, in ein Nichts *für sich* und in ein Sein *für sich,* denn so sind sie nicht im Zufälligen, sondern es faßt beide in sich; sie sind also nicht – jedes für sich [oder] in der Verbindung miteinander – das Zufällige selbst, [noch ist dieses,][1] wie es ist, als diese Verbindung beider zu nehmen. Dies ist denn die spekulative Bestimmung; sie bleibt dem Inhalte der Vorstellung getreu, wogegen dem abstrakten Denken, welches die beiden Momente, jedes für sich, festhält, dieser Inhalt entflohen ist; er hat das, was Gegenstand des Verstandes ist, das Zufällige aufgelöst.

Das Zufällige ist nun, so bestimmt, der Widerspruch in sich; das sich Auflösende gleichfalls somit eben ein solches, wie es unter den Händen des Verstandes geworden ist. Aber die Auflösung ist zweierlei; durch die, welche der Verstand vorgenommen hat, ist der Gegenstand, die konkrete Verbindung, nur verschwunden, in der anderen Auflösung ist derselbe noch erhalten. Diese Erhaltung jedoch hilft ihm nicht viel oder *nichts,* denn er ist in derselben als der *Widerspruch* bestimmt, und der Widerspruch löst sich auf; was sich widerspricht, ist *nichts.* So richtig dies ist, so unrichtig ist es zugleich. Widerspruch und Nichts sind doch wenigstens voneinander unterschieden. Der Widerspruch ist konkret, er hat noch einen Inhalt, er enthält noch solche, die sich widersprechen, er spricht sie noch, er sagt es aus, von *was* er der Widerspruch ist; das *Nichts* hingegen spricht nicht mehr, ist inhaltslos, das vollkommen Leere. Diese konkrete Bestimmung des einen und die ganz abstrakte des anderen ist ein sehr wichtiger Unterschied. Ferner ist auch Nichts gar nicht der Widerspruch. Nichts widerspricht sich nicht, es ist identisch mit sich; es erfüllt daher den logischen Satz, daß etwas sich nicht widersprechen solle, vollkommen, oder wenn dieser Satz so ausgesprochen wird: nichts *soll* sich widersprechen, so ist dies nur ein *Sollen,* das keinen Erfolg

---

1 ergänzt nach Lasson

hat, denn Nichts tut das nicht, was es soll, es widerspricht sich nämlich nicht. Wenn aber thetisch gesagt wird: nichts, was ist, widerspricht sich, so hat es damit unmittelbar seine Richtigkeit, denn das Subjekt dieses Satzes ist ein *Nichts*, was aber *ist*; aber Nichts selbst als solches ist nur einfach, die *eine* Bestimmung, die sich selbst gleich ist, sich nicht widerspricht.

So nur treibt die Auflösung des Widerspruches in Nichts, wie sie der Verstand macht, sich im Leeren oder näher im Widerspruche selbst herum, der durch solche Auflösung sich in der Tat als noch bestehend, als *unaufgelöst* kundgibt. Daß der Widerspruch so noch unaufgelöst ist, ist eben dies, daß der Inhalt, das Zufällige, nur erst in seiner Negation-in-sich gesetzt ist, noch nicht in der *Affirmation*, welche in dieser Auflösung, da sie nicht das abstrakte Nichts ist, enthalten sein muß. Das Zufällige selbst ist freilich zunächst, wie es sich der Vorstellung präsentiert, ein Affirmatives; es ist ein Dasein, Existenz, es ist die *Welt*, – Affirmation, *Realität*, oder wie man es nennen will, genug und drüber. Aber so ist es noch nicht in seiner Auflösung gesetzt, nicht in der Auslegung seines Inhalts und Gehalts, und dieser ist es eben, der zu seiner Wahrheit, dem Absolut-Notwendigen, führen soll, und das Zufällige ist es sogleich selbst, in dem die Endlichkeit, Beschränktheit der Welt so weit, wie gesagt worden, herauspräpariert ist, um unmittelbar selbst seine Auflösung, nämlich nach der angegebenen negativen Seite, zu bedeuten. – Die Auflösung nun weiter dieses im Widerspruche auch als aufgelöst gesetzten Zufälligen ist als das *Affirmative* angegeben, welches in ihr enthalten sei. Diese Auflösung ist bereits angegeben; sie ist aus der Vorstellung des Menschensinnes auf- und angenommen worden als der Übergang des Geistes von dem Zufälligen zum Absolut-Notwendigen, welches hiernach selbst eben dies Affirmative, die Auflösung jener ersten, nur negativen Auflösung wäre. Das Spekulative noch dieses letzten, innersten Punktes angeben, heißt ebenfalls nichts anderes, als nur die Gedanken vollständig zusammennehmen, die in dem schon vorliegen, bei dem wir stehen, nämlich in jener ersten Auflösung; der Verstand, der sie nur als den Widerspruch auffaßte, der sich in *nichts* auflöse, nimmt nur die eine der darin enthaltenen Bestimmungen auf und läßt die andere weg.

Der Sache nach ist das konkrete Resultat in seiner explizierten Gestalt, d. i. die spekulative Form desselben, bereits und längst aufgestellt, nämlich in der Bestimmung, welche von der absoluten Notwendigkeit gegeben worden ist. Aber es ist dabei für die Momente, die zu derselben gehören oder aus denen sie resultiert, äußerliche Reflexion und Räsonnement gebraucht worden; es ist hier nur dies zu tun, jene Momente in dem selbst bemerklich zu machen, was wir als den Widerspruch, der die Auflösung des Zufälligen ist, gesehen haben. In der absoluten Notwendigkeit sahen wir *erstens* das Moment der *Vermittlung*, und zwar zunächst durch Anderes. In der Analyse des Zufälligen zeigt [sich] dieselbe sogleich so, daß dessen Momente – *Sein* überhaupt oder *weltliche Existenz*, und die *Negation* derselben, wodurch sie zur Bedeutung eines Scheines, eines an sich Nichtigen herabgesetzt wird – jedes nicht für sich isoliert, sondern als der *einen* Bestimmung, nämlich dem Zufälligen zukommend, schlechthin in der Beziehung auf das Andere ist. Nur in dieser hat hier jedes seinen Sinn; diese *eine*, sie zusammenhaltende Bestimmung ist das sie *Vermittelnde*. In ihr nun wohl ist das eine vermittels des anderen; aber außerhalb ihrer kann jedes für sich sein und soll jedes sogar für sich sein, das *Sein* für sich und die *Negation* für sich. Nehmen wir aber jenes Sein in der konkreteren Gestalt, in der wir es hier haben, nämlich als die *weltliche Existenz*, so geben wir doch wohl zu, daß dieselbe nicht für sich, nicht absolut, nicht ewig, sondern vielmehr an sich nichtig ist, ein Sein wohl hat, aber nicht ein Fürsichseiendes, – denn eben dieses Sein ist als Zufälliges bestimmt. Wenn nun so in der Zufälligkeit jede der beiden Bestimmungen nur in der Beziehung auf die andere ist, so erscheint diese Vermittlung derselben selbst zufällig, nur vereinzelt, nur an diesem Orte vorhanden. Was das Unbefriedigende ist, ist, daß die Bestimmungen *für sich* genommen werden können, das heißt so, wie sie *selbst* als solche seien, sich nur auf sich beziehen, also unmittelbar, so an *ihnen selbst* nicht vermittelt sind. Die Vermittlung ist ihnen somit nur etwas äußerlich Angetanes, also selbst Zufälliges; d. h. die eigene innere Notwendigkeit der Zufälligkeit ist nicht dargetan.

Diese Reflexion führt somit auf die Notwendigkeit des Ausgangspunkts an ihm selbst, den wir als gegeben, eben als Ausgangspunkt aufgenommen haben, – sie führt auf den Übergang nicht vom Zufälligen zum Notwendigen, sondern der an sich innerhalb des Zufälligen selbst statthat, von einem jeden der Momente aus, die dasselbe konstituieren, zu seinem Anderen. Dies würde zur Analyse der ersten abstrakten logischen [Momente] zurückführen, und es genügt hier, die Zufälligkeit als das Übergehen an ihm selbst, sein Sichselbstaufheben, wie es in der Vorstellung ist, anzunehmen.

Damit ist zugleich das zweite Moment der absoluten Notwendigkeit in der aufgezeigten Auflösung der Zufälligkeit angegeben, nämlich das der Vermittlung mit sich selbst. Die Momente der Zufälligkeit sind zunächst Andere gegeneinander, und jedes ist so darin gesetzt als vermittelt mit einem *Anderen* seiner. Aber in der Einheit beider ist jedes ein Negiertes; damit ist ihr Unterschied aufgehoben, und indem noch von dem Einen beider gesprochen wird, so ist es nicht mehr bezogen auf ein von ihm Unterschiedenes, hiermit auf sich selbst, die Vermittlung also mit sich gesetzt.

Die spekulative Betrachtung hat demnach diesen Sinn, daß sie das Zufällige an ihm selbst in seiner Auflösung erkennt, welche zunächst als eine äußerliche Analyse dieser Bestimmung erscheint. Aber sie ist nicht nur dies, sondern ist die Auflösung derselben an ihr selbst; das Zufällige selbst ist dies, sich aufzulösen, an ihm das Übergehen zu sein. Aber zweitens ist diese Auflösung nicht die Abstraktion des

Nichts, sondern sie ist die Affirmation an ihr – diese Affirmation, welche wir die absolute Notwendigkeit nennen. So ist dieses Übergehen *begriffen.* Das Resultat ist als immanent im Zufälligen aufgezeigt, d. i. dieses ist es selbst, in seine Wahrheit umzuschlagen, und die Erhebung unseres Geistes zu Gott – insofern wir vorläufig für Gott keine weitere Bestimmung haben als die des absolut notwendigen Seins oder indem wir uns vorderhand mit derselben begnügen – ist das Durchlaufen dieser Bewegung der Sache; es ist diese Sache an und für sich selbst, welche in uns treibt, diese Bewegung in uns treibt.

Es ist schon bemerkt worden, daß für das Bewußtsein, welches die Gedankenbestimmungen nicht in dieser ihrer reinen, spekulativen Bestimmung und damit nicht in dieser ihrer Selbstauflösung und Selbstbewegung vor sich hat, sondern sich dieselben *vorstellt,* der Übergang dadurch sich erleichtert, daß das, wovon ausgegangen wird, das Zufällige, schon selbst die Bedeutung hat, das sich Auflösende, Übergehende zu sein; dadurch ist ihm der Zusammenhang von dem, wovon ausgegangen wird, zu dem, bei welchem angelangt wird, für sich klar. Dieser Ausgangspunkt ist damit für das Bewußtsein der vorteilhafteste, zweckmäßigste; es ist der Instinkt des Denkens, der an sich jenen Übergang macht, der die Sache ist, aber der ihn auch in solcher Denkbestimmung ins Bewußtsein bringt, daß er für dessen bloßes Vorstellen leicht, nämlich abstrakt-identisch erscheint: – eben die Welt, als das Zufällige bestimmt, ist ausgesprochen als auf ihr Nichtsein hinzeigend, auf das Andere ihrer als ihre Wahrheit.

So ist der Übergang verständlich gemacht dadurch, daß er in dem Ausgangspunkt nicht nur *an sich* liegt, sondern daß auch dieser das Übergehen sogleich *bedeutet,* d. h. diese Bestimmung auch *gesetzt,* also *an ihm* ist; auf diese Weise ist ihr *Dasein* für das Bewußtsein gegeben, welches eben insofern sich *vorstellend* verhält, als es mit unmittelbarem Dasein zu tun hat, das hier eine Denkbestimmung ist. Ebenso verständlich ist das Resultat, das Absolut-Notwendige; es enthält die Vermittlung, und für das Verständlichste gilt eben dieser Verstand des Zusammenhanges überhaupt, der in endlicher Weise als der Zusammenhang des Einen mit einem *Anderen* genommen wird, aber auch, insofern solcher Zusammenhang in sein ungenügendes Ende verfällt, hiergegen das Korrektiv mit sich führt. Solcher Zusammenhang führt für sich, indem dessen Gesetz immer in seinem Stoffe die Forderung vor sich hat, sich zu wiederholen, immer zu einem *Anderen,* d. i. einem Negativen; das Affirmative, das in diesem Fortgang wiederkehrt, ist nur ein solches, das nur von sich fortschickt, und das eine sowohl als das andere ist so ohne Rast und Befriedigung. Aber das Absolut-Notwendige, indem es einerseits jenen Zusammenhang selbst herbeibringt, ist es dies, ihn ebenso abzubrechen, das Hinausgehen in sich zurückzubringen und das Letzte zu gewähren: das Absolut-Notwendige *ist, weil es ist.* So ist jenes Andere und das Hinausgehen nach dem Anderen beseitigt und durch diese bewußtlose Inkonsequenz die Befriedigung gewährt.

Sechzehnte Vorlesung

Das Bisherige hat das Dialektische, die absolute Flüssigkeit der Bestimmungen, die in die Bewegung eintreten, welche diese erste Erhebung des Geistes zu Gott ist, zum Gegenstande gehabt. Nun ist noch das *Resultat,* von dem angenommenen Ausgangspunkte bestimmt, für sich zu betrachten.

Dies Resultat ist das *absolut notwendige Wesen*; – der Sinn eines Resultates ist bekannt, daß es dies nur so ist, daß darin die Bestimmung der Vermittlung und damit des Resultates ebenso aufgehoben ist; – die Vermittlung war das Sichselbstaufheben der Vermittlung. – *Wesen* ist die noch ganz abstrakte Identität mit sich; es ist weder Subjekt, noch weniger Geist. Die ganze Bestimmung fällt in die absolute Notwendigkeit, die als Sein ebenso unmittelbar *Seiendes* ist, in der Tat an sich zum Subjekte sich beschließt, aber zunächst in der bloß oberflächlichen Form von Seiendem, Absolut-Notwendigem.

Daß aber diese Bestimmung für unsere Vorstellung Gottes nicht hinreicht, diesen Mangel lassen wir einstweilen insofern beiseite gestellt sein, als bereits angegeben worden, daß die anderen Beweise die weiteren, konkreteren Bestimmungen herbeiführen. Aber es sind Religionen und philosophische Systeme, deren Mangelhaftigkeit darin liegt, daß sie nicht über die Bestimmung der absoluten Notwendigkeit hinausgegangen sind. Die konkreteren Gestalten, in welchen dies Prinzip in den ersteren ausgebildet ist, zu betrachten, gehört in die Philosophie der Religion und in die Geschichte der Religionen. Hier mag nach dieser Seite nur dies bemerkt werden, daß überhaupt die Religionen, denen solche Bestimmtheit zugrunde liegt, in der inneren Konsequenz des konkreten Geistes reicher, mannigfaltiger werden, als das abstrakte Prinzip zunächst mit sich bringt; in der Erscheinung und in dem Bewußtsein fügen sich die weiteren Momente der erfüllteren Idee, inkonsequent gegen jenes abstrakte Prinzip, hinzu. Aber es ist wesentlich zu unterscheiden, ob diese Zusätze der Gestaltung nur der Phantasie angehören und das Konkrete in seinem Innern nicht über jene Abstraktion hinausgeht, so daß, wie in der orientalischen, namentlich der indischen Mythologie, der unendliche Reichtum von Götterpersonen, die nicht nur als Mächte überhaupt, sondern als selbstbewußte, wollende Figuren eingeführt werden, doch geistlos bleibt, – oder aber [ob], jener einen Notwendigkeit unerachtet, in diesen Personen das höhere geistige Prinzip und damit in ihren Verehrern die geistige Freiheit aufgetaucht ist. So sehen wir die absolute Notwendigkeit als das *Schicksal* in der Religion der Griechen als das Oberste, Letzte gestellt und nur *unter* demselben noch den heiteren Kreis konkreter, lebendiger, auch als geistig und bewußt vorgestellter Götter, die sich wie in der genannten und anderen Mythologien zu einer weiten Menge von Heroen, Nymphen des Meeres, der Flüsse usf., der Musen, der Faune usf. ausdehnen und teils als Chor und Begleitung, als weitere Partikularisationen eines der göttlichen höheren Häupter, teils als Gebilde von geringerem Gehalt überhaupt sich an die gewöhnliche Äußerlichkeit der Welt und ihre Zufälligkeiten anschließen. Hier macht die Notwendigkeit die abstrakte Macht *über* alle die besonderen geistigen, sittlichen und natürlichen Mächte aus, aber diese letzteren behalten teils nur die Bedeutung geistloser, natürlicher Macht, die der Notwendigkeit ganz verfallen bleibt, und ihre Persönlichkeiten sind nur Personifikationen, teils aber, ob sie gleich auch nicht Personen genannt zu werden verdienen, enthalten sie die höhere Bestimmung der subjektiven Freiheit in sich und stehen auf dieser über ihrer Herrin, der Notwendigkeit, der nur die Beschränktheit dieses tieferen Prinzips noch unterworfen ist, welches Prinzip anderwärtsher seine Reinigung von dieser Endlichkeit, in der es zunächst hervortritt, zu erwarten und für sich in seiner unendlichen Freiheit sich zu manifestieren hat.

Die konsequente Durchführung der Kategorie der absoluten Notwendigkeit ist in Systemen nachzusehen, die vom abstrakten Gedanken ausgehen; diese Durchführung betrifft die Beziehung dieses Prinzips auf die Mannigfaltigkeit der natürlichen und geistigen Welt. Die absolute Notwendigkeit als das einzige Wahre und wahrhaft Wirkliche zugrunde gelegt, – in welches Verhältnis sind die weltlichen Dinge zu ihr gesetzt? Diese Dinge sind nicht nur die natürlichen, sondern auch der Geist, die geistige Individualität mit allen ihren Begriffen, Interessen und Zwecken. Dies Verhältnis ist aber schon in jenem Prinzip bestimmt; sie sind *zufällige Dinge.* Ferner sind sie von der absoluten Notwendigkeit selbst unterschieden; aber sie haben kein selbständiges Sein gegen sie, aber diese damit auch nicht gegen sie, – es ist nur *ein* Sein, und dies kommt der Notwendigkeit zu; die Dinge sind nur dies, ihr zuzufallen. Das, was wir als die absolute Notwendigkeit bestimmt haben, ist näher zum allgemeinen Sein, zur Substanz zu hypostasieren; als Resultat ist sie die durch Aufheben der Vermittlung mit sich vermittelte *Einheit,* – so einfaches Sein, sie allein das *Subsistieren* der Dinge. Wenn vorhin an die Notwendigkeit als griechisches Schicksal erinnert worden ist, so ist sie die bestimmungslose Macht; aber das *Sein* selbst ist von jener Abstraktion schon zu diesen herabgestiegen, *über* denen sie sein soll. Jedoch wäre auch das Wesen oder die Substanz selbst nur das Abstraktum, so hätten die Dinge außer ihr das selbständige Bestehen konkreter Individualität; sie muß zugleich als die Macht derselben bestimmt sein, das negative Prinzip, welches sich in ihnen geltend macht, wodurch sie eben das Vergehende, Vergängliche, *nur* Erscheinung sind. Dies Negative haben wir als die eigene Natur der zufälligen Dinge gesehen; sie haben diese Macht so an ihnen selbst und sind nicht Erscheinung überhaupt, sondern die Erscheinung der Notwendigkeit. Diese enthält die Dinge oder vielmehr [diese] in ihrem Momente der Vermittlung, ist aber nicht durch Anderes ihrer selbst vermittelt, sondern ist die Vermittlung zugleich ihrer selbst mit sich. Sie ist der Wechsel ihrer absoluten Einheit, sich als Vermittlung zu bestimmen, d. i. als *äußere* Notwendigkeit, Verhalten von *Anderem* zu *Anderem*, d. i. in die unendliche Vielheit, die in sich durch und durch bedingte Welt sich zu zerstreuen, aber so, daß sie die äußerliche Vermittlung, die zufällige Welt zu einer Erscheinungswelt herabsetzt und in ihr als deren Macht in diesem Nichtigen mit sich selbst zusammengeht, sich selbst sich gleichsetzt. So ist alles in sie eingeschlossen, und sie ist in allem *unmittelbar gegenwärtig*; sie ist von der Welt sowohl das Sein als der Wechsel und die Veränderung.

Die Bestimmung der Notwendigkeit, wie ihr spekulativer Begriff sich uns expliziert hat, ist überhaupt der Standpunkt, welcher *Pantheismus* genannt zu werden pflegt und bald entwickelter und ausdrücklicher, bald oberflächlicher das angegebene Verhältnis ausspricht. Schon das Interesse, das dieser Name in neueren Zeiten wieder erweckt hat, noch mehr das Interesse des Prinzips selbst erfordert, unsere Aufmerksamkeit noch darauf zu richten. Der Mißverstand, der in Ansehung desselben obwaltet, kann nicht unerwähnt und unberichtigt gelassen werden, und dann ist auch die Stellung des Prinzips in der höheren Totalität, der wahrhaften Idee Gottes, im Zusammenhange damit zu erwägen. Indem vorhin die Betrachtung der religiösen Gestaltung des Prinzips auf die Seite gestellt worden, so kann, um ein Bild von demselben vor die Vorstellung zu bringen, für den ausgebildetsten Pantheismus die *indische* Religion angeführt werden, mit welcher Ausbildung dies zugleich verbunden ist, daß die absolute Substanz, das in sich Einige, in der Form des *Denkens* unterschieden von der akzidentellen Welt als *existierend* vorgestellt wird. Die Religion enthält für sich wesentlich das Verhältnis des Menschen zu Gott, und als Pantheismus läßt sie das eine Wesen um so weniger in der Objektivität stehen, in welcher die Metaphysik dasselbe als Gegenstand belassen und zu halten die Bestimmung zu haben meint. Auf den merkwürdigen Charakter dieser Subjektivierung der Substanz ist zuerst aufmerksam zu machen. Das selbstbewußte Denken macht nämlich nicht nur jene Abstraktion der Substanz, sondern ist dieses Abstrahieren selbst; es ist diese selbst einfache Einheit als für sich existierend, welche die Substanz heißt. So wird dies Denken als die Welten erschaffende und erhaltende und ebenso deren partikularisiertes Dasein verändernde, umwandelnde Macht gewußt. Dies Denken heißt *Brahman*; es existiert als das natürliche Selbstbewußtsein der Brahmanen und als das Selbstbewußtsein anderer, welche ihr mannigfaltiges Bewußtsein, Empfindungen, sinnliche und geistige Interessen und die Regsamkeit in denselben bezwingen, ertöten und es zur vollkommenen Einfachheit und Leerheit jener substantiellen Einheit reduzieren. So gilt dies Denken, diese Abstraktion des Menschen in sich als die Macht der

Welt. – Die allgemeine Macht partikularisiert sich zu Göttern, die jedoch zeitlich und vergänglich sind, oder, was dasselbe ist, alle Lebendigkeit, geistige wie natürliche Individualität wird aus der Endlichkeit ihres nach allen Seiten bedingten Zusammenhangs gerissen, – aller Verstand an demselben getilgt und in die Gestalt daseiender Göttlichkeit erhoben.

Wie erinnert, erscheint in diesen Pantheismen als Religionen das Prinzip der Individualisation in der Inkonsequenz gegen die Macht der substantiellen Einheit. Die Individualität wird zwar nicht bis zur Persönlichkeit gesteigert, aber die Macht entfaltet sich wild genug als Inkonsequenz des Übergehens in das Entgegengesetzte; wir befinden uns auf einem Boden zügelloser Verrücktheit, wo die gemeinste Gegenwart unmittelbar zu einem Göttlichen erhoben und die Substanz in endlicher Gestalt existierend vorgestellt ist und ebenso unmittelbar die Gestaltung sich verflüchtigt.

Die orientalische Weltanschauung ist im allgemeinen diese Erhabenheit, welche alle Vereinzelung in die besonderen Gestaltungen und die partikularen Existenzen und Interessen in das Weite führt, das Eine in Allem anschaut und dies für sich abstrakte Eine eben damit in alle Herrlichkeit und Pracht des natürlichen und geistigen Universums kleidet. Die Seele ihrer Dichter taucht sich in diesen Ozean, ertränkt darin alle Bedürfnisse, Zwecke und Sorgen eines kleinlichen, gebundenen Lebens und schwelgt in dem Genuß dieser Freiheit, zu dem sie alle Schönheit der Welt als Schmuck und Zierat verwenden.

Schon aus diesem Bild erhellt das, worüber ich mich anderwärts erklärt habe, daß der Ausdruck *Pantheismus* oder vielmehr der deutsche Ausdruck, in welchen er etwa umgesetzt wird, daß Gott das Eine und *alles* sei – τὸ ἕν καὶ πᾶν –, zu der falschen Vorstellung führt, daß in pantheistischer Religion oder Philosophie *alles*, d. h. jede Existenz in ihrer Endlichkeit und Einzelheit *seiend* als Gott oder als ein Gott ausgesprochen, das Endliche als *seiend* vergöttert werde. Dergleichen Zumutung kann nur in einen bornierten menschlichen oder vielmehr Schulverstand kommen, welcher gänzlich unbekümmert um das, was wirklich ist, sich eine Kategorie, und zwar die der endlichen Vereinzelung festsetzt und die Mannigfaltigkeit, von der er gesprochen findet, nun als feste, seiende, substantielle Vereinzelung faßt. Es ist nicht zu verkennen, daß die wesentliche und christliche Bestimmung der Freiheit und der Individualität, die als frei unendlich in sich und Persönlichkeit ist, den Verstand dazu verleitet, die Vereinzelung der Endlichkeit in der Kategorie eines *seienden,* unveränderlichen Atoms zu fassen und das Moment des Negativen, welches in der *Macht* und in deren allgemeinem Systeme liegt, zu übersehen. *Alles,* d. h. alle Dinge in ihrer existierenden Vereinzelung seien Gott, – so stellt er sich den Pantheismus vor, indem er das πᾶν in dieser bestimmten Kategorie von *allem* und *jedem* Einzelnen nimmt; eine solche Ungereimtheit ist keinem Menschen je in den Kopf gekommen außer solchen Anklägern des Pantheismus. Dieser ist vielmehr das Gegenteil der Ansicht, die sie ihm zuschreiben: das Endliche, Zufällige ist *nicht* das für sich Bestehende, – im affirmativen Sinne nur Manifestation, Offenbarung des Einen, die Erscheinung nur desselben, die für sich selbst nur Zufälligkeit ist; sogar ist die *negative* Seite, das Untergehen in der Macht, die Idealität des Seienden als momentanen Ausgangspunktes die überwiegende Seite[1]. Wohingegen jener Verstand dafür hält, daß diese Dinge für sich sind, ihr Wesen in sich haben und so in und nach dieser endlichen Wesenheit göttlich sein oder gar Gott sein sollen; sie können von der Absolutheit des Endlichen nicht loskommen und in der *Einheit* mit dem Göttlichen sich nicht dasselbe als aufgehoben und verschwindend denken, sondern erhalten es sich darin immer noch als *seiend*; viel-

1 W: »das Untergehen in der Macht die Idealität des Seienden, als momentanen Ausgangspunktes, in der Macht, die überwiegende Seite«. Verändert nach Lasson.

mehr, indem das Endliche, wie sie sagen, durch den Pantheismus verunendlicht wird, eben hiermit hat das Endliche kein *Sein* mehr.

Die philosophischen *Systeme der Substantialität* – es ist vorzuziehen, sie so und nicht Systeme des Pantheismus zu nennen, wegen jener falschen Vorstellung, die sich mit diesem Namen verknüpft (unter den alten ist im allgemeinen das *eleatische*, unter den neueren das *spinozistische* System zu nennen) – sind, wie erinnert, konsequenter als die Religionen, indem sie an der metaphysischen Abstraktion festhalten. Die eine Seite des Mangels, mit dem sie behaftet sind, ist die in der Verstandesvorstellung des Ganges der Erhebung aufgezeigte Einseitigkeit, – nämlich daß sie von dem vorhandenen Dasein anfangen, dasselbe als ein Nichtiges, und als die Wahrheit desselben das absolute Eine erkennen. Sie haben eine Voraussetzung, negieren sie in der absoluten Einheit, aber kommen nicht zurück daraus zu jener Voraussetzung; sie lassen die Welt, welche selbst nur in einer Abstraktion der Zufälligkeit, des Vielen usf. gefaßt ist, nicht aus der Substanz erzeugt werden. Es geht alles nur in diese Einheit als in die ewige Nacht, ohne daß sie als Prinzip bestimmt wäre, welches sich selbst zu seiner Manifestation bewegte, welches produzierte, – als das *Unbewegte, welches bewegt,* nach dem tiefen Ausdrucke des *Aristoteles.*

a) In diesen Systemen ist das Absolute, ist Gott bestimmt als das *Eine,* das *Sein,* das Sein in allem Dasein, die absolute Substanz, das nicht nur durch Anderes, sondern an und für sich notwendige Wesen, die *causa sui – Ursache seiner selbst* und damit *Wirkung seiner selbst,* d. i. die sich selbst aufhebende Vermittlung. Die Einheit in dieser letzteren Bestimmung gehört einem unendlich tiefer gebildeten Denken an als die abstrakte des *Seins* oder des *Einen.* Dieser Begriff ist zur Genüge erläutert worden; *causa sui* ist ein sehr frappanter Ausdruck für dieselbe, und es kann daher noch eine erläuternde Rücksicht darauf genommen werden. Das Verhältnis von *Ursache* und *Wirkung* gehört dem aufgezeigten

Momente der *Vermittlung durch Anderes* an, das wir in der Notwendigkeit gesehen haben, und ist die bestimmte Form derselben; durch ein *Anderes* ist etwas vollständig vermittelt, insofern dies Andere seine *Ursache* ist. Diese ist die *ursprüngliche* Sache als schlechthin unmittelbar und selbständig, die *Wirkung* dagegen das nur *Gesetzte*, Abhängige usf.

Der Gegensatz als von Sein und Nichts, Einem und Vielem usf. enthält seine Bestimmungen so, daß sie in ihrer Beziehung aufeinander [sich] gleichen, auch noch außerdem als unbezogen für sich gelten; das Positive, das Ganze usf. ist auf das Negative, die Teile wohl bezogen, und diese Beziehung gehört zu ihrem wesentlichen Sinn, aber außer dieser Beziehung hat das Positive wie das Negative, das Ganze, die Teile usf. auch noch die Bedeutung einer Existenz für sich. Aber die Ursache und Wirkung haben schlechthin nur ihren Sinn in ihrer Beziehung. Die Ursache geht nicht darüber hinaus, eine Wirkung zu haben: der Stein, der fällt, hat die Wirkung eines Drucks auf den Gegenstand, auf welchen er fällt; außer dieser Wirkung, die er als ein *schwerer* Körper hat, ist er sonst noch physikalisch besondert und von anderen gleich schweren Körpern verschieden, oder indem er in diesem Drucke fortdauernd Ursache ist; nehmen wir zum Beispiel, daß seine Wirkung vorübergehend ist, indem er einen anderen Körper zerschlägt, so hört er insofern auf, Ursache zu sein, und ist gleichfalls außer dieser Beziehung ein Stein, was er vorher war. Dies schwebt der Vorstellung vornehmlich vor, insofern sie sich die Sache als die ursprüngliche, auch außerhalb ihres Wirkens beharrende bestimmt. Allein der Stein bleibt außer jener seiner Wirkung allerdings Stein, allein nicht Ursache; dies ist er nur *in* seiner Wirkung [bzw.], nimmt man die Zeitbestimmung, *während* seiner Wirkung.

Ursache und Wirkung sind so überhaupt untrennbar; jede hat nur so weit Sinn und Sein, als sie in dieser Beziehung auf die andere ist, und doch sollen sie schlechthin verschieden sein. Wir bleiben ebenso fest dabei stehen, daß die Ursache nicht die Wirkung und die Wirkung nicht die Ursache ist, und der Verstand hält hartnäckig an diesem Fürsichsein jeder dieser Bestimmungen, an ihrer Beziehungslosigkeit [fest].

Wenn wir aber gesehen haben, daß die Ursache von der Wirkung untrennbar ist, daß sie nur einen Sinn hat *in* dieser, so ist somit die Ursache selbst vermittelt durch die Wirkung; in und durch die Wirkung ist sie erst Ursache. Dies heißt aber nichts anderes, als die Ursache ist Ursache ihrer selbst, nicht eines Anderen; denn dies, was das Andere sein sollte, ist so, daß in ihm die Ursache erst Ursache [ist], darin also nur bei sich selbst ankommt, darin nur *sich* bewirkt.

Jacobi hat auf diese spinozistische Bestimmung, die *causa sui*, reflektiert (*Über die Lehre des Spinoza in Briefen*, 2. Ausg., S. 416[2]), und ich führe seine Kritik darüber auch deswegen an, weil sie ein Beispiel ist, wie Jacobi – der Anführer der Partei des *unmittelbaren Wissens*, des *Glaubens*, der den Verstand so sehr verwirft –, indem er Gedanken betrachtet, über den bloßen Verstand nicht hinauskommt. Ich übergehe, was er am angeführten Orte über den Unterschied der Kategorie von Grund und Folge und der von Ursache und Wirkung angibt und [daß er] an diesem Unterschiede auch in späteren polemischen Aufsätzen eine wahrhafte Bestimmung für die Natur Gottes zu haben glaubt; ich führe nur die nächste Folge an, die er angibt, daß man aus der Verwechslung beider habe, daß man *glücklich* herausbringe, »daß die *Dinge entstehen* können, *ohne daß sie entstehen*, sich *verändern, ohne sich zu verändern*, vor- und nacheinander sein können, ohne vor- und nacheinander zu sein«. Solche Folgerungen aber sind zu ungereimt, als daß darüber weiter etwas zu sagen wäre; der Widerspruch, auf den der Verstand einen Satz hinausgebracht hat, ist ein *Letztes*, schlechthin die Grenze am Horizont des Denkens, über die man nicht weiter kann, sondern davor nur umkehren muß. Die Auflösung aber dieses Widerspruchs haben wir

2 siehe Fn. 1, S. 461

gesehen und wollen dieselbe auf die Gestalt, in der er hier vorkommt und behauptet wird, anwenden oder vielmehr nur kurz die Beurteilung obiger Behauptung anzeigen. Unmittelbar ungereimt soll die angegebene Konsequenz sein, daß Dinge entstehen können, ohne zu entstehen, sich verändern, ohne sich zu verändern usf. Wir sehen, daß damit die Vermittlung durch Anderes *mit sich*, die Vermittlung als sich aufhebende Vermittlung ausgedrückt ist, aber geradezu verworfen wird. Der abstrakte Ausdruck »die Dinge« tut das Seinige, um Endliches vor die Vorstellung zu bringen; das Endliche ist ein solches beschränktes Sein, dem nur die *eine* Qualität von entgegengesetzten zukommen kann, das in der anderen nicht bei sich bleibt, sondern nur zugrunde geht. Aber das Unendliche ist diese Vermittlung durch das Andere mit sich selbst, und ohne die Exposition dieses Begriffs zu wiederholen, nehmen wir ein Beispiel, und selbst nur aus dem Kreise des natürlichen, nicht einmal des geistigen Daseins, – das Lebendige überhaupt. Was uns als dessen Selbsterhaltung wohl bekannt ist, ist in Gedanken ausgedrückt »glücklich« dies unendliche Verhältnis, daß das lebendige Individuum, von dessen Selbsterhaltungsprozeß, ohne auf andere Bestimmungen desselben Rücksicht zu nehmen, wir allein hier sprechen, *sich* in seiner Existenz fortdauernd *hervorbringt*; diese Existenz ist nicht ein ruhendes, identisches Sein, sondern schlechthin Entstehen, Veränderung, Vermittlung mit Anderem, aber die in sich zurückkehrt. Die Lebendigkeit des Lebendigen ist, sich entstehen zu machen, und es *ist schon*; so kann man, was freilich ein gewaltsamer Ausdruck ist, wohl sagen: ein solches *Ding* entsteht, ohne zu entstehen. Es verändert sich; jeder Pulsschlag ist durch alle Pulsadern nicht nur, sondern durch alle Punkte aller seiner Gebilde eine Veränderung, worin es dasselbe Individuum bleibt, und es bleibt nur dasselbe, schlechthin insofern es diese [sich] in sich verändernde Tätigkeit ist. So kann man von ihm sagen, daß es sich verändere, ohne sich zu verändern, und zuletzt sogar, daß *es*, freilich nicht *die*

Dinge, vorher sei, ohne vorher zu sein, wie wir von der Ursache eingesehen haben, daß sie vorher, die ursprüngliche Sache, ist, aber zugleich vorher, vor ihrer Wirkung, nicht Ursache ist usf. Es ist aber tädiös und würde selbst eine endlose Arbeit sein, die Ausdrücke zu verfolgen und einzurichten, in denen sich der Verstand seinen endlichen Kategorien hingibt und diese als etwas Festes gelten läßt.

Dieses Vernichten der Verstandeskategorie der Kausalität ist in dem Begriffe geschehen, der als *causa sui* ausgedrückt worden ist. *Jacobi*, ohne diese Negation des endlichen Verhältnisses, das Spekulative, darin zu erkennen, fertigt ihn bloß auf psychologischem oder, wenn man will, pragmatischem Wege ab. Er gibt an, daß ›aus dem apodiktischen Satze, daß *alles* eine Ursache haben *müsse*, es *hart* gehalten habe, zu folgern, daß nicht alles eine Ursache haben *könne*. Darum habe man die *causa sui* erfunden‹. Wohl kommt es den Verstand hart an, nicht nur etwa jenen ihm apodiktischen Satz aufgeben und noch irgendein anderes Können (das sich übrigens in dem angeführten Ausdruck schief ausnimmt) annehmen zu sollen, – aber nicht die Vernunft, welche vielmehr solches endliche Verhältnis der Vermittlung mit Anderem als freier, besonders religiöser Menschengeist aufgibt und dessen Widerspruch, auch wie er sich im Gedanken zum Bewußtsein kommt, im Gedanken auch aufzulösen weiß.

Solche dialektische Entwicklung, wie sie hier gegeben worden, gehört jedoch noch nicht den Systemen der einfachen Substantialität, den Pantheismen an; sie bleiben beim *Sein*, *Substanz* stehen, welche Form wir wieder aufnehmen wollen. Für sich diese Bestimmung genommen, ist sie Grundlage aller Religionen und Philosophien; in allen ist Gott absolutes Sein, *ein* Wesen, das schlechthin an und für sich selbst, nicht durch Anderes bestehend besteht, schlechthin Selbständigkeit ist.

b) Diese so abstrakten Bestimmungen gehen nicht weit und sind sehr ungenügend; *Aristoteles* (*Metaphysik* I, 5) sagt von *Xenophanes*, »der zuerst *einte* (ἑνίσας)...: er hat nichts Deutliches vorgebracht und ebenso in den ganzen Himmel« (wie wir sagen: so ins Blaue hinein) »schauend gesagt, das Eine sei Gott«. Wenn nun die folgenden Eleaten näher aufgezeigt, daß das Viele und die Bestimmungen, die auf der Vielheit beruhen, auf den Widerspruch führen und sich ins Nichts auflösen, und wenn bei *Spinoza* insbesondere alles Endliche in die Einheit der Substanz versinkt, so geht für diese selbst keine weitere, konkrete, fruchtbare Bestimmung hervor. Die Entwicklung betrifft nur die Form der Ausgangspunkte, die eine subjektive Reflexion vor sich hat und ihrer Dialektik, durch welche sie das selbständig erscheinende Besondere und Endliche in jene Allgemeinheit zurückführt. Bei *Parmenides* findet sich zwar, daß dies Eine als *Denken* bestimmt wird oder daß das Denkende das Seiende ist, auch bei Spinoza ist die Substanz als Einheit des Seins (der Ausdehnung) und des Denkens bestimmt; allein darum kann man nicht sagen, dies Sein oder die Substanz sei hiermit als denkend, d. h. als sich in sich bestimmende Tätigkeit gesetzt; sondern die Einheit des Seins und des Denkens bleibt als das Eine, Unbewegte, Starre gefaßt. Es ist äußerliche Unterscheidung, in Attribute und Modi, Bewegung und Willen, Unterscheiden des Verstandes. – Das Eine ist nicht expliziert als die sich entwickelnde Notwendigkeit, – nicht, wie ihr Begriff angegeben worden ist, als der Prozeß, der sie in ihr mit sich vermittelt. Wenn hier das Prinzip der Bewegung fehlt, so ist dasselbe wohl in konkreteren Prinzipien, dem *Fließen* des *Heraklit*, auch der Zahl usf. wohl vorhanden, aber teils ist die Einheit des Seins, die göttliche Sichselbstgleichheit nicht erhalten, teils ist solches Prinzip mit der gemein seienden Welt in ebensolchem Verhältnis als jenes Sein, Eines oder Substanz.

c) Außer diesem Einen findet sich nun eben vor die zufällige Welt, das Sein mit der Bestimmung des Negativen, das Reich der Beschränkungen und Endlichkeiten, – wobei es keinen Unterschied macht, ob dieses Reich als ein Reich des äußerlichen Daseins, des Scheins, oder nach der Bestimmung des oberflächlichen Idealismus als eine nur subjektive Welt, eine Welt des Bewußtseins vorgestellt wird. Diese Mannigfaltigkeit mit ihren unendlichen Verwicklungen ist getrennt zunächst von jener Substanz, und es ist zu sehen, welches Verhältnis ihr zu diesem Einen gegeben wird. Einesteils wird dies Dasein der Welt nur vorgefunden. *Spinoza*, dessen System das entwickeltste ist, fängt in seiner Darstellung von Definitionen an, d. h. von *vorhandenen* Bestimmungen des Denkens und der Vorstellung überhaupt; es sind die Ausgangspunkte des Bewußtseins vorausgesetzt. Anderenteils formiert der Verstand diese akzidentelle Welt zu einem Systeme, nach den Verhältnissen, Kategorien äußerlicher Notwendigkeit. – *Parmenides* gibt die Anfänge eines Systems der Erscheinungswelt, an dessen Spitze die Göttin, die Notwendigkeit gestellt ist. – *Spinoza* hat keine Naturphilosophie gemacht; aber den anderen Teil der konkreten Philosophie, eine Ethik abgehandelt; diese war einerseits konsequenter, wenigstens im allgemeinen an das Prinzip der absoluten Substanz anzuknüpfen, weil die höchste Bestimmung des Menschen seine Richtung auf Gott, – die reine Liebe Gottes in dem Ausdruck Spinozas *sub specie aeterni* ist. Allein die Prinzipien der philosophischen Betrachtung, der Inhalt, die Ausgangspunkte haben keinen Zusammenhang mit der Substanz selbst; – alle systematische Ausführung der Erscheinungswelt, so konsequent sie in sich selbst ist, macht sich nach dem gewöhnlichen Verfahren, das Wahrgenommene aufzunehmen, zu einer gewöhnlichen Wissenschaft, in welcher das, was als das Absolute selbst anerkannt wird, das Eine, die Substanz nicht lebendig sein soll, nicht das Bewegende darin, nicht die Methode, denn sie ist bestimmungslos. Es bleibt von ihr für die Erscheinungswelt nichts, als daß eben diese natürliche und geistige Welt überhaupt ganz abstrakt, Erscheinungswelt ist, oder dies, daß das Sein der Welt, als affirmativ, das Sein, das Eine, die Substanz ist, daß die Besonderung, wodurch das Sein eine Welt ist, die Evolution, Emanation, ein Herausfallen der Substanz aus sich selbst in die Endlichkeit, eine ganz begrifflose Weise ist[3], so daß in der Substanz selbst kein Prinzip einer Bestimmung ist, schöpferisch zu sein, – und drittens, daß sie die ebenso abstrakte Macht, das Setzen der Endlichkeit als eines Negativen, das Vergehen derselben ist.

(Geschlossen am 19. August 1829)

Ausführung des teleologischen Beweises in den Vorlesungen über Religionsphilosophie vom Sommer 1831

Kant hat schon diesen Beweis auch wie die anderen vom Dasein Gottes kritisiert und sie hauptsächlich um ihren Kredit gebracht, so daß man es kaum noch der Mühe wert hält, sie selbst näher zu betrachten; doch Kant selbst sagt von diesem Beweise, er verdiene zu jeder Zeit mit Achtung angesehen zu werden. Wenn er aber hinzusetzt, der teleologische Beweis sei der *älteste,* so irrt er. Die erste Bestimmung Gottes ist die der Macht, die weitere ist erst die der Weisheit. Auch kommt dieser Beweis erst bei den Griechen vor; *Sokrates* spricht ihn aus (Xenophon, *Memorabilien,* am Ende des I. Buchs). Die Zweckmäßigkeit, besonders in der Form des *Guten,* macht Sokrates zum Grundprinzip. Der Grund, daß er im Gefängnisse sitze, sagt er, ist der, daß die Athenienser es für gut gehalten haben. – Dieser Beweis fällt also auch geschichtlich mit der Entwicklung der Freiheit zusammen.

Den Übergang von der Religion der Macht zur Religion der Geistigkeit überhaupt haben wir betrachtet: dieselbe Vermittlung, die wir in der Religion der Schönheit erkennen,

3 W: »daß sie die Besonderung, wodurch das Sein eine Welt ist, die Evolution, Emanation, – ein Herausfallen der Substanz aus sich selbst, – eine ganz begrifflose Weise – in die Endlichkeit, so daß«. Verändert nach Lasson.

haben wir auch schon gehabt in den Mittelstufen, aber noch geistlos auseinandergelegt. Weil nun mit jenem Übergange zur Religion der Geistigkeit eine weitere wesentliche Bestimmung hinzugekommen ist, so haben wir sie abstrakt zuerst herauszuheben und aufzuzeigen.

Wir haben hier die Bestimmung der *Freiheit als solcher*, einer Tätigkeit als Freiheit, ein Schaffen nach der Freiheit, nicht mehr ein ungehindertes nach der Macht, sondern ein *Schaffen nach Zwecken*. Die Freiheit ist sich selbst Bestimmen, und das Tätige, insofern es sich in sich selbst bestimmt, hat die Selbstbestimmung an sich als Zweck. Die Macht ist nur das Sichherauswerfen, so daß im Herausgeworfenen ein Unversöhntes ist, zwar an sich ein Ebenbild, aber es ist noch nicht ausdrücklich im Bewußtsein, daß das Schaffende sich in seinem Geschöpfe nur erhält und hervorbringt, so daß im Geschöpfe die Bestimmungen des Göttlichen selbst sind. Es ist Gott hier gefaßt mit der Bestimmung der Weisheit, zweckmäßiger Tätigkeit. Die Macht ist gütig und gerecht, aber erst das zweckmäßige Tun ist diese Bestimmung der *Vernünftigkeit*, daß aus dem Tun nichts anderes herauskommt, als was schon vorher determiniert ist, d. h. diese *Identität des Schaffenden mit sich selbst*.

Die Verschiedenheit der Beweise vom Dasein Gottes besteht bloß in der Verschiedenheit ihrer Bestimmung. Es ist in ihnen eine Vermittlung, ein Ausgangspunkt und Punkt, zu dem man kommt. Im teleologischen und physikotheologischen Beweise kommt beiden Punkten die gemeinschaftliche Bestimmung der *Zweckmäßigkeit* zu. Es wird ausgegangen von einem Sein, welches jetzt als zweckmäßig bestimmt ist, und was dadurch vermittelt wird, ist Gott als den Zweck setzend und betätigend. Das Sein als das Unmittelbare, wovon im kosmologischen Beweise angefangen wird, ist zunächst ein mannigfaltiges, zufälliges Sein; Gott wird danach bestimmt als die an und für sich seiende Notwendigkeit, die Macht des Zufälligen. Die höhere Bestimmung ist nun, daß Zweckmäßigkeit vorhanden ist im Sein; im Zweck ist schon die

Vernünftigkeit ausgedrückt, ein freies sich selbst Bestimmen und Betätigen dieses Inhalts, damit er, der zunächst als Zweck ein Innerliches ist, realisiert werde und die Realität dem Begriffe oder dem Zwecke entsprechend sei.
Ein Ding ist gut, insofern es seine Bestimmung, seinen Zweck erfüllt: dies ist, daß die Realität dem Begriffe oder der Bestimmung angemessen ist. – Es wird in der Welt ein Zusammenstimmen von äußerlichen Dingen wahrgenommen, von Dingen, die gleichgültig gegeneinander vorhanden sind, zufällig gegen andere für sich zur Existenz kommen und keine wesentliche Beziehung zueinander haben; dennoch, obschon die Dinge so auseinanderfallen, zeigt sich eine Einheit, wodurch sie sich schlechthin angemessen sind. *Kant* trägt dies ausführlich vor: die gegenwärtige Welt eröffnet uns einen unermeßlichen Schauplatz von Mannigfaltigkeit, Ordnung, Zweckmäßigkeit usw. Besonders am Lebendigen sowohl in ihm selbst als in seiner Beziehung nach außen erscheint diese Zweckbestimmung. Der Mensch, das Tier ist ein an ihm Mannigfaltiges, hat diese Glieder, Eingeweide usw.; obgleich diese so nebeneinander zu bestehen scheinen, so ist es doch nur durchaus die allgemeine Zweckbestimmung, die sie erhält; das eine ist nur durch das andere und für das andere, und alle Glieder und Bestandteile der Menschen sind nur Mittel für die Selbsterhaltung des Individuums, das hier Zweck ist. Der Mensch, das Lebendige überhaupt hat viele Bedürfnisse. Zu seiner Erhaltung ist notwendig Luft, Nahrung, Licht usf. Alles dieses ist für sich vorhanden, und die Befähigung, zum Zweck zu dienen, ist ihm etwas Äußerliches; die Tiere, das Fleisch, die Luft usw., deren der Mensch bedarf, drücken an sich nicht aus, Zwecke zu sein, und doch ist das eine schlechthin nur Mittel für das andere. Es ist da ein innerer Zusammenhang, der notwendig ist, aber als solcher nicht existiert. Dieser innere Zusammenhang macht sich nicht durch die Gegenstände selbst, sondern er ist von einem Anderen produziert, als diese Dinge selbst sind. Die Zweckmäßigkeit bringt sich nicht durch sich selbst hervor;

die zweckmäßige Tätigkeit ist außer den Dingen, und diese Harmonie, die an sich ist und sich setzt, ist die Macht über diese Gegenstände, die sie bestimmt, in Zweckbestimmung zueinander zu stehen. Die Welt ist so nicht mehr ein Aggregat von Zufälligkeiten, sondern eine Menge von *zweckmäßigen Beziehungen*, die aber *den Dingen selbst von außen zukommen*. Diese Zweckbeziehung muß eine Ursache haben, eine Ursache voll Macht und voll Weisheit.

Diese zweckmäßige Tätigkeit und diese Ursache ist Gott.

Kant sagt: es sei dieser Beweis der klarste und für den gemeinen Mann verständlich, durch ihn habe die Natur erst Interesse, er belebe die Kenntnis der Natur, wie er von daher seinen Ursprung habe. – Dies ist im allgemeinen der *teleologische* Beweis.

Kants Kritik ist nun folgende. Er sagt, dieser Beweis sei fürs erste darum mangelhaft, weil nur die *Form der Dinge* in Betracht komme. Die Zweckbeziehung geht nur auf die Formbestimmung: jedes Ding erhält sich, ist also nicht bloß Mittel für Anderes, sondern Selbstzweck; die Beschaffenheit, wodurch ein Ding Mittel sein kann, betrifft nur die Form desselben, nicht die Materie. Der Schluß ginge also nur dahin, daß eine formierende Ursache sei; damit ist aber nicht auch die Materie hervorgebracht. Der Beweis, sagt Kant, erfülle so nicht die Idee von Gott, daß er der Schöpfer der Materie, nicht bloß der Form sei. Die Form enthält die Bestimmungen, die sich aufeinander beziehen, die Materie aber soll das Formlose und damit Beziehungslose sein. Es reiche dieser Beweis also nur bis zu einem Demiurgen, einem Bildner der Materie, nicht zum Schöpfer.

Was diese Kritik anbetrifft, so kann man allerdings sagen, daß alle Beziehung Form ist; hiermit wird die Form von der Materie abgesondert. Wir sehen, daß damit die Tätigkeit Gottes eine endliche wäre. Wenn *wir* Technisches produzieren, so müssen wir das Material dazu von außen nehmen: die Tätigkeit ist so beschränkt, endlich; die Materie wird so als für sich bestehend, als ewig gesetzt. – Das, womit die

Dinge gegen Anderes gekehrt sind, sind die Qualitäten, die Form, nicht das Bestehen der Dinge als solcher. Das Bestehen der Dinge ist ihre Materie. Das ist zunächst allerdings richtig, daß die *Beziehungen der Dinge* in ihre *Form* fallen; die Frage aber ist die: ist dieser Unterschied, diese Trennung zwischen Form und Materie statthaft, können wir jedes so besonders auf die Seite stellen? Es wird dagegen in der Logik (*Phil. Enzyklop.*, § 129[1]) gezeigt, daß die formlose Materie ein Unding ist, eine reine Verstandesabstraktion, die man sich wohl machen kann, die aber nicht für etwas Wahres ausgegeben werden darf. Die Materie, die man Gott entgegenstellt als ein Unveränderliches, ist bloß Produkt der Reflexion, oder diese Identität der Formlosigkeit, diese kontinuierliche Einheit der Materie ist selbst eine der Formbestimmungen; man muß so erkennen, daß die Materie, die man so auf der einen Seite hat, selbst zur anderen Seite, der Form gehört. Dann aber ist auch die Form identisch mit sich, bezieht sich auf sich, und darin hat sie gerade das selbst, was als Materie unterschieden wird. Die Tätigkeit Gottes selbst, die einfache Einheit mit sich, die Form ist die Materie. Dieses Sichgleichbleiben, Bestehen ist so an der Form, daß sie sich auf sich selbst bezieht, und das ist das Bestehen derselben, dasselbe, was die Materie ist. Also das eine ist nicht ohne das andere, sie sind vielmehr beide dasselbe.

Ferner sagt Kant: der Schluß geht aus von der Ordnung und Zweckmäßigkeit, die in der Welt beobachtet wird, – es gibt zweckmäßige Einrichtungen. Solche Beziehung der Dinge, die nicht an ihnen selbst ist, dient demnach zum Ausgangspunkt; es wird dadurch ein Drittes, eine Ursache gesetzt; von dem Zweckmäßigen schließt man auf den Urheber, der die Zweckmäßigkeit der Beziehungen einsetzt. Man kann also auf nichts weiteres schließen, als was dem *Inhalte nach gegeben ist im Vorhandenen* und dem Ausgangspunkte ange-

---

1 *Enzyklopädie der philosophischen Wissenschaften im Grundrisse*, 1830; → Bd. 8

messen ist. Die zweckmäßigen Anordnungen zeigen sich nun als erstaunlich groß, von hoher Trefflichkeit und Weisheit, aber eine *sehr große* und eine bewunderungswürdige Weisheit ist noch *nicht absolute* Weisheit; es ist eine außerordentliche Macht, die man darin erkennt, das ist aber noch nicht Allmacht. Dies ist ein Sprung, sagt Kant, zu dem man nicht berechtigt ist; man nehme denn seine Zuflucht zum ontologischen Beweise, und dieser fange vom Begriff des allerrealsten Wesens an; zu dieser Totalität reiche aber die bloße Wahrnehmung, von der im teleologischen Beweise ausgegangen wird, nicht hin. – Es ist allerdings zuzugeben, daß der Ausgangspunkt einen geringeren Inhalt hat als das, zu dem man kommt. In der Welt ist nur relative Weisheit, nicht absolute. Doch ist dies näher zu betrachten. Wir haben hier einen *Schluß*; man schließt von dem einen auf das andere: man fängt an von der Beschaffenheit der Welt, und von dieser schließt man weiter auf eine Tätigkeit, auf das Verbindende der außereinanderliegenden Existenz, welches das Innere, das Ansich derselben ist und nicht schon unmittelbar in ihnen liegt. Die Form des Schließens bringt nun einen falschen Schein hervor, als ob Gott eine Grundlage habe, von der man ausgeht; Gott erscheint als Bedingtes: die zweckmäßige Einrichtung ist die Bedingung, und die Existenz Gottes scheint ausgesprochen als Vermitteltes, Bedingtes. Dies ist besonders eine Einwendung, auf der *Jacobi* gefußt hat: man wolle durch Bedingungen zum Unbedingten kommen; das aber ist, wie wir schon früher gesehen, nur ein falscher Schein, der sich im Sinne des Resultats selbst aufhebt. Was diesen Sinn zunächst betrifft, so wird man zugeben, daß es nur der Gang subjektiven Erkennens ist. Es kommt Gott selbst diese Vermittlung nicht zu; er ist ja das Unbedingte, die unendliche Tätigkeit, die sich nach Zwecken bestimmt, die die Welt zweckmäßig einrichtet. Es wird mit jenem Gange nicht vorgestellt, daß dieser unendlichen Tätigkeit diese Bedingungen vorausgehen, von denen wir ausgehen, sondern dies ist allein der Gang subjektiven Erkennens, und das Resultat ist dieses, daß Gott es ist, welcher diese zweckmäßigen Einrichtungen setzt, daß diese also erst das von ihm Gesetzte sind, nicht als Grundlage bleiben. Der Grund, von dem wir anfangen, geht zugrunde in dem, was als wahrhafter Grund bestimmt ist. Das ist der Sinn dieses Schlusses, daß das Bedingende erst selbst wiederum als das Bedingte erklärt wird. Das *Resultat* spricht dies aus, daß es mangelhaft war, ein *selbst Bedingtes als Grundlage zu setzen;* es ist daher dieser Gang in der Tat und in seinem Ende nicht nur ein subjektiver, nicht etwas, das im Gedanken beharrt, sondern es wird selbst durch das Resultat diese mangelhafte Seite hinweggenommen. Das *Objektive* spricht sich so selbst in diesem Erkennen aus. Es ist nicht nur ein affirmatives Übergehen, sondern es ist ein negatives Moment darin, welches aber in der Form des Schlusses nicht gesetzt ist. Es ist also eine Vermittlung, welche die Negation der ersten Unmittelbarkeit ist. Der Gang des Geistes ist wohl Übergang zu der an und für sich seienden und Zwecke setzenden Tätigkeit; aber es ist in diesem Gange enthalten, daß das *Dasein* dieser Zweckeinrichtung nicht für Anundfürsichsein ausgegeben wird, – dieses ist nur die Vernunft, die *Tätigkeit der ewigen Vernunft.* Jenes Sein ist nicht ein wahrhaftes, sondern nur *Schein* dieser Tätigkeit.

Man muß in der Zweckbestimmung ferner *Form* und *Inhalt* unterscheiden. Betrachten wir rein die Form, so haben wir ein zweckmäßiges Sein, das *endlich* ist, und der Form nach besteht die Endlichkeit darin, daß *Zweck und Mittel* oder Material, worin der Zweck realisiert ist, *verschieden* sind. Dies ist die *Endlichkeit.* So brauchen wir zu unseren Zwekken ein Material; da ist die Tätigkeit und das Material etwas Verschiedenes. Das ist die Endlichkeit des zweckmäßigen Seins, die Endlichkeit der Form; aber die Wahrheit dieses Verhaltens ist nicht ein solches, sondern die Wahrheit ist in der Zwecktätigkeit, die Mittel und Materie an ihr selbst ist, einer zweckmäßigen Tätigkeit, die durch sich selbst Zwecke vollbringt, – das ist die *unendliche* Tätigkeit des

Zwecks. Der Zweck vollbringt sich; durch seine eigene Tätigkeit realisiert er sich, schließt sich so in der Ausführung mit sich zusammen. Die Endlichkeit des Zwecks liegt, wie wir gesehen, in der Getrenntheit des Mittels und des Materials: so ist der Zweck noch technische Handlungsweise. Die Wahrheit der Zweckbestimmung ist die, daß der Zweck an ihm selbst sein Mittel und ebenso das Material habe, worin er sich vollführe: so ist der Zweck der Form nach wahrhaft, denn die objektive Wahrheit liegt eben in dem, daß der Begriff der Realität entspricht. Der Zweck ist nur wahrhaft, wenn das Vermittelnde und das Mittel sowie die Realität identisch sind mit dem Zwecke: so ist der Zweck vorhanden als an ihm selbst die Realität habend und ist nicht etwas Subjektives, Einseitiges, außer welchem die Momente sind. Dies ist die Wahrhaftigkeit des Zwecks; die zweckmäßige Beziehung in der Endlichkeit ist dagegen das Unwahre.

Es muß hier die Bemerkung gemacht werden, daß die Zwecktätigkeit, diese Beziehung, wie sie soeben nach ihrer Wahrheit bestimmt worden, als ein Höheres existiert, das aber zugleich gegenwärtig ist, von dem wir wohl sagen können, es sei das Unendliche, indem es eine Zwecktätigkeit ist, die an ihr selbst Material und Mittel hat, das aber doch nach einer andern Seite zugleich endlich ist. Diese Wahrheit der Zweckbestimmung, wie wir sie fordern, existiert wirklich, wenn auch nur nach einer Seite, im *Lebendigen*, Organischen. Das Leben als Subjekt ist die *Seele*; diese ist Zweck, d. i. sie setzt sich, vollbringt sich selbst, also das Produkt ist dasselbe als das Produzierende. Das Lebendige ist aber ein Organismus; die Organe sind die Mittel. Die lebendige Seele hat einen Körper an ihr selbst; mit diesem macht sie erst ein Ganzes, Wirkliches aus. Die *Organe* sind die *Mittel* des Lebens, und dieselben Mittel, die Organe sind auch das, in dem sich das Leben vollbringt, erhält; sie sind auch *Material*. Dies ist die Selbsterhaltung; das Lebendige erhält sich selbst, ist Anfang und Ende, – das Produkt ist auch das Anfangende. Das Lebendige ist als solches immer in

Tätigkeit; das Bedürfnis ist Anfang der Tätigkeit und treibt zur Befriedigung; diese aber ist wieder Anfang des Bedürfnisses. Das Lebendige ist nur insofern, als es immer Produkt ist. Hier ist diese Wahrheit des Zweckes der Form nach: die Organe des Lebendigen sind Mittel, aber ebenso *Zweck*, sie bringen sich in ihrer Tätigkeit nur selbst hervor. Jedes Organ erhält das andere und dadurch sich selbst. Diese Tätigkeit macht einen Zweck, eine Seele aus, die an allen Punkten vorhanden ist: jeder Teil des Körpers empfindet; es ist die Seele darin. Hier ist die Zwecktätigkeit in ihrer Wahrhaftigkeit; aber das lebendige Subjekt ist durchaus auch ein *Endliches*, die Zwecktätigkeit hat hier eine formelle Wahrheit, die aber nicht vollständig ist. Das Lebendige produziert sich, hat das Material des Hervorbringens an ihm selbst; jedes Organ exzerniert animalische Lymphe, die von anderen verwendet wird, um sich zu reproduzieren. Das Lebendige hat das Material an ihm selber, allein das ist nur ein abstrakter Prozeß; die Seite der Endlichkeit ist diese, daß, indem die Organe aus sich zehren, sie Material von außen her brauchen. Alles Organische verhält sich zur unorganischen Natur, die als ein Selbständiges da ist. Nach einer Seite ist der Organismus unendlich, indem er ein Kreis der reinen Rückkehr in sich selbst ist, aber er ist zugleich gespannt gegen die *äußerliche unorganische Natur* und hat Bedürfnisse. Hier kommt das Mittel von außen: der Mensch bedarf Luft, Licht, Wasser; er verzehrt auch andere Lebendige, Tiere, die er dadurch zur unorganischen Natur, zum Mittel macht. Dieses Verhältnis ist es besonders, das darauf führt, eine *höhere Einheit* anzunehmen, welche die Harmonie ist, in der die Mittel dem Zwecke entsprechen. Diese Harmonie liegt nicht im Subjekte selbst; doch ist in ihm die Harmonie, die das organische Leben ausmacht, wie wir gesehen: die ganze Konstruktion der Organe, des Nerven- und Blutsystems, der Eingeweide, der Lunge, Leber, Magen usw. stimmt wunderbar überein. Erfordert aber nicht diese Harmonie selbst ein Anderes außer dem Subjekte? Diese

Frage können wir auf der Seite lassen; denn wenn man den Begriff des Organismus faßt, wie wir ihn gegeben haben, so ist diese Entwicklung der Zweckbestimmung selbst eine notwendige Folge der Lebendigkeit des Subjekts überhaupt. Faßt man jenen Begriff nicht, so wäre das Lebendige nicht diese konkrete Einheit; um dasselbe zu verstehen, nimmt man dann seine Zuflucht zu äußerlichen, mechanischen (im Blutlauf) und chemischen (Zerlegung der Speisen) Auffassungsweisen (durch welche Verläufe aber nicht erschöpft werden kann, was das Leben selbst ist); dabei müßte ein Drittes angenommen werden, welches diese Verläufe gesetzt hätte. In der Tat aber ist diese Einheit, diese Harmonie des Organismus eben das Subjekt; doch bei dieser Einheit ist auch das Verhalten des lebendigen Subjekts zur äußerlichen Natur, welche nur als gleichgültig und zufällig gegen dieses ist.

Die Bedingungen diese Verhaltens sind nicht die eigene Entwicklung des Lebendigen, und doch, wenn das Lebendige diese Bedingungen nicht vorfände, so könnte es nicht existieren. Diese Betrachtung bringt unmittelbar das Gefühl eines Höheren mit sich, welches diese Harmonie eingesetzt hat; sie erregt zugleich die Rührung und Bewunderung der Menschen. Jedes Tier hat seinen geringen Kreis von Nahrungsmitteln; ja, viele Tiere sind auf ein einziges Nahrungsmittel beschränkt (die menschliche Natur ist auch in dieser Rücksicht die allgemeinste); daß nun auch für jedes Tier diese äußerliche partikulare Bedingung sich findet, das versetzt den Menschen in dieses Staunen, welches in hohe Verehrung jenes Dritten übergeht, der diese Einheit gesetzt hat. Dies ist die Erhebung des Menschen zu dem Höheren, welches die Bedingungen für seinen Zweck hervorbringt. Das Subjekt betätigt seine Selbsterhaltung; diese Betätigung ist auch bewußtlos an allem Lebendigen. Es ist das, was wir den *Instinkt* am Tiere nennen; das eine verschafft sich mit Gewalt seinen Unterhalt, das andere produziert ihn auf künstliche Weise. Dies ist die Weisheit Gottes in der Natur, worin diese unendliche Mannigfaltigkeit in Rücksicht der Tätigkeiten und der Bedingungen, die notwendig sind für alle Besonderheiten, angetroffen wird. Betrachten wir diese Besonderheiten der Betätigung des Lebendigen, so sind sie etwas Zufälliges und nicht durch das Subjekt selbst gesetzt, sie erfordern eine Ursache außer ihnen. Mit der Lebendigkeit ist nur das Allgemeine der Selbsterhaltung gesetzt; aber die Lebendigen sind nach unendlicher Besonderheit verschieden, und dieses ist durch ein Anderes gesetzt.

Die Frage ist nur: Wie paßt die unorganische Natur zum Organischen; wie ist sie fähig, dem Organischen als Mittel zu dienen? Es begegnet uns hier eine Vorstellung, die dieses Zusammenkommen auf eine eigentümliche Weise faßt. Die Tiere sind unorganisch gegen die Menschen, die Pflanzen unorganisch gegen die Tiere. Aber die Natur, die an ihr unorganisch ist, als Sonne, Mond und überhaupt, was als Mittel und Materie erscheint, ist zunächst unmittelbar, vorher vor dem Organischen. Es macht sich auf diese Weise das Verhältnis so, daß das Unorganische selbständig ist und hingegen das Organische das Abhängige; jenes sogenannte Unmittelbare sei das Unbedingte. Die unorganische Natur erscheint als für sich fertig; die Pflanzen, die Tiere, die Menschen kommen erst von außen hinzu. Die Erde könnte bestehen ohne Vegetation, das Pflanzenreich ohne die Tiere, das Tierreich ohne die Menschen; diese Seiten erscheinen so als selbständig für sich. Man will dies auch in der Erfahrung aufzeigen: es gibt Gebirge ohne alle Vegetation, Tiere und Menschen; der Mond hat keine Atmosphäre; es ist [dort] kein meteorologischer Prozeß vorhanden, welcher die Bedingung für die Vegetation ist; er besteht also ohne alle vegetative Natur und dgl. mehr. Solches Unorganische erscheint als selbständig; der Mensch kommt äußerlich hinzu. Man hat also die Vorstellung, daß die Natur in sich so eine produzierende Kraft ist, die blind erzeuge, aus der die Vegetation hervorgehe; aus dieser trete dann das Animalische hervor und dann zuletzt der Mensch mit denkendem Bewußtsein.

Man kann allerdings sagen, daß die Natur Stufen produziert, unter denen immer eine die Bedingung der nachfolgenden ist. Wenn nun aber so das Organische und der Mensch zufällig hinzukommt, so fragt sich's, ob er vorfinde, was ihm notwendig ist, oder ob nicht. Dies wird nach jener Vorstellung gleichfalls dem Zufall überlassen, indem da keine Einheit für sich gilt. *Aristoteles* führt schon dieselbe Meinung an: die Natur produziere immerfort Lebendige, und es komme dann darauf an, ob diese existieren könnten; es sei ganz zufällig, wenn eine dieser Produktionen sich erhalte. Die Natur habe so schon unendlich viele Versuche gemacht und eine Menge von Ungeheuern produziert; Myriaden von Gestaltungen seien aus ihr hervorgegangen, hätten aber nicht mehr fortdauern können; am Untergange solcher Lebendigen läge aber gar nichts. Um den Beweis dieser Behauptung zu führen, weist man besonders auf die Reste von Ungeheuern, die sich noch hier und da vorfinden, hin: diese Gattungen seien untergegangen, weil die zu ihrer Existenz erforderlichen Bedingungen aufgehört hätten.

Auf diese Weise ist das Zusammenstimmen des Organischen und Unorganischen als *zufällig* festgehalten. Es ist da nicht Bedürfnis, nach einer Einheit zu fragen; daß Zweckmäßigkeit sei, dies selbst wird als zufällig erklärt. Die Begriffsbestimmungen sind hier also diese: Was wir unorganische Natur als solche überhaupt nennen, das wird als selbständig für sich vorgestellt und das Organische als äußerlich hinzukommend, so daß es zufällig sei, ob dieses die Bedingungen zur Existenz in dem ihm Gegenüberstehenden finde. Wir haben hier auf die Form der Begriffsbestimmung zu merken, die unorganische Natur sei das Erste, Unmittelbare; auch dem kindlichen Sinn der mosaischen Zeit ist es angemessen, daß Himmel und Erde, Licht usw. zuerst geschaffen worden und das Organische der Zeit nach später hervorgetreten sei. Die Frage ist diese: Ist das die wahrhafte Begriffsbestimmung des Unorganischen, und ist das Lebendige und der Mensch das Abhängige? Die Philosophie zeigt dagegen die

Wahrheit dessen auf, was die Begriffsbestimmung ist; auch ist es ohnedies dem Menschen gewiß, daß er sich als Zweck zur anderen Natur verhält und daß diese nur die Bestimmung, Mittel zu sein, gegen ihn hat, so auch das Unorganische überhaupt gegen das Organische. Das Organische ist formell an ihm selbst das Zweckmäßige, Mittel und Zweck, also ein an ihm Unendliches; es ist in sich zurückkehrender Zweck, und auch in dieser Seite seiner Abhängigkeit nach außen ist es als Zweck bestimmt, und damit ist es das wahrhafte Erste gegen das, was das Unmittelbare genannt worden, gegen die Natur. Diese Unmittelbarkeit ist nur einseitige Bestimmung und dazu herabzusetzen, nur ein Gesetztes zu sein. Dies ist das wahrhafte Verhältnis: der Mensch ist nicht Akzidenz, das zum Ersten hinzukommt, sondern das *Organische* ist sich das *Erste*; das *Unorganische* hat nur den *Schein des Seins* an ihm. Dieses Verhältnis wird in der Wissenschaft selbst logisch entwickelt.

In diesem Verhältnisse nun haben wir doch noch die Trennung, daß das Organische eine Seite des Verhaltens nach außen zur unorganischen Natur hat, und diese ist nicht an ihm selbst gesetzt. Das Lebendige entwickelt sich aus dem Keime, und die Entwicklung ist das Tun der Glieder, der Eingeweide usw.; die Seele ist diese Einheit, welche dies hervorbringt. Die Wahrheit aber der organischen und unorganischen Natur ist auch hier nur die *wesentliche Beziehung beider*, ihre Einheit und Untrennbarkeit. Diese Einheit ist ein Drittes, welches weder das eine noch das andere ist; es ist nicht in der unmittelbaren Existenz, [es ist] die absolute Bestimmung, welche beide, das Organische sowohl als das Unorganische, in Einheit setzt, – das Subjekt ist das Organische; das Andere erscheint als Objekt, verwandelt sich aber dazu, das Prädikat des Organischen zu sein, ihm zu eigen gesetzt zu werden. Dies ist der Wechsel dieser Beziehung; beides ist in Einem gesetzt, worin jedes ein Unselbständiges, ein Bedingtes ist. Wir können dies Dritte, zu dem sich das Bewußtsein erhebt, Gott im allgemeinen nennen. Es fehlt aber noch sehr viel an dem Begriff Gottes. Er ist in diesem Sinne die Tätigkeit der Produktion, welche ein Urteil ist, wodurch beide Seiten zusammen produziert werden; in dem einen Begriffe passen sie zusammen, sind sie füreinander. – Die Erhebung ist also ganz richtig, daß die Wahrheit der Zweckbeziehung dies Dritte ist, wie es soeben bestimmt worden. Es ist dieses aber so formell bestimmt, und zwar aus dem, dessen Wahrheit es ist; es ist selbst *lebendige Tätigkeit*, aber diese ist *noch nicht Geist*, vernünftiges Tun: das Entsprechen des Begriffs, als des Organischen, der Realität, als dem Unorganischen, ist nur die Bedeutung des Lebens selbst; dies ist bestimmter in dem enthalten, was die Alten den νοῦς genannt haben. Die Welt ist ein harmonisches Ganzes, ein organisches Leben, das nach Zwecken bestimmt ist: dies haben die Alten als νοῦς verstanden; dasselbe ist auch mit weiterer Bestimmung *Weltseele*, λόγος genannt worden. Es ist damit nur die Lebendigkeit gesetzt, aber noch nicht, daß die *Weltseele unterschieden sei als Geist von dieser ihrer Lebendigkeit*; die Seele ist das bloß Lebendige in dem Organischen, sie ist nicht ein vom Körper Abgesondertes, Materielles, sondern sie ist die durchdringende Lebenskraft desselben. *Platon* hat daher Gott ein *unsterbliches* ζῶον genannt, d. h. ein ewig Lebendiges. Über die Bestimmung der Lebendigkeit ist er nicht hinausgekommen. – Wenn wir die Lebendigkeit in ihrer Wahrheit auffassen, so ist sie *ein* Prinzip, *ein* organisches Leben des Universums, *ein* lebendiges System. Alles, was ist, macht nur die Organe des einen Subjekts aus; die Planeten, die sich um die Sonne drehen, sind nur Riesenglieder dieses einen Systems: auf diese Weise ist das Universum nicht ein Aggregat von vielen gleichgültigen Akzidenzen, sondern ein System der Lebendigkeit. Damit ist aber noch nicht die Bestimmung des Geistes gesetzt.

Wir haben die formelle Seite der Zweckbeziehung betrachtet. Die andere ist die des *Inhalts*. Hier ist die Frage: Welches sind die Bestimmungen des Zwecks, oder was ist der Inhalt des Zwecks, der realisiert wird, oder wie sind diese Zwecke beschaffen in Rücksicht auf das, was die *Weisheit* genannt worden? In Ansehung des Inhalts ist der Ausgangspunkt auch das, was sich in der Erfahrung vorfindet; man fängt vom unmittelbaren Sein an. Die Betrachtung der Zwecke, wie sie vorgefunden werden, nach dieser Seite hin hat besonders dazu beigetragen, daß der teleologische Beweis auf die Seite gestellt worden ist, ja, daß man sogar mit Verachtung auf ihn herabgesehen hat. Man spricht von den weisen Einrichtungen in der Natur. Die verschiedenartigen und mannigfaltigen Tiere sind in ihrer lebendigen Bestimmung endlich; für diese Lebendigkeit sind die äußerlichen Mittel vorhanden, die Lebendigkeiten sind der Zweck. Fragen wir also nach dem Gehalt dieses Zwecks, so ist er nichts anderes als die Erhaltung dieser Insekten, dieser Tiere usw., über deren Lebendigkeit wir uns zwar freuen können, aber die Notwendigkeit ihrer Bestimmung ist von ganz geringfügiger Art oder Vorstellung. Es ist eine fromme Betrachtung, wenn gesagt wird: das hat Gott so gemacht; es ist eine Erhebung zu Gott. Aber bei Gott ist die Vorstellung eines absoluten, unendlichen Zwecks, und diese kleinen Zwecke kontrastieren sehr mit dem, was man bei Gott findet. Wenn wir uns nun in höheren Kreisen umsehen und menschliche Zwecke betrachten, die wir relativ für die höchsten ansehen können, so sehen wir sie meist zerstört und ohne Erfolg zugrunde gehen. In der Natur gehen Millionen Keime in ihrem Anfang unter, ohne zu einer Entwicklung der Lebendigkeit gekommen zu sein. Der größte Teil alles Lebendigen basiert sein Leben auf den Untergang anderer Lebendigen; dasselbe findet bei höheren Zwecken statt. Wenn wir das Gebiet der Sittlichkeit bis zur höchsten Stufe derselben, bis zum Staatsleben durchgehen und zusehen, ob die Zwecke erfüllt werden oder nicht, so werden wir zwar finden, daß vieles erreicht wird, daß aber noch mehr durch die Leidenschaften und die Lasterhaftigkeit der Menschen, ja [daß] die größten und herrlichsten

Zwecke verkümmert und zerstört werden. Wir sehen die Erde mit Ruinen bedeckt, mit Resten von den Prachtgebäuden und Werken der schönsten Völker, deren Zwecke wir als wesentliche anerkennen. Große Naturgegenstände und Menschenwerke dauern und trotzen der Zeit; jenes herrliche Völkerleben ist aber unwiederbringlich untergegangen. Wir sehen also von der einen Seite kleinliche, untergeordnete, ja verächtliche Zwecke sich erfüllen; von der anderen werden solche, die für wesentlich anerkannt sind, verkümmert. Wir müssen da allerdings aufsteigen zu einer höheren Bestimmung und zu einem höheren Zweck, wenn wir das Unglück und den Untergang so vieles Vortrefflichen betrauern. Alle jene Zwecke, so sehr sie uns interessieren, müssen wir als endliche, untergeordnete ansehen und ihrer Endlichkeit die Zerstörung zuschreiben. Aber *dieser allgemeine Zweck findet sich nicht in der Erfahrung.* Dadurch verändert sich überhaupt der Charakter des *Übergehens*, denn das Übergehen ist ein Anfangen von Vorhandenem, ein Schließen von dem, was wir in der Erfahrung finden; was wir aber vor uns finden in der Erfahrung, hat den Charakter der Beschränktheit. Der höchste Zweck ist *das Gute*, der allgemeine Endzweck der Welt; diesen Zweck soll die Vernunft als den absoluten Endzweck der Welt ansehen, der in der Bestimmung der Vernunft schlechthin begründet ist, worüber der Geist nicht hinaus kann. Die Quelle aber, wo dieser Zweck anerkannt wird, ist die denkende Vernunft. Das weitere ist dann, daß dieser Zweck sich in der Welt erfüllt zeigt. Nun ist aber das Gute das durch die Vernunft an und für sich Bestimmte, welchem gegenüber ist die Natur, teils die physische Natur, die ihren eigenen Gang und ihre eigenen Gesetze hat, teils die Natürlichkeit des Menschen, seine partikularen Zwecke, die dagegen sind. Wenn wir uns an die *Wahrnehmung* wenden, so findet sich viel Gutes in der Welt, aber auch unendlich viel Böses; man müßte dann wohl gar die Summe des Bösen und des sich nicht befriedigenden Guten zählen, um zu erfahren, welches die Oberhand hat.

Das Gute ist aber schlechthin wesentlich; es gehört zu ihm wesentlich, daß es realisiert sei; aber es *soll* nur wirklich sein, denn in der Erfahrung lasse es sich nicht aufzeigen. Es bleibt da beim Sollen, bei der *Forderung*.

Indem nun das Gute nicht für sich diese Macht ist, sich zu realisieren, so wird ein Drittes gefordert, wodurch der Endzweck der Welt verwirklicht werde. Es ist dies eine absolute Forderung. Das moralische Gute gehört dem Menschen an; da seine Macht aber nur eine endliche ist und in ihm das Gute durch die Seite seiner Natürlichkeit beschränkt ist, ja er so selbst der Feind desselben ist, so vermag er es nicht zu verwirklichen. Das Dasein Gottes ist hier vorgestellt bloß als ein Postulat, ein Sollen, welches subjektive Gewißheit für den Menschen haben soll, weil das Gute als das Letzte in seiner Vernunft ist; aber diese Gewißheit ist nur subjektiv; es bleibt nur ein Glauben, ein Sollen, und es kann nicht aufgezeigt werden, daß es wirklich so ist. Ja, wenn das Gute überhaupt *moralisch* und vorhanden sein soll, so wird sogar gefordert und vorausgesetzt, daß die Disharmonie perenniere; denn das moralisch Gute kann nur bestehen und *ist* nur im *Kampf* mit dem Bösen; es wird also das Perennieren des Feindes, des dem Guten Entgegengesetzten gefordert. – Wenden wir uns also zum Inhalt, so ist er ein beschränkter, und gehen wir zum höchsten Zweck über, so befinden wir uns auf einem andern Felde; es wird von innen herausgegangen, nicht von dem, was gegenwärtig ist und in der Erfahrung liegt. Wird dagegen nur von der Erfahrung ausgegangen, so ist das Gute, der Endzweck selbst nur ein Subjektives, und es soll dann der Widerspruch der andern Seite gegen das Gute perennieren.

Ausführung des teleologischen und ontologischen Beweises in den Vorlesungen über Religionsphilosophie vom Jahre 1827

Bei den Beweisen vom Dasein Gottes ist der erste der *kosmologische*; nur wird da das Affirmative, das absolute Sein, das Unendliche nicht nur bestimmt als Unendliches überhaupt, sondern im Gegensatz gegen die Bestimmung der Zufälligkeit als absolut Notwendiges; das Wahre ist das absolut-notwendige Wesen, nicht bloß das Sein, Wesen. Da kommen also schon andere Bestimmungen herein. Überhaupt kann man diese Beweise zu Dutzenden vermehren; jede Stufe der logischen Idee kann dazu dienen. Die Bestimmung absoluter Notwendigkeit liegt im aufgezeigten Gange.

Absolut-notwendiges Wesen im Allgemeinen, Abstrakten gehalten ist das Sein nicht als unmittelbar, sondern als in sich reflektiert. Das Wesen haben wir bestimmt als das Nichtendliche, die Negation des Negativen, was wir das Endliche heißen. Das, wozu wir übergingen, ist also nicht abstraktes Sein, das trockene Sein, sondern eines, das Negation der Negation ist. Darin liegt der Unterschied; es ist der in die Einfachheit sich zurücknehmende Unterschied. Es liegt also in diesem Unendlichen, absoluten Sein, Wesen die Bestimmung des Unterschieds – Negation der Negation –, aber wie er sich auf sich selbst bezieht. Ein solches aber ist, das wir Selbstbestimmen nennen. Negation ist Bestimmung, Negation der Bestimmung ist selbst ein Bestimmen; einen Unterschied setzen, damit ist eben Bestimmung gesetzt: wo keine Negation ist, da ist auch kein Unterschied, keine Bestimmung.

In dieser Einheit, diesem absoluten Sein liegt also selbst das Bestimmen überhaupt, und zwar *in ihm*, da ist es Selbstbestimmen; so ist es bestimmt als Bestimmung in ihm selbst, nicht von außen her. Diese Unruhe liegt in ihm selbst als Negation der Negation, und diese Unruhe bestimmt sich näher als Tätigkeit. Diese Bestimmung des Wesens in sich ist die Notwendigkeit in sich, Setzen des Bestimmens, des Unterschieds und Aufheben desselben, so daß das *ein* Tun ist und dieses so sich Bestimmen in einfacher Beziehung auf sich selbst bleibt.

Das endliche Sein bleibt nicht ein Anderes; es ist keine Kluft zwischen dem Unendlichen und Endlichen. Das Endliche ist das sich Aufhebende, daß seine Wahrheit das Unendliche, an und für sich Seiende ist. Das endliche, zufällige Sein ist das an sich sich negierende; aber diese seine Negation ist ebenso das Affirmative, Übergehen in die Affirmation, und diese Affirmation ist das absolut notwendige Wesen.

Eine andere Form, wo dieselbe Bestimmung zugrunde liegt, dasselbe in Ansehung der Formbestimmung, wo aber weiterer Inhalt ist, ist der *physikotheologische* oder *teleologische* Beweis. Auch hier ist endliches Sein auf einer Seite; aber es nicht nur abstrakt bestimmt, nur als Sein, sondern [als eines,] das die gehaltreichere Bestimmung in sich hat, *Lebendiges* zu sein. Die nähere Bestimmung des Lebendigen ist, daß *Zwecke in der Natur sind* und eine Einrichtung, die diesen Zwecken gemäß, zugleich nicht durch diese Zwecke hervorgebracht ist, so daß die Einrichtung selbständig für sich hervorgeht, in anderer Bestimmung auch Zweck, aber [so,] daß dieses Vorgefundene sich zeigt, jenen Zwecken angemessen zu sein.

Die physikotheologische Betrachtung kann bloß Betrachtung *äußerlicher* Zweckmäßigkeit sein. So ist diese Betrachtung in Mißkredit gekommen, und mit Recht; denn da hat man endliche Zwecke, diese bedürfen Mittel: z. B. der Mensch zu seinem animalischen Leben braucht dies und das; das spezifiziert sich weiter. Nimmt man von solchen Zwecken an, daß sie ein Erstes sind, Mittel vorhanden sind für die Befriedigung dieser Zwecke und daß Gott es ist, welcher diese Mittel für solche Zwecke hervorgehen läßt, so scheint bald solche Betrachtung unangemessen dem, was Gott ist. Diese Zwecke, insofern sie sich gliedern, spezialisieren, werden etwas Unbedeutendes für sich selbst, wovor wir keine Achtung haben, [von denen wir] uns nicht vorstellen können, daß das direkte Gegenstände des Willens und der Weisheit Gottes sind. In einer Xenie von *Goethe*[1] ist dies alles zusammengefaßt: da wird einem das Preisen des Schöpfers in den Mund gelegt, daß Gott den Korkbaum geschaffen, um Stöpsel zu haben.

In Ansehung der *Kantischen* Philosophie ist zu bemerken, daß Kant in seiner *Kritik der Urteilskraft* den wichtigen Begriff aufgestellt hat von *inneren* Zwecken, – das ist der Begriff der Lebendigkeit. Dies ist der Begriff des *Aristoteles*: jedes Lebendige ist Zweck, der seine Mittel an sich hat, seine Glieder, seine Organisation, und der Prozeß dieser Glieder macht den Zweck aus, die Lebendigkeit.

Das ist die *unendliche*, nicht endliche Zweckmäßigkeit, wo Zweck und Mittel sich nicht äußerlich sind, das Mittel den Zweck und der Zweck das Mittel hervorbringt. Die Welt ist lebendig, enthält die Lebendigkeit und Reiche der Lebendigen. Das Nichtlebendige ist in wesentlicher Beziehung zugleich auf das Lebendige, die unorganische Natur, Sonne, Gestirne auf den Menschen, insofern er teils lebendiger Natur ist, teils indem er sich besondere Zwecke macht. In den Menschen fällt diese endliche Zweckmäßigkeit. Das ist die Bestimmung der Lebendigkeit überhaupt, zugleich aber als die vorhandene, weltliche Lebendigkeit. Diese ist zwar Lebendigkeit in sich, innere Zweckmäßigkeit, aber so, daß jede Art, Gattung des Lebens ein sehr enger Kreis, eine sehr beschränkte Natur ist.

Der eigentliche Fortgang ist nun von dieser endlichen Lebendigkeit zur *absoluten, allgemeinen Zweckmäßigkeit*, daß diese Welt ein κόσμος ist, ein System, worin alles wesentliche Beziehung aufeinander hat, nichts isoliert ist, – ein in sich Geordnetes, wo jedes seine Stelle hat, ins Ganze eingreift, durchs Ganze subsistiert und ebenso zur Hervorbringung, zum Leben des Ganzen tätig, wirksam ist. Die

1 Xenien von Goethe und Schiller, Nr. 15, »Der Teleolog«

Hauptsache ist also, daß von der endlichen Lebendigkeit zu einer allgemeinen Lebendigkeit übergegangen werde, – *ein* Zweck, der sich in besondere Zwecke gliedert, und daß diese Besonderung in Harmonie, in gegenseitiger wesentlicher Beziehung ist.

Gott ist zunächst bestimmt als das absolut notwendige Wesen; aber diese Bestimmung, wie *Kant* schon bemerkt, reicht bei weitem nicht hin für den Begriff von Gott. Gott ist allein die absolute Notwendigkeit; aber diese Bestimmung erschöpft den Begriff Gottes nicht: höher, tiefer ist die Bestimmung der allgemeinen Lebendigkeit, des einen allgemeinen Lebens. Indem das Leben wesentlich *Subjektivität, Lebendiges* ist, ist dieses allgemeine Leben ein Subjektives, der νοῦς, eine *Seele*. So ist im allgemeinen Leben die Seele enthalten, die Bestimmung des einen, alles disponierenden, regierenden, organisierenden νοῦς.

In Ansehung des *Formellen* ist dasselbe zu erinnern wie bei den vorhergehenden Beweisen. Es ist wieder *der Übergang des Verstandes*: weil dergleichen Einrichtungen, Zwecke sind, ist eine alles zusammenordnende, disponierende Weisheit. Aber die Erhebung enthält ebenso das *negative* Moment, was die Hauptsache ist, daß diese Lebendigkeit, Zwecke so, wie sie sind, in ihrer unmittelbaren endlichen Lebendigkeit nicht das Wahre sind; das Wahre ist vielmehr diese eine Lebendigkeit, dieser eine νοῦς. Es sind nicht zwei; es ist ein Ausgangspunkt, aber die Vermittlung ist so, daß im Übergang nicht das Erste als Grundlage, Bedingung bleibt, sondern die *Unwahrheit*, Negation desselben ist darin enthalten, die Negation des an ihm Negativen, Endlichen, der Besonderheit des Lebens. Dies Negative wird negiert; in dieser Erhebung verschwindet die endliche Besonderheit: als Wahrheit ist Gegenstand des Bewußtseins das System *einer* Lebendigkeit, der νοῦς *einer* Lebendigkeit, – die Seele allgemeine Seele.

Hier ist wieder der Fall, daß diese Bestimmung: »Gott ist die eine allgemeine Tätigkeit des Lebens, die einen κόσμος hervorbringende, setzende, organisierende Seele«, – dieser Begriff noch nicht hinreichend ist für den Begriff von Gott. Der Begriff von Gott enthält wesentlich, daß er *Geist* ist.

Die *dritte*, wesentliche, absolute Form nach dieser Seite ist noch zu betrachten. Der Inhalt in diesem Übergange war das Leben, die endliche Lebendigkeit, das unmittelbare Leben, das existiert. Hier in der dritten Form ist der Inhalt, der zugrunde liegt, der *Geist*. In Form eines Schlusses ist dies: Weil endliche Geister sind – das ist hier das Sein, von dem ausgegangen wird –, so ist der absolute Geist. Aber dieses »weil«, dies nur affirmative Verhältnis enthält diesen Mangel, daß die endlichen Geister Grundlage wären und Gott Folge von der Existenz endlicher Geister. Die wahrhafte Form ist: Es sind endliche Geister; aber das Endliche hat keine Wahrheit; die *Wahrheit des endlichen Geistes ist der absolute Geist*. Das Endliche der Geister ist kein wahrhaftes Sein, ist an ihm selbst die Dialektik, sich aufzuheben, zu negieren, und die Negation dieses Endlichen ist die Affirmation als Unendliches, als an und für sich Allgemeines. Dies ist der höchste Übergang; denn *der Übergang ist hier der Geist selbst*.

Es sind zwei Bestimmungen, Sein und Gott. Insofern vom Sein angefangen wird, ist unmittelbar das Sein nach seiner ersten Erscheinung das endliche. Indem diese Bestimmungen sind, können wir – beim Begriff Gottes ist aber zu bedenken, daß da nicht von Können die Rede ist, sondern er ist die absolute Notwendigkeit – können wir ebenso *von Gott anfangen und übergehen zum Sein*. So ist dieser Ausgangspunkt in *endlicher* Form gesetzt, noch nicht als seiend; denn ein Gott, der nicht ist, ist ein Endliches, nicht wahrhaft Gott. Die Endlichkeit dieser Beziehung ist, *subjektiv* zu sein; dieses Allgemeine überhaupt, Gott, hat Existenz[2], aber nur diese selbst endliche Existenz in unserer Vorstellung. Dieses ist *einseitig*; Gott, diesen Inhalt, haben wir behaftet mit

2 W: »dieses Allgemeine überhaupt. Gott hat Existenz«

dieser Einseitigkeit, Endlichkeit, welche die Vorstellung von Gott heißt. Das Interesse ist, daß die Vorstellung diesen Makel abstreife, bloß Vorgestelltes, subjektiv zu sein, daß diesem Inhalt die Bestimmung gegeben werde, zu *sein.*

Diese zweite Vermittlung ist zu betrachten, wie sie vorkommt in dieser endlichen oder Verstandesform als *ontologischer* Beweis. Dieser geht aus vom Begriff Gottes und über zum Sein. Die Alten, die griechische Philosophie, hatten diesen Übergang nicht; er wurde auch lange herein in der christlichen Kirche nicht gemacht. Erst einer der großen scholastischen Philosophen, *Anselmus,* der Erzbischof von Canterbury, dieser tiefe, spekulative Denker, hat diese Vorstellung gefaßt:

Wir haben die Vorstellung von Gott; er ist aber nicht nur Vorstellung, sondern er *ist.* Wie ist dieser Übergang zu machen, einzusehen, daß Gott nicht nur ein Subjektives in uns ist? wie ist diese Bestimmung, das Sein, zu vermitteln mit Gott?

Gegen diesen sogenannten *ontologischen* Beweis hat sich auch die *Kantische* Kritik gewendet, und für ihre Zeit ist sie sozusagen triumphierend hervorgegangen: bis auf die neueste Zeit gilt, daß diese Beweise widerlegt sind als nichtige Versuche des Verstandes. Wir haben aber bereits erkannt: die Erhebungen darin sind das Tun des Geistes, das eigene Tun des denkenden Geistes, das die Menschen sich nicht nehmen lassen; ebenso ist dies ein solches Tun. Die Alten hatten diesen Übergang nicht; denn es gehört das tiefste Hinuntersteigen des Geistes in sich dazu. Der Geist zu seiner höchsten Freiheit, Subjektivität gediehen, faßt erst diesen Gedanken von Gott als subjektiv und kommt erst zu diesem Gegensatz von Sub- und Objektivität.

Die Art und Weise, wie *Anselmus* diese Vermittlung ausgesprochen, ist diese: Von Gott ist die Vorstellung, daß er absolut vollkommen ist. Halten wir nun Gott nur als die Vorstellung fest, so ist das ein Mangelhaftes, nicht das Vollkommenste, was nur subjektiv, nur vorgestellt ist; denn es ist das Vollkommenere, was nicht nur vorgestellt ist, sondern auch *ist*, wirklich ist. Also ist Gott, da er das Vollkommenste ist, nicht nur Vorstellung, sondern es kommt ihm auch die Wirklichkeit, Realität zu.

In späterer, breiterer, verständiger Ausbildung des Anselmischen Gedankens ist gesagt worden, der Begriff Gottes sei, daß er der Inbegriff aller Realitäten, das allerrealste Wesen ist. Nun ist das Sein auch eine Realität; also kommt ihm das Sein zu.

Dagegen hat man gesagt: das Sein ist keine Realität, gehört nicht zur Realität eines Begriffs; eine Realität des Begriffs heiße Inhaltsbestimmtheit des Begriffs; durch das Sein komme zum Begriff, zum Inhalt des Begriffs nichts hinzu. *Kant* hat das so plausibel gemacht: hundert Taler stelle ich mir vor, – aber der Begriff, die Inhaltsbestimmtheit sei dieselbe, ob ich sie mir vorstelle oder in der Tat habe. Gegen das erste, daß aus dem Begriff überhaupt das Sein folgen soll, ist gesagt worden: Begriff und Sein sind verschieden voneinander; der Begriff also ist für sich, das Sein ist verschieden, das Sein muß von außen her, anderswoher zum Begriff kommen, das Sein liegt nicht im Begriff. Das kann man wieder mit den hundert Talern plausibel machen.

Im gemeinen Leben heißt man eine Vorstellung von hundert Talern einen Begriff; das ist kein Begriff, irgendeine Inhaltsbestimmung. Einer abstrakten sinnlichen Vorstellung wie »blau« oder einer Verstandesbestimmtheit, die in meinem Kopfe ist, kann freilich das Sein fehlen; das ist aber nicht ein *Begriff* zu nennen. Der Begriff und vollends der absolute Begriff, der Begriff an und für sich selbst, der Begriff Gottes ist für sich zu nehmen, und dieser Begriff enthält das Sein als eine Bestimmtheit; Sein ist eine Bestimmtheit des Begriffs. Dies ist auf zwei Weisen sehr leicht aufzuzeigen.

Erstens ist der Begriff unmittelbar dies *Allgemeine, welches sich bestimmt*, besondert, diese Tätigkeit, zu urteilen, sich zu besondern, zu bestimmen, eine Endlichkeit zu setzen und diese seine Endlichkeit zu negieren und durch die Negation dieser Endlichkeit identisch mit sich zu sein. Das ist der Begriff überhaupt, der Begriff Gottes, der absolute Begriff; Gott ist eben dieses. Gott als Geist oder als Liebe ist dies, daß Gott sich besondert, den Sohn erzeugt, die Welt erschafft, ein Anderes seiner und in diesem sich selbst hat, mit sich identisch ist. Im Begriff überhaupt, noch mehr in der Idee, ist dieses überhaupt: durch die Negation der Besonderung, die zu setzen er zugleich selbst die Tätigkeit ist, identisch mit sich zu sein, sich auf sich selbst zu beziehen.

Fürs andere fragen wir: was ist das Sein, diese Eigenschaft, Bestimmtheit, die Realität? Das Sein ist weiter nichts als das Unsagbare, Begrifflose, nicht das Konkrete, das der Begriff ist, nur die Abstraktion der Beziehung auf sich selbst. Man kann sagen: es ist die Unmittelbarkeit; Sein ist das Unmittelbare überhaupt, und umgekehrt: das Unmittelbare ist das Sein, ist in Beziehung auf sich selbst, d. h. daß die Vermittlung negiert ist. Diese Bestimmung »Beziehung auf sich, Unmittelbarkeit« ist nun sogleich für sich selbst im Begriff überhaupt, und im absoluten Begriff, im Begriff Gottes, daß er die Beziehung auf sich selbst ist. Im Begriff selbst liegt sogleich diese abstrakte Beziehung auf sich. Der Begriff ist das Lebendige, mit sich selbst sich Vermittelnde; eine seiner Bestimmungen ist auch das Sein. Insofern ist Sein verschieden vom Begriff, weil Sein nicht der ganze Begriff ist, nur eine seiner Bestimmungen, nur diese Einfachheit des Begriffs, daß er bei sich selbst ist, die Identität mit sich.

Sein ist diese Bestimmung, die man findet im Begriff, verschieden vom Begriff, weil der Begriff das Ganze ist, wovon das Sein nur eine Bestimmung [ist]. Das andere ist: der Begriff enthält diese Bestimmung an ihm selbst; sie ist eine seiner Bestimmungen, aber Sein ist auch verschieden vom Begriff, weil der Begriff die Totalität ist. Insofern sie verschieden sind, gehört zu ihrer Vereinigung auch die Vermittlung. Sie sind *nicht unmittelbar identisch*. Alle Unmittelbarkeit ist nur wahr, wirklich, insofern sie Vermittlung in sich ist, und umgekehrt alle Vermittlung, insofern sie Unmittelbarkeit in sich ist, Beziehung auf sich selbst hat. Der Begriff ist verschieden vom Sein, und die Verschiedenheit ist von dieser Beschaffenheit, daß der Begriff sie aufhebt.

Der Begriff ist diese Totalität, die Bewegung, der Prozeß, sich zu objektivieren. Der Begriff als solcher, verschieden vom Sein, ist ein bloß Subjektives; das ist ein Mangel. Der Begriff ist aber das Tiefste, Höchste; aller Begriff ist dies, diesen Mangel seiner Subjektivität, diese Verschiedenheit vom Sein aufzuheben, sich zu objektivieren; er ist selbst das Tun, sich als seiend, objektiv hervorzubringen.

Man muß beim Begriff überhaupt es aufgeben zu meinen, der Begriff sei etwas, das *wir* nur haben, in uns machen. Der Begriff ist die Seele, der Zweck eines Gegenstandes, des Lebendigen. Was wir Seele heißen, ist der Begriff, und im Geiste, Bewußtsein kommt der Begriff als solcher zur Existenz, als freier Begriff, unterschieden von seiner Realität als solcher, – in seiner Subjektivität. Die Sonne, das Tier *ist* nur der Begriff, *hat* den Begriff nicht; der Begriff wird nicht für sie gegenständlich. Es ist nicht diese Trennung in der Sonne; aber im Bewußtsein ist, was Ich heißt, der existierende Begriff, der Begriff in seiner subjektiven Wirklichkeit, und ich, dieser Begriff, bin das Subjektive.

Es ist kein Mensch aber zufrieden mit seiner bloßen Ichheit; Ich ist tätig, und diese Tätigkeit ist, sich zu objektivieren, Wirklichkeit, Dasein zu geben. In weiterer, konkreterer Bestimmung ist diese Tätigkeit des Begriffs der Trieb. Jede Befriedigung ist dieser Prozeß, die Subjektivität aufzuheben und dieses Innerliche, Subjektive ebenso als Äußerliches, Objektives, Reelles zu setzen, hervorzubringen die Einheit des nur Subjektiven und Objektiven, beiden diese Einseitigkeit abzustreifen. Es gibt nichts, wovon alles so Beispiel wäre wie das Aufheben des Entgegengesetzten, des Subjektiven und Objektiven, so daß die Einheit derselben hervorgebracht wird.

Der Gedanke des *Anselmus* ist also seinem Inhalt nach

wahrhafter, notwendiger Gedanke; aber die Form des daraus abgeleiteten Beweises hat allerdings einen Mangel wie die vorigen Weisen der Vermittlung. Diese Einheit des Begriffs und Seins ist Voraussetzung, und das Mangelhafte ist eben, daß es nur Voraussetzung ist. Vorausgesetzt ist der reine Begriff, der Begriff an und für sich, der Begriff Gottes; dieser *ist,* enthält auch das Sein. Vergleichen wir diesen Inhalt mit dem, was Glaube, unmittelbares Wissen ist, so ist es derselbe Inhalt mit der Voraussetzung Anselms. Auf diesem Standpunkte des unmittelbaren Wissens sagt man: es ist Tatsache des Bewußtseins, daß ich die Vorstellung von Gott habe, und mit dieser Vorstellung soll das Sein gegeben sein, so daß mit dem Inhalte der Vorstellung das Sein verknüpft ist. Wenn man sagt, man glaube das, wisse es unmittelbar, so ist diese Einheit der Vorstellung und des Seins ebenso als Voraussetzung ausgesprochen wie bei Anselm, und man ist in keiner Rücksicht weitergekommen. Es ist diese Voraussetzung allenthalben, auch bei *Spinoza.* Er definiert die absolute Ursache, die Substanz als das, was nicht gedacht werden kann ohne Existenz, dessen Begriff die Existenz in sich schließt, d. h. die Vorstellung von Gott ist unmittelbar verknüpft mit dem Sein.

Diese Untrennbarkeit des Begriffs und des Seins ist absolut nur der Fall bei Gott. Die Endlichkeit der Dinge besteht darin, daß der Begriff und die Bestimmung des Begriffs und das Sein des Begriffs nach der Bestimmung verschieden sind. Das Endliche ist, was seinem Begriff oder vielmehr *dem* Begriff nicht entspricht.

Wir haben den Begriff der Seele. Die Realität, das Sein ist die Leiblichkeit; der Mensch ist sterblich. Das drücken wir auch so aus: Seele und Leib können sich scheiden. Da ist diese Trennung; aber im reinen Begriff ist diese Untrennbarkeit. Wenn wir sagten, jeder Trieb sei ein Beispiel vom Begriff, der sich realisiert, so ist das formell richtig. Der befriedigte Trieb ist allerdings unendlich der Form nach; aber der Trieb hat einen Inhalt, und nach seiner Inhaltsbestimmtheit ist er endlich, beschränkt, da entspricht er dann dem Begriff, dem reinen Begriff nicht.

Das ist die Explikation des Standpunkts des Wissens vom Begriff. Das Letztbetrachtete war das Wissen von Gott, Gewißheit von Gott überhaupt. Die Hauptbestimmung dabei ist: Wenn wir von einem Gegenstand wissen, so ist der Gegenstand vor uns; wir sind unmittelbar darauf bezogen. Aber diese Unmittelbarkeit enthält Vermittlung, was Erhebung zu Gott genannt worden, daß der Geist des Menschen das Endliche für nichtig achtet. Vermittels dieser Negation erhebt er sich, schließt sich mit Gott zusammen. Dieser Schlußsatz: »ich weiß, daß Gott ist«, diese einfache Beziehung ist entstanden vermittels dieser Negation.

Ausführung des ontologischen Beweises in den Vorlesungen über Religionsphilosophie vom Jahre 1831

In der Sphäre der offenbaren Religion ist zuerst der abstrakte *Begriff Gottes* zu betrachten. Der freie, reine, offenbare Begriff ist die Grundlage; seine Manifestation, sein Sein für Anderes ist sein Dasein, und der Boden seines Daseins ist der *endliche Geist*. Dies ist das Zweite; der endliche Geist und das endliche Bewußtsein sind konkret. Die Hauptsache in dieser Religion ist, diesen Prozeß zu erkennen, daß Gott sich im endlichen Geist manifestiert und darin identisch mit sich ist. Die *Identität* des Begriffs und des Daseins ist das Dritte. (Identität ist hier eigentlich ein schiefer Ausdruck, denn es ist wesentlich Lebendigkeit in Gott.)

In den bisherigen Formen haben wir ein Aufsteigen gehabt, ein Anfangen von einem Dasein in unterschiedenen Bestimmungen. Das Sein wurde einmal in der umfassendsten Bestimmung genommen als zufälliges Sein im *kosmologischen Beweise*: die Wahrheit des zufälligen Seins ist das an und für sich notwendige Sein. Das Dasein wurde ferner gefaßt als Zweckbeziehungen in sich enthaltend, und dies gab den *teleologischen Beweis*: hier ist ein Aufsteigen, ein Anfangen von einem gegebenen, vorhandenen Dasein. Diese Beweise fallen damit in die Endlichkeit der Bestimmung Gottes. Der Begriff Gottes ist das Grenzenlose, nicht nach der schlechten Grenzenlosigkeit, sondern vielmehr zugleich das Bestimmteste, die reine Selbstbestimmung; jene ersten Beweise fallen auf die Seite eines *endlichen Zusammenhanges*, der endlichen Bestimmung, indem von einem *Gegebenen* angefangen wird. Hier hingegen ist der Anfang der freie, reine Begriff, und es tritt somit auf dieser Stufe der *ontologische Beweis* vom Dasein Gottes ein, er macht die abstrakte, metaphysische Grundlage dieser Stufe aus; auch ist er erst im Christentum durch *Anselm von Canterbury* aufgefunden worden. Er wird dann bei allen späteren Philosophen, *Cartesius, Leibniz, Wolff* aufgeführt, doch immer *neben* den anderen Beweisen, obgleich er *allein der wahrhafte* ist.

Der ontologische Beweis geht vom Begriffe aus. Der Begriff wird für etwas Subjektives gehalten und ist so bestimmt, wie er dem Objekte und der Realität entgegengesetzt ist; er ist hier das Anfangende, und das Interesse ist, aufzuzeigen, daß diesem Begriffe auch das Sein zukomme. Der nähere Gang ist nun dieser: Es wird der Begriff von Gott aufgestellt und gezeigt, daß er nicht anders gefaßt werden könne als so, daß er das Sein in sich schließt. Insofern vom Begriffe das Sein unterschieden wird, so ist er nur subjektiv in unserem Denken; so subjektiv ist er das Unvollkommene, das nur in den endlichen Geist fällt. Daß es nun nicht nur unser Begriff ist, sondern daß er auch *ist* unabhängig von unserem Denken, das soll aufgezeigt werden.

Anselm führt den Beweis einfach so: *Gott ist das Vollkommenste*, über welches hinaus nichts gedacht werden kann. Wenn Gott bloße Vorstellung ist, so ist er nicht das Vollkommene; dies ist aber im Widerspruch mit dem ersten

Satze, denn wir achten das für vollkommen, was nicht nur Vorstellung ist, sondern dem auch das Sein zukommt. Wenn Gott nur subjektiv ist, so können wir etwas Höheres aufstellen, dem auch das Sein zukommt. Dies ist dann weiter ausgeführt worden. Es wird mit dem Vollkommensten angefangen und dieses als das allerrealste Wesen bestimmt, als Inbegriff aller Realitäten; man hat das die *Möglichkeit* geheißen. Der Begriff als subjektiver, indem man ihn von dem Sein unterscheidet, ist der nur mögliche, oder er soll wenigstens der mögliche sein; Möglichkeit ist nach der alten Logik nur da, wo kein Widerspruch aufgezeigt werden kann. Die Realitäten sollen demnach in Gott nur nach der affirmativen Seite genommen werden, schrankenlos, so daß die Negation weggelassen werden soll. Es ist leicht aufzuzeigen, daß dann nur die Abstraktion des mit sich Einen übrigbleibt; denn wenn wir von Realitäten sprechen, so sind das unterschiedene Bestimmungen, als Weisheit, Gerechtigkeit, Allmacht, Allwissenheit. Diese Bestimmungen sind Eigenschaften, die leicht als im Widerspruch miteinander stehend aufgezeigt werden können: die Güte ist nicht die Gerechtigkeit; die absolute Macht widerspricht der Weisheit, denn diese setzt Endzwecke voraus, die Macht dagegen ist das Schrankenlose der Negation und der Produktion. Wenn nach der Forderung der Begriff sich nicht widersprechen soll, so muß alle Bestimmtheit wegfallen, denn jeder Unterschied treibt sich zur Entgegensetzung fort. Gott ist der Inbegriff aller Realitäten, sagt man; eine derselben ist nun auch das Sein: so wird das Sein mit dem Begriff verbunden. – Dieser Beweis hat sich bis auf die neuere Zeit erhalten; besonders ausgeführt finden wir ihn in Mendelssohns *Morgenstunden.*[1] Spinoza bestimmt den Begriff Gottes so, daß er dasjenige ist, was nicht ohne Sein konzipiert werden kann. Das Endliche ist das, dessen Dasein dem Begriffe nicht entspricht.

---

1 Moses Mendelssohn, *Morgenstunden oder Vorlesungen über das Dasein Gottes,* Berlin 1785

Die Gattung ist realisiert in den daseienden Individuen; aber diese sind vergänglich. Die Gattung ist das Allgemeine für sich, da entspricht das Dasein nicht dem Begriffe. Hingegen in dem in sich bestimmten Unendlichen muß die Realität dem Begriffe entsprechen, – dies ist die *Idee*, Einheit des Subjekts und Objekts.

Kant hat diesen Beweis kritisiert; was er einwendet, ist folgendes. Wenn man Gott als den Inbegriff aller Realitäten bestimme, so gehöre das Sein nicht dazu, denn das Sein sei keine Realität; es kommt nämlich zu dem Begriffe nichts hinzu, – ob er ist oder ob er nicht ist, er bleibt dasselbe. Schon zu Anselms Zeit brachte ein Mönch dasselbe vor; er sagte: das, was ich mir vorstelle, ist darum doch noch nicht. *Kant* behauptet: hundert Taler, ob ich sie bloß vorstelle oder habe, bleiben für sich dasselbe; somit sei das Sein keine Realität, denn es komme dadurch nichts zum Begriffe hinzu. Es kann zugegeben werden, daß das Sein keine Inhaltsbestimmung ist; aber es soll ja nichts zum Begriff hinzukommen (ohnehin ist es schon sehr schief, jede schlechte Existenz einen Begriff zu nennen), sondern ihm vielmehr der Mangel genommen werden, daß er nur ein Subjektives, nicht die Idee ist. Der Begriff, der nur ein Subjektives und getrennt von Sein ist, ist ein Nichtiges. In der Form des Beweises, wie ihn Anselm gibt, besteht die Unendlichkeit eben darin, nicht ein Einseitiges zu sein, ein bloß Subjektives, dem nicht das Sein zukäme. Der Verstand hält Sein und Begriff streng auseinander, jedes als identisch mit sich; aber schon nach der gewöhnlichen Vorstellung ist der Begriff ohne Sein ein Einseitiges und Unwahres, und ebenso das Sein, in dem kein Begriff ist, das begrifflose Sein. Dieser Gegensatz, der in die Endlichkeit fällt, kann bei dem Unendlichen, Gott, gar nicht statthaben.

Nun ist aber hier folgender Umstand, der eben den Beweis unbefriedigend macht. Jenes Allervollkommenste und Allerrealste ist nämlich eine Voraussetzung, an welcher gemessen das Sein für sich und der Begriff für sich Einseitige sind. Bei

Cartesius und *Spinoza* ist Gott als Ursache seiner selbst definiert; Begriff und Dasein ist eine Identität, oder Gott als Begriff kann nicht gefaßt werden ohne Sein. Daß dies eine Voraussetzung ist, ist das Ungenügende, so daß der Begriff an ihr gemessen ein Subjektives sein muß.

Das Endliche und Subjektive ist aber nicht nur ein Endliches gemessen an jener Voraussetzung: es ist *an ihm* endlich und somit der Gegensatz seiner selbst; es ist der unaufgelöste Widerspruch. Das Sein soll verschieden von dem Begriff sein; man glaubt diesen festhalten zu können als subjektiven, als endlichen, aber die Bestimmung des Seins ist am Begriffe selbst. Diese Endlichkeit der Subjektivität ist an ihm selbst aufgehoben, und die Einheit des Seins und des Begriffs ist nicht eine Voraussetzung gegen ihn, an der er gemessen wird. – Das Sein in seiner Unmittelbarkeit ist zufälliges; wir haben gesehen, daß seine Wahrheit die Notwendigkeit ist. Der Begriff enthält ferner notwendig das Sein: dieses ist einfache Beziehung auf sich, Vermittlungslosigkeit; der Begriff, wenn wir ihn betrachten, ist das, worin aller Unterschied sich absorbiert hat, worin alle Bestimmungen nur als ideell sind. Diese Idealität ist die aufgehobene Vermittlung, aufgehobene Unterschiedenheit, vollkommene Klarheit, reine Helligkeit und Beisichselbstsein; die Freiheit des Begriffs ist selbst die absolute Beziehung auf sich, die Identität, die auch die Unmittelbarkeit ist, vermittlungslose Einheit. Der Begriff hat so das Sein an ihm selbst, er ist selbst dies, seine Einseitigkeit aufzuheben; es ist bloße Meinung, wenn man das Sein vom Begriff entfernt zu haben glaubt. Wenn Kant sagt, man könne aus dem Begriff die Realität nicht herausklauben, so ist da der Begriff als endlich gefaßt. Das Endliche ist aber dies sich selbst Aufhebende, und indem wir so den Begriff als getrennt vom Sein hatten betrachten sollen, hatten wir eben die Beziehung auf sich, die das Sein ist an ihm selber.

Der Begriff hat aber nicht nur *an sich* das Sein in sich, nicht *nur wir* sehen dies ein, sondern er ist auch *für sich* das Sein;

er hebt selbst seine Subjektivität auf und objektiviert sich. Der Mensch realisiert seine Zwecke, d.h. was nur erst Ideelles war, dem wird seine Einseitigkeit genommen, und es wird damit zum Seienden gemacht; der Begriff ist ewig diese Tätigkeit, das Sein identisch mit sich zu setzen. Im Anschauen, Fühlen usw. haben wir äußerliche Objekte vor uns; wir nehmen sie aber in uns auf, und so sind die Objekte ideell in uns. Der Begriff ist so diese Tätigkeit, seinen Unterschied aufzuheben. Wenn die Natur des Begriffs eingesehen wird, so ist die Identität mit dem Sein nicht mehr Voraussetzung, sondern Resultat. Der Gang ist dieser, daß der Begriff sich objektiviert, sich zur Realität macht, und so ist er die Wahrheit, Einheit des Subjekts und Objekts. Gott ist ein unsterblich Lebendiges, sagt *Platon,* dessen Leib und Seele in Einem gesetzt sind. Diejenigen, die beide Seiten trennen, bleiben beim Endlichen und Unwahren stehen.

Der Standpunkt, auf dem wir uns befinden, ist der christliche. – Wir haben hier den Begriff Gottes in seiner ganzen Freiheit; dieser Begriff ist identisch mit dem Sein. Sein ist die allerärmste Abstraktion; der Begriff ist nicht so arm, daß er diese Bestimmung nicht in sich hätte. Das Sein haben wir nicht in der Armut der Abstraktion, in der schlechten Unmittelbarkeit zu betrachten, sondern das Sein als das *Sein Gottes,* als das ganz *konkrete Sein, unterschieden* von Gott. Das *Bewußtsein des endlichen Geistes* ist das konkrete Sein, das Material der Realisierung des Begriffs Gottes. Hier ist nicht von einem Hinzukommen des Seins zu dem Begriffe die Rede oder bloß von einer Einheit des Begriffs und des Seins – dergleichen sind schiefe Ausdrücke; die Einheit ist vielmehr als *absoluter Prozeß,* als die Lebendigkeit Gottes so zu fassen, daß auch beide Seiten in ihr unterschieden sind, daß sie aber die absolute Tätigkeit ist, sich ewig hervorzubringen. Wir haben hier die *konkrete Vorstellung Gottes als des Geistes.* Der Begriff des Geistes ist der an und für sich seiende Begriff, das *Wissen*; dieser unendliche Begriff ist die negative Beziehung auf sich. Dieses gesetzt, so ist er das

Urteilen, das Sichunterscheiden; das Unterschiedene, das zunächst wohl als Äußerliches, Geistloses, Außergöttliches erscheint, ist aber identisch mit dem Begriff. Die Entwicklung dieser Idee ist die absolute Wahrheit. In der christlichen Religion wird es gewußt, daß Gott sich geoffenbart hat, und Gott ist gerade dieses, sich zu offenbaren; offenbaren ist sich unterscheiden; das Offenbarte ist eben dieses, daß Gott der offenbare ist.

Die Religion muß für alle Menschen sein: für die, welche ihr Denken so gereinigt haben, daß sie das, was ist, im reinen Elemente des Denkens wissen, die zur spekulativen Erkenntnis dessen, was Gott ist, gekommen sind, sowie für die, welche nicht über Gefühl und Vorstellung hinausgekommen sind.

Der Mensch ist nicht nur rein denkend, sondern das Denken selbst manifestiert sich als Anschauen, als Vorstellen; die absolute Wahrheit, die dem Menschen geoffenbart ist, muß also auch für ihn als Vorstellenden, als Anschauenden, für ihn als fühlenden, empfindenden Menschen sein. Dies ist die Form, nach der sich die Religion überhaupt von der Philosophie unterscheidet. Die Philosophie denkt, was sonst nur für die Vorstellung und für die Anschauung ist. Der vorstellende Mensch ist als Mensch auch denkend, und der Gehalt der Wahrheit kommt an ihn als denkenden; nur das Denkende kann Religion haben, und Denken ist auch Vorstellen; jenes ist aber allein die freie Form der Wahrheit. Der Verstand ist auch denkend; er bleibt aber bei der Identität stehen: der Begriff ist Begriff und das Sein ist Sein. Solche Einseitigkeiten bleiben ihm fest; in der Wahrheit dagegen gelten diese Endlichkeiten nicht mehr als identisch für sich, daß sie *sind*, sondern sie sind nur Momente einer Totalität.

Die, welche es der Philosophie verargen, daß sie die Religion denkt, wissen nicht, was sie verlangen. Der Haß und die Eitelkeit sind dabei zugleich im Spiel unter dem äußeren Schein der Demut; die wahre Demut besteht darin, den Geist in die Wahrheit zu versenken, in das Innerste, den

Gegenstand allein nur an sich zu haben; so verschwindet alles Subjektive, das noch im Empfinden vorhanden ist. – Wir haben die Idee rein spekulativ zu betrachten und sie gegen den Verstand zu rechtfertigen, gegen ihn, der sich gegen allen Inhalt der Religion überhaupt empört. Dieser Inhalt heißt Mysterium, weil er dem Verstande ein Verborgenes ist, denn er kommt nicht zu dem Prozeß, der diese Einheit ist: daher ist alles Spekulative dem Verstande ein Mysterium.

Anmerkung der Redaktion zu Band 16 und 17

Die *Vorlesungen über die Philosophie der Religion* hielt Hegel viermal: 1821, 1824, 1827 und in seinem Todesjahr, 1831 – jedesmal in veränderter Form, mit modifizierter Gliederung, die die Entfaltung des Gedankens spiegelt. An eigenen Aufzeichnungen Hegels existiert nur ein Entwurf für das erste Kolleg (1821), der ihm, mit Ergänzungen versehen, auch für das zweite Kolleg (1824) als Vorlage diente. Aus Nachschriften dieses Kollegs stellte einer seiner Zuhörer, Hauptmann von Griesheim, ein Manuskript her, dessen sich Hegel dann 1827 bediente. Auf dieses dritte Kolleg, das ein Herr Meyer aus der Schweiz festhielt, stützte er sich wiederum beim letzten Kolleg (1831), von dem schließlich sein Sohn, Karl Hegel, eine Nachschrift anfertigte.

Diese und einige andere Manuskripte, darunter Aufzeichnungen aus dem Nachlaß Hegels, lagen Philipp Marheineke vor, als er gleich nach Hegels Tod begann, die Vorlesungen innerhalb der vom »Kreis der Freunde des Verewigten« besorgten Ausgabe der *Werke* herauszugeben. Sie erschienen 1832 als Band XI und XII der *Werke*, die als erste vorlagen. 1840 erschien die zweite, stark veränderte und erweiterte Ausgabe, für die im wesentlichen Bruno Bauer verantwortlich ist. Marheineke schrieb im Vorwort zu dieser Ausgabe: »Der Grundsatz, der mich bei der Redaktion der ersten Auflage leitete, war, auf die letzten Vorträge Hegels über diese Wissenschaft als die gereiftesten Dokumente seines Geistes vorzugsweise mich zu beschränken. Jetzt hingegen war es an der Zeit und zur Aufgabe geworden, nicht nur neben den bereits gebrauchten Heften die Nachschriften anderer Konzipienten zu benutzen, durch deren Gebrauch sich vieles in den früheren berichtigen konnte, sondern auch und vorzüglich noch auf den ersten, wenig oder gar nicht benutzten Vortrag und auf Hegels eigenhändige Papiere zurückzugehen.« An neuen Materialien benutzte Bruno Bauer Nachschriften der Kollegs von 1821 (v. Henning), von 1824 (Michelet, Förster), von 1827 (Droysen), von 1831 (Geyer, Reichenow, Rutenberg) und vor allem ein Konvolut aus Hegels

Nachlaß mit eigenhändigen Aufzeichnungen zu einzelnen Themen der Vorlesungen, die Bauer in die neue Ausgabe einarbeitete.

Diese zweite Ausgabe, die auch Glockner in der Jubiläumsausgabe bringt (Bd. 15/16), ist in der Hegelforschung nicht unangefochten geblieben. Besonders die Gliederung, die Bauer wählte, und manche seiner Eigenmächtigkeiten sind angegriffen worden: der Gedankengang sei unübersichtlich, die Stoffanordnung willkürlich.

Lasson schlug deshalb in seiner Ausgabe (1925–29) einen anderen Weg ein: er stützte sich vor allem auf Hegels Originalmanuskript (für das Kolleg von 1821), das Marheineke so charakterisiert: »zwar äußerlich vollständig, d. h. über das Ganze sich hinstrekkend, aber nur in einzelnen großen Zügen, meist nur mit einzelnen Worten hingeworfen, rein allein zu dem Zweck, daß der mündliche Vortrag sich daran hin entwickeln sollte. Im Vergleich mit der Ausbildung der Form, welche dieser wesentliche Inhalt in den mündlichen Vorträgen der genannten Jahre angenommen, kann man jenen ersten Entwurf unvollkommen nennen; auch ist darin selbst noch das Ringen des Geistes, wie mit dem Inhalt, so auch mit der bestimmteren Form bemerkbar ...« Dieses Gerüst füllte Lasson auf – durch eigene Ergänzungen und durch Passagen aus Nachschriften der ersten drei Kollegs; da ihm für das letzte keine Nachschrift zur Verfügung stand, auch nicht die Aufzeichnungen Hegels, die Bauer noch vorlagen, benutzte er dessen Ausgabe zur weiteren Komplettierung. Dieser Versuch einer Synopse der untereinander stark differierenden Kollegs bringt, dem Buchstaben nach, sicher den authentischeren Text, ist aber, was die Entfaltung der Hegelschen Gedanken betrifft, eher fragwürdig zu nennen und jedenfalls nicht durchsichtiger als die Kompilation von Bauer.

Solange die Aufgabe, eine wirklich zuverlässige Edition der Vorlesungen über Religionsphilosophie vorzulegen, nicht gelöst ist, kann die Ausgabe von 1840 nicht als überholt gelten.

Die *Vorlesungen über die Beweise vom Dasein Gottes* hielt Hegel im Jahre 1829, als Ergänzung zu seinem Logik-Kolleg. Das Manuskript, das sich im Nachlaß fand, war fast vollständig ausgearbeitet; Hegel wollte es, wie Marheineke berichtet, im Winter 1831/32 für den Druck fertigstellen, wurde aber durch den Tod daran gehindert. Marheineke edierte dieses Manuskript als Anhang zu den Vorlesungen über Religionsphilosophie (Bd. XII der

Werke) und fügte ihm noch eine undatierte Aufzeichnung und drei datierte Ausführungen (aus den religionsphilosophischen Kollegs von 1827 und 1831) an.
Hegels Manuskript ist nicht erhalten. So konnte sich Lasson in seiner Ausgabe von 1930 nur auf Band XII der *Werke* stützen. Er bemängelt wieder die fahrlässige Editionstechnik Marheinekes bzw. Bauers, äußert sich aber im Vor- und Nachwort widersprüchlich über den Zustand des Manuskripts, das er nicht kannte. – In einem Nachdruck von 1966 (Philosophische Bibliothek Bd. 64) sind diese 16 Vorlesungen und drei Beilagen separat publiziert: sie gehörten eher zur Logik als zur Religionsphilosophie. Schon im zweiten Absatz der ersten Vorlesung sagt Hegel, was dazu zu sagen ist: daß die Religionslehre, »insofern sie eine wissenschaftliche ist, und das Logische nicht so auseinanderfallen, wie es nach dem ersten Scheine unseres Zweckes das Aussehen hat«. Das gilt ebenso für die Vorlesungen über die Religionsphilosophie, denen die über die Gottesbeweise deshalb auch in dieser Ausgabe angefügt sind.

Der Text der Bände 16 und 17 folgt dem Text der *Werke* Band XI und XII (=W). Zur Textherstellung wurden die Ausgaben von Lasson von 1925–1930 (=Lasson) herangezogen. Im Falle der Religionsphilosophie, wo Lasson nicht nur in der Anordnung, sondern auch im einzelnen einen oft stark abweichenden Text bringt, konnte es sich natürlich nicht darum handeln, alle Abweichungen zu vermerken oder wenigstens dort, wo einigermaßen kongruente Passagen vorliegen, mit Textvergleichen aufzuwarten. Es wurde vielmehr nur dann auf den Lassonschen Text, d. h. zumal auf das Hegelsche Manuskript, zurückgegriffen, wenn dies geboten erschien; das Ziel war stets, einen möglichst sinnvollen und zugleich lesbaren Text zu bieten.

Über die allgemeinen Editionsprinzipien informiert das Nachwort der Redaktion in Band 20. Hier nur ein paar Hinweise:
– Orthographie und Interpunktion wurden durchgehend normalisiert und modernisiert;
– kleinere Ergänzungen und Korrekturen, die z. T. auf Hegels Manuskript zurückgehen, z. T. auch nicht (z. B. Berichtigung von Druckfehlern, Normalisierungen der Grammatik, der Syntax, der

Wortstellung), wurden stillschweigend vorgenommen, gewichtigere in Fußnoten nachgewiesen;
- Eigennamen wurden der heutigen Schreibweise angepaßt (also z. B. Brahman statt Brahm, Hephaistos statt Hephästus etc.);
- Zitate wurden (soweit möglich) nachgeprüft und (soweit nötig) korrigiert; bei größeren Abweichungen (Hegel pflegte, besonders in den Vorlesungen, recht frei zu zitieren, oft nur zu referieren) wurden die Zitate nicht verbessert, sondern in einfache statt in doppelte Anführungszeichen gesetzt (›...‹);
- Absätze wurden gelegentlich zusammengefaßt, um den in der Vorlage unnötig unterbrochenen Gedankengang deutlicher zu machen;
- die Überschriften im Text und im Inhaltsverzeichnis wurden aufeinander abgestimmt, ihre Auszeichnung mit Ziffern und Lettern wurde vereinheitlicht;
- Zusätze der Redaktion, die vor allem als Lesehilfe gedacht sind, stehen in eckigen Klammern ([...]); Anmerkungen der Redaktion finden sich in den Fußnoten unterm Strich; Verweise auf andere Bände dieser Ausgabe sind durch einen Pfeil (→) gekennzeichnet.